VICTORIAN POLITICAL CULTURE
'HABITS OF HEART AND MIND'

维多利亚时代的政治文化
|合情顺理|

〔英〕安格斯·霍金斯（Angus Hawkins）著
肖宏宇　沈凌　译

北京大学出版社
PEKING UNIVERSITY PRESS

著作权合同登记号　图字:01-2017-2359

图书在版编目(CIP)数据

维多利亚时代的政治文化:合情顺理/(英)安格斯·霍金斯(Angus Hawkins)著;肖宏宇,沈凌译.—北京:北京大学出版社,2019.12

ISBN 978-7-301-30878-3

Ⅰ.①维… Ⅱ.①安… ②肖… ③沈… Ⅲ.①政治文化—研究—英国—近现代 Ⅳ.①D756.19

中国版本图书馆 CIP 数据核字(2019)第 247617 号

Copyright © 2015 Angus Hawkins
"VICTORIAN POLITICAL CULTURE: 'HABITS OF HEART AND MIND'" was originally published in English in 2015. This translation is published by arrangement with Oxford University Press
Simplified Chinese Edition © 2019 Peking University Press
本书简体中文翻译版由牛津大学出版社授权北京大学出版社出版发行。

书　　　名	维多利亚时代的政治文化:合情顺理
	WEIDUOLIYA SHIDAI DE ZHENGZHI WENHUA: HEQING SHUNLI
著作责任者	〔英〕安格斯·霍金斯(Angus Hawkins)　著
	肖宏宇　沈　凌　译
责 任 编 辑	孙莹炜
标 准 书 号	ISBN 978-7-301-30878-3
出 版 发 行	北京大学出版社
地　　　址	北京市海淀区成府路 205 号　100871
网　　　址	http://www.pup.cn
新 浪 微 博	@北京大学出版社　@未名社科-北大图书
微信公众号	ss_book
电 子 信 箱	ss@pup.pku.edu.cn
电　　　话	邮购部 010-62752015　发行部 010-62750672
	编辑部 010-62765016
印 刷 者	三河市北燕印装有限公司
经 销 者	新华书店
	650 毫米×980 毫米　16 开本　32.5 印张　513 千字
	2019 年 12 月第 1 版　2019 年 12 月第 1 次印刷
定　　　价	98.00 元

未经许可,不得以任何方式复制或抄袭本书之部分或全部内容。
版权所有,侵权必究
举报电话:010-62752024　电子信箱:fd@pup.pku.edu.cn
图书如有印装质量问题,请与出版部联系,电话:010-62756370

推荐序

钱乘旦

为这本书作序不大容易,因为内容太多、太杂,作者什么都想写,又缺乏严密的结构安排,于是就不大容易被读者把握。加之,从严格意义上说,这本书主要不是写关于事件的历史,而是写关于人们"理解"或"认识"的历史,即在一段时间中人们对某些概念或现象作何种理解而这些理解又如何变化的历史,因此对那些非专业或从未接触过书中内容的人来说,难度就很大。这样,就需要对书中的历史背景做一些交代。

从目录上看,本书涉及时段为1828—1914年,差不多一百年时间。内容以三次议会改革为中心,显然想通过这三次改革来反映书名所说的主题,即"维多利亚时代的政治文化"。从历史事实看,英国在这一百年中进行了三次议会改革,分别发生在1832年、1867年和1884年。这三次改革改变了英国政体的性质,即人们一般所说:从贵族制向民主制过渡。需要指出的是,尽管人们将这些改革称为"议会改革"(Parliamentary Reform),但其实只是"下院"改革,并不涉及整个议会,而从理论上说,英国议会包括三个部分,即国王、上院和下院。"议会改革"没有改变议会的基本架构,而是只对下院即"平民院"进行改革,主要是改变它的选举制度,从而改变贵族对下院的控制。1911年英国进行过一次上院改革,极大地削弱了上院的权力和作用,由此降低了贵族的影响力。但这本书却完全没有提到这次改革,因此给人的印象是:作者只关心下院而不关心上院,似乎上院与英国的"政治文化"无关。

至于三次下院改革,这在英国近代史上是非常重要的事件。英国近代的政体变化是通过改革、渐进的方式进行的,由和平、渐进的改革来完成国家权力从君主到贵族,再从贵族到"大众"的转移。和平、渐进的改革方式是典型的英国方式,与法国的革命方式、德国的旧统治集团主导现代化的方式形成鲜明对比,所以,研究英国的议会改革就很有意义,不仅是学术意义,而且有现实意义。下院改革基本上围绕这几个方面进行:第一是扩大选举权范围,从享有特权的少数人(不一定是有钱人)向一定范围内的多数人(成年男子)过渡;第二是重新安排议席分布,把那些从中世纪流传下来、基本上由贵族控制的"选邑"(书中翻译为"城区")取消,划分给人数众多的工业城镇,从而扩大"中等阶级"的力量;第三是改变投票方法,抑制腐败贿选,减少在选举中贵族利用金钱或其他"恩宠"手段收买选票的可能性。可见,改革的对象是贵族政治,而改革的结果是权力转移:19世纪初,国家权力还掌握在贵族手里;到19世纪结束的时候,中等有产阶级已经是主要的政治力量了。随着选举权范围的扩大,工人阶级男性也获得了选举权,这就迫使统治集团为了选票的需要而适当顾及工人的要求,因而制定出一些符合工人利益的立法措施,比如改善他们的生活状况等。工人获得选举权也为19世纪末20世纪初组建工人政党创造了条件,于是最终出现了工党。但是用这种方式形成的英国工人党一定不是马克思主义的党,也不是欧洲大陆那样的社会主义党,英国的特殊性由此而出。

　　了解了这些历史背景,我们再回到这本书。本书主题应该是"维多利亚时代的政治文化",其书名即如此。但"维多利亚时代的政治文化"究竟是什么?书中似乎并没有交代,前言中没有说,结语中好像也没有说。就读者而言,他们希望能看到书中有几句话或一两段文字清楚点明这种政治文化的确切含义,但书中却找不到这样的文字。接近于类似表达的应该是结语中的这句话:"维多利亚时代的政治是管理变化的政治";以及这句话:"在语义的双螺旋体中,变化和延续构成了'进步'的一对向上发展的孪生体。"换句话说,"变化"和"进步"是维多利亚时代的政治特征,这大概就是作者的总结。不过,人类历史上从来就充满了"变化",没有"变化"也就没有历史;另一方面,"进步"的历史观是当今最流行的历史观,几乎所有人都以为历史永远在"进步"。既然如此,"维多利亚时代的政治文化"到底是什么呢?这个问题好像仍旧没说清楚。

但这本书的价值不在于它说出了"维多利亚时代的政治文化"究竟是什么，而在于它写出了那个时代的人对某些概念的"理解"或"认识"发生了哪些变化；从这个角度阅读这本书，才会觉得有意义。我们今天熟悉的一些概念，似乎对任何人都不言而喻，谁都能弄明白，比如"选举""政党""民主""宪政""英国议会"等，甚至还有无人不知的"人民"和"主权"。但这些概念在不同的时期会具有不同的含义，在不同的时代人们的理解也会完全不同甚至相反。比如对"民主"，如书中所说，英国人直到20世纪才大体上接受它的正面价值，在此之前，更多的英国人将其视为乱民政治、动荡的根源。在很长的时间里，英国的"宪政"不是民主，而是"混合君主制"，转换成今天的语言，就是在立宪君主之下的贵族寡头制。至于英国议会代议制，也就是"议会代表人民"，似乎又是颠扑不破的共识，然而"人民"是谁？被谁代表？如何被代表？这些问题始终是英国政治制度中纠缠不清的难题。自从"人民"这个词被创造出来成为至高无上的代名词，每个人都说他就是人民，但也被别人说他不是人民。在这本书所涵盖的那个历史时期，如前所说，成年男子获得了普选权；然而恰恰在这个时候，"议会"不再是"政府"了，政党成了国家的主人，而政党又掌握在少数人手里——于是，"民主"又是什么意思？"议会"到底代表谁？类似的这些"理解"与"认识"正是本书考察的对象；而读懂这些变化，又的确很重要。不过，读懂这些变化却不是一件容易的事，它要求读者具备相当的历史知识，因此我会建议读者先读更多相关事件的历史，再来读这本关于"理解"和"认识"的历史。

出于同样的原因，翻译这本书也很不容易，需要译者掌握很多的历史知识。历史书的翻译并不像有些人想象的那样简单，似乎只需要一本字典就可以应付。这本书能翻译成这样已经很不容易了，尽管有些术语仍需要再斟酌，但总体而言，我们要向译者表示敬意，感谢他们做了很好的翻译工作。

谨此为序。

2018年2月
北京

这是自由人耕种的土地,

受庄严自由神之眷顾,

无论与友把欢,抑或与敌舌战,

汝心扉可敞,衷肠可诉;

正义洗礼后的这片土地,

在往日的荣光下,

国泰民安,

自由之根葳蕤蔓延:

先例得遵循,

派系争不取首,

奇思从容有常,

跬步至臻远。

阿尔弗雷德·丁尼生:《你问我,为什么,即使心忡,却依然坚守》,《诗歌》,1842
(Alfred Tennyson, 'You Ask Me, Why, Tho' Ill at Ease', *Poems*, 1842)

目　　录

前　言　/ 1
　　过去、道德与共同体　/ 3
　　政治文化的解读　/ 15

第一章　议会主权　/ 34
　　英国"例外论"　/ 37
　　英国政治论述　/ 62

第二章　宪政转折点：1828—1836　/ 76
　　1800—1830 年"混合政府"的解体　/ 77
　　1828—1832 年改革危机　/ 96
　　1832 年《改革法》　/ 100

第三章　"议会政府"及其批评：1832—1867　/ 115
　　议会政党的性质　/ 122
　　议会政党的社会环境　/ 137
　　议会政党的影响　/ 143
　　格雷伯爵对"议会政府"的定义　/ 153
　　皮尔关于行政政府的概念　/ 155
　　激进派对"议会政府"的批评　/ 161

第四章　选区政治：1832—1867　/ 178
　　选举社区　/ 180
　　代表的概念　/ 196

第五章　投票的动态：1832—1867 / 203
　　英格兰的选举政治 / 204
　　威尔士和苏格兰的选举政治 / 224
　　爱尔兰的选举政治 / 234
　　选举文化的铸造 / 245

第六章　改革的道德环境：1848—1867 / 249
　　从惩罚到救赎 / 253
　　"民主"和对民主的不满 / 260
　　白芝浩的《英国宪政》 / 277

第七章　"奋力一搏"：1867年《改革法》 / 282
　　改革的复兴 / 285
　　关于改革的辩论：1866—1867 / 292
　　"冒险之举" / 307

第八章　"议会政府"的终结：1868—1884 / 318
　　选举改革的过程 / 320
　　选区中的政党组织 / 337
　　议会内政党 / 353

第九章　政党、社会和国家：1886—1914 / 370
　　全国性政党的兴起 / 374
　　社会、道德和国家 / 384
　　社会改革和福利 / 401
　　进步政治的重新组合 / 405
　　大众保守主义 / 421

第十章　结　语 / 429

参考文献 / 453

索　引 / 481

译后记 / 507

前　言

我完全相信，政治社会非法律所塑造，而是由构成政治社会的人们之情感、信仰、理念和思维习惯所造就。

托克维尔写给科瑟尔勒的信，1853 年 9 月 17 日
(Alex Tocqueville to Claude-François de Corcelle, 17 September 1853)

这是一部研究19世纪英国政治文化的著作。本书逐一考察了促成国家宪政安排的那些"情感与思维的习惯"、公共价值观、选举活动、党派态度和政治组织。对于维多利亚时代的人而言，如果议会居于英国宪政体制中心的话，那么反映社会价值观和党派意见的习惯、信仰和行为则赋予了英国的法律和公共生活更多的意义，突出了英国政治的特色。维多利亚时代的大多数人有着强烈的爱国信念，他们相信神佑下的英国宪政使英国人得享稳定、自由与进步。英国避免了1789年、1830年的法国和1848年多数欧陆国家的暴力革命所引发的动荡，也没有像1861年的美国那样，因一场血腥内战而撕裂。受神佑的英国人对和平顺应变化有种天赋，能将进步与稳定和自由相结合，这是深厚爱国情感之缘由。辉格党历史学家亨利·哈勒姆（Henry Hallam）在1818年写道，"英格兰持续的长期繁荣是人类历史上最美的现象"，美在"财富、秩序和自由这些曾经纷争不已的因素中"能够和谐共处。① 1831年辉格党历史学家和政治家托马斯·麦考莱（Thomas Macaulay）宣称，英国人享有的更多的自由正是邻人所失去的，也是邻人嫉妒与羡慕英国人的原因。②

前大法官布鲁厄姆（Brougham）勋爵在1844年发表了他对于英国宪政的研究，并颂扬宪政是英国"政治制度最宝贵之所在"。③ 1858年格雷（Grey）伯爵三世则庆贺说："英国得以傲视世界其他民族，是因其在议会政府领导下所创造的繁荣与社会进步。"④同年，乔治·康沃尔·刘易斯（George Cornwall Lewis）爵士宣称："在四分之一世纪里，这个国家建立起比以往任何时代都更为廉洁有效的议会政府。"这个时期，"无数无与伦比的公共措施通过一系列立法迅速确定下来，英国人从未如此心系自己的国家制度，从未如此感受和平与安逸，而欧洲其他国家却深受冲突与暴政之害"。⑤ 务实的国民气质、避免意识形态的极端和僵化的教条主

---

① Henry Hallam, *A View of the State of Europe during the Middle Ages*, 3 vols (1818), ii. 255. A. V. Dicey 将哈勒姆的情感定性为狂热的自满。A. V. Dicey, *The Law of the Constitution* (1885), 3. 如要更多了解哈勒姆及他在法和科学基础上对过去的建构，参见 Michael Bentley, 'Henry Hallam Revisited', *Historical Journal*, 55/2 (2012), 453–473。

② T. B. Macaulay, *Critical and Historical Essays*, 7th edn, 3 vols (1852), i. 431.

③ Lord Brougham, *The British Constitution* (1844), vii.

④ Lord Grey, *Parliamentary Government Considered with Reference to Reform* (1858), 11.

⑤ [Sir George Cornewall Lewis], 'Earl Grey on Parliamentary Government', *Edinburgh Review*, 219 (July 1858), 272.

义,是获得自由和稳定进步的保证——英国经济和商业的领先地位强化了这种成就感。英国身份认同的核心是尊重宪政的爱国情操,尽管人们对宪政的重视程度与历史解读不同。⑥ 在《我们共同的朋友》(*Our Mutual Friend*)中,查尔斯·狄更斯(Charles Dickens)通过波茨纳普(Podsnap)先生这一角色直白地表达出这种爱国情操,"我们英国人很为我们的宪政感到自豪,先生。它是上帝赐给我们的。没有哪个国家比我国更受宠于上帝"。⑦ 狄更斯在《远大前程》(*Great Expectation*)中更简洁地表达了这种情感,他指出,英国人认为自己"是最优秀的"。⑧

过去、道德与共同体

维多利亚时代的人认为自己处在神佑进步的前列,要保住这种地位并管控变化,需要缔造出植根于历史的道德共同体,这是维多利亚时代政治的核心。⑨ 置身于 21 世纪早期,理解维多利亚时代的政治文化需要调整我们关于政治本质的认识。首先,我们需要鉴别历史在何种程度上影响了维多利亚时代的政治价值观。维多利亚时代各政治派别都无一例外地从以往相互竞争的派性观点中汲取合法性资源。其次,政治被视作实践的道德活动,而非意识形态或信条的产物。政治的实践性塑造了务实的英格兰国民性,形成了英格兰民族对形而上学抽象原则的怀疑态度。政治的道德性支撑着宗教情感对政治行动的语言、意象和目标的影响。最后,政治被视作具有内在价值观的共同体的一种社会活动,而非实现狭

---

⑥ 参见 Jonathan Parry, *The Politics of Patriotism*: *English Liberalism, National Identity and Europe, 1830-1886* (Cambridge, 2006), and Peter Mandler, *The English National Character*: *The History of an Idea from Edmund Burke to Tony Blair* (New Haven, 2006)。关于"宪政主义"对于 19 世纪讨论的重要性的研究,参见 Patrick Joyce, *Visions of the People*: *Industrial England and the Question of Class, 1848-1914* (Cambridge, 1991), Patrick Joyce, *Democratic Subjects*: *The Self and the Social in Nineteenth-Century England* (Cambridge, 1994), and James Vernon, *Politics and the People*: *A Study in English Political Culture, c. 1815-1867* (Cambridge, 1993)。

⑦ Charles Dickens, *Our Mutual Friend*, 2 vols (1865), i. 101.

⑧ Charles Dickens, *Great Expectations*, 4th edn, 3 vols (1861), ii. 1. 这是弗劳德(J. A. Froude)在 1871 年的评论,他说:"英格兰人敬爱不列颠宪政"[J. A. Froude, 'England's War', *Fraser's Magazine*, 3(February 1871), 136]。

⑨ 出于本研究目的,我从伦理的层面定义"道德",道德是指对于思想与行为的是非判断;把"道德共同体"视为有德性行为的伦理概念所塑造的社会群体。

隘的个人利益的一种功能。政治是共同体的公共生活。关于共同体的相互竞争的各种观念——关于社会关系在道德意义上到底是合法的、腐败的、自然的、专制的还是正义的——始终居于政治争论的中心。在地方的、宗教的、区域的乃至民族的共同体中,等级之别、地位之分、父权之威若隐若现,构成了公共价值观运作的场景。相信进步就是强调过去、道德和共同体对促进社会和政治提升的重要性。⑩ 正是英国政治文化中这些长久保持下来的因素塑造了人们对辉格党、自由派、激进派和保守派等各种思想的理解,也塑造了大众的政治行为、选举偏好和反映这些行为与偏好的公共价值观。

历史记忆的政治充斥着维多利亚时代的公众讨论,而再现历史斗争是赋予眼前目的以意义。⑪ 阅尽世代更迭之后,麦考莱宣称:"一个不以远古祖先的丰功伟绩为骄傲的民族,永远不会取得令后世子孙纪念的成就。"⑫ "可爱的英格兰""昔日时光"产生了文学、艺术、政治的唤醒作用,爱德华·布尔沃·利顿(Edward Bulwer Lytton)的《最后的撒克逊人》(The Last of the Saxons,1843)等历史小说,威廉·哈里森·安斯沃斯(William Harrison Ainsworth)于 19 世纪 40 年代所写的小说,查尔斯·莱斯利(Charles Leslie)从 19 世纪 20 年代起开始创作的历史油画,都广为流行。这些满足了大众沉浸于想象的过去的嗜好。丁尼生的史诗《国王叙述诗》(Idylls of the King,1859—1885)重述了亚瑟神话,赋予骑士美德以诗化的形象。⑬ 因感知节奏变化的加速,维多利亚时代的人利用对民

---

⑩ 在 Mark Bevir 的 The Logic of the History of Ideas (Cambridge, 1999)语境中,我对于过去、道德和共同体的使用具有"集合概念"的特征,这种概念是信仰或传统之网络,它们是流动的、彼此竞争的、有条件的、纷繁多样的,并由人的能动性塑造而成。这种"集合概念"在提供解释时,可以避免社会或经济决定主义、某种幼稚的经验主义,或者某种忽略人的目的而把意义赋予语言的后结构本质主义。

⑪ 近来就这个主题的重要研究包括:Peter Mandler, ' "In the Olden Time": Romantic History and the English National Identity, 1820-1850', in Laurence Brockliss and David Eastwood (eds.), A Union of Multiple Identities: The British Isles c. 1750-c. 1850 (Manchester, 1997), 78-92; Peter Mandler, History and National Life (2002); and Paul Readman, 'The Place of the Past in English Culture c. 1890-1914', Past and Present, 186 (February 2005), 147-199。也参见 John Burrow, A Liberal Descent: Victorian Historians and the English Past (Cambridge, 1981)。

⑫ William Thomas, The Quarrel of Macaulay and Croker: Politics and History in the Age of Reform (Oxford, 2000), 286.

⑬ 名词"Medieval"(中世纪)在 19 世纪早期开始使用,指介于古代与现代之间的那段历史时期。维多利亚时代中期之后,"中世纪性质"和"中世纪研究者"也开始使用。

族历史的解读来巩固自己的政治抱负。党派对过去的兴趣在于彰显其复辟昔日之目的。这种要求恢复失去的特权或应得的历史权利,正如力图改变社会的愿望一样,不仅强化了保守的倾向,同样强化了激进的倾向。源自再造或重塑(reformation)的"改革"(reform)一词保留了原初的含义——以往秩序的恢复或道义的复兴。⑭

对神圣纪事的庆祝,对诸如国王查理一世(King Charles I)、奥利弗·克伦威尔(Oliver Cromwell)和阿尔杰农·西德尼(Algernon Sidney)等被尊崇的英雄和高尚殉道者的纪念是在追溯英雄世代辈出。中世纪历史的研究者、高教会派教徒、格莱斯顿自由主义者(Gladstonian Liberalism)*弗里曼(E. A. Freeman)在《英格兰宪政的发展》(*The Growth of the English Constitution*)的导言中写道:"我们的古代史是拥有自由的历史,英格兰早期体制不仅是好奇想象的主题,而且同我们的现实政治密切相关。"⑮对于自由主义者而言,英国历史是自由不断进步的过程,体现在公民自由与宗教自由之上。面对变革,保守派通过阅读历史,提出社会秩序的维护需要保护财产,需要宣扬传统中激励人心的一面,需要强调国教对于道德的必要性。激进派借助钦定圣经中的话,以及约翰·弥尔顿(John Milton)和约翰·班扬(John Bunyan)所使用的语言,唤醒了人们对于"诺曼之轭"即大宪章和17世纪政治呐喊的记忆,17世纪的政治呐喊明确了历史上反对精英腐败和特权的大众斗争,这种斗争显然体现于不从国教者群体。其他激进思想流派通过提及"古代宪政"而要求恢复人民的历史自由。在这些激进传统中,恢复历史自由的话语隐含着曾经拥有但已失去或被剥夺了的自由。追溯党派的过去并非试图从学术层面去理解世界,而是通过重读历史来服务当下;对历史的部分拣选是为了引起人们对其所处时

---

⑭ 关于"改革"这个词的使用,参见 Joanna Innes, '"Reform" in English Political Life: The Fortunes of a Word', in Arthur Burns and Joanna Innes (eds.), *Rethinking the Age of Reform*, Britain 1780-1850 (Cambridge, 2003), 71-97, and Derek Beales, 'The Idea of Reform in British Politics, 1829-1850', in T. C. W. Blanning and Peter Wende (eds.), *Reform in Great Britain and Germany, 1750-1850* (Oxford, 1999), 159-174。

* Gladstonian Liberalism 是以维多利亚时代的首相兼自由党领袖威廉·格莱斯顿(William E. Gladstone)命名的政治信条,其内容包括缩减政府开支、低税收政策、强调社会自助、自由选择以及自由贸易、机会平等、减少政府对经济的干预等,在英国被视为古典自由主义。——译者

⑮ E. A. Freeman, *The Growth of the English Constitution from the Earliest Times* (1890), p. vii.

代问题的关注。⑯ 因推崇过去,辉格党、自由派、保守派和激进派的所有追求都获得了道德合法性。

对于维多利亚时代的人来说,政治也是一种道德活动,而非意识形态或信条的功能。社会纷繁复杂的道德关系构成政治行为的场景。多数维多利亚时期的人把公共生活视为有着历史渊源的道德行为领域,故不会求助于意识形态、僵化的信条或者普世的权利。⑰ 历史学家西利(J. R. Seeley)宣扬:"道德不应同政治分离,就如同个人不能同社会分离一样。"⑱作为历史经验的复杂创造物,英国宪政包含着那些确保政治进步和社会发展实践的道德真理。作为一名社会成员,就应承担对他人的义务,这些义务构成了社会的责任。从这些相互的社会义务中所产生的实践的道德活动,就是政治,这种政治确保"文明"价值观的延续,并促进"美德"的公共行为。宪政正是植根于民族道德土壤的生命有机体。宪政评论者们偏爱这种有机体比喻。1885年戴雪(A. V. Dicey)写道,英国宪政"不是抽象理论之果,而是本能之果",这种本能使得英国人"得以构建健全而持久的体制,就像蜜蜂构建蜂巢一般"。⑲ 1904年西德尼·洛(Sidney Low)说,宪政"就是有机生命体,有持续生长、变化、发展与衰退的过程"。⑳

在涉及政府的实践和道德事务时,英国人普遍反感抽象的政治空谈,这从他们评论法国人发明的意识形态和信条时所流露的盎格鲁-撒克逊腔调中反映出来。意识形态(idéologie)一词曾被拿破仑·波拿巴(Napoleon Bonaparte)用来指1797年前法国革命狂热者所提倡的关于人

---

⑯ 参见 Philippa Levine, *The Amateur and the Professional: Antiquarians, Historians and Archaeologists in Victorian Britain, 1838–1886* (Cambridge, 1986), 70–100。

⑰ 维多利亚时代中期的实证主义历史学家 H. T. Buckle(1821—1862)甚至尝试将自然科学方法运用于研究历史,曾这样评论说,"历史变化不是由大的外部事件,也不是由人民的突然造反引起的",而是由"道德的自主力量"引发的[H. T. Buckle, *The History of Civilization in England*, 2nd edn, 3 vols (1858), i. 455]。

⑱ J. R. Seeley, 'The Church as a Teacher of Morality', in W. L. Clay (ed.), *Essays on Church History* (1868), 291.

⑲ A. V. Dicey, *The Law of the Constitution* (1885), 3. 格莱斯顿(Gladstone)在1878年评述说,这个国家现在的"宪政力量具有的影响与地位,不是某种哲学的果实,不是为了使某种抽象原则发挥作用的努力,而是各种无形与难以感知的力量无声行动的结果"[W. E. Gladstone, *Gleanings of Past Years, 1843–1878*, 7 vols(1879), i. 244]。

⑳ Sidney Low, *The Governance of England* (1904), 2.

类和社会的一种普遍适用的激进理论。在英国人的口中,这种理论带有脱离实际、僵化的贬义,是将理性主义和抽象的概念误用于实践的道德问题。这种理论空洞且形而上。㉑ 政治鼓动家和檄文作者威廉·科贝特（William Cobbett）非常蔑视这种抽象概念。杰里米·边沁（Jeremy Bentham）指责大众激情的"巨大错误"源于法国革命所提倡的"人权"这种抽象宣言。㉒ 1881年,西利把意识形态定义为错误和混乱的思想体系,这种体系引燃了法国革命,并导致了"恐怖统治"。㉓ 信条曾指宗教教义、宗教指导、布道,但被世俗化使用,且偏离了原有的含义。该词也包含僵化抽象的危险概念。教条主义就是把原则视作逻辑和无法实践的极端。正是在这个意义上,1778年,埃德蒙·柏克（Edmund Burke）说:"所有人平等的信条被骗子所传播,被怀有恶意、嫉妒和算计的人们所运用。"㉔这表明多数英国人不认同抽象意识形态和理论教条。首相威廉·皮特（William Pitt）曾说:"在政府和政策中以一般规则或原则行事是缺乏智慧的表现。"㉕

在19世纪,这种反感抽象原则的倾向开始塑造英国国民性。多数维多利亚时代的人认为,英国人本能地不喜欢抽象的意识形态和理论原则。相反,沉浸于忧伤的神秘主义是英国人凯尔特式气质的反映,其神秘主义植根于其部落不太"文明"的过去。1830年约翰·斯图亚特·穆勒（John Stuart Mill）在写给一位密友的信中评论到,英格兰人"习惯性地怀疑最显

㉑ 有关对意识形态的深刻与历史敏感的思考,参见 Michael Freeden, *Ideologies and Political Theory: A Conceptual Approach* (Oxford, 1996)。此书将意识形态界定为试图控制公共生活的一组稳定的思想群集,其目的是对社会与政治安排进行辩护、挑战或者改变。当然,对马克思和恩格斯来说,"意识形态"也是一个贬义词,表示人与环境关系的颠倒,从而导致"错误的意识"。

㉒ Jeremy Bentham, Anarchical Fallacies, in *The Works of Jeremy Bentham*, ed. John Bowring, 11 vols (Edinburgh, 1843), ii. 489–534.

㉓ J. R. Seeley, 'Bonaparte', *Macmillan's Magazine*, 44 (July 1881), 164. 在 *Beauchamp's Career* 中,乔治·梅瑞狄斯（George Meredith）书中激进的主人公 Nevil Beauchamp 就隐含着"脑袋中有了法国的火药思想"[George Meredith, *Beauchamp' Career*, 2 vols (Leipzig, 1876), ii. 57]。

㉔ Earl Fitzwilliam and Sir Richard Bourke (eds.), *The Correspondence of Edmund Burke*, 4 vols (1844), ii. 242.

㉕ Boyd Hilton, *A Mad, Bad, and Dangerous People? England 1783–1846* (Oxford, 2006), 111. John Ehrman 的一个主要结论是,皮特所实施的政策基本是务实的, *The Younger Pitt*, 3 vols (1969–1996)。

而易见的真理,他们总是怀疑倡导真理者是在谈一般原则"。㉖ 英格兰人崇尚实用。在19世纪早期,这意味着人们更关注实践和实用的知识,更注重对商业事务或对历史原因与结果的研究。"常识"和"显而易见的事实",这些蔑视脱离实际的理论的说法都趋向于对形而上学的怀疑。青年本杰明·迪斯雷利(Benjamin Disraeli)在小说《珀帕尼拉海军上校的航程》(*The Voyage of Captain Popanilla*, 1828)中对主人公百般嘲讽,说"他所讲的一定是真理,因为句句都是第一原则"。㉗ 这在后来令人难忘地被约翰·罗斯金(John Ruskin)斥为偏见导致偏见。㉘ 政治判断更多源自品格与道德,而非理论与意识形态。英国人的务实气质偏爱来自实践经验的道德教训。从作为英国国民形象的"约翰牛"(John Bull)身上——脚踏实地、直言不讳、桀骜不驯、勤劳肯干、顾家、厌恶法国的一切,的确能捕捉到19世纪早期英国国民所显示的某些特性。㉙ 对于小说家乔治·梅瑞狄斯来说,"我们务实吗"这个问题很对英国人胃口,即使不能得到喝彩的话,也一定能得到肯定的答复。无论务实与否,善良的人民总是喜欢被认可是务实的。㉚

因此,沃尔特·白芝浩(Walter Bagehot)将理想的"宪政政治家"定义为"一个有着常人见解却有着超常能力的人"㉛——最接近这个形象的人物非罗伯特·皮尔(Robert Peel)爵士莫属,作为首相,他有着生意人的务实能力。在白芝浩看来,皮尔拥有一流人物的能力和二流人物的信条。白芝

㉖ Mill to d'Eichthal, 9 February 1830, in *The Collected Works of John Stuart Mill*, ed. John Robson et al., 33 vols (Toronto, 1963-1991), xii. 48. 19世纪60年代到访英国的法国人 Hippolyte Taine 评论说,"可将英国人头脑内部比作一本《穆雷指南》(Murray's Guide):有事实,无思想",因此"把抽象的概念,即需要有所提炼的东西,翻译成英语是很困难的"[Hippolyte Taine, *Taine's Notes on England*, trans. Edward Hyams (1957), 242, 249]。

㉗ Benjamin Disraeli, *The Voyage of Captain Popanilla* (1828), 182. 这是迪斯雷利讽刺边沁主义信徒的小说。在乔治·梅瑞狄斯的 *Beauchamp's Career* 中,保守派议员 Seymour Austin 斥责激进派为"理论裁缝",想"让我们像头被绳子栓着的羊、脚被绳子捆着的马一样去适应第一原则"[George Meredith, *Beauchamp' Career*, 2 vols (Leipzig, 1876), ii. 111]。

㉘ John Ruskin, 'The Baron's Gate', in *Fors Clavigers* (1871-1884), 1st ser., i. 18.

㉙ 参见 Peter Mandler, *The English National Character: The History of an Idea from Edmund Burke to Tony Blair* (New Haven, 2006), 30-31, and Tamara Hunt, *Defining John Bull: Political Caricature and National Identity in Late Georgian England* (Aldershot, 2003)。

㉚ George Meredith, *Beauchamp' Career*, 2 vols (Leipzig, 1876), i. 198.

㉛ Walter Bagehot, 'The Character of Sir Robert Peel', in *Bagehot's Historical Essays*, ed. N. St John-Stevas (1971), 182.

浩对迪斯雷利进行了尖酸的讽刺,说他是一个"人们不得不忍受的缺陷",因为他缺乏"行政冲动",厌恶细节,对细节一无所知,连做个生意人的样子都不会。㉜ 同样,白芝浩把辉格主义视作一种精神气质,而非一种信条。

> 的确,辉格主义不是一种信条,而是一种品格。或许自这个国家有政治历史以来,就出现了以下这类人:冷静、节制、果断;既无想象的天分,也缺乏热情洋溢的情感;既无心于宏大理论与臆测,也漠视空幻的怀疑;清楚地知道如何迈出下一步,并能明智地迈出下一步;坚信知识元素是真实的,坚定地认为,现世能够且应该悄无声息地改善。㉝

在"其隐秘的灵魂中",白芝浩在1858年断言,"真正的英国绅士是不会为一个政治经济学家的死而感到遗憾的"。㉞ 这也是为什么约翰·雷(John Rae)在1881年的《当代评论》(*The Contemporary Review*)中写道:"[英]政治进程长久以来平缓向前,如今已没有任何问题引发对于现存制度的基本原则的公众讨论,也不存在对任何深远问题的抽象哲学讨论。"㉟

1848年欧洲发生革命时,学术与基督教护教者亨利·罗杰斯(Henry Rogers)在《爱丁堡评论》(*Edinburgh Review*)中提醒人们,稳定"这个最大的政治美德不是建立于完美理论的概念之上,而是建立于社会关系与习惯之上"。㊱ 那些拥抱法国革命意识形态或者在政治讨论中追求严谨哲学的激进思想流派被边缘化了。基于边沁的功利主义哲学,无论是托马斯·潘恩(Thomas Paine)在18世纪90年代关于"人权"的观点,还是属于19世纪30年代的哲学激进主义,都未进入当时爱国政治讨论的主流。皮特斥责"人权"为造反体制奠定基础,是"凶恶的教条"。㊲ 议会以绝对

㉜ Walter Bagehot, 'The Chances for a Long Conservative Regime in England', in *The Collected Works of Walter Bagehot*, ed. N. St John-Stevas, 15 vols (1965–1986), vii. 234, 236.

㉝ Walter Bagehot, 'The First Edinburgh Reviewers', in *The Collected Works of Walter Bagehot*, ed. N. St John-Stevas, 15 vols (1965–1986), i. 318–319.

㉞ Walter Bagehot, 'The First Edinburgh Reviewers', in *The Collected Works of Walter Bagehot*, ed. N. St John-Stevas, 15 vols (1965–1986), i. 318–319.

㉟ John Rae, 'The Socialism of Karl Marx and the Young Hegelians', *Contemporary Review*, 40 (October 1881), 586.

㊱ Henry Rogers, 'Revolution and Reform', *Edinburgh Review*, 88 (1848), 367.

㊲ William Pitt, *The Speeches of the Rt Hon. William Pitt*, 3 vols (1808), i. 26.

多数票通过了 1794 年《阴谋法》(Conspiracy Act)、1795 年《叛国和煽动行为法》(Treasonable and Seditious Practices Act)和《煽动集会法》(Seditious Meetings Act)、1799 年《镇压煽动和叛国的社团法》(Suppression of Societies Established for Seditious and Treasonable Purposes Act),宣布拥护法国大革命原则的激进改革派活动非法。亨利·梅因(Henry Maine)爵士在《大众政府》(Popular Government,1885)中评述说,在政治争论中出现的"人的自然权利"对于英国人的影响就如同"一个所谓天文学讲师宣称他相信托勒密球体的存在,并号召听众欣赏该星球的音乐一般"。㊳ 1829 年,麦考莱用同样的笔调,对边沁学派进行了毁灭性打击,他批驳这个学派无视经验、偏爱抽象,混淆经验事实与僵化的理论。㊴ 边沁严词反驳说,凡是任何想要对宪政进行理性改进的建议都会立即被斥为"狂热、假设、空想、乌托邦、脱离现实、危险、破坏、毁灭、无政府、谋反政府"。㊵ 白芝浩斥责功利主义是"哲学家的虚构"。㊶

政治文化的道德性质确保了宗教在维多利亚时代公共生活中的中心作用。政治与宗教始终紧密相连,而并非是思想与情感彼此区隔开来的领域。政治是宗教的,宗教也是政治的。㊷ 宗教式语言、图像与信仰渗透于维多利亚时代的大众文化。㊸ 教派忠诚强化了党派忠诚;19 世纪,在党派忠诚和投票行为方面,宗教的影响大过其他因素。保守主义者都支持安立甘国教(Angelican Established Church)。保守党被视为濒临消失的国教的支持者,这是它在 1841 年和 1874 年大选中分别战胜辉格党和自由党的主要原因。不从国教者在选举中始终支持改革者。自由派认为自身

㊳ Sir Henry Maine, *Popular Government* (1885), 152.

㊴ 麦考莱(Macaulay)将詹姆斯·穆勒(James Mill)描述为一个中世纪的老学究,"不合时宜的 15 世纪的亚里士多德"[John Burrow, *Whigs and Liberals: Continuity and Change in English Political Thought* (Oxford, 1988), 19]。

㊵ J. Bentham, *A Plan of Parliamentary Reform* (1817), ix.

㊶ Walter Bagehot,'Parliamentary Reform', in *Bagehot's Historical Essays*, ed. N. St John-Stevas (1971), 313.

㊷ 有关维多利亚时代的宗教与政治的综述,参见 John Wolffe, *God and Greater Britain: Religion and National Life in Britain and Ireland, 1843-1945* (1994),以及 David Hempton, *Religion and Political Culture in Britain and Ireland: From the Glorious Revolution to the Decline of Empire* (Cambridge, 1996)。

㊸ 关于《圣经》在维多利亚时代文化中的中心地位,参见 Timothy Larsen, *A People of One Book: The Bible and the Victorians* (Oxford, 2011)。

的历史成就在于对宗教多元主义的包容,这种包容逐渐销蚀掉18世纪的教会权力;而不认为自身的成功源于向城市劳动阶级让渡政治权力。自由派一直对城市劳动阶级持提防的心态。

宗教影响了党派的分化组合,多次令政府下台。㊹ 围绕没收安立甘教会收入、废除教堂税和国家对于儿童宗教教育的支持,安立甘教会与持异见者产生龃龉。皮尔曾描述到,从1828年到1836年,一场"道德风暴"突然降临议会。㊺ 在国教、天主教、不从国教者和政治机构之间的激烈争论引发了议会危机和1830—1832年间的议会改革。1828—1829年间对《宣誓法》《市镇机关法》《天主教解放法》的废除削弱了自18世纪90年代以来皮特所奠定的托利党在政府中的主导地位。不从国教思想培养了大众激进主义者。㊻ 不从国教者不仅是19世纪三四十年代每一场要求更大范围改革的大众运动的主要角色,而且也在推动废奴和议会改革方面起到关键作用。在1830年至1832年要求改革的骚动中,大众使用了伯明翰政治联盟(Birmingham Political Union)正式会歌中的歌词"上帝是我们的向导";与此同时,改革反对者则将斗争视为针对邪恶势力的道德战争。1831年10月上院的安立甘主教们对《改革议案》的否决触发了大众的激烈抗议。教士们在街上受到攻击,其住所受到威胁,主教的肖像在盖伊·福克斯(Guy Fawkes)庆祝活动中被焚烧。1833年的《爱尔兰教会临时条例草案》(the Irish Church Temporalities bill)撤销了爱尔兰10个主教职位,导致约翰·基布尔(John Keble)的"举国叛教"(National Apostasy)布道和国民对于上帝的抛弃,并诱发了牛津运动和作为一个派别出现的鼓吹复兴天主教运动(Tractarianism)。内阁在爱尔兰教会问题上的分歧导致格雷勋爵改革政府于1834年下台。19世纪40年代的宪章运动同样运用宗教传道的语言、布道和赞美诗向政治边缘群体传达了一个正义的基督社会福音。19世纪40年代早期皮尔的教育立法中的宗教内容令不从国教者恐惧。1845年他扩大并使得《梅努斯拨款法》(Maynooth Grant)永久化,无论是在议会还是在选区都激起了保守主义者

㊹ 参见 Simon Skinner, 'Religion', in David Craig and James Thompson (eds.), *Languages of Politics in Nineteenth-Century Britain* (Basingstoke, 2013), 93-117。

㊺ Peel, 5 March 1829, *Hansard*, ns xx. 778-779.

㊻ 参见 J. E. Bradley, *Religion, Revolution, and English Radicalism: Nonconformity in Eighteenth Century Politics and Society* (Cambridge, 1990)。

和不从国教者中的反天主教情绪。保守党议会在该拨款法案上的分歧导致党在 1846 年分裂。在 1847 年大选中,类似《梅努斯拨款法》这种宗教议题的重要性远超经济政策。㊼ 19 世纪 60 年代早期,迪斯雷利将自己塑造为支持国教者的形象,反对不从国教者免交教堂税的要求。㊽ 废除爱尔兰教会刺激了 1868 年的议会自由党。但是,1870 年福斯特(Forster)的《教育法》引发教派间的争论,在格莱斯顿的教会任命不受欢迎之后,1874 年的安立甘教会内部的高教仪式(High Ritualism)问题最终导致格莱斯顿政府下台。议会在 1880—1885 年因无神论者查尔斯·布拉德洛(Charles Bradlaugh)在下院获得席位,却拒绝以"上帝帮助我"的话宣誓而争吵。作为政治忠诚与激烈争论的有力纽带,宗教情感确认了大众虔诚所具有的影响。

10 宗教对维多利亚时代政治有着深刻的影响,因为在当时人们眼中,政治为了道德目的而存在。即使世俗的激进派,比如约翰·斯图亚特·穆勒,他关心的也是人类的道德复兴问题。他曾于 1833 年提出"所有政治革命……都源于道德革命"。㊾ 1848 年他撰写著作《政治经济学的原则》(*Principles of Political Economy*)主要目的之一是要恢复该学科的正确定位,即受道德约束的政治经济学。1868 年他的著作《逻辑的体系》(*System of Logic*)第七版出版时,他添加了这样的话:"唯有具备真正美德的人才是完全自由的,这是千真万确的。"㊿维多利亚时代的人把社会视为一个复杂的道德有机体,在这个有机体中,沿着责任与相互义务之间精致且纤细的线索,我们可以追溯错综复杂的良性社会关系的纽带。所有党派对于历史资料的重视说明了道德的重要性。(51) 历史提供了行动的指

㊼ Norman Gash, *Reaction and Reconstruction in English Politics, 1832-1852* (Oxford, 1965), 98, and R. D. Floyd, *Church, Chapel and Party: Religious Dissent and Political Modernization in Nineteenth-Century England* (Basingstoke, 2008), 46-47, 85-87.

㊽ 1861 年 2 月 1 日,迪斯雷利对马姆斯伯里(Malmesbury)说,"目前国内政治只有一个问题,即确保国教"。Disraeli to Malmesbury, 22 February 1861, in Lord Malmesbury, *Memoirs of an Ex-Minister: An Autobiography*, 2 vols (1884), i. 247.

㊾ John Stuart Mill, 'Alison's History of the French Revolution', in *The Collected Works of John Stuart Mill*, ed. John Robson et al., 33 vols (Toronto, 1963-1991), xx. 118.

㊿ John Stuart Mill, 'A System of Logic Ratiocinative and Inductive', in *The Collected Works of John Stuart Mill*, ed. John Robson et al., 33 vols (Toronto, 1963-1991), viii. 841.

(51) 切题的讨论还有 Duncan Forbes, *Liberal Anglicanism and the Idea of History* (Cambridge, 1952)。

南。历史写作不仅仅是为了兴趣,更重要的是,我们从历史中得到教诲。正如弗里曼在 1849 年出版的《关于历史研究的思考》(*Thoughts on the Study of History*)中所写的话,"历史是天启的唯一被人类所选中的教导工具"。㊾ 剑桥历史学家西利"最喜爱的格言"是"历史学应该以实践为研究对象,尽管在研究方法上应该是科学的"。因此,"英格兰历史必须以可称为道德的东西为目标"。㊾ 对西利来说,英格兰"民族"是传统与集体道德意志的体现。历史学家应该起到类似"民族教士"的作用,从道德的角度解读历史,从而对其所处的时代有所启示。历史有着"公民宗教"的作用,研究过去实际上是为着道德教育的目的。民族的历史是道德教育的储存室,我们能够从中发掘无数的事例与警示,从而对所处时代发生的事件或赞扬,或惋惜,或欢呼,或批驳。

历史情感与道德信念,而不是意识形态,决定了维多利亚时代公共生活的特性。1858 年罗伯特·塞西尔(Robert Cecil)勋爵评论说,历史情感与道德信念不约而同地促成了下面的事实:"英国人对三个世纪以来的理论家们辛劳编织的关于第一原则的精致理论框架视而不见。"㊾ 梅因在 1861 年出版的很有影响力的历史法学研究著作《古代法》(*Ancient Law*)中驳斥了托马斯·霍布斯(Thomas Hobbes)和洛克的所谓"自然状态"观点,指出"非历史的、无法验证的前提假定"是在错误地暗示"人的个体存在与其作为社会中的人之间存在着巨大的鸿沟"。㊾ 无论是 1858 年的格雷伯爵三世还是 1867 年的白芝浩在分析英国政治制度时,都把宪政的实际运作视为分析的基础,他们不是从哲学的第一原则出发进行分析。他们的研究依据的是观察到的事实。他们通过归纳而非演绎的推理,描述了一个经历史演变而来的有机实体——英国政体的实际运作过程。政治深深植根于时空。二人都未诉诸规范的方法,从"社会契约"或"自然状态"推演出宪政的蓝图。他们研究的是英国经验的历史特殊性而非

㊾ E. A. Freeman, *Thoughts on the Study of History* (Oxford, 1849), 10. 有关维多利亚时代中期的历史学家拒绝关于逐渐"世俗化"的简单编年史观点的讨论,参见 Michael Bentley, 'Victorian Historians and the Larger Hope', in Michael Bentley (ed.), *Public and Private Doctrine: Essays in British History Presented to Maurice Cowling* (Cambridge, 1993), 127-148。

㊾ J. R. Seeley, *The Expansion of England* (1883), 1.

㊾ Lord Robert Cecil, 'The Theories of Parliamentary Reform', *Oxford Essays* (1858), 52.

㊾ Sir Henry Maine, *Ancient Law: Its Connection to the Early History of Society* (1861), 110-111.

人与社会的普遍理论。他们的著作基于白芝浩所说的"显而易见的事实"——在平凡日常的矛盾中,抽象的确定性消失了。1867年白芝浩在《英国宪政》中仅一次提及霍布斯,而对历史上其他的权威政治哲学家他只字未提。他说:"在全世界的所有民族中,英国人是最不可能成为纯粹哲学家的一个民族。"㊴

最后,对维多利亚时代的人来说,政治是社会关系的一个方面。政体(对权力的制度界定)是社会的一个小截面(共同体的公共生活)而已。在教区、市镇、地方、工作场所、教堂、教会、郡、地区、国家这些不同层次的相互依托的重要共同体中,不同情境下的个人依其不同身份和目的得以安放其情感和归属。"自然"的等级制度和家长式作风,即那些对他人的权力和义务,通过社区关系交织在一起。能体现这些直接的社会关系的较大的共同体是政治特权与责任发生的环境所在。政治所应得的权利被认为是公共的而非私人的。共同体居于公共争论的核心。例如,投票是一种共同体责任,而非私人的权利。这种责任表明,投票人是公共权利的受托人,选举人所享有的地位有着对于非投票人的责任。就如1829年皮尔在下院所说的那样,投票权"在性质上不同于财产权和其他严格的私人权利。它是一种用于公共目的的公共信托"。㊸ 1872年以前,投票是一种公共行为,表明了社会义务的履行;共同体要见证这种行为,所以该行为要公开履行,而不是个人出于良心的选择。㊹ 议员们代表着共同体的"利益"而非个体投票者的利益。这些"利益"是可以识别的,通常有着地理界限,拥有"自然"等级关系和可辨认出领导的地方共同体。

19世纪晚期之前,像"美德"和"自由"这类理念都是深深植根于共同体关系的社会理想。"美德"是对抗"腐败"的公共保障,表达了超越个人利益的观点。公民人道主义传统,即17世纪詹姆斯·哈灵顿(James Harrington)的著作所表达的古典共和主义,强调的是"自立的"地产所有者通

㊴ Walter Bagehot, *The English Constitution*, ed. Paul Smith (Cambridge, 2001), 42. 对准确定义的厌憎贯穿整个英国政治制度,这是 Brian Harrison 所谈的主题。Brian Harrison, *The Transformation of British Politics, 1860-1995* (Oxford, 1996).

㊸ Peel, 5 March 1829, *Hansard*, ns, xx. 771-772.

㊹ 正是基于此,霍默山姆·考克斯(Homersham Cox)在其 *The British Commonwealth* 中,坚持认为在共同体正义审查下的公开投票是对于公共责任的履行。Homersham Cox, *The British Commonwealth: Or a Commentary on the Institutions and Principles of British Government* (1854), 216-217.

过积极参与公共事务抵制腐败的义务。㊾ 爱丁堡大学的道德哲学教授亚当·弗格森(Adam Ferguson)在《关于公民社会历史的论文》(*Essay on the History of Civil Society*, 1767)中,否定了前社会的"自然状态"概念,将上述古典思想同苏格兰启蒙时代所提倡的"文明"亚冰期的商业进步(stadial commercial progress)融合在了一起。㊿ 摆脱了依附又属于共同体的一位男性,有可能在履行公民责任时展现其"男子气概""爱国主义"和"美德"。"独立"是有产绅士的品质,使其与依赖于他人的那些男人和女人区别开来。㉑ "自由"(liberty)保证的是作为社会参与层面的公共责任的理想状态,其中隐含着等级与义务的概念。它是完成对于共同体的责任的自由,而非个人想干什么就干什么的能力。它是你必须做的能力,而非你想做就做的能力。真正的"自由",在柏克看来,不是"独自的、没有任何联系的、个人自我的自由,不是每个人想要通过自己的意志把控自己行为的自由",而是一种"社会自由"。㉒ 政治体现的是由历史记忆所塑造的等级群体关系中道德的一面。正是过去、道德和共同体规定了维多利亚时代政治的"情感与思维的习惯"。这些思维与情感的习惯构成了公共价值观和政治信仰的基础。

政治文化的解读

身处 21 世纪初,在看待维多利亚时代的政治文化时,我们很容易有一种时代错位的感觉——特别是一个大体上已经世俗化的社会在理解维

㊾ 参见 J. G. A. Pocock, *The Machiavellian Moment: Florentine Political Thought and the American Republican Tradition* (Princeton, 1975), and J. G. A. Pocock, *Virtue, Commerce and History: Essays on Political Thought and History Chiefly in the Eighteenth Century* (Cambridge, 1985)。

㊿ 参见 Adam Ferguson, *An Essay on the History of Civil Society*, ed. Fania Oz-Salzberger (Cambridge, 1995)。

㉑ 参见 Matthew McCormack, *The Independent Man: Citizenship and Gender Politics in Georgian England* (Manchester, 2011), 12-30。

㉒ Edmund Burke, *On Empire, Liberty and Reform: Speeches and Letters of Edmund Burke*, ed. David Bromwich (New Haven, 2000), 405. 对于柏克而言,在有关责任、信任和义务的事情上,无论少数还是多数都无权按照自己的意愿行事。

多利亚时代公共价值观中的道德与宗教因素时遇到的挑战。㊣ 只是以嘲讽的态度漠视维多利亚时代政治文化的道德层面，满足于将自私与利他同等看待，将遮蔽19世纪的争论所体现的机智与灵活多样。正如宗教信仰、语言、插图所呈现的1830—1832年改革煽动起的大众愿望一样，对1831年下院反对改革的英国国教者们来说，争论是同反基督势力进行的一场道德斗争。将反对改革的安立甘主教们描写成只想维护既得"利益"的托利党顽固分子，是在讽刺他们强烈感受到的真正的恐惧，即他们担忧改革会颠覆社会道德。绘画中的法国大革命是针对上帝的一次造反行动，革命掀起的是反对基督教的恐怖战役，以及对教士和修女的屠杀。可以说，绘画生动地再现了主教们的内心恐惧感。

其他混淆时代的错误比比皆是。首先，由于将维多利亚时代视作走向代表制民主的漫长历程中的一个阶段，所以该时代政治文化的某些层面得到重视。㊣ 对于维多利亚时代的人而言，"民主"一词依然是弹性的、还未明确定义、偏执危险且含有压制性的概念——尤其是在预示受教育程度低的大众的智力滥用方面。㊣ "民主"还可能意味着某种社会形式、社会阶级、或者政府形式。试图改变政治环境者刻意将"民主"一词界定为一个引发争论的字眼，该词或被视为威胁，或被视为抱负。㊣ 作为一种革命力量，"民主"意味着肆意妄为的无政府状态——即导致嗜血的法国"恐怖时期"的暴民统治。1821年罗素写道，"普选权"滋生出"暴力的舆论和奴性的依附"。㊣ 作为一种政府制度，"民主"预示着平庸者或者暴民极端主义的胜利。1860年，这些关于"民主"作为一个社会阶级、一种社会形式或一种政府制度的消极含义表明，人们将民主视为和谐稳定社会

㊣ 参见 Gertrude Himmelfarb, *The De-Moralization of Society: From Victorian Virtues to Modern Values* (New York, 1995); Boyd Hilton, 'Moral Disciplines', in Peter Mandler (ed.), *Liberty and Authority in Victorian Britain* (Oxford, 2006).

㊣ 这种强调隐含在他们著作的题目中:Ian Machin, *The Rise of Democracy in Britain, 1832-1918* (2000); John Garrard, *Democratisation in Britain: Elites, Civil Society and Reform since 1800* (2002).

㊣ 参见 Joanna Innes and Mark Philip (eds.), *Re-Imagining Democracy in the Age of Revolutions: America, France, Britain, Ireland 1750-1850* (Oxford, 2013), esp. 101-148.

㊣ 参见 Robert Saunders, 'Democracy', in David Craig and James Thompson (eds.), *Languages of Politics in Nineteenth-Century Britain* (Basingstoke, 2013), 142-167.

㊣ Lord John Russell, *An Essay on the History of the English Government and Constitution* (1821), 269.

的政体的敌人。人们引用希腊与罗马的历史文献来说明"民主"是暴力的、不稳定的,且易被煽动家利用并导致独裁。

错误地将政治权利等同于社会平等,"民主"就会威胁议会所倡导的真正的自由和法律面前真正的平等,这是人们从1789年后法国发生的事件中得到的教训。即使"自然权利"和法国大革命思想最积极的倡导者潘恩在18世纪90年代时也并不提倡民主,而是倡导成年男子的参政权。[68] 18世纪90年代柏克和其他旧政权效忠分子滥用"民主"和"民主党人"这种词语是为了诽谤法国革命者的信仰。柏克痛斥"过分的民主是残忍、血腥与专横的,丧失了理性与原则,肆意限制人的自由,个人财产得不到保护"[69]。丹尼尔·奥康奈尔(Daniel O'Connell)在1820年通过天主教协会(the Catholic Association)对爱尔兰大众进行动员的会上也警告了"民主"的威胁,说威胁是由心怀叵测的反天主教派所鼓动的。与辉格党形成对立的是,托利党在1831—1832年间的争论中指责改革为"民主",因为改革要把权力扩展至被视为大众中的不安分守己者手中,这些人主要是店主和商贩。19世纪30年代以来,一些激进派和宪章派也将"民主"等同于通过男子普选权上台的"大众政府",以与腐败的"贵族制"相区分。但此种意义上的民主只是要求"大众代表权"。政府应该基于大众的同意,而不是直接统治。其他更先进的自由派和激进派(不管或者因为宪章派要求的男子普选权)则费尽心思要区分"大众代表权"和"民主"。因此,1832年约翰·穆勒论辩说,"真正的大众代表权思想"不是"人民亲自统治,而是他们挑选治理者进行统治"。[70] 直至19世纪六七十年代,"民主"这个词对某些人来说才变得不那么负面,尽管其含义依然模糊不清。

历史目的论注重走向20世纪议会民主的渐进过程,故强调了那些"向前看"的、世俗的、明显"进步的"因素,这些因素可在功利主义、哲学激进主义和宪章运动中找到。依照此种看法,这些民主思想的原型预

---

[68] 参见 Gregory Claeys, *Thomas Paine: Social and Political Thought* (1989)。

[69] Mark Philip, 'Talking about Democracy: Britain in the 1790s', in Joanna Innes and Mark Philip (eds.), *Re-Imagining Democracy in the Age of Revolutions: America, France, Britain, Ireland 1750–1850* (Oxford, 2013), 105.

[70] John Stuart Mill, 'The Examiner (1 July, 1832)', in *The Collected Works of John Stuart Mill*, ed. John Robson et al., 33 vols (Toronto, 1963–1991), xxiii. 489.

示了未来的发展。在城市扩张和工业化的背景下,历史目的论描绘出中产阶级文化和政治影响力的上升、工人阶级的形成、政治制度的逐渐开放,以及1867—1884年的《改革法》对这一进程的推动——这是一个推动原始、无序的过去走向先进、有序的现在的过程。这种看法将政治参与和拥有投票权混为一谈,故将逐渐授予的选举权理解为一种逐渐走向普选权的过程。女性对于政治的参与被边缘化了,女性在地方选区的活跃状况、在选举仪式中的作用,或者贵族女性对于议会政治的影响没有得到重视。只注重选举权逐渐扩大的进程的叙事,忽略了没有选举权的男性,他们如果不是参与到大众激进活动中,其作用很难被提及。这种历史目的论将使人们误认为维多利亚时代的政治仅是进步的自由派与反动的托利党之间的竞争。这种叙事将忽视保守派和自由派对于越来越多的工人握有选举权时的日益焦虑。土地所有者的持续影响、贵族的声望、历史记忆的影响都消逝了。如果我们在研究议会改革时采用这种叙事,那么我们就可能对那些重申古代中世纪权利和自由的主张视而不见,正是这些主张促进了19世纪20年代复古文学的繁荣。事实上,自由派、辉格党、激进派以及保守派都常常通过历史来表现其现实目的。维多利亚时代政治文化中"向后看"的复辟性质既在党派历史文献中表现出来,也在自由派、辉格党、激进派和保守党的目标中表现出来,如果我们只关注转变中的世俗愿望,复辟性质的这一面就容易被忽视。

另一个时代错位之处是对于类似"政党"这种词语的使用,这些词自18世纪以来,一直为政治家们所使用,故人们很容易认为这些词语始终保持着不变的含义。事实上,类似"政党"这些词语在不同时代有着不同含义。假定"政党"这个词具有一个普世性的定义——如诺曼·加什(Norman Gash)对该词所下的宽泛定义,"一个由政治家组成的有着严密组织和持行动哲学的团体"⑦——实际忽略了自18世纪以来词义的变化。这类词的准确含义离不开其特定的历史环境,后者始终是不断变动的。"代表权"和"利益"的意思同样离不开其特定用法的不同语境,语言是变动的媒介,政治家及其听众借助这种媒介来解读社会经历。最后,后维多利亚时代的政治家,在创造他们自己的政党神话时,往往会大量借助

---

⑦ Norman Gash, *Reaction and Reconstruction in English Politics, 1832–1852* (Oxford, 1965), 126.

19世纪的事件来强调其所处时代的政治目的的合法性。正如19世纪的辉格党赋予光荣革命以神话色彩,激进派引用17世纪的事件为自己的信仰寻找证据一样,20世纪的政治家们挑选出维多利亚时代文化的某些方面来支持他们的政治目的——比如,玛格丽特·撒切尔(Margaret Thatcher)在20世纪80年代重提维多利亚时代的价值观。对政治遗产的追溯模式是时代错位的主要缘由。

在1989年《英国历史评论》(*English Historical Review*)上的一篇文章中,笔者论证了避免时代错位需要把对于政治体制如政党的理解放置于该词所处的时代思想环境中。19世纪和20世纪宪政语言的变化规范了政党一词概念功能的变化。政党**功能**的变化决定了这个时期政党的**性质**与**目标**的改变。[72] 正如伯纳德·克里克(Bernard Crick)所评论的,"所有的思想都寻求在制度上的实现;所有的制度都包含目的"。[73] 对于历史学家而言,目的的发掘指向政党的特定功能,其由政党所处的历史环境传达出来。笔者的这项研究把宪政思想的环境扩展至更广泛意义层面上的政治文化,同时强调在搞清特定历史背景的基础上,才能对议会政党或选区这类实体有恰当的理解。这种研究面临着如下诱惑,即把19世纪30年代的议会政党看作是20世纪早期政党的萌芽形式,在参与民主制下逐步走向实现表达大众意愿的理想。这种诱惑的存在真真切切。19世纪30年代议会政党的鲜明特色显然源于其发挥作用的"议会政府"环境。它们支持"议会主权",议会掌管着宪政的权力。它们的目的是保护"议会主权",防止其被王权和大众权力的原始民主思想所侵犯。议员的责任、选民、选举和"代表权"的概念都源自这些词所处时代的公共价值观所赋予政党的功能。

笔者的这项研究从历史和方法论两个方面谈论政治文化。[74] 首先,此研究描述了塑造政治组织和党派活动的较为宏观的维多利亚时代公共

---

[72] 参见 Angus Hawkins, 'Parliamentary Government and Victorian Political Parties, c. 1830-c. 1880', *English Historical Review*, 104 (1989), 638-669。

[73] Bernard Crick, *In Defence of Politics* (1962), 199.

[74] 在本书中,我将"政治文化"定义为渗透进整个社会,治理者与被治理者都认同的多样且变动不居的信仰、价值观和态度,这些信仰、价值观和态度使我们获得关于权力、地位和权威的知识。社会科学家和历史学家对于"政治文化"概念的讨论,主要在北美的学术圈中进行的,参见 Ronald P. Formisano, 'The Concept of Political Culture', *Journal of Interdisciplinary History*, 31/3 (2001), 393-426。

生活的社会、宗教和知识环境,探讨了该时代的思想流派、宗教信仰、公共价值观、政治意图和选举动态之间的联系。如果只关注政党组织和选举行为就会将维多利亚时代政治文化中塑造公共生活价值观的关键方面排除在外。其次,政治文化对改变维多利亚时代的英国社会和经济结构的变化有着调节作用。那些投身于公共生活的人不是工业化或者城市化等经济或社会变化的被动代理人。政治家们积极致力于界定这种变化的意义。经验的解读要借助部分由政治家所塑造的社会意识。在动态与活跃的社会中,政治家在描述和解读变化以及如何理解这种变化时所运用的语言,使得他们置身于对于变化的意义的激烈讨论中。政治家的社会经验的形成与塑造多重并存的身份认同(地方、地区、民族、宗教、职业、休闲)的语言和价值观相互作用,最终对个体的思想产生影响,从而导致政治身份得以确立,公众理解得以达成。这些是"主观的"创造,而非"客观的"结构变化所规定或者预设的。⑦ 维多利亚时代的人谈论其宪政和政治制度的语言影响了他们对于生活变化的见解,也影响了其经验的意义与性质。如约翰·亨利·纽曼(John Henry Newman)在他所著的《大学的思想》(*The Idea of University*, 1852)中所评论的,"思想与言语彼此不可分"。⑦

　　接下来的部分是审视自19世纪20年代到20世纪初的英国政治文化。笔者在书中讨论的是政治文化和公众的想法对这段历史时期的影响,在这个时期,党派对历史的借重、政治的道德属性、共同体、社会地位和等级制的重要性构成了公众态度的特征。维多利亚时代通常被视为一个自由的时代。其理由似乎显而易见。自由主义,作为自洛克以来的各种想法的集合体,试图摆脱政治权力、宗教活动和经济政策的垄断,恢复人的"自然状态"的个体的自由。自斯密(Adam Smith)以来,自由政治经济学就在倡导废除关税保护后的公开与自由市场的"自然"运作。自19

---

⑦ 此种方法的使用应该感谢 Jon Lawrence, *Speaking for the People: Party, Language and Popular Politics in England, 1867–1914* (Cambridge, 1998),以及 Patrick Joyce, *Visions of the People: Industrial England and the Question of Class, 1840–1914* (Cambridge, 1991), 27–55; Jon Lawrence, 'Political History', in Stefan Burger, Heiko Feldner, and Kevin Passmore (eds.), *Writing History: Theory and Practice* (2003), 183–202; Dror Wahrman, 'The New Political History', *Social History*, 21(1996), 343–354。

⑦ J. H. Newman, *The Idea of a University* (1852), 276.

世纪 30 年代辉格党、改革派和激进派都奋力推进自由议程后,1859 年议会自由党的地位已巩固下来。在这种视角下,19 世纪英国自由的向前推进就见之于以下几个方面:1832 年、1867 年和 1884 年《改革法》的出台;1846 年《谷物法》和 1849 年《航海条例》(Navigation Acts)的废除;对非安立甘教信徒的民事和宗教禁令的解除;更倚重取代了恩赐制度的精英管理者的公共精神,这已被 19 世纪 50 年代以来的行政改革所验证。自 1830 年到 1886 年的三分之二的时段里,是自由派掌权(虽然在 19 世纪三四十年代,执政党打着辉格党或改革的旗帜)。自由派霸权的背景是工业化、城市化和中产阶级获得更多权利的进程,这意味着逐渐强调"个人主义",越来越"世俗化",以及对转型的意识形态思想的拥抱。⑦ 英国成为自由现代国家——对某些人来说,是现代自由国家的先锋模范。⑧

我在研究中发现运用上述方法理解英国政治文化是有问题的。⑨ 比如,人们吃惊地发现,进入 20 世纪的英国,世袭君主、上院和国教依然存续且在整个 20 世纪都是英国公共生活的重要元素。⑩ 用宪政词语来说,英国依然是一个有着宗教信仰的国家。1900 年,保守的上院议员索尔兹伯里(Salisbury)勋爵做了首相。给予非安立甘教者的公民自由没有改变维多利亚时代对社会道德凝聚力的关切。改革派、自由派和激进派通常

---

⑦ 有关"自由主义"和"现代性"的讨论,参见以下这本书的导论部分:Simon Gunn and James Vernon (eds.), *The Peculiarities of Liberal Modernity in Imperial Britain* (Berkeley and Los Angeles, 2011), 1-18。

⑧ 参见 Peter Mathias, *The First Industrial Nation: An Economic History Britain, 1700-1914* (1969); Harold Perkin, *The Origins of Modern English Society, 1780-1880* (1969); Roy Porter, *The Creation of the Modern World* (New York, 2000); and Dror Wahrman, *The Making of the Modern Self: Identity and Culture in Eighteenth-Century England* (New Haven, 2004)。

⑨ 在此书写作过程中,由 Simon Gunn 和 James Vernon 编辑的论文集 *The Peculiarities of Liberal Modernity in Imperial Britain* (Berkeley and Los Angeles, 2011)也同样对此问题进行了论述。其中 Jon Lawrence 的论文 'Paternalism, Class and the British Path to Modernity' (147-164)很有参考价值。

⑩ Jonathan Parry 已对这个主题进行了探讨。Jonathan Parry, 'Whig Monarchy, Whig Nation: Crown, Politics and Representativeness 1800-2000', in Andrzej Olechnowicz (ed.), *The Monarchy and The British Nation*, 1780 *to the Present* (Cambridge, 2007), 47-75, and in 'The Decline of Institutional Reform in Nineteenth-Century Britain', in David Feldman and Jon Lawrence (eds.), *Structures and Transformations in Modern British History* (Cambridge, 2011), 164-186.

都对宗教多元持宽容态度,并且不赞成世俗化。㉛ 自由贸易是促进美德社会发展的道德事业。再者,如1815年《谷物法》所显示的,重商主义始终是19世纪早期主导性的爱国经济话语。关税的收取与政治经济学的主张是一致的,当时的政治经济学注重促进可持续增长、控制政治骚乱和缓解社会紧张。㉜ 如1832年的法律所证实的,女性在男性概念的议会领域中是被边缘化的。1832年的《改革法》只是在内容上有所增补。1867年的《改革法》是向"体面可敬的"群体赋权。1884年《改革法》的起草者认为议会应该代表"利益"共同体。直到1918年,男性成年普选权才确立,女性与男性平等的选举权在1928年才确立。选举权的扩展是渐进的、不平衡的,始终在担忧未受过教育的不道德的大众暴政幽灵。虽然宣称"公民和宗教自由"的普世性质,但自由派始终注重将贫困之人、无知之人、少数族裔和女性同那些有完全资格加入"政治民族"的人相区分。"民主"始终被视作有着潜在危险、不利于稳定的概念。相反,男性普选权的确立,法国是在1848年,丹麦是在1849年,日耳曼邦联(German Federation)是在1866年,德意志帝国是在1871年,瑞士是在1874年,奥地利、比利时、意大利、荷兰、西班牙、挪威、芬兰和瑞典则是在1894—1913年间。在英国,从公学和牛津、剑桥两所大学毕业的精英始终占据英国统治的主导地位,这个社会群体凭依其优越感在白厅(政府)、威斯敏斯特(议会)、伦敦金融城、皇家法院、安立甘教会行使着权力,维持着社会的现状。帝国和殖民政府则为这个精英群体提供了更多行使权力的机会。

我想要说的是,自19世纪以降,重视过去、道德和共同体的英国政治文化的历史继续塑造着公共价值观。㉝ 重新界定的精英概念和等级制确保了父权责任思想的存续。过去、道德和共同体以适应性强的形式幸存下来,改变了自由思想的单一霸权。在关于过去的所有党派政治的观点

㉛ 有关对于"现代性"模式中的"世俗化"的批判性再思考,参见 J. C. D. Clark, 'Secularization and Modernization: The Failure of a "Grand Narrative"', *Historical Journal*, 55/1 (2012), 161-194。

㉜ 参见 Anna Gambles, *Protection and Politics: Conservative Economic Discourse, 1815-1852* (Woodbridge, 1999)。

㉝ 有关维多利亚时代中的私人行为、公共道德和社会责任的纽带一直延续到了20世纪的讨论,参见 Susan Pedersen and Peter Mandler (eds.), *After the Victorians: Private Conscience and Public Duty in Modern Britain* (1994)。这种观点也受到了'Bloomsbury'的嘲讽。

中,彼此冲突且相互竞争的历史叙事,继续在定义其所处时代的政治目的。无论是基督教形式,还是非基督教形式,道德始终是公众愿望的标准,虽然作为稳定社会秩序基础的道德价值观越来越多元。坚持关于责任、义务、等级和父权等模糊观念的共同体继续影响着个人对于自身身份认同和目标的界定。总之,英国政治文化的保守方面赋予了维多利亚时代的自由思想与其他政治信条一种特别的形式、特定的品性及特殊的气质。

概述一下笔者所持论点的历史背景可能有所裨益。1964年马克思主义历史学家佩里·安德森(Perry Anderson)将英国描述为"患有硬化症的老古董社会",并说,其历史原因就是他所认为的"慢性病态熵"。[84] 那么,无产阶级和资产阶级的战斗性是如何被扼制的?除其他原因外,他指出,在17世纪,英格兰"没有发生"任何类似欧洲大陆国家那样的"资产阶级革命",清教主义被证明是一种"无用的激情"。法国大革命把崛起的工业资产阶级团结在土地精英们的周围,创造出一种"有意识的系统化的共生关系。"土地、商业和工业财富的"重叠"加固了这种关系,正如"绅士"、公学、牛津剑桥、政府和对帝国的"迷信般的标准"一样。等级与尊卑构成了英国社会的固有特征(未被人们领会的马克思的真知灼见),阻碍了政治化"阶级意识"的形成。因缺乏系统的意识形态(功利主义是一个例外),安德森认为英国精英受到"一种市井偏见和禁忌的不良影响",这种市井偏见和禁忌从"传统主义"(表现为英国精英谋求过去对现在的认可)汲取力量;也从经验主义(表现为捆绑未来以屈就现在的一种"智力习惯")汲取力量。所有这些,构成了英国"全面的,凝固的保守主义。"著名的马克思主义历史学家汤普森(E. P. Thompson)在1965年批驳了安德森对于"阶级"和"霸权"概念的使用,指出了新教异见促成了"经验主义"的"智力习惯"的养成,达尔文的成就和亚当·斯密对确立自由市场政治经济学(其体现于对自由贸易的追求)的作用都是这种智力习惯的体现。[85] 但是汤普森肯定了安德森关于英国文化的重要层面阻碍了"阶级意识"的发展的观点。对于20世纪六七十年代的历史学家来说,"阶级"是进行历史解释的一个重要决定因素。

---

[84] Perry Anderson, 'Origins of the Present Crisis', *New Left Review*, 23 (1964), 26-53.
[85] E. P. Thompson, 'The Peculiarities of the English', *Socialist Register* (1965), 311-362.

1981年人们广泛阅读的马丁·维纳(Martin Wiener)的著作《英格兰文化和工业精神的衰落,1850—1980》(English Culture and the Decline of the Industrial Spirit, 1850-1980)探讨了中产阶级和上层阶级对工业化和经济增长的敌视态度,指明其原因在于国家向"现代性"的"不完全"过渡。⑧ 如果对于安德森来说,英格兰未能走上马克思主义的道路,发展出欧陆国家的那种"阶级意识",那么在维纳看来,英格兰就是一个"现代化的先锋",其还"未"能完全现代化。对二者而言,判断性字眼"未"和"不完全"都是含混不清的。自20世纪80年代以来,"阶级"和"现代性"都成为越来越具有争议性的词语。"语言的转向",即一种对语言如何塑造政治观念与政治愿望的兴趣,是加雷斯·斯特德曼·琼斯(Gareth Stedman Jones)的著作产生影响的部分原因。⑧ 与此同时,维多利亚时代政治的宗教与道德性质被肯定。⑧ 19世纪中期信仰危机促进了多元化和一定程度的宗教信仰的去体制化,而不是"世俗化"。⑧ 作为政治认同关键因素的"阶级"概念受到侵蚀。⑨ 20世纪90年代,对维多利亚时代民意测验记录和投票行为进行解释的"选举社会学"方法受到挑战。⑨ 大众保

---

⑧ Martin, J. Wiener, *English Culture and the Decline of the Industrial Spirit, 1850-1980* (Cambridge, 1981), 7-10. 维纳的这篇论文受到广泛的关注,获得许多评论。其中James Raven 从历史的角度做出的评论很有价值。James Raven, 'British History and the Enterprise Culture', *Past and Present*, 123/1(1989), 178-204.

⑧ 由琼斯的 *Languages of Class: Studies in English Working Class History, 1832-1982* (Cambridge, 1983)所引发的活跃的历史学讨论,参见 Jon Lawrence and Miles Taylor, 'The Poverty of Protest: Gareth Stedman Jones and the Politics of Language-a Reply', *Social History*, 18/1(1993), 1-15。

⑧ Boyd Hilton, *The Age of Atonement: The Influence of Evangelicalism on Social and Economic Thought, 1785-1865* (Oxford, 1988); J. P. Parry, *Democracy and Religion: Gladstone and the Liberal Party, 1867-1875* (Cambridge, 1986); and M. R. D. Foot and H. C. G. Mathew (eds.), *The Gladstone Diaries*, 14 vols(Oxford, 1968-1994).

⑧ Joe Harris, *Private Lives, Public Spirit: Britain 1870-1914* (Harmondsworth, 1993), 150-179.

⑨ Patrick Joyce, *Visions of the People: Industrial England and the Question of Class, 1848-1914* (Cambridge, 1991); Eugenio Biagini, *Liberty Retrenchment and Reform: Popular Liberalism in the Age of Gladstone, 1860-1880* (Cambridge, 1992); James Vernon, *Politics and the People: A Study in English Political Culture, c. 1815-1867* (Cambridge, 1993); and Duncan Tanner, *Political Change and the Labour Party, 1900-1918* (Cambridge, 1990). Duncan 将工党的成功归于能同自由主义分享阶级战斗色彩较淡的文化。

⑨ Jon Lawrence and Miles Taylor (eds.), *Party, State and Society: Electoral Behaviour in Britain since* 1820 (Aldershot, 1997).

守主义不再被视为研究不足的反常现象,而被视为对保守主义倡导者的有意迎合与有效组织的真正回应。⑫ 安德森指出,在 18 世纪和 19 世纪的英国,"公民社会重于国家"。⑬ 近年的研究审视了"公民社会"的概念和地方精英在治理其所属共同体方面的作用。⑭ 与此同时,对变动的历史环境下的"国家政权"概念的变化也有了探讨。⑮ 政治文化的性别层面也有了更清晰的界定。⑯ "爱国主义"对 19 世纪英国人看待自己的概念和看待欧洲事件的概念的影响被重新审视。⑰ 1800 年后,也有人对与联合王国内的四个民族有关的议会立法事务和程序进行了梳理。⑱ 对过去视角的唤醒无处不在并广受欢迎,表明了深深植根于社会所有阶层的历

---

⑫ Matthew Roberts, 'Popular Conservatism in Britain, 1832–1914', *Parliamentary History*, 26/3(2007), 387–410; Martin Pugh, 'Popular Conservatism in Britain: Continuity and Change, 1880–1987', *Journal of British Studies*, 27(1988), 254–282; and Matthew Roberts, 'Constructing a Tory World-View: Popular Politics and the Conservative Press in Late Victorian Leeds', *Historical Research*, 79 (2006), 115–143.

⑬ Perry Anderson, 'Origins of the Present Crisis', *New Left Review*, 23 (1964), 47.

⑭ Jose Harris (ed.), *Civil Society in British History: Ideas, Identities, Institutions* (Oxford, 2003), and David Eastwood, *Government and Community in the English Provinces, 1700–1870* (Basingstoke, 1997).

⑮ Richard English and Charles Townshend (eds.), *The State: Historical and Political Dimensions* (1999); John Brewer and E. Hellmuth, *Rethinking Leviathan: The Eighteenth-Century State in Britain and Germany* (Oxford, 1999); and S. J. D. Green and R. C. Whiting (eds.), *The Boundaries of the State in Modern Britain* (Cambridge, 1996).

⑯ Dror Wahrman, '"Middle-Class" Domesticity goes Public: Gender, Class and Politics from Queen Caroline to Queen Victoria', *Journal of British Studies*, 32/2(1993), 396–432; Anna Clark, 'Gender, Class and the Constitution: Franchise Reform in England 1832–1928', in James Vernon (ed.), *Re-Reading the Constitution: New Narratives in the Political History of England's Long Nineteenth Century* (Cambridge, 1996), 239–253; Catherine Hall, Keith McClelland, and Jane Rendall, *Defining the Victorian Nation: Class, Race, Gender and the British Reform Act of 1867* (Cambridge, 2000); Matthew McCormack, *Public Men: Masculinity and Modern British Politics* (Basingstoke, 2007).

⑰ Jonathan Parry, *The Politics of Patriotism: English Liberalism, National Identity and Europe, 1830–1886* (Cambridge, 2006).

⑱ Julian Hoppitt (ed.), *Parliament, Nations and Identities in Britain and Ireland, 1660–1850* (Manchester, 2003), and Margaret Escott, 'The Procedure and Business of the House', in David Fisher (ed.) *The History of Parliament: The House of Commons, 1820–1832*, 8 vols (Cambridge, 2009), i. 282–318.

史意识,而不仅仅是统治阶级强加的"被发明的传统"。[99]

我的这项研究不是对维多利亚时代政治文化偏离"阶级意识"或者"现代性"做出判断,而是尝试从政治文化本身去理解19世纪的公共价值观和政治抱负。我要探讨维多利亚时代的人所继承、创造和颂扬的那些宪政叙述、党派历史、道德价值观和共同体认同身份的关键历史场景。此研究重视在解释社会经验和动员政治关系时语言的作用[100],论述了诸如政治家们使用的"政党""代表""独立""贵族政治""大众舆论""人民主权""政治民族""民主""人民"这类词语意义的变化。这些词语在持续和动态争论中传播,其意义变动不居、充满争议,带有党派色彩。

本书第一章追溯了宪政语言的发展变化,这种语言建构了英国18世纪强调议会主权的"混合政府"思想。18世纪70年代至80年代北美和法国将保护"公民"的"自然权利"的"分权"制度化,写入宪法。而此时,英国则庆贺行政权、立法权和司法权的合并,通过支持一个议会中的君主权威来保障臣民获得的合法权利。这种英国的"例外"形塑了一种特殊的政治话语,这种话语复活了表现政治价值观的法律、土地持有者的地位和历史的先例。最关键的是,英国人的自由(被视为合法的权利)与社会平等被区分开来,这意味着否定法国大革命所呼吁的自由、平等与博爱的普世性。财产被视为地位与权力的关键特性。

柏克的思想和苏格兰启蒙运动都肯定了宪政的历史与经验视角。诸如亚当·斯密、杜格尔德·斯图尔特(Dugald Stewart)和约翰·米勒(John Millar)这些人注意到1707年《合并法》通过后,英国成为先进商业社会的典范,从而展示了不同阶段"文明"进步的模式。通过这样做,他们给英

---

[99] Paul Readman, 'The Place of the Past in English Culture c. 1890-1914', *Past and Present*, 186 (February 2005), 147-199. 有关19世纪较晚时期的百周年纪念活动的增加及其普遍性的讨论,参见 Roland Quinault, 'The Cult of the Centenary, c. 1784-1914', *Historical Research*, 71 (1998), 314-323。

[100] Raymond Williams, *Keywords*: *A Vocabulary of Culture and Society* (London, 1976),《关键词》(有中文版)是对变化的文化环境下的概念与词的意义进行学术讨论的一部开拓性著作,尽管其所用方法与结论都已被取代。更多关于这方面丰富的文献,多数是围绕 Quentin Skinner 关于词、概念、历史场景、政党原则和政治话语的学术观点展开的。参见 Quentin Skinner, 'Language and Social Class', in John Tully (ed.), *Meaning and Context*: *Quentin Skinner and his Critics* (Cambridge, 1988), 119-132; J. Farr, 'Understanding Conceptual Change Politically', in T. Ball, J. Farr, and R. L. Hanson (eds.), *Political Innovation and Conceptual Change* (Cambridge, 1989); and Quentin Skinner, *Visions of Politics*: *Volume 1*, *Regarding Method* (Cambridge, 2002)。

格兰人对"自由权利"(liberty)和"自主自由"(freedom)的定义赋予了"不列颠"的内涵。议会将有关地区事务的决定权下放给地方社区精英,使其对"公民社会"的认识开始成形。它支持复杂的志愿的公共关系网络的存在,这种网络是有产者与有地位者在地方社区发挥作用的一个方面,"公民社会"与政治体制无缝连接在一起。

这种独特的英国政治文化的经济背景是与商业、贸易和金融发展的持续复杂多变相伴随的。直到19世纪80年代,工业才在经济关系上占有主导地位。随着社会关系日益复杂,用于描述共同体地位的词语发生了变化。"等级"和"秩序"等传统说法继续流行的同时,出现了"阶级"的概念。但人们是从道德上而非从严格的经济范畴上使用这些词语。这使得人们对作为公共价值观基础的过去、道德和共同体的历史态度保留下来。同时,对敌视抽象臆测而注重实践和实用的英国人气质的定义开始出现。

本书第二章分析18世纪90年代至1830年间的"混合政府"的消亡,重点分析1828—1836年的危机——可归结为应该由谁治理国家的道德斗争。君主特权的日渐式微、下院权力的增大,以及宗教教派的勃兴,促发了一场议会机构的危机。19世纪20年代晚期多重党派组织的出现,对"大众舆论"道德概念的唤醒,福音派对公共义务与责任的影响,以及1830年前英格兰选民的扩大,强化了皮尔所说的"道德风暴"。19世纪20年代,英格兰的乡郡选民大幅增加,但在自治市镇,人口数量的增长使得更大比例的人没有选举权。公众要求议会改革所用的语言乃至希望改革达到的目的都是要"恢复旧制",寻求的是恢复历史上曾有的权利和失去的自由。

1832年《改革法》的通过是为了修正并净化选举制度,使其恢复平衡,而不是改变该制度。经过1832年的议会争论,选举权从财产地位方面得以明确,使更多的公民拥有了选举权。选举权的扩展比当初设想的复杂许多。选举改革在各地产生的影响大相径庭。英格兰自治市镇拥有选举权人数的增长并不普遍。在146个自治市中,有42个甚至出现了下降。而市政团选区(corporation boroughs)选民的增长则比较显著。在英格兰乡郡,选举权改革的影响前后一贯,尽管郡选举规模的增长并未超过19世纪20年代的自然增长。1832年改革立法的重点是重新划分选区,并对选民进行登记。其目的是使选区同"利益"共同体相一致,并确认那些有选举权的男性选民。这种改革仍然保留了绝大多数拥有复数席位选区的选民持有一张以上选票的做法。更重要的是,《改革法》的推动者认为,该法案是为了恢复公众对于国家制度的信心,恢复公众对于"公正无私"辉格党精英权威的信任,信任他们能够解决真正的"民"怨。

1832 年《改革法》确立了"议会政府"的宪政正统地位。行政权力仰赖其在议会的政党支持,尤其来自下院的支持。1832 年以后,具有凝聚力的党派阵营决定了政府的身份与命运。它们保证了议会从君权和大众那里获得的主权。下院党派制约着王权,并确保政府的任期不与大选直接挂钩。下院任免政府部长,部长的任期取决于下院党派的支持。第三章审视了"议会政府"对理解 1832 年和 1867 年的议会政党性质的影响,以及这种影响对于政府概念和议员作用的含义。

对"议会政府"的主要挑战来自皮尔关于内阁权威的行政观点和拒绝辉格党精英主义的激进观点。19 世纪三四十年代,对辉格党观念的挑战达到了高潮。贫民激进主义、宪章运动和反谷物法联盟拒斥辉格党对于大众示威的父权态度,宣称要摆脱寡头政治的道德独立、抨击"贵族"的自私自利,摒弃封建迷信。他们认为所有男子具有正直与德性的品德。然而,所有这些批评仍然植根于对民族历史的解读,所体现的是这样一种爱国主义:颂扬"真正不列颠人"的自由,坚守提倡道德共同体的基督教,拒绝只为权势者说话,否认"人民"劳动果实的政治经济学。关于过去、道德和共同体的强有力的价值观影响了对辉格党宪政的激烈批评。

同样重要的是,早期维多利亚时代的主要政治运动都将其政治目的标榜为"宪政主义"。关于宪政的真正性质有过激烈的争论,有的把宪政视作理想,有的视为实体——党派对历史的不同解读体现了人们关于政体的不同观点。但是无论保守派、改革者,还是辉格党人、自由派者,乃至激进派,都很少彻底否认宪政。当欧洲大陆在对待整个现存制度的问题上分裂为针锋相对的维护与否定两派时,英国人却达成了共识,虽然彼此就宪政的真正性质发生过激烈的争论。原因就是刘易斯爵士在 1832 年所言,"反复提及古代制度意味着(人们)想恢复过去,而不是革新"[100]。到 19 世纪 50 年代,在自由党的支持下,这些价值观促进了英国社会对激进主义的吸纳。随着对共同体、等级制、个人地位和道德责任的重新定

---

[100] Sir George Cornewall Lewis, *Remarks on the Use and Abuse of Some Political Terms* (1832), 5.

义,这些价值观的作用重现,国家的许多历史制度没有被削弱,而是得到了加强。

第四章对于选区政治的性质进行了探讨,如对1832年《改革法》所产生的可预见或未曾预见的结果对议会外的政治性质的改变。选区是体现了具有凝聚力的群体"利益"。议员们代表着整个共同体,而不仅仅代表着投票人。然而,对于在何种意义上他们代表了选区利益却有着不同的解释。1832年引入的选民登记程序推动更大的党派组织的出现以后,传统的18世纪选举仪式与公众庆典依然保留下来。选举参与仪式塑造了有产男性投票的公共群体行为,且将1832年前公共参与的那些习俗保留下来,又吸收了地方政党积极分子合法竞选提名的做法。与此同时,地方报纸对党派选区政治的积极参与使选举日益复杂。竞选活动从起草请愿书开始,有露天集会及需要制定关于选民登记的策略等。然而,到19世纪60年代时,激进大众狂欢时的集会具有了更严肃的形式,集会上常有主导议会论坛的人物如约翰·布赖特(John Bright)和威廉·格莱斯顿等的演讲。

第五章讨论了1826—1867年间英格兰、威尔士、苏格兰和爱尔兰的不同选举文化。在英格兰,复数席位选区选民在投票时可以有多种选择,包括"排他性投票"(plumping)、"分裂投票"(splitting)或者"无党派排他性投票"(non-plumping)等。保守派投票的弹性、地方保守协会在动员和登记支持上的效率,以及辉格党、改革派、自由派和激进派选举政治的分裂,成为1832年后英格兰选举的三个鲜明特征。最终,保守派在1837—1857年间把持了英格兰议席的多数席位。随后在1857—1865年间出现了重大变化。"分裂投票"和"无党派排他性"投票行为在选举中减少。辉格党、自由派和激进选举活动在选区的凝聚力提升。1859年,议会自由派开始团结在一个政党旗帜之下。这为英国政治中的两党制做了准备,保守党与自由党的两党制开始主导1867年后的英国政治。

在威尔士,单一席位选区占主导,许多选区的选举竞争性不强,自1835年后,一直是保守党占据多数席位。1865年,自由派自1832年后第一次获得威尔士议会多数票。在苏格兰,51个选区中有49个选区实行单一席位选区,其非竞争性选举远远大于英格兰。但是辉格党、改革派和自由派议员在1832年至1865年间构成了苏格兰议员的绝大多数。在爱尔兰,奥康奈尔领导的反对1800年《合并法》(the Act of Union 1800)和什一税的大众运动、天主教教士的政治活动和大饥荒使得民族主义政治激进化,在这个动荡与风雨飘摇的时期,辉格党运用了胡萝卜加大棒的政策。在1832年至1850年间,爱尔兰选民数量大幅下降。1850年的《爱尔兰公民权法》彻底改变了选举结构,界定了一致与统一的选民,取代了正在崩溃的选民登记制度。尽管英国存在着多样的选举文化,但是宗教情感的力量赋予党派以活力。选举政治正是不同道德共同体争议的表达,因为正是对何为正确的行为的不同看法使人们组成了不同的社会团体。

第六章审视了围绕1848年后议会改革而再次引发争论时变化中的道德环境。1848年英国避免了革命,这被英国人视为英国宪政的力量与优势之例证并为此而庆祝。在19世纪五六十年代,关于进一步议会改革的争论呈现了比较文化的维度。"文化"这个词有了更多其所处时代的含义,除了原本所指的艺术和思想的较高表现外,还指代将一个社会与另一个社会相区分的特殊品性、习俗和信仰。人们对文化的新定义受到了新兴的人类学研究和其他科学发展的启发。法国被认为缺乏对法治的尊重,缺乏自律,而这两者是享有议会自由所必需的。这种高卢人禀性的缺陷因其迷恋抽象的意识形态、强大的官僚体系和民族荣耀而被强化。美国则被视为"民主"和成文宪法所具有的缺陷的范例,1861年爆发了血腥的内战。稳定的自由和进步依赖于社会特有的风俗习惯,不是单凭体制就能做到。

基于对基督教信仰性质的质疑,神学思考的重点从因果报应转向救赎,因社会对于劳动者是否适合投票产生了道德焦虑。劳动阶级是否足以担负起责任且具备足够文明素质来履行选举权利?约翰·斯图尔特·穆勒担忧少数意见会被多数意见所压制。像罗伯特·骚塞(Robert Southey)和塞缪尔·柯勒律治(Samuel Coleridge)这样的浪漫派托利党人,人文道德先知托马斯·卡莱尔(Thomas Carlyle),以及马修·阿诺德(Matthew Arnold)都指出了"民主"的危险,认为在"民主"制度下,物质利益和庸俗化将侵蚀道义,不利于社会对崇高的追求。为应对"民主"的威胁,他们重新定义并重申了共同体和所支持的精英地位。对骚塞来说,父权制国家应该确保道义高于极端唯物主义。柯勒律治则指出,受过教育的"知识分子"应该去了解并顺应大众的本能。在卡莱尔看来,"伟大人物"的道德领导是防止无政府和混乱的必需。而对穆勒来说,道德完善的个人是区分"善"与"快乐"的基本条件。

随着人们对共同体的重新界定,关于人类学和地质学的研究,强调环境塑造力的拉马克式观点(Lamarkian)以及达尔文的"自然选择"概念都强化了政治价值观是广义社会文化的产物的信念。政治不是作用于社会,而是嵌于社会之中。19世纪上半叶的改革派和激进派关注的是制度改革,要清除政府中的腐败"利益"。从19世纪50年代起,改革的重点已转向从文化层面解读制度,把制度看作是民族个性和价值观的体现。白芝浩的《英国宪政》一书是从这种视角理解英国政治制度的范本。他将宪政中的"高贵的"和"有效率的"因素与"顺从"进行区分,表明他对英国政体的解读所采纳的是行为主义而非机械主义的观点。

第七章对1867年《改革法》进行了讨论,在我看来,这个法案反映了社会对于选民的道德品质的要求在提高。此时"体面可敬"成为标准,不再强调财产状况,原因是劳动阶级很可能获得选举权。这种标准将勤劳、负责、自力更生、遵纪守法与贫困、不负责任、散漫、不守纪相区分。《改革法》的保守派起草者界定了那些纳税家庭的成年男性家长属于"体面可敬"的城市共同体。将自治市镇的负责任的成年男性纳税人视为"体面可敬"的人群的观点根深蒂固,这为阻止社会危险地滑向"民主"提供了永久的屏障。1867年法案将联合王国的选举权扩大了83%。在较大的英格兰城市选区,投票人数的增长更大。随后,激进派视该法案为大众的胜利而庆祝。自由党将这个法案视为其有效地反对的结果,且认为保守派窃取了他们的原则。保守党则将这个法案视作一次信念的行动,这种信念就是承认"体面可敬的"劳动者所具有的美德与内在的保守主义。因此,由道德健全标准所确认的城市"利益"共同体被吸纳进了"政治民族"中。这种对于"大众"选民的创造加强了1867年以来的意识,即英国历史制度属于整个民族。英国政体获得了新的合法性,也增强了其统合或调整不同政治需求的能力。

人们曾期待1867年《改革法》能够一劳永逸,但事实上它很短暂。该法案很快因其难以落实而被修正,随后通过了立法修正条款,议会选举引入无记名投票,取代了"公开的"口头唱票。第八章讨论了1867年后全国性政党通过其地方代理人对选区施加了更大影响的情形。保守党中央办公室(the Conservative Central Office)、全国保守党和宪政协会联盟(the National Union of Conservative and Constitutional Associations)、自由党中央协会(the Liberal Central Association)的建立促进了这个过程。国家政治逐渐主导了地方选举的竞争。19世纪70年代两个被视为偶像级人物的格莱斯顿与迪斯雷利之间的极大冲突,象征了自由党与保守党之间的对抗。这种对抗导致议会自治主权和选区政治的独立渐渐被瓦解了。在19世纪七八十年代,全国性政党——越来越官僚化,对选区组织和群众党员进行集中控制——开始取代议会主权。政府任期同大选周期保持一致。政党自身日益有权组建和解散政府。政党纪律在约束下院议员的投票方面更为严格。党的领导权威和选区对议员在议会中投票行为的影响力都在加强。下院议长的控制力也加强了。

19世纪80年代,这样的期望已实现:人们希望议会政党是有着严明纪律的组织;议员们讲话与投票都应是一个集体的行为;作为个体的议员很难再有独立的选择权。下院议员们自身也接受了政党纪律的更大约束,认为这是实现集体目标的必要手段。其中部分原因在于下院要处理的事务越来越多,也越来越复杂。更重要的是,人们对于议会首要目的的看法发生了改变。1867年以前,议会在立法方面的功能次于其在任免政府、表达民族意愿、教育大众、关注社会的不满等方面的功能。而到了19世纪70年代时,立法的功能仅次于下院在确保政府执政时的"选任"功能。确保法律的通过要求下院政党有更严格的纪律。19世纪30—50年代下院曾有的可变换政党关系的现象不再可行,也不必要。19世纪七八十年代的约瑟夫·张伯伦(Joseph Chamberlain)和伦道夫·丘吉尔(Randolph Churchill)的职业生涯显示,处于在野党地位时,有野心的政治家借助议会外组织向议会领导权施压所具有的成功机会,以及处于执政地位时的政党领袖的权威弹性。正是在这种情况下,索尔兹伯里勋爵论证说,需要一个更有主张的上院和选民来抗衡政党命令。

本书随后的几章审视了自1867年后那些表明向"政党政府"过渡的政治与文化主张。公共道德的转变在适应着选举至高无上的理念。纲领政治(programmatic politics)、选区改革以及选举权的进一步扩大将政府与被治理方的关系合法化。1884年后,联合王国中62%的成年男性,即570多万选民拥有了投票权。1885年后,单一席位选区取代了曾经的多席位选区的主导地位,后者曾塑造了投票行为。自1884年政党为赢得选票而展开竞争后,选举已被视为对当政者的全民判决。议会的自足性在1867年前曾是"议会政府"概念的关键,自1884年后则逐渐让位于大众的直接主权。人们对社会、国家和政治之间的关系进行了重新思考,地方主义让位于中央权威,经济越发工业化和以出口为导向,政府的立法权限进一步扩大。政治家要发展出新的语言直接同广大选民进行互动——这种语言是为了说给"人民"听,以赢得"大众"党派共同体的忠诚。

这些发展遇到了挑战,即人们依然保持着对社区共同体和地方的忠诚。中央集权化的政党控制被某些选民认为是对社区事务的侵犯,是将机械政治的有害指令嵌入地方政治中。地方同政党一样,持续对选举行为加以界定。选区内的政党积极分子与了解共同体"利益"的本地选民之间的复杂协商始终在塑造着政治争论。然而,通过集权和专业化的官僚,设立全国选区组织、招募大众成员,摆脱社会羁绊获得自主的政党开始重绘英国政治制度的图景。19世纪八九十年代,而非19世纪三四十年代,是政治制度过渡的关键时期。曾贯穿18世纪和19世纪上半叶的政治文化的重要特征将19世纪八九十年代的变化突显出来[102]——1914年至1918年间号召服务于国家的公共价值观的转变巩固下来,1918年至1928年间普选权已扩展至妇女,且20世纪"议会民主"的政治文化已准备就绪。[103]

---

[102] 比如,"现代"这个词语,在19世纪的最后25年中,已丢掉了其曾经的含义,是继古代或中世纪之后的那个时期,而开始指现在置身的时代。"现代"自19世纪70年代以来,已成为当下的标签。

[103] 历史学中有关讨论直到19世纪80年代和90年代英国社会的延续性的文献,参见 Richard Price, 'Historiography, Narrative, and the Nineteenth-Century', *Journal of British Studies*, 35 (April 1996), 220-256,以及 Richard Price, *British Society, 1680-1880: Dynamism, Containment and Change*(Cambridge, 1999)。

第一章
议 会 主 权

伟大的财长伯利说,议会除了不能把男人变成女人外,没有什么它做不到的。

——阿尔杰农·西德尼:《关于政府的论述》
(Algernon Sidney, 'Discourse on Government')①

---

① *The life, Memoirs Etc. of Algernon Sidney* (1794), ii. 592. 这句格言引自 *The Constitution of England*,获得让·德·洛姆(Jean de Lolme)的许可,但是 Ivor Jennings 随后还说过,这样评价议会主权仍然不准确,因为如果议会签署法令说所有女人都是男人,那么法律上她们就应是男人,参见 Sir Ivor Jennings, *The Law and the Constitution*, 5th, edn (1959), 170。

1852年2月,英国议会在即将完工的盛大的威斯敏斯特宫召开会议,聆听身着盛典仪式长袍的维多利亚女王的致辞。这是女王第一次在身披元帅服的阿尔伯特亲王陪同下,穿过维多利亚塔的巨型大门。她沿着皇家专用通道、穿过皇家画廊和王子厅,来到上议院的御座,对到会的贵族和下院议员发表讲话。根据当时《泰晤士报》的描述,此场景有着"国家盛典般"的庄严。② 这座摄人心魄的哥特复兴式建筑由查尔斯·巴里(Charles Barry,他随后被女王封爵)设计、奥古斯塔斯·普金(Augustus Pugin)精心装饰而成。虽然在建造过程中,争吵不断、工期一延再延、费用一涨再涨,但是,它取代了毁于1834年10月一场火灾的看上去风格混杂的中世纪建筑,被视为具有历史意义的英国宪政的象征。于1858年完工的维多利亚塔是当时世界最高的世俗建筑。饰以尖塔和角楼的宫殿屋顶、贵族院大厅的奢华家具和仔细挑选出的反映国家历史关键时刻的壁画生动再现了光荣而古老的英国宪政。竣工不久,这座新建筑就享誉世界。③

《伦敦新闻画报》(Illustrated London News)评论说,这是一次"庄严的盛典",颂扬此次盛典不止有国家意义,更有着国际意义。即使有"某些不足挂齿的瑕疵",威斯敏斯特宫已成为"欧洲唯一的自由议会"的居所。在这个具有历史意义的地方,新的大厦展示了一种宪政,这种宪政是"所有民族学习与仰慕的榜样"。大厦的墙体所承载的"古老的历史精神"捍卫着英国的"崇高地位""国内的自由与独立",以及来自"每一个渴望自由的民族的尊敬"。④ 《泰晤士报》则以略为忧郁的笔调谈论盛典,它把此次的英国庆典与当时欧洲所发生之事件相比较。庆典前两个月,在法国,路易·拿破仑(Louis Napoleon)发动了政变,巴黎实施了戒严,法国国民大会被解散。"在上一年,除撒丁王国和比利时外,欧洲所有的代议制政府都被推翻,在东起堪察加、西至塔霍河这片区域,专制统治取得了胜利。"因此,作为"代议制政府榜样"和"受到世界嫉妒与钦羡"的英国宪政

---

② *The Times*, 4 February 1852, 6.

③ David Cannadine, 'The Palace of Westminster as Palace of Varieties', in C. Riding and J. Riding (eds.), *The House of Parliament: History and Architecture* (2000), 11-30, and Roland Quinault, 'Westminster and the Victorian Constitution', *Transactions of the Royal Historical Society*, 6th ser., 11 (1992), 79.

④ *Illustrated London News*, 7 February 1852, 113.

"独享荣耀,傲视天地"。⑤ 专制、压迫和军国主义在欧陆甚嚣尘上时,英国代议制的道德权威树立了自由与独立稳步提升的典范,自由与独立有法治作保障——赖议会所赐。

图片 1.1　1858 年几近完工的威斯敏斯特宫以及准备安装大本钟的圣斯蒂芬宫钟塔上的脚手架——这座新宫是对英国宪政历史特征的物化再现。

威斯敏斯特宫把"代议制榜样"置于中世纪的审美和反映丰富历史内涵的场景中。这种处理反映了强烈的维多利亚时代感,不只是爱国自豪,还有他们对于政体的尊重与服从(参见图片1.1)。新宫拒绝了新古典主义的共和美学。它是历史的延续,而非理性的启蒙,这种延续体现在议会新家的建筑特征上。传统、历史记忆和独享上帝赐福的感觉体现于巴里设计和普金装饰的细节里。壮观空间的运用是在庆贺"王在议会"(Crown in Parliament)。英国宪政,如威斯敏斯特宫所展示的,是历史经验的产物,这种经验产物使以往世世代代的智慧能满足当代的复杂需求。英国宪政代表着珊瑚状聚合的国家历史。

巴里的威斯敏斯特宫借助建筑形体确认议会在英国宪政中的核心地位。英国政体独具特色的发展和议会民主的确立是国家宪政安排的基本

⑤　*The Times*, 4 February 1852, 6.

特征,它源于以往世纪中塑造君王、议会和人民互动关系的重大历史事件。拉丁词"constituio",在西塞罗的解释下,用于说明希腊语中表示政治共同体的"politeia"。到16世纪时,英语词"constitution"开始表示政治共同体的构成,尤指主权的位属。这导致英国18世纪"混合的"或"平衡的"议会宪政概念的出现。在18世纪70年代至19世纪的北美和法国"革命时代",英国政治文化的发展拒绝了被赋予"自然权利"的公民概念,也排斥了"分权"和成文宪法。柏克所说的合法历史权利、苏格兰启蒙运动中的哲学家们对历史进步性质的界定、与财产有关的地位与权威、地方精英从议会获得的委托权力,共同塑造了英国政治文化的特色。

英国"例外论"

在16世纪和17世纪,君主、法律与宗教区分了早期的欧洲现代国家。臣民效忠的君主、服从的法律和他们赞成的宗教界定了他们的民族认同。⑥ 不仅已经形成了一个基于君主治权的地理边界的简单领土意识,而且民族也具有了政治共同体(commonwealth)的政治内涵,这个政治共同体只服从唯一的最高权威。亨利八世和伊丽莎白一世治下的都铎王朝在上述两个层面确立了英国政体;最高权威属于"议会中的君主(monarch in parliament)"。⑦ 这种政体建立在中世纪法治传统、财产神圣和有限政治代表权的基础上。亨利改革是通过1529—1536年间的议会法令而实现的。威斯敏斯特颁布的法律确认了君主有权在新教国家任命主教与大主教的权力,也肯定了议会中的君主对安立甘教会教义的立法权威。议会于1549年、1552年、1559年和1562年就礼拜仪式通过了一系列《统一法案》(Acts of Uniformity)。⑧ 新教、法治和议会中君主的权威在伊丽莎白一世统治时期界定了英国国民认同,这种认同又因英国同欧洲大陆的天主教国家的战争而被强化。"童贞女王"将自己塑造成代表

---

⑥ 参见 J. C. D. Clark, *Our Shadowed Present: Modernism, Post-Modernism and History* (2003), 59-86, 该书对"民族""国家""爱国主义"和"民族主义"进行了讨论。也参见 Wolfgang Reinhard (ed.), *Power Elites and State Building (13th Century-18th Century)* (Oxford, 1996)。

⑦ "议会中的君主"的绝对主权这个概念在爱德华一世和亨利八世时期已经成熟。

⑧ 参见 J. P. Parry and Stephen Taylor (eds.), *Parliament and the Church, 1529-1960* (Edinburgh, 2000)。

民族的帝王形象。伊丽莎白一世时期的神学家理查德·胡克（Richard Hooker）肯定了宗教与社会认同能够统一于基督教政治共同体中，英格兰教会是服从一个最高权威的所有英格兰人的教会。君主既是教会的领袖，也是国家的首脑。因此，对上帝和君主（sovereign）的孪生式双重效忠在"忏悔的政体"中和谐共存。

17世纪四五十年代，英国内战和爱尔兰内战的政治与宗教冲突，影响了对上帝和君主的双重效忠，破坏了都铎王朝的稳定。而1688年光荣革命则再次确认了议会的权威。到1688年时，大不列颠民族国家已经成为一种政治概念。议会中的君主、共同信仰的新教、在英格兰和威尔士（16世纪30年代通过法律而统一）适用的普通法，三者确认了议会的权威。议会不再是国家政治生活中一种时有时无的现象，而成为国家的中心制度，有法治的保障。这种法治基于议会颁布的法律且获得来自法院的解释。独立的教会权威逐渐服从于议会颁布的法律。詹姆士二世（James Ⅱ）建立的教会事务委员会在1689年被宣布为非法，自1717年后的150多年里，安立甘教会没有召开其立法团体的教士会议。⑨ 1707年《合并法》之后，苏格兰一院制议会（大约有200名议员）被废除，大不列颠政体扩展至英格兰、威尔士和苏格兰。苏格兰在议会中有45名下院议员和15名贵族议员代表。这样，在威斯敏斯特议会领导下（一面国旗、一种货币和跨界自由贸易），大不列颠的政治概念得以确认——在击败了1715年和1745年的詹姆士党人叛乱后，这种政治概念巩固下来。⑩

1707年后的议会权威，体现于议会主权，明确了英国为统一的多民族政体。英国是一个宪政实体。威斯敏斯特议会是"帝国"议会，监管英格兰、威尔士和苏格兰的事务，以及英国的海外殖民地。这个主权在议会的统一多民族政体的精确轮廓仍然有争议，包括三个民族边界划分的争端（就英格兰、威尔士和苏格兰的特定立法法案数远远超过国家一体化公共立法数）、对"政治民族"的定义之争（把谁包括进来或者把谁排除在外的投票权）、议会在地方或区域问题上的权属范围之争（关注某些特定群体的私人议案数远远超过了针对整个政治实体事务的公共立法）。统一

---

⑨ 相反，苏格兰教会的教士大会始终是一个重要且有着更大独立性的教会权威。

⑩ 重要的是，与威尔士和苏格兰的合并过程是一种兼并。不合格的"议会中的君主"的主权权威否决了邦联的可能性，也没有从宪政层面对邦联进行讨论。邦联的语言仍然与英国的政治话语格格不入，而欧盟成员国身份和英国内部的分权引发了这种宪政问题。

于一个"政治民族"中的三个王国之间的争议,以及地方与中央的权力平衡问题成为 18 世纪和 19 世纪早期争论的焦点。但是,"帝国"议会拥有最高权威,宪政主权在议会,这一宗旨在 1688 年确立并于 1707 年被法律所批准,已成为英国身份认同的明确政治定义。

  近期的历史学家们强调了新教在 18 世纪关于界定英国集体认同上的作用,他们主要从新教英国同天主教法国长期处于一种战争状态的视角来看。⑪ 在确立了议会权威的政体后,英国内部的教派分歧,使得清教集体意识的定义变得复杂。⑫ 紧张局势是由 1689 年加尔文教派的威廉三世和 1714 年路德教的乔治一世引发的。反天主教者往往有着迥然不同且彼此冲突的利益动机。安立甘信徒反对国外天主教,完全不同于国内持异见者(浸礼会派、公理会派和教友派)的反天主教立场,后者常常借机攻击而不是维护安立甘章程。议会通过立法将威廉三世的新教荷兰臣民和汉诺威新教徒视为外国人。苏格兰长老会的地位也撕裂了新教共识,长老会同英格兰持异见者结盟反对安立甘教霸权,而不是反对天主教。而在反对上帝一位论方面,安立甘教徒、长老会教徒和持异见者形成了另一个同盟。在安立甘教会内部,不同教区对教义的不同解释带来的紧张关系在 1791 年约翰·卫斯理(John Wesley)死后更加严重了,因为方济各派与不从国教者联合起来。这些教派差异使得新教作为共同的新教身份的"英国性"特征而备具争议。再有,在 18 世纪一连串的冲突中,英国与天主教的葡萄牙和奥地利结为盟国。作为联合王国统一过程的一部分,与爱尔兰 1800 年《合并法》更扩大了政体内部的宗教差异。多数人信仰天主教的爱尔兰与安立甘教君主之间的宗教敌意放大了二者的宗教分歧。乔治三世对作为《合并法》补充条件的《天主教解放法》的阻挠严重影响了爱尔兰与联合王国的一体化进程,并且导致了 1801 年皮特首相的辞职。虽然 1815 年后有了慈善捐款,国教也获得了更多社会精英的支持承诺,但此时,社会对教会机构的不满在增长,人口结构已改变,社会关系

---

⑪ 参见比如 Linda Colley, *Britons: Forging the Nation, 1707-1837* (New Haven, 1992)。读者或许应该注意到,在 18 世纪共同信仰的新教并没有阻止 1776 年北美战争引发的大西洋两岸的舆论分歧,这种分歧构成了对统一的英国政体的最大挑战。

⑫ 参见 G. M. Ditchfield, 'Church, Parliament and National Identity c. 1770-c. 1830', in Julian Hoppit (ed.), *Parliaments, Nations and Identities in Britain and Ireland, 1660-1850* (Manchester, 2003), 64-82。

趋于紧张,这些又因 18 世纪 90 年代的战时紧张局势进一步恶化,安立甘教会不得不承受越来越多的谴责。⑬ 因此,作为共同的民族忠诚纽带,新教是脆弱的,且常常是撕裂的。从 1828 年到 1836 年,在教派怨愤与恐惧的推动下,激烈的宗教斗争导致了政治危机。

1800 年,"议会中的君主"的权威界定了大不列颠或者说联合王国的多民族的一元政体。⑭ 对保障自由与稳定的宪政历史发展的描述,逐渐成为英国认同的主导性叙述。1775 年谢尔本(Shelburne)勋爵曾宣称:"所有人都会毫不迟疑地认为,上下两院的多数(不管其成分如何)构成了这个民族。"⑮英国君主是议会君主的概念正式写入 1811 年的《摄政法案》(the Regency Act),该法案明确了威尔士王子是议会君主的概念。行政权力、统治权、法律的颁布都由议会中的国王来实施。这种政治安排明确了在英国政体中议会的优先地位和议会权威的至高无上。

18 世纪的评论家们将这种通过议会的君主统治称作"混合政府"统治。这种统治源于古代的宪政理想[可追溯自波利比奥斯(Polybius)至亚里士多德],这种宪政理想将君主制(一人统治)、寡头制或贵族制(拣选的少数人统治),以及民主制(基于有限选举权的人们的统治)结合在一起。在议会,等级会议制度(the estates of the realm)、国王、贵族和平民汇合在一起。他们相互影响,彼此制衡,防止任一"等级"独占权力,确保宪政不同组成部分的"平衡"。君主被议会所辖制。1707 年是君主最后一次对两院都通过的法案行使否决权。仅得到议会的支持,行政部门就能有效地治理国家,议会本身代表着国家"财富"、地位和权力的三方利益。与此同时,法治保障了王国臣民的法律自由,不仅包括新闻自由,而且包括被指控时接受审判的权利和由陪审团进行审判的权利。1679 年的《人身保护法》(the Habeas Corpus Act)将被捕后的审判确认为被捕人的法律权利。1695 年对新闻进行审查的立法失效。虽然英国宪政有着这些美德,但是仍然受到批评,人们抨击:君主通过腐败的庇护对议会进行控制;庞大的政府恩赐制度造成了巨大浪费,在这种恩赐制度下,政府

---

⑬ 参见 Arthur Burns, *The Diocesan Revival in the Church of England*, c. 1800-1870 (Oxford, 1999)。

⑭ 有关合并苏格兰和爱尔兰的性质及其历史遗产的讨论,参见 Alvin Jackson, *The Two Unions: Ireland and Scotland, and the Survival of the United Kingdom, 1707-2007* (Oxford, 2012)。

⑮ *The Parliamentary Register*, 17 vols (1802), ii. 11-12.

闲差和退休金花费了大笔公帑;非英格兰教会成员担任政治要职受到限制,议会选民受到限制且不具备代表性。

18世纪"混合政府"的概念晦涩难懂。"混合"与"平衡"这些词的使用不严谨,有时二者并无区别。然而,这些词语都含蓄地承认了行政、立法和司法之间的不同功能,同时也暗示了三者的部分重合。君主、贵族和民主的古典元素被结合在一起。"混合政府"至少包含三种可能性:第一,如威廉·佩利(William Paley)在著作中所指出的,混合政府可能指不同"利益"的代表;第二,如在大卫·休谟(David Hume)的论文中所表明的,混合政府可能描述了决策的不同过程的合并:一人统治,少数人统治或多数人统治;第三,混合政府也可能包含了上述两种情况。虽然佩利强调社会层面,休谟强调制度层面,但是对议会权威的认识,两人是一致的。因此,两人都拒绝了保障公民"自然权利"的"分权"的原则,正是"分权"原则激励了北美开国元勋和1789年的法国革命者。

"混合政府"概念的经典地位是一系列人物努力的结果:威廉·布莱克斯通爵士(Sir William Blackstone)的《英格兰法律注释》(*Commentaries on the Laws of England*, 1765-1769)、让·德·洛姆的《英格兰宪政》(*The Constitution of England*, 1775)和佩利的《道德与政治哲学的原则》(*The Principles of Moral and Political Philosophy*, 1785)。⑯ 议会主权,及通过议会的君主统治,把行政、立法和司法合并在了一起。如布莱克斯通所宣称的:

> [议会]握有主权,在制定、确认、扩大、缩减、废除、撤销、恢复和解释所有法律方面拥有不受控制的权威,无论涉及何种宗派的事务,宗教的还是世俗的,民事的还是军事的,海上的还是刑事的;议会是由这些王国的章程委托行使绝对独断权力的地方,这种权力必须存在于所有政府的某个地方……简言之,议会能做自然不能之事,因此有人毫无顾忌地宣称它的权力,甚至胆大妄为者则说议会无所不能。⑰

---

⑯ 德·洛姆影响了欧陆人对于英国政体的认识,布莱克斯通的立法观则被北美人所运用,而佩利持有的更为务实的观点则在英国获得了权威性地位。柏克将英国政体描述为"混合政府"或"自由政治共同体"。参见 M. J. C. Vile, *Constitutionalism and the Separation of Powers* (Oxford, 1967), 107。

⑰ Sir William Blackstone, *Commentaries on the Laws of England*, 4 vols (1765-1769), i. 156.

聚合权力而非分散权力,议会成为合并行政、立法和司法功能的主权机构。⑱

在18世纪的欧洲大陆,作为对绝对君权的反应,人们建构了关于"国家"的另一种理论,这种理论用"国家"和"公民"取代了君主和臣民。这种理论宣称,"国家"目的是保护公民的"自然权利"。这就要求宪政权力的分立,即截然分开的行政权、立法权和司法权来制衡独裁。法国哲学家孟德斯鸠(Charles-Louis de Montesquieu)受约翰·洛克著作的启发,在《论法的精神》(1734)中,把分权视作保障公民自由的关键,且认为应该将分权纳入成文宪法条款中。被赋予"自然权利"的"公民"原则、"分权"和成文宪法为1776年美国革命和1789年法国革命提供了意识形态上的动力。"革命"(revolution)一词原本指代一种天体回归到起点。克拉伦登勋爵(Lord Clarendon)在其《英格兰的叛乱和内战历史》(History of the Rebellion and Civil Wars in England,1702年出版的第一卷)中,把17世纪40年代的事件视为叛乱,但把17世纪60年代的王朝复辟视作革命。⑲1688年的光荣革命重申了新教君主制,且确认了议会的权威。正是1789年法国革命把"革命"一词的含义变为对整个社会进行"深刻、暴力、激进的"重构。法国革命以自由、平等、博爱这些"公民"的"自然权利"的名义,以及规定"分权"的成文宪法条款,将旧制度的所有政治和宗教制度废止。社会被重新建构。这就是"国家"(the state)的愿景,这个国家由斗志昂扬的公民赋予了权力,试图确保那些所有人都拥有的"自然权利"。最终以恐怖收场的法国革命的暴力事件成为整个19世纪英国人脑海中生动而恐怖的记忆,这种记忆既是可怕的警示,也是对英国优越性的肯定。虽然法国革命试图取代西班牙宗教裁判所和绝对君主制这些较早时期的欧洲大陆暴政,但它被多数英国人视为灾难,其危险在于试图以抽象理想的名义对社会进行激进的改造——这种危险又被拿破仑·波拿巴的军事独裁的崛起所证实,拿破仑的军事独裁对不列颠民族的生存和自由构成了威胁。

---

⑱ 布莱克斯通不仅将"混合政府"描述为"体现为议会主权合并的宪政权力,确保在保障自由方面的平衡",而且他将源于阿尔弗雷德和忏悔者爱德华时期的法律的"古代宪政"思想吸收进来,认为这种古代宪政思想因大宪章在诺曼征服之后得以恢复,进而才有了随后的政治发展。

⑲ 1826年牛津出版了克拉伦登所著的新的8卷本 History。

英国遵循了一条完全不同的宪政路径。1815年后,在英国人看来,公民"自然权利"和"分权"都是"外人"的意识形态,是激进派和18世纪90年代曾要求进行根本宪政变革的人的意识形态,如托马斯·潘恩。[20]对潘恩来说,政府是一种必要的恶。在以下条件下,人们才接受政府:普遍的"自然权利"得到保护,基于男性选举权,在社会公正的基础上实行再分配,累进税,以及共和制下的普遍的平等。这就是"人民主权"的表达。他拒绝"混合宪政"的观念,因为"混合宪政"是由土地获益者所掌控,只是这些土地获益者主张政治权利平等、宗教宽容和贸易繁荣罢了。"贵族"精英主义所体现的继承特权和世袭财富败坏了"自然的""人民主权"。政府与权威漂浮在"民众"认可之海上。宪政不是政府的行动,而是由"人民"构成的政府制度。[21]统一爱尔兰人(the United Irishmen)于1798年发动起义时,宣称自己是为宗教平等和代议制政府而斗争的"民主派",对选票范围、分立和共和制的追求既不突出也不明确。他们誓言为了自由、平等与人权,但很快被暴力的,常常是野蛮的军事力量所镇压。

相反,19世纪早期英国的激进派采纳了"人民宪政主义"的修辞,唤起的是一种历史的"纯粹"宪政的自由权利,其中贯穿着基督教道德和爱国主义。[22]激进派通常对潘恩赞誉有加,并认为他支持民众的、反君主制理论。潘恩倡导的由全体"自立的"成年男性构成的"人民民主"是19世纪二三十年代英国激进派使用的宪政主义和改革修辞的一部分,当时激进派针对的目标是"贵族集团"——一个道德上腐败的寡头和"人民自由"的压迫者。然而,潘恩对"自然权利"和共和主义所进行的理性和自然神论的辩护未能取代多数激进派所使用的历史上熟知的、基督教的和

---

[20] A. H. Birch, *Representation* (1972),论证说,在英语语境里,"分权"原则是由"外人"提倡的。M. J. C. Vile 在 *Constitutionalism and the Separation of Powers* (Oxford, 1967) 中认为英国的"混合政府"概念是为了把"分权"同立法主权相协调。对"分权"原则及其伴随概念的困惑与异常的讨论,参见 G. Marshall, *Constitutional Theory* (Oxford, 1971)。

[21] 柏克论辩说,与这个原则相反的是,"人民"是一个创造物,是政治社会的产品,不是政府的合法前提。David Dwan and Christopher J. Insole (eds.), *The Cambridge Companion to Edmund Burke* (Cambridge, 2012), 4。

[22] 参见 James Epstein, 'The Constitutionalist Idiom', in *Radical Expression: Political Language, Ritual, and Symbol in England, 1790-1850* (Oxford, 1994), 3-28, and M. T. Davis (ed.) *Radicalism and Revolution in Britain, 1775-1848* (London, 2000)。

爱国的语言。㉓ 潘恩在《理性时代》(*The Age of Reason*, 1794)中对被他称为基督教迷信的部分进行攻击, 呼吁从自然神和世俗的角度去理解圣经道德, 这样一来他冒犯了英国人的虔诚信仰。在 18 世纪 90 年代托马斯·斯彭斯(Thomas Spence)的追随者们所组成的满是怨恨、亵渎神明和粗俗的伦敦下层社会中, 臭名昭著的"自然权利"观念找到了其极端的阴谋表现, 这些追随者通过小册子和色情宣扬普选权和财产共有权, 他们以一种小都市花街柳巷的挑衅方式试图颠覆普遍流行的道德观念。㉔

尽管拒绝"自然权利", 边沁(他在 1817 年自称是"老激进派")从实证主义角度批评正统继承学派关于"混合政府"的前提。他说, 没有经验证据表明某种"纯粹"政府形式(君主制、贵族制和民主制)同某些丑恶与良善相关联。政府的唯一安全保障是"人民"意志的影响。他在《政府琐记》(*A Fragment on Government*, 1776)中辩论说, "混合政府"概念的谬误在于, 三种片面的利益一起行动就产生了能够代表"公共利益"的政府。他于 1817 年驳斥说:"谈平衡, 永远都不可能实现:把平衡留给童谣与幻想(*Mother Goose and Mother Blackstone*,《鹅妈妈和布莱克斯通妈妈》)吧。"㉕边沁的信徒詹姆斯·穆勒(James Mill)在《政府论》(*Essay on Government*, 1821)中论证说, 从人类心理学的功利模式中推论, 只有个人才可以说, 什么令他幸福。为所有人利益采取行动的政府, 必须直接代表所有人——然而, 詹姆斯·穆勒仍然认为, 只有负责任的成年男子才有选举权, 这些成年男子能代表他们的孩子与家庭女性。因此, 权威必须是直接对"人民"负责。

然而, 此种观点在英国人的讨论中始终被认为属于激进的范畴。在

㉓ 一个有趣的例外是爱尔兰人奥布赖恩(Bronterre O'Brien, 1805-1864), 潘恩对他的影响更大, 托马斯·斯彭斯、威廉·科贝特、罗伯特·欧文(Robert Owen)和罗伯斯庇尔的一位传记作者对他也很有影响。托马斯·斯彭斯是宪章运动的杰出人物, 但是在 19 世纪 40 年代与爱尔兰同道和宪章运动领导者奥康纳(Feargus O'Connor, 1794-1855)争吵并公开分裂。

㉔ 参见 Iain McCalman, *Radical Underworld*: *Prophets*, *Revolutionaries and Pornographers in London*, *1795-1840* (Cambridge, 1988), and Michael Davis and Paul Pickering (eds.), *Unrespectable Radicals? Popular Politics in the Age of Reform* (Aldershot, 2007)。对 18 世纪 90 年代苏格兰启蒙思想和大众激进主义的讨论, 参见 Alex Benchimol, *Intellectual Politics and Cultural Conflict in the Romantic Period* (Farnham, 2010), 对"公共空间"的有争议的概念的讨论, 参见 Andrew McCann, *Cultural Politics in the 1790s*: *Literature*, *Radicalism and the Public Sphere* (1999)。

㉕ J. Bentham, *A Plan of Parliamentary Reform* (1817).

英国,人们接受的观点是,臣民(而不是公民)享有议会(不是成文宪法)赋予的合法权利(不是"自然权利")。行政、立法和司法在议会聚合为一体,不从制度上对这三部分进行"分权"。法学与宪政权威戴雪在1885年评论说,对"分权"的信仰是一种教条,这种教条基于"双重错觉"——孟德斯鸠对英国宪政的误解和法国革命者对孟德斯鸠教条的误用。[26] 再者,在英国,议会主权,不仅是行政、立法与司法的合并,还有"法治"做支撑。[27] 为抵制任性的权力,法院通过对议会法令的解释,对英格兰人的自由进行界定与维护。所有人,无论何种等级,都由法庭依据同样的法律进行判决。这给外国观察家们留下了深刻印象。伏尔泰从巴士底狱(因一首非他本人所写的诗而被囚禁)出来,到英国游历后,赞美了这个国家,说这是一个法治之地,统治者不会肆意妄为。德·洛姆则颂赞英格兰是"自由的高峰",因为在这里人们平等地适用法律和获得平等待遇——比如,通过《人身保护法令》。[28] 在抽象的权利不明朗时,个人的法律权利取决于司法决定。戴雪认为,英国宪政"不存在外国立宪主义者所喜爱的权利宣言或定义"。[29] 因此,保证英国人自由的法治是由议会所颁布的法令和法庭的判决来实现的。不管何种地位的人,都适用同一法律,所有人享有平等。在戴雪看来,自由作为一种特权需要获得高于普通法的某个权力来保障的思想,完全不合英国人的思维模式。英国臣民享有法律自由,这是法律面前的平等,这种法律自由是从议会行使主权的宪政中获得的,这个议会将行政、立法和司法合并为一体。[30]

英国评论者认为,1789年法国发出的自由、平等与博爱的革命呐喊危险地将自由与社会平等(不同于法律的平等)和普遍的手足情谊混为一谈。在18世纪90年代,"恐怖主义"一词开始进入英语语言,指借助恐吓进行统治的政府,专指发生于巴黎的暴力镇压。法国革命者所说的对

---

[26] A. V. Dicey, *The Law of the Constitution* (1885), 314.
[27] 参见 H. T. Dickinson, 'The Eighteenth-Century Debate on the Sovereignty of Parliament', *Transactions of the Royal Historical Society*, 5th ser., 26(1976), 189-210。
[28] J. L. de Lolme, *The Constitution of England* (1834), 13.
[29] A. V. Dicey, *The Law of the Constitution* (1885), 188.
[30] 王座法庭与平衡法院在中世纪就是威斯敏斯特旧宫的一部分,曾经过修缮。19世纪20年代,约翰·索恩(John Soane)爵士在威斯敏斯特厅旁修建了新古典风格的新的皇家法院,该法院在1834年的一场火灾中幸存下来。直到1883年在才在斯特兰(Strand)街上专门修建了皇家法院,与议会厅隔开。

作为整体的全人类的"普世仁爱"被英国保王党斥责为抽象的幻觉。这种抽象幻觉破坏了社会依附的那些自然纽带，那些自然纽带是人与人真实关系的基础。个体的忠诚和善行总是自然地指向那些他最亲近的事务——首先是对自己的责任，其次是对家庭的责任，再次才是对自己所属社群的责任，最后才是对自己国家的责任。英国是一个有机、自由和不平等的社会。家庭带有等级和服从的情感关系，如父亲、母亲和孩子之间的关系，故家庭反映了那些自然的责任与义务关系，这些自然关系是作为一个整体社会的组成部分。㉛ 忠诚于自己国家的爱国主义，反映了孩子对父亲的义务。英国对18世纪90年代法国革命恐怖的厌恶情感中一个反复出现的主题是被抽象的意识形态煽动起来的孩子们暴力反抗父母的不道德行为。社会的自然道德关系被这种行为颠覆了。"公民"这个苍白、枯燥、冰冷的抽象概念以形而上的公共利益名义瓦解掉私人情感。而社会的命脉就在于臣民的家庭道德和公共美德，公共美德就是放大了的自然亲切的家庭关系。

柏克有着重要影响的《反思法国大革命》(*Reflections on the Revolution in France*)出版于1790年，他在书中强烈地表达了他对于抽象地摒弃自然社会关系的反感之情。他在书中论辩说，暴力革命摧毁了历史的延续性，导致不能和谐运用权力的人或者说不能和平放弃权力的人篡夺了权力。他宣称1789年的法国事件仅仅是"在情感、礼仪和道德舆论"的革命而已。㉜ 为追求形而上的教条，个人被从赋予其道德目的和身份认同的习俗、历史体制和继承的权利中分离。1789年法国革命是1688年英国革命的对立面。通过建构基于抽象的个人概念的意识形态，法国革命否认了人的成就只能在社会中实现，因为人类从社会中发现了他们的目的、他们的价值和他们的酬报。过多的个人自由将导致放纵，放纵将堕落为无政府状态。社会责任和共同义务是对自我放纵和个人野心的基本制约。人的社会属性，从依赖、服从和情感中发展而来，顺从和尊敬表明不平等是无法回避的。私有财产和财富的积聚表现出这种不平等，议会的目的不是代表每一个个体，而是社会等级和"利益"。政治是一种实践的

㉛ 不仅是福音派的影响，还有对18世纪90年代法国革命的反应，使得理想的家庭模式得到强化。在这种模式中，妻子忠诚地支持并顺从男性家长，两人共同关爱孩子，并拥有对孩子的权威。

㉜ Edmund Burke, *Reflections on the Revolution in France* (1790), 119.

活动,涉及具体、已知和特定的事务,而不是抽象和臆想的概念(被柏克贬斥为"政治形而上学")。㉝ 再有,历史经验将经过验证和提炼出的过去的智慧带入现在。㉞ 英国的宪政与体制继承了这种智慧,这种智慧体现于法治,将已逝去的时代与现在和未来的时代连接在一起。活着的人能够主张的仅有的"权利"是那些传承下来的政治和法律赋予的权利,这些权利"由我们的祖先们传承下来……无需任何更普遍或更优先的权利"。㉟ 界定英国公共辩论主流的开创性辩论者是柏克而不是如潘恩或者哲学激进派之类人物。㊱ 麦考莱认为柏克是自弥尔顿以来最伟大的人物。㊲ 日记作者查尔斯·格雷维尔(Charles Greville,枢密院秘书)认为柏克"对于政治世界来说就如同莎士比亚对于伦理世界一样"。㊳ 1886年格莱斯顿重读柏克时,认为在确立智慧和美德是政治权力仅有的真正权利上,柏克

㉝ Edmund Burke, *Reflections on the Revolution in France* (1790), 57. "现实的环境赋予了每一个政治原则专属的特色并带来不同的效果。环境决定了每一个民间的和政治的计划对人类是有害还是有益"(Edmund Burke, *Reflections on the Revolution in France*, 1790, 6)。

㉞ 对于佩利来说,宪政产生自"时机与紧急状态,出自不同时代变动不居的政策,出自共同体内不同等级和不同党派的人们的争论、成就、利益和机遇"。同样,对柏克来说,宪政发展自"特定的环境、场合、秉性、性格、人们的道德、民间和社会习俗"。它是一件"衣服,要同人的身材相配"。David Craig, 'Burke and the Constitution', in David Dwan and Christopher J. Insole (eds.), *The Cambridge Companion to Edmund Burke* (Cambridge, 2012), 106.

㉟ Edmund Burke, *Reflections on the Revolution in France* (1790), 47. 柏克摒弃了早期关于政治关系的"社会契约"概念,而认为在前代人、当代人和后代人之间的"约定"才是自由权利和所获得权利的基础。

㊱ 柏克不仅对他之后的政治讨论产生了重要影响,而且综合了早期政治讨论的传统。参见 J. C. D. Clark, 'Introduction', in Edmund Burke, *Reflections on the Revolution in France* (Stanford, 2001), and David Craig, 'Burke and the Constitution', in David Dwan and Christopher J. Insole (eds.), *The Cambridge Companion to Edmund Burke* (Cambridge, 2012), 104–116。

㊲ 重要的是,我们要注意到,维多利亚时代的自由派常常提及辉格派的柏克,而保守派则常常引述小皮特的话。只是在19世纪后期和20世纪,柏克才被视为保守思想家,被 Lord Hugh Cecil 在 *Conservatism*(1912)中尊奉为现代保守主义的奠基者。有关柏克和皮特声誉的早期历史,参见 J. J. Sack, 'The Memory of Burke and the Memory of Pitt: English Conservatism Confronts its Past, 1806–1829', *Historical Journal*, 30/3 (1987), 623–640。

㊳ Charles Greville journal, 17 February 1835, in Henry Reeve (ed.), *The Greville Memoirs*, 8 vols (1888), iii. 215. In Burke (1879). 自由派人士约翰·莫雷(John Morley)把柏克比作圣香和亚里士多德,而边沁和詹姆斯·穆勒则斥责柏克是疯子,执迷不悟——这种名声导致后来人们把柏克视作腐败的党棍分子。

近乎圣人。㊴

柏克引起共鸣的修辞和有力的比喻摒弃了追求崇高情感、道德直觉和超验价值观的纯粹哲学和第一原则。㊵他理解在继承的制度与社会变化间存在着持久的张力。他认为缺乏调整适应变化手段的政体也就没有了保障自身存续的手段,但是他发出警告说,不能把变化等同于"改善"。㊶代表财产和社会"利益"的议会的至高地位决定了英国历史宪政有机安排,并预设了政治话语的范围。因此,选举权是一项公共责任,这种责任是议会赋予构成"政治民族"的有产的成年男子的责任。这种责任不是公民拥有的"自然权利",而是有财产和社会地位保障的臣民在"议会中的君主"的领导下,依据法律而履行的公共义务。对潘恩而言,权力是自由的许可;但对于柏克来说,自由权利是权力的礼物,与秩序不可分离,是同宗教有着密切关系的美德。㊷

沃尔特·司各特(Walter Scott)爵士的历史小说以有力的大众文学方式表达了柏克的这种情感。㊸司各特的小说以生动的笔调描述了苏格兰历史的特色,对人性的复杂矛盾性和讽刺性进行了挖掘,无论对贵族还是农民形象都倾注了同样的关怀。他的小说实际是柏克思想的文学表达。小说的畅销引起人们对小说的改编,有了舞台剧和歌剧。在司各特看来,历史是各种冲突推动下的动态过程,这些冲突发生在盎格鲁-撒克逊人与诺曼人之间,也发生在苏格兰人和英格兰人之间、保王党和清教徒之间,以及苏格兰长老会派与天主教派之间。他写的那些非常畅销的小说,比

㊴ 格莱斯顿的日记,9 January 1886, in M. R. D. Foot and H. C. G. Matthew (eds.), *The Gladstone Diaries*, 14 vols (Oxford, 1968-1994), xi. 476. "荣誉的殿堂"应该只对拥有美德之人敞开大门的说法是柏克在《反思法国大革命》中表达的一种观点。

㊵ 参见 Richard Bourke, 'Edmund Burke and Enlightenment Sociability: Justice, Honour and the Principles of Government', *History of Political Thought*, 21(2000), 632-656。

㊶ 柏克不同意约翰·怀尔斯(John Wiles)的意见,但在辩护时并不是进行粗鲁的反驳,他支持18世纪70年代的北美殖民主义者,提倡逐渐放开对天主教和异见者的限制,他赞成废除奴隶制,还发起了反对沃伦·黑斯廷斯(Warren Hastings)和东印度公司的运动——这些招致了托利党的反感。

㊷ 对柏克来说,宗教是"文明"进步、举止得体、促进求知的基本要素——无神论则是"违背自然的恶行,是人类尊严和心理慰藉的敌人"。Ian Harris, 'Burke and Religion', in David Dwan and Christopher J. Insole (eds.), *The Cambridge Companion to Edmund Burke* (Cambridge, 2012), 92-103, 9。

㊸ 司各特对柏克揭穿了法国革命的抽象狂想非常尊敬。参见 Scott to H. F. Scott, 10 January 1831, in H. J. Grierson (ed.), *The Letters of Sir Walter Scott*, 12 vols (1936), xi. 455。

如《威弗利》(*Waverley*,1814)讲述了1745年詹姆斯党人起义的故事,《盖伊·曼纳林》(*Guy Mannering*,1815)、《罗布·罗伊》(*Rob Roy*,1817)和《艾凡赫》(*Ivanhoe*,1819)都在描写诺曼领主对盎格鲁-撒克逊自耕农的残酷统治,实际是建构了一个反映传统和承续之力的过去。社会是由习俗、激情、关爱和忠诚所构成,其中善恶的分布非常复杂,不是很清晰易辨。许多人包括麦考莱、约翰·亨利·纽曼、约翰·罗斯金(John Ruskin)、格莱斯顿、迪斯雷利和地质学家查尔斯·莱尔(Charles Lyell)和普金在内都指出了司各特小说对于他们历史想象力的影响。㊹ 尽管卡莱尔不是司各特的崇拜者,但是他也认为,司各特知晓历史的意义。

　　柏克的超然直觉影响到英国的政治讨论,与此同时辉格党吸收了苏格兰启蒙运动中的政治经济学观点。受到怀疑经验主义启发的休谟的著作开启了非凡思想的繁荣时代,其中亚当·斯密、托马斯·里德(Thomas Reid)、亚当·弗格森、斯图尔特和约翰·米勒的思想甚为耀眼,爱丁堡成为"北方的雅典"。在18世纪90年代和19世纪,辉格党人如罗素勋爵、布鲁厄姆勋爵和后来成为《爱丁堡评论》编辑的杰弗里(Francis Jeffrey)、霍纳(Francis Horner)、西德尼·史密斯(Sydney Smith),以及兰斯多恩勋爵(Lord Lansdowne)、达德利勋爵(Lord Dudley)和帕默斯顿勋爵,相继成为爱丁堡大学斯图尔特的学生。墨尔本(Melbourne)勋爵在格拉斯哥大学时受教于约翰·米勒,他当时为查尔斯·福克斯(Charles Fox)做宪政研究。作为1785—1810年间爱丁堡大学的伦理教授,斯图尔特把苏格兰历史学家和哲学家关于"公民社会"的思想输入英国政治话语的血脉中——这是在荷兰屋(Holland House)谈话和《大英百科全书》(1768—1771年第一次出版)的编撰与"促进有用知识的扩散协会"(the Society for the Diffusion of Useful Knowledge,成立于1826年)的助力下完成的。㊺ 诸如斯密、弗格森、斯图尔特和米勒这些苏格兰伦理学家在论述文明亚冰期的发展时,采用了经验描述的方法,而不是借助抽象原则的方法;他们不对理论上的自由而是对实际存在的自由进行界定。"常识"优先于形

　　㊹ 关于司各特的历史浪漫小说对后来小说家的影响的讨论,参见 Robert L. Caserio and Clement Hawes (eds.), *The Cambridge History of the English Novel* (Cambridge, 2012), 285-290。

　　㊺ 有关对斯图尔特的思想与影响的讨论,参见 Donald Winch, 'The System of the North: Dugald Steward and his Pupils', in S. Collini, D. Winch, and J. Burrow (eds.), *That Noble Science of Politics: A Study in Nineteenth-Century Intellectual History* (Cambridge, 1983), 23-62。

而上学。对历史分析进行归纳,而非演绎一个理论假设;聚焦于法律和政策的实际操作,而非对宪政第一原则进行描述。1804 年杰弗里宣称:"对道德的共同印象,是与非、善与恶的粗略划分,足以指导与训练个人和立法者的判断,并无需参考这些区分的性质与本源。"㊻通过 1802 年创立的《爱丁堡评论》,苏格兰启蒙思想以一种刻意简单和直白的文学风格得到传播,避免了卖弄的学究气,观点的表达都基于"常识"。㊼

斯密把政治经济学同议会主权原则相联系,与代表同意的征税和义务初等教育相联系。㊽ 斯图尔特用伦理和实践的语言,探讨了法律、政府和宪政的关系。㊾ 人性的不完美性和不可改变性,以及人生来要"改善"的愿望,构成了个人对于社会的责任。他们重视可靠知识的经验基础甚于理论理想。休谟把正义等同于财产的神圣不可侵犯,他显然受到了德国哲学家巴龙·塞缪尔·冯·普芬道夫(Baron Samuel von Pufendorf, 1632—1694)的影响。㊿ 休谟还认为,道德激发的激情比理性更能激励人的行动,而"自由"(liberty)作为"公民社会成熟的标志"要依赖权威的保障。㉛ 政治智慧在于审慎地调整现存体制,使其适应变化的社会风貌——这种调整需要有被启蒙的舆论的指导,这种经历启蒙的舆论需要

㊻ Francis Jeffrey, 'Bentham, Traities fur les Principles de Legislation Civille et Penale', *Edinburgh Review*, 4 (April 1804), 11. 苏格兰的学者如米勒和劳德戴尔(Lauderdale)勋爵,没有像柏克那样抨击法国革命,而是指出了法国革命中的最危险因素,即杜撰了"民族国家"的新概念,这一概念基于一个抽象的集体意志和"爱国主义",被"激情"(而不是节制)所影响,最终被军事独裁所取代。Anna Plassart, 'Scottish Perspectives on War and Patriotism in the 1790s', *Historical Journal*, 57 (March 2014), 107–129.

㊼ 参见 Biancamaria Fontana, *Rethinking Commercial Society: The Edinburgh Review, 1802–1832* (Cambridge, 1985); Biancamaria Fontana, 'Whigs and Liberals: The Edinburgh Review and the Liberal Movement in Nineteenth-Century Britain', in R. Bellamy (ed.) *Victorian Liberalism: Nineteenth-Century Political Thought and Practice* (1990), 42–57, and Kathryn Chittick, *The Language of Whiggery: Liberty and Patriotism, 1802–1830* (2010).

㊽ 参见 Donald Winch, *Adam Smith's Politics* (Cambridge, 1978)。

㊾ 斯图尔特有关英国宪政的讲座被从其日记中整理出来,由 Sir William Hamilton 编辑出版,见 *Lectures on Political Economy*, 2 vols (1855)。

㊿ 不仅受到洛克的影响,而且受到普芬道夫的影响的爱尔兰辉格党人 John Trenchard (1662-1723)认为"所有权力的第一原则是财产……这是自然的权力,指导并构成了政治"[John Burrow, *Whigs and Liberals: Continuity and Change in English Political Thought* (Oxford, 1988)]。

㉛ David Hume, 'Of the Origin of Government', in *David Hume: Selected Essays* (Oxford, 1996), 31. 休谟唾弃"古代宪政"的神话,他认为这种神话没有历史根据。参见 Duncan Forbes, *Hume's Philosophical Politics* (Cambridge, 1975)。

借助知识的传播和自由的媒体。在一个爱探究的时代,政府的稳定与美德在于支持有见识、负责任和爱国的"舆论"。㊷ 这并不暗含着直接的民主统治与数字的暴政。相反,社会把权力委托一些人进行治理是可取的,也是必要的。政府应该由那些受到良好教育、了解社会的真正利益,且具有爱国情操和有共同体利益意识的人来管理。㊸ 斯图尔特指出,大声宣称为了民众利益的煽动蛊惑者通常都是些品德有问题的人,或者说缺乏原则的人。在英国,"人民"就是有选举权的人,通过选举代表对执政产生间接影响。规定的选举权确保了政府获得"人民"的同意,同时只将选举的判断权赋予那些自立、有财产和有地位的人,因为他们能辨明国家的真正利益所在。因此,政府的目的——保障秩序、财产和稳定,这是享有法律所界定的自由所需的——同被统治者的有见识的意见结合在一起。

无论斯密的分析,还是米勒和斯图尔特的论点,其本质在于他们都相信社会的历史进步性。这不同于希腊和罗马时期的历史著作所描述的崛起、神化和衰落这样封闭的生命周期循环。他们的历史进步观认为,持续的"改善"推动着人类共同体沿着不同的历史轨迹向前发展,如从狩猎到游牧、农业,最后到商业社会。这种概念框架的解释价值体现在它对于日渐复杂的财产权利的描述。各个社会都沿着"文明"的阶梯向前,不同民族处于上升的不同阶梯。㊹ 贸易、工场、消费主义和物质的改善是后封建时代的特征。虽然社会的贫困者在"文明"改善过程中落在了后边,但是

㊷ John Burrow, *Whigs and Liberals: Continuity and Change in English Political Thought* (Oxford, 1988), 43-44, 50-59. 虽然词语"爱国"自 16 世纪后期以来就在使用,但是"爱国主义"开始在英语中使用是在 18 世纪 20 年代以后。18 世纪"爱国主义"在国内语境下的使用主要指反对过重的税负、恩赐制和公债,为民众权利和议会权利辩护。从 18 世纪 90 年代后,各种不同政治团体都越来越多地使用"爱国主义",由于政党的合法化,人们不再用它来指责其他派别,爱国主义超越党派,基于民族利益的含义一直在发挥作用,且在盎格鲁-爱尔兰关系中被特别提及。Jonathan Parry, 'Patriotism', in David Craig and James Thompson (eds.), *Languages of Politics in Nineteenth-Century Britain* (Basingstoke, 2013), 69-92.

㊸ 对于法学家 Henry Home 和 Lord Kames (1696-1782)来说,"爱国主义"是对自己国家的热爱,只有社会发展到了农业或者商业阶段后才出现。在政体内,爱国主义提供了反对"暴政"和"无法无天(自由泛滥)"的保障。Alexander Broadie, *The Scottish Enlightenment* (Edinburgh, 1997), 521-531.

㊹ 虽然亚当·斯密警告说,持续的"改善"不是不可逆转的;社会可能会停留在某个发展阶段,会倒退(如罗马帝国的衰落),曾经经历的阶段又会出现。

那些享有财富者被视为“文明”成就的源泉，是政治权利的合适的受托人。随着“文明”的持续繁荣，政治特权也逐渐扩展。他们在描述商业的文明功能时，实际勾勒出自由政体和有产臣民享有的自由权利所必备的那些法律性质和风貌。在大卫·休谟的影响下，洛克关于社会契约的观点被摒弃，取而代之的是关于人性的观点。商业在完善固有习惯和寡头制、殖民主义以及教会权威的风俗方面发挥了积极作用，并推动了社会进步。这种进步不是源于有关社会平等和绝对自由的普世的抽象概念，这些抽象概念的实现都要求对社会进行根本的重组。作为社会之善的“美德”的伦理价值、作为公共参与层面的“自由权”、作为社会向前发展的动态社会“利益”，以及作为进步高级阶段标志的“多样性”都加强了对政治文化的理解，这种政治文化是通过“平衡”来保障“文明”。文雅、礼貌、对“狂热”或“热情”的排斥、包容的社交是“文明”的核心，保证了社会和习俗的持续改善。因此，辉格党人放弃了较早时期洛克关于商业进步的契约原则，不再把该原则视作推进“文明”成熟的基础。

苏格兰启蒙思想支持了为 1688 年王位继承、1707 年《合并法》、汉诺威王朝和长老会派辩护的政治议程。自 1707 年以来，苏格兰作为“现代”、先进、“文明”和商业的社会，同英格兰并驾齐驱。残暴的犯罪、宗教的严酷、政治的压迫和过度的忧愁逐渐被繁荣和“改善”所取代。1832 年《苏格兰改革议案》(Scottish Reform bill)起草者之一、曾师从斯图尔特的
45 杰弗里宣称：“苏格兰从英格兰所获益的不只是自由权利思想，还有更多关于政治权利的知识和对于政治责任的尊重。”[55]这就在英格兰的“自由权利”、法治和议会主权概念上植入了“不列颠”的特质。[56] 人们认为，自 1707 年以来，有产、受尊重和有见识的臣民阶层的扩大使苏格兰逐渐走出封建社会。因此说，“英格兰人”关于“自由权利”和法律权利的认识的

---

[55] Jeffrey, 4 July 1832, *Hansard*, 3rd ser., xiv. 532-533.18 世纪 90 年代及 1793—1794 年间，同英格兰一样，苏格兰人主要还是保王党人，激进或煽动的组织都被合法镇压。参见 Bob Harris, *The Scottish People and the French Revolution* (2008)。

[56] 关于“英国特性”基于长久以来的“英格兰特性”概念的观点，参见 Gerald Newman, *The Rise of English Nationalism: A Cultural History, 1740-1830* (1987)。也参见 Colin Kidd, ‘Sentiment, Race and Revival: Scottish Identities in the Aftermath of Enlightenment’, in Laurence Brockliss and David Eastwood (eds.), *A Union of Multiple Identities: The British Isles c. 1750-c.1850* (Manchester, 1997), 110-126。

扩展，促成了“不列颠”政治文化概念的形成。(57) 休谟关于历史的著作和苏格兰人威廉·罗伯逊(William Robertson)一同扩展了“不列颠特性”的概念，休谟在1754—1762年间出版了他的6卷本《英格兰的历史》，虽然后来英格兰辉格党人激烈地批评休谟，说他有着托利党人的偏见。后来是父辈来自苏格兰高地的麦考莱，将辉格党人关于走向稳定的自由与议会政治权利的流行叙事载入史册，这种叙事突出了英格兰人的禀赋。最终，尽管存在反对的意见，“英格兰”和“不列颠”还是被多数政治评论家作为同义词使用。1800年后，议会在使用“不列颠”一词时，或者是要区别于爱尔兰，或者就是指整个联合王国。1821年罗素对政治制度的研究，仅是对英格兰政府历史的研究。同样，白芝浩1867年的著作也是关于英格兰宪政。在威斯敏斯特议会主权下，“不列颠”的政治价值观被描述为扩展版的“英格兰”人的自由、稳定、秩序和进步观。

17世纪早期以来，“不列颠”一词就已经用于描述英帝国了——这是集体努力的结果，其中有英格兰人的作用，更有苏格兰人和威尔士人的作用。(58) 海外大英帝国，由领地、势力范围和权威构成的复杂聚合体，给英国带来了商业和贸易的繁荣。对外，英伦三岛都有不列颠的身份认同，对内，人们的情感又分别指向了英格兰、威尔士和苏格兰。(59) 但是，殖民统治和国内政治讨论的相互作用、殖民政府的影响与英格兰宪政的“自由权利”习惯的相互作用，构成了在对待国家海外财产的态度上持续的紧张关系。作为贸易转口港的殖民地服务于英国在全球范围的金融与贸易。但 46
是“英格兰”宪政的“自由权利”与帝国相容吗？或者说不会被帝国侵蚀吗？(60) 在这种背景下，自18世纪50年代以来，英国开始对“白人定居”的

(57) 结果，18世纪的“不列颠特性”更多地同“苏格兰特性”发生了关联，而不是共享盎格鲁-苏格兰认同。参见 Paul Langford, *A Polite and Commercial People, England 1727-1783* (Oxford, 1989), 327, and Colin Kidd, *Subverting Scotland's Past: Scottish Whig Historians and the Creation of an Anglo-Scottish Identity, 1689-c.1830*, (Cambridge, 1993), 205。

(58) 《统治吧！不列颠尼亚！》是一首歌颂英国霸权和扩张帝国的爱国歌曲，庆贺被上帝拣选出的人们受到神意的指点。这首歌由来自苏格兰低地的 James Thomson 于1740年作词，由托马斯·阿恩(Thomas Arne)作曲。歌曲创作的背景是主要围绕弗雷德里克，即威尔士王子，和他的父亲乔治二世而展开的国内政治。

(59) John Darwin, *Unfinished Empire: The Global Expansion of Britain* (2012), 61-88.

(60) 因此，对于西印度群岛的种植园主快速积累的大量财富的疑问增加，这些种植园主的道德和“公民美德”是堕落的；当这些种植园主回国成为土地持有者或者议员时，其败坏的道德将影响英国国内的政治。

殖民地与主要通过军事力量和征服手段获得的殖民地做出明确划分。白人殖民定居点主要是由不列颠迁移出去的移民构成,如澳大利亚和北美,在这类殖民地,移民带去了受遵从的母国的法律权利观念和保障最终实现自治的自由;而在后一类殖民地,如印度和西印度群岛,其挑战主要是控制非不列颠人的人口,对这类还没有进化到能够享有成熟的宪政自由的社会要行使权力。1776年北美独立战争的爆发和1788年在印度殖民地发生的针对沃伦·黑斯廷斯漫长的弹劾程序,促使柏克详细讨论在调和多个不同民族时,英帝国面临的深层挑战,即如何能使这些不同的民族在共同的政府制度下,在统治者与被统治者之间培养相互的情感,负责任地为人们的利益而有节制地行使权力。柏克宣称,对殖民地人民的同情必须用来对抗殖民政府内在的压迫性和不稳定,以及专制暴力的无能,唯有同情才能保持英国权威的尊严,并限制权力的滥用。[61] 在整个19世纪,"英格兰"的"自由权利"概念和"不列颠"殖民统治的必要性之间的紧张关系投射到国内关于帝国的讨论中。[62] 因此,虽然"不列颠"一词定义不严谨,并常常变化,不同于"英格兰"这个词,但是人们需要对"不列颠"做出这样的解释:该词将"英格兰"的宪政自由权利与海上霸权保护下的殖民权力和海外贸易与商业令人不安地结合在一起——而自1689年至1815年间在世界范围内英国同法国和欧洲其他大国的持续战争强化了这种关联。[63]

自称为辉格党人的英格兰教士托马斯·马尔萨斯(Thomas Malthus)在《人口论》(1798)中,给苏格兰的政治经济学概念加了一件劝诫的基督教外罩。他警告说,如果劳动阶级不遵循"审慎的习惯"来控制人口增长的话,他们的薪水不可避免地会下降,"穷困"就会作为必要的制约而发

---

[61] 参见 Jennifer Pitts, 'Burke and the Ends of Empire', in David Dwan and Christopher J. Insole (eds.), *The Cambridge Companion to Edmund Burke* (Cambridge, 2012), 145–155, and Richard Bourke, 'Edmund Burke and the Politics of Conquest', *Modern Intellectual History*, 4/3 (2007), 403–432。柏克对沃伦·黑斯廷斯审判的公共声明是导致19世纪早期的一些托利党人转向皮特的部分原因。

[62] 参见 Miles Taylor, 'Imperium et Libertas? Rethinking the Radical Critique of Imperialism during the Nineteenth Century', *Journal of Imperial and Commonwealth History*, 19/1 (1991), 1–23。

[63] 有关同法国的战争,以及殖民扩张对"不列颠"认同的作用,参见 Linda Colley, *Britons: Forging the Nation, 1707–1837* (New Haven, 1992)。

挥作用。⑭ 惩戒原罪,用道德纪律约束人口,是神的旨意。这种神意将政治经济学规律同基督教道德结合在一起。这代表了社会开始摆脱18世纪机械自然神论的影响,机械自然神论的提倡者中的佩利对上帝的设计进行了乐观的解释,拓展了毕肖普·巴特勒(Bishop Butler)的悲观论,后者将上帝的设计视作道德审判的过程。强调启蒙自然神论的洛克-牛顿的二元论和被视为佩利的自鸣得意之论都被摒弃了。⑮ 马尔萨斯描述了一个关心原罪和审判的极具报复心理的上帝。颇具影响力的苏格兰福音派传教士托马斯·查尔默斯(Thomas Chalmers,1784-1847)则将受苦视作浪费的自然结果。干预经济运作破坏了上天对勤奋的奖励和对道德松弛的惩罚。关税或者说不加区分地救济穷人扼杀了这种启蒙的自我利益的人性追求。温和福音派对政治经济学富有洞见的复杂神学解释极大地影响了19世纪早期的政治价值观,福音派神学不仅塑造了辉格党人的思想,而且塑造了自由托利党人的思想,如威廉·赫斯基森(William Huskisson)和罗伯尔·皮尔。⑯ 安立甘福音派者约翰·伯德·萨姆纳(John Bird Sumner,1848-1862年任坎特伯雷大主教)、智能论者理查德·惠特利(Richard Whately)和爱德华·科普尔斯顿(Edward Copleston)为理解经济定律提供了道德背景。因此,他们将注重基督教美德而不是物质财富增长的经济学理论嵌入伦理的话语体系中,把社会秩序作为一种自然现象加以合法化,对适应市场经济的个人行为进行了神学的注解。19世纪60年代,格莱斯顿宣称自由贸易财政政策、低关税、国内产品税和财产税是神意所定。因此,流动(对应于闲置)财富、节俭(而不是浪费)、勤劳所得(区别于不劳而获)、健康消费(而不是奢侈浪费)这些美德得到鼓励。⑰

---

⑭ 参见 T. R. Malthus, *An Essay on the Principle of Population*, ed. Donald Winch (Cambridge, 1992)。

⑮ 另一种影响稍小的睿智的神学传统同理性的不从国教者结合,又与功利主义有关,被描述为异端(Heterodoxy),代表人物是 Joseph Priestley (1733-1804),他公开支持美国和法国革命,他是氧气的发现者,也是哲学家、神学家,还是伯明翰月球协会(the Lunar Society)的成员。1794年他迁移至美国,1813年月球协会解散。

⑯ 参见 Boyd Hilton, *The Age of Atonement: The Influence of Evangelicalism on Social and Economic Thought, 1785-1865* (Oxford, 1988)。

⑰ 参见 Martin Daunton, *State and Market in Victorian Britain: Welfare and Capitalism* (2008)。也参见 Anthony Howe, *Free Trade and Liberal England, 1846-1946* (Oxford, 1997), and F. Trentmann, *Free Trade Nation: Commerce, Consumption and Civil Society in Modern Britain* (Oxford, 2008)。

自由贸易于是成为发扬社会美德的道德制度,而不是个人发财的福音。

在斯密、弗格森、斯图尔特和米勒看来,从农业共同体向商业社会的过渡,是从粗鲁到进化,直至文雅,意味着社会生活更趋复杂,财富愈加不平等,这种社会生活是由"文明的"价值观所塑造的。商业所带来的财富拓展了构成社会不同利益的性质。斯密关于"劳动分工"是用经济发展动力的概念描绘了社会关系的渐进复杂,这种复杂体现于更高级的"文明"以及提高生产劳动的日渐专业化的技能。新工艺和新行业的出现、老工艺和行业的进一步分工、新职业和职业分支的涌现反映出有着强烈地位意识的英国汉诺威王朝时代的更复杂的特征。当基于习俗关联和自发关联的社会变得日益多样时,界定权威和权力分配的法律和制度关系也日益精细。地产财富和商业财富的多样化也要求更为复杂的政府形式来分配正义、预防失序,避免构成高级和富裕的社会的不同"利益"之间发生冲突。在保障基本自由权利的事业中,"利益"的政治涉及财产、安全、舆论和正义。不列颠议会制度被视为体现了自由、代表和秩序之间的平衡,这种平衡有助于"文明的"进步。

17世纪90年代至19世纪上半叶,不列颠经济的增长总体上是一个持续和高度多样化的过程。在这一过程中,贸易、商业和金融的扩展居于主导性地位;与此同时,工业制造业在稳步发展。⑱ 19世纪中期,50%的生产力增长仍然来自非机械化的经济部门以及小型车间和农舍的生产,而不是大工厂的生产。直到19世纪80年代,工业经济才在经济关系中居于主导地位,这种工业经济体现为工厂作为生产基地、生产过程机械化、管理官僚化的特征。这就是说,19世纪80年代前,英国经济呈现的显著增长并非"工业革命"所赐。关于18世纪中期以来英国经历了"工业革命"的说法,直到19世纪80年代才被广泛接受。"工业革命"(revolution industrielle)一词是法国政治经济学家在19世纪早期杜撰出来,用以指新技术和机器的使用所带来的经济增长。恩格斯在1844年用德语描述了曼彻斯特工人阶级的境况,他使用的词语是 die industrielle Revolution。他的著作直到1885年才被翻译成英语。马克思的《资本论》第一卷

---

⑱ 参见 Richard Price, *British Society, 1680 - 1880: Dynamism, Containment and Change* (Cambridge, 1999), 17-51, N. F. R. Crafts, *British Economic Growth during the Industrial Revolution* (Oxford, 1985), and C. H. Lee, *The British Economy since 1700: A Macroeconomic Perspective* (Cambridge, 1986)。

（1867年德语版）直到1886年才有了英语第一版。⁶⁹ 19世纪80年代前，英语作者只是偶尔使用"工业革命"一词，且在使用时，并没有保持该词含义的一致性。约翰·穆勒的很有影响的《政治经济学原理》（1848）在他1873年去世前有过7版，但该词仅使用过一次。⁷⁰ "工业革命"一词是在1884年阿诺德·汤因比（Arnold Toynbee）的牛津大学讲座汇集出版后才被广泛使用的。汤因比用该词描述资本主义竞争使中世纪行会和管理遭到毁灭性打击。⁷¹ 仅是在汤因比之后"工业革命"（首字母大写）才成为英国国家历史意识的一个中心部分。

1880年以前，商业、贸易和金融在英国经济增长中占据核心位置，国内工厂产品的出口虽然重要但作用有限。到1820年，无形出口占到了出口财富总量的30%，其中航运业贸易所占的份额最大。⁷² 到1840年，资本在帝国的投资收入构成了无形收益的另一大来源。英国在18世纪和19世纪的经济成功主要源于商业、贸易和金融体系的扩展，这些奠定了英国作为世界贸易的重要周转中心的地位。17世纪90年代以来，英格兰银行和其他城市体制的建立将地产和其他剩余资本动员起来。同法国持续到1815年的战争推动了国家财富的有效动员，为了国防和保卫英国在世界各地的经济利益，无论是税收政策还是金融资本主义机制都被有效地使用起来。⁷³ 1805年特拉法加之战后，海上霸权为英国全球经济领先地位提供了强有力的海上盾牌。

直到19世纪中期，英国经济成就的性质对国内社会精英和政治精英

---

⁶⁹ 《资本论》的第一个外语版本是1872年的俄语版。

⁷⁰ John Stuart Mill, 'The Principles of Political Economy', in *The Collected Works of John Stuart Mill*, ed. John Robson et al. 33 vols (Toronto, 1965), iii. 593.

⁷¹ Arnold Toynbee, *Lectures on the Industrial Revolution of the 18th Century in England* (1884), 64-73. 参见 David Cannadine, 'The Past and Present in the English Industrial Revolution, 1880-1980', *Past and Present*, 103 (1984), 131-172, and D. C. Coleman, *Myth, History and the Industrial Revolution* (1992).

⁷² Richard Price, *British Society, 1680-1880: Dynamism, Containment and Change* (Cambridge, 1999), 59.

⁷³ 有关这段时期 John Brewer 所描述的"财政-军事国家"的形成，参见 John Brewer, *The Sinews of Power: War, Money and the English State, 1688-1783* (1989), 和 Philip Harling and Peter Mandler, 'From Fiscal-Military State to Laissez Faire State, 1760-1850', *Journal of British Studies*, 32 (1993), 44-70. 在 Linda Colley 看来，同法国持续的战争，以及共享的新教，是18世纪建构不列颠认同的关键，Linda Colley, *Britons: Forging the Nation, 1707-1837* (New Haven, 1992).

有着重要的影响。国内商业、地产和金融部门紧密联系在一起,互惠互利。⑭ 同地产财富相关的资本从事着商业和金融,创造出所谓的"绅士资本主义"。⑮ 贵族和大地产所有者都从国家商业和贸易的增长中获利。18 世纪 70 年代布里奇沃特公爵(Duke Bridgewater)从采煤业和运河体系的发展中聚敛了大笔财富。伦敦德里勋爵(Londonderry)的财富获益于英格兰东北部的采煤业。在 19 世纪早期利物浦成为继伦敦之后的世界最大贸易海港之后,德比勋爵(Lord Derby)和塞夫顿勋爵(Lord Sefton)获利良多。其他贵族,如特伦特河畔斯托克的萨瑟兰家族(the Sutherlands in Stoke-on-Trent)、西布罗姆威奇的达德利家族(the Dudleys in West Bromwich)、卡迪夫的比特家族(the Butes in Cardiff)、设菲尔德的费兹威廉家族(the Fitzwilliams in Shieffield),以及伦敦的格拉芙纳(Grosvenors)、波特兰(Portlands)和罗素(Russells)等家族都直接从商业和城市扩张中获益。1800 年至 1839 年,在去世前遗嘱认证收入达 100 000 英镑左右的那些人中,有 65% 到 68% 的人的财富主要来自土地、商业和金融,而财富主要来自工厂或工业的人的比例刚接近 10%。⑯ 来自工业和制造业的个人财富比那些来自商业、金融和地产的人的财富要少。⑰

另一个衡量传统社会地位、政治权力和财富来源纽带关系的标准是在 1734 年到 1832 年间,只有 29 名议员代表工厂制造业"利益"。多数议员有地产背景,900 名议员从事商业和贸易,200 多名议员(实际都来自伦

---

⑭ 参见 W. D. Rubenstein,'Wealth Elites and the Class Structure of Modern Britain', *Past and Present*, 76 (1977), 99-126。用 Linda Colley 的话来说,拥有地产的阶级是"劳动的、资本主义的精英,他们积极支持商业,热衷能够促进商业的每一种经济现代化形式"[Linda Colley, Britons: *Forging the Nation*, 1707-1837 (New Haven, 1992), 154]。

⑮ 参见 P. J. Cain and A. G. Hopkins,'Gentlemanly Capitalism and British Expansion Overseas 1: The Old Colonial System, 1688-1850', *Economic History Review*, 39 (1986), 501-525, and P. J. Cain and A. G. Hopkins, *British Imperialism*, 1688-2000 (2001)。也参见 Martin Daunton, '"Gentlemanly Capitalism" and British Industry, 1820-1914', *Past and Present*, 122 (1989), 115-158, and W. D. Rubenstein,'Gentlemanly Capitalism and British Industry', *Past and Present*, 132 (1991), 151-170。

⑯ 参见 W. D. Rubenstein,'The Structure of Wealth-Holding in Britain, 1809-39: A Preliminary Anatomy', *Historical Research*, 65 (1992), 74-89。

⑰ W. D. Rubenstein,'Modern Britain', in W. D. Rubenstein (ed.), *Wealth and the Wealthy in Modern World* (1980), 59。

敦)是银行家。⑱ 1820年至1836年间,26名议员都曾受雇于东印度公司,其中42名议员或拥有依靠奴隶劳动的种植园,或同种植园家族有婚姻关系,或者是种植园的受托人。⑲ 议员中有约1/5的人与某殖民地有关系。总之,18世纪和19世纪早期的英国经济成功没有创造出一个新的经济富豪阶层,而是增加了那些传统社会精英的财富,扩大了他们的政治影响。从土地、商业和金融中获利的人彼此盘根错节,相互交织在一起,但他们同从工业中获取财富的人联系较少。因而说,英国经济的扩张对由传统精英组成的政治权威的社会威胁很弱。在经济发展中,"中间阶层"(middle ranks)或者"等级"(orders)都被吸收进来,从事金融投机,纳税支持同法国的战争,充当政府官员,支付军费。社会调整与政治影响的保持,而不是对立的经济"利益"的冲突,构成了英国空前繁荣时期的特征。英国不同地方的特色增长更是加强了这种趋势。商业与金融财富是伦敦的特色,因为贸易、商业和金融交织在一起的体系主要是在英格兰南部,而新出现的工业化特征则集中在某些特定的省份。作为经济主要财富诞生地的伦敦及其周边地区的重要性维护了传统社会精英的地位,他们依然是议会、白厅、法院、伦敦城、上诉法院的核心。

再者,语言的变化缓和了扩张和日趋复杂的经济造成的影响,如当代人所说的社会关系,那些用以明确群体内的地位与定义等级关系的词语发生了变化。到19世纪20年代,指代"阶层"和"等级"的词语开始让位于更复杂的"阶级"概念。历史上指代社会"中间阶层"的词语被"中产阶级"所取代——布鲁厄姆在1831年的改革争论中,盛赞中产阶级是"国家的财富与才智、不列颠的荣耀"。⑳ "阶级*"这个三分法词语的出现同较古老的但依然起作用的区分"贵族"和"人民"的二分法或者区分"特权等级"与"生产阶层"或"实用阶层"的二分法是有关的。㉑ 从18世纪90年代起,激进派出于论战的目的把曾经比较中性的词语"贵族"变成了指代

---

⑱ Peter Jupp, *The Governing of Britain, 1688-1848*: *The Executive, Parliament and the People* (2006), 187-191.

⑲ David Fisher, 'The Members', in David Fisher (ed.), *The History of Parliament*: *The House of Commons, 1820-1832*, 8 vols (Cambridge, 2009), i. 273.

⑳ Lord Brougham, *Selections from the Speeches and Writings of the Rt Hon. Henry, Lord Brougham and Vaux* (1832), 232.

* 此处为复数形式"classes",表明有上、中、下三个阶级。——译者

㉑ 参见 David Cannadine, *Class in Britain* (New Haven, 1998), 57-105。

与"人民"为敌的腐败自私的精英。19世纪40年代宪章主义者用"劳动阶级"一词来指代"生产阶级"或者是政治上被排除在外者。这种用词的不同反映了宪章运动内部的紧张关系。使用"中产阶级"是为了把专业人士、企业家、商人和公务员都包括进来。然而,所有这些表明社会区分的词语都有一种道德层面,显示社会不同部分的内在品质或"美德",且各自有着政治内涵。就"中产阶级"这个词而言,被突出强调的道德品质莫过于一个家庭中的男性家长所具有的那些品质。㉒ 1831年对于帕默斯顿来说,"中产阶级"主要"表现为道德和良好的行为、服从法律、热爱秩序、效忠君主与宪政"。㉓

如托克维尔所评论的,英国与革命前的法国不同,因其社会划分没有对等级制度进行严格的法律界定。基于被认定的道德品质,不同社会等级可以流动的概念更为流行。在1740年前,名词"贵族统治"(aristocracy)(可追溯至古典的希腊用法,指代最好的公民或者有特权的等级组成的政府)早已在英语中使用,但只是被宪政作家作为政治词语使用,他们主要用这个词指代被拣选出的少数人的统治,不同于君主统治,也不同于"民主"统治。这个词不是对有爵位者或者出身高贵者的社会描述或法律描述。18世纪90年代时,这个词被激进派当作了论战词语使用,用来指代相对于"人民"的道德败坏的政治精英。㉔ 同样,名词"贵族"(aristocrat,指一个出身高贵的人,或者说贵族等级成员)来自法语,带有傲慢蔑视的含义,直到18世纪90年代才被说英语者使用。在谈及1793年法国事件时,柏克把保王党称为"贵族们"(aristocrats)。而在1791年,他用这个词的形容词来描述法国贵族所展示的"贵族偏见"。托克维尔在1851年到访英格兰时曾注意到,英格兰人不排斥低等人,而法国人则排

㉒ 一位负责任的丈夫和父亲,要在更广阔的世界里经受磨难;一家之长要为家庭提供并保障安全,家庭作为母亲的私人领地,她主要关心的是孩子的道德养成。这种家庭模式在19世纪早期塑造了"中产阶级"的态度,并加强了家庭中男性家长的公共地位。参见 Lenore Davidoff and Catherine Hall, *Family Fortunes*: *Men and Women of the English Middle Class*, *1750－1850* (1987)。

㉓ Palmerston, 3 March 1831 *Hansard*, 3rd ser., ii. 1327.

㉔ 参见 Amanda Goodrich, 'Understanding a Language of "Aristocracy", 1700-1850', *Historical Journal*, 56/2(2013), 369-398。

斥高等人。"法国人更嫉妒地位高于自己的人,而英国人更乐意屈尊俯就。"⑧托克维尔认为二者的不同之处在于,英国人在自己的社会里有能力提升自己,而法国人则不能。用白芝浩的话说就是,"一个人可以合理地,不是不切实际地,将自己的地位提升一级,进入原本高于自己一级的社会阶层"。⑧

英国人对社会差别所持有的道德观念的更大的流动性促使人们怀疑严格等级划分的合理性。乔治·艾略特(George Eliot)以小说家的视角,痛斥了德国社会学的抽象集体分类,斥责这些分类是"对心灵的图画记录(思想的象形文字)"。19世纪英国人谈及政治时很少使用"资产阶级"(bourgeoisie)和"无产阶级"(proletariat)这类法语词语。令人惊讶的是,1853年11月的《泰晤士报》把大众公民权比作"将自治市镇突然交到了一群贫困、无知和唯利是图的无产阶级手中"。⑧ 直到19世纪80年代,在英语中,指代中产阶级社会习惯的"资产阶级"(bourgeois)一词才有了指代资本家阶级的政治内涵。对艾略特来说,"人民""群众""资产阶级""无产阶级"或者"自耕农"这类词只是揭示了现实世界的某种具体知识,如同一个旅客对铁路的运作有所了解一般。⑧

19世纪早期描述社会差别的语言的演变表明社会关系日渐"多样化"和复杂化。"多样化"的道德价值在于它本身是"文明的"发展的必要前提。辉格党人和托利党人都辩论说,没有统一的议会公民权资格,"选举权"的多样性在道德上是可行的,能确保"政治民族"中的所有不同"利益"群体得到充分代表。相应地,议会通过日常的司法调整,保证了推动社会向前的多样动态的"利益"的和谐共处。虽然国家的不同社会"利益"有制造杂音的危险,但是从这些不同利益多样性构成的交响曲中,国家政权有责任通过议会来维护国家的和谐。

---

⑧ Alexis de Tocqueville, *Journeys to England and Ireland*, ed. J. P. Mayer (1958), 75, and George Watson, *The English Ideology: Studies in the Language of Victorian Politics* (1973), 190.

⑧ Walter Bagehot, 'Sterne and Thackeray', in *The Collected Works of Walter Bagehot*, ed. N. St John-Stevas, 15 vols (1965-1986), ii. 308.

⑧ *The Times*, 19 November 1853, 8.

⑧ George Eliot, *Essays and Leaves from a Notebook* (Edinburgh, 1884), 229-230, and George Watson, *The English Ideology: Studies in the Language of Victorian Politics* (1973), 181.

英国政治论述

在某种意义上,每个国家的宪政发展都是特殊的,因而也是"例外的"。通过成文宪法对"公民"的"自然权利"进行保护和对政府"分权"进行制度化安排的思想影响了欧陆的哲学讨论和戏剧性政治事件的发生。如果我们把欧陆的哲学讨论和政治事件视作标准的话,那么不列颠的确在1780年后走上了一条不同的独特之路。⑧ 与18世纪80年代和19世纪20年代欧陆对政治文化进行激进重组的情形不同,自1688年以来,英国的政治态度和价值观保持了历史的延续性。英国"例外主义"遵循的宪政轨道对影响体制和政策的政治语言和公共文化有着重要含义。英国人认为宪政源自历史经验。欧陆因暴力革命而动荡不安时,英国制度的有机发展与稳定决定了其独特的天赋。如乔治·坎宁(George Canning)在1810年对下院所说,"让在漫长岁月里曾为我们遮风挡雨,使我们免受各种暴风雨袭击的古老构造不被损害,维持其圣洁"。⑨

无所不在的历史意识塑造了英国人对其宪政的研究范式。从历史角度理解英国的政治安排的观点表现于詹姆斯·麦金托什(James Mackintosh)、罗素勋爵和布鲁厄姆勋爵。他们把柏克的有机发展观同苏格兰启蒙哲学家的历史经验分析结合起来。因此,1821年罗素说:"欧陆古老的君主政体的结构不良、本质腐化,故需要彻底的革新,而我们的宪政弊端能够得到修正,这种修正严格遵循宪政精神,有助于宪政的保留。"⑪ 麦考莱的辉格党历史叙述就是这种沾沾自喜的事例。⑫ 辉格党历史观认为英国的宪政是一座历史建筑,其务实与具体远胜猜想与抽象。各种政治抱负都从历史中找寻其合法性。辉格党颂扬1688年革命。麦考莱论辩说,

---

⑧ 有关对"英国例外论"的讨论,参见 David Eastwood, *Government and Community in the English Provinces, 1700–1870* (Basingstoke, 1997), 1–25。

⑨ Canning, 21 May 1810, Hansard, xvii. 161, cit. in Boyd Hilton, *A Mad, Bad, and Dangerous People? England 1783–1846* (Oxford, 2006), 315.

⑪ Lord John Russell, *An Essay on the History of the English Government and Constitution* (1821), xiii.

⑫ 用 John Burrow 的话说,麦考莱的历史著作"试图暗示这样一种政治观点:务实、虔诚,尤其带有柏克主义特征,显示出对公共生活价值的高度甚至强烈认识"。John Burrow, *A Liberal Descent: Victorian Historians and the English Past*, Cambridge, 1981, 93.

英国"在 17 世纪发生的不彻底革命"确保了"我们在 19 世纪不会发生破坏性革命"。⑨³ 激进派重提大宪章和暗示本土盎格鲁-撒克逊人"自由权"受到外来诺曼"贵族"的压制。民众激进主义常常呼吁要恢复正义。英国各种政治情感具有一个共同的特征:用过去证明现在的目的。

历史经验被视为继承下来的过去的智慧,这是弥漫于整个 19 世纪的英国政治态度。在 1849 年出版的《英格兰的撒克逊人》中,历史学家肯布尔(J. M. Kemble)宣称:"最有益的在于,了解我们这样一个承受上天恩惠的国家所着手的宪政的伟大工程,解决了把对法律的完全服从和最大程度的个人自由相结合的问题。"⑨⁴ 记忆的政治总是有着不同的侧重点,突出了某些重要的历史片段,如盎格鲁-撒克逊人的"自由权",诺曼征服、大宪章、宗教改革中的英国新教,17 世纪的政治和宗教斗争,以及 1688 年的光荣革命。对维多利亚时代的一个保守派或自由派仅进行浅尝辄止的研究,就可能发现从深层而言,他是一名骑士党人士或圆颅党人士。⑨⁵ 这些党派过去的道德教训把现在的目的合法化了。让与过去相脱离的意识形态教条去吸引其他不稳定的民族吧。历史潜流在暴风骤雨的时代把英国宪政向前推进,使其适应必要的变化,这种变化在以往世代积累的智慧的护佑下稳定下来。1857 年麦考莱在写给一位北美人士的私人信件中,说美国宪法是"只有帆,没有锚"。⑨⁶

历史经验所启示的是持续性鼓励司法实践的改进,而不是激烈的理论革新。托马斯·厄斯金·梅(Thomas Erskine May)在 1877 年对欧洲的"民主"研究著作进行评论时说:"英国改革者不乏胆略与冒险,但是他们从不同过去决裂:改善与复兴而不是摧毁才是他们的使命。"⑨⁷ 多数维多

---

⑨³ T. B. Macaulay, *The History of England*, 5 vols. (London, 1849-1861), ii. 425.

⑨⁴ J. M. Kemble, *The Saxons in England*, 2 vols (1949), i. vi.

⑨⁵ 1892 年 10 月 W. E. H. Lecky 在其就任 Birmingham and Midland Institute 校长的就职仪式上说的话。*The Times*, 11 October 1892, p. 4. 这在 W. C. Sellar and R. J. Yeatman, *1066 and All that* (1930) 中被异常精彩地改编了。

⑨⁶ Macaulay to Henry Randall, 23 May 1857, in Thomas Pinney (ed.) *The Letters of Thomas Babington Macaulay*, 6 vols (Cambridge, 1981), vi. 96.

⑨⁷ Sir Thomas Erskine May, *Democracy in Europe: A History*, 2 vols (1877), ii. 495. 阿克顿勋爵在对 *Democracy in Europe* 的评论中,称赞厄斯金·梅是为"所有为宪政辩护的人而写的书。他的判断避免了极端。他从讨论理论开始,用制度之光来审视他的研究主题,他深信法律更多地取决于社会条件,而非没有现实基础的概念和争议"。因此,"他总是脚踏大地,用常识和经过反复验证的经验而非教条来编排经过筛选的事实。" Lord Acton, 'Sir Erskine May's Democracy in Europe', *Quarterly Review*, 145, January 1878, 113.

利亚时代的人认为英国得以避免19世纪的革命,正好验证了他们的宪政具有的德行与弹性,这是"纸宪法"所不具备的。从品味上看,维多利亚时代人所拥有的这种自信、沾沾自喜或者必胜心态基于他们普遍相信自身有着追求秩序井然的进步的才能——在其他国家遭受政治动荡摧残时,这种爱国情感表现得更明显。人们说,不列颠人比任何其他民族更有能力在不打破旧瓶的前提下把新酒装入旧瓶。

宪政不是规定好的理性蓝图,而是复杂的独特历史经验的创造。这种观点决定了19世纪描述英国政治制度的前提。依据1861年阿尔菲厄斯·托德(Alpheus Todd)的观点,英国宪政体现了"一代接一代的政治家的成熟经验"。在他看来,宪政的"基本原则"在于"不负责的国王、负责任的大臣和议会的审查权",这些是发动1688年革命的政治家留下的无价之宝。[98] 对于1844年的布鲁厄姆来说,宪政是有机体,是活的实体。"只要有价值,宪法条款就会生长;这些法律都有根,将结出果实,果实会成熟,然后继续生长下去。而那些杜撰出来的宪法如同插在地里的画棒,如同我在其他国家所见到的所谓自由之树一样,没有根不结果实,很快就腐烂,不久就死掉了。"[99]

其他国家被意识形态狂热和自身的历史体制所影响,但其历史体制遭到了被臆想出来的抽象理论所点燃的激情的攻击。不列颠人始终脚踏实地,始终牢记制度的历史基础。1865年罗素在他的《论英国政府和宪政的历史》(Essay on the History of the English Government and Constitution)再版时写到,他拒绝进入"狂想的迷宫,或者说抽象权利的荒野之地"。[100]布鲁厄姆感受到"对我们[政治]制度的所有主要部分的最大的信心,因为这些制度是实际经验的产物"。[101] 苏格兰托利党人阿奇博尔德·阿里森(Archibald Alison)曾赞叹说:"英格兰争取自由的斗争[已经]实现了一个明确的实际目标……而不是浪费在对未来蓝图的展望中。"[102]维多利亚

---

[98] Alpheus Todd, *On Parliamentary Government in England*, 2 vols (1866), i. 3.

[99] Lord Brougham, *The British Constitution* (1844), xxi.

[100] Lord John Russell, *An Essay on the History of the English Government and Constitution*, new edn (1865), xxx.

[101] Lord Brougham, *The British Constitution* (1844), xxii.

[102] A. Alison, *A History of Europe during the French Revolution* (1833), i. 20. 法国评论家 Charles de Rémusat 在1856年写到,在英格兰"每一个原则都对应于某些形式,被某些事实所验证,并被转化成了法律真理与历史真理"[Paul Langford, 'The English as Reformers', in T. C. W. Blanning and Peter Wende (eds.) *Reform in Great Britain and Germany 1750–1850* (Oxford, 1999), 117]。

时代政治价值观立足的是经验、来自过去事件的实际知识和区别于抽象理性的自觉。[103]

在议会内,抽象的政治臆想导致怀疑而非尊重,被视为对可能的务实底线的颠覆。在下院,一度流行"智识阴霾"(intellectual haze),如白芝浩所说,在这种智识阴霾中,"抽象议论被稀释与消解于实际生活中",议员们生活在"某种模糊状态……充满着可能性与怀疑的氛围中"。[104] 皮尔爵士带着明显的蔑视且欠周到的语气抨击说,"下院的议论"完全是说给党内的傻瓜听的,"那些傻瓜对事情知之甚少,也不在乎事情到底如何,他们中一半的人刚吃了饭,或者要去吃饭,却被原本他们无须费力就能明白的事情绊住了"。[105] 议会争论的务实性而非哲学的精致是说服他人的前提。白芝浩称议会辩论为"经过讨论的政府"。[106] 从第一原则出发的议论是在贬损议会的智商。

奥弗斯通勋爵(Lord Overstone)对罗伯特·洛韦(Robert Lowe)议员表示出的担忧反映的是对非典型思想的一种典型回应,奥弗斯通勋爵说洛韦是"一个危险人物",因为"他是一个抽象的推理者——既无实际经验,也不尊重实际经验"。[107] 另一个辉格党人在谈及洛韦对于功利主义效用的信仰时说:"他满脑子充满了根本无法运用的狂热理论,……假如他有影响力的话,他将是一个极其危险的人物。"[108] 严肃的刘易斯爵士在阐释"关于财产权利的抽象理论时""将惊奇带进了下院"[109],尽管他的发言人们很难听清。激进的布赖特进入下院后,很快就知道,下院"讨厌听讲座——也讨厌微妙、漫长的系列推理、精细的区分与标准"。[110] 1859 年刻

---

[103] 1878 年自由实证主义者弗雷德里克·哈里森(Frederic Harrison)在得到格莱斯顿赞同后,写道,"政治中最重要的事情"是"实践常识、普通情感、敏于学习、信任精神,尤其是要摆脱狭隘利益"。Frederick Harrison, 'A Modern "Symposium": Is the Popular Judgement in Politics More than that of Higher Orders?', *Nineteenth Century*, 4 (May 1878), cit. in James Thompson, *British Political Culture and the Idea of 'Public Opinion'*, *1867-1914* (Cambridge, 2013), 60.

[104] Walter Bagehot, *The English Constitution*, ed. Paul Smith (Cambridge, 2001), 102.

[105] Lord Mahon and Edward Cardwell (eds.), *The Memoirs of the Rt Hon. Sir Robert Peel*, 2 vols (1856-1857), i. 66-67.

[106] Walter Bagehot, *Physics and Politics* (1872), 82.

[107] Overstone to Granville, 23 March 1856, TNA: PRO, Granville MSS, 30/39/18/1.

[108] Eliot to Minto, 4 April 1853, Minto MSS, 1174, fo. 339.

[109] Graham to Cardwell, 26 February 1856, TNA: PRO, Cardwell MSS, 30/29/18/1, fo. 117.

[110] Nassau Senior diary, 11 September 1856, cit. in M. C. M. Simpson, *Many Memories of Many People* (1898), 241.

薄的罗伯特·塞西尔勋爵更是直率地宣称,在政治上"一克的经验抵得过一吨的理论"。⑪ 因此,19世纪30年代早期,辉格党下院领袖奥尔索普(Althorp)勋爵虽然口才与风度欠佳,却享有影响力和声誉,因为他说话浅显易懂,很能表达绅士的情感。议员贾斯廷·麦卡锡(Justin McCarthy)曾回忆说,下院的发言,"不管风格多么雅致,思想多么高尚,论证多么有说服力",都保持着"一般常识水平"。⑫ 毫不奇怪的是,当著名的哲学家约翰·穆勒在1865年成为议员后,"党的日常管理者本能地怀疑他是一个理论家和荒谬想法的贩卖者"。⑬ 约翰·穆勒曾用格言式语言宣称:"德国的特征表现为没有思想的知识;法国是没有知识的思想;英国则既无知识,也无思想。"⑭

英国"例外论"界定了19世纪政治话语的尺度。维多利亚时代的保守党、辉格党、自由派和激进派都借助议会授权的法律权利表达了各自的政治抱负。这也顺理成章地被视为宪政。议会是各种不同目的和政策的聚焦点。凡是议会通过的就是宪政,宪政就是议会的职责。因此,厄斯金·梅能够将宪政构成描述为"立法、习俗[和]政策"。⑮ 正是这种鲜明的英国特色,使得19世纪早中期的主要大党都支持共同的"宪政主义"。对于像洛克这样的哲学家和像潘恩、边沁这样的激进派来说,宪法由基本原则构成,先于政府的出现,预设了诸如议会等制度应该服务的最终目的。1790年后英国人对自己宪政的理解放弃了先验推理的解释,他们认为制度最重要的是国会,所拥有的权威不是先天推理的产物,而是历史的产物。

---

⑪ Lord Robert Cecil, 'Fiat Experimentum in Corpore Vili', *Saturday Review*, 25 June 1859, 776.

⑫ Justin McCarthy, Reminiscences (1899), 175. Bagehot 的评论尖酸刻薄,很有典型性。"自作聪明的人们,生活在'波西米亚',对议会的影响就像他们对于英格兰的影响一样。几乎不可能产生什么影响。"Walter Bagehot, *The English Constitution*, ed. Paul Smith (Cambridge, 2001).

⑬ Leslie Stephen, *The life of Henry Fawcett* (1885), 182. 名词"知识分子"(intellectual)和词语"理智主义"(intellectualism)自19世纪早期以来就有着很强的贬义。

⑭ John Stuart Mill, 'Diary, 1854', in *The Collected Works of John Stuart Mill*, ed. John Robson et al, 33 vols (Toronto, 1963-1991), xxvii. 60. 也参见 Bruce Kinzer, Anne P. Robson, and John M. Robson, *A Moralist In and Out of Parliament: John Stuart Mill at Westminster, 1865-1868* (Toronto, 1992)。

⑮ Sir Thomas Erskine May, *The Constitutional History of England*, 2 vols (1861), i. v.

19世纪宪政评论家们注重过程胜过原则。⑯ 英国宪政的秘密在于对体制的历史渊源进行的解释。他们在解释宪政形成的历史过程时,很少提及关于权利分析或权力分配的基本问题。理解宪政的核心在于廓清议会主权得以确立的历史过程和道德品质。因此,史密斯在《爱丁堡评论》中,建议那些准备投身公共生活的年轻人应该对英国宪政做一番历史与道德的探究,研究它"何以发展到现在,曾受过何种灾难的威胁,遭到何种恶意攻击,又具备了何种奋斗的勇气和智慧,才有了如今的伟大成就"。⑰ 这种英国的"例外论"意味着关于宪政的讨论比欧陆的讨论更内敛与狭窄。这种讨论仅仅是覆盖在历史经验基石上的一层薄土而已。对1869年的阿诺德而言,就有了下面的抱怨之由:"我们缺乏那种为欧陆人和古代人所熟悉的关于国家(the State)的观念。"⑱议会定义了"政治民族"(political nation)。欧陆政治讨论涉及多样、不同的层面:君主制、自由主义、保守主义、军国主义、社会主义和反动情绪;但是在英国,人们在议会"宪政主义"上的共识决定了讨论范围的狭窄性。1832年《改革法》使这种共识更是板上钉钉,显示了议会有能力纠正正当的不满,适应财富和智力的扩展。

区分主权、权力和权威有助于理解议会以外那些微妙和广泛的政治关系,正是这些政治关系构成了议会宪政的背景,这些关系组成了"公民社会"的不同层面。在英国,人们认为"公民社会"是由个人之间和群体中不同部分之间的公共关系构成的,基于地域、继承、爱国、宗教、性别的这类关系维护着社会联系,对被正式纳入议会法规的制度安排起着补充的作用。⑲ 这些志愿公共团体形成的错综复杂的网络构成了在政府权威同家庭私人领域之间发挥作用的社群关系。这种网络借助性别、财产、

---

⑯ 参见 David Eastwood, 'The State We Were In: Parliament, Centralization and State Formation', in R. English and C. Townshend (eds.), *The State: Historical and Political Dimensions* (1999), 18–45。

⑰ [Sydney Smith], 'Review of R. L. Edgeworth, *Professional Education*', *Edinburgh Review*, 15 (October 1809), 52.

⑱ Matthew Arnold, *Culture and Anarchy*, ed. Jane Garnett (Oxford, 2006). 56.

⑲ 参见 David Eastwood, *Government and Community in the English Provinces, 1770–1880* (Basingstoke, 1997), Joanna Innes, 'The Domestic Face of the Fiscal-Military State', in L. Stone, *Imperial State at War: Britain From 1689 to 1815* (1994), 96–127, and Richard Price, *British Society, 1680–1880: Dynamism, Containment and Change* (Cambridge, 1999), 155–185。

"自立""德行"、社会责任和共同体义务来界定社会地位的地方等级体系而发挥作用。

主权、宪政权威的最终来源,属于议会。但是正如王权历史上曾经将自由裁量权下放给乡郡及地方共同体一样,18世纪的议会也同样将部分权威和权力分配给地方。当代人通常所言的"中央"和"地方"权威的这种不合时宜的区别当时被视为"上级"和"下级"政府的区别。[120] 这一权力下放仍须经议会的批准。议会有权收回已给出的权力。但是,在重要的政策领域,地方精英被授予了真正的权威。在郡域内,地方绅士和贵族享有被移交的地位和权力。他们担任重要的行政职务,通过地方行政长官、和平委员会、郡首席治安长官、大陪审团,地方绅士和贵族对地方实施治理。英国不像部分欧陆国家那样设有常备军、国家警察部队和中央集权化的官僚,而是靠这种被移交的权力和权威有效地保持着社会秩序与稳定。[121]

英国政权以复杂、非命令、无缝的方式从议会扩展至郡和地方。公共讨论不涉及"中央行政权"和地方权力的划分。通过《济贫法》(the Poor Law),地方行政长官和教区委员会管理着一个庞大的权益网络。为此他们在各自的共同体内把人分成受尊敬者、有功者和自立者一类,弱者、无功者和依附者一类。在18世纪和19世纪早期,教区变成了日益重要的政治和行政实体,在英格兰和威尔士共有15 600个教区,在伦敦有200多个教区。通过地方税率建立的财政责任赋予了人们参与教区会议和选举地方官员的权利。作为不领薪水的地方治安官,地方绅士和较小的贵族负责执行法律,从而地方行政长官的权威保证了土地持有者和地方权力的关系。地方效忠非常突出。但是,因不担忧"中央干预",地方精英常常受到任意权力的侵犯,其特许权或者个人合法权利受到践踏,或者被滥用的恩赐制度所侵害——这威胁到作为地方权威基础的财产所有者的共

---

[120] Joanne Innes, 'Changing Perceptions of the State in the Late Eighteenth and Nineteenth Centuries', *Journal of Historical Sociology*, 15 (2002), 107–113.

[121] 对于1840年Eugène Buret来说,"英格兰是一个细节之国,一个孤立事实构成的国:每一个教区都有其自己的行政、惯例,我们几乎可以说就是其法律"[Paul Langford, 'The English as Reformers', in T. C. Blanning and Peter Wende (eds.), *Reform in Great Britain and Germany 1750-1850* (Oxford, 1999), 108]。

识关系。⑫ 然而，这种地方权威始终受制于议会主权。除了习惯和成文法条，并无正式的宪政授权文字来保障地方绅士和贵族在其各自共同体的地位。

相反，1789年后的法国，《民法典》的颁布、新的法律制度、任用官僚精英的集权化国家行政取代了旧制度的地方制度。行政放权受到抵制，甚至大城市的管理也开始受制于国家政府部门。后拿破仑时期的法国的公民社会(société civile)，源自罗马成文法典，而不是英国的普通法传统，界定了"公民"享有的平等政治"权利"，正式清除了基于血缘、地位、宗教和继承的特权关系。对"公民社会"的这种高卢理性主义定义加强了中央国家权威的合法性。⑬ 普鲁士和奥地利的王朝军事政府效仿法国行政结构，虽然实践证明这种结构在维护国家中央权威方面效率有限。德国"公民社会"的概念面临的挑战是要将半私人的或者从属的非政治机制纳入到"国家"权威中。⑭ 而英国保留了一个大且广泛的历史上就分散的权威，特别之处还在于，未对这个权威进行正式政治界定。这种下放的权威没有纳入宪政框架的法律定义中，主要依据习惯和法定声明在运行。在议会做出决定前，不存在高深的成熟的"权利"或代表权的说法。"国家"是一个难以捉摸的、不常被提及的实体，缺乏清楚的理论定义。不祥的外来词语"国家利益至上"(raison d'état)，源自公共利益这一抽象概念，在英国人的脑海中，就是邪恶的集权控制，如革命后的法国所经历的那样。直到19世纪早期，对"国家""中央"或"行政"政府以及"地方政府"的特有领域等词语的各种定义才缓慢且试探性地进入不列颠的讨论中。在实际的国家和地方事务处理中，英格兰人更偏好谈论"政府"而不是"国家权力"。细腻、非正式、志愿的公共关系网，构成英国"公民社会"观念的特征，调节着共同体与政治制度，如议会之间的复杂互动关系。他

---

⑫ 参见 Paul Langford, *Public Life and Propertied Englishmen, 1689–1798* (Oxford, 1991)。

⑬ 1857年白芝浩评论说，"我们反复说，直至我们已经厌倦，法国政府无所不做；警察管理扩展至生活；甚至很小的事务都不能幸免，会受到精心地监控"［Walter Bagehot, 'The Crédit Mobilier and Banking Companies in France', in *The Collected Works of Walter Bagehot*, ed. N. St John-Stevas, 15 vols (1965–1986), x. 343］。

⑭ 参见 Brendan Simms, 'Reform in Britain and Prussia, 1797–1815: (Confessional) Fiscal-Military State and Military Agrarian Complex', in T. C. W. Blanning and Peter Wende (eds.), *Reform in Great Britain and Germany 1750–1850* (Oxford, 1999), 79–100。

们是政府和社会之间的无缝隙的纽带。㉕

议会本身就是处理众多地方事务、进行特别立法的场所,这些地方事务需要以私人法案而非公共法案的形式进行具体立法,涉及圈地、运河修筑、码头设施、税卡、街灯的扩建,地方特权、权力和习俗的维护等。诉状和私法议案构成了18世纪和19世纪早期议会的主要事务。㉖ 议会是仲裁与解决地方议题的竞技场,涉及住房、交通、福利、治安和健康的提案多数来自地方。议会保护地方权力的利益,因为地方权力是服务于地方目的的国家机构。威斯敏斯特与地方共同体事务之间的纽带非常紧密,这种纽带是地方精英权威同议会主权关系中的内在组成部分。这种相互性加强了伦敦与地方的各自的责任。

17世纪90年代到19世纪60年代间的英国政权积极促进有产者对共同体公共生活的参与,鼓励他们组成志愿组织,从而使地方权力与权威成为"公民社会"的主要特征之一。因此,英国"公民社会"的概念显然不同于后革命时期的法国的国家统制(dirigisme),也不同于普鲁士的"法团主义"思想。黑格尔曾提出在"国家"与"公民社会"之间有着明显的界限。但是在英国,"公民社会"和政治制度之间相互依赖,且缺乏对"国家"的明确定义。建立在议会宪政主权之上的政权框架中,英国的"公民社会"保留着来自各个共同体的个人担负的志愿公共角色构成的广泛网络。18世纪,志愿协会构成了社会关系复杂网络的重要部分。这些志愿组织受中等阶层的价值观影响,支持追求"文明"提升的道德目的。不同于欧陆国家的是,英国道德水平的提升不是由国家官僚推动的,而是被志愿组织所驱动。㉗ 在1800年的伦敦,有900个互助会,城市人口的1/4是

㉕ 参见 the essays in Jose Harris (ed.), *Civil Society in British History: Ideas, Identities, Institutions* (Oxford, 2003)。

㉖ 参见 Joanna Innes, 'The Local Acts of a National Parliament: Parliament's Role in Sanctioning Action in 18th Century Britain', *Parliamentary History*, 17(1998), 23–47, and Joanna Innes, 'Legislating for the Three Kingdoms: How the Westminster Parliament Legislated for England, Scotland and Ireland, 1707–1830', in Julian Hoppit (ed.), *Parliament, Nations and Identities in Britain and Ireland, 1660–1850* (Manchester, 2003), 15–47。

㉗ 有关对欧陆和英国改革运动的比较研究所得出结论是,他们各自有着"两种完全不同的政治世界",参见 Jonathan Sperber, 'Reforms, Movements for Reform, and Possibilities of Reform: Comparing Britain and Continental Europe', in Arthur Burns and Joanna Innes (eds.), *Rethinking the Age of Reform, Britain 1780–1850* (Cambridge, 2003), 312–330。英国的大众改革运动规模远远大于欧陆国家,且新教不同形式的影响也是欧陆国家所没有的。

这些组织的成员。⑱ 在这些组织中,女性的重要性显示出来,她们帮助组织请愿、举办募集活动、参加会议等。妇女们也积极参与大众政治活动,如反奴隶制和反谷物法联盟,这进一步模糊了黑格尔对"国家"和"社会"所做的区分。积极的志愿组织是英国"公民社会"的内在统一部分。⑲

这种意义上的"公民社会"强化了英国政治文化的特色。显然,它补充了把政治理解为基于历史经验的实践活动的这种概念,拒绝了把政治视为理论的抽象。它也支持了这种信念,政治是文明社会关系的内在组成部分,是道德的,而不是世俗、理性的活动。国教被编织进公共关系的复杂网络中,这个网络中不仅有宪政关系,而且有公民社会。⑳ 教区组织了地方共同体生活。教区委员会在地方公共事务的世俗和宗教管理中都担负着重要的角色。安立甘教士不只对教民进行宗教教导,而且担负着公共责任,他们与共同体中有名望和影响力的地方绅士和有产者一起维护着地方秩序。㉑ 安立甘教士们耕作、狩猎、主持地方行政事务(18世纪60年代到19世纪30年代,这样的安立甘教士数量大增),负责《济贫法》的执行,担任着装俱乐部、便士银行、友谊团体和慈善团体的管理者。㉒ 在梅瑞狄斯看来,安立甘教士是"英国中产阶级的社会警察"。㉓ 更为重要的是,教会与国家间关系是1828年至1829年政治争论的基础,这场争论促进了1832年的宪政改革。宗教多元主义开始直接威胁到社会秩序的传统父权概念。

---

⑱ Richard Price, *British Society, 1680—1880: Dynamism, Containment and Change* (Cambridge, 1999), 195.

⑲ 对1844年的意大利评论者Luigi Angiolini来说,英格兰政府不是把公共权威施加于私人活动,而是代表私人机构的政治机构。Paul Langford, 'The English as Reformers', in T. C. W. Blanning and Peter Wende (eds.), *Reform in Great Britain and Germany 1750—1850* (Oxford, 1999), 107.

⑳ 参见 Frances Knight, *The Nineteenth-Century Church and English Society* (Cambridge, 1999)。柏克宣称:"英格兰人民"认为"他们的宗教是整个宪政的基础,借助宪政及其每一部分,它支撑着一个牢不可破的联盟"[Edmund Burke, *Reflections on the Revolution in France* (1790), 96]。

㉑ 因此,反教权主义是强大且持久的民众激进主义特征的体现,且因下述情形而强化,如1819年在彼得卢宣读《暴乱法》的人是一名教士,曼彻斯特三名召集自由民的治安法官中有两名是教士。参见 Simon Skinner, 'Religion', in David Craig and James Thompson (eds.), *Languages of Politics in Nineteenth-Century Britain* (Basingstoke, 2013), 97。

㉒ K. D. Snell, *Parish and Belonging: Community, Identity and Welfare in England and Wales, 1700—1950* (Cambridge, 2006), 369.

㉓ George Meredith, Beauchamp's Career, 2 vols (Leipzig, 1876), i. 181.

英国政治文化的性质不仅影响着那些属于"政治民族"的人,也影响着那些被排除在外的人。城市与农村的下层阶级被视为在通往"文明"的道路上进化得不够好,未受教育、不能对共同体"利益"做出明智的判断,没有值得政治赋权的财产。女性基本上被公共议会领域中的男性概念所边缘化。依据习惯,未婚女性(作为交纳赋税的单身女户主)及偶而有寡妇会经由投票被推选担任教区职务,主要是负责照看穷人、治安事务、教区选举和担任教会内的职务,如教堂司事和执事,还有她们无疑会影响有投票权的丈夫和其他家庭成员,在特定情形下还是选举赞助者。[134]但是1832年《改革法》和1835年《市镇机关法》特别规定了投票权是属于男性的特权。对已婚妇女财产权的否认和阶级偏见都反映在法律上。[135]虽然法治是让所有的人都服从同一个法律,但是法律自身的性质却揭示了强烈的社会和性别偏见。法律总是为权威和财产站台,法治既是法律面前人人平等(预防权力的肆意妄为),又维护了有产的男性的特权。违反了财产权的下层等级会受到严厉的惩罚。相反,在合同法中,对破产的惩处却很宽大。[136]虽然非安立甘基督教派在19世纪20年代和30年代获得了更多的公民和宗教自由,但是犹太人直到1858年前都被禁止担任议员。其他非基督教宗教群体和自称没有宗教信仰的人直到19世纪80年代和90年代还在为争取政治权利而斗争。

当那些在政治生活中被排斥在外或被边缘化的人表达不满时,英国政体所辖各地的抗争也风起云涌。农村激进派反对政权支持有产者对地方政府、法庭和《济贫法》的管理。城市劳动者挑战"政治民族"的有产定义,提出了对于投票权的主张。妇女们反对投票权的男性定义,这个定义给女性参与议会和市政政治事务设置了障碍。1800年《合并法》之后,英国政府试图把主要处于农村经济且多数人信奉天主教的爱尔兰并入以新

---

[134] 参见 Kathryn Gleadle, *Borderline Citizens: Women, Gender and Political Culture in Britain, 1815–1867* (Oxford, 2009), and Sarah Richardson, *The Political Worlds of Women: Gender and Politics in Nineteenth Century Britain* (Abingdon, 2013)。

[135] 已婚妇女没有独立的法律身份,不能以自己的名字拥有财产,也对自己的孩子没有合法的监护权。Ben Griffin, *The Politics of Gender in Victorian Britain: Masculinity, Political Culture and the Struggle for Women's Rights* (Cambridge, 2012), 9–14.

[136] 法律趋向于认为那些欠下小笔债务的人,多数来自社会下层,会拒绝偿付债务,故应重罚;而中产阶级商人破产的话,仅仅是因为他们遭了霉运。参见 Paul Johnson, *Making the Market: Victorian Origins of Corporate Capitalism* (Cambridge, 2010)。

教安立甘为国教的联合王国,越来越多的爱尔兰人加入了抗议英国暴政的行列——这种紧张关系导致爱尔兰问题成为英国政治家无法绕过的梦魇。英国政治家们总体上认为爱尔兰还不适合也不够"先进"实施已在联合王国其他地区实施的宪政措施。这意味着在"公民社会"的志愿组织概念与政府的权威之间的界限总是麻烦不断。

英国缺乏就"国家"中的政治关系前提所进行的复杂讨论,因此,财产,尤其是土地,成为权力的主要分母。⑬ 麦考莱评论说:"米德尔塞克斯(Middlesex)的一英亩地胜过乌托邦的一个公国。"⑱财产界定了政治地位和社会责任,从而强化了地方和国家统治精英的权力。⑲ 约翰·穆勒称赞托利党的作家柯勒律治关于"信托(trust)的思想植根于地产"的主张。⑭ 17世纪到19世纪早期,虽然存在地区差异,但英格兰和威尔士的土地所有权总体上经历了长期渐进的巩固化过程,导致更多的土地成为大地产的一部分,或者说被绅士所拥有,小土地所有权减少,这种趋势加强了地方和乡郡精英的地位。比如在北安普敦郡(Northamptonshire),大地产者掌控了整个乡郡的财产所有权。⑭ 拥有地产使个人能"自立",发扬"公民美德"。这种"自立"不是人希望不受约束意义上的自立,而是拥有抵御胁迫或者暴政的能力。财产保证了所有者不受恩赐或者被征服的自由。相应地,这种自立赋予所有者在践行"公民美德"时对公共事务进行自由判断的能力,并且拥有财产也促使其所有者关心诸如法律、秩序和税收等公共事务,而无财产者对这些公共事务是不关心的。英语中"利益"一词的最初含义是指与财产相关的用途或者获利。重要的是,直到

---

⑬ 参见 David Eastwood, 'The State We Were In: Parliament, Centralization and State Formation', in R. English and C. Townshend (eds.), *The State: Historical and Political Dimensions*, (1999), 18-45。

⑱ Thomas Macaulay, 'Lord Bacon', *Edinburgh Review* (July 1837), cit. in T. B. Macaulay, *Critical and Historical Essays*, 7th edn, 3 vols (1852), ii. 396.

⑲ Edward Bulwer Lytton 说:"我们所有概念,以及所有法律的根从对财产的情感中找到。"[Edward Bulwer Lytton, *England and the English*, 2nd edn, 2 vols (1833), i. 16.]

⑭ John Stuart Mill, 'Coleridge', in *The Collected Works of John Stuart Mill*, ed. John Robson et al, 33 vols (Toronto, 1963-1991), x. 157.

⑭ 参见 J. V. Beckett, 'The Pattern of Land Ownership in England and Wales, 1660-1880', *Economic Historical Review*, 37/1(1984), 1-22, and J. V. Beckett, *The Aristocracy in England, 1660-1914* (Oxford, 1986)。

19世纪中期,这个词浸入了对个人或事情的关注或好奇的意思。

由于没有预设的"自然权利",财产所有权,尤其是土地,构成了政治权利的基础。在地方,这支持了从地方绅士和"中等阶层"中招募人员担任地方行政官员。在整个国家范围内,这也有助于加强贵族、议员和构成"政治民族"的选举人的地位。麦考莱对普选权非常忧虑,因为普选权"与财产不相容,……最终就同文明不相容"。⑫ 财产被正式界定为权利的前提。如乔治·艾略特在《菲利克斯·霍尔特:激进分子》(*Felix Holt: The Radical*)中所评论的,"财产即压舱物;一旦明白这个比方,这种想法就顺理成章了,即没有大量压舱物的人不适合在政治的大海中航行"。⑬ 投票权是根据财产而定义的,1711年规定了成为一名议员的条件:或者一年有600英镑来自乡郡土地的收入,或者是在城市至少有300英镑的收入。直到1838年,议员的财产资格才被取消。财产是英国政治讨论的中心。财产的社会与道德责任构成了政治关系的基础。议会主权体现的是国家中的有产者地位与权力。

因此,1790年后英国所走过的宪政道路影响了英国的政治文化。宪政被视为一种历史的产物。要理解宪政,就要去描述它的历史进程。源于国家历史的道德价值观拒绝臆想的意识形态和理性原则。政治是政府的实际事务,而不是产生于对"国家"的理论理解。⑭ 这使人们关注过程,而非原则。把"公民社会"理解为稳定社会秩序的道德背景,是从公共责任的历史发展方面看问题,而不是对权威和权力的任何形式上的宪政定义。有产者的道德社会责任支持了地方精英在执行法律和管理共同体事务上的志愿作用。地方精英与议会之间的复杂密切的关系网络促进了权力下放至地方精英。与此同时,议会主权界定了主流公共话语的界限,人

---

⑫ Macaulay, 3 May 1842, *Hansard*, 3rd ser., lxiii, 46.

⑬ George Elliot, *Felix Holt: The Radical*, 2 vols (Edinburgh, 1866), i. 152. 白芝浩论述说:"我坚持认为议会必须体现英格兰民族的公共舆论:当然那种舆论更多受制于财产而非思想。"[Walter Bagehot, *The English Constitution*, ed. Paul Smith (Cambridge, 2001), 119.]

⑭ 对维多利亚时代政治思想的有价值的调查是 H. S. Jones, *Victorian Political Thought* (Basingstoke, 2000), Mark Francis and John Morrow, *A History of British Political Thought in the Nineteenth-Century* (1994), and Stefan Collini, *Public Moralists: Political Thought and Intellectual Life in Britain, 1850–1930* (Oxford, 1993).

们没有沉浸在对理清政府终极目的的讨论中。[145] 议会所定义的政治权利是由财产规定的,而不是"自然权利"。因此,英国政治讨论呈现自己的特征,没有欧陆国家的讨论宽泛。对此,多数维多利亚时代的人非常庆幸。他们相信,议会主权所保障的稳定政权、法治在保护着那些习俗上的自由、财产和法律自由,他们作为联合王国的臣民享有这些神意的赐福。正是在这种独特的英国意义上,19世纪的所有政治党派都是在宪政主义背景下提出他们入主威斯敏斯特的政治抱负。

---

[145] 结果,英国的司法审查同革命后基于"分权"原则的法国和美国都不一样。英国议会主权排除了司法对立法或者议会法案的审查。依据越权原则,公共机构的决定可以被搁置,除非该机构被认为超越了议会所授予的权限,法庭执行的是"议会意志"。仅是自20世纪70年代后,才有了例外:英国的立法是否违反了欧盟的法律。

第二章

宪政转折点：1828—1836

兽群，

狂野之心，

羸弱翅膀，

未受娇宠，

不被幻想蛊惑，

智者可以随心所欲。

——丁尼生：《你爱你的土地》

（Alfred Tennyson,'Love Thou Thy Land'）

19世纪早期英国政体特色非常鲜明,但这种特色并非一成不变。由于宗教争论的日趋激烈,1828—1836年的事件如一场地震差点将英国推向欧陆所经历的革命动荡之中。皮尔1829年3月在下院宣告,这些"争论的浑水已将国家带入'道德的暴风雨'中"。① 西德尼·史密斯牧师曾回忆说,整个社会弥漫着"一种一触即发、翻肠搅肚般的恐惧"。② 不可否认的是,1828—1836年的骚乱事件重绘了宪政景观。"议会政府"取代了人们熟知的"混合政府"。描述君主、政府、议会和"政治民族"之间关系的语言与词汇都发生了变化。

隐藏于1828—1836年间地震表面下的来自议会中的君主、上院、下院和"人民"之间关系变化的压力在加大。在18世纪60年代后期和1815—1820年间,虽然人们对固有秩序的信心遏止了对于宪政结构的威胁,但是社会向宪政体制发出挑战的震动已经隆隆作响。1828—1829年间,宗教问题加剧了恐怖的气氛。天主教徒的不满、不从国教者的不屈不挠和安立甘国教徒的惶恐已将震波传遍全国。经济危机引发了农村骚乱。城市激进主义的动员加剧了政治紧张。这些事件使1688年以来的英国宪政面临最严峻的考验。"道德风暴"动摇了国家制度的基础。国家如何才能得到最好地治理,这个令人不安的问题成为政治家首先要迫切回答的问题。辉格党人通过1832年《改革法》给出的答案,奠定了随后30年的国家政治模式。

1800—1830年"混合政府"的解体

"混合政府"的死亡构成了1828—1832年戏剧化结局的宪政场景,引发了议会机构危机。危机的特征被下列因素所塑造:强烈的宗教激情,式微的王权,影响力逐渐压倒上院的下院,作为合法可敬组织的多个议会政党的出现,作为政治争论要素的"舆论"的形成,对法国大革命恐怖的心有余悸,福音派的崛起,以及重大的选举变化。

1830年,王权在议会中的影响已减弱。1760—1810年间,王权影响

---

① Peel, 5 March 1829, *Hansard*, ns xx. 778-779.
② Sydney Smith to Bishop Bloomfield, 5 September 1840, in Nowell C. Smith (ed.), *The Letters of Sydney Smith*, 2 vols (Oxford, 1953), ii. 709.

曾有所加强,当时的国王乔治三世被视为其行政政府的强有力的伙伴或保护人。但是自1810年起,王权影响急剧跌落。君主对官吏的任命权,即"旧式腐败"(Old Corruption)式微,君主及其大臣的恩赐权受到限制。被任命担任政府要职的下院议员或禄出人数从1790年的130人下降到1820年的80人左右。1830年进一步下降到60人。③ 财政大臣查尔斯·阿巴斯诺特(Charles Arbuthnot)曾在1819年向卡斯尔雷(Castlereagh)勋爵抱怨说:"随着任命官员的大幅减少,我与独立议员们之间曾有的联系纽带已不复存在。"④因此,自1820年起,乔治四世和威廉四世发现越来越难驾驭议会。

虽然1790年到1827年的首相如皮特和利物浦(Liverpool)勋爵都宣称是"君主的仆人",为国王打理事务,但是他们都不得不把议会作为其行政权威的来源。式微的王权不足以保证大臣的权威,政府愈来愈仰赖下院的批准。结果,自1793年后,首席大臣的职位与权威逐渐稳固。内阁,作为国王要臣的集体身份,也具有了更高的地位,发挥着更大的作用。内阁规模逐渐变大。在没有议程、简报文件或决定说明的情况下举行的偶尔的,有时混乱的大臣会议逐渐正式化了,虽然大臣借助冗长和愉快的颁奖晚宴进行讨论的传统可能颠覆恰当的程序。总之,王权的减弱使首相和内阁处于行政权力的显要位置,迫使政府转向议会以求得生存与获取合法性。

1800年后,贵族组成的上院也被迫承认了下院权威的上升。下院权威的上升在1832年达到高点,这一年国王威廉四世和上院都在议会改革问题上让步。1831年10月上院拒绝了由下院提出的英格兰议会改革议案后,在布里斯托尔(Bristol)和德比(Derby)都发生了暴乱,民众烧毁了诺丁汉城堡。主教与反改革的贵族在街上被袭击。1832年5月当修正的改革议案再一次呈交上院表决时,国王起先拒绝赐封新的贵族以确保议案的通过,格雷勋爵政府辞职抗议国王的决定,威灵顿(Wellington)被任命负责组阁。但是5月15日,威灵顿告诉国王他无力组成新政府。国王被迫召回格雷。5月18日,格雷要求显然处于痛苦中的国王赐封新的

---

③ David Fisher, 'The Members', in David Fisher (ed.), *The History of Parliament: The House of Commons, 1820-1832*, 8 vols (Cambridge, 2009), i. 264-272.

④ A. Aspinall (ed.), *The Correspondence of Charles Arbuthnot*, Camden Society, 3rd ser. (1941), lxv. 16.

贵族并召集足够数量的贵族,以保证改革议案在上院获得通过。这显然化解了贵族对议案的反对。改革议案6月4日进行三读时,106票赞成,仅22票反对,国王威廉四世拒绝亲自批准这项法案,却同意以委托方式批准议案的通过。

贵族的正式权力并没有因1832年《改革法》而减少。1828—1832年的政治事件反而确认了上院对下院提出的立法法案进行审查和修正的重要作用——这就是格雷维尔在1838年所说的"贵族院在宪政功能上的一个巨大而务实的变化"。⑤ 在1835年讨论市镇机关议案(Municipal Corporations Bill)时,威灵顿认识到:

> 贵族们无力阻止国王的大臣们提出的原则,只能同下院保持一致。上院所能做的就是规范这个议案的适用,尽可能创造条件保住既得权利与利益,防止从旧制度的限制到新制度的松弛时的突然变化而可能导致的侵害发生……⑥

1828—1832年的事件确认了政府的权威在于下院的批准,而非上院。墨尔本做首相时,总是告诫年轻的维多利亚女王,他的政府仰赖君主和下院的信任。立法与财政政策成为下院的管辖领域,而其他公共事务,如外交政策和殖民地事务,主要还是上院管辖。1830年后的多数外交大臣,如格兰维尔(Granville)勋爵、马姆斯伯里勋爵和克拉伦登勋爵(帕默斯顿勋爵除外)都来自上院。1863年,外交大臣、殖民地大臣、战争事务大臣和海军大臣都来自上院。贵族的地位远非从属于下院,1830年后的历任首相——格雷、墨尔本、阿伯丁(Aberdeen)和德比都是来自贵族院,他们所担任的首相职位确保了贵族的地位。自1830年至1868年间,13届政府中的8个首相来自上院。然而,1832年后,宪政主权和组成与解散政府的权力已无可挽回地转移到下院。1835年后,政府被不友好的下院投票解散。

然而,正是下院在1780年到1830间发生的重大变化结束了"混合政府"状态。这些变化并非下院的社会构成发生变化的结果。在1780年到1830年间,拥有贵族头衔和地产者的下院议员比例并不低于1780年前。

---

⑤ Charles Greville journal, 23 August 1838, in Henry Reeve (ed.), *The Greville Memoirs*, 8 vols (1888), iv. 134.

⑥ Wellington to Northumberland, 22 August 1835, Wellington MSS, 35/38.

贵族规模在 1780 年到 1840 年间也在扩大。⑦ 在 1780 年,有头衔的贵族仅 179 人,但 1840 年有头衔的贵族已达 383 人,男爵的数量也从 1780 年的 65 人上升至 1840 年的 209 人。⑧ 贵族,在 19 世纪二三十年代,通过其儿孙和有地产者,继续主导着下院,但是在其选区或邻近选区拥有世袭地产的议员数量有了小幅下降。在 1820 年至 1832 年间,150 个议员为世袭贵族,82 个议员是受封贵族。在议员中,反映社会凝聚力的一个标准是:有 334 个议员娶了过去、现在或未来议员的女儿。在 19 世纪 20 年代,律师出身的议员数量有些许增加,尤其在辉格党议员中比较明显;担任"大臣"级别或托利党议员中的军官数目也有所增加。将近 1/5 的议员曾在陆军服役,54% 的议员曾在海军服役。⑨ 1790 年至 1820 年间,在总数 2 000 名议员中有 180 名议员在政治讨论、委员会、政府机关和政治领导方面作用显著。其余 1820 名议员构成了下院不显著的大多数,这些议员多为有地产者,或者有地产者的儿子、兄弟,或贵族的堂兄弟。在 180 名政治积极分子中,仅 1/4(48 人)有商业背景,他们或者是家庭财富来自贸易(24 人),或者可以被描述为"自力更生之人"(24 人)。⑩ 引人注目的是,1830—1834 年间的格雷改革内阁简直就是那个世纪的一个"贵族"政府。

宗教氛围的紧张而不是下院社会结构的变化导致 1830 年前的政府和在野的辉格党之间的冲突加剧,且使得下院变得咄咄逼人。1826 年,辉格派杜撰了"陛下的反对党"一词,宣称他们只反对大臣实施的政策,但忠于国家。1827 年,一些支持政府政策的下院后座议员既反对辉格党人,也反对改革派,开始称自己为托利派,而不是"执政派"——反对 1831 年格雷改革内阁的人更广泛地使用了这个标签。被下院反对者所滥用的词语成为政治标签,被人们广泛使用,这反映了议会辩论日益激烈的气氛。《天主教解放法案》(Catholic Emancipation Act)及《宣誓法》和《市镇机关法》的废除激起了强烈的政治情感。与此同时,王权的式微则将寻求

---

⑦ 有关对这个时期引入贵族"新鲜血液"的纵向研究,参见 Michael McCahill and Ellis Archer Wasson,'The New Peerage: Recruitment to the House of Lords, 1704-1847', *Historical Journal*, 46/1 (2003), 1-38.

⑧ Boyd Hilton, *A Mad, Bad, and Dangerous People? England 1783-1846* (Oxford, 2006), 134.

⑨ David Fisher,'The Members', in David Fisher (ed.), *The History of Parliament: The House of Commons, 1820-1832*, 8 vols (Cambridge, 2009), i. 264-272.

⑩ Peter Jupp,'The Landed Elite and Political Authority in Britain, ca. 1760-1850', *Journal of British Studies*, 29 (January 1990), 74.

权威的政府投入议会动荡不定的情绪中。辉格派在《天主教解放法案》上达成了一致,但利物浦的内阁在同样的问题上却分裂了。与此同时,皮特留下的两份政治遗产——行政权威和经济自由主义日益无法相容,撕裂了1827年利物浦去世后的政府。⑪ 宗教和政治经济学使政治家们沿新的分裂线进行了组合,诱发了彼此的敌意与反感。⑫ 随着宗教和政治敌意的加深,议会逐渐党派化。

1760年到1830年间长期在野的议会辉格党,其行为主要源于他们思想中的两个中心因素。这两个因素确保了该党具有强烈的党的宗旨意识,从诸如荷兰屋的辉格派沙龙的社交与知识氛围中可见分晓,该党拒绝支持官职的恩赐和内阁任命。⑬ 首先,辉格党培育了人们对被王权威胁的宪政不平衡的关注。比如,这种威胁在1760年以后体现为乔治三世自己行政的意愿;18世纪90年代后期体现为皮特和其托利继承者们所确立的霸权。其次,辉格党保持着对议会中政党的美德和必要性的信念。在《对当前不满的原因的思考》(Thoughts on the Cause of the Present Discontents, 1770)中,柏克援引了较早时期"乡村党"(Country Party)有关限制王权的观点,他认为议会政党的合法性是政府和在野双方都需要的基础。他宣称,一个党是一个"可敬的"联系纽带,而非一种教派。⑭ 政党基于善的信仰、互信、共享的原则,成为清除腐败、制约特权的手段。行政权威应该来自议会中有美德的政党组织的授权。经选民公开选出的议员要通过受尊重的党组织行使其对于行政和司法的监督权。通过合法的党的纽带,议员的私人美德才会发挥公共权力的作用。⑮ 1809年,辉格党领袖乔治·蒂耶尼(George Tierney)宣称他本人就是一个在党之人,而且,没有了党,议会无法实现任何伟大目标。

但是,如何能避免下述推论:政党通过议会直接获得了人民的授权?柏克通过运用"实质代表"这个概念来回应这个问题。议员们不是委派

---

⑪ Boyd Hilton, *A Mad, Bad, and Dangerous People? England 1783-1846* (Oxford, 2006), 315.

⑫ Jonathan Parry, *The Rise and Fall of Liberal Government in Victorian Britain* (New Haven, 1993), 34-44.

⑬ Leslie Mitchell, *The Whig World, 1760-1837* (2005). 也参见 John Burrow, *Whigs and Liberals: Continuity and Change in English Political Thought* (Oxford, 1988)。

⑭ Edmund Burke, *Thoughts on the Cause of the Present Discontent*, 6th edn (1784), 145.

⑮ 参见 David Craig, 'Burke and the Constitution', in David Dwan and Christopher J. Insole (eds.), *The Cambridge Companion to Edmund Burke* (Cambridge, 2012), 113-115。

的代表。国家的"利益"可以被认为在议会中被代表了,这种代表无须获得构成每个"利益"的个体的直接同意或者投票。议员们代表着每一个选区共同体,既代表有选举权的人的利益,也代表那些没有选举权的人的利益。他们作为共同体"利益"的监护人得到了公众信任。更进一步说,就是议员们集体代表了真正的"国家利益",而不是公众的需求或者民众的掌声,这使他们摆脱了选举授权概念的束缚。⑯ 只有在议会,不是在国王的密室,也不是通过竞选演讲台,人们才能对不同的国家"利益"进行权衡、比较和判断。这明确排除了受制于暴民的任何民粹的想法;同时,确保了君主的有限作用。议员在下院都有独立判断的自由。1774 年,柏克向布里斯托尔的选举人建议说,一个议员要高度尊重其选民,给予他们持续的关注,要牺牲自己的休息、快乐和满足来服务其选民。但是他的意志并不顺从于选民。"你的代表亏欠你,但是代表的职业、代表的判断都不亏欠你;如果代表服从你的意见,那么他就出卖了你,而不是服务你。"⑰对选民的建议或者授权,议员应"盲目且毫不保留地遵守、投票并为之辩护,即使建议或授权违背他自己的判断和良心"的事情,"是这个国家法律完全陌生的做法"。在议会,作为国家事务的权威裁决者,议员们对于所处时代的问题做出独立的判断。"议会不是代表各自不同利益的大使们的大会(congress),在这种大使大会中,大使是不同利益的代理或发言者,彼此冲突,而议会是一个民族的协商集合(assembly),只有一种利益,即整体利益。"⑱

斯图尔特等苏格兰启蒙运动哲学家的观点加强了柏克的分析。作为许多年轻辉格党人如罗素、布鲁厄姆和兰斯多恩的精神导师,斯图尔特宣称下院应该掌控政府的其他部门。宪政体现的是不同功能的调和而非"平衡"。杰弗里于 1807 年到 1812 年间,布鲁厄姆于 1811 年和 1818 年,陆续将斯图尔特的观点发表于《爱丁堡评论》。⑲ 杰弗里在 1807 年写道:

---

⑯ 参见 A. D. Kriegel, 'Liberty and Whiggery in Early Nineteenth-Century England', *Journal of Modern History*, 52 (1980), 253-278。

⑰ Edmund Burke, 'Speech to the Electors of Bristol, 3 November 1774', in *The Writings and Speeches of Edmund Burke*, ed. Paul Langford, 9 vols (Oxford, 1981-2000), iii.69.

⑱ Edmund Burke, 'Speech to the Electors of Bristol, 3 November 1774', in *The Writings and Speeches of Edmund Burke*, ed. Paul Langford, 9 vols (Oxford, 1981-2000), iii.69.

⑲ 参见杰弗里发表的文章,*Edinburgh Review*, 10 (1807), 386-421, *Edinburgh Review*, 15 (1810), 504-522, and *Edinburgh Review*, 20 (1812), 315-346。Brougham 的 'The State of Parties', *Edinburgh Review*, 30 (1818), 181-206。

"为了安全履行他们的宪政功能,国王及其大贵族家庭应该在下院履行这些功能:不是反对团结的英格兰下院议员,而是在议员中确保功能的履行;不是亲自直接履行;而是间接地与那些他们有责任控制的人们相结合,这也是他们的利益所在。"⑳这支持了柏克关于政党的必需与必要性的观点。在休谟的影响下,斯图尔特将行政权威的正当来源确认为"影响力"——不是通过被科贝特冠以"旧式腐败"的任命官员和选举控制"影响力",而是源于地位、责任和教育的合法"影响力"。如1831年在议会改革讨论初期的罗素的评论,"无论在哪里,贵族都有着巨大的收入,要履行重要的职责,做慈善救济穷人,彰显个人价值与公共美德,他们不对舆论产生巨大影响力的话,那是不符合人性的"。㉑

因此,"影响力"成为共同体自然道德结构中的一个组成部分,它基于相互的义务与信任,它来自人们的认可,而非恐吓、威胁或者腐败。㉒合法的"影响力",通过议会中的政党表现出来,将加强受到启蒙的精英的自然权威——辉格党人论证说,这种"影响力"更具合法性,因为英国统治精英能招募到富有才干者,它比1789年前的法国封闭的特权等级更为开放。杰弗里在1812年宣称,政党立足于地方共同体并作为稳定社会关系中的和谐共识的纽带,有助于驯服民众的,很可能是激烈的不满情绪。1821年罗素则说,每一届长期的政府的基础都是领域内的一致同意。㉓ 但是众意(popular will)必须通过负责任的稳定的社会等级的合法"影响"来加以引导,这种引导的焦点就是议会中政党的冷静协商。尽管是以"人民"的名义执掌权力,但除了有产选举人定期选出代表外,权力不是由"人民"自己来行使。统治之术意味着治理要符合"人民的秉性",不是将权力交与大多数。因此,辉格党主张议会中的政党是行政权威的合法来源。这制约了特权,明确了议会为受尊敬的政治,且驯服了危险的激进民粹主义。它确保了辉格党的口号"公民自由与宗教自由"被纳入等级社会秩序中,这个等级社会秩序是由议会中负责任且回应社会需求

---

⑳ F. Jeffrey, *Edinburgh Review*, 10 (1807), 411.

㉑ Russell, 18 February 1831, *Hansard*, 3rd ser., ii. 1086.

㉒ 参见 Alan Heesom, '"Legitimate" *versus* "Illegitimate" Influences: Aristocratic Electioneering in Mid-Victorian Britain', *Parliamentary History*, 7/2 (1988), 282–305。

㉓ Lord John Russell, *An Essay on the History of the English Government and Constitution* (1821), 82.

的精英政党领导的。㉔

19世纪20年代后期之前,辉格党对议会政党的美德和必要性的信念还只是一个少数反对派的观点,虽然这种观点已是反对派辉格党政治的一部分,但是还没有成为政府政治的一部分。非辉格党议员中的大多数在一定程度上支持国王选任的大臣组成的政府,国王是基于爱国责任而不是政党效忠来选任大臣的。议员们仍然把政党视为道德含混的词语,该词与宗派同义,暗含着不爱国的因素和对国王政府的不尊重。政党还隐含着求官的个人野心和对君主的不忠诚。政府仍然被视为是效忠君主和国教的基础广泛的爱国组织。作为被选任的"君主仆人",议员们总体上支持政府,反对以"党派精神"投票的观念。他们认为支持国王政府是一种爱国责任。这种观点在威灵顿公爵的评论中展露无遗,他说,他不了解何为辉格党原则,何为托利党原则——只知道,这个国家必须被治理,秩序必须被维护。㉕ 在1830年前,支持政府的议员和辉格党反对派议员在下院中加起来刚过一半。1819年辉格党人蒂耶尼施压对政府进行不信任投票时,他只能动员178名议员。在1820年到1826年间,有210名议员承诺支持政府,政府反对派议员为159人。在二者之间,则有289名不站队的议员,他们是政府边缘投票、立场摇摆者和反对派边缘投票。㉖

然而,到了19世纪20年代后期,从爱国立场支持国王大臣的"独立"后座议员人数迅速减少。普遍的政党站队很快出现。随着1827年利物浦勋爵政府的下台,下院议员开始形成了众多党派组织,如极端托利派、托利派、坎宁派/赫斯基森派(Huskissonites)、兰斯多恩辉格派、辉格党改革派、先进改革派,以及1829年后的爱尔兰激进派。1827年坎宁被任命为首相,其组成的内阁在任时间不长,却导致憎恶他的人形成了极端托利派。这个派别随后对作为安立甘宪政保护者的国王乔治四世失去了信心,这更加深了他们作为一个构成"可敬纽带"的党派的意识。政府反对

㉔ 作为辉格党的辩护人,他在1819年写道,"施加等级和财产的影响,是介于君主和其臣民之间的贵族毋庸置疑的责任",这种影响"如果能被智慧地、诚实地、合时宜地使用",那么稳定、和谐与进步就能得到保证[T. L. Erskine, *The Defence of the Whigs* (1819), 23]。

㉕ T. E. Kebbel, *A History of Toryism* (1886), 320.

㉖ David Fisher, 'Politics and Parties', in David Fisher (ed.), *The History of Parliament: The House of Commons, 1820–1832*, 8 vols (Cambridge, 2009), i. 322.

派辉格党则形成了两个党派:兰斯多恩领导的愿意同坎宁和自由托利党大臣一起组阁的温和辉格党,以及保持"独立"反对立场的由格雷勋爵与罗素勋爵领导的辉格党和改革派。

在1828年1月成为首相时,威灵顿曾希望组成一个有赫斯基森和帕默斯顿等人,包括托利党和坎宁派在内的基础广泛的政府,复制利物浦勋爵领导下的"国王大臣"内阁,且把《天主教解放法案》作为内阁的一个"开放问题"。但是在1828年6月时,赫斯基森和其他坎宁派大臣都从威灵顿政府辞职,到独立的反对党中任职。多方结盟强化了。《天主教解放法案》提供了辉格党取得更大团结的基础。1828年罗素推动废除《宣誓法》和《市镇机关法》,这很快使得党派差异具体化,而威灵顿和皮尔1829年在《天主教解放法案》上的让步则瓦解了辉格党的团结,加深了极端托利派对他们的蔑视。对软弱的国王的厌恶,以及感到威灵顿政府在向不从国教者和天主教的要求让步中似乎实施了欺骗,极端托利派纽卡斯尔(Newcastle)公爵宣告:"事实是这个国家没有政党就无法进行治理。"㉗

1830年年初,《纪事晨报》(Morning Chronicle)列举了下院中的6个党派:威灵顿政府的支持派、老辉格反对派、极端托利反对派、支持奥尔索普勋爵的年轻辉格派和改革派、赫斯基森党,以及没有站队的少数议员。㉘ 议会中的政党组织取代了对国王大臣的爱国支持。权力执行部门不再用"行政管理"(administration)一词(该词让人联想到特权,联想到作为国王顾问的内阁),而是越来越多地使用"政府"一词(该词作为内阁的组织来用,首相主持工作,依赖于议会中的政党)。随着党派分歧加剧,1827年前对国王大臣给予爱国支持的多数议员开始了痛苦的党派斗争。敌视政府是1830年大选的一个显著特征。1830年11月威灵顿在上院发表了拒绝支持任何议会改革的声明后,下院反动派动议要求对王室专款进行调查,该动议以233票赞成对204票反对获得通过。更引人注目的是,77%的英格兰郡议员和72%的爱尔兰议员投票赞成政府反对派,这表

㉗ Richard Gaunt (ed.), *Unrepentant Tory: Political Selections from the Diaries of the Fourth Duke of Newcastle-under-Lyme, 1827-1838* (Woodbridge, 2006), 44.

㉘ *The Morning Chronicle*, 4 February 1830, cit. in Ian Newbould, *Whiggery and Reform 1830-41: The Politics of Government* (1990), 41.

明了多数议员不再支持国王的大臣。㉙ 威灵顿随即辞职。

在公共讨论中"舆论"的兴起也是"混合政府"变动的一个因素。㉚ 如大卫·休谟所预言的,增长的财富、扩展的贸易和日益增加的社会复杂性,刺激了公众对政治事务的参与。自 18 世纪 90 年代以来,印刷媒体快速增长——报纸、宣传手册和其他争论性出版物。18 世纪 60 年代出现的单一议题压力集团迅速增多,向议会和国王的大众请愿重新抬头。1815 年后,作为一种院外压力的宪政形式,议会请愿活动大幅增加。1811 年到 1815 年间,平均每年的请愿有 900 次。在 1826 年到 1831 年间,请愿每年达到了 4 898 次。㉛

通常由专业人士和属于"中等阶层"(the middling orders)者组成的各种俱乐部和社团在 18 世纪 90 年代大量增长,不仅有文学和哲学的,而且有宣传特定宗教或政治事业的俱乐部和社团。这些自我组织的聚会把有着同样思想、宗教或政治观点的人聚拢起来,1792 年成立的伦敦通讯协会(the London Corresponding Society)就是其中的一个。该协会被视为手工业者、零售商和店主讨论潘恩的著作和法国革命者思想的论坛,且被用于发出要求议会改革的呼声。1794 年协会成员被政府指控为犯有煽动叛国罪。然而,反映志愿组织舆论的大量俱乐部和社团已成为体制外公众情感的一个体现。1792 年人民协会之友(the Friends of the People)被查尔斯·格雷(Charles Grey)等辉格党人视为团结支持议会改革的人民的一种手段。表明民众反对法国革命思想的反革命组织——反对共和派和平等派的保卫自由与财产协会(Association for the Protection of Liberty and Property against Republicans and Levellers)在 1792 年成立后,很快在全国建立起 2 000 个分支。18 世纪 90 年代兴起的民众政治集会、1816—1817 年伦敦温泉场(the Spa Fields)聚众事件、1820 年继位的乔治四世的不得人心、"卡图街"密谋的流产(密谋者们同演说家亨利·亨特脱不了干系,且得到边沁的部分资助),以及针对王后卡洛琳事件的民众抗议,对

㉙ David Fisher,'Politics and Parties', in David Fisher (ed.), *The History of Parliament*: *The House of Commons, 1820-1832*, 8 vols (Cambridge, 2009), i. 353.

㉚ 参见 Jonathan Parry, *The Rise and Fall of Liberal Government in Victorian Britain* (New Haven, 1993), 27-34。

㉛ Margaret Escott,'The Procedure and Business of the House', in David Fisher (ed.), *The History of Parliament*: *The House of Commons, 1820-1832*, 8 vols (Cambridge, 2009), i. 304.

那些关注维护社会秩序的人提出了严重的警告。奥康奈尔在19世纪20年代所发动的民众集会放大了这种威胁。用奥康奈尔的话来说,针对镇压的新教"君主制",天主教爱尔兰的"舆论"就是"爱尔兰民族"的同义语。

然而,英国政治家们所说的"舆论"的定义还没有确定,人们对该词的词义还存在争议。1815年后的一些激进派人士把该词同"自立"这类词混用,批评"旧式腐败",谴责"君主"的父权主义,赋予了该词一种非常激进的色彩。他们宣称,"自立"是不屈从于财产、等级和世袭地位的"舆论"的表达。这就对关于"自立"的传统定义提出了挑战,传统上,人们认为"自立"表明了积极爱国忠君的绅士的特征。㉜ 自18世纪90年代以来,对在卡通画中英格兰"舆论"的视觉形象约翰牛这个人物的不同刻画,反映了人们赋予该词的多样含义。皮尔在1820年注意到内阁大臣们对"舆论"一词的使用,他说这个词"是愚蠢、软弱、偏见、对或不对的感觉、顽固和报纸篇章的化合物"。㉝

19世纪20年代辉格党人试图澄清"舆论"一词的涵义,他们解释该词是"优秀之人"进行的可敬、理性、冷静的"思想操练"(march of the mind)。1828年,麦金农(W. A. Mackinnon)出版了《论舆论在大不列颠和世界其他地方的出现、进展与现状》(*On the Rise, Progress and Present State of Public Opinion in Great Britain and other Parts of the World*)。在书中,他把"舆论"定义为"对共同体内最了解情况、最有智慧、最有道德的人们所思考的问题的情感"——是被"几乎所有受过教育的人或者有着恰当情感的人所采纳的"意见。㉞ 这样一来,他把"舆论"与"群氓"(the populace)区分开来,如共识(communis sensus)与大众的判断(vulgi judicio)的不同。㉟ 把"舆论"视为有智识、有道德的社会成员的稳定情感的

㉜ Matthew McCormack, *The Independent Man: Citizenship and Gender Politics in Georgian England* (Manchester, 2011), 162.

㉝ Peel to Croker, 23 March 1830, in L. J. Jennings (ed.), *The Croker Papers: The Correspondence and Diaries of the Late Rt Hon. John Wilson Croker*, 3 vols (1884), i. 170.

㉞ W. A. Mackinnon, *On the Rise, Progress and Present State of Public Opinion in Great Britain and Other Parts of the World* (1828), 5.

㉟ 其中的一个区别由霍默山姆·考克斯做出,*The British Commonwealth: Or a Commentary on the Institutions and Principles of British Government* (1854);参见 Robert Saunders, *Democracy and the Vote in British Politics, 1848–1867* (Farnham, 2011), 93。

75　这种不严谨解释是把该词与"中产阶级"(middle class)同等看待。"中产阶级"一词也是非严谨界定的经济或社会群体,该词传达了一套道德价值观,诸如虔诚、"美德"、知识、勤勉、用功、"自立"和爱国。正是在这个意义上,格雷认为"中产阶级"构成了"舆论中真正有效的民众……没有他们,大人们(the gentry)难以发挥作用"。㊱ 在 1830—1832 年的改革争论中,麦考莱把"舆论"表达为"中产阶级"道德的体现和"进步"的驱动力,这种说法成为辉格党宣传的中心主题。㊲ 1830 年在伯明翰当地报纸编辑和不从国教者支持下成立的促进改革的政治联盟运动(the Political Union Movement)在政治讨论中进一步突出了作为道德因素的"舆论"。㊳ 因此,"舆论"同"中产阶级"一样都成为基于预设的道德品质而进行的话语构建的一部分。

　　伴随"舆论"一词的使用,塑造政治态度的价值观发生了很大的变化。这引起公共生活中翻天覆地的道德变化,1800 年后非常明显,这些变化加深了人们对政府是一种公共责任而非私人特权的认知,也加深了人们对把官职视为一种公共信托而非私人利益的认知。这种对道德的认真态度是一系列因素综合作用的结果。首先,法国大革命的恐怖场景,连同法国"王室"被送上断头台的画面,对英国人是一个有益的警告,告诫英国人,一个封闭的贵族和漫不经心的有产精英阶层忽视全民福祉所带来的危险。革命是把自己视为一个特殊阶层的"贵族"的归宿。在 1832 年出版的《法国革命的成因》(The Causes of the French Revolution)一书中,罗素把法国 1789 年事件归于法国"贵族"的道德堕落,他们只追求个人荣耀,而忽视了自己的公共责任与义务。英吉利海峡对岸的私人恶行窒息了公共美德。

　　其次,福音派的兴盛促进了人们对摄政时期声名狼藉的"贵族"道德的反感。英国国教内的这种精神运动兴起于 18 世纪 30 年代,源于 17 世纪 90 年代的道德改良运动。自然神学与佩利的善意乐观主义把世界视为严峻的道德考验的场所。在这个场所,磨难与痛苦都是对灵魂的检验。

㊱　Grey to Palmerston, 10 October 1831, Grey MSS, GRE/B44/1/10/1-6.

㊲　Dror Wahrman, *Imagining the Middle Class: The Political Representation of Class in Britain, c. 1780-1840* (Cambridge, 1995), 184-272.

㊳　Nancy Lopatin, *Political Unions, Popular Politics and the Great Reform Act of 1832* (Houndsmill, 1999).

一种"至关重要的宗教"不仅源于理性,也源自内心,需要保持道德的警醒。为了抵制外部世界的诱惑与恶行,由父亲、母亲和孩子构成等级秩序的家庭是培养美德与真正信仰的一个避风港。自1800年后,"福音派复兴"影响了英国精英,强化了把公共责任视为与个人财富相伴随的义务的观点。㊴ 唯如此,精英们在审判日到来时才能勇敢面对上帝。物质的繁荣是在为基督管理财富。作为慈善家和福音信仰者的议员威廉·威尔伯福斯(William Wilberforce),每日进行私人祷告和朗读圣经活动,发起了废除奴隶贸易运动,同时发起了提高国民道德水平的运动。作为克莱彭派(the Clapham Sect)的重要成员和威廉·皮特的朋友,他对于1799年成立的教会传教布道社团(the Church Missionary Society)和1804年成立的英国和外国圣经社团(the British and Foreign Bible Society)起过重要作用。威尔伯福斯的《基督教实践观》(*Practical View of Christianity*, 1797)宣称福音信仰是在描述一个因堕落和有罪而被上帝疏远的人类。1809年福音派者斯宾塞·珀西瓦尔(Spencer Perceval)当选首相,他的密友包括其他几位著名的福音派人士,如哈罗比(Harrowby)勋爵和埃尔金(Elgin)勋爵。到19世纪30年代,奥尔索普勋爵、米尔顿(Milton)勋爵和埃布林顿(Ebrington)勋爵等福音派人士都在辉格党政治中发挥了重要作用。㊵

在更广泛的社会层面上,福音派培育了节俭、虔诚、慈善与人格高尚的道德观。高教会教徒和英格兰安立甘教徒虽然拒绝福音教义,但是却被该派宣扬的原罪观点和把现实世界视为暂时远离上帝的流放之地的观点所吸引。比如,约翰·亨利·纽曼和格莱斯顿都承认年轻时其宗教观的形成受到持严谨道德观的福音派的影响。摄政时期的恶俗让位于把宗教虔诚视为公共美德的风气。"改革"不仅包含着制度的变化,也包含着对社会道德的重振。到19世纪20年代,致力于促进社会在道德、慈善和理性上的进步的团体激增。1800年后,统治阶级,尤其是辉格党人,开始

㊴ 参见 D. W. Bebbington, *Evangelicalism in Modern Britain*: *A History from the 1730s to the 1980s* (1989), 20-74。

㊵ 参见 Richard Brent, *Liberal Anglican Politics*: *Whiggery, Religion and Reform, 1830-1841* (Oxford, 1987), Boyd Hilton, *The Age of Atonement*: *The Influence of Evangelicalism on Social and Economic Thought, 1785-1865* (Oxford, 1988), and A. D. Kriegel, 'A Convergence of Ethics: Saints and the Whigs in British Anti-Slavery', *Journal of British Studies*, 26 (1987), 424-426。

以民族道德价值观的美德守护者自居。

旧的选举制度面临着日渐攀升的压力：1828年前威斯敏斯特"混合政府"构成元素已改变，王权已式微，议会中出现党派，严谨的道德日渐成为统治国家的价值观，"舆论"成为公开讨论的一个因素，选区出现了重大变化。1832年前选举制度基础面窄且不规范的特征对制度合法性形成挑战。1832年前各选区实行着历史遗留下来的令人困惑的多种公民权。比如，在英格兰，就有92个"自由民市镇选区"(freeman boroughs)，那些或者来自继承、赢得，或者获得"自由民"地位（许多人非该区居民）的自由民拥有投票权；25个市政团市镇选区(corporation boroughs)，选民主要由当地寡头决定；30个"地产者市镇选区"(burgage boroughs)，在当地拥有永久地产者才有选举权；12个"自起炉灶者市镇选区"(potwalloper boroughs)，在这类选区唯有那些拥有足以放得下一个饭锅烧火空间的人才有投票权；以及交了居民税或济贫税的人才有投票权的36个市镇选区。㊶ 在1832年前，无竞争性的选举是常态，虽然在19世纪20年代竞争性选举的数目在上升。在1820年的英格兰市镇选区，30%的选举是竞争性的。在1826年，37%的选举为竞争性的，在1838年，38%的选举是竞争性的。再有，缺乏竞争性并不意味着在选举前、提名前或者投票前，不同的候选人之间没有协商或操纵。一个非竞争性选举并不必然意味着选举了无生气。㊷ 在提名或者游说阶段，支持率低的候选人会退出选举，这就导致选举没有了竞争。在许多选区，没有竞争对手，候选人往往寻求获得选民与当地保护人的支持。1826年在202个英格兰市镇选区中，有107个选区只有一个保护人说了算，60个选区受到一个保护人不同程度的控制。辉格党人菲茨威廉伯爵、天主教信仰者诺福克(Norfolk)公爵、辉格党格拉芙纳伯爵、托利党人朗斯代尔(Lonsdale)伯爵，以及极端托利党人纽卡斯尔公爵都在许多选区控制着候选人的提名和投票。约50%的

㊶ David Fisher, 'England', in David Fisher (ed.), *The History of Parliament*: *The House of Commons*, *1820-1832*, 8 vols (Cambridge, 2009), i. 27-52.

㊷ 参见 Frank O'Gorman, *Voters*, *Patrons and Parties*: *The Unreformed Electorate of Hanoverian England*, *1734-1832* (Oxford, 1989), and John Phillips, *Electoral Behaviour in Unreformed England* (Princeton, 1982)。

英格兰选区公然贿选。㊸

在威尔士,由于地产的影响,某种王朝政治依然盛行。㊹ 竞争选举不常见。在1820—1831年间的48个选举中,只有4个乡郡选举、6个市镇选举是竞争性的。威尔士下院议员一般不会在下院突出自己,无论是作为演说家,还是作为有影响力的人物——查尔斯·威廉·温(Charles Williams Wynn)是个例外,他是议会程序方面的专家,因此树立了自己的声誉。19世纪20年代,大多数威尔士选区都选的是托利党或"政府"支持者,但在1831年的大选中,形势反转,有18位辉格党人当选,只有4位托利党人当选。

在苏格兰的27个乡郡中,每个郡有一名议员,几乎所有议员都来自旧式拥有土地的家庭。选民数量小,1831年苏格兰所有乡郡的选民只有3 250人。㊺ 直接隶属于君王,为非居民的郡选民创设的"羊皮纸选票"的奇特做法强化了苏格兰选举制度的腐败。在英格兰唤起的"舆论"对苏格兰的乡郡选举没有产生影响,选举中充斥着地主的操纵与私下安排。在1820年到1831年间,13个苏格兰乡郡的所有选举都不具有竞争性,其中8个实际为"口袋选区",这些口袋选区被苏格兰大人物所控制,这些大人物有比特侯爵、考德(Cawdor)男爵、巴克卢(Buccleuch)公爵和萨瑟兰公爵。类似英格兰边界南部封闭的市政团选区的苏格兰自治市选区(burghs)共有15名议员。苏格兰选举制度自1707年以来就没有任何变化,当时的《合并法》并没有对历史性的投票做法进行任何改革。在下院,苏格兰议员一般都支持政府。在1828年,多数苏格兰议员反对罗素废除《宣誓法》和《市镇机关法》。与英格兰同行相比,苏格兰议员反对议会改革的态度更强烈。

自1820年以来,苏格兰改革者运用宪政主义的方法和论点,不理会大众的反应,而是要求对苏格兰教会的世俗赞助进行改革,要求废除奴隶

㊸ David Fisher, 'England', in David Fisher (ed.), *The History of Parliament*: *The House of Commons*, *1820-1832*, 8 vols (Cambridge, 2009), i. 27-52.

㊹ Margaret Escott, 'Wales', in David Fisher (ed.), *The History of Parliament*: *The House of Commons*, *1820-1832*, 8 vols (Cambridge, 2009), i. 63-92.

㊺ David Fisher, 'Scotland', in David Fisher (ed.), *The History of Parliament*: *The House of Commons*, *1820-1832*, 8 vols (Cambridge, 2009), i. 97-98.

制,这主要源于苏格兰长老会的宗教文化传统。㊻到19世纪20年代后期,他们改革的焦点集中于增加苏格兰议员,改变自治市选区的选举政治,并消除郡内的腐败封建做法。无论改革者还是反改革者都运用爱国主义的话语为自己的党派利益辩护。改革者要求完成自1707年以来的合并过程,同时又把立约者和罗伯特·布鲁斯(Robert the Bruce)作为本土反抗和斗争的历史象征。㊼苏格兰应该享有英格兰人享有的权利与自由——要求从英格兰关于政治赋权的意义上对苏格兰进行完全同化,以强化"不列颠"身份意识。因此,苏格兰改革者的论点没有英国同行们关于"恢复历史"的观点有说服力,他们希望在享有英格兰人的权利和自由方面有真正的改变。

1800年《合并法》之后,在下院有100个席位的爱尔兰选举制度以其复杂、腐败与暴力而闻名,常常要通过军队才能恢复秩序。㊽依据1793年《天主教救济法》,天主教自耕农获得了投票权。这为1823年奥康奈尔成立的天主教协会(Catholic Association)奠定了基础。1800年《合并法》签署后,从立法上,有83个爱尔兰"腐败"市镇选区的选举权被取消。1820年《爱尔兰选举法》缩短了投票时间,增设了投票箱,方便了新近获得投票权的不富裕的自耕农的投票。1832年前,爱尔兰有自耕农须在地方法庭(the Quarter Sessions)验证资格和获得确认投票权有效期8年的证明的登记制度,该制度被保留下来。这种选民登记制度是爱尔兰政治的特色,1832年后在英格兰推广开来。毫不奇怪的是,盎格鲁-爱尔兰权贵在利用1832年后推广开来的新的选民登记制度方面非常精明。在那些新教占优势的乡郡,选举取决于私人的和约。爱尔兰贵族和乡绅通过地方保护人和控制登记名单而保持了他们的影响力。爱尔兰贵族也对37个市镇的选举施加着主要影响。但是,在1832年前,无论是乡郡还是市镇,竞争性选举都显著增加。在爱尔兰,1820年至1831年间的竞争性

㊻ See Gordon Pentland, *Radicalism, Reform and National Identity in Scotland, 1820-1833* (Woodbridge, 2008).

㊼ Gordon Pentland, *Radicalism, Reform and National Identity in Scotland, 1820-1833* (Woodbridge, 2008), 155.

㊽ Stephen Farrell,'Ireland', in David Fisher (ed.), *The History of Parliament: The House of Commons, 1820-1832*, 8 vols (Cambridge, 2009), i. 147-216.

选举数比1806年至1818年间增加了43%。这些竞争选举因其混乱和暴力而臭名昭著。

1823年成立的天主教协会鼓励并控制了天主教选民的登记,加剧了选举的波动与教派之间的紧张关系。天主教协会对保护人控制的挑战加大了选区关系的紧张。天主教的煽动成为至少三分之二的爱尔兰乡郡的一个政治特征,突出了新教对自由新教徒、天主教徒和天主教教士的统治。作为回应,新教贵族成立了布伦瑞克俱乐部(Brunswick Clubs)。最终导致1828年在克莱尔(Clare)郡将奥康奈尔补选为下院议员。作为对天主教解放的一种平衡,1829年剥夺了40先令爱尔兰自耕农的选举权,这引发了地震。爱尔兰乡郡选民骤然下降了82%。在戈尔韦(Galway)、梅奥(Mayo)、罗斯康芒(Roscommon)、莫纳亨(Monaghan)、利特里姆(Leitrim),选民人数不到原来的10%。到1831年,爱尔兰所有市镇的选民总数不超过1.8万人——比原来的选民数少了90%多。尽管选民规模急剧缩小,爱尔兰选民反抗新教地主的影响却越来越强烈。1830年,一半数量的爱尔兰选区的选举都是竞争性选举,在选举中,爱尔兰选区的政党代表变化很大。1820年,爱尔兰有38名托利党人和25名辉格党人进入议会。1830年大选中,威灵顿的政府失去了爱尔兰多数议员的支持。1832年,除了包括奥康奈尔在内的天主教议员外,爱尔兰还有37名辉格党人及改革派和25名托利党人进入议会。

"旧式腐败"、官员任命或者"衰败"市镇选区(Rotten borough)遭到激烈攻击,扩张中的工业城镇权益未能在下院得到充分体现,是19世纪20年代选举制度日渐紧张的一个方面,长期以来,这已被历史学家所认识并讨论。1832年前,像无居民居住又公开在市场出售的老萨勒姆(Old Sarum)和东达利奇(East Dulwich)这类臭名昭著选区,以及没有代表权的伯明翰和曼彻斯特等工业城镇,暴露了选举制度的不公平。但是选区其他方面的发展,尤其是1830年前的发展,也非常重要,只是被忽略了而已。这些发展变化的综合效果是割断了选民同议员的历史传统关系,选区越来越被视为体现具有凝聚的社会"利益"的共同体。

首先,1820年至1830年间英格兰乡郡选民规模大幅扩大,郡选民人数从1820年的19.16万上升至1831年的26.62万,增长了39%,远远高于 1832 年《改革法》所带来的增长。⁴⁹ 约克郡（Yorkshire）、诺森伯兰（Northumberland）、诺丁汉郡（Nottinghamshire）、萨福克（Suffolk）、兰开夏郡（Lancashire）、什罗普郡（Shropshire）和萨里（Surrey）的选民规模在 1820 年至 1831 年间都有显著增长。在柴郡（Cheshire）、达勒姆郡（County Durham）、坎伯兰（Cumberland）、兰开夏郡、莱斯特郡（Leicestershire）、沃里克郡（Warwickshire）和诺丁汉郡，选民人数的增长包括了大量的城市选民。这种增长扭曲了郡选民同其代表之间固有的关系。个人拉选票（personal canvass）的行为表明保持议员同选民之间的私人关系已经几无可能。1820 年到 1832 年间，26% 的英格兰郡选举是竞争性的——相比 1790 年到 1820 年间，增长率超过了 17%。⁵⁰ 1832 年前，随着乡郡投票期延长至 15 天，选举成本变得越来越高，郡的助选工作也越来越艰难。投票只能在一个地方进行，通常是郡镇，投票者必须走很长路，且要沿途住宿——这些费用通常是由候选人委员会来支付的。1826 年在诺森伯兰的选举中，候选人的花费达到了 25 万英镑。四位候选人之间的恶意竞选破坏了托利党和辉格党长期以来彼此分享代表权的安排，两名辉格党候选人甚至在班堡（Bamburgh）沙滩进行了决斗。有证据表明，在 1831 年 12 月的多塞特（Dorset）补选中，候选人花费 8 万英镑。分配更多的席位给乡村无助于这些问题的解决，如 1821 年约克郡的选举所呈现的那样。到 1830 年，完全不同于传统郡代表制理念的"大众"政治，如同党团组织一样，已经出现在某些乡郡。

其次，许多市镇的发展也正在瓦解选区共同体的传统动力机制。⁵¹ 限制性投票已经使得相当大比例的地方新增人口没有投票权，尤其是在自由民市镇选区和市政团选区。许多市镇选区扩大招募并依赖外来投票者（非居民）的做法导致"选区贩子"对选区的控制，加剧了这些地方的紧张局势。这些外来投票者多为缺席投票，且同选区没有任何联系。据说，

㊾ Philip Salmon, 'The English Reform Legislation', in David Fisher (ed.), *The History of Parliament*: *The House of Commons*, *1820–1832*, 8 vols (Cambridge, 2009), i. 405.

㊿ Philip Salmon, 'The English Reform Legislation', in David Fisher (ed.), *The History of Parliament*: *The House of Commons*, *1820–1832*, 8 vols (Cambridge, 2009), i. 405.

㈤ Philip Salmon, 'The English Reform Legislation', in David Fisher (ed.), *The History of Parliament*: *The House of Commons*, *1820–1832*, 8 vols (Cambridge, 2009), i. 393–395.

在兰开斯特(Lancaster)和莫尔登(Maldon),几乎所有投票者都是外来者。[52] 在英格兰的 92 个自由民市镇选区中,有些选区的规模已经缩小到可以忽略不计的程度。在朴次茅斯(Portsmouth)的 46 000 个居民中,仅有 49 人有投票权。[53] 而在其他自由民市镇选区,如莱斯特和莫尔登,则有大规模的市民投票,扭曲了地方代表性。在约克郡的赫登(Hedon),当地的自治市从创设自由民中获利。1820 年一个自由民的投票价为 200 基尼(英格兰旧时金币名),在 289 名自由民投票者中,有 225 名是非居民。[54] 在 1818 年到 1831 年间,英格兰市镇选区的选民规模增长了 36%,在 202 个选区中有 120 个选区的选民人数在扩大。[55] 到 19 世纪 20 年代,有选区的地方(通常有着古代边界和有时只有几小块孤立的巴掌大土地的地方显得格外突出)与那些被当地城市人口占领的广大地区存在明显巨大的地理差异,这种差异加剧了历史市镇选区共同体的压力。

其结果是,在 1830 年以前,多数英格兰城市选区的地方改革运动无论主张还是表现形式都呈现为"复辟",改革运动试图恢复社区、选民及议会代表制的传统关系。这培养了人们对古代市政宪章的兴趣,激发了地方的复古活动。这种活动致力于恢复古代中世纪的自由权利,如投身于活动的人们试图重申历史宪章赋予他们的特权,进而带动了古典文学的繁荣。作品通常是地方律师完成的,他们对以前所忽视的宪章古卷进行了研究,寻求恢复失去的古代自由权利,以修补瓦解掉的社区关系。19 世纪 20 年代掀起了挑战自治市选举议员权利和创设荣誉自由市民的一阵诉讼潮,为应付诉讼,一些自治市背上了沉重的财政负担。要求市政改革、攻击寡头市镇机关的地方统治的运动也有类似历史和"复辟"的调

---

[52] 参见关于兰开斯特和莫尔登的选区词条,David Fisher (ed.), *The History of Parliament*: *The House of Commons*, *1820-1832*, 8 vols (Cambridge, 2009), ii. 569-573, 和 Philip Salmon, 'The English Reform Legislation', in David Fisher (ed.), *The History of Parliament*: *The House of Commons*, *1820-1832*, 8 vols (Cambridge, 2009), i. 389-390。

[53] 参见关于朴次茅斯的选区词条,David Fisher (ed.), *The History of Parliament*: *The House of Commons*, *1820-1832*, 8 vols (Cambridge, 2009), ii. 442-446。

[54] 参见关于赫登的选区词条,David Fisher (ed.), *The History of Parliament*: *The House of Commons*, *1820-1832*, 8 vols (Cambridge, 2009), iii. 264 和 Jon Lawrence, *Electing Our Masters*: *The Hustings in British Politics from Hogarth to Blair* (Oxford, 2009), 25。

[55] Philip Salmon, 'The English Reform Legislation', in David Fisher (ed.), *The History of Parliament*: *The House of Commons*, *1820-1832*, 8 vols (Cambridge, 2009), i. 394。

子。运动参与者说，重申古代权利有助于扩大市政选举权，开放“封闭的”市镇机关。19世纪20年代改革者们针对近30个封闭市政团选区进行了法律诉讼。(56) 这些地方活动或者具有真正宪政怀旧性质，或者仅是权宜之计的宪政怀旧性质，把对《大宪章》的回顾同要求恢复古代自由结合起来。这恰好满足了1830年议会改革的要求。比如，在拉伊（Rye），19世纪20年代要求恢复长久以来失去的地方市政权利的运动，到1831年，为活跃的“改革协会”的成立奠定了基础。的确，在1830年，众多有效的改革协会如此迅速地出现在选区，主要原因在于这些改革协会能够吸取长期以来反市镇机关运动的人员与经验。

1830年以前选区的这些变化的意义有三重。第一，它放大了议会
82 “混合政府”中的元素之间的结构变化。到19世纪20年代，英格兰传统选举制度的重要方面显然已陷入危机。无论是从物理意义上（选区界限的地理分布同当地增长的人口的关系）还是从政治意义上（逐渐增长的地方人口同选民及其代表议员的关系），传统的选民社区面临着严峻的挑战。爱尔兰选举政治的动荡和教派性是选区关系的一个更为特殊的方面。如果要恢复稳定，就需要对选举关系进行调整。第二，英格兰多数地方对这些变化的反应表现为怀旧，从历史论证和古典学术中汲取资源。地方积极分子都在寻求恢复失去的自由权利，呼吁历史上的“古代”自由，而不是寻求潘恩所言和“自然权利”说的激进的变革。第三，地方改革的愿望是“复辟”而不是“转型”，这种精神已注入到随后议会改革的要求中。因此，激进改革者所持的英格兰的“古代宪政”赋予所有纳税的男性房产持有人以投票权的主张——正回应了18世纪70年代美洲殖民地发出的“无代表权不纳税”的呐喊。正如地方反市镇机关运动构成了1830年后的政治联盟和改革协会的基础一样，他们运用的复辟式语言通过唤起历史权利和“古代宪政”自由，也塑造了改革的话语。

1828—1832年改革危机

以上所述构成了1828年至1832年戏剧性事件的背景。在1828—

(56) Philip Salmon, '"Reform Should Begin at Home": English Municipal and Parliamentary Reform', in Clyve Jones, Philip Salmon, and Richard W. Davis (eds.), *Partisan Politics, Principles and Reform in Parliament and the Constituencies, 1689–1880* (Edinburgh, 2005), 93–113.

第二章 宪政转折点:1828—1836

1829年间,动词"煽动"(agitate)和名词"煽动者"(agitator)、"骚乱"(agitation),进入了政治词汇。[57] 激烈的宗教论争、农村暴动、城市激进主义和地方竞选活动在焦虑的政治家心中引发了最基本的问题:谁在治理这个国家?如何确保社会秩序?如何保持议会主权?1830年这些问题的不确定性使议会改革迫在眉睫。1825年到1829年间,在天主教解放、反对奴隶制和谷物法问题上,议会面临着越来越多的请愿,无暇顾及议会改革问题。在1830年,自1828年以来席卷全国的"道德风暴"之眼成为议会改革的呼声。

如麦考莱在1831年12月所言,"一幅惊恐的画面已经呈现",在这幅画面中,"国家出现了两个极端的派别……少数的寡头位于画面上部,被激怒的多数在画面的下部;一方面是权力引发的罪恶,一方面是不幸引发的罪恶"。[58] 这恰好强化了辉格党人的信念,他们代表着极端之间的平衡,即在肆意妄为的政府与无政府之间的微妙平衡,这种平衡正是真正"自由"的所在。如杰弗里在1810年的《爱丁堡评论》中所描述的,"自由与秩序之友——旧式宪政辉格党这群最受尊敬的人"挺立于两个"暴力与极端有害的派别(总是任性运用权力的宫廷大臣和总是想革命和共和的民主派)"之间。[59] 辉格党哲学家罗素提醒说,不管多么艰难或危险,都要"坚持中间道路,遵守代达罗斯(Daedalus)戒条,避免伊卡洛斯(Icarus)悲剧"。[60] 1830年,辉格党认为,在托利寡头和愤愤不平的大众之间的冲突正在颠覆国家的宪政,使国家陷入无政府状态。为此,他们致力于确立"议会政府"的宪政正统性,使宪政恢复稳定的平衡,这在1832年《改革法》中体现出来。通过确认议会中品德高尚且回应大众诉求的治理精英的权威,他们有可能纠正一小撮寡头的罪恶,平息愤愤不平的大众的抗议。

---

[57] Arthur Burns and Joanna Innes (eds.), *Rethinking the Age of Reform, Britain 1780–1850* (Cambridge, 2003), 53.

[58] Lord Macaulay, *The Miscellaneous Writings and Speeches of Lord Macaulay*, 4 vols (1860), i. 141.

[59] Joseph Hamburger, 'The Whig Conscience', in Peter Marsh (ed.), *The Conscience of the Victorian State* (1979), 27.

[60] Lord John Russell, *Recollections and Suggestions* (1875), 213. (代达罗斯和伊卡洛斯是希腊神话中的一对父子。父子二人为了从被囚禁的小岛飞回故乡,曾制作了能助人飞翔的羽毛,在飞向天空前,父亲告诫儿子,既不能飞得太高,以免靠近太阳,羽毛会被烧掉,也不能太低,以免掉进海里。可惜的是,年轻的儿子未听从父亲的警告,在空中越飞越高,最终羽毛被烧,坠入海里。——译者)

辉格党用道德而非意识形态或教条的词语解释该党的历史角色。他们提倡公民"美德"、拥护"自由"、颂扬"多样性",以促进"文明"的道德进步和人类的自我提升。在确保公民伦理"美德"的有产理念的同时,文明优雅,宽容友善,秩序稳定,吸纳新财富与新知识,避免极端主义、狂热主义或者说"激情"——这就是辉格党对"平衡"理想的重视。他们的历史作用是要为秩序提供一个平衡的支点,一方面避免屈服于暴政,另一方面避免过度"自由"导致的无政府状态。辉格党所说的"人民"是"舆论"认可的受尊重的、正直的和受过教育的人。公民"美德"依赖于产权和投票权,投票权是代表整个共同体的一种公共信托。因此,作为一种"文明"提升的日益复杂、动态和多样化的社会"利益"有可能通过司法调整稳定下来。在一个动态社会中保持秩序与自由之间的平衡点始终处于变化中。麦考莱指出,"所有伟大的革命"的原因是"社会的所有方面在成长,但宪政没有做出调整适应"社会的进展"。[61] 责任政府的本质因此是持续的小心的调整以适应进步的变化。缺乏灵活性导致镇压。缺乏制约导致放纵和混乱。麦考莱曾在 1831 年 3 月警告说,那些反对改革的人将发现自己置身于"法律败坏、等级混乱、财产被掠夺和社会秩序瓦解"的境况。[62]

激烈的宗教争论加剧了自 1828 年以来的危机,这些争论包括攻击国教是腐败恩赐制度的堡垒,爱尔兰天主教不满大爆发,一些安立甘教徒试图重新谈判教会—国家关系,以消除激进批评,辉格党领导人试图改革国教以维护其在国家中的地位。所有这些引起了安立甘宪政辩护者的极大恐惧。围绕对不从国教者和天主教解放的限制,喧嚣的"舆论"愈发沸腾。1811 年,在前首相、强硬的牧师西德茅斯(Sidmouth)勋爵提出限制 1689 年《宽容法》(Toleration Act)准许的非英国国教的传教自由和礼拜自由的建议后不到一周的时间内,约 700 个充满敌意的请愿队伍涌进议会。根据霍兰(Holland)的记录,试图进入上院的贵族们"几乎到不了门口,走廊上满是举止庄重和有着清教徒色彩的人;即使到了门口,走到自己的位子也要费劲周折,因为过道上放满了成堆的纸张"。[63] 更重要的

---

[61] Macaulay, 5 July 1831, *Hansard*, 3rd ser., iv. 776.

[62] Macaulay, 2 March 1831, *Hansard*, 3rd ser., ii. 1205.

[63] Richard Davis, *Dissent in Politics, 1780–1830: The Political Life of William Smith, MP* (1971), 155.

是,1820年激进的约翰·瓦德(John Wade)出版了《杰出的黑皮书》(The Extraordinary Black Book),在书的前三章,他讨论了英格兰和爱尔兰国教教会中的滥用兼职、任命闲职、牧师不在教区和非基督徒行为,接下来,他详细列举了王室、贵族、律师和议会的弊端。如书的副标题所言,这不仅是国教也是国家昭彰弊端的展览。[64] 到19世纪20年代后期,不从国教者,包括卫斯理方济各派、浸礼派、公理会派和一神论教派在内,组成了异见代表委员会,为废除禁止非安立甘教徒担任公职的《宣誓法》和《市镇机关法》而进行动员活动。

激烈的宗教矛盾很快加剧了政治的严峻状况。1828年,罗素勋爵在"宗教自由"的呐喊声中,领导了对《宣誓法》和《市镇机关法》的废除。1829年威灵顿公爵领导的政府在爱尔兰奥康奈尔领导的民众抗议运动面前通过了《天主教解放法案》,天主教徒因此能够作为议员进入议会。更具斗争性的不从国教者和福音派要求对爱尔兰教会进行制度改革,废除向安立甘教会交纳的什一税,反对教堂税,要求国教收入分配用于非安立甘教的目的。在1830年7月的竞选中,通过向议会请愿,富于斗争性的不从国教者和福音派要求在英国殖民地废除奴隶制。针对宗教问题的请愿充斥着议会,反复无常的"舆论"渗透进报刊和印刷媒体。这些事件激起了安立甘教徒的强烈的焦虑。受惊吓的安立甘教维护者们积聚的强烈反击迅速走向高潮。愤怒的郡集会和布伦瑞克俱乐部表达了民众对"新教"攻击安立甘宪政的不满,而预感无政府状态正在迫近的极端托利派则在议会痛斥人们的叛教和背叛。1829年威灵顿为维护声誉要求同温切尔西(Winchelsea)勋爵进行决斗。很快被极端托利党视为象征的一个场景出现了:贵族们在上院开会时,一个老鼠从地板上跑过,最终被捕

---

[64] John Wade (ed.), *The Extraordinary Black Book*: *An Exposition of Abuses in Church and State*, *Courts of Law*, *Representation*, *Municipal and Corporate Bodies* (1820). 1832年前激进改革者所使用的宗教意像和语言非常有价值——比如,Thomas Beck, *The First Book of the Acts of the Apostles of Precedents and Privileges*, *or Magna Charta* (1810); Anon., *First Book of the Acts of the Regents* (1812); William Hone, *A Political Catechism* (1817); William Hone, *The Political Litany*, *Diligently Revised* (1817); William Hone, *The Sinecurist's Creed*, *or Belief* (1817); James Morton, *A New Litany*, *to be Said after the Boroughmonger's Defeat* (1832); Thomas Perronet Thompson, *A Catechism on the Corn Law* (1827).

获且被杀死在王座下。(65) 随着教派敌意暴力强度的加深，宗教热情不再是稳定社会秩序的凝聚剂，而成了溶解剂。

狂暴的宗教敌意因经济衰退而加剧。农业失业率随着 1827 年后的歉收而急剧上升。1830 年，贫困率惊人地上升。农村地区爆发了“斯温骚乱”(Swing Roits)。在肯特(Kent)出现纵火和摧毁脱粒机的行为，而在兰开夏郡出现了棉农的罢工。有产者对似乎脆弱的社会秩序的担忧加剧。在城市，激进主义情绪被煽动起来。1830 年 1 月伯明翰政治联盟(Birmingham Political Union)成立后，类似的机构相继成立于曼彻斯特、利兹(Leeds)、布莱克本(Blackburn)、布里斯托尔和其他大约 120 个城镇。伯明翰政治联盟斥责公共事务管理不善，要求“人民”中的中下阶层作为“神圣同盟”而联合起来，反对堕落腐败。在 1830 年 7 月的大选中，没有选举权的人们对选举中的候选人表现了空前的蔑视。在一些选区，农民和小土地所有者公共表示出对地方显贵的敌意，他们取得的最有名的胜利是约克郡律师的亨利·布鲁厄姆(Henry Brougham)被视为一个大众英雄而当选，他一直致力于法律和政治的改革，反对奴隶制。“既得利益”和垄断的影响受到广泛攻击。在许多竞争选举中，无论选民还是没有选举权的人都对“封闭的”市政团选区进行了激烈批评。政治神经此时又因 1830 年巴黎革命的消息而绷得更紧了。辉格党和改革派宣称，在这种关键时刻，唯有通过改革议会，解决人们对立法的不满，才能恢复稳定政府。“革命”一词，如白芝浩后来所评论的，成为“一种智力毽子”，在下院被踢来荡去。(66) 对于辉格党来说，革命表明变化来得太迟了。对托利党来说，革命唤起了法国恐怖、罗伯斯庇尔、断头台和暴力改革。

1832 年《改革法》

起草 1832 年《改革法》的辉格党的意图是净化与修补，而不是彻底改
86 变选举制度。一份赞成改革的大报宣称：“提案被人们视为新宪章。说提

---

(65) Duke of Newcastle diary, 9 April 1829, in Richard Gaunt (ed.), *Unrepentant Tory: Political Selections from the Diaries of Fourth Duke of Newcastle-under-Lyme, 1827–1838* (Woodbridge, 2006), 86.

(66) Walter Bagehot, 'Lord Althorp and the Reform Act of 1832', in *Bagehot's Historical Essays*, ed. N. St John-Stevas (1971), 165.

案是'旧宪章'的复兴更为恰当。提案被冠以革命的设计，但提案更应该被称作安全阀，借助这个安全阀，政党暴力精神可以得到释放，国家这个容器得以保存。"(67)"改革你有可能保存下来的东西"是1831年3月麦考莱对下院发出的呼吁。(68) 布鲁厄姆同年10月向上院贵族们陈述说，改革提案并不意味着"变化与革命"，而是要废除现存选举制度的最大弊端。他说是为了保留而不是摧毁，为了复原而不是革命。(69) 格雷勋爵的女婿、年轻的辉格党人查尔斯·伍德（Charles Wood）则把改革提案视为"有效的、有内容的、反民主的、保障财产的措施"。(70)

因此，民族（nation）对于其历史制度的信心有可能恢复，议会的权威可能再次被确认。辉格党用18世纪确立的谈论改革的措辞表达其改革用意。他们认为，"政治民族"是使各种不同利益被恰当代表，选举智慧是按财产界定的负责任的男性参与公共事务的属性。议会代表应该与有机的共同体相联系，这些有机共同体包含着地产、财富、智识和勤勉的不同"利益"。(71) 同辉格党意图修补而不是改变选举制度相一致的是，代表名额的再分配和选民登记构成了他们改革议案的绝大部分，而扩大选举权仅占法案的一小部分。

然而，尽管改革的目的仅是修修补补，且改革的话语也为人们所熟知，但是改革的影响却有着重大宪政意义。《改革法》用"议会政府"取代了"混合政府"，确立了议会内政党为行政权力的合法掌控者，下院成为政府权威的有效来源。在选区中，选民登记的机制将更多的正式党派竞争引入选举中。与罗素的意图相反的是，自由民选民在1832年后数量大增，虽然要求这些选民必须是居民，也必须与选区有密切关系。这些不仅代表了立法想达到的目的，而且也代表了立法产生出无法预见的效果。

英格兰1832年《改革法》中的公民权条款成为多数历史学家关注的焦点。(72) 人们常常习惯性地被误导，把这些条款视为走向最终议会"民

(67) Reform broadsheet, the Reform Club archive.

(68) Macaulay, 2 March 1831, *Hansard*, 3rd ser., ii. 1204.

(69) Brougham, 7 October 1831, *Hansard*, 3rd ser., vii. 221-275.

(70) E. A. Smith, *Lord Grey, 1764-1845* (Oxford, 1990), 278.

(71) 参见 H. T. Dickinson, *Liberty and Property: Political Ideology in Eighteenth-Century Britain* (1977), and John Garrard, *Democratisation in Britain: Elites, Civil Society and Reform since 1800* (2002), 9。

(72) 长期以来这是一个标准描述，Michael Brock, *The Great Reform Act* (1973)。

主"所尝试的第一步,尽管辉格党希望只是修补而非改变选举制度。最终,在城市,10 英镑以上的房产持有人(拥有或租金收入至少 10 英镑以上的成年男子),以及 1832 年以前持有古代特许公民权的自由民获得了公民权,古代特许公民权是一项世袭权利。1832 年后其他市镇的古代特许权随着现任选举人的死亡而终止。在乡郡,40 先令自耕农(每年拥有价值至少 40 先令财产的成年男子)与依据古代习俗对至少年价值在 10 英镑以上的房产持有者、持有 10 英镑年出租价值财产的成年男子和占有财产并支付租金 50 英镑的成年男子都获得了公民权。这些条款将选举范围扩大了 45%,使英格兰和威尔士的成年男子每 5 个人中有 1 个人获得了投票权,这样大约有 65.6 万名的男子可以投票,他们的权利取决于他们的财产地位。如达勒姆(Durham)勋爵对下院所宣布的,"如果没有财产基础,那么我们的宪政中就没有了影响代表制度的原则"。[73] 在辉格党人看来,财产既表明了拥有社会底层所缺乏的智慧和独立性,也是尊重财产的直接利益所在,这种利益构成了公共责任的基础。

然而,相比格雷政府最初提议的改革方案,最终 1832 年《改革法》中的公民权在重要层面上,在英格兰和威尔士的体现很不同,并且也复杂许多。1831 年 3 月罗素提议的市镇公民权比最终经过了一年多激烈的议会争论后出台的条款要简单得多。罗素最初提议给所有拥有 10 英镑财产的房产持有人以公民权,只要他们是居民纳税人,其他所有现有的公民权将被废除。这是对市镇投票标准的高度简化,因此随即被修正。4 月,议会通过了一项修正案,这项修正案给予了 1832 年前市镇选区的所有自由民一项权利。依据这项权利,在 1832 年法案通过并且实施之前,自由民可以将他们的世袭投票权传给儿子。仍在履行契约的学徒在结束其"劳役"后,也有资格获得投票权。托利党赞成这项修正案是为了保护自由民的古代特权,而多数改革者支持这项修正案是出于对隐含在罗素最初提案中的某种撤销公民权的担忧。[74] 4 月下旬改革议案未能在下院获得通过(299 票对 291 票),随后重新大选,格雷政府获得了重新大选后议会的多数席位,政府在 1831 年 6 月引入了一个做了些微修正的改革议

---

[73] Durham, 28 March 1831, *Hansard*, 3rd ser., iii. 1020.

[74] Philip Salmon, 'The English Reform Legislation', in David Fisher (ed.), *The History of Parliament*: *The House of Commons*, *1820-1832*, 8 vols (Cambridge, 2009), i. 375.

案,10 英镑房产持有人有了投票权,在 1832 年前的市镇,自由民的公民权可以传给下一代儿子和学徒,只要他们是市镇居民。7 月和 8 月是议案的委员会阶段,此时批评集中于对所提议的 10 英镑房产持有人的公民权。议案否决了那些不是每 6 个月才交一次税的房产持有人的投票权——这一点在最初的议案中没有提及。激进派攻击这项条件是剥夺那些交纳周税、月税或季度税的房产持有人的公民权。各地在税率上的巨大差异导致公民权标准不一。在回应这些批评时,官员们显得非常善于妥协,但是,在 8 月底他们断然否决了激进的亨利·亨特关于纳税房产持有人公民权的提议。(75) 88

1831 年 10 月,上院贵族议员们以 199 票对 158 票否决了改革议案,这激起了德比、诺丁汉和布里斯托尔等地的暴乱,民众向威灵顿公爵在伦敦的住所投掷石块。(76) 安立甘主教们对议案投的反对票激起了狂暴的反教士情感,教士和住所都被攻击。12 月 12 日,罗素提起了英格兰和威尔士的第三个改革议案,建议放宽对自由民组成的市镇投票权的条件要求。自由民投票的古代特权不仅能传至下一代,还能持续传下去,只要此项权利是 1831 年 3 月前自由民或有合格使用权的人所有的。对拥有 10 英镑房产持有人的要求也放宽了。房产持有人不再需要提供租赁价值的证明。在 6 个月居住期间,房产持有人提供不同财产占有情况说明就可以——这是对许多市镇中的高度流动性的重要让步。这些变化构成了 1832 年 6 月最终通过的《改革法》的内容,也使市镇公民权迥异于 1831 年 3 月罗素所设计的那个较为简化的方案。1832 年后,在其他古代投票权利消失的同时,不再受制于纳税和登记费的自由民投票权很快发展起来。在莱斯特、考文垂(Coventry)、达勒姆、泰茵河畔纽卡斯尔(Newcastle-upon-Tyne)、斯塔福德(Stafford)和约克等地,自由民投票规模在 1832 年

---

(75) Philip Salmon, 'The English Reform Legislation', in David Fisher (ed.), *The History of Parliament: The House of Commons, 1820–1832*, 8 vols (Cambridge, 2009), i. 378. 把纳税与房产持有人公民权相联系有着深远的影响。参见 Philip Salmon, 'Electoral Reform and the Political Modernization of England, 1832-1841', *Parliaments, Estates and Representation*, 23/1 (2003), 49-67。

(76) 威灵顿常处于斗争的中心,即使担忧充满暴力的未来会促发革命,他也依然保持着冷静。"自约克和兰开斯特两个家族的战争之后,历史证明巨大的变化不是由任何权威所促成的,而是议会。"Duke of Wellington (ed.), *The Despatches, Correspondence and Memoranda of Field Marshall Arthur Duke of Wellington, KG*, 8 vols (London, 1867–1880), vii. 50.

后的几十年里增长显著。与此同时，基于纳税的房产持有人公民权赋予了地方官员在设定和收缴地方税方面的重要责任。1832年后，地方税收和10英镑房产持有人市镇公民权的关系强化了地方政府在城市选区中的政治化趋势。

《改革法》使英格兰市镇的选民总数由1831年的168 298增加到1832年的270 639，增长了61%。(77) 但《改革法》的公民权资格并没有带
89 来所有市镇选民人数的普遍增长。实际上，《改革法》通过后保留下的146个英格兰市镇中，有42个市镇的选民规模出现了下降。在兰开斯特，选民规模下降了72%，在莫尔登下降了79%。在拉德洛(Ludlow)，1832年选举前的选民人数已下降了64%。在莱斯特，改革前的选民人数下降了39%。其中部分原因是对于非居民选民资格的剥夺。但对于多数人来说，要求支付1先令的登记费是主要的原因。与此相反的是，在其他市镇选区，尤其是市政团选区，选民人数的增长是惊人的。在巴斯(Bath)，选民由1831年的30人上升为1832年的2 853人。选民人数的这种大幅增长同样出现在朴次茅斯、白金汉(Buckingham)、黑斯廷斯、马姆斯伯里和拉伊。(78) 改革后，有102个英格兰市镇的选民人数出现了增长，虽然多数选区的增长幅度不大。由此可见，《改革法》对于城市的影响非常不平衡。改革前英格兰市镇投票者的变化已经同1832年改革前夕选民人数的变化一样非常引人注目了。在1820年到1831年间，英格兰城市选区的选民已经增长了36%。(79) 而《改革法》通过后，选民人数仅增长了16%。但在1832年新设定的41个城市选区中，人们还是能够强烈地感受到《改革法》的影响。在这些新设选区中产生了82 027名投票人，占到了1832年新增选民人数107 920的76%。因此说，《改革法》在不同城市选区的影响差异非常大。就选民人数而言，1832年之前，这种影响要么比较温和，要么出现了倒退。

---

(77) Philip Salmon, 'The English Reform Legislation', in David Fisher (ed.), *The History of Parliament: The House of Commons, 1820–1832*, 8 vols (Cambridge, 2009), i. 389.

(78) Philip Salmon, 'The English Reform Legislation', in David Fisher (ed.), *The History of Parliament: The House of Commons, 1820–1832*, 8 vols (Cambridge, 2009), i. 392.

(79) Philip Salmon, 'The English Reform Legislation', in David Fisher (ed.), *The History of Parliament: The House of Commons, 1820–1832*, 8 vols (Cambridge, 2009), i. 394.

1832 年新的公民权条款对英格兰乡郡的影响比对市镇的影响更趋一致。(80) 城镇自耕农在城市周边乡村是否享有投票权是一个有争议的问题，此问题贯穿 1831 年至 1832 年有关改革讨论的始终。为了不使乡村的选举受城市影响，托利党主张城市居民只在城市投票。“摇摆者”沃恩克利夫（Wharncliffe）勋爵为了阻止城镇自耕农在乡村投票，曾试图修改改革议案，但未成功。虽然内阁强烈反对，但是被视为加强土地有产者影响的反对党修正案“钱多斯条款”（the Chandos Clause）成功通过后，乡村公民权被给予了无租期保证的佃户（tenants-at-will）。此后，内阁开始反击，将有权在郡投票的权利扩展至那些居住在市镇但财产不足 10 英镑的市镇居民中的 40 先令自耕农、公簿持有农和承租土地者。这样一来，在约克郡西赖丁区（West Riding of Yorkshire），有 1/4 的选民满足这个条件。
1832 年在北达勒姆则有超过 60%的选民属于这种情况。在 1837 年的西 90
萨塞克斯（West Sussex）选举中，有 12%的投票来自布赖顿（Brighton）的城市自耕农。(81) 1832 年后，城市居民在乡村投票率的上升成为引起保守派不满的一个缘由。19 世纪 40 年代，反谷物法联盟试图动员这些城市选民反对乡村的土地所有者。1852 年内政部的调查表明，英格兰乡村有约 20%的选民的财产资格认定是基于城市标准。(82) 因而，在 1859 年和 1866—1867 年的改革议案中，保守派试图把城市自耕农从乡村清除出去。

总体而言，1832 年《改革法》使英格兰乡村的选民数量增加了 29%，但是这低于前 10 年的自然增长率。在萨默塞特（Somerset）、萨福克、达勒姆、伯克郡（Berkshire）、什罗普郡的乡村，1832 年的选民数量增长率最高。然而，1830 年以前的 10 年里，英格兰乡村选民规模的增长率达 39%，高于 1832 年改革后的选民增长率。(83) 约克郡、诺森伯兰郡、诺丁汉

---

(80) Philip Salmon, ‘The English Reform Legislation’, in David Fisher (ed.), *The History of Parliament: The House of Commons, 1820–1832*, 8 vols (Cambridge, 2009), i. 404–406.

(81) Philip Salmon, *Electoral Reform at Work: Local Politics and National Parties, 1832–1841* (Woodbridge, 2002), 134.

(82) Angus Hawkins, *The Forgotten Prime Minister: The 14th Earl of Derby: Achievement, 1851–1869* (Oxford, 2008), 4. 这是 D. C. Moore 在书中谈论的一个主题，D. C. Moore, *The Politics of Deference: A Study of the Mid-Nineteenth Century English Political System* (Hassocks, 1976)。

(83) Philip Salmon, ‘The English Reform Legislation’, in David Fisher (ed.), *The History of Parliament: The House of Commons, 1820–1832*, 8 vols (Cambridge, 2009), i. 405.

郡和萨福克都郡是此种情形。只有牛津郡(Oxfordshire)的乡村选民在19世纪20年代时出现了下降的趋势。《改革法》实施后的乡村选民增长率下降的事实反映了选票向新设立的城市选区转移的趋势，也反映了因城市选区扩大而导致乡村选区的缩小。

然而，英格兰1832年《改革法》中关于公民权的条款有着诸多复杂的前提条件和资格要求，与此同时，公民权条款也受到更多的有关选举程序和登记的条款的制约。[84] 1832年6月通过立法重新划分选区的同时，这些限制性条款也都一一被通过。这些限制条款并非因受到民众压力而制定出来，也非"妥协性"条款。相反，这些条款旨在恢复体现选区凝聚的社会"利益"的完整性。改进而非扩大选举制度是辉格党最关切所在。这反映了辉格党注重对宪政的改革，目的是通过重申议员与所属选区的关系而将"人民"同议会制度联系起来——议员同所属选区的关系因1830年前的社会变化而恶化。因此，他们的《改革法》应该"达到这样的范围和描述，法案要满足所有合理的需求，立刻且永远消除引起合理抱怨的缘由，这些抱怨来自选区中理性独立的人们"。[85] 在下院，罗素把这种目的定义为结束个人对议员的提名、撤换不开放的市政团推选的议员和减少选举费用。帕默斯顿也持同样的立场，他说，改革意在解决的问题包括消除保护人提名的缺陷、下等阶层选民中的严重腐败、大型制造业与商业城镇的代表不足、选举成本高，以及中下层阶级投票权分配的不公正。在提倡改革时，辉格党人没有提及"自然权利"或者抽象的公民权。他们重视的是改革前选举制度存在的缺陷，他们把这些缺陷视为摆脱危机、恢复宪政平衡的障碍。对这些缺陷进行务实的调整，而不是倡导抽象的原则，是负责任的政治家的试金石。他们的目的是修补，而非意识形态导向。

这才是改革立法的关键所在。这个民族(nation)将一致同意创建"一个公正无私"的政府，这个政府由品德高尚的辉格党代表。通过修正选举缺陷、恢复议会权威，使社会秩序得到保障。格雷断言，改革的效果"将恢复人们对于[下院]的信心。眼下这种信心的缺失是其无力抵制大

---

[84] Charles Seymour, *Electoral Reform in England and Wales* [1915], in Michael Hurst (ed.), (Newton Abbot, 1970), 77-164, 第一次引起了学者对于1832年《改革法》登记条款及其影响的关注。

[85] E. A. Smith, *Lord Grey, 1764-1845* (Oxford, 1990), 264.

众喧哗的一个主要原因”。国家的财富、财产、智识、勤勉和爱国主义都交付议会这个国家宪政主权的化身。格雷认为，“中产阶级”无论在“财产还是智识上都取得了很大进展”，否认这些，改革有可能“导致政府权威被剥夺和软弱无力的状况”。(86) 重申经过净化的议会的权威、修正选举制度的缺陷、恢复对议会的信心，这就是《改革法》中的再分配条款所要达到的目的，这些目的实现需要限制英格兰城市选区的既得利益，消除秘密提名的做法。在英格兰乡郡选区，需要提升郡议员的责任心和地方效忠心。重要的贸易和制造业中心也有了议会代表。因此，负责和理性的“舆论”才可能同议会建立起纽带关系，恢复对议会纠正法律不公的信心，信任威斯敏斯特解决不公正的能力，树立起对辉格党作为“国家利益”美德受托人的信念。当作为下院领袖的奥尔索普勋爵声明政府的改革议案是要给予“人民”在选择其代表的重要影响时，他很快补充说，他所说的“人民”，不是暴民，也不是大众，而是这个国家中受尊重的中产阶级中的大多数。(87) 唯如此，稳定的进步才能确保，法治才会得以维护。

英格兰《改革法》剥夺了 56 个“腐败”或者“口袋”（与小选区不同）市政团选区的选举资格，将 30 个更小的、仅有 2 名议员的选区的议员席位减少为 1 个，将代表韦茅斯（Weymouth）和梅尔库姆·瑞吉斯（Melcombe Regis）的 4 个议员席位减为 2 个。这样一来，就有了 143 个席 92
位可以重新分配。22 个市镇新选区，包括伯明翰（Birmingham）、曼彻斯特、布莱克本（Blackburn）、博尔顿（Bolton）、哈利法克斯（Halifax）、利兹、马里波恩（Marylebone）、设菲尔德、陶尔哈姆莱茨（Tower Hamlets）和伍尔夫汉普顿（Wolverhampton）在内，都有了 2 个席位。21 个市镇新选区，包括贝里、哈德斯菲尔德（Huddersfield）、基德明斯特（Kidderminster）、洛奇代尔（Rochdale）、索尔福德、南希尔兹（South Shields）、斯旺西、沃尔索尔、沃灵顿均获得了一个席位。这反映了在英格兰北部、中部地区和南威尔士的工业增长。除了相邻的格林尼治（Greenwich）新选区，还有另外 4 个新选区，都并入伦敦都市。与此同时，约克郡的代表席位增至 6 个；26 个英格兰郡的席位增至 4 个；曾经有 2 个席位的 7 个英格兰郡都增了 1 个；卡马森、登比和格拉摩根这些威尔士郡的席位由原来 1 个增至 2 个，怀特

(86) John Cannon, *Parliamentary Reform, 1640-1832* (Cambridge, 1973), 250-251.

(87) Althorp, 21 September 1831, *Hansard*, 3rd ser., vii. 422-435.

岛(the Isle of Wight)也设有一个席位。共有55个席位给予了新的城市选区，乡村代表席位增加了65个。在剩余的可再分配的13个席位中，8个给了苏格兰，5个给了爱尔兰。再分配席位的大多数给予了乡村，这反映了辉格党希望确保土地有产者在议会协商中的优势。当《改革法》使英格兰乡村选民增加了29%时，英格兰乡村在下院的代表数提高了76%。不是向原来的乡郡直接分配新增的议员，而是将其中26个郡一分为二，约克郡被拆分为三个选区，每个区各有2个席位。(88) 1831年初帕默斯顿曾对下院说："无意于蔑视制造业或商业利益，他必须说他认为土地就是国家本身。"(89)《改革法》之前，有465个议员代表城市选区。1832年后，代表城市选区的席位只有399个。这些包括了新增的非工业城市选区，如切尔滕纳姆(Cheltenham，一个兴起的温泉镇)、弗洛姆(Frome，毛纺织业中心)和肯德尔(Kendal)。其他如代表船运业和渔业"利益"的怀特黑文(Whitehaven)、泰恩茅斯(Tynemouth)和惠特比(Whitby)，以及查塔姆(Chatham)海军镇各有一个席位。在1832年后，在31个城市选区中，大约有300名选民。而臭名昭著的"腐败"选区，如有着7名投票人的老萨勒姆在1832年被剥夺了公民权，在改革后的下院中，代表小市镇选区的有202个席位。

罗素最初在1831年3月提出的改革议案中提及的大范围或全部撤销公民权的建议，最终在1832年被通过。被建议撤销公民权的选区是那些无法通过吸收"独立"选举人进行净化的选区。但是激烈的斗争与游说最终使31个英格兰市镇选区被暂缓撤销。尤其是在那些部分被撤销选区的地方，有关创设单一席位选区的建议遭到强烈反对。托利党和改革派都说，英格兰传统上的双席位制不仅使得少数派意见不被忽视，也鼓
93 励竞争"利益"方和候选人之间的妥协。皮尔宣称，选举两个以上的议员为"达成和解，防止绝对胜利和彻底失败"提供了手段，故这种双席位制具有"无尽的好处"。(90) 单一席位选区会导致无代表的少数派的怨恨，加深地方社区的分裂，增加选举的成本和加剧混乱。1831年10月上院否

---

(88) 辉格党人希望这有助于鼓励选出有地方联系的乡郡议员，促进他们对于选民的责任，减少选举开销，遏制选区外的候选人。参见 Jonathan Parry, *The Rise and Fall of Liberal Government in Victorian Britain* (New Haven, 1993), 80–81。

(89) Palmerston, 3 March 1831, *Hansard*, 3rd ser., ii. 1318.

(90) Peel, 27 July 1831, *Hansard*, 3rd ser., v. 409.

决了改革提案后,内阁大臣在 1831 年 12 月所提出的修正措施中大幅减少了单一席位选区;与此同时,双席位选区增加了。结果,双席位选区成为改革后的英格兰选举制度的核心特征,对 1832 年后的选举政治产生了深远的影响。[91] 在 1832 年后的 256 个英格兰选区(不包括两个大学席位)中,有 194 个双席位选区,7 个三席位郡选区,1 个四席位城市选区(即伦敦城)。只有 54 个选区(占全部英格兰选区的 21%)是单一席位选区。在双席位选区,每一个选举人都有两张选票;在三席位选区,每一选民有三张选票;伦敦城的选民则有四张选票。选民在投票时有着多种选择,这些选择所显示的策略不同构成了选区政治的架构——这强化了选票作为社会公共行动的作用,而不是一项个人权利,这种公共行动是在全体社区成员见证下完成的。通过投票,选民以社区利益信托人的身份行动。《改革法》导致的双席位增加的一个长远后果是,政府要求下院人数从 658 人减少至 596 人的原初提议不了了之。[92]

1832 年英格兰席位再分配模式确认了国家的利益"多元性"能够在下院被代表;与此同时,人口众多的商业和制造社区共同体得到承认。1832 年后英格兰城市大选区(选民人数超过 2 000)有 58 个席位,中等规模的选区(选民人数在 1 000—2 000 之间)有 63 个席位,小选区(选民人数不到 1 000)有 202 个席位。乡村代表的增加确保了土地"利益"者在议会的优势地位,从人口而言,英格兰南方比北方代表席位多。关键在于,《改革法》不是要依据选民人数产生相应的代表数,而是要保证国家的大小利益成分的多样性在议会的主权构成中有自己的声音。罗素在 1831 年 3 月对下院说,代表制的不对等是故意为之的结果。"依据同等的人口分配同等议员数的规则或许是一项伟大而英明的设计,但是设计者们认定这个设计不适应于议会。"他直率地下结论说:"他们发现了不对等……但他们打算不去管它。"[93]

通过正式确认投票的权利,《改革法》的登记条款旨在确保受尊重的

---

[91] Philip Salmon, 'The House of Commons, 1801-1911', in Clyve Jones (ed.), *A Short History of Parliament*: *England, Great Britain, the United Kingdom, Ireland and Scotland* (Woodbridge, 2009), 249-270.

[92] 参见 William Molesworth, *A History of the Reform Bill of 1832* (1865), 108。

[93] Russell, 9 March 1831, *Hansard*, 3rd ser., iii. 307.

"舆论"的愿望被导入负责任的渠道,减少煽动者和鼓动者的影响。[94] 该条款也希望减少选举的时间与开销,确保程序的合法性。但是,实践证明,无论城乡,在当地二审法院律师的监察下所进行的一年一度的选民登记和对有权利投票的选民名单的登记,是非常耗时且复杂的过程,反映了投票资格多样化带来的复杂性。每一个选民都必须支付 1 先令才能登记。乡村是一次性支付,城市是年支付。个人登记可能遭遇一系列挑战——地址变动、未纳税或不合格——如果选民没有亲自辩护,反对意见就自动生效。这导致二审法庭的登记争议成为地方党派斗争的战场,地方党积极分子的支持通常在保证有权利投票的主张上有着关键作用。[95] 1832 年后不久,许多有投票权的人拒绝去登记——不仅是漠不关心,还有复杂的登记过程、反对的成本和任意性等阻碍性因素。到 1835—1836 年,地方党派积极分子已经努力工作,保证尽可能多的党派支持者去进行选民登记。对于《改革法》的设计者来说,进行选民登记是为了消除最腐败的选民欺诈和保障恰当的选举行为的法律手段。选民登记的程式化是要对"舆论"的表达施加一种有益的训练,是为了清除选举制度的弊端,重塑"人民"对政府的信心。选民登记也证明刺激了党派活动,加剧了选区中的党派站队。[96]

1832 年 6 月的单独立法对英格兰选区的重新划定,对于选民环境的影响不亚于《改革法》中的公民权、席位再分配和选民登记条款的影响。只有 34 个改革前的城市选区没有受到选区重新划定的影响。[97] 至少有 102 个现存市镇选区面积扩大,有些变得面目全非。然而,随着新公民权标准的实施,变化的范围差别很大。波士顿(Boston)的面积增长不多,但

---

[94] Charles Seymour, *Electoral Reform in England and Wales [1915]*, ed. Michael Hurst (Newton Abbot, 1970), 87.

[95] Philip Salmon, *Electoral Reform at Work: Local Politics and National Parties, 1832-1841* (Woodbridge, 2002), 19-42.

[96] 有关改革立法影响的重要论述,参见 Philip Salmon, 'Electoral Reform and the Political Modernization of England, 1832-1841', *Parliaments, Estates and Representation*, 23/1 (2003), 49-67。

[97] Philip Salmon, 'The English Reform Legislation', in David Fisher (ed.), *The History of Parliament: The House of Commons, 1820-1832*, 8 vols (Cambridge, 2009), i. 395. 也参见 Norman Gash, *Politics in the Age of Peel: A Study in the Technique of Parliamentary Representation, 1830-1850*, 2nd edn (Hassocks, 1977), 67-72。

韦斯特伯里(Westbury)的面积则从0.04平方英里扩大到19.3平方英里。城市选区的大幅扩展也出现在伍德斯托克(Woodstock)、威尔顿(Wilton)、奇彭纳姆(Chippenham)、马尔顿(Malton)、马姆斯伯里(Malmesbury)和沙夫茨伯里(Shaftesbury)。于是从前曾为乡郡选区的农村和郊区有一部分在1832年后都被划入了城市选举政治。这是对那些"摇摆者"的小慰藉，沃恩克里夫勋爵和哈罗比勋爵等人曾在1831年10月对改革议案投反对票，但是他们又试图通过修正案来表明，他们支持一个修正的议案。1831年12月，城市选区扩大加速。将农村和不动产选民纳入城市选区，被视为对他们失掉"口袋"选区的某种补偿。韦斯特伯里的洛佩斯(Lopes)家族、莫珀斯(Morpeth)的卡莱尔(Carlisle)伯爵和伍德斯托克的马尔伯勒(Marlborough)公爵，都因这个过程而加强了各自家族的影响。在拉伊，当地地主的影响也得到巩固。但是在其他扩大的城市选区，城市选民人数的增多，使得1832年前曾主导当地选区政治的个人和家庭失去了控制权。多数英格兰乡郡选区被一分为二，郡内城市选区的代表权的获得或失去，改变了选举的动态。这使得郡选区在地理上更易于管理，这种变化被视为对"合法"土地利益者的保护。1830年约克郡选举中出现的政治危险才有希望避免，这种保护土地势力的做法起初遭到一些改革议员和《泰晤士报》的反对。

威尔士的公民权的扩大同英格兰是一样的，但是威尔士的议员席位没有大范围的重新分配，选区界限也没有重新划分。苏格兰和爱尔兰各自独立的议会《改革法》，也在1832年通过，两个独立法案都适用了英格兰立法的原则与设想，但是对于公民权有不同的标准。苏格兰改革者宣称他们的目的是"使中等阶级与社会更高的阶层在热爱与支持国家的制度和政府中结合在一起"。(98) 格雷内阁力促苏格兰和英格兰改革议案保持一致，但是他们要面对的是，苏格兰改革的支持方和反对方都在强调苏格兰政治文化的特殊性，且议会没有更多的时间讨论苏格兰的改革。结果，苏格兰的法律表现出胡乱起草的迹象，且条款与苏格兰的民法相悖。虽然选区或苏格兰城镇不再受旧寡头政治的控制，但选区的扩展依然有利于农村地区和地产者利益。给予新兴城镇的代表权是为了使新兴城市

(98) D. R. Fisher, 'Scotland' in David Fisher (ed.), *The History of Parliament: The House of Commons, 1820-1832*, 8 vols (Cambridge, 2009), i. 142.

力量不受地产者影响。(99) 虽然这种做法的确取代了某些封建选举的安
96 排,但是炮制“虚构的郡选票”的制度只是被改造了而不是被废除了。辉格党人、苏格兰普通事务律师亨利·科克本(Henry Cockburn)庆贺说:“人们可以听到树立苏格兰所见的第一个竞选讲台的重锤之声,苏格兰封建锁链的最后一根链条在重锤下断裂!”(100)苏格兰选民从 4 500 人猛增到 63 300 人。在 1832 年的大选中,43 名辉格党/改革派者赢得了席位,从前的托利党议员下降为 10 人。苏格兰《改革法》的成功激起了福音派要将平信徒委派权从苏格兰教会清除出去的愿望,这导致了 1843 年苏格兰教会的大分裂。

爱尔兰选民数在 1829 年曾急剧下降,直到 1832 年,才由约 75 000 人上升到 92 000 人,增长了 19%。乡村选民除了自耕农外,有 10 英镑财产的房产持有人、20 英镑的承租土地者和 10 英镑公簿持有者都获得了选举权。在城市,10 英镑房产持有人、各类出租土地者和 10 英镑自耕农也获得了选举权。同在英格兰一样,在城市拥有财产证明的城市居民不再享有乡村的投票权。爱尔兰议员数由 100 人增加到 105 人,都柏林大学和贝尔法斯特(Belfast)、戈尔韦、利默里克(Limerick)、沃特福德市(Waterford)各有一个席位。城市选区范围总体上保持不变。就人口而言,议会议员不足以代表爱尔兰,有着英国 32%人口的爱尔兰,其议员在威斯敏斯特只占 16%。爱尔兰改革的目的,在辉格党看来,就是适度提高乡村的选民数量,开放被保护人控制的市镇。但是立法时面对的巨大统计困难,尤其是估算选民资格的财产和出租价值的困难,以及无论个人经济状况遭遇何种变故,还是个人迁徙或者死亡,爱尔兰选民资格证明有效期 8 年的事实,以及当地法律助理对资格证明验证的标准不一,使得爱尔兰选举不同于英国其他地方,也很不稳定。1832 年以后,爱尔兰选民构成偏离了辉格改革派对智识、“自立”和财产的赋权之初衷。

1833 年格雷的改革政府出版了一个宣传手册《改革内阁与改革的议会》(*The Reform Ministry and the Reformed Parliament*),该手册庆贺政府艰

---

(99) Michael Dyer, *Men of Property and Intelligence: The Scottish Electoral System Prior to 1884* (Aberdeen, 1996), 45.

(100) Gordon Pentland, 'The Debate on Scottish Parliamentary Reform, 1830-32', *Scottish Historical Review*, 48/4, (2006), 122. 科克本的声明更为狂喜,他说苏格兰改革是将苏格兰民族“带离了奴役之所,是逃离埃及”[T. M. Devine, *The Scottish Nation 1700-2000* (1999), 273]。

难取得的成就，包括废除英帝国的奴隶制以及制定《爱尔兰教会临时法》和《工厂法》。其中最重要的是政府对议会的改革，这个改革“摧毁了历届政府的基础……恩赐制度这一从前政治家的主要砝码无可避免地消失了，它使当今的内阁和未来的行政管理都依托于人民的支持。”(101)然而，恢 97
复公众对于议会的信心并不等于直接的民众统治。通过议会中的党派组织，议会依然保有主权，民粹冲动的危险力量得以驯服。19 世纪 30 年代的辉格党议会政治的关键层面是将国家与其历史机制联系在一起，尤其是同议会相联系，是恢复公众对崇尚美德的治理精英的信心。1830 年后执政的辉格党通过以下方式促进上述目标的实现：提出立法改革以解决合法的抱怨与需求；建立议会政党以实现责任政府，修正选举的弊端以确保回应民众诉求的议会。因此，提议“人民”与腐败统治精英对抗的激进的民粹主义才可能被驳倒，爱国、虔诚、勤勉和有智识的“中产阶级”才能被吸纳进“政治民族”。1832 年后，传统统治精英的势力总体上未被触碰。这是 1832 年《改革法》之后所改变的统治阶级实施权力的宪政和公共道德环境。

法理学家帕克（J. J. Park）在《宪政的原则》（*Dogmas of the Constitution*, 1832）中，第一次杜撰了“议会政府”这个词语，以取代他所称的“王权政府”（prerogative government）。在 1828—1832 年动荡的分水岭期间，他看到了英国政治制度面临的难题。如何既不靠特权的腐败，也不受制于摧毁政府权力的民众骚乱，坚持从国家真正的利益出发行使权力，且保持政府稳定？帕克认为这个宪政困局的解决之道在于议会政党的功能与性质。使议会既免受特权的侵害，又免受民众骚乱的辖制，需要议会内政党具备凝聚力和流动性。没有凝聚力的话，议会政党将被君主统治。没有流动性，“人民”将直接统治。由下院组成和解散政府。既非由君主，也非人民直接选举政府，而是通过议会中灵活的政党联系来决定政府。因此，议会维持着一种协商大会的主权，不听命于君王，也不受制于选举授权。政府权威直接来自议会，尤其是下院。“如果政府无可置疑地失去了下院的支持与保证，还继续执政的话，这在政治上是不光彩的，也是不适当的。”(102)通过不僵化的凝聚力，政党可以确保议会主权，1828—1832 年的

(101) Sir Denis Le Marchant, *The Reform Ministry and the Reformed Government* (1833), 4.

(102) J. J. Park, *Dogmas of the Constitution* (1832), 38-41.

失序得以恢复平衡。通过这种政党组织,议会权威得以重申,新生的社会"利益"、获得提高的大众智识、"舆论"和广泛的道德提升被纳入到国家的历史机制,主要是议会和国教中,平稳与安全的进步得到保障。帕克称赞了20年前杰弗里发表在《爱丁堡评论》上的文章,说该文对议会的实际运作进行了重要的阐释,排斥了空洞的宪政惯例。[103] 通过描述具有凝聚力而非僵化的议会政党的功能与道德要求,帕克强调了"议会政府"中的核心元素。1828—1832年的事件展示的是"混合政府"的过时以及作为新的正统的"议会政府"的确立。1832年以后,1830年前作为反对党的辉格党信条成为理解宪政的基础。

---

[103] 帕克把"混合政府"描述为布莱克斯通、孟德斯鸠和德·洛姆带着狂喜所传承下来的一种理论,他们对该理论的推崇,如同诗人彼特拉克(Petrarch)对劳拉(Laura)的推崇一般,劳拉被一些人认为是一个想象中的人物[J. J. Park, *Dogmas of the Constitution* (1832), 60-61]。

第三章
"议会政府"及其批评:1832—1867

在我看来,英格兰在1832年和1867年两次改革之间的宪政是世界上最好的宪政。

——莱基:《民主与自由》

(W. H. Lecky, *Democracy and Liberty*)

1832年后视"议会政府"为宪政正统是执政的辉格党对于1828—1832年危机的回应,他们贯彻了其长期在野时奉若神明的信条。辉格党论证说,把议会政府作为宪政正统,国民对于议会的信心才得以恢复,社会秩序的法律基础得以维护,政治精英对于整个共同体利益的承诺得以确认,选举制度得以净化,议会抵制颠覆的能力得以加强。基于被统治者同意的开明的辉格党领导权威被认可了。1834年9月在爱丁堡举办的一次庆贺晚宴上,格雷首相宣称,他的目的是要"加强和维护这个国家固有的制度",避免"所有极端和激烈的变化"。因此,"为着自由,必须坚持这一伟大的真理:社会的和平与良好秩序必须得到维护——法律的权威必须恢复——为着臣民的福祉,维护和平与保持秩序的权力必须属于政府,这种权力应该获得支持"。① 在墨尔本看来,《改革法》赋予宪政以"权威、同意、声誉和口碑"。②

　　19世纪30年代后的立法被辉格党人视为统治阶层显示出有能力回应合法诉求并纠正不公。议会的权威由负责并回应民众诉求的精英来实施,这种权威通过维护法律权利和自由,扩大政治特权来"服务"人民。③所通过的法律包括《废奴法》(the Abolition of Slavery, 1833)、《爱尔兰临时法》(the Irish Temporalities Act, 1834)、《工厂法》(Factory Act, 1833)、《济贫法修正案》(the Poor Law Amendment Act, 1834)、《市镇机关法》(the Municipal Corporations Act, 1834)、《什一税转换法》(the Tithe Commutation Act, 1836)、《爱尔兰济贫法》(the Irish Poor Law, 1838)、《教育法》(the Education Act, 1839)、《监狱法》(the Prison Act, 1839)。激化1828—1836年政治危机的宗教争论导致了1834—1835年皮尔内阁英格兰教会委员会的成立。辉格党内阁保留了教会委员会,通过了1836年的《国教法案》(the Established Church Act)(教士津贴均等化,创设了里彭和曼彻斯特的新主教教区)、1838年的《多元性和居住法》(Pluralities and Residence Act)(限制一名教士总的住所数目),以及1840年的《教会职责和收入法》(the Ecclesiastical Duties and Revenues Act)(废除非居民教士俸禄和闲职),但是1839年罗素试图建立非教派的国家基础教育制度与

---

① E. A. Smith, *Lord Grey, 1764-1845* (Oxford, 1990), 2.
② Melbourne, 4 October 1831, *Hansard*, 3rd ser., vii. 1176.
③ 参见 Jonathan Parry, *The Rise and Fall of Liberal Government in Victorian Britain* (New Haven, 1993), 87-127。

第三章 "议会政府"及其批评:1832—1867

安立甘教发生冲突。在提倡者看来,该议案真实展示了开明政治精英解决分歧和纠正不公的能力。

1832年宪政改革确立了议会内政党是有产绅士的有德行的组织,该组织旨在促进"国家利益"。政党成为行政权威的基础。1832年无党派议员已罕见。1832年后,极端-托利党派理查德·维维安(Richard Vyvyan,直至1857年退休,他都代表布里斯托尔和赫尔斯顿)、亨利·德拉蒙德(Henry Drummond,代表西萨里),以及怪异的大卫·厄克特(David Urquhart,1847—1852年间代表斯塔福德),仍然把政党等同于宗派。维维安给自己的"独立"罩上了18世纪"乡村党"的外衣。一些激进者,如科布登(Cobden)、布赖特、威廉·米切尔(William Mitchell)和乔治·莫法特(George Moffat)也宣称自己的独立,不受政党左右。这些人指责政党是不爱国的宗派,使"国家利益"从属于个人动机,但这类指责日渐减少。[4]

到19世纪40年代时,所有议员都不再将自己说成是政府或者"内阁支持者"。极端-托利党人维维安在1842年对他的选民抱怨说,现在议员想要独立于政党行动比1832年前困难许多。过去,议员支持政府,但有不同意见时,不吝于表达其不同意见的现象不见了。[5] 议员发现"自己或迟或早都会通过合作参与到政党中,他们不可能保持自己的独立立场"。[6] 正如1851年刘易斯对格雷厄姆(Graham)所说,政党"是我们政治制度中的唯一执政方式"。[7] 政府权威在于政党支持的下院的认可。在上院,政治关系也出现政党分野。1838年,格雷维尔曾提醒说:"贵族院不存在支持君主的政党……人们或者是托利党,或者是辉格党,且彼此攻击,为了权力而斗争。"[8]1853年格雷伯爵三世肯定了,"议会政府就是政

---

[4] In *Thoughts of the Cause of the Present Discontents* (1770),柏克说,那些"超然的绅士"拒绝党派,因为党派的存在影响了"天使般的纯净、权力和仁慈",党派的确会有这样的影响,但男人不会受到影响。Harvey C. Mansfield, *Statesmanship and Party Government: A Study of Burke and Bolingbroke* (Chicago, 1965), 187.

[5] Sir Richard Vyvyan, *A Letter to his Constituents* (1842), 31.

[6] Lord Stanley diary, 4 February 1851, Derby (15) MSS.

[7] Cornwall Lewis to Graham, 27 January 1851, Graham MSS, Bundle 108.

[8] Charles Greville journal, 23 August 1838, in Henry Reeve (ed.), *The Greville Memoirs*, 8 vols (1888), iv. 134.

党领导的政府"。⑨

然而,1832年后议员们采用的政党名称却五花八门。政党组织的存在与合法性并没有很快形成简单的二元形式,正如议员们所采用的不同政党标签一样。自19世纪30年代早期以来,皮尔及其议会追随者采用了保守派的政党标签。1827年,威灵顿借用了该词语的法语形式——parti conservateur。⑩ 1830年《季刊评论》(Quarterly Review)指出,称托利党为"保守党更合适"。⑪ 1831年皮尔私下曾写道,"有两个自称保守的政党",一方是对国家状态深感忧虑者,另一方是自负地认为自己适合管理公共事务的极端派。⑫ 1832年保守主义接受《改革法》,同意对政治与宗教机制进行反思,同时坚决捍卫固有的宪政特权与权利。⑬ 历史词语"托利"(Tory)成为党内反对改革的少数抱怨派的标签,逐渐被人们赋予了有着宗教封闭组织意识的"对抗世界"的一类人的含义。在《尤斯塔斯钻石》(The Eustace Diamonds, 1873)中,特罗洛普(Trollope)把托利党特征描述为"对外部世界而言的一种黑暗和神秘宗教信条",赋予其信徒们令人羡慕的"鲜活的日益增长的委屈"心态。⑭ 然而,曾有着托利党情感的人在19世纪30年代都加入了保守党,不包括反对《梅努斯拨款法》的著名人物奥古斯塔斯·斯塔福德(Augustus Stafford),他是代表北安普敦郡北部的议员,在1857年依然宣称自己是"托利党"。⑮ 1846年,在《谷物法》废除问题上,保守派分裂为贸易保护主义派和皮尔派,皮尔派通常自

---

⑨ Lord Grey, *Parliamentary Government Considered with Reference to Reform* (1858), 43. 对于1859年的一位评论者来说,政党的价值一目了然。"没有政党,下院就是空想家、爱捣乱者的大集会而已,像人一样反复无常,不会执着于深厚的激情,对社会缺乏深切的同情"[D. O. Maddyn, *Chiefs of Parties, Past and Present*, 2 vols (1859), i. 4]。

⑩ 从1795年起,法语词conservateur指那些希望保持秩序反对革新的人。

⑪ George Watson, *The English Ideology: Studies in the Language of Victorian Politics* (1973), 101. 有关在政治编辑 J. W. Croker 的主持下,保守党和《季刊评论》的密切关系,参见 William Thomas, 'Religion and Politics in the *Quarterly Review*, 1809–1853', in Stefan Collini, Richard Whatmore, and Brian Young (eds.), *History, Religion and Culture: British Intellectual History 1750-1950* (Cambridge, 2000), 136–155。

⑫ Peel to Croker, 28 May 1831, in L. J. Jennings (ed.), *The Croker Papers: The Correspondence and Dairies of the Late Rt Hon. John Wilson Croker*, 3 vols (London, 1884), ii. 116。

⑬ 在1832年,麦考莱指"新术语,一个确定的'保守派'"[Thomas Macaulay, 'Mirabeau', *Edinburgh Review*, 55 (July 1832), 557]。

⑭ Anthony Trollope, *The Eustace Diamonds*, 4th edn (1876), 29–30。

⑮ 参见 Dod's *Parliamentary Companion*, 1857 (1857)。

认为是自由保守派。在1848年后,尽管有人反对,但贸易保护派保留了保守党的标签。这为贸易保护主义者在1852年正式放弃贸易保护政策做了准备。1852年,20位议员标榜自己是自由保守派,57位保守派宣称"支持自由贸易",这样该派就同一般意义的保守派区别开来。但是这些自由贸易支持者多数是19世纪50年代的德比支持者。

非保守派议员使用各种不同词语来表明各自的政党归属。在议员集体用自由党(Liberals)来说明自己党派倾向前,作为政治议程的自由主义,宣扬更多的公民和宗教自由,已经流行开来。⑯ 托利党作家,如罗伯特·骚塞和司各特爵士率先用"自由派"一词抨击激进派,将激进派与欧陆的极端主义者相提并论。在1819年的《泰晤士报》中,自由党就等同于激进派。⑰ 19世纪30年代,辉格党、改革派和激进派是多数非保守派议员最常使用的标签。1832年以来,使这些非保守派议员团结在一起的强大纽带是宗教,如没收国教收入和反对教堂税等。根据《多德议会手册》(Dod's Parliamentary Companion),在1837年,有115名议员自称辉格党,147名议员自称改革派,42名议员自称激进改革派,只有3名议员自称为自由党。24名爱尔兰议员自称为撤销合并法者,表明他们反对英格兰和爱尔兰1800年《合并法》。⑱ 在1841年,只有61名议员自称为自由党,类似《梅努斯拨款法》这类问题,暴露出自由派、辉格党、激进派和改革派

---

⑯ 在14世纪,"liberal"作为形容词,指宽容、大方,或者说富有,或者在"liberal arts"中,指出身高贵者或上层社会阶层的人的教育,以区别于学习一门技艺。到16世纪,该词开始了有了贬义,指缺乏约束或慎重,也指自由或不受限制地通行。在《国富论》(1776)中,斯密从经济学的角度使用该词,用以指不受限制的贸易,劳动的"自由酬报"就是财富的增长(Adam Smith, 'On the Wages of Labor', in *The Wealth of Nations*, 3 vols, 1776, i, ch. Viii, 1.8.41)。在18世纪,该词开始指摆脱了偏见与盲从的自由,即有着开放心态的容忍。该词在1790年成为一个政治词语,首先是法语词 libéral 出现,指个人权利、公民权利和改革的倡导者。1817年,《泰晤士报》期刊所说,"自由派,即有时在巴黎所讲的"(*The Times*, 12 April 1817, p. 2)。从1814年起,西班牙语的 Liberales 是那些提倡自由与权利,反对奴役与腐败的人。1816年,骚塞在写作中提到,"英国的 Liberales"(R. Southey, 'La Roche Jacquelein-La Vendée', *Quarterly Review*, 15, April 1816, 9)既是名词也是形容词,"liberal"从1809年进入爱尔兰政治用语,目的是为了号召新教徒尊重天主教徒的宗教情感。参见 Gerald R. Hall, *Ulster Liberalism*, 1778-1876 (Dublin, 2011)。

⑰ *The Times*, 20 September 1819, p. 3. 19世纪20年代英国国内对于词语"liberal"的褒与贬的政治含义的争论,参见 David Craig, 'The Origins of "Liberalism" in Britain: The Case of *The Liberal*', *Historical Research*, 85 (2012), 469-487。

⑱ Joseph Coohill, *Ideas and the Liberal Party: Perceptions, Agendas and Liberal Politics in the House of Commons, 1832-52* (Chichester, 2011), 41.

之间深层次的差异。

直到 1847 年,才有大量的议员开始接受自由党的标签。如《多德议会手册》所记录的,有 168 位议员自称自由党,主要是他们承诺推行自由贸易政策,另有 51 名议员自称辉格党人,38 位自称改革派,22 位自称撤销合并法者,还有 21 位自称激进派人士。19 世纪 40 年代后期,反贸易保护主义者更突出了自由党的标签。在 1852 年议会中,178 位议员自称为自由党人,53 位自称辉格党人,52 位自称改革党人或者激进改革党人,12 位自称撤销合并法者(参见图 3.1)

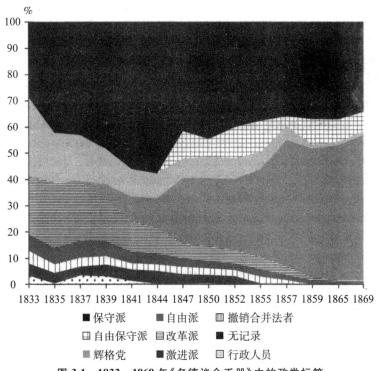

图 3.1 1833—1869 年《多德议会手册》中的政党标签

注:分类参见 Joseph Coohill, *Ideas of the Liberal Party*: *Agendas and Libral Politics in the House of Commons*, 1832-52 (Chichester, 2011), 40。"自由保守党"包括《多德议会手册》中宣称自己是"自由保守党"的议员,也包括 1846 年后宣称赞成"自由贸易"的保守党议员。《多德议会手册》虽然是最好的,也是最全面的了解议员政党倾向的指南,但是也有其缺陷。参见 Joseph Coohill, 'Parliamentary Guides, Political Identity and the Presentation of Modern Politics, 1832-1846', *Parliamentary History*, 22/3(2003), 263-284。

来源：Joseph Coohill, *Ideas of the Liberal Party: Agendas and Liberal Politics in the House of Commons, 1832-52* (Chichester, 2011), 41; *Dod's Parliamentary Companion, 1833-1869*。

在1857年大选中，多数自称自由党人的非保守派议员,34名自称辉格党人,12名自称激进派,22名自称改革派,9名自称撤销合并法者也当选。一年后,下院投票将帕默斯顿逐出政府。1858年,许多议员认为帕默斯顿的政治生涯已结束,帕默斯顿怀疑多数自称为自由党的议员希望罗素组阁。把议会改革当作主要议题、意大利为补充议题的政治议程似乎是罗素为获得政党领导职务而做的理想准备。但是1859年2月至6月议会事件的迅速发展动摇了罗素的地位。结果,足智多谋的帕默斯顿重新回到舞台中心,进行第二次组阁。[19] 正是在这种时候,大选和在威利斯寓所(Willis's Rooms)召开的由几乎全部非保守派议员参加的一个划时代的会议,采纳了共同的政党标签——自由党,其中9名辉格党人、10名激进派人士和8个改革派人士没有参加会议。辉格党、改革派、激进派的说法不再使用。[20] 作为政治信条,承诺自由贸易、宗教与政治自由最终在1859年与自由党紧密联系起来。

《多德议会手册》记录下的议员政党标签显示了1833年到1865年间议会政治的三个主要变化。首先,保守党在经历1832年的选举失败后,在19世纪30年代恢复了元气。这种恢复不仅出现于选区,也是近30名辉格党和改革派议员加入的结果,其中包括了著名的斯坦利(Stanley)勋爵和詹姆斯·格雷厄姆(James Graham)爵士。其次,1846年《谷物法》废除问题导致的保守党分裂所产生的影响。宣称自己是自由保守党的议员,或者宣称自己"赞成自由贸易"的议员,包括了随后在1859年加入自由党的几个著名人士。但是多数自由保守党宣称支持德比,且在19世纪五六十年代把票投给了保守党。[21] 最后,到19世纪40年代后期时,作为非保守党的最大团体自由派崛起,曾经的辉格党和改革派人数逐渐减少。1859年,几乎所有的非保守派开始汇集到单一的自由党称号下。1865年,

---

[19] Angus Hawkins, *Parliament, Party and the Art of Politics in Britain, 1855-59* (1987), 177-265.

[20] *Dod's Parliamentary Companion*, 1859 (1859).

[21] 1859年6月10日在下院对于德比内阁的反对党的"不信任"动议投票中,52名自由派保守党议员投了保守党的赞成票,5名弃权,只有5名投了反对党自由派的票。

338 位议员自称为自由党,仅有 8 人宣称是辉格党,3 人是改革派,6 人是激进派。[22] 这预示了 19 世纪 60 年代后期和 70 年代议会政治中两党政治的出现。

议会政党的性质

1832 年后威斯敏斯特的政党性质源于其在"议会政府"中的关键功能。它们的目的是要挽救行政权力,使其摆脱腐败特权的束缚,并使议会中的争论不受选民指令的干扰,以维护议会主权。这要求议会内的政党更有凝聚力,且在一定程度上有流动性。无论君王还是民众都不应该统治。[23] 下院作为主权大会在运作,它来决定政府的组成,通过明确的法律,讨论与"国家利益"攸关的议题。议员们不是政党招募的士兵,也非接受指令的委托代表。议会通过对公共议题的讨论教育"政治民族",表达负责任的统治阶级深思熟虑的判断。如《泰晤士报》所评论的,在 1831 年改革引起的骚乱中,议会对"民众激情的冲动发泄"的抑制,就如使"闪电或转瞬即逝的任性"经受"冷静、艰苦和周密的深思熟虑的考验"。[24] 1859 年白芝浩曾写道,"从习惯的判断来说,当下的下院几乎——足以谈得上几乎——等同于共同体中有着相当智识、理性、受教育的那个部分",从而体现了"民族的正确判断"。[25] 如激进的约翰·特里劳尼(John Trelawny)爵士 1863 年在私下里所记载的:"这就是议会的用途。我们相互教育。对所有的知识进行说明。对不同的观点进行斟酌……甚至偏见在抑制某种过度倾向上都有着某种用途。决定主要来自一群敏锐和冷静的判断者。"[26]

作为舆论光谱的一面,被政治家用来描述政党差异的语言有着重要

---

[22] *Dod's Parliamentary Companion*, 1865 (1865).

[23] 参见 Angus Hawkins, '"Parliamentary Government" and Victorian Political Parties, c. 1830-c. 1880', *English Historical Review*, 104 (1989), 638-669。

[24] *The Times*, 3 October 1831, p. 4.

[25] Walter Bagehot, 'Parliamentary Reform', in *Bagehot's Historical Essays*, ed. N. St John-Stevas (1971), 304. 1860 年 11 月在梅奥勋爵的宴会上,罗素评论说,"下院的讨论所得出的观点是最恰当的,多数观点都是经过深思熟虑后而做出的判断"(*The Times*, 10 November 1860, 9)。

[26] Sir John Trelawny diary, 12 March 1863, in T. A. Jenkins (ed.), *The Parliamentary Diaries of Sir John Trelawny, 1858-1865*, Camden Fourth Series, 40 (1990), 233.

意义。法语词"左"和"右"源于18世纪90年代国民大会的半圆形座次布局,该词语在19世纪的英国没有流行开来。约翰·穆勒在描述巴黎1830年的革命事件时,曾使用了法语的"左"。1837年卡莱尔用"左"和"右"来指代法国历史。㉗ 1834年麦考莱就议会策略向托马斯·斯普林-莱斯(Thomas Spring-Rice)提建议,建议他"坚守中左"(Centre Gauche)立场。㉘ 白芝浩在比较19世纪70年代的英法政治时,使用了法语词汇"中间偏左"来分析英国政治家的政党情感,他把法语意义的政治"中间派"视为"巨大的中性物质"(the great neutral mass)。㉙ 第一次世界大战结束后,词语"左"和"右"才在英国的政治争论中流行开来。如在19世纪40年代,类似《梅努斯拨款法》、教育、《济贫法修正案》和工厂立法等问题开始将政治观点简化为处于右翼的反动的托利主义和处于左翼的进步的激进主义。维多利亚时代的政治家们在描述彼此差异时,不太爱用线性空间或者物理比喻,而偏重用更细腻的形象来描述政治情感。如麦考莱把政党的区别比喻为叠合的国家边境线。1856年,格莱斯顿曾用更为地方化的词语来描述政党的不同,如帕尔摩街(Pall Mall)的改革俱乐部(the Reform Club)与卡尔顿俱乐部(Carlton Club)的地理位置关系。㉚ 就像这两座彼此分开但相邻的建筑一样,最近的自由党和保守党分享着某种共同的信仰,如两座建筑物的窗户反射出彼此的外部轮廓。

对政党差异进行时序或物理的动态描述更为常见。随着时间持续不断的向前,这些时序或物理比喻基于对进步现实的基本判断。言论与漫画中的一个常见修辞与视觉比方是四轮马车。国家这辆马车的缰绳要握在牢靠的人手中,以保证平稳可控地向前行进,避免鲁莽。比如,1832年6月17日约翰·多伊尔(John Doyle)的漫画"新改革马车"配有奥维德

㉗ George Watson, *The English Ideology: Studies in the Language of Victorian Politics* (1973), 93–97.

㉘ Macaulay to Spring-Rice, 11 August 1834, in W. M. Torrents, *Memoirs of the Rt Hon. William, Second Viscount Melbourne*, 2 vols (1878), ii. 16.

㉙ Walter Bagehot, 'The Chances for a long Conservative Regime in England', in *The Collected Works of Walter Bagehot*, ed. N. St John-Stevas, 15 vols (1965–1986), vii. 227.

㉚ William Gladstone, 'The Declining Efficiency of Parliament', *Quarterly Review*, 99 (September 1856), 521–570. 格莱斯顿的比喻有着某种个人的体验。1852年在他拒绝从德比内阁辞职后,一群喝醉的保守党议员威胁将他从卡尔顿俱乐部面向改革俱乐部的一扇窗户中抛出去。Charles Greville journal, 23 December 1852, in Henry Reeve (ed.) *The Greville Memoirs*, 8 vols (1888), vii. 23.

(Ovid)的一句话——"小伙子,省点力,抓牢缰绳"(Parce puer stimulis et fortiter utere loris)(参见图片3.1)。车上,格雷和同道们在驾车,乘客威廉四世面带焦虑地向外张望。四匹马正飞奔下山,奥尔索普勋爵俯在格雷的肩膀上说:"马儿好像越来越不服管束了。"握着缰绳的格雷胸有成竹地回答:"别怕!到山底时它们就会停下来。"达勒姆勋爵坐在格雷旁边,兰斯多恩勋爵坐在格雷身后,紧紧抓着扶手。奥康奈尔挥舞着一根橡木棍,喊着:"万岁!伙伴们——这是我所说的向前。啊!你们知道如何在英格兰旅行!我多希望我能在老爱尔兰造一辆这样的马车。"马车后面站着威灵顿公爵,他指着地上的一条锁链说:"你们这些蠢家伙,扔掉了制动链,看看你们锁轮子时怎么办。"坐在马车后排的约翰牛回答:"喂!老朋友,你不用为我们操心——你玩不了我们的速度。驾车的如果还是从前那个驾驭王权的人,我的脑袋就搬家了。"一个苏格兰人头戴苏格兰帽,身披苏格兰格子花呢披肩,评论说:"那是旧式学校出来的小伙子。他还没有感受到现代哲学之光!"布鲁厄姆回答威灵顿说:"我们会让你看看,老伙计,我们的车轮不要链子,也不用塞子!"

图片3.1 约翰·道尔在1832年6月17日的漫画"新改革马车"

在《菲尼亚斯·芬恩》(*Phineas Finn*)中,特罗洛普用上面的漫画形象来描述辉格党对于进步的态度。尽管"人们必须让马车下山",但是也有必要"在后轮上有制动链"以防止翻车。㉛ 历史的轨道不是循环往复而是持续向前。因此,政治视野通常不外乎超前、适应或者落后于"时代的脉搏"。这种时序比喻描述了对于历史进程的不同政治思想特征。因此,对于约翰·穆勒来说,托利主义就是对"过去的热爱",激进主义就是对"未来的信念"。㉜ 把进步比喻为一种物理之力同样很普遍,对于这种物理之力,政治家或者抵制,或者引导,或者推动向前。㉝ 艾略特在其《菲利克斯·霍尔特》(Felix Holt)中曾指出,人类多数事物的简史是"推动向前和阻止向前的混合体"。㉞ 对马修·阿诺德来说,民主如同海潮,退潮时力量将更大。对这样的力量可以节制或者促进,但是不顾一切地抵制最终将导致无法控制。对于年轻的辉格党人德比(后来成为保守党)来说,对进步之力的节制如同小心照看火炉,既不能让其熄灭,也不能让其变成无法控制的熊熊大火。㉟ 这些描述政党差异的比方表明差异不是固定不变的、静止的,而是变动不居的。政党是有组织的,但组织是可变换的。

具有凝聚力又不严格整齐划一的议会政党成为1832年改革后宪政运作的核心。这些政党不是僵化单一的意识形态选票集团,而是个人情感归属的非正式组织,每个人对政策不同层面有着不同的理解。无论保守党还是辉格党/自由党都是基于个人同意基础上的自愿联盟,这种联盟不靠胁迫。他们不是靠无条件地服从而聚集在一起,而是靠共享的原则和共同的价值观以及家庭联系、传统、友谊和党派情感而聚集在一起。皮尔派保守者圣杰曼斯(St. Germans)勋爵在1847年拒绝进入罗素内阁任职,是因为他不愿意同那些"与之有着政治忠诚乃至个人友谊的人们"分开。㊱ 作为有着同样情感的自愿组织成员,议员们保留了相当程度的独

㉛ Anthony Trollope, *Phineas Finn*, new edn (1871), 299. 参见 David Craig, 'Advanced Conservative Liberalism: Party and Principle in Trollope's Parliamentary Novels', *Victorian Literature and Culture*, 38 (2010), 355-371。

㉜ John Stuart Mill, 'The Writings of Alfred de Vigny', in *The Collected Works of John Stuart Mill*, ed. John Robson et al., 33 vols (Toronto, 1963-1991), i. 467.

㉝ 对德比来说,"英格兰并不拥有真正的政治权力:你最多不过就是推动或者延迟了不可避免的运动趋势而已"[Stanley journal, 24 March 1853, in John Vincent (ed.), *Disraeli, Derby and the Conservative Party: Political Journals of Lord Stanley, 1848-69*(Hassocks, 1978), 104]。

㉞ George Eliot, *Felix Holt: The Radical*, 2 vols (Edinburgh, 1866), ii. 90.

㉟ Angus Hawkins, *The Forgotten Prime Minister: The 14th Earl of Derby: Ascent, 1799-1851* (Oxford, 2007), 158.

㊱ St Germans to Russell, 2 October 1847, Russell MSS, PRO 30/22/6.

立性。可以恳求获得他们的支持,但这种支持不能预先假定。1834年布鲁厄姆曾向格雷建言:"不可有盲目的信心,也不可能阻止(议员们)行使个人的意志。他们希望且必须自己思考。"㉗这确认了政党关系是"一种可敬的联系",是议员自愿的行为,在这种联系中,议员保留着各自的独立判断。政党忠诚是一种美德原则,不是为着服务于自私的动机或者不爱国的派系,因而议会内政党是有凝聚力的、非僵化的政治联盟。

19世纪30年代下院中的政党组织性质体现在不同的投票选择以及议员表明其政党倾向时的多样词语表达上。1830年到1832年间,格雷政府通过提倡议会改革获得了下院多数票。这种多数派赋予了政府一种被墨尔本描述为"短暂的、发狂的、癫痫发作般的力量"。㉘1832年12月《改革法》通过后,内阁督导查尔斯·伍德评估了下院中的政党情感,看到了多种政党联盟的存在。相较于137名"反对党"托利议员,有303名"坚定的"政府支持者,虽然他们的观点比"妥协的内阁"成员更自由化。此外,还有埃布林顿勋爵领导的123名议员也投票赞成政府改革,但是对这些人"政府不能完全信赖,因为他们被迫牺牲了自己的意见";34名来自英格兰和苏格兰的激进派议员;38名爱尔兰撤销合并法者;22名"动摇派"议员,政府不能完全信赖,尽管其中的3/4会投票赞成政府。㉙

随着改革不再是格雷内阁的团结纽带,1832年后的政党关系越发不固定了。1834年5月,斯坦利、格雷厄姆和里士满(Richmond)都退出了格雷内阁。在三人退出之前,奥尔索普提出的教堂税改问题动摇了改革曾凝聚起来的政府支持力量,下院在此问题上发生分裂。6月,辉格党、改革派和激进派议员因亨利·沃德(Henry Ward)爵士所提的爱尔兰教会拨款议题而发生分裂。1834年后,坚定支持政府的下院议员只占少数,下院政党态度反复无常。1834—1835年间,斯坦利和格雷厄姆从内阁辞职后,试图建立一个温和的政党,一方面同"先进的"改革派和罗素区分开来,另一方面同极端的托利党切割开来。该党冠以"杰出德比"(Derby Dilly)之名,试图确保下院权力的平衡,但是1835年4月,该党就解散了,随后,斯坦利和格雷厄姆加入到保守党。

㉗ Brougham to Grey, 1 June 1834, Brougham MSS, BL.
㉘ Melbourne to Brougham, 13 October 1835, Brougham MSS, HB 43538.
㉙ Wood to Grey, 31 December 1832, Grey MSS, GRE/B32/2/1-2.

1833—1834 年间,下院分组投票时,格雷政府仅获得 91 位下院议员的完全支持,这些议员从不跨党派(交叉)投票。㊵ 1835—1837 年,墨尔本内阁仅获得 36 位核心议员的完全支持。1837—1841 年,核心议员支持数只有 40 位。总体上赞成政府,但在超过 10% 的下院分组投票时,投政府反对票的下院议员数更多。1833—1834 年,这类议员数达到了 267 人;1835—1837 年,人数达 281 名;1837—1841 年,人数到了 291 人。在 1835—1837 年间就主要政策领域所进行的 38 次分组投票时,内阁获得的名义支持仅 20%——这些名义支持者有多达 40% 的概率在超过 10% 的下院分组投票时反对政府。19 世纪 30 年代,下院内政党组织有凝聚力,但处于变动中。这些组织是议员自愿的结合,而非强行招募者的大会。对于政党的领导的支持既不能想当然,也不能靠命令。

1832—1867 年间,一些小型政党团体或者模糊或者有意地颠覆了下院中的两党分野。激进派始终想要在下院确立其鲜明的政党特色。1835 年,70—80 位激进派议员试图摆脱辉格党而独立,这种企图被罗素预先制止,他发起了在利奇菲尔德寓所(Lichfield House)召开的一系列会议。1848 年,由大约 50 名议员组成的一个激进派形成,他们在宪章运动议程下团结起来。由大约 33 名议员构成的所谓的独立自由派在 1858—1859 年团结在罗素的领导之下,主要是不满帕默斯顿对国内改革的漠视。奥康奈尔领导的爱尔兰激进派在 19 世纪三四十年代与辉格党的关系始终模棱两可。19 世纪 50 年代早期,爱尔兰激进派中的少数人——"爱尔兰帮"(Irish Brigade)[对立派"教皇的铜管乐队"(Pope's Brass Band)所起的绰号]试图让下院通过爱尔兰租佃与土地法,这对所有其他党派都是一个如鲠在喉的难题。1852 年大选后,爱尔兰帮有了近 48 名议员,但是领导力弱,加上内部分歧与一些人的自杀,随后该组织人数减少。㊶ 1835 年,斯坦利着手建立"杰出德比"党,该党吸引了罗素和皮尔麾下被疏远的温和支持者。更引人注意的是,1846 年后,皮尔派,主要是支持废除《谷物法》的 112 名保守派议员构成的最大少数派,在整个 19 世纪 50 年代,虽然影响在减弱,但借助对已逝领袖的虔诚崇拜和自我优越感而培养

㊵ Ian Newbould, *Whiggery and Reform 1830-41: The Politics of Government* (1990), 18-23, and Ian Newbould, 'The Emergence of the Two-Party System in England from 1832-1841: Roll Call and Reconsideration', *Parliaments, Estates and Representation*, 5 (1985), 25-32.

㊶ J. H. Whyte, *The Independent Irish Party, 1850-1859* (Oxford, 1958).

起一种同志之情,始终保持独立的姿态。㊷ 到 1859 年时,皮尔派中的大多数,即 70 多名议员,重新加入了保守派,而少数要人,包括格莱斯顿等,加入了自由派。㊸ 1866 年,一群辉格党和温和自由派人士,绰号为"阿达拉姆派"(Adullamites,指退出自由派的人士),挺身而起反对罗素和格莱斯顿的议会改革。他们在促使罗素辞职方面发挥了关键作用。这种小党派群体加强了政党组织的流动性。下院政党有凝聚力,但它们不是僵化的投票集团。

历史学家习惯性地认为,1846—1866 年间的政党易变性是"混乱"或者"不明确"的征候,突显了议会内政党的"瓦解"或者"衰变"特征。㊹ 这种观点是在谴责 1830—1860 年间的议会政党运作不像 19 世纪后期界线分明、有着严格纪律的政党,后者显然兴起于 1868 年。这是一种时代错位的批评。人们普遍接受的历史观点是:19 世纪 30 年代是下院中的两党分野明确的时代,1846 年《谷物法》危机后的 20 年是下院政党失序的时代。㊺ 上述两种观点都夸大了 19 世纪 30 年代的政党动力机制的清晰度,夸大了 19 世纪 50 年代政党分野的不明确性。㊻ 把 19 世纪 30 年代的下院描述为两个界线分明的投票集团通常是极端托利党惯用的说辞,如约翰·沃尔什(John Walsh)爵士这样的托利派,以及通过《威斯敏斯特评论》(Westminster Review)表达的激进派的说辞,他们都有着各自的党派目的——就如格莱斯顿对 1850 年的政党过度流动的悲叹反映了他个人的政治不适和疏离感一样。

在被认为有着很强政党忠诚感的 1836 年,在下院分组投票时,属于

㊷ 帕克斯(Parkes)对皮尔派的自负的评论非常尖刻:"他们是一个宗派——彼此情深的正经人,来自其已逝首领的势利贯穿始终"(Parkes to Ellice, 30 December 1852, Ellice MSS, 15041, fo. 64)。

㊸ P. M. Gurowich, 'Party and Independence in the Early and Mid-Victorian House of Commons: Aspects of Political Theory and Practice, 1832–68, Considered with Special Reference to the Period 1852–68', unpublished Ph. D. thesis, University of Cambridge, 1986, 370–372.

㊹ 参见 Norman Gash, *Aristocracy and People: Britain, 1815–1865* (1979), Olive Anderson, *A Liberal State at War: English Politics and Economics during the Crimean War* (1967), and Robert Blake, *Disraeli* (1966), 272. 詹金斯认为,"混乱"可以用以描述 19 世纪 50 年代的政党政治,参见 T. A. Jenkins, *Parliament, Party and Politics in Victorian Britain* (Manchester, 1996), 32。

㊺ 参见 D. H. Close, 'The Formation of a Two-Party Alignment in the House of Commons between 1830 and 1841', *English Historical Review*, 84 (1969), 257–277。

㊻ 比如,1858 年,马姆斯伯里认为,保守党"甚至比皮尔时期更有纪律性"(Malmesbury to Disraeli, 6 July 1858, Hughenden MSS, B/XX/Hs/67)。

真正"两党投票"情况的仅占34%,其中至少有90%的议员遵循其政党领袖的意愿进行投票。㊻ 相当数量的议员违背了其政党领袖的意愿进行投票,占到了33%。另外33%投票情形中,辉格派、改革派和保守派组成的多数一起投票反对少数极端议员,这些少数议员通常也很激进。在19世纪30年代的分组投票时,为了中和激进的主张,保守派通常追随政府多数派投票,虽然他们常常反对政府的具体政策主张。在分组投票时,有为数不少的议员跨党派投票。1860年,作为保守党领袖的德比为了反对本党内更为"先进"的议员们,经过慎重考虑,采取了支持首相帕默斯顿的策略。结果,在下院分组投票时,依照两党界限投票的仅占5%。为了反对本党内的极端主义者,保守党议员投票赞成政府的比例达50%。在其余45%的投票中有相当数量的跨党派投票。下院中的政党机制复杂又微妙。这说明了下院政党在"议会政府"惯例下运作健康,维护了议会主权。正是下院才能组建和解散政府,虽然它受制于有凝聚力但处于变动中的政党关系。

议会内政党领导性质在于促成与调解各派支持力量。这要求政党领袖运用爱国与政治家承诺的话语,而不是党派话语。他们只有从"国家利益"出发,只把议会政党联盟视为"体面的联系"的志愿组织,才能获得下院的支持。保守党领袖德比评论说:"在我急于获得一个年轻人的投票时,唯借助这种公正的语言,我才能赢得他的信任。"㊽这种语言肯定了政党组织内部是一种相互信任的关系,不是政党命令。㊾ 这种话语也表明,政党领袖执政的目的是出于爱国责任,而不是出于从反对党手中夺取权力的党派动机。㊿ 这种话语有助于不同政党获得来自不同层面的支持。

1830—1834年间的格雷改革内阁是辉格党、改革派、赫斯基森派,以

㊻ 参见 Hugh Berrington, 'Partisanship and Dissidence in the Nineteenth-Century House of Commons', *Parliamentary Affairs*, 21 (1968), 338-374。

㊽ Stanley journal, 14 April 1849, in John Vincent (ed.), *Disraeli, Derby and the Conservative Party: Political Journal of Lord Stanley, 1848-69* (Hassocks, 1978), 4.

㊾ 对于厄斯金·梅来说,"领袖与其追随者的关系是彼此信任的关系……追随者提供信任,领袖接受信任,因为他分享并代表追随者的情感"[Sir Thomas Erskine May, *The Constitutional History of England*, 2 vols (1861), ii. 74]。

㊿ 如格雷厄姆在1839年向皮尔所建议的,"对组建政府的任何惧怕都将是致命的。但是,另一方面,夺取权力的急切之心也是非常不慎重的。可行之路在二者之间。这条路很窄"[Graham to Peel, 30 January 1839, in C. S. Parker, *The Life and Letters of Sir James Graham*, 2 vols (1907), ii. 278]。

及极端托利党人里士满公爵组成的联盟。格雷本人、霍兰勋爵、卡莱尔勋爵和兰斯多恩都是1781年前出生的老辉格党人。罗素勋爵、奥尔索普勋爵、达拉姆勋爵和奥克兰(Auckland)勋爵代表着1780年后出生的新一代辉格党人。墨尔本勋爵、帕默斯顿勋爵、戈德里奇(Goderich)勋爵和格雷厄姆勋爵属于赫斯基森派。1835年后在墨尔本担任首相时,作为下院政党领袖的罗素需要协调辉格党、改革派、英格兰和苏格兰激进派,以及爱尔兰撤销合并派。多个派别形成的这一联盟于1835年初在利奇菲尔德寓所开会,迫使皮尔辞职。1838年激进的格罗特(George Grote)曾抱怨:"我们既有保守党的内阁,又有保守党的反对党。"[51]1841年后,曾因反对皮尔内阁组成的联盟分裂为不同的派别。1844年格雷维尔评论说:"政府反对派的意见不统一,各说各话,观点纷呈。"[52]这些分歧使得罗素难以在1845年组阁。克拉伦登勋爵抱怨说,格雷伯爵三世简直像条"疯狗",对所有的人都狂吠。[53] 对于皮尔爵士来说,1835年后为获得支持而进行的调解意味着维护极端托利党、温和的保守党和前格雷改革政府成员之间的合作关系,前改革政府成员包括斯坦利勋爵(后被称为德比伯爵十四世)和标榜为保守党的格雷厄姆勋爵。在维护这些政党关系时,政党领袖是在恳请议员的支持,而非粗暴地命令。

结果,在重要讨论上,杰出议员在下院发言有着关键作用。人们大都认为1833年斯坦利勋爵的精彩发言确保了爱尔兰强制议案的通过。1835年格雷爵士强有力的发言挫败了意图取消对西印度种植园主进行赔偿的建议。同样,1850年的帕默斯顿在下院就"唐帕西菲克"(Don Pacific)事件的出色发言重振了其政治声誉。白芝浩将这种演讲称为"议会的抒情功能"。[54] 麦考莱则将这种演讲比作壁画,它是经过长期研究与深思后,在某一刻突然快速迸发出来——一件似乎几个时辰就完成的作品却拥有了长久的生命力。[55]

---

[51] Mrs Harriet Grote, *The Personal life of George Grote: Compiled From Family Documents, Private Memoranda, and Original Letters to and from Various Friends* (1873), 127.

[52] Charles Greville journal, 8 February 1844, in Henry Reeve (ed.), *The Greville Memoirs*, 8 vols (1888), v. 227–228.

[53] Clarendon to Cornewall Lewis, 21 December 1845, Clarendon MSS, C532/1.

[54] Walter Bagehot, *The English Constitution*, ed. Paul Smith (Cambridge, 2001), 117.

[55] G. O. Trevelyan, *The Life and Letters of Lord Macaulay*, 2 vols (1876), i. 185.

第三章 "议会政府"及其批评：1832—1867

从 19 世纪 20 年代起，出版议会演讲逐渐流行起来。记者们对议会辩论的详细描述满足了大众的嗜好——1828 年麦考莱将出版的议会辩论描述为"第四等级"。㊶ 设计师巴里在新的下院厅专门设计了记者席。从 1803 年起，下院辩论就登载于《议会议事录》(*Hansard*)、1828—1841 年间的《议会镜报》(*the Mirror of Parliament*)和《泰晤士报》。㊷ 在议会开会时，《泰晤士报》的新闻栏目主要是议会报道。1843 年，麦考莱评论说："清晨 4 点的议会发言在早上 10 点之前就到了 3 万家庭的餐桌上。"㊸ 地方报纸也大量报道议会辩论。议会作家的作品被人们广泛阅读，这些作家有 19 世纪 30 年代的辉格派记者詹姆斯·格兰特（James Grant）、19 世纪 50 年代早期的爱德华·迈克尔·威蒂（Edward Michael Witty）、19 世纪 50 年代的威廉·怀特（William White），以及 19 世纪 60 年代后期怀特的儿子威廉·黑尔·怀特。应该注意到，议员们不仅是在对议会厅中的议员发言，也是在对议会外的听众发言。1833 年，前格伦维尔派及格雷改革内阁成员，查尔斯·温（代表蒙哥马利郡）对下院陈述说："议会辩论的出版所导致的结果是，议员们都很在意选民是否看见他们对讨论的参与。"㊹ 更多的议员，尤其是那些代表较大选区的议员，开始更经常地参与辩论。在 1832 年前，只有 150 名核心议员积极参与发言，占下院议员数量的 23%。到 1861 年时，大约 300 名经常在议会发言，占到了下院议员数量的 46%。㊺ 有些人的发言时间很长。1831 年布鲁厄姆就法律改革进行了 6 个小时的演讲。帕默斯顿在 1850 年为"唐帕西菲克"事件的政策辩护演讲持续了 4 个半小时，而格莱斯顿 1853 年的预算演讲用了 5 个小

㊶ Thomas Macaulay, 'Hallam's Constitutional History', in *Critical and Historical Essays*, 7th edn, 3 vols (1852), i. 210.

㊷ 在 1909 年前，Hansard 在起草一份记录时，总是引述来自 *Standard*, *the Daily News* 和 *the Morning News* 等报纸上的讨论报告。在使用这类历史资料时，要格外小心，参见 Olive Anderson, 'Hansard's Hazards: An Illustration from Recent Interpretations of Married Women's Property Law and the 1857 Divorce Act', *English Historical Review*, 112 (November 1997), 1202-1215.

㊸ Thomas Macaulay, 'The Life and Writings of Addison', in *Critical and Historical Essays*, 7th edn, 3 vols (1852), iii. 466.

㊹ 参见 C. C. Wynn, 20 February 1833, *Hansard*, 3rd ser., xv. 1013.

㊺ Philip Salmon, 'The House of Commons, 1801-1911', in Clyve Jones (ed.), *A Short History of Parliament: England, Great Britain, the United Kingdom, Ireland and Scotland*, (Woodbridge, 2009), 257.

时。于是出现了所谓"演讲热"。[61] 议会话语既要针对威斯敏斯特的听众,也要针对更广泛的热心的大众报纸读者。下院成为对全民讲话的论坛,而不仅是对议员的论坛。

1847年,《现代演说者》(*Modern Orator*)通过出版柏克和谢里登(Sheridan)的演讲开始将议会发言编辑成册。同年,弗朗西斯(G. H. Francis)在《时代演说家》(*Orators of the Age*)中,出版了皮尔、威灵顿、麦考莱和其他人在议会中的发言。在弗朗西斯看来,罗素演讲词中的力量与智慧代表着理想的演讲,麦考莱的发言散发着旧式文言体的芳香,布雷厄姆则显示了有力的修辞所具有的直接的冲击力。聆听并背诵布道词、法庭的司法训练与所接受的拉丁语和希腊语教育影响了威斯敏斯特的发言风格,但18世纪以来的西塞罗式雄辩在19世纪30年代已经有所改变。皮尔的发言体现了一种公事公办的严肃态度,寻求指导而不是启发。迪斯雷利曾尖刻地评论,皮尔"记不住任何不朽的伟大政治真理之语"。[62] 在议会演讲中,帕默斯顿善用幽默,迪斯雷利惯用讽刺。[63] 下院用其特有的字眼——"谷糠"(chaff)描述这类逗趣或调侃的妙语。布赖特说,迪斯雷利的"麦糠很精彩,但是他的"麦粒糟透了"![64] 激进派的议会发言活泼生动。拉丁格言的引用不见了。在《恩底弥翁》(*Endymion*,1880)中,迪斯雷利感叹说,只有在陈述外交事务时,才会引用维吉尔。到1886年时,格莱斯顿因继续引用"如今几乎已过时的辩论装饰品"的拉丁格言而闻名。[65]

白芝浩声称议会演讲"当下比任何文学作品都更有穿透力"。[66]《泰晤士报》评论道:"有人说,作为一个民族我们失去了对戏剧的爱好,但事

---

[61] Philip Salmon, 'The House of Commons, 1801-1911', in Clyve Jones (ed.), *A Short History of Parliament*: *England, Great Britain, the United Kingdom, Ireland and Scotland*, (Woodbridge, 2009), 257.

[62] Benjamin Disraeli, *Lord George Bentinck*: *A Political Biography* (1852), 315-316.

[63] Joseph Meisel, 'Humour and Insult in the House of Commons: The Case of Palmerston and Disraeli', *Parliamentary History* 28/2, (2009), 228-245.

[64] Sir James T. Agg-Gardner, *Some Parliamentary Recollections* (1927), 224.

[65] T. H. S. Escott, *Politics and Letters* (1886), 57.

[66] Walter Bagehot, 'Mr Bright's Retirement', in *Bagehot's Historical Essays*, ed. N. St John-Stevas (1971), 226.

实是,议会就是我们的剧场。"⑥改信天主教者爱尔兰议员约瑟夫·比格(Joseph Biggar)声称下院是"伦敦最好的剧场"。⑧ 像科布登、皮尔、布赖特、帕默斯顿和格莱斯顿等杰出的议员都是冉冉升起的偶像,在上演的戏剧中受到热情观众的拥戴。通过他们的演讲,政治家们成为家喻户晓的公众人物。大量生产的肖像、陶器半身像、奖章、文件夹装饰着各家的客厅、前厅、壁炉架和橱柜。从19世纪30年代开始,大批商业化的印刷品、照片、雕像、塑像、硬币和陶瓷品让政治领袖的形象广为人知。⑨ 这些精心创作、投射主体道德属性的产品表明了人民对于政治关系的肯定。自19世纪20年代以来,政治小说的出现既是对议会及其精英社会氛围的即时虚构展示,也是对国家现状的评论——史无前例地大量出版政治日记、信件、回忆录和传记,乃至小册子和论文,满足了社会的这种嗜好。从19世纪30年代开始,多卷本"墓碑式"的政治传记具有了经典样式。

在弗朗西斯看来,"在这个王国,口才就是权力"。⑩ 麦考莱宣称:"议会政府就是被讲话统治的政府。"⑪迪斯雷利则声称:"我们用言语来统治人们。"⑫迪斯雷利自己的名声基于他对语言的掌控,他年轻时写的小说颠覆了大众的口味,1846年,他在议会用极具损伤力的讽刺发言贬损了皮尔的尊严。他曾在《康宁斯比》(Coningsby)中评论说,世上总有这样的人,"他们的措辞就是寓言;他们能将生活的秘密浓缩于一个句子;他们能冲口而出反映某种特征或者展示某种存在的格言"。⑬ 由于议会内政党组织依赖说服而非指令,通过话语赢得支持的必要性强化了有效的议会发言的重要性。通过他们的公共话语,领袖们将处于变动的不同政党的组织团结起来。

政党领导实际就是能获得下院有效支持的权力代理,在政府层面,其行使着首相的职能。19世纪30年代,格雷和墨尔本都将自身的作用视

---

⑥ *The Times*, 4 February, 1859, p. 9.
⑧ Harry Graham, *The Mother of Parliaments* (1911), 50.
⑨ Henry Miller, *Politics Personified: Portraiture, Caricature and Visual Culture in Britain, 1830–1880* (Manchester, 2015).
⑩ G. H. Francis, *Orators of the Age* (1847), 2.
⑪ Thomas Macaulay, 'William Pitt', in *Critical, Historical, and Miscellaneous Essays and Poems*, 3 vols (1880), iii. 336.
⑫ Benjamin Disraeli, *Contarini Fleming*, new edn (1881), 101.
⑬ Benjamin Disraeli, *Coningsby*, new edn (1881), 122.

为仲裁总理,即内阁大臣们的主席。墨尔本澄清了调解大臣争议的总理职务的性质。在试图结束内阁对谷物进口税问题的讨论时,他曾这样说道:"我们要怎么讲?是使谷物贵一些、便宜一些,还是保持价格稳定?我都不在乎,但我们最好要统一口径。"⑭在1839年内阁关系紧张、趋于敌意时,墨尔本以简洁明了的形式,向年轻的维多利亚女王陈情:"我不介意谁支持我,我把支持者看作一个整体;我不介意获得的帮助来自谁,只要有帮助就好。"⑮像墨尔本这样的辉格党人,把首相职位视为对大臣同侪们的仲裁,而不是对政策直接发声。

到1838年时,议会政党认可的政府权威也促进了内阁"集体责任"的确立。管理议会的需要、内阁的扩大、王权的式微,强化了行政机构用一个声音说话的必要性。这是内阁自身的一种责任。如霍兰所说,"在一个有限君主制或者大众宪政下,建立一个充分协调或者政党政府的必要性逐渐确立了这样健康的原则:内阁的全体成员在一定程度上都对政府所采取的政策负有责任"。⑯ 1834年,墨尔本告诫威廉四世,让大众知道内阁的分歧,"将颠覆国家政府运行的原则"。⑰ 1841年罗素就自由贸易签发了一封信件,此信件引起激烈的内阁争论,墨尔本通过如下的话结束了争论:"好了,先生们,约翰·罗素的信是一封信而已(a d——d letter);他既然已经写了,那么我们就必须搞定它。"⑱

从1832年起,尤其是从1841年后,在重大的下院分组投票时,作为党鞭或者点票"督导"的议员逐渐取代了在投票时有着直接部门利益的各个部长。1832年,由政府党鞭与作为点票员的部长发挥作用的分组投票占到了近20%。到1840年时,他们占到了53%。1841年后,更达到70%—80%。⑲ 政党领袖与党鞭之间保持着日常且慎重的沟通。党鞭的

---

⑭ Walter Bagehot, *The English Constitution*, ed. Paul Smith (Cambridge, 2001), 11.

⑮ Queen Victoria journal, 23 September 1839, cit. in Angus Hawkins, '"Parliamentary Government" and Victorian Political Parties, c. 1830-c. 1880', *English Historical Review*, 104 (1989), 651.

⑯ Lord Holland, *Memoirs of the Whig Party during my time*, 2 vols (1852-1854), ii. 85.

⑰ G. H. Le May, *The Victorian Constitution: Conventions, Usages and Contingencies* (1979).

⑱ General Grey memo, 4 December 1868, in George E. Buckle (ed.), *The Letters of Queen Victoria between 1862 and 1878*, 2nd ser., 2 vols (1926), i. 563.

⑲ Gary Cox, 'The Development of Collective Responsibility in the United Kingdom', *Parliamentary History*, 12 (1994), 32-47, and T. A. Jenkins, 'The Whips in the Early-Victorian House of Commons', *Parliamentary History*, 19/2 (2000), 259-286.

工作多是暗中进行的。议会厅的设计者巴里没有设计党鞭室,因为党鞭并非正式的职位。格莱斯顿认为,党鞭是"人人都知道的媒介,但没有人为其正名"。⑧ 下院看门人威廉·怀特指出,党鞭们有"神秘的技艺和有效力的咒语"。㊁ 党鞭写给议员的注意事项都是审慎的吁请,而非现代的传唤,不是以党的名义,而是从"国家的福祉"出发。㊂ 这同党的领袖在寻求支持时所用的政治家话语是一致的,政治家的话语从"国家利益"而非狭隘的党派动机出发。党鞭们很少向刚愎自用的议员直接发号施令,因为他们的席位来自地方的支持和他们自身的财政资源,而非党的中央官僚机构。在分组投票游说时,党鞭可以说服,但不能驱使或强迫议员们遵循党的路线行事。㊃

因为要靠耐心地说服来做工作,所以政党选择党鞭时要考虑他们的社交能力,他们不仅需要在议会的走廊、茶室、餐厅发挥影响,也要在圣詹姆士路的俱乐部和社交女主人的家里施加影响。除官方信息通报外,还有私人通信和持续的私人谈话。在改革争论期间,格雷在下院的党鞭是他的妻弟爱德华·埃利斯(Edward Ellice)。他和蔼可亲的性格是他能成功说服他人的关键,同时他拥有商业关系网,对某些议题有着"先进"的观点,又有苏格兰背景,并且支持爱尔兰教会改革,这些特质使他能同"中产阶级"议员、某些激进的议员、苏格兰议员和爱尔兰自由派议员都建立起良好的关系。后来是格雷的女婿伍德接替了精疲力竭的埃利斯,对首相的效忠是他能够成功完成几件大事的关键。党鞭声称代表政党领袖的可信度有着关键作用。同样,德比在 1852 年任命忠诚的威廉·乔利夫(William Jolliffe)为议会内保守党的"秘书长",是因为他是一个受欢迎的

---

⑧ William Gladstone, 'The Declining Efficiency of Parliament', *Quarterly Review*, 99 (1856), 551. See Gary Cox, 'The Origin of Whip Votes in the House of Commons', *Parliamentary History*, 11 (1992), 278–285.

㊁ William White, *The Inner life of the House of Commons*, ed. J. McCarthy, 2 vols (1897), i. 27.

㊂ 如保守党党鞭乔利夫所描述的,议员喜欢党鞭的书面指示表现得"谦逊有礼!"(Jollifle to Disraeli, 11 January 1859, Hughenden MSS, B/XX/J/68)。

㊃ 比如,保守党党鞭爱德华·泰勒(Edward Taylor)评论说,他"不信任对自己的人发指令的党鞭——而是倾向于写信给那些最需要施压的人",同时"又必须小心不冒犯和完全疏远那些拒绝投票的人"[Taylor to Jolliffe(July 1854), Hylton MSS, DD/HY/24/7/102, and Taylor to Jolliffe, 10 January (1855), Hylton MSS, DD/HY/24/21/13)]。

乡绅,同保守的贵族阶层有着良好的关系。㊾ 在接受该任命时,乔利夫强调他的职位是德比任命的,他说,如果仅是迪斯雷利的提名,"我不会留任该职位片刻"。㊿ 正直人品和诚信是作为政党领袖的代表有效履行微妙的党鞭职责的根本,因为在缺乏纪律约束的情形下,党鞭必须进行非正式的说服和小心的训导。㊻

担任保守党领袖 20 年、曾三次拜相的德比勋爵认为议会政党是由那些"习惯一起行动的人们"组成的。㊼ 他的大儿子斯坦利勋爵认为:"政党不能像一个军营那样进行管束。"㊽政党关系的巩固靠同意,而非强迫,政党凝聚力的关键是个人对政党领袖的忠诚。人们通常认为,奥尔索普勋爵的知名度和地位,是 1832 年改革能够在下院获得通过的关键。1846 年后,作为保守党领袖,德比一再凭借其个人地位和权威来确保党内团结,尤其是在党内对迪斯雷利的质疑或者对作为反对党的情绪不满危及党内团结时。同样,帕默斯顿在 19 世纪 50 年代和 60 年代任首相时,也同样利用其在自由派议员中的知名度保证了他在议会中的多数支持。小心运用社交恭维,精心邀请某些人参与帕默斯顿夫人的聚会,在获得议员支持上起到了重要的作用。在 1855 年他的支持者中,有人评论说,正是首相"个人构成了唯一的链接"。㊾

19 世纪 30 年代,议会开会前夕,举办有政党领袖发表讲话的政党支持者聚会或聚餐的做法已经固定下来。在聚会或聚餐时,该党将要遵循的路线让在场者了解,也恳请在场者的支持。政党领袖为获得支持而亲自呼吁,同时对活动进行通报。既然政党分野已经成为事实,这种聚会也表明了有必要请求获得支持,而不是假定党员们无条件地效忠。在党的领导层看来,邀请何人参与聚会通常非常微妙。对于那些立场犹疑者,在发出正式邀请前,往往会有非正式的打探。此种聚会的氛围常常能够暗

㊾ 德比相信乔利夫拥有"人气和机智"(Derby to Disraeli, 14 November 1853, Hughenden MSS, B/XX/S/122)。

㊿ Jolliffe to Derby, 18 August 1853, Derby (14) MSS, 158/10.

㊻ 对于马姆斯伯里勋爵来说,党鞭应该是政党领袖"密友"。Malmesbury to Disraeli, 20 November 1860, Hughenden MSS, B/XX/Hs/103。

㊼ Derby to Blandford, 26 January 1854, Derby (14) MSS, 182/2.

㊽ Stanley journal, 14 March 1853, in John Vincent (ed.), *Disraeli, Derby and the Conservative Party: Political Journals of Lord Stanley, 1848-69* (Hassocks, 1978), 103.

㊾ Stanley memo, November 1855, Derby (15) MSS, 43/3.

示党情。在议会开会期间,重开这类聚会往往是因为党分裂了,或者即将进行某些关键的投票。比如,1834年2月奥尔索普勋爵所提预算两次遭受非常不利的投票后,他将政府的支持者召集在一起开会,并宣称,如果他得不到他们长期与一贯的支持,那么格雷政府就无法继续留任。在1835年2月和3月,为了确保由辉格党、改革派、激进派和爱尔兰议员组成的反对皮尔政府的反对派的团结,也部分是为了挫败激进派独立建党的企图,罗素曾在利奇菲尔德寓所召开三次会议。会上只有辉格党领袖讲话,罗素没有许诺下届辉格党政府的政策,只是强调了要保证团结,支持世俗拨款。在每次会上,罗素都吁请议员们的支持,因为假定议员的忠诚是不明智的。

议会政党的社会环境

议会内政党关系是联系紧密的更大的社会环境的一部分。在议会休会期间,圣詹姆士街的俱乐部、伦敦"季"(the London 'season')和邀请到乡村的射击聚会与钓鱼远游加强了社交,是对议会内政党关系的一种补充。伦敦"季"期间,知名的社交女主人都是新的政界要人的妻子,比如帕默斯顿夫人、索尔兹伯里夫人、沃尔德格雷夫(Waldegrave)夫人和克拉伦登夫人。迪斯雷利在他的小说《恩底弥翁》中将这类聚会描述为"无穷无尽的私人娱乐的激烈竞争"。⑨ 多数议员都毕业于伊顿公学、哈罗公学和温彻斯特公学,彼此之间建立了友谊与朋友网,在牛津与剑桥接受的成人教育进一步加强了这种友谊与网络。1820年罗素论证说,英格兰公学就是宪政的一部分,公学为那些将要成为重要公共人物的人生产出一种公共的文化。⑨ 首相威灵顿、格雷、墨尔本、德比、格莱斯顿、罗斯伯里(Rosebery)和索尔兹伯里都曾在伊顿公学受教育。皮尔、帕默斯顿和阿伯丁则毕业于哈罗公学。牛津,尤其是基督教教会学院,是这些人大学教

---

⑨ Benjamin Disraeli, *Endymion* (1881), 23. In *Beauchamp's Career*,乔治·梅瑞狄斯小说中的人物 Captain Cecil Baskelett 宣称,"管理英格兰人的方式就是……宴请他"[George Meredith, *Beauchamp's Career*, 2 vols (Leipzig, 1876), ii. 21]。

⑨ G. H. L. Le May, *The Victorian Constitution: Conventions, Usages and Contingencies* (1979), 10.

育的首选。皮尔、德比、格莱斯顿和索尔兹伯里毕业于基督教教会学院。到 19 世纪 20 年代时，在剑桥，尤其三一学院就读的辉格党议员多一些，如格雷、墨尔本、帕默斯顿；就读于牛津的托利党议员多一些。既非公学毕业也非牛津、剑桥两校毕业的内阁大臣不多。1840 年获封为西德纳姆（Sydenham）勋爵（墨尔本内阁的贸易局主席）的查尔斯·汤姆森（Charles Thomson），1839 年封为蒙蒂格尔（Monteagle）勋爵（墨尔本内阁的财长）的托马斯·斯普林-莱斯，1835 年封为阿什伯顿（Ashburton）勋爵（1834—1835 年皮尔内阁的贸易局主席）的亚历山大·巴林（Alexander Baring）和厄尔德·格雷（帕默斯顿第二次组阁中战争事务大臣）是特例，他们没有上过公学。他们在内阁中是少数，内阁成员大多数都是著名公学和牛津、剑桥两校的毕业生。

1832 年《改革法》并没有带来下院议员社会构成的显著改变。格雷维尔评论改革议会第一次开会时说，它“就像其他任何一次议会”。[92] 议员对英国殖民地的兴趣（19 世纪 20 年代占 1/5）自 1832 年以后显著下降，因格雷政府推动了废奴和从殖民地抽身。[93] 但是议员的社会背景并没有因《改革法》而变化很多。1832 年到 1867 年间，超过 1/3 的议员来自贵族家庭。辉格党的两个著名支派［德文郡公爵家族即卡文迪什家族（the Cavendishes）和贝德福德（Bedford）公爵家族即罗素家族］在 1832 年到 1867 年间在下院各有 8 名议员。1841—1847 年间的议会里，超过 70%
119 议员来自王室、贵族或者乡绅家庭。[94] 在 1832—1865 年的议会选举中，拥有超过 2 000 英亩的大地产主的继承人或者亲戚占了议员中的 60%。[95]

---

[92] Charles Greville journal, 3 September 1833, in Henry Reeve (ed.), *The Greville Memoirs*, 8 vols (1888), iii. 30.

[93] Miles Taylor, 'Empire and Parliamentary Reform: The 1832 Reform Act Revisited', in Arthur Burns and Joanna Innes (eds.), *Rethinking the Age of Reform: Britain 1780 - 1850* (Cambridge, 2003), 295-311. 在 1828 年到 1868 年间，共有 38 名前议员被任命为殖民总督。参见 James Owen, 'Exporting the Westminster Model: MPs and Colonial Governance in the Victorian Era', *Britain and the World*, 7/1 (2014), 28-55。

[94] W. O. Aydelotte, 'The House of Commons in the 1840s', *Bulletin of the Institute of Historical Research*, 27 (1954), 249-262.

[95] David F. Krein, 'The Great Landowners in the House of Commons, 1833 - 85', *Parliamentary History* (May 2013), 8〈http://onlinelibrary.wiley.com/doi/10.1111/j.1750-0206.2013.00311.x/abstract〉(accessed November 2014).

19世纪30—60年代的保守党的社会构成更是如此,不少于70%的保守党议员是拥有超过2 000英亩土地的所有人、地产继承人或者其亲戚。⑯ 在19世纪60年代,自由党议员中超过50%的人是地产持有者,将近30%的自由派议员与王室有着直接的家庭关系。⑰ 1852年,帕默斯顿声称,至关重要的是,下院是"绅士们的大会"。⑱ 头衔与出身依然是政治抱负的无价资产。1859年帕默斯顿所任命的15名内阁大臣中,有11位是大地产持有者。1865年的罗素内阁,只有两人拥有"中产"背景,他们是威廉·格莱斯顿(毕业于伊顿公学和牛津大学)和爱德华·卡德维尔(Edward Cardwell,毕业于温彻斯特公学和牛津大学),其余内阁成员有8人是贵族,2人是拥有男爵头衔的地主。1866年德比内阁有5名贵族、4名贵族之子和两名地主男爵。在家接受教育的迪斯雷利和13岁加入海军的切姆斯福德(Chelmsford)勋爵,是仅有的两位未上过公学也没有接受大学教育的大臣。

这种私密的政治共同体也吸收了一些来自地方的中产激进派,如约翰·布赖特(他小学毕业后就在其父位于罗奇代尔的面粉厂工作)。格莱斯顿曾注意到,"激进的新人的激情……如何在议会冗长的会期影响下冷却下来"。⑲ 1833年进入议会的第一个持异见者爱德华·贝恩斯(Edward Baines,来自利兹的议员)"认为辉格党是这个国家的中流砥柱"。⑳ 通过成为卡尔顿俱乐部(成立于1832年)和改革俱乐部(成立于1836年)等知名政治俱乐部的会员,议员成为维系政党关系的亲密社会环境的一部分。这被辉格党党鞭埃利斯称为"俱乐部政府"。㉑ 1837年

---

⑯ David F. Krein, 'The Great Landowners in the House of Commons, 1833 – 85', *Parliamentary History* (May 2013), 10⟨http://onlinelibrary.wiley.com/doi/10.1111/j.1750-0206.2013.00311.x/abstract⟩(accessed November 2014).

⑰ Jonathan Parry, *The Rise and Fall of Liberal Government in Victorian Britain* (New Haven, 1993), 194, and T. A. Jenkins, *The Liberal Ascendancy, 1830–1886* (1994), 05.

⑱ Palmerston, 23 November 1852, *Hansard*, 3rd ser., cxxiii. 454.

⑲ Gladstone memo, 'Party as it was and as it is', Gladstone MSS, 44745, fo. 198.

⑳ Norman Gash, *Politics in the Age of Peel: A Study in the Technique of Parliamentary Representation, 1830–1850*, 2nd edn (Hassocks, 1977), 111.

㉑ Norman Gash, *Politics in the Age of Peel: A Study in the Technique of Parliamentary Representation, 1830–1850*, 2nd edn (Hassocks, 1977), 393.

至1868年间,约95%的议员都是一家或几家圣詹姆士街俱乐部的会员。⑩ 多数俱乐部位于帕尔摩街或者圣詹姆士街,即威斯敏斯特附近,这对俱乐部会员很重要。几乎所有的保守党议员都加入了卡尔顿俱乐部。对于保守党来说,卡尔顿俱乐部会员资格意味着他们同党站在一起,保持着对党的忠诚。如1835年《威斯敏斯特评论》所评注的,"卡尔顿俱乐部……不过是一个新的俱乐部而已,它是有着大体一致意见的绅士们的社交聚会场所,同怀特俱乐部和布鲁克斯俱乐部(White's and Brooks's)一样:从一开始,它就是为了议会和政党目的而建立的政治组织"。⑩ 辉格党、改革派和自由派者多数都加入同样的俱乐部,既是改革俱乐部会员,也是布鲁克斯俱乐部会员,他们的俱乐部成员身份与对党的忠诚之间的关系不像保守派那么吻合。在达拉姆勋爵的激励和埃利斯的推动下,帕克斯、格罗特、约瑟夫·休谟(Joseph Hume)和威廉·莫尔斯沃思(William Molesworth)爵士等激进派人士于1836年成立了改革派俱乐部。这个俱乐部首先为那些立志改革者提供了一个开会的场所,其次也是回应四年前已成立的卡尔顿俱乐部的一个举措。

在19世纪30—50年代威斯敏斯特新宫修建过程中,这些俱乐部是党派的大型聚会和庆祝晚宴的场所。相比较早的圣詹姆士街俱乐部的联排房,卡尔顿俱乐部和改革俱乐部的建筑规模更大,同相邻的雅典娜(Athenaeum's)俱乐部和旅行者俱乐部(Traveller's)一样。人们在这些俱乐部中,分享政治信息与小道消息。到19世纪50年代时,改革俱乐部和卡尔顿俱乐部都设了表决铃,提醒其议员会员尽快回到议会厅表决。⑩ 这两个俱乐部还为党鞭们提供便利,为选举募集资金,组织选举请愿,出版党的文献。党鞭在俱乐部的活动为保持党同选区的关系奠定了基础。迪斯雷利时的政党代理人塔德波(Tadpole)和塔珀(Taper)被特罗洛普虚

---

⑩ Seth Thevoz, 'The Political Impact of London Clubs, *1832-1868*',未发表的博士论文,University of Warwick, 2014, p. 93。少数非俱乐部成员的议员在1830年主要是改革派人士,在1850年是自由党人士(153)。

⑩ 'Tory and Reform Associations', *Westminster Review* (October, 1835), 178.

⑩ 电报出现后,下院讨论的简报在半小时后就能送到俱乐部,到19世纪50年代中期,电报直接发到卡文特花园歌剧院(Covent Garden Opera House)。E. M. Whitty, *St Stephen's in the Fifties: The Session 1852-3, a Political Retrospect*, ed. J. McCarthy (1906), 200.

构为"响尾蛇"(Rattler)和"好少年"(Bonteen),这两个人将时间都消磨在卡尔顿和改革俱乐部的台阶上。在下院,布赖特曾描绘出一幅阴险的保守党选举代理人的形象,他"晚上9点或10点时,从卡尔顿俱乐部的黑暗处现身,走到街对面最近的邮筒,向邮筒投进10封或20封信,然而此时班伯里(Banbury,即英国国会选区)中不幸的人们还在辛勤劳作,幻想自己正从事着伟大的宪政辩论"(参见图片3.2)。[105]

图片3.2　1853年1月改革俱乐部的沙龙,俱乐部会员聚在一起讨论有关阿伯丁联合政府的最新消息。帕尔摩街上的改革俱乐部和卡尔顿俱乐部等场所是议员密切的社交的重要组成部分。

其他的政治俱乐部还有存在时间不长的威斯敏斯特改革俱乐部(1834—1836)、保守派俱乐部(成立于1840年)、国家俱乐部(成立于1845年)、自由贸易俱乐部(1845—1849)和小卡尔顿俱乐部(成立于1864)。政治色彩弱但名声大的俱乐部,如旅行者俱乐部(成立于1814年)、雅典娜俱乐部(成立于1824年),或者怀特俱乐部(将其起源追溯至1693年)等,扩展了这些社会关系,加强了文化、法律、宗教和学术精英的

---

[105] Bright, 24 March 1859, *Hansard*, cliii. 781.

密切友谊。此时的英国不像第三共和国时的法国或者"镀金时代"的美国,在政治世界与"上层社会"之间并无明显的社会界限。⑯ 在伦敦,议员们围绕帕尔摩街和圣詹姆士街建立起密切的社交网。这可能是为了获得下院席位的考虑。除了希望影响国家政治、在议会有声音,人们想成为一名议员的动机可能还包括家族的传统与期望,进入"上层社会",获得爵位或其他荣誉的考虑,也有促进事业发展(例如在法律行业)、拓展获得法官职位的前景的打算。

社会组织在完全男性的氛围中加强了政党关系,维护了继承自家庭、中学和大学的政治友谊与熟人网络。⑰ 1859年的《泰晤士报》这样描写下院:"下院庄严、宏大、历史和生意般的多样化生活场面已向世界展示了世界第一俱乐部的样子。"⑱ 特罗洛普在《公爵的孩子们》(*The Duke's Children*, 1880)中则认为议会"本质上是一个怡人的俱乐部,所有的英格兰人都希望能成为其中的议员"。⑲ 1861年斯坦利勋爵记录了,"让人好奇的是,完全将自己雷同于一个俱乐部"。⑳ 同样,激进派记者威蒂在1852年评论下院说:"它就是一个大俱乐部而已,无论本质,还是它自己的英雄、思维与言谈方式,都是如此。"㉑ 议会之外的名声并不能保证在下院的成功。麦考莱认为:"一个好作家、法庭上的好辩手、辩论俱乐部中的煽动高手,不仅不会保证他在议会的成功,反而会导致他在下院的失败。"㉒ 议会是一个有着自己特有习惯、期望、要求、关注、品味和特征的共

---

⑯ 对特罗洛普来说,议员是在社会顶部"主导其他群体的一个特殊群体"。Anthony Trollope, *Phineas Redux* (1876), 299.

⑰ 如约翰·贝特曼(John Bateman)在其1883年版《大不列颠和爱尔兰的伟大的地产持有人》的前言中所说:"由一个人所在的俱乐部,人们能确切地了解他的地位、政治观和追求;比如,在布鲁克斯俱乐部,人们不会看到激进派;在怀特俱乐部,人们不会看到暴发户,在雅典娜俱乐部,不会看到一个体育人"(John Bateman, *The Great Landowners of Great Britain and Ireland*, intro. David Spring (Leicester, 1971), xxi).

⑱ *The Times*, 4 February 1859, 9.

⑲ Anthony Trollope, *The Duke's Children*, 3 vols (1880), i. 250.

⑳ Stanley journal, 13 May 1861, in John Vincent (ed.), *Disraeli, Derby and the Conservative Party: Political Journals of Lord Stanley, 1848-69* (Hassocks, 1978), 170.

㉑ E. M. Whitty, *St Stephen's in the Fifties: The Session 1852-3, a Political Retrospect*, ed. J. McCarthy (1906), 2.

㉒ Macaulay to Whewell, 5 February 1831 in Thomas Pinney (ed.), *The Letters of Thomas Babington Macaulay*, 6 vols (Cambridge, 1974-1981), i. 316.

同体。⑬ 1860年特里劳尼评论说:"意见的形成要经过大量三三两两的人之间的谈话才形成,这是下院生活的主要元素。没有经历过的话,没有人会相信下院的演讲原来是这样发表的。"⑭ 因此,政党关系是在没有严格组织控制的情形下通过不断的非正式社交而维持的。

议会政党的影响

1832年后下院内政党的确立,如所预料的,限制了王权的自由裁量权。1834—1835年和1841年,威廉四世和维多利亚女王违背意愿,被迫接受了下院的决定。1834—1835年,格雷引退后,威廉四世曾热切希望组建一个中间立场的,或者用18世纪的语言来说,就是"有宽泛基础的"政府,这个政府由温和人士如皮尔、斯坦利和格雷厄姆等组成,将极端托利派和激进派排除在外。这样一来"由于政党冲突而常常造成的尴尬"就可能被避免,因为政府"包括了各个政党最受尊重、最能干和最有影响力的人"。⑮ 1834年5月,国王接受斯坦利从格雷内阁辞职时,"泪水沿着他的脸颊流下"。⑯ 虽然有国王的良好意愿,但是墨尔本在1834年7月和皮尔在1834年12月都未能成功抵制下院的党派情感,建立起一个温和的内阁联盟。11月国王解除了墨尔本的首相职位,这显然是最后一次君主解散获得下院多数支持的政府。宗教论争和严酷的政治使威廉四世的愿望成为无望的狂想。王权已不能战胜下院中的政党。1835年4月威廉四世被迫召回墨尔本,重新任命他为首相。这是国王个人意气用事的下场——辉格党"可能成为他的大臣,但绝不再是他信任的仆人。他只能满怀嫉妒与疑虑接受他们所有的建议"。⑰ 1835年7月国王的私人秘

---

⑬ 1857年斯坦利勋爵评论说:"对于一个议员在下院中的地位而言,如果他靠院外的名声的话,就其性质来说,将只是一个充满风险的试验。下院对于其院外的名声丝毫不会尊重,甚至容忍"(Stanley memo, 'The Member of Parliament: His Position and Duties, 1857, Derby (15) MSS, 41/2)。

⑭ Sir John Trelawny diary, 25 April 1860, in T. A. Jenkins (ed.), *The Parliamentary Diaries of Sir John Trelawny*, 1858-1865, Camden Fourth Series, 40 (1990), 116.

⑮ William IV to Melbourne, 9 July 1834, cit. in G. H. L. Le May, *The Victorian Constitution: Conventions, Usages and Contingencies* (1979), 33.

⑯ William Molesworth, *The History of England from the Year 1830*, 3 vols (1871), i. 411.

⑰ William IV to Peel, 22 February 1835, in C. S. Parker (ed.), *Sir Robert Peel from his Private Papers*, 3 vols (1891-1899), ii. 288-289.

书赫伯特·泰勒(Herbert Taylor)爵士曾对皮尔承认,这些事件确认了以下事实"(显然这种承认是非常不愉快的)国王与贵族上院加起来的影响,也无法确保一个未能获得下院多数支持的政府"。⑱

到1841年时,君主的意愿对政府来说已不再是一个决定性的因素,虽然还未成为一个可忽略不计的因素。这是因为阿尔伯特亲王为重申君主的积极作用进行了持续的努力。维多利亚女王对外交政策、英帝国、军官任免和教会晋升有着浓厚的兴趣。⑲ 1850年维多利亚施压想迫使帕默斯顿辞去外交大臣,但是后者在下院就"唐帕西菲克"争论所做的精彩发言使他无懈可击。随后在改革俱乐部举办的庆贺晚宴,在激进派拉尔夫·伯纳尔·奥斯本(Ralph Bernal Osborne)的主持下,肯定了帕默斯顿的地位不容置喙。只是到了1851年12月帕默斯顿疏远了其内阁同僚之后,罗素才解除了他在政府中的任职。1855年,女王反对调查克什米尔战争行为的下院委员会将调查报告呈交国会。她私下抱怨说,这样做的话,意味着军队指挥权从君主转移至下院。⑳ 但是她的请求未能阻止调查报告呈交给国会。1859—1860年,无论维多利亚女王还是阿尔伯特亲王都试图影响帕默斯顿和罗素对意大利的外交政策,女王变更了大臣的派遣。然而,这种行为,或者说大臣所感受到的干涉,相比女王的汉诺威王朝前任们已经是大大减少了。女王一再强调,她拥有解散议会的权力。这种权力"是君主手中十分有价值且重要的工具"。㉑ 但她拒绝了德比于1851年和1858年、罗素于1856年和迪斯雷利于1868年要求解散议会的请求。索尔兹伯里在1886年承认女王有接受或拒绝大臣建议的权利。但是女王知道这种拒绝大臣解散国会的要求,只有在极端情形下才发生。在替自己的权利辩护的同时,事实上女王通常会接受大臣们的建议。

更重要的是,君主选择第一大臣即首相的权力也受到制约。1841年

---

⑱ Taylor to Peel, 19 July 1835, Peel MSS, 40303, fo. 240.

⑲ 有关女王对于殖民地利益的浓厚兴趣,参见 Miles Taylor, 'Queen Victoria and India, 1837–61', *Victorian Studies*, 46 (2004), 264–274.

⑳ G. H. L. Le May, *The Victorian Constitution: Conventions, Usages and Contingencies*, (1979), 76.

㉑ Queen Victoria to Lord John Russell, 16 July 1846, in A. C. Benson and Lord Esher (eds.), *The Letters of Queen Victoria*, 1st ser., 3 vols (1907), ii. 108.

和 1855 年维多利亚分别被迫任命皮尔和帕默斯顿做首相,虽然她自己对这两个人都很反感。下院政党的制衡使她没有其他的选择。只有在没有政党领袖得到下院多数支持的情况下,君主才能行使某种裁量权,如 1852 年阿伯丁勋爵被任命为首相的情形。即使被君主任命的阿伯丁勋爵在提名时任下院议长的罗素为不管部大臣时,也没有事先咨询女王的意见,女王为此非常生气。随后,虽然要充分征求女王的意见,首相人选主要还是由下院中的政党来决定——比如,1859 年的帕默斯顿,1868 年和 1880 年的格莱斯顿取代哈廷顿勋爵(Hartington)。1885 年女王曾尝试诱导联合自由派人士乔治·戈什(George Goschen)组阁,但没有成功。在她统治晚期,1894 年,女王最后一次施加影响,任命了罗斯伯里勋爵而不是威廉·哈考特(William Harcourt)为首相。对于 1832 年英国王权的式微,一位法国观察家评论说:"英国实质上是一个共和国,只是这个共和国披着一件君主的外衣,有着君主制的形式而已。"⑫更容易理解的是刘易斯爵士在其 1863 年的著作《关于最好的政府形式的对话》(*Dialogue on the Best Form of Government*)中所写到的,他的一个辩论者把王权比作静止的生命:"静态的生活,一个绘画词语,就是有限君主制的类比,因为该词原初含义是指死去的动物;即,曾经有生命力,但现在不再有生命力了。"⑬

对于维多利亚女王特权的限制暗示出(用白芝浩的话来说)共和国在君主的羽翼下逐渐壮大起来,这些限制仅仅是王权角色变化的一个方面。在一个逐渐大众化的政体中,君主制的适应性机制也是团结与忠诚的积极象征。自中世纪起,英国君主制就同法律双重性联系在一起。中世纪神学家们确立了基督人神合一的双重属性:肉体(*a corpus verum*)和精神(*a corpus mysticum*)。这种双重性被寺院律师们投射到教皇与君主身上,这样一来,教皇与国王虽为凡体肉胎,但具有永恒的权威。后者是一个持续的集合权威(corporate authority),与社会(*societas*)和共同体(*communio*)不同,被冠以普遍性(*universitas*)。17 世纪早期,英格兰法学家爱德华·科克爵士(Edward Coke)通过甄别"单一法人"(corporate

---

⑫ Emile Boutmy, *The English People: A Study of their Political Psychology* (English translation, 1904), 180.

⑬ Sir George Cornwell Lewis, *A Dialogue on the Best Form of Government* (1863), 18.

sole,一人行使的法律能力)和"集合法人"(corporate aggregate,集体行使的法律能力),提炼了"法人"(corporation)这个概念。㉔ 英国君主既是行使王权的"单一法人",也是代表整个政体、上院、下院和"人民"的"集合法人"。柏克将代表权力的王权和代表"国家"尊严、"人民"化身的"君主"区分开来。㉕ 在君主层面上,乔治三世被描述为"国父"。18世纪90年代歌曲《上帝拯救国王》取代歌曲《统治不列颠》成为国歌。1832年后,作为"单一法人"的王权虽然没有被废除,但也在逐渐削弱。限制王权是辉格党政治议程中的一个突出特色。19世纪二三十年代激进沸腾的民怨表现为"攻击'旧式腐败'",批评王室在恩赐与任命官员上的控制权,质疑政府和寡头政治。

然而,自1837年后,王权对政治的干预逐渐减少,"旧式腐败"的恩赐制度逐渐被废除,主权属于借助政党组织的议会,女王作为君主和"集合法人"的作用日渐重要起来,象征着全体臣民的团结与忠诚。㉖ 下院的文员厄斯金·梅在1861年的记载中,谈到依据真正的宪政精神,君主对于王权的智慧、正确使用,"这就像为了人民的利益"由女王行使信托的君主权力,从而令"女王的道德影响"和"自由人民的效忠"得到维护。㉗ 辉格党人阿什利(Ashley)勋爵1873年评论说,英国人"偏好将爱与尊重聚焦于一个人格化身,而不仅仅是抽象的办事机构"。㉘ 19世纪50年代激进报刊曾攻击阿尔伯特亲王用异乡的德国情感影响不列颠的外交政策,随后,这种攻击渐渐消失了;1867年选举权扩大,1871—1872年间共和情感消退,对维多利亚离群索居的批评声减弱,君主代表整个国家的能力得

㉔ 参见 J. W. Allison, *The English Historical Constitution: Continuity, Change and European Effects* (Cambridge, 2007), 50–52。

㉕ 参见 Harvey C. Mansfield, *Statesmanship and Party Government: A Study of Burke and Bolingbroke* (Chicago, 1965), 127。

㉖ 参见 Richard Williams, *The Contentious Crown: Public Discussion of the British Monarchy in the Reign of Queen Victoria* (Aldershot, 1997)。

㉗ Sir Thomas Erskine May, *The Constitutional History of England*, 2 vols (1861), i. 163.

㉘ Jonathan Parry, 'Whig Monarchy, Whig Nation: Crown, Politics and Representativeness 1800–2000', in Andrzej Olechnowicz (ed.), *The Monarchy and the British Nation, 1780 to the Present* (Cambridge, 2007), 54.

以再生。⑫ 1866年,阿尔菲厄斯·托德宣告,认为王权的权力受到限制,几近微不足道或者说"一个空洞的幻影"的观点是错误的。⑬ 君主具有"国家主权的象征"的重要作用。作为体现家庭伦理价值观的母亲及其在慈善事业中表现出的对穷人和底层人民的关心,维多利亚很好地利用了她作为女王的地位,把自己塑造成一个对国家尽责的母亲形象。⑬ 随着"政治民族"的扩展,女王体现国家与帝国的包容性,接纳其所有的臣民的一面突显出来——这种包容性的宪政功能非常重要,因为英语概念的"国家"(the state)语义失当。

随着君主个人权力的减小,相应地越来越依赖于下院中政党组织,1834年后的政府开始加大了对于议会程序的控制。1835年,在议会开会期间,除了周一和周五,还增加了周三作为议事日,优先讨论公共提案而不是私人法案。1835年,下院不再讨论诉状,诉状交由一个常设委员会负责。1837年,禁止对议事日程进行修改。1848年,禁止对已由委员会进行审议的议案进行修正。1854年,由下院讨论的议案要经过的步骤大幅减少。⑬ 这就表明,1848年曾由针对程序而设的下院特别委员会所负责的事情开始由政府来掌控,政府开始对下院事务的运行、管理和进展进行控制。随着政府对于议会日程控制的扩展,后座议员就私人法案的立法创议权大为减少。1840年以前,诸如收税道路、运河和平民的圈地等涉及地方事务的私人法案都是代表当地的人提出,尤其是由当地议员组

---

⑫ 反君主主义,聚焦于君主的开销,在19世纪70年代早期达到了一个高潮,全国建立了85个共和俱乐部,1872年民族共和国同盟(the National Republican League)建立。但是到1874年时,这种情绪消失了。Anthony Taylor,'*Down with the Crown*': *British Anti-Monarchism and Debates about Royalty since 1790* (1999),80-109. 也参见 Anthony Taylor,'Republicanism Reappraised: Anti-Monarchism and the English Radical Tradition, 1850-1872', in James Vernon (ed.), *Re-Reading the Constitution: New Narratives in the Political History of England's Long Nineteenth Century* (Cambridge, 1996),154-178, and David Nash and Anthony Taylor (eds.) *Republicanism in Victorian Society* (Stroud, 2000).

⑬ Alpheus Todd, *On Parliamentary Government in England*, 2 vols (1866), i. 104.

⑬ 参见 Frank Prochaska, *Royal Bounty: The Making of the Welfare Monarchy* (New Haven, 1995),以及有关维多利亚的公共和媒体形象,参见 John Plunkett, *Queen Victoria: The First Media Monarch* (Oxford, 2003).

⑬ G. H. Le May, *The Victorian Constitution: Conventions, Usages and Contingencies* (1979), 163, and Philip Salmon, 'The House of Commons, 1801-1911', in Clyve Jones (ed.), *A Short History of Parliament: England, Great Britain, the United Kingdom, Ireland and Scotland* (Woodbridge, 2009), 254.

成的委员会中的人提出,这些议员的选区就位于或者邻近法案将影响的地区。19世纪40年代通常是有争议的,有关铁路的潮水般的私人议案涌向下院,这种情况促使了在私人法案方面的改变。1844年下院决定,处理涉及铁路的私人法案的委员会须由公正的成员组成,即没有当地利益的议员。1855年,这种做法推广至所有私人法案。私人法案委员会的议员必须签署一项声明,他们所在选区与法案没有直接利益关系。这大大削弱了后座议员的个人影响力。在1846—1868年间,被内阁反对的私人议案只有8个成了法律。[133]

1861年《伦敦新闻画报》(*Illustrated London News*)记录了"所有的立法都要经过政府之手,一般议员沦落到无聊透顶的境地"的情况。[134] 其中一个后座议员抱怨:"从近来事务呈现给我们的方式看,似乎只有政府成员才能提出措施,其他人都无从提出。"[135]在1866年的托德看来,显然"所有大的和重要的公共措施都应基于政府的原则,近些年越来越被人们所接受"。[136] 德比政府1852年引入了一个新的法令,公共财政建议只能由内阁提出,这个法令反映了加大程序控制上的政治考虑。保守派内阁刚刚放弃了该党坚持的贸易保护政策,引入新法令,禁止保守党自己的后座议员就重新征收关税提出动议。[137] 这些变化表明议长权力的增强,这些变化主要发生在1837—1857年和1857—1872年间,分别由查尔斯·肖·勒菲弗尔(Charles Shaw Lefevre)和约翰·伊芙琳·丹尼森(John Evelyn Denison)任议长时期。1830年后由内阁大臣直接任命的皇家专门委员会成为更为常见的手段,该委员会成员主要由律师构成。到19世纪30年代后期时,皇家委员会而非下院特别委员会,已经是立法收集信息与数据的主要手段。虽然这种做法支持了政府出于公心的主张,但是它也绕开了不是那么容易控制且难以预测的下院特别委员会,因为后座议员通常会发出自己独立的声音。

---

[133] P. M. Gurowich, 'The Continuation of War by Other Means: Party and Politics, 1855–1865', *Historical Journal*, 27 (1984), 630.

[134] Gary Cox, *The Efficient Secret: The Cabinet and the Development of Political Parties in Victorian England* (Cambridge, 1987), 51.

[135] Gary Cox, *The Efficient Secret: The Cabinet and the Development of Political Parties in Victorian England* (Cambridge, 1987), 61.

[136] Alpheus Todd, *On Parliamentary Government in England*, 2 vols(1866), ii. 63.

[137] G. H. Le May, *The Victorian Constitution: Conventions, Usages and Contingencies* (1979), 165.

上院中的政党情感不像下院那么强烈。1846年后,保守党和皮尔派都发现他们比严重分裂的下院同行们更容易采取集体行动。在上院,参与议会辩论的人很少。1846—1865年间的635名世俗贵族中,只有70名积极参与辩论。[138] 也有例外情形,在涉及贵族们自身特权的辩论时,他们就会积极参与,如1856年对有关终身贵族问题的讨论。其他时候,上院无论保守党还是自由党的党鞭面临的挑战都是要尽量保证出席会议的人数,而不是党的忠诚问题。1852年后,德比有幸有精通司法的科尔维尔(Colville)勋爵做上院的党鞭。科尔维尔有良好的判断力、丰富的知识和技巧。同样,在兰斯多恩做保守党领袖时的贝斯伯乐(Bessborough)勋爵也是一个出色的党鞭,一直为他工作到1855年。随后,他还密切配合了兰斯多恩的继任者格兰维尔的工作。科尔维尔和兰斯多恩二人在上院开辟了类似于下院运作的党派结构。除了他们所运用的同下院相似的制度外,他们的爵位享有代理投票的权利(1868年终止),这是下院所没有的。

显然,组织与解散政府的权力在下院。1851年德比在试图组建一个保守内阁时,曾坚持内阁成员至少8人来自下院,虽然多数经验丰富的同行来自上院。最终他的内阁中可信任的来自下院的成员不到6人,这使其组建政府的希望破灭——这是他以上院议长身份做首相的缺陷。[139]下院中的政党情感至关重要。自由派律师和记者詹姆斯·菲茨·詹姆斯·斯蒂芬(James Fitz James Stephen)在19世纪60年代中期声称,下院"是唯一真正的政治权力库"。[140] 1835—1868年间,下院政党履行了其基本的宪政功能:在无须求助王权或者大选的情形下,确定政府的组成。所有8个当选的议会在其任期内分别解散了一届,有时甚至是两届政府。1835年的议会解散了保守党内阁,1837年的议会则迫使墨尔本政府在1839年辞职(短期)。1841年议会解散了辉格党政府,1846年促使保守党政府下台。1847年议会解散了1851年和1852年的辉格党政府。1852年年底议会迫使保守党内阁下台,在1855年使阿伯丁联合政府下台。

---

[138] John Hogan, 'Party Management in the House of Lords', *Parliamentary History*, 10/1 (1991), 125.

[139] Angus Hawkins, *The Forgotten Prime Minister: The 14th Earl of Derby: Ascent, 1799-1851* (Oxford, 2007), 403.

[140] James Fitz James Stephen, *Horae Sabbaticae*, 2 vols (1892), ii. 201.

1857 年议会于 1858 年解除了帕默斯顿的职务。1859 年议会解散了当年的保守党政府。在自由党 1865 年赢得选举后,议会于 1866 年解散了自由党政府。

1714—1830 年间,凡是王权和大臣支持的政府从没失掉过一次大选。得到君主信任却被下院解散的政府非常罕见。只有 1784 年诺斯(North)勋爵的下台和 1804 年埃丁顿(Henry Addington)政府的垮台预示了 1834 年后的政治常态,内阁大臣的去留取决于下院的批准或拒绝。1835—1868 年间,政府的更替通常还没有同大选直接挂钩。政府通常会辞职,而不是要求女王解散国会。一般来说,议员们不愿意面对因解散国会导致重新选举的成本与相应的工作。避免解散国会影响了一些自由派后座议员对 1867 年保守派的《改革法》的态度。科布登说他从来没有发现议员们找到了解散议会的适当时机,而是听到议员们说"他们愿意为任何别的事情投票,但不会就解散国会进行投票"。[141] 政党领袖们即使为了贯彻党的纪律,在运用解散国会的威胁手段上也非常慎重。如德比和迪斯雷利在 1858 年发现,女王小心翼翼地维护着她解散国会的权力,在女王看来,用解散国会来威胁议员们听话的做法,是在误用权力。

因此,1832 年后,如在关键议题的分组投票一样,议会内有凝聚力但处于流动的政党关系决定了历届政府的命运。但是认为下院的投票是政府去留的关键通常会引起人们的反感。1847 年议员们"抱怨政府要员们非理性的行为,因为他们在半年时间内引发了两次有关信任投票的问题"。[142] 皮尔则评论说:"如果下院不同意政府提议的某个措施,政府就威胁辞职很让人生厌,但是我认为这种威胁适用于极端且重要的情形。"[143] 反对党的"不信任"提案很少,就像反对党对国王在议会每次会期开会的演讲提出修改一样罕见。1832 年到 1868 年间的两个极端例子是 1841 年保守党的"不信任"提案和 1859 年自由党的"不信任"提案。然而,1835 年到 1868 年间,只要未能赢得下院的多数,首相就会辞职(1865 年死于任上的帕默斯顿除外)。

1830 年威灵顿成为自 1783 年谢尔本辞职后第一个因下院反对而辞

---

[141] Walter Bagehot, *The English Constitution*, ed. Paul Smith (Cambridge, 2001), 101.

[142] J. P. Mackintosh, *The British Cabinet* (1962), 85.

[143] L. J. Jennings, *Cabinet Government* (Cambridge, 1951), 442.

职的首相。1835 年后,除了 1865 年外,政府都是因下院的反对而解散。1834 年 11 月是最后一次,国王将一个享有下院多数支持的大臣解职。1835 年,皮尔因下院一连串的反对票而辞去首相职位,因为下院中的辉格党、改革派、英格兰和苏格兰激进派以及奥康奈尔的爱尔兰激进派在分配爱尔兰教会剩余收入的问题上团结起来。1839 年 5 月,在牙买加的宪政危机问题上,墨尔本不仅遭到来自皮尔的反对,而且遭到激进派和"先进的"改革派下院议员的反对,这些反对导致他辞职——虽然几天后他又被召回,因为皮尔想要延长辉格党政府遭受的折磨。墨尔本摇摇欲坠的内阁最终在 1841 年 8 月因保守党下院议员的"不信任"提案而解散。这次党派分裂是 1832—1859 年间下院最接近清晰的两党分野的一次:保守派的 360 张票对来自辉格党、改革派、激进派和爱尔兰议员的 269 张票。

1846 年 6 月,因爱尔兰强制法案遭到下院的反对,皮尔辞职,反对票除了来自辉格党、自由党和激进派组成的反对派,还有 69 票是保守党议员所投。1851 年 2 月,在议员出席率很低的情况下,一个要求英格兰市镇与乡郡议会选举权平等的激进提案获得成功,这个由彼得·洛克·金(Peter Locke King,东萨里的议员)提出的议案迫使罗素辞去首相一职。面对 100 个激进派和"先进"自由派、皮尔派和保守党议员,支持罗素的议员只有 54 张内阁票——大多数保守党议员选择置身其外。但是德比未能成功组阁,使得罗素不得不在 6 天后继续担任首相。1852 年 2 月,帕默斯顿凭内阁的《民兵议案》提出的反对修正案(136 票对 125 票)迫使罗素辞职。许多人认为罗素的适时辞职是避免对政府的南非政策进行争论的一个恰当时机,帕默斯顿对罗素的敌意是对自己被解除外交事务大臣的报复。1852 年 12 月,下院以 305 对 286 票反对内阁所提预算,德比内阁解散,此次皮尔派同辉格党、自由派和激进反对派联合起来。1855 年 1 月由皮尔派、辉格党和自由派组成的阿伯丁联合政府的倒台是因为一个激进的提案引起的,80 名辉格党人和自由派议员加入到反对派的保守党阵营。1858 年 2 月帕默斯顿内阁的解散是因托马斯·米尔纳·吉布森(Thomas Milner Gibson,代表曼彻斯特的议员)提出的另一个激进提案,86 名辉格党(包括罗素)、自由派和激进派议员同 158 名保守党议员投了一样的票。1859 年 6 月,哈廷顿勋爵提出的辉格党的"不信任"提案,以 323 票对 310 票迫使德比辞职,虽然此次有 14 名反对派议员投了赞成政府的票。1866 年 6 月,辉格党议员邓克林(Dunkellin)提出的一个反对议会改革提案,导致罗素内阁辞职,其中 42 名辉格党和自由派议员同保守党议员立场一样。在 1851 年、1855 年和 1858 年,激进提案都成功迫使辉格党和自由派辞职。1857 年 2 月,科布登就政府对中国政策的一个激进提案,促使帕默斯顿解散了国会并举行了大选,这是激进提案获得成功的又一个事例。1852 年和 1866 年的辉格党/自由党政府的解散都是因为来自两党自己的议员的提案。这两党政府在任时,辉格党/自由党下院的 6 次对政府的成功发难,都是两党议员内部推动的。

无论是 19 世纪 30 年代的皮尔,还是 19 世纪五六十年代的德比,他们在野时都采取通过支持温和的执政党议员来反对下院中激进的执政党议员的做法,有意强化辉格党、改革派、自由党和激进派内部的分歧⑭——这在 1838 年被迪斯雷利斥责为皮尔对墨尔本内阁所显示的"该死的慷慨那类货色"⑮。中立立场和避免就能促进辉格党、自由派和激进派团结的议题进行投票的策略被德比描述为"高超的不作为",这既突出了反对派的分歧,也强化了执政党力量的脆弱一面。"在政府多数派的不同元素中制造分歧和妒意必须是我们的首要目标,"德比在 1857 年告诫迪斯雷利,"我们应该小心避免提供给他们团结一致反对我们提案的投票机会。"⑯在其他场合,德比则把这种反对党策略称为"武装的中立"或者"善意杀人"。这是议会少数反对派的精明策略,不仅避免了派系斗争的嫌疑,也避免了为获得党派优势牺牲国家利益的指责,而且仔细斟酌了议会政党界限的内在流动性特征。⑰ 通过离间辉格党、自由派、皮尔派和激

---

⑭ 1834 年,皮尔注意到政府"因为自身分歧和误解"而下台,所以他希望"至少通过减少敌意来调和政府内众多比较温和以及可敬的成员们的善意"。Peel to Goulbourn, 25 May 1834, in C. S. Parker(ed.) *Sir Robert Peel from his Private Papers*, 3 vols (1891-1899), ii. 243-244. 参见 Ian Newbound, 'Sir Robert Peel and the Conservative Party, 1832-1841: A Study in Failure?', *English Historical Review*, 98 (1983), 529-557。

⑮ Disraeli to Sarah Disraeli, 20 January 1838, in M. G. Wiebe et al (eds.), *Benjamin Disraeli Letters*, 10 vols to date, (Toronto, 1987), iii. 10.

⑯ Angus Hawkins, *The Forgotten Prime Minister: The 14th Earl of Derby: Achievement, 1851-1869* (Oxford, 2008), 143.

⑰ 1861 年 3 月保守党党员 Sotheron-Estcourt 在日记中记录了自由党党鞭亨利·布兰德(Henry Brand)"曾找到威特摩尔(Witmore)[保守党的低级党鞭]和迪斯雷利——他带领政府渡过了因帕默斯顿勋爵匆匆被迫离职后的难关"[Sotheron-Estcourt diary, 19 March 1861, Sotheron-Estcourt MSS, D1571/F411, cit. in T. A. Jenkins, *Parliamentary, Party and Politics in Victorian Britain* (Manchester, 1996), 166]。

进派,中间派政党立场得到鼓励。

格雷伯爵对"议会政府"的定义

格雷伯爵三世(1845 年前称豪伊克勋爵,首相之子,1835—1839 年担任战争事务大臣,1846—1852 年任殖民大臣)在其 1858 年发表的《从议会改革看议会政府》(*Parliamentary Government Considered with Reference to Reform of Parliament*)中,对"议会政府"进行了描述。这篇由熟悉议会政治实际运作的政治家所完成的文章没有涉及白芝浩所运用的行为概念。格雷希望解释宪政的实际运作机制:职位如何确保;政府如何维护权力;政党如何成为保证议会主权的必要且有益的工具。该文摒弃了布莱克斯通、孟德斯鸠和德·洛姆所阐发的"混合政府"的制衡说辞。

格雷在文章一开头就给"议会政府"下了精确定义。"议会政府"的特征是曾经由君主掌握的权力,现在属于对议会负责的部长们,尤其是对下院负责,同时部长们必须能对下院的运作加以引导。"议会政府"的实质是政府对议会负责,从下院产生政府。格雷暗示,宪政是一台复杂精密的机器。君主从前的行政权力现在属于部长们,他们作为内阁成员,要对议会负责。议会赋予政府权威。议会主权将国家不同的权力合并起来,行政、立法和司法权在议会合为一体,王权和选民都从属于议会主权。这对于选民、政党和行政权力都有着深远的含义。选民、政党和政府的性质都源于其在"议会政府"中的功能,国家权威从君主转移到了下院。

从上述事实延伸出两个重要的想法。第一,行政权和立法权实际上是统一的。这种权力的合并体现于内阁和首相的地位与权威。第二,议会内政党是内阁治理国家的必要条件。对于格雷来说,这种制度的优势有三。首先,它为政体内不同权力的和谐互动提供了平台。政府能够积极作为,且获得来自立法机构的支持。其次,政府对议会负责具有纠错的倾向。议会控制行政权力,但不直接干预。内阁的行为向议会开放,接受议会的检查,内阁需要在议会为其行为辩护。最后,权力竞争的有害影响受到控制。在暴政制度下,暴力或恩惠主导着行政权。在民主制度下,对民众激情或者偏见的放纵主导了行政权。"议会政府"避免了上述两种危险。大众主权概念被严格限制。"议会,尤其是下院,不仅实际决定了不同候选者在权力上的竞争,也是竞争展开的重要竞技场。"[148]要在下院获得成功需要特殊的个人品质,如健全的判断力、好的口才和对当前事务的掌控能力。"议会政府"因此挑选出最适合进行统治的人。此外,议会辩论有助于提升公共道德。通过对公共议题的冷静思考,议会在教育整个民族。

除了谈及"议会政府"这些重要的优势外,格雷也指出了某些危险与人们的批评。腐败持续存在,但形式上不同于1832年前封闭的恩赐制下的腐败。腐败可能表现为基于恩惠的政党联系,或者在强迫之下对党的忠诚使议员良心受到的扭曲。格雷还指出了内阁"集体负责制"对个人行政判断的制约。这种批评与政党的地位有关。然而,政党是"议会政府"有效运作的必要条件。格雷认为,"议会政府"的问题是其享受制度的较大好处时所不可避免的结果。再者,这些危险是任何政府制度形式都无法避免的缺陷,且比暴政或者民主宪政下的危险要小许多。政党并非纯洁无瑕,但却是两种选择中较好的一种。

格雷承认,"议会政府"制度下也会产生问题。政党的过度不稳定将削弱行政执行力。他论证说,有必要引入曾经由"封闭城市选区"选举的那类议员,因为大的或者人口多的市镇选区造成了代表特殊"利益"的困难,也使从议员中挑选内阁成员的余地缩小。这是在任命皇家法律顾问时遇到的特殊问题。选举腐败依旧是一个危险。自1832年以后的30年里,财富的扩大和智力的提升使得扩大选举权、拓宽"政治民族"日益迫切。无论如何,格雷坚定地认为,自1832年以来建立的"议会政府"已引起巨大且有益的改变。平稳的进步得以稳固。1830年和1848年法国所经历的那种革命得以避免。无数前所未有的便利措施开始实施。再者,格雷相信,不列颠人民已经从内心依附于自己的政治制度,且彼此愉快地和平相处。

自1832年以来的"议会政府"成功的原因在格雷的心中是非常清楚的。贵族依据长久以来的惯例享有权威,是立法的修订者;与此同时,在下院的构成中,"利益"的多样化阻止了下院沦为民意的驯服机关。这种多样性反映在投票权的多样化上。如果下院是一个基于单一公民权的纯

---

[148] Lord Grey, *Parliamentary Government Considered with Reference to Reform*(1858), 26.

粹的代表大会,因为行政和立法权力基于一身,那么它将沦为民主暴政的粗糙工具。正是投票权的不规则性和所代表的不同类型选区的范围,保证了议会听取少数派或者不受欢迎的意见。这反过来加强了作为一个自治协商大会的下院的权威,维护了议会主权。

格雷1858年对于"议会政府"的分析在随后的主要宪政研究中都反映出来。厄斯金·梅爵士在《英格兰的宪政史(1861—1863)》(*The Constitutional History of England*)中承认,下院间接地,虽然不是有效地,控制着行政权力,议会政党是这个过程的关键。白芝浩在《英国宪政》(*The English Constitution*)中确认下院最重要的作用在于确保部长们在位。"的确,下院不是直接选择部长,但是在间接选择部长上几乎有无限权力。"下院"处于一种永恒潜在选择的状态,它在任何时候都能选择一个统治者,也能解除他的职位。因此政党内在于其中,是议会的脊梁,是它呼吸的气息"。⑭ 厄斯金·梅用颂词结束了他对于议会政党的讨论:

> 我们对以下事实心怀感恩,我们绝大多数的权利与自由要归功于党……我们自豪于观点相左的政治家彼此争论时的雄辩口才与高尚情感。我们仰慕抵抗权力的勇气,敬佩为确立民众权利而表现出的男子气概与坚韧。我们看到,君主不当影响被抑制,民主受到约束。⑮

议会政党在王权压迫与汹涌多变的民意之间驾驶着宪政之船,从而维护了自由、稳定与进步。格雷、厄斯金·梅和白芝浩都确认了议会政党在维护议会主权中的必要性。白芝浩指出:"英格兰政治的全部生活就是政府与议会之间的行动与反行动。"⑯

皮尔关于行政政府的概念

1832年由帕克明确、1858年格雷加以描述的"议会政府"概念,在第一次与第二次《改革法》期间具有了权威地位。但是这个概念并不是一

---

⑭ Walter Bagehot, *The English Constitution*, ed. Paul Smith (Cambridge, 2001), 101.
⑮ Sir Thomas Erskine May, *The Constitutional History of England*, 2 vols (1861), ii. 214.
⑯ Walter Bagehot, *The English Constitution*, 95.

个不受质疑与挑战的正统说法。拒绝"议会政府"说辞来自不同的,实际是完全对立的两方。皮尔是反对一方的代表,他在1834—1846年间是保守党领袖,直到1850年去世,他都拒绝承认,行政权威仰赖下院内政党意见的认可。另一方是激进派。激进派的语言及其倡导的思想都在颠覆辉格党的宪政信仰。激进派内虽有差异,但都对他们视为父权式的辉格党信条有着深深的敌意,认为辉格党的信条带有"贵族式"的恩赐。他们斥责辉格党自我标榜的"公正无私"的政府是自我吹捧。

皮尔在1827年前一直在利物浦勋爵手下积累政治经验。在爱尔兰和内政部工作时,他拥护致力于维护社会秩序和提升行政效率的积极有为的行政政策。他也有很强的行政管理意识,在他看来,大臣作为国王的顾问,应该根据自己判断的国家需要行使管理职能,但大臣的判断可能同下院所希望的不同。对于皮尔来说,一个自主的行政权威不应听从下院情绪的摆布。在改革讨论中,1832年3月,他曾悲叹王权裁量权的衰微,他认为这种衰微是政府立法带来的一个危险后果。"他看不到,在未来,不管国王特权对于国家的永久利益多么必要,但其仍不受欢迎。"[152] 1834年10月在接受了威廉四世令其组建政府的任命后,皮尔在他的《塔姆沃思宣言》(*Tamworth Manifesto*)中说,"国王在极端困难之际需要我的服务",他说他无意"限制王权"。[153]《宣言》的听众应是"社会中伟大而智慧的阶层……他们的兴趣所在不是党争,而是维护秩序与确保良政"。[154] 政党词语"保守"没有在《宣言》中出现。宣言试图迎合国家中明智、温和的"舆论",而不是充斥着选举时的党派性。1828—1832年危机后国家需要一个强有力的政府,皮尔认为,这就要求"有着公共精神的男子不是从个人利益动机出发,给予当前政府所有合理的帮助,因为所有人都是'君主的大臣',君主需要这种帮助"。要抵制将行政权力让渡于下院政党这个

---

[152] Peel, 22 March 1832, *Hansard*, 3rd ser., xi. 756-7.

[153] 'Address to the Electors of Tamworth', in Lord Mahon and Edward Cardwell (eds.), *The Memoirs of the Rt Hon. Sir Robert Peel*, 2 vols (1856-1857), ii. 60. 1830年后作为上院保守党领袖的威灵顿长期以来在宪政问题上,同皮尔看法一样,认为对政府采取积极反对党的做法是一种派性的表现,也不喜欢对君主选择部长的权力有所限制。

[154] 'Address to the Electors of Tamworth', in Lord Mahon and Edward Cardwell (eds.), *The Memoirs of the Rt Hon. Sir Robert Peel*, 2 vols (1856-1857), ii. 59.

"大的公共之恶"。⑮ 1838 年 5 月在泰勒斯大厅（the Merchant Taylors' Hall）所阐述的保守党原则的主要声明中,皮尔把维护王权置于第一,接着才是保护国教以及公民权平等。

虽然皮尔是议会地位和权威的坚定维护者,但是他从未接受辉格党的宗旨,该宗旨的核心是"议会政府",下院内政党意见构成了行政权威的合法来源。⑯ 1830 年他向亨利·古尔本(Henry Goulburn)坦承"我感到一个政党领袖需要具备许多基本的素质,其中包括对于政治游戏的喜欢和聆听他人意见的耐心,忽视他人意见是轻率的,尽管他人的意见非常令人厌烦。"⑰ 1831 年,皮尔的支持者们抱怨,皮尔"傲慢与自负地对待所有的托利党员,他把自己等同于一个普通人,而不是党的领袖"。⑱ 1834 年威廉四世和威灵顿(而非下院政党)确认他为保守党领袖。1839 年皮尔成为最后一个除了王室任命外还需要发出对他信任的明确信号的首相,这种信号是他接受职位的前提条件。1846 年 5 月,在辞职前夜,皮尔拒绝了埃伦伯乐(Ellenborough)的请求,后者请他向女王建议,他将尽可能帮助组建一个保守党政府。他拒绝的理由基于两点:一是这样一个保守政府将会采取某种形式的贸易保护主义;而他最重要的拒绝理由是,女王"无论如何在涉及倾向于选择所信任的人方面,有完全不受限制的选择"。⑲ 再者,皮尔对 19 世纪 30 年代保守党的组织建设无动于衷。他只是提供了一种统治伦理,围绕这种伦理,其他人,尤其是弗朗西斯·博纳姆(Francis Bonham)加强了选区中的保守党组织。对于皮尔来说,政党是

---

⑮ Peel to William IV, 29 March 1835, in C. S. Parker (ed.), *Sir Robert Peel form his Private Papers*, 3 vol (1891-9), ii. 299. 在 1839 年议会开会前夕,皮尔拒绝了保守党党鞭建议在他住宅召开一次下院党的会议的建议:"我不认为开大会是一件好事——没有任何具体目标——更不想在我的寓所开会,因为我没什么可说的,且没有借口把人们从国家各地招来……仅仅为了向某些懒惰之人证明一封急信,就召集开会,在我看来不是好的做法"[Peel to Fremantle, 9 January 1839, cit. in T. A. Jenkins, *Parliament, Party and Politics in Victorian Britain* (Manchester, 1996), 158]。

⑯ 有关皮尔为议会的地位和荣誉辩护的观点,参见 Matthew Cragoe, 'Sir Robert Peel and the "Moral Authority" of the House of Commons, 1832-41', *English Historical Review*, 128 (2013), 55-77。

⑰ Peel to Goulburn, November 1830, cit. in Norman Gash, *Mr Secretary Peel* (1961), 668.

⑱ Francis Bamford and the Duke of Wellington (eds.), *The Journals of Mrs Arbuthnot, 1820-32*, 2 vols (1950), ii. 415-416.

⑲ Peel to Ellenborough, 30 May 1846, Ellenborough MSS, 30/12/21/1.

权力的问题,而非权力的来源。⁶⁰

因此,1841 年保守党赢得选举是皮尔的政府反政党观的伟大胜利。正是对国教的威胁警报,激发了选区中的保守党选民。因安立甘教徒所表现的惊恐,皮尔第二次当选首相。他就任后,即刻对下院宣告:"不会像奴隶般履职,那样的话,我就会沦为执行他人意见的工具……我让每一个听我发言的人知道,他使我当政不意味着我对他个人负有责任。"他说,"依据公共责任行事,向议会提出那些我自认为应该提出的措施"是自己履职的目的。⁶¹ 皮尔拒绝党的相互支持的义务,这引起了 1841 年到 1846 年间保守党议员对首相日渐加深的不满。皮尔的冷淡和社交疏远加剧了这种怨恨。如 1844 年在讨论有关糖关税议案时,格莱斯顿听到皮尔用"生硬、矜持、内省的"腔调发言后,他"感到对应受尊重的亲密的朋友的不公正,……而且英国议会珍视的尊严受到了冒犯"。⁶² 1845 年保守党后座议员的不满终于在《梅努斯拨款法》的议题上爆发出来,政府失去了"我们曾勉强赢得的追随者的忠心与善意"。⁶³ 清教组织纷纷成立,请愿潮水般涌进议会,激烈的反天主教情绪席卷各选区。1846 年《谷物法》的废除使保守党分裂。1845—1846 年皮尔内阁的司法部长菲茨-罗伊·凯利(Fitz-Roy Kelly)爵士曾痛苦地回忆说:"在与皮尔一起共事任职的人看来,皮尔轻视自己的党是显而易见的。"⁶⁴ 1846 年 9 月,皮尔还高调地评论说:"我不会再组建一个政党来自找麻烦。'政党屁股指挥脑袋'的说法太真实了……要知道脑袋看得见,屁股看不见,我认为脑袋对于要走的道

---

⑩ 有关皮尔认为自己的成就在于自己的认同是民族、国家和帝国,而不是党、阶级或利益的观点,参见 David Eastwood,'"Recasting Our Lot": Peel, the Nation, and the Politics of Interests', in Laurence Brockliss and David Eastwood (eds.), *A Union of Multiple Identities: The British Isles, c. 1750-c.1850* (Manchester, 1997), 29–43。

⑯ Angus Hawkins, '"Parliamentary Government" and Victorian Political Parties, c. 1830-c. 1880', *English Historical Review*, 104 (1989), 654.

⑯ 格莱斯顿认为,"一个伟大的人犯下的一个巨大的错误是对党的精神与和谐造成的严重损害"[Gladstone diary, 17 June 1844, in M. R. D. Foot and H. C. G. Matthew (eds.), *The Gladstone Diaries*, 14 vols (Oxford, 1968–1994), iii. 383]。

⑯ Graham to Hardinge, 23 April 1845, Graham MSS, Bundle 88. 皮尔有充分理由预见到,梅努斯将"对政府是致命的"[M. R. D. Foot and H. C. G Matthew (eds.), *The Gladstone Diaries*, 14 vols (Oxford, 1968–1994), iii. 425]。

⑯ Stanley journal, 4 July 1850, in John Vincent (ed.) *Disraeli, Derby and the Conservative Party: Political Journals of Lord Stanley, 1848-69* (Hassocks, 1978), 26.

路会做出更好的判断。"⑯他希望保留"他的自由,不受卑下奴役之束缚,受到束缚的管理者将牺牲伟大帝国的利益而服务于党的利益"。⑯

1846年后,带着奥林匹亚山式的傲慢与疏远,皮尔试图在政党议会制度中成为一个非党派政治家。他认为,政党责任的要求同他自己所认定的国家利益不相符。有人评论说,皮尔似乎认为"在我们已有了新闻自由后",政党"就是一个负担,与时代相悖,拖累民众立法,故是不必要的"。⑯ 在把行政权威视为超党派的这一高尚观点上,他找到了阿尔伯特亲王这个同盟者。1847年8月,皮尔使亲王确信,"这个国家人民的冷静明智的判断是行政政府抑制下院有害能量的强大工具"。⑯ 亲王就其角色来说,希望强调君主作为行政的高级合伙人的作用。阿尔伯特陈述说:"世界没有哪种宪政要求君主对于政治事件的发展置身事外,没有哪个地方会比英格兰更谴责鄙视这种置身事外。"⑯在私人谈话中,阿尔伯特常常引述皮尔的话。迪斯雷利后来提醒辉格党,要提防亲王,如果他寿命更长久些的话,很可能在王权与议会间会有冲突。⑰

然而,到了19世纪40年代后期,皮尔的观点,虽有亲王的支持,也显得不合时宜了。皮尔"必须是一个领袖,这由不得他自己",斯坦利在1849年依然坚持这种看法。⑰ 1845—1846年,首先在《梅努斯拨款法》上,接着在《谷物法》废除问题上,迪斯雷利领导的下院对皮尔发起攻击,下院指出的要害是,一个因政党崛起却诋毁政党的政治家是不光彩的,"因为只有确保政党的独立,才能保持公务人员的正直,保持议会自身的权力和影响"。⑰ 皮尔"太无能了",迪斯雷利私下说,"他只想做能解决

---

⑯ Peel to Hardinge, 24 September 1846, in C. S. Parker (ed.), *Sir Robert Peel from his Private Papers*, 3 vols (1891-9), iii. 474.

⑯ Norman Gash, *Sir Robert Peel: The Life of Sir Robert Peel after 1830* (1972), 618.

⑯ Stanley to Disraeli, 22 August 1854, Hughenden MSS, B/XX/S/609.

⑯ Peel to Prince Albert, 11 August 1847, cit. in Donald Read, *Peel and the Victorians* (1987), 256.

⑯ G. H. L. Le May, *The Victorian Constitution: Conventions, Usages and Contingencies*, (1979), 64. Baron Stockmar, 阿尔伯特的顾问,曾鼓励这样的观点,但对"英国人用尽政治智慧极力讨好议会的疯狂"感到困惑[F. Max Muller (ed.), *The Memoirs of Baron Stockmar*, 2 vols (1872), i. 52]。

⑰ T. E. Kebbel, *Lord Beaconsfield and Other Tory Memories* (1907), 43.

⑰ Stanley to Disraeli, 6 January 1849, Hughenden MSS, B/X/SS/3.

⑰ Disraeli, 22 January 1846, *Hansard*, 3rd ser., lxxxiii. 123.

所有重大问题而青史留名的人,但是议会宪政不利于他实现自己的抱负;所有事情应该是由政党来解决,而不是把政党视为工具的人来解决。"⑰³ 1846年9月的《季刊评论》发出痛苦的呐喊,首相对自己的政党应保持他对君主一样的感恩与忠诚,作为一个政治家,他早期政治生涯曾受惠于政党。在1865年的这本期刊上,塞西尔勋爵的结论是,皮尔从来就不明白"政党施加于其政党领袖的责任"。他从未"承认在一个政府部长与他的政党之间存在相互的义务。他是一个严守纪律的人……但是在他脑子里,他对追随者没有义务,只有追随者才承担义务"。⑰⁴

1850年皮尔的突然去世终结了1832年前关于行政权威的历史观念。然而,在他去世前,他的名声卓著的门生,如格雷厄姆和格莱斯顿,虽然也保持着内在优越性的自我,但是他们认识到,下院政党的意见是执政权威的基础。他们不满皮尔对于负有支持党的义务的漠视。他们认为,这种漠视使皮尔站在了错误的立场上。1856年格莱斯顿通过《季刊评论》,谴责了议会政党的无组织妨碍了行政权力的有效性——文章是一篇冗长的痛苦的私人备忘录的无声版本,"政党过去是,现在也是用来抵挡民众压力的",这是写于1855年的话。格莱斯顿还写道:"这个用于抵挡的躯体必须有某种坚固的结构。"在议会,"政党的结构"提供了这种必要的"结构的坚固性",因为政党基于"相互的同情、人与人之间的信任,尤其对于领袖的信任"。⑰⁵ 格莱斯顿带有皮尔派对下院多数议员的轻视,他抨击多数议员是"愚蠢、无能的花花公子或纨绔子弟",保守党领导层的素质缺陷"无可否认且臭名昭著",辉格党人则是"衰老、反复无常、沦为日常事务的奴隶"。⑰⁶ 但不管怎样,他在1856年3月写给阿伯丁勋爵的信中指出,政党的失序是"最大的恶",这种恶"使政府失信,诱发了派性,拖延立法,弱化了对议会效率的必要的尊重,因而不利于我们制度的稳定"。⑰⁷ 1859年,格雷厄姆宣称,"议会政府"的维持在于议会

---

⑰³ Disraeli to Manners, 17 December 1845, In M. G. Wiebe et al. (eds.), *Benjamin Disraeli Letters*, 10 vols to date (Toronto, 1982-), iv. 209.

⑰⁴ Lord Robert Peel, 'Parliamentary Reform', *Quarterly Review*, 117 (1865).

⑰⁵ Gladstone memo, 'Party as it was and as it is', Gladstone MSS, 44745, fo. 200.

⑰⁶ Gladstone memo, 'Party as it was and as it is', Gladstone MSS, 44745, fo. 203.

⑰⁷ Gladstone to Aberdeen, 13 March 1856, in M. R. D. Foot and H. C. G. Matthew (eds.), *The Gladstone Diaries*, 14 vols (Oxford, 1968-1994), v. 112-113.

内的政党。⑱ 早在两年前,年轻的托利党人塞西尔就在《星期六评论》上发文说,政党支持"少数的统治,智慧之人的统治",反对"多数人和愚蠢之人的统治"。⑲ 上述情绪确认了 1855 年《爱丁堡评论》上所提及的共识——"议会政府是政党的政府"。⑳

激进派对"议会政府"的批评

作为忠实的"君主的仆人"这种残余的行政权威观念和政府特征随着皮尔的去世而迅速消退。19 世纪 30 年代和 40 年代对"议会政府"论的激进批评却甚嚣尘上。激进派通过向议会请愿、群众集会和大型户外示威,试图促进议会具有深远意义的改革。这些要求"激进改革"的呼声根源多样且历史悠久,包括 18 世纪 90 年代的自然神论者、千禧年论者、不从国教者和理性主义者,以及 17 世纪 40 年代共和思想的回潮。㉑ 直至 19 世纪 20 年代,激进主义作为一个政治词语,在公共讨论中才有了受众。

这些政治传统汇聚起来形成了对辉格党宪政信仰的激烈抨击。激进派用"贵族"这个词语来描述道德腐化的精英,使这个词成了敌人的代名词。1835 年,格雷维尔震惊于不从国教者和激进派所运用的语言,这些语言"带有狂热的激情,反对任何在他们看来属于这个国家'贵族'所有的东西"。㉒ 激进派认为,正是"贵族"剥夺了人民的历史权利和人民与生俱来的权利。历史民粹主义从"诺曼之轭"和大宪章中汲取思想,谴责"贵族"的傲慢与自负。道德自主的激进意识,通过钦定版《圣经》以及约翰·班扬和约翰·弥尔顿 的作品表达出来,对辉格党的寡头理论产生侵蚀作用。正是"贵族"所体现的世袭地产的特权损害了上帝创世以来的

---

⑱ Graham to Ellice, 7 January 1859, Ellice MSS, 15019, cit. in C. S. Parker, *The Life and Letters of Sir James Graham*, 2 vols (1907), ii. 365.

⑲ Lord Robert Cecil, 'Independent Members', *Saturday Review*, 7 March 1857, 221.

⑳ [Sir George Cornwall Lewis], 'Parliamentary Opposition', *Edinburgh Review*, 101 (January 1855), 3.

㉑ 有关早期历史与语言对宪章运动的影响,参见 Gareth Stedman Jones, 'Rethinking Chartism', in *Language of Class: Studies in English Working Class History, 1832-1982* (Cambridge, 1983), 90-178, 以及对欧文主义者的影响,参见 Gregory Claeys, *Machinery, Money and the Millennium: From Moral Economy to Socialism, 1815-1860* (Princeton, 1987)。

㉒ Charles Greville journal, 9 January 1835, in Henry Reeve (ed.), *The Greville Memoirs*, 8 vols (1888), iii. 197.

自然正义。激进派宣称,"人民"有权选择谁来统治他们——那些统治者应直接对选民负责,"人民"有能力选择他们希望的统治方式。不从国教者深受这种道德自治的影响。不从国教者通过废奴运动和废除教堂税运动日渐活跃,从而加强了政治民粹主义的影响。尽管不同激进派之间有差异,但是他们在反对温和且精英主义的辉格党信条时是一致的。重要的在于,激进主义的不同表现形式赋予劳动阶级一种强烈的自我的道德价值与作用的意识。[183]

功利主义提供了批判辉格党信仰的强大的知识武器。在吸收休谟和爱尔维修(Helvetius)的基础上,边沁在其《议会改革计划》(*Plan of Parliamentary Reform*,1817)和《宪政条款》(*Constitutional Code*,1830)中,把功利原则(最大多数人的最大幸福)运用于政府。[184] 他拒绝"自然权利"的概念。权利是法律的产物,"从实在的法律(real law)中产生实在的权利;但是从想象的法律,从自然的法律,即诗人、辩论家,以及进行道德和知识毒药交易的人所想象或发明的法律中,只能产生想象的权利,怪物杂交的种子……自然权利是一派胡言:一种自然的不可剥夺的权利,是修辞的废话——夸张的废话"。[185] 公正的政府只能来自统治者与被统治者之间密切的利益认同。对边沁来说,实现这种利益认同的关键是普选,经常性的、可能是一年一度的选举,无记名投票和信息的自由流通。把"实质代表"和议会主权同"人民"的意志区分开来的柏克式理念已被轻蔑地抛弃。唯有社会中的个人能够证明他自己的利益。柏克所认为的作为社会关系必要条件的社会有机体的说法已被丢弃,开始把个体视为政体中的唯一真正元素。"民主"唯有在无知中凋零时才是危险的。激进功利主义历史学家格罗特在其《希腊的历史》(*History of Greece*,1846—1856)中,把由专制统治到寡头政治,进而到"民主"的古代雅典(Athens)看作自由的诞生地——认为这是维多利亚时代的人要效仿的希腊模式。格罗特(来自伦敦市的议员)与其他边沁主义激进派如托马斯·佩罗内·汤普森(Thomas Perronet Thompson,代表布拉德福德的议员)、约瑟夫·休谟(1818年到1855年间代表米德尔塞克斯、基尔肯尼、蒙特罗斯)和

---

[183] 有关对民众激进主义的历史解释的变化概览,参见 Rohan McWilliam, *Popular Politics in Nineteenth-Century England* (1998)。

[184] 参见 John Dinwiddy, *Bentham* (1989)。

[185] G. H. L. Le May, *The Victorian Constitution: Conventions, Usages and Contingencies* (1979), 9.

约翰·鲍林(John Bowring,代表博尔顿的议员)都在创立于 1824 年的《威斯敏斯特评论》中发文倡导功利主义。19 世纪 30 年代,约翰·穆勒给他们贴上"哲学激进派"的标签。⑱

然而,许多激进派和不从国教者拒绝边沁的无神论哲学,因为其理性主义原则混淆了个人信念和宗教信仰。边沁毫不掩饰地宣扬,人类的主宰是痛苦与欢乐。⑱ 但是这种功利主义法条相悖于不从国教者和福音派的宗教信条。在他们看来,功利主义全神贯注于理性算计,将使他们无视神圣真理。相反,他们要求恢复失去的自由,对前工业化社会的历史进行了浪漫描述,这些成为他们抵制功利主义幸福计算法的尝试。许多激进派领袖,如亨利·亨特、科贝特、奥斯特勒(Richard Oastler)、奥康纳(Feargus O'Connor)和欧内斯特·琼斯(Ernest Jones)都把自己描绘成为了人民被压制的自由而斗争的浪漫英雄,复兴了 18 世纪 60 年代约翰·威尔克斯(John Wilkes)式骚乱中的超凡魅力元素。⑱ 这赋予他们的言辞一种情节生动的戏剧般特征。他们在动情描述善恶之间的基本冲突时许诺了诚实美德最终胜利的结局。⑱ 亨特和奥康纳突出自己的绅士般的特征:"独立"于官方精英,对人民的承诺,虽然自己不是民众,但是强调民众事业的正当性。⑲ 亨特视自己为"一个谦卑的乡村绅士",而奥康纳则有意识地身着劳动工人的"粗布斜纹夹克"。布赖特对拜伦(Byron)诗歌的热爱仅

---

⑱ 参见 William Thomas, *The Philosophic Radicals: Nine Studies in Theory and Practice* (Oxford, 1979)。

⑱ 虽然接受过强化的功利主义教育,约翰·穆勒最终批评边沁没有认识到人类良心与责任的动机。John Stuart Mill, 'Remarks on Bentham's Philosophy', *The Collected Works of John Stuart Mill*, ed. John Robson et al., 33 vols (Toronto, 1963-1991), x. 13.

⑱ 参见 Miles Taylor, *Ernest Jones, Chartism, and the Romance of Politics, 1819-1869* (Oxford, 2003)。

⑱ 参见 Patrick Joyce, *Democratic Subjects: The Self and the Social in Nineteenth-Century England* (Cambridge, 1994), 176-190, and Patrick Joyce, 'The Constitution and the Narrative Structure of Victorian Politics', in James Vernon (ed.), *Re-Reading the Constitution: New Narratives in the Political History of England's Long Nineteenth-Century* (Cambridge, 1996), 179-203, 这些文章都把这种情节描述为"19 世纪中心美学的一个部分,尤其在大众水平上"(pp. 181-182)。也参见 Rohan McWilliam, 'Melodrama and the Historians', *Radical History Review*, 78 (2000), 57-84。有关作为一个"魅力领袖"的格莱斯顿的言语中的情节元素的讨论,参见 Eugenio Biagini, *Liberty, Retrenchment and Reform: Popular Liberalism in the Age of Gladstone, 1860-1880* (Cambridge, 1992), 369-426。

⑲ 参见 John Belchem and James Epstein, 'The Nineteenth-Century Gentleman Leader Revisited', *Social History*, 22/2 (1997), 174-193。

次于他对圣经和弥尔顿的作品的热爱,他的言辞总是在描述人性同恶行与缺陷之间的英勇搏斗。狄更斯通过《艰难时世》中的人物斯莱克布里奇(Slackbridge)、查尔斯·金斯利(Charles Kingsley)通过《奥尔顿洛克》(Alton Locke)中的人物奥弗林(O'Flynn),提醒人们,多数民众易受自封的演说者影响,这类人往往来自共同体外部,是被压迫者的浪漫且富有魅力的支持者——这些受欢迎的英雄运用煽动性的语言,描绘了被压迫者的损失与被剥夺、反对"旧式腐败"的寡头势力。

激进派的语言与演讲都是从道德共同体角度出发。18 世纪 70 年代起,激进改革者在呼吁投票权给予纳地方税的所有成年男子时,不仅求助英格兰的"古代宪政",还宣称这是对讲道德、冷静、勤劳且负责任的社会群体的赋权,不是要把权利给予那些贫困人,用珀西·比希·雪莱(Percy Bysshe Shelley)的话说,那些贫困人"因长期被奴役而变得野蛮、迟钝、残暴"。[191] 这加强了激进主义赋予其追随者的道德价值意识。在肯定道德共同体意识中,激进主义渗透进提倡者生活的方方面面。他们从旧约先知所教导的社会正义和新约所包含的社会平等原则中汲取养分,激进派把政治原则视为家庭、社区和道德存在的部分。比如,宪章运动者建立了宪章教会,有宪章牧师,还创作宪章圣歌,对宪章运动的同道们的生活施加了广泛的文化影响。[192] 舞会、茶会、朗读团体、晚宴、音乐会和戏剧表演,如《威廉·退尔的爱国剧》(The Patriotic Play of William Tell),都加强了共同体意识。基督被视为第一个宪章运动者,宪章运动就是圣经的政治。巡回流动的宪章演说者被称为"传道者",罢工被视为"圣日"或"神圣之周"。同样,反谷物法联盟把要求实行自由贸易视为针对"贵族"的不道德和贪婪的道德十字军运动的一部分。

19 世纪 30 年代后期宪章运动的崛起赋予了民粹激进话语新的力量。[193] 18 世纪激进政治的主题在一个更广阔的范围展开。宪章运动宣称,"人民"在与一个"贵族"小集团的根深蒂固的自私和垄断本能作战。

---

[191] Percy Bysshe Shelley, *A Proposal of Putting Reform to the Vote throughout the Kingdom* (1817).

[192] 参见 Eileen Janes Yeo, 'Christianity in Chartist Struggle, 1838–1842', *Past and Present*, 91 (1981), 109–139。

[193] 对运动的精彩论述,参见 Macolm Chase, *Chartism, A New History* (Manchester, 2007). 以及 Gregory Claeys (ed.), *The Chartist Movement in Britain, 1838–1850*, 6 vols (2001)。对宪政主义的历史概览,参见 Miles Taylor, 'Rethinking the Chartists: Searching for a Synthesis in the Historiography of Chartism', *Historical Journal*, 39/2 (1996), 479–495。

他们认为,《改革法》仅仅是把权力从一个统治派别转移到另一个统治派别手里,"人民"依旧毫无权力可言。然而"人民"是政治权力的真正来源。"大众主权"是政治权威的真正基础。发表于1838年5月的"人民宪章"('The People's Charter')基于对直接代表的自治信仰,攻击特权精英对于政治自由的篡夺。⑭ 这种权利不是以"自然权利"的名义,而是道德、公平的制度,比1832年确定的复杂、寡头和自私的制度更为简单,也更为便宜。

宪章运动者对历史的求助体现于演讲、小册子、讲道、图像、祝酒词之中。在群众集会上,宪章运动者宣称自由集会的权利追溯至盎格鲁-撒克逊英格兰的贤人集会。名称"人民宪章"直接暗示了《大宪章》这个英格兰自由的基本文件。宪章运动声称,《大宪章》使政府对法律负责,保障了"生而自由的英格兰人"未经审判不被监禁、没收财产和任意权力侵害的自由。他们坚称,直到亨利六世统治时,人民依然享有某种形式的男子普选权,1330年和1362年的宪章条款都要求每年召开议会。奥康纳宣称男子普选权和每年召开的议会是英格兰历史宪政的一部分,这引起周围其他国家的嫉妒。维利尔斯·桑基(W. S. Villiers Sankey),一个来自爱丁堡的激进派,在1839年宣称,他们的运动本质上是英格兰的,他们不寻求理论的创新,而是要恢复被压制的撒克逊宪政原则。⑮ 1838年,狂暴的演说家、方济各牧师约瑟夫·雷纳·斯蒂芬斯(Joseph Rayner Stephens)在一次宪章运动集会上宣布,他们不追求"任何新东西",而是铭刻在大宪章中的英格兰自由的历史权利。⑯ 在1841年布赖顿的大选中,宪政运动候选人、富裕且持异议的牧师查尔斯·布鲁克(Charles Brooker),痛斥曾存在于阿尔弗雷德大帝时代的"撒克逊权利"和男子普选权的丧失,宣告宪章运动者的目的只不过就是"新约中的民主权利"。⑰

---

⑭ 有关宪章运动的政治特征,而不纯粹是社会的或经济的特征的讨论,参见 Gareth Stedman Jones,'Rethinking Chartism', in *Language of Class*: *Studies in English Working Class History*,*1832—1982*(Cambridge,1983),90-178。

⑮ Northern Star, 4 May 1839, cit. in Matthew Roberts, *Political Movements in Urban England*,*1832—1914*(Basingtoke,2009),32。

⑯ Bradford Observer, 15 October 1838, cit. in Matthew Roberts, *Political Movements in Urban England*,*1832—1914*(Basingtoke,2009),32。

⑰ Philip Salmon,'Brighton', in P. Salmon and K. Rix (eds.), *History of Parliament*: *The House of Commons 1832—1868* (forthcoming);参见 http://www.historyofparliament.org/volume/1832—1868(经编辑许可使用)。此后是 *History of Parliament*: *The House of Commons 1832—1868*。

上述主张限制了对于财产进行再分配的激进要求,尽管19世纪40年代中期,奥康纳的"土地计划"曾致力于建立一个小农土地所有权。[198] 这个运动逐渐使得妇女政治权利的要求边缘化,契合了宣扬"阿尔弗雷德大帝时代"和英格兰"历史自由权利"的激进爱国主义情感。宪章运动者把自己视为"英格兰男子""真正的不列颠人"和"不列颠之子"。腐败的"贵族"而非君主被他们描述为"人民自由的压迫者"。他们对君主的看法显而易见。一些人通过写公开信或者请愿的方式,直接要求女王做超越政治的国家象征。其他人则攻击君主制同节约开支的政府与理性不匹配。但更多的宪章运动者,包括奥康纳,认为君主是国家团结的爱国象征,应该保留下来,只要承认王座后的权力来自"人民"。[199] 在集会上所唱的《传播宪章》之歌的曲调是《统治不列颠》,《全国宪章运动之歌》的曲调则来自《上帝拯救女王》。只有保守党和辉格反对党才极力诋毁宪章运动,称他们策动不爱国的暴动。

宪章运动者要求男子普选权、废除对议员的财产资格限制、年度议会、选区规模同等、支付议员报酬和无记名投票。这些议程攻击了辉格党的宪政信仰根基。[200] 劳动阶级是宪章运动社会构成的大多数,宪章运动也把店主和小财产所有者吸引进去,形成了真正的大型民众运动,创造出一种可见的、具有威胁的全国性存在。[201] 1839年在西约克郡(West Yorkshire)的皮普格林(Peep Green),大约20万人在乐队和横幅的伴奏下集会。集会有上千种乐器的伴奏,以全场唱颂扬宪章主义的歌曲开场。其他的大型会议都在诸如科萨尔荒地(Kersal Moor)和布莱克斯通郊野(Blackstone Edge)等空旷之处——远离当地城市精英权威的地方。在城市,自由集会的法律权利可能会因公共场所的民众而受到抵制。集会上的演讲以及集会者所唱的包括颂扬奥康纳的歌曲如《自由之狮》,铜管乐

---

[198] 19世纪40年代奥布赖恩持更为激进的观点,他要求对地主所有权进行国有化。这种观点是他疏离宪章运动主流的一部分。参见 Mark Bevir, *The Making of British Socialism* (Princeton, 2011), 107-110。

[199] 参见 Paul Pickering, '"The Hearts of Millions": Chartism and Popular Monarchism in the 1840s', *History*, 88 (April 2003), 227-248。

[200] 参见 Miles Taylor, 'The Six Points: Chartism and the Reform of Parliament', in Owen Ashton, Robert Fyson, and Stephen Roberts (eds.), *The Chartist Legacy* (Woodbridge, 1999), 1-23。

[201] 有关对"大众平台"的使用,参见 Jon Lawrence, *Electing our Masters: The Hustings in British Politics from Hogarth to Blair* (Oxford, 2009), 37-42。

队的伴奏烘托出即刻的大众授权之威力所在。这种歌曲也可以是非暴力的胁迫形式。罗奇代尔的一位工厂主谈到,一次上百名妇女在他家大门前唱宪章主义颂歌时,他感到自己被隐隐威胁到了。1842年在哈利法克斯,当特别治安法警试图驱散一次民众集会时,一群妇女唱起了"联合颂歌",坚定地站在法警面前。⑳

起初,妇女在宪章运动中作用很突出,尤其是那些在纺织厂工作的女工,英格兰至少成立了150个女性宪章协会。伯明翰宪章协会中有超过2 000多名女性会员。⑳ 在1842—1843年间,著名的教友派宪章运动者如伊丽莎白·皮斯(Elizabeth Pease)、简·斯米尔(Jane Smeal)、安妮·奈特(Anne Knight)等就她们的丈夫的适当工薪提出要求,也从家庭性别辅助角色的角度提出了妇女投票权的问题。但是宪章运动领导放弃了对妇女选举权的要求,确保议会和市政政治领域依旧作为无争议的男性参与领域。一些男性宪章运动者担心女性选举权将引起家庭不和,认为家庭的灶台或者学校才是女人应占据的位置;另一些人担心妇女选举权将导致运动遭到更多的反对。宪章运动的领袖们只谈及男人的"利益",尤其是技术工人的利益,反对精英政府的干涉和雇佣者的剥削。宪章运动的请愿只提出了成年男子选举权。他们拒绝了辉格派马尔萨斯的政治经济学,而认为上帝创造了一个果实累累且物产丰富的世界,足以满足所有人的需要。勤劳的工人应该收获其劳动的正当果实。但是垄断的财富和精英式权力却拒绝给他们及其家庭食物,使他们挨饿,陷于贫困。它使国家繁荣所依靠的生产者沦为贫困的牺牲品。

1839年在第一次向议会请愿时,托马斯·阿特伍德(Thomas Attwood)宣称,签名是"企望恢复那些他们认为构成英格兰下院的原初和宪政权利的古代权利"。⑳ 1842年的请愿有330万个签名,写满了6英里长的纸张。巨大的签名纸在呈往议会时,阻塞了通向下院的过道。当下院以287票对59票否决了请愿时,艰苦的罢工开始了。1848年早期,在

---

⑳ 参见 Catherine Bowan and Paul Pickering, '"Songs for the Millions", Chartist Music and Popular Aural Tradition', *Labour History Review*, 74/1, (2009), 44-63, 以及 Timothy Randall, 'Chartist Poetry and Song', in Owen Ashton, Robert Fyson, and Stephen Roberts (eds.), *The Chartist Legacy* (Woodbridge, 1999), 175。

⑳ 参见 David Jones, 'Women and Chartism', *History*, 68 (February 1983), 1-21。

⑳ Attwood, 14 June 1839, *Hansard*, 3rd ser., xlviii. 224.

又一次请愿发起时,格拉斯哥、曼彻斯特和其他城市都出现了罢工,这次请愿征集了 570 万个签名。但是 1848 年 4 月在肯宁顿公地(Kennington Common)召开的宪章运动伦敦大会却在雨中结束,标志了宪章运动高潮的结束。请愿在议会遭到了嘲讽,因为运动本身发生了地域间的分裂,提倡暴力者与道德劝说者之间的紧张关系削弱了运动的支持力量。[209] 宪章运动领导者奥康纳和奥布赖恩都提倡把道德力量作为实现变革的手段,同时又暗示,如果他们的要求被拒绝的话,他们将不顾一切地发起暴力革命。这种分歧是对伦敦宪章运动者的格言"团结就是力量"的一种悲哀的讽刺(参见图片 3.3)。

图片 3.3　1848 年 4 月,宪章运动者在肯宁顿公地集会的银版照。请愿书被放置在一个专门铸造的马车上带进会场,马车上刻有诸如"人民之声是上帝之声"这样的字句。会议在上午 11 点开始,病中的奥康纳和欧内斯特·琼斯对将近 15 万的聚集民众发表演讲,多数民众都佩戴着红色、绿色和白色玫瑰花。奥康纳在讲话结束时宣布,为了避免同权力部门的暴力冲突,他们不准备按原定计划游行到议会,聚会在下午 1 点后和平解散。

---

[209]　然而,重要的是,我们要注意到,奥康纳所提到的"道德力"与"暴力"的区别,是有意说出宪章运动在策略上有着重大的分歧。这种区别使他能将他参与《谷物法》废除中所建议的理性、镇定和冷静特征与极端宪章运动者的非理性、狂热、暴力的因素相对比。

议会政治家从两个方面贬斥了宪章运动。⑳ 首先,他们驳斥了宪章运动领袖声称是"人民"真正代表的观点。宪章请愿签名的复制件,连同有女王和潘趣先生(Mr. Punch)的签名,都呈递给议会,这被议员们作为证据攻击宪章运动的欺世盗名。宪章运动领袖被斥为煽动者和蛊惑者,说他们在人民"利益"问题上,试图误导"人民"。这就保护了辉格党所称的改革政府基于民众同意的主张。其次,议会漠视宪章运动的政治要求。议会声称,这些政治要求掩盖了不幸的社会和经济的原因。宪章运动煽动者出于自身目的在政治上利用了社会疏离和经济困境。疗愈社会分裂、缓解经济困境,处理如 1839 年卡莱尔所说的"英格兰状况",才是统治阶层所面临的真正挑战。迪斯雷利在 1845 年的小说《西贝尔》(*Sybil*)中把上述情况归纳为英格兰已分裂成"两个民族",彼此互不了解。随后描写社会疏离的小说有伊丽莎白·加斯克尔(Elizabeth Gaskell)的《玛丽·巴顿:曼彻斯特生活记》(*Mary Barton: A Tale of Manchester Life*, 1848)、金斯利的《奥顿洛克:裁缝与诗人》(*Alton Locke: Tailor and Poet*, 1850)和狄更斯的《艰难时世:为了这些时代》(*Hard Times: For These Times*, 1854)。居住在简陋出租房的城市贫民的堕落是对"贵族"自私和衰颓的道德谴责。这引发了各种政治反响。托利激进派寻求工厂立法,攻击 1834 年的《济贫法修正案》。⑳ 保守的"青年英格兰"运动,如迪斯雷利在小说中所描述的,要求建立体现在封建价值观下的父权社会和谐,但封建价值观已被工业化的物化自利所摧毁。⑳ 虔诚与敬畏可能有助于疗愈不安与贪婪之疾。然而,最重要的是把推动自由贸易作为解决社会疏离和经济困境的药方,这种建议获得了助推力。

中产阶级主导的反谷物法联盟成立于 1838 年 9 月,这个联盟用民粹主义言辞攻击地产主自私的保护主义本能,谴责统治阶级的道德败坏。联盟领导科布登抨击英国政体也就是"各种垄断、教会诡计与闲差、徽章骗术、长子继承权和仪式"罢了!他看到"封建精神在瓦特、阿克莱特和斯蒂芬森时代的矛盾发展中蔓延与猖獗!不但如此,封建主义每日都在

---

⑳ 参见 Robert Saunders, 'Chartism from Above: British Elites and the Interpretation of Chartism', *Historical Research*, 81 (2008), 463-484。

⑳ 参见 Stewart Weaver, *John Fielden and the Politics of Popular Radicalism, 1832-1847* (Oxford, 1987), 140-178。

⑳ 参见 Richard Faber, *Young England* (1987), 182-204。

政治与社会生活中日渐兴盛"。㉙ 在他看来,废除《谷物法》的目的就是从"土地寡头"手中攫取权力,使权力完全掌控在智慧勤劳的中产阶级手里。㉑ 他的助理布赖特描述说,他们的运动是"商业的勤劳的阶级反抗地主和大土地所有者的运动"。㉑ 联盟的文献谈起盎格鲁-撒克逊人民的"古代自由"被诺曼外国世袭阶层残酷压制。最初的宣传强调联盟是一种人文运动,支持挨饿的被剥削大众的需求,而不仅仅限于中产阶级的事业。

联盟也是浸透着宗教目的的十字军东征。对不从国教者乔治·哈德菲尔德(George Hadfield)来说,自由贸易是

> 基督的至高哲学……世人可能受制于政治经济学原则,但是让我们在基督之光下审视这些原则,我们很快会看到,谁在掌舵,谁是那个控制人们心灵的大统治者,谁能凭借他个人之力达到自己的目的。㉑

科布登的朋友骨相学家乔治·库姆(George Combe)出版的《人类的宪法》(The Constitution of Man)将物质改善与道德进步彼此相容的观点普及开来,科布登受他的影响,把自由贸易视作福音信条。科布登宣称,自由贸易是"全能者的国际法"。㉑ 他认为,"必须诉诸宗教和伦理情感,基督世界的能量必须"从"真理与正义的事业"中汲取。㉑ 布赖特在其演讲中,展示了以诚实、单纯和同上帝与历史直接相通的意识去对抗骄傲、残酷和懒惰的原罪。当皮尔1846年废除了《谷物法》时,布赖特宣布此项决定是写入议会法案的圣经。㉑

㉙ John Morley, *The Life of Richard Cobden*, 2 vols (1881), ii. 481-482.
㉑ 联盟也成功地将"便宜食品"的信息传达给了妇女,她们是家庭预算和管理的人员。参见 Anthony Howe, 'Popular Political Economy', in David Craig and James Thompson (eds.), *Languages of Politics in Nineteenth-Century Britain* (Basingstoke, 2013), 123.
㉑ Donald Read, *Cobden and Bright: A Victorian Political Partnership* (1967), 95.
㉑ Hadfield to Morley, 23 October, 1843, cit. in E. Hodder, *The Life of Samuel Morley* (1887), 77-78.
㉑ *The Political Writings of Richard Cobden*, ed. L. Mallet, 2 vols (1867), i. vi.
㉑ Patricia Hollis (ed.), *Pressure from Without in Early Victorian England* (1974), 10. 反谷物法联盟会员卡上写的口号是"今天就给我们面包"。
㉑ Patrick Joyce, *Democratic Subjects: The Self and the Social in Nineteenth-Century England* (Cambridge, 1994), 135.

科布登不仅将自由贸易视为国内繁荣的道德基础,还将其视为和平的国际主义——这是以"曼彻斯特学派"(Manchester School)闻名的激进主义的宗旨。随着贸易保护壁垒的拆除,国家间更大的相互依赖将加强国际和谐。1848年科布登和财政改革协会(Financial Reform Association)要求政府减少军队和海军的开支,以便降低关税和消费税。他认为,传统的外交政策总是用内在对抗性的词语表达,如"国家利益""力量均势""势力范围"等,这样的外交政策实际是特权精英为了维护其狭隘利益而推行的。这些对抗性的语言将民众的注意力从实际的国内窘况中转移,且模糊了国际关系中更为道德的观点。他论证说,民族主义是一种过时、有害且愚蠢的迷信。布赖特对传统外交政策冠以对"贵族"小集团进行院外救济的大制度。[216]

最后,19世纪四五十年代富于斗争性的不从国教者的崛起为民众激进运动注入了强有力的道德因素。对腐败的统治价值观的谴责来自1844年成立的反国家教会协会(the Anti-State Church Association),1853年更名为解放社团(the Liberation Society,提倡政教分离),以及1853年成立的联合王国同盟(the United Kingdom Alliance,提倡节欲)。1847年,持异议者议会委员会成立。解放社团的领袖爱德华·迈阿尔(Edward Miall)通过其媒体喉舌《不从国教者》(Nonconformist),攻击国教是富裕、懒惰和自私的精英们的精神支柱,阻碍着神圣真理的进步。同联合王国同盟的言论一样,这是对贵族伦理价值观的尖刻抨击。从1863年开始,解放社团采取了更加咄咄逼人的选举策略。1836年,墨尔本政府取消了安立甘教在出生、婚姻和死亡登记上的垄断权,这些事务由地方官员作为民事承担下来。同年,授予了伦敦大学一项特许权,准许伦敦大学不同于牛津、剑桥两所大学,不把信仰安立甘国教作为获取学位的条件。这是"高尔街(Gower Street)不信神的机构"。1834年、1837年、1840年、1842年、1849年激进派议员都提出要废除教堂税。1853年后自由派后座议员每年都提出废除教堂税的议案,且能保证对议案的二读,尽管直到1868年义务教堂税才废除。[217] 1855年福音派自由党人格罗夫纳勋爵和埃布林

---

[216] Bright at Birmingham, *The Times*, 30 October 1858, 7.

[217] 参见 J. P. Ellens, *Religious Routes to Gladstonian Liberalism: The Church Rates Conflict in England and Wales, 1832-1868* (University Park, PA. 1994)。

顿勋爵要求禁止周日交易,但是他们没有成功。不从国教者在国家支持教育的问题上发生了分歧。唯意志论者拒绝国家插手初等教育。皮尔1843年的《工厂议案》提出了由安立甘教会人员为工厂的孩子提供义务教育的建议,这加深了唯意志论者对统治精英的安立甘偏见的最大的怀疑。在1847年大选后,代表哈利法克斯和利兹的选区的60名"先进"自由党和激进派议员,决意反对国家增加对教育的拨款。但是,他们与其他激进派在谴责腐败精英的道德价值观上又是一致的,他们反对把国教置于人与上帝之间的位置。不从国教者认为人与上帝有着一种直接的私人的关系,不受任何政府机构的妨碍,这使激进的民粹话语带有鲜明的教派色彩。

激进派的分歧给了辉格党和保守派某些保护,使他们免受掠夺的威胁。聪明、想入非非的激进派议员在议会中倾向冒险的孤立,这妨碍了他们彼此之间的合作。他们宣称"独立"于政党这个腐败的寡头派系,以展示他们自身的正直。议员威蒂(E. M. Whitty)评论说,每一个激进派"都有自己的旗帜,说着自己的诉求……党的完整性牺牲给了个人的荣耀"。㉘ 他们的分歧不仅仅是各自秉性和虚荣心的引起的,而且是彼此对于政策与策略有着本质的不同看法的结果。像休谟、鲍林、莫尔斯沃思、罗巴克(John Roebuck)、布勒(Charles Buller)这些激进改革者,都是19世纪30年代的老手,他们与都市媒体保持着良好的关系,也同宪章运动领袖们有联系,他们希望削减公共开支、对辉格党施压、促进其改革,并确保进一步的改革有助于加强下院的权力,减少寡头或者行政"利益"方的权力,通过无记名投票、对议席的再分配和扩大选举权来实施进一步改革。虽然他们信奉安立甘教,但是他们也支持下院不从国教者的主张,如废除教堂税等。到19世纪40年代,像邓库姆、尤尔特、厄克特、吉布森、黑德拉姆、金、维利耶这些"独立自由派"中的一些人,同像朱塞佩·马志尼(Giuseppe Mazzini)这类欧陆的共和派和激进派人士保持着友谊,他们寻求更广泛的改革,如税制与教育的改革、废除死刑和更多的宗教自由。由科布登、布赖特和威廉·福克斯(William Fox)等领导的"曼彻斯特学派"在议会中的地位来自他们对反谷物法联盟运动的领导。这个自由派别希

㉘ E. M. Whitty, *St Stephen's in the Fifties: The Session 1852-3, a Political Retrospect*, ed. J. McCarthy (1906), 27.

望实现自由贸易、不干涉的和平外交政策和对土地所有权的再分配构成的科布登议程。[219] 19世纪40年代"曼彻斯特学派"的同道科布登和布赖特在《梅努斯拨款法》和激进变革的优先目标上产生分歧——布赖特认为选举权改革要先行,而科布登则把财政改革和扩大小土地自耕农范围视为瓦解新封建制度的首选。爱国哲学激进派者罗巴克(代表设菲尔德的议员)在19世纪50年代同教友派的布赖特分道扬镳,因为布赖特谴责了克什米尔战争。

虽然存在这些重大分歧,但是激进主义相互交织的线索在对"贵族"的独占性进行民粹谴责这一点上是共同的。如科布登在1849年所抱怨的,"我们是奴性十足、爱贵族、受制于主的人民"。[220] 布赖特则认为"人民是贵族俘获的猎物"。[221] 激进派对辉格党推崇的高尚的"公正无私"理想表示出了共同的蔑视,他们斥责这种理想是不当特权与"贵族"垄断的外衣。改革者约瑟夫·帕克斯(Joseph Parkes)私下议论,说辉格党是横亘在"人民"和托利"贵族"之间的非自然的政党,为获得职位的薪水和权力的虚荣心罢了,是一群"冷酷、自私、闹派性的人"。[222] 罗巴克攻击辉格党为"独占的贵族宗派……一旦不在位,他们就是煽动家;掌权时,他们就是垄断的寡头"。[223] 对于激进派来说,主权不在议会,而在"人民"。自私的辉格党的屈尊只是为了窒息民众政治的潜能。1841年,宪章运动的《北方之星》(Northern Star)宣称,"人民是全部权力之源",[224]但是带性别特征的"人民"概念通常把该词限于有道德责任的成年男子。激进派议员视自己是"人民"的代表,对自己的选民负有直接责任。像特里劳尼(代表塔维斯托克,要求改革教堂税)这类激进派议员,每年都对自己的选民就自己在议会开会期间的投票做年度说明或口头报告。激进派议员认为,

---

[219] 参见 Miles Taylor, *The Decline of British Radicalism*, *1847-1860* (Oxford, 1995), 25-60。

[220] Cobden to Bright, 4 November 1849, cit. in John Morley, *The Life of Richard Cobden*, 2 vols (1881), ii. 54.

[221] Bright to Rachel Priestman, 14 August 1842, cit. in Patrick Joyce, *Democratic Subjects: The Self and the Social in Nineteenth-Century England* (Cambridge, 1994), 129.

[222] Parkes to Durham, 13 December 1834, cit. in Ian Newbould, *Whiggery and Reform 1830-41: The Politics of Government* (1990), 33.

[223] Asa Briggs, *Victorian People: Some Reassessments of People, Institutions, Ideas and Events, 1851-1857* (1954), 73.

[224] The Northern Star, 2 January 1841, cit. In Matthew Roberts, *Political Movements in Urban England, 1832-1914* (Basingstoke, 2009), 28-29.

他们的权威来自"人民",不是议会。类似无记名投票和选举权扩大的问题都是最有可能使激进派采取共同行动的问题,因为这些问题击中了辉格党寡头政治腐败之根源。激进主义是不满政治独占的呐喊。[225]

在挑战"议会政府"的基本宗旨时,激进派否认辉格党所称的"公正无私"。他们也拒绝柏克的"实质代表"概念。只有"人民"才能主张他们自己的"利益"。人民把议员看作他们选区的代表,直接对选民负责。他们不认同辉格党对议会内政党组织与选区党派情感所做的区分,也拒绝行政权威仰赖下院批准的观点。在议会,激进派议员都持"独立"于政党组织的立场,这样他们就能斥责行政政府的浪费与腐败,保持他们对选民"利益"的忠诚。政府权威来自它统治的人,民众的同意应该由年度议会来保证。他们批评以财产资格为前提的选民登记程序。希望用秘密投票取代作为社会责任而进行的公开唱票,因为投票是一种个人权利,产生于工人所说的他自己的劳动果实,且被"古代自由"所确认。他们不认为个人财富是作为一名议员所需要的智慧和视野的保证,要求废除对当选议员的财产资格限制,支付议员薪水。他们坚持认为,辉格党珍视的宪政"均衡"是因为土地精英的一种自私要求,土地精英明白自己将失去什么。总之,对辉格党信仰的拒斥,意味着拒绝把议会看作自治的主权大会。一个有限的多样化的选举权能产生一个体现全民族真正"利益"的主权大会,而不是仅关注一小部分精英的自私要求的说法,令激进派反感。"人民"而不是"议会"构成了这个国家的主权。

辉格党以极其轻蔑的态度回应了激进派的敌意。首相格雷断言,公务人员不比耀眼的激进派"更卑下、更可憎,与所有志趣、文雅、道德、真理和荣誉更格格不入",他的结论是,"在黑暗中,除了你自己外,谁也不能信"。[226] 辉格党声称,激进主义试图给予贫困多数统治富裕少数的权力,是因嫉妒而产生的一种掠夺原则,其许诺"和平与自由"的"狂野和奢侈的计划"最终将以"暴政与无政府"而结束。[227] 结果,威斯敏斯特的激进派发现"在门厅和小吃部碰到的托利党人比辉格党人更有教养",因为"辉

---

[225] 有关"公民社会"的激进概念,参见 J. Keane, 'Despotism and Democracy: The Origins and Development of the Distinction between Civil Society and the State, 1750–1850', J. Keane (ed.), *Civil Society and the State* (London, 1988), 35–71。

[226] E. A. Smith, *Lord Grey, 1764–1845* (Oxford, 1990), 216.

[227] Grey, 17 July 1833, *Hansard*, 3rd ser., xix. 753.

格党人总是认为怠慢激进派是必要的,以向托利党人表白,自己不是危险的政治家"。㉘ 辉格党对奥康奈尔的爱尔兰激进派表现出最激烈的蔑视,因为爱尔兰激进派要求废除1800年《合并法》,结束新教"贵族"对爱尔兰民族的压迫。墨尔本评论奥康奈尔的追随者"崇拜他就像野蛮人崇拜恶魔一般"。㉙ 布鲁厄姆的私人秘书,丹尼斯·勒·马尔尚(Denis Le Marchant)称爱尔兰激进派为"彻头彻尾的骗子"。㉚ 辉格党从激进派的演讲中只听到了两个音符:悲怆与狂怒。

不管怎样,激进派试图借助议会实现他们的抱负。㉛ "人民宪章"呈交给议会。反谷物法联盟呼吁通过立法解除他们的苦难。解放社团要求通过议会法令解决安立甘的政教分离问题。联合王国同盟则认为议会的节欲立法是最有效的道德改革手段。议会处于"院外"骚乱、集会和示威的焦点。越来越多地涉及民众政治动态、要求对广泛领域的议题进行立法的请愿书,被递交到议会,议会的声誉显而易见。㉜ 1828—1832年,议会共收到23 283份请愿书。到1838—1842年间,请愿书数量升至70 072份。反谷物法和宪章运动请愿占了大部分,还有许多谈及宗教问题,如1845年后反对《梅努斯拨款法》的请愿。地方"利益"和国家政策推动了请愿行为的发展,虽然在1841年后,反谷物法联盟开始强调乡郡的拉选票活动和选举人登记策略。为回应递交上来的逐渐增加的请愿书,下院在19世纪30年代和40年代早期修正了审议请愿书的程序。程序的修正是为了负责地对待民众真正的诉求。㉝ 19世纪50年代和60年代,下院收到的请愿数量依旧在增加,相比较而言,上院收到的请愿和以备忘录

㉘ Cobden to Lindsay, 23 March 1858, Cobden MSS, 43669.

㉙ Melbourne to Russell, 5 Feb. 1838, cit. in L. C. Sanders (ed.), *Lord Melbourne's Papers* (1889), 219.

㉚ Le Marchant Diary, 1 August 1831, cit. in A. Aspinall (ed.), *Three Early Nineteenth-Century Diaries* (1952), 279.

㉛ 参见 James Epstein, 'The Constitutional Idiom: Radical Reasoning, Rhetoric and Action in Early Nineteenth-Century England', *Journal of Social History*, 3 (1990), 553-574。

㉜ Henry Miller, 'Popular Petitioning and the Corn Law, 1833-1846', *English Historical Review*, 127 (2012), 887, and Paul Pickering, '"And your Petitioner, &c": Chartist Petitioning in Popular Politics, 1838-1848', *English Historical Review*, 116 (April 2001), 368-388.

㉝ 参见 Peter Mandler, *Aristocratic Government in the Age of Reform* (Oxford, 1990), 2-8, 33-39, 159-193, and Jonathan Parry, *The Rise and Fall of Liberal Government in Victorian Britain* (New Haven, 1993), 113-127。

形式递交给女王的请愿却在减少。下院收到的请愿在1868—1872年间达到了一个高峰,共计101 573 分请愿,表明每年在请愿书签名的人有300万人。[234]

下院对于民众运动的中心作用得到强化。1859年宪政运动老手科布登建议他的激进同行布赖特,"依靠你在下院的影响",在政治发言方面更慎重些将是比较明智的做法。他敦促说,"你最大的力量在下院"。[235] 激进派支持以宪政方式达到他们的目的。暴力革命提倡者和要求推翻君主制的共和派处于19世纪30年代和60年代激进主义的边缘。同保守党、辉格党和自由党一样,激进派也运用历史先例和对民族过去的相互矛盾的解读来证明政治抱负的合法性。他们依靠议会来达到自己的目标。这使激进主义难以构成对政治制度的根本挑战,因为1832年议会通过的改革立法逐渐平息了他们对专制的寡头政体的不满。

激进主义的"大众宪政"试图通过唤起历史、法律和议会权威的语言,恢复人民被专制的精英所剥夺的那些历史合法权利。布赖特宣称他的行动"有我们古老的宪政做依据",且"有古老宪政之光的指引"。寻求议会改革的"唯一安全之道"在于"坚守我们国家古老且高贵的宪法"。[236] 激进派寻求借助辉格党的法律改革来消除不满。[237] 1848年迅速衰老的激进派休谟(代表蒙特罗斯的议员)在下院中说,他不会"否认财产的正当影响,也不会否认贵族和有着高贵品质者的人具有的正当影响,反而希望他们能永远保持影响"。[238] 作为被排除在政治权力之外的呐喊,激进主义希望能够以自己的条件参与到国家的制度中,但不是彻底推翻现存体制安排,废除辉格党的宪政架构。激进派的话语是要求在清除了腐败之后

---

[234] Jonathan Parry, *The Rise and Fall of Liberal Government in Victorian Britain* (New Haven, 1993), 223.

[235] Cobden to Bright, 29 December 1859, cit. in John Morley, *The Life of Richard Cobden*, 2 vols (1881), ii. 349.

[236] Patrick Joyce, *Democratic Subjects: The Self and the Social in Nineteenth-Century England* (Cambridge, 1994), 194. 在 *Phineas Finn* 中,特罗洛普有激进倾向的自由派议员,代表所有选区中最激进的选区 Pottery Hamlets 的 Joshua Monk,宣告"我真的爱英国宪政"[Anthony Trollope, *Phineas Finn*, new edn (1871), 75, 144]。

[237] 恩格斯认识到了这一点,但保持了对根本变革的希望。宪章运动的"六点",都只限于重组下院,似乎是无害的,但是足以推翻整个英国宪政,包括女王和贵族"[John Saville, 1848: *The British State and the Chartist Movement* (Cambridge, 1987), 214]。

[238] Hume, 12 May 1848, *Hansard*, 3rd ser., xcviii. 905.

的历史宪政内,把具有劳动能力、自力更生、"独立"且有着美德、道德价值与正直人格的成年劳动男子纳入政治体制中。

辉格党、改革派、自由党、保守党和激进派对 1832 年后的议会的作用进行了争论。对国家宪政的过去相互矛盾的叙述构成了这种政治议论冲突的框架。所有派别对民族历史的真正解读都是矛盾的,但是所有派别都认为议会体制是国家宪政安排的历史体现。在其《自传》(*Autobiography*)中,小说家和未能当选议员的自由派议员候选人特罗洛普把下院中的席位说成了"每一个受教育的英格兰人的最高抱负"。[229] 他在《你能宽恕她吗?》(*Can You Forgive Her?* 1865)中写道,"一个英格兰人最高和最正当的自豪"是"有议员签名的信件。获得爵位……都无法带来这种荣耀。"[240] 他在《公爵的孩子们》(*The Duke's Children*, 1880)中评论说,那些被选到议会的人都被认为是"人中尖子",那些主导议会的人是"尖子中的尖子"。[241]

议会居于英国宪政的中心。议会构成了政治愿望的焦点。虽然不同派别的激进者寻求教育、土地所有制、税收、政府开支、节欲、工联主义、外交政策、地方政府和宗教等不同领域的改革,但是议会改革成为他们最强有力的共同纽带。"宪政主义"有着不同的侧重与变化,为公共讨论提供了流行习惯用语。在 1828—1832 年无序威胁加大的情况下,辉格党人重振了议会作为英国宪政中心的地位,他们宣称,这种振兴源于民族对于宪政的信心和忠诚。议会权威再次得到确认。要求基于"自然权利"或者成文法典进行改革的论点被进一步边缘化。虽然辉格党关于"议会政府"的概念主导了 1832 年后的国家政治,但是在议会应该采取何种体制的问题上也有过激烈的争论。议会与国家的适当关系、宪政的真正性质,成为 1832 年到 1868 年间英国政治家个人思考和公共辩论的问题。

---

[229] Anthony Trollope, *Autobiography*, 2 vols (Edinburgh, 1883), ii. 128.
[240] Anthony Trollope, *Can You Forgive Her?* 2 vols (1864), ii. 34.
[241] Anthony Trollope, *The Duke's Children*, 3 vols (1880), i. 250.

第四章
选区政治：1832—1867

  夏日集市活力四射，热闹程度不亚于正午阳光下的秋季市场。在夏日集市上，幡旗飘飘，与攒动的人头上的蓝帽徽相映成趣，趴在窗户的各色面孔四处张望，摩肩接踵的人群簇拥在拉姆客栈（Ram Inn）前的竞选讲台周围，叽叽喳喳，平民特色的画面中可见庄重矜持的格兰比（Granby）侯爵，他站在讲台的右角落。不时会有轻蔑的叫喊声、阵阵欢呼声、刺耳的哨声传来；然而，每隔一刻钟响起的颤动雄浑的钟声令时断时续的集市声响相形见绌，钟声来自集市旁溪流对岸、高过树顶、有些年头的教堂塔楼上的大钟——"伟大的贝丝女王"钟。

——乔治·艾略特：《费列克斯·霍尔特：激进者》
（George Eliot, *Felix Holt*: *The Radical*）

第四章 选区政治:1832—1867

恢复"合法"选举社区是 1832 年《改革法》的辉格党发起者希望实现的一个目标。为了使负责任的"舆论"免受暴民的破坏和激进煽动者的蛊惑,需要强化选区功能,把选区作为凝聚地方共同体情感的组织。奥尔索普曾私下评论说:"人民不会选择恶棍。"① 将民众与历史制度捆绑在一起,使他们远离颠覆性的革命影响,意味着强化人民对宪政的依赖。借用选举的词汇,这种做法意味着恢复恰当的选区关系,促进地方共同体中的政治常态意识,维护社会的稳定,确保有序的改善。

1832 年前,乡村选民迅速增加,城市选区选举权受限(尤其是自由民市镇和市政团选区),"为加强对受操纵选区的控制"使用"外部选民"(非居民选民),选区界限与城市人口的不匹配越来越严重,这些使得许多传统选区面临解体。② 政治家们担心,上述变化威胁社会团结和政治的合法性,进而将危及议会权威自身。到 19 世纪 20 年代,这种普遍的担忧已导致地方开展改革运动,这些地方改革运动的主要目的是恢复选举代表与其代表的选区的历史关系。为消除困扰选区的担忧,化解社会失序的危险,实施的改革措施有:把乡郡划分为更小的地理单位,重新分配议席,对富裕选区赋权,剥夺非居民市民的选举权,重新划分选区。

至少在一个方面,辉格党扩大选民参与责任政治的目的达到了。1832 年后,大选中的选民投票率显著提高。1832 年前,选民投票率不到 40%。《改革法》后,平均投票率达 62%——这种情况一直持续到 19 世纪 50 年代。③ 1832 年后,联合王国的选民规模也持续扩大,虽然选民规模扩大的趋势依然没有赶上整个人口规模扩大的趋势。1832 年到 1865 年间,英格兰选民增长了近 59%。威尔士增长了近 48%,苏格兰增长了近 63%,在 1850 年爱尔兰议会《改革法》之后,爱尔兰选民增长了近 125%。然而,1832 年《改革法》之后所产生的未能预见且重要的变化发生在选区。人口变化、城市扩大、19 世纪 30 年代和 40 年代因铁路网的扩展导致的越来越多的非居民要求在乡村投票,使原本有着清楚的地理区划的选区不再适应需要了。

---

① E. A. Wasson, *Whig Renaissance: Lord Althorp and the Whig Party, 1782-1845* (1987), 252.
② 参见 Philip Salmon, 'The English Reform Legislation', in David Fisher (ed.), *The History of Parliament: The House of Commons, 1820-1832*, 8 vols (Cambridge, 2009), i. 393-395。
③ C. Rallings and M. Thrasher (eds.), *British Electoral Facts 1832-2006* (Aldershot, 2007), 85-87.

选举社区

选举社区概念构成了 1832 年改革的基础,此概念基于对代表制的理解,基于对选民与其议员关系的理解。首先,辉格党和改革者认为,各个选区都有共同"利益",这种共同利益赋予每个选区自身的特色。比如,1832 年后,英格兰大市镇自治选区占英格兰城市选举的大部分,且各自很不相同。④ 兰开夏郡和约克郡新近获得选举权的城镇代表着国家的制造业"利益"。比较老的市镇,如布里斯托尔海港,代表着海上贸易"利益"。科尔切斯特(Colchester)、埃克塞特(Exeter)、林肯(Lincoln)和诺里奇(Norwich)则是与其农业内陆地区有着封闭经济联系的大型城镇。切尔滕纳姆(Cheltenham)和布赖顿得益于有闲阶级的恩赐,而查塔姆(Chatham)、多佛(Dover)、德文波特(Devonport)、朴次茅斯(Portsmouth)四个市镇的造船厂经济靠政府合同。伦敦自治市镇是资本商业都市活动区,人口正在快速增长。这些决定了每个选区在议会所代表的利益的特征不同。

其次,辉格党和改革者认为选区内的选举组织应该基于相互尊重的直接的人际关系,而非胁迫、腐败或贿赂。1832 年后的选举制度是要把那些有足够财产、具有一定地位和智力及受教育程度高的男人吸纳进来,以使他们能够对社区利益和议员候选人的比较优势进行"独立"判断,不受制于依附和委托关系。社会等级是社区生活的一个自然组成部分。投票特权确认了有机的社会等级关系和相互的责任。选举应该体现出相互尊重和共识,二者是社区联系紧密的社会网络的基础。财产的附属物,如就业、恩赐、慈善和交易等,构成了"合法"影响的基础。如罗素 1831 年 3 月在下院所宣称的,那些有着大笔收入、履行重要的职责、通过慈善救济穷人、展示个人价值与公共美德的人对他们所在社区的舆论自然有着很大的影响。⑤ "腐败"选区是"非法"影响通过选举腐败、强迫与威胁产生影响的选区——在这样的选区,名声不是基于功绩,责任没有得到履行,

---

④ 参见 Miles Taylor, 'Interests, Parties and the State: The Urban Electorate in England, c. 1820–72', in Jon Lawrence and Miles Taylor (eds.), *Party, State and Society: Electoral Behaviour in Britain since 1820* (Aldershot, 1997), 50–78。

⑤ Russell, 18 February 1831, *Hansard*, 3rd ser., ii. 1086.

享受俸禄却没有为社区提供服务。相反,基于相互尊重的"合法"影响要通过"独立的"选民才能发挥作用,"独立的"选民都秉持对公共"美德"、地位、教育和理性的尊重——即财产、等级、声誉和地方归属感的自然影响。⑥

1832年前后的英格兰乡村有着充满活力的参与选举文化,土地的"影响"是这种文化的一个因素。地主对他们的租户和邻居的投票有着一定的影响。但是这种"影响"只有在地主履行了人们期待的伴随拥有土地而承担的相应责任后才会发挥作用。⑦ 其他因素包括乡村选区构成的多样化、1832年后选举规模的扩大,以及较高的投票率抑制了高压手段。乡村选举不仅仅是大地主们赤裸裸加以控制的结果。粗暴地试图控制选民投票的行为,如收回土地的威胁,会受到公开谴责。声誉、良好的修养与端正的品行是绅士应具备的条件,这些基于相互尊重的品质,是"影响"有效发挥作用的基本条件。1848年迪斯雷利在下院发言说:"英格兰绅士是人民合适的领袖。如果他们不成为领袖,我不明白为何绅士还有存在的必要。"⑧

再次,辉格党和改革者认为,议员应该代表整个社区的"利益"和意见,而不仅仅是投票人的利益与意见——柏克所说的"实质代表"。议员在议会中代表整个社区的"利益"而不仅仅是那些投票给他们的人。正如投票是基于社区利益的一种公共责任,而不是个人的私有权利,议员应该既代表选民,也代表社区中没有选举权的人。北埃塞克斯(North Essex)的代表、反复无常的保守党议员威廉·贝雷斯福德(William Beresford)1852年在演讲台上回答一名质问者时说,他只对"乡郡的选民"负责,而不对"暴民"负责,随后,《泰晤士报》激烈抨击这种挑衅的言论,认为这是选举中出现的新"特征"。⑨ 议员要对整个共同体负责,既包括选民也包括没有选举权的人,这种认识强化了一个选区要有不止一名议员

---

⑥ 参见 Alan Heesom, '"Legitimate" versus "Illegitimate" Influences: Aristocratic Electioneering in Mid-Victorian Britain', *Parliamentary History*, 7/2 (1988), 282–305.

⑦ 参见 David Eastwood, 'Contesting the Politics of Deference: The Rural Electorate, 1820–60', in Jon Lawrence and Miles Taylor (eds.), *Party, State and Society: Electoral Behaviour in Britain since 1820* (Aldershot, 1997), 27–49.

⑧ Disraeli, 20 June 1848, *Hansard*, 3rd ser., xciv. 964.

⑨ *The Times*, 14 July 1852, 5.

的做法,这样做是确保所有的意见能被代表。1832年后,多数英格兰选区的每个选民都有多张选票,这是确保所有的意见和"利益"被代表的基础,而不仅仅是数量上占主导地位的观点得到代表。同多数派一样,少数派也能在议会中发出声音。

"利益"或社区或"实质代表"也可能不止局限于本选区。在1859年的议会改革辩论中,迪斯雷利援引柏克的"实质代表"概念,为有200名选民的阿伦德尔(Arundel)自治市镇选区的存在辩护。迪斯雷利宣称,虽然被"乌托邦滋事者"攻击,但是阿伦德尔的存在把霍华德家族的一名成员引进下院,他是一名有着著名的诺福克公爵头衔的天主教贵族。1852年和1857年,诺福克公爵的小儿子爱德华·霍华德(Edward Howard)勋爵在没有反对的情形下当选为议员。迪斯雷利声称,整个英格兰有90万天主教徒,他们在阿伦德尔找到了代表。"这才是我们宪政的实际运作。你还在说阿伦德尔选区人数少——90万天主教徒!嗨,这个数多过约克郡西赖丁区的人数,是陶尔哈姆莱茨区的两倍。"⑩因此,代表制的多样性、小市镇选区的存在,以及议员在考虑问题时的审慎判断,都在确保那些人数众多的选区中无法选出自己"利益"代表的少数能在议会发出自己的声音。在此次辩论中,迪斯雷利也为"任命制"选区辩护,福克斯、皮特、坎宁和皮尔都是通过这种方式第一次进入下院。他说,唯如此,年轻才俊和贵族继承人才能进入公共生活,那些既无财富也无声望的不可或缺的大臣的席位才得到了保障。

最后,辉格党人和改革者还认为,选民与议员的数目之比应该使得选民有直接接触议员的感觉。竞选中的拉选票活动和竞选演讲都是对选民和议会候选人之间的个人联系的公共确认,是在庆贺议员是地方的保护人,是慈善者和在议会与媒体代表当地发言的名人。对多数议员来说,确保其政治地位的部分开销可能包括进行慈善捐助,或者资助当地来改善公共事业。1832年前,选民数对议员数的比例大幅提高,这在乡村尤为明显,削弱了选民与其代表议员的直接联系。这方面最突出的事例是1830年的约克郡选举,来自选区外的布鲁厄姆勋爵在竞选中击败了当地的保护人,这个事例已经显示了类似党团会议的政治特征。选区的这种变化相悖于乡村代表制传统。1832年把大的郡选区分为更小的选区就

---

⑩ Disraeli, 28 February 1859, *Hansard*, 3rd ser., clii. 1003.

是试图恢复选民与其议会代表的更密切的传统联系。⑪

1832年《改革法》在重要方面对表决和授予选举权的程序有了更正式的定义和一致性。以国家选举资格取代了各种复杂的地方历史权利待遇,虽然这种资格仍然很复杂。选举组织也标准化了。选举的开始时间、持续时间、地点和严格的程序都有了规定,选民身份宣誓也得到细化。选举监察人的自由裁量权缩小。候选人交纳的正式费用明确下来。每一个选民都要完成的选民登记对地方选举活动有着重要影响。选民登记要求并非只限于选举开展期间,而是渗透在教区、城镇和乡郡的地方政府结构中。⑫ 选民登记对于竞选活动的性质有着重要含义,1832年前,登记是辨认选民与支持者的基本手段。对程序和登记要求的官方定义加强了地方选举活动的一致性。

然而,程序和法律条款趋向更大一致性的同时,1832年前的选举仪式和狂欢式的庆贺活动也保存下来。事实上,1832年设立的许多新选区迫不及待地把这些仪式与庆贺活动作为社区参与选举的一部分接受下来。所感受的社区力量在选举中体现为选民和非选民所用的多样且富有特色的地方旗帜、颜色、帽徽、彩带、花朵、标语。⑬ 这些连同锣鼓声、铜管乐队的喧嚣声和响铃声装点着正式与非正式的选举仪式。这些闹哄哄的选举展示被梅瑞狄斯描述为"管理糟糕的基督教舞剧"中的"诙谐"部分。⑭ 地方法务官选举手册的作者考克斯和格雷迪(E. W. Cox and S. G. Grady)警告说:"无选举权者急于利用选举的自由,沉迷于英格兰人对于

---

⑪ 参见 Jonathan Party, *The Rise and Fall of Liberal Government in Victorian Britain* (New Haven, 1993), 80-81, and Philip Salmon, 'The English Reform Legislation', in David Fisher (ed.), *The History of Parliament: The House of Commons, 1820-1832*, 8 vols (Cambridge, 2009), i. 407-412。

⑫ Philip Salmon, *Electoral Reform at Work: Local Politics and National Parties, 1832-1841* (Woodbridge, 2002)。

⑬ James Vernon, *Politics and the People: A Study in English Political Culture, c.1815-1867* (Cambridge, 1993), 163-164, 也参见 P. Borsey, '"All the Town's a Stage", Urban Ritual and Ceremony 1680-1800', in P. Clark (ed.), *The Transformation of English Provincial Towns, 1600-1800* (1984), 228-258, and Simon Gunn, *The Public Culture of the Victorian Middle Class: Ritual and Ritual and Authority in the English Industrial City 1840-1914* (Manchester, 2000)。

⑭ George Meredith, *Beauchamp's Career*, 2 vols (Leipzig, 1876), i. 310.

噪声和玩乐的喜好中。"⑮一幅生动的插图画构成了大众选举充满活力的特征,大众选举提供了喧闹娱乐的机会——娱乐中有印制的大幅宣传画、小册子、选举议案、海报、漫画和民谣。积极参与的地方报纸连同国家媒体试图引导舆论。

选举仪式确立于17世纪90年代,19世纪60年代成为选举的一个特征。仪式多在市场、交易所、市政厅和旅店等公共场所举行。⑯仪式通常持续两周时间,候选人列队进入选区提名是仪式的开启。乔治·艾略特在《费列克斯·霍尔特》(*Felix Holt*)中写到,竞选的"提名日开启了成功权术的伟大时代,或者说,是技能熟练的代理人以更为议会的方式谈战争策略的伟大时代"。这个开场伴随着"握手、喝彩、推搡、咆哮与嘘声、唇枪舌剑、嬉笑怒骂"。⑰ 质问(heckling)源自用于分解亚麻的钢针梳,"hackle"在选举中被用来指惹恼候选人,打乱他的方寸。1852年在特伦特河畔斯托克的选举中,在25 000人参加的提名过程中,自由贸易支持者抬着一条有着上好棕色外皮的巨大面包游行,面包是用32吨面粉在当地一家陶瓷厂的烧窑中烘烤而成。⑱ 大会希望候选人以谦卑的乞求者的身份来参选并获得代表高贵选区的荣誉(参见图片4.1)。

提名前后都要进行挨门挨户地拉选票,候选人或他的代理人要同每个选民进行谈话或就投票进行讨论。这是选举过程的关键⑲。大会要求人们投票时要基于社区的"利益",考虑候选人的道德立场,兼顾选民的社会地位。最后,选举人就自己的选票发誓。梅瑞狄斯描述了参加维多利亚时代中期竞选活动的候选人是"一个介于送账单的邮递员和乞求施舍的乞丐的受难者形象","想获得选票的耐心劲儿,就像用针挑螺蛳肉

---

⑮ Charles R. Dod, *Electoral Facts, 1832−53: Impartially Stated Constituting a Complete Political Gazetter*, ed. H. J. Hanham (Hassocks, 1972), xlix.

⑯ 参见 Frank O'Gorman, 'Campaign Rituals and Ceremonies: The Social Meaning of Elections in England 1780−1860', *Past and Present*, 134 (1992), 79−115, and Frank O'Gorman, *Voters, Patrons and Parties: The Unreformed Electorate of Hanoverian England, 1734−1832* (Oxford, 1989).

⑰ George Eliot, *Felix Holt*, 2 vols (Edinburgh, 1866), ii, 55.

⑱ *The Staffordshire Advertiser*, 10 July 1852, cit. in Henry Miller, 'Stoke-on-Trent', in *History of Parliament: The House of Commons 1832−1868*.

⑲ David Eastwood, 'Contesting the Politics of Deference: The Rural Electorate, 1820−60', in Jon Lawrence and Miles Taylor (eds.), *Party, State and Society: Electoral Behaviour in Britain since 1820* (Aldershot, 1997), 31−33.

图片 4.1　1853 年乔治·克鲁克香克（George Cruikshank）所作的漫画"女士候选人"，讽刺了女性影响了男性选民对"查尔斯·达林爵士"（Sir Charles Darling）的支持，画面中达林爵士的随行者包括吟游诗人和身着铠甲的骑士这类中世纪人物，让人联想起罗马骑士的美德。

的小男孩"。⑳ 候选人为获得投票同"独立"选民进行协商，而不是要求代理，是选举过程的核心所在。㉑ 甚至候选人轻意假设选民的忠诚也是危险的。如果拉选票过程中已经有迹象表明无法取胜，候选人往往会退出竞选。1840 年在沃尔索尔，自由党选举代理人帕克斯就因拉选票活动中遭遇不利因素，建议温和改革派的斯宾塞·利特尔顿（Spencer Lyttleton）上校退出参选。帕克斯说："进行到投票那一刻是愚蠢的。敌人轻易取得的胜利将有利于我们的未来。"㉒

既考虑参选候选人的立场，也考虑社区中选举人的地位是"合法"影响发挥作用的关键。这不仅需要用酒、早餐、晚宴款待选举人，更常见的是要支付选举人参加投票活动过程中的旅行费用和其他开销。㉓ 被称为

---

⑳　George Meredith, *Beauchamp's Career*, 2 vols（Leipzig, 1876）, i. 193.

㉑　参见 Matthew McCormack,‘The Independent Man: Gender, Obligation and Virtue in the 1832 Reform Act’, in Michael J. Turner（ed.）*Reform and Reformers in Nineteenth-Century Britain*（Sunderland, 2004）, 25–42。

㉒　Parkes to Hatherton, 19 December 1840, Hatherton MSS, D260/M/F/7/5/27/14, cit. in Henry Miller,‘Walsall’, in *History of Parliament: The House of Commons 1832–1868*.

㉓　参见 Norman Gash, *Politics in the Age of Peel: A Study in the Technique of Parliamentary Representation: 1830–1850*, 2nd edn（Hassocks, 1977）, 119–121, 128–129。

"指挥者"或"牧羊人"的当地积极分子把支持者带到投票点,每天对投票情况的报告显示了他们工作的辛苦强度。政党代理人把送信者、委员会办事员及其他人召集起来,对每一个投票点进行监控。选举人会在一个专门搭建起来的木台子上向聚集的人群宣告他们的投票。投票是一个公开的行为,1832年后通常持续两天以上,1835年在城市选区通常历时一天多——这是一个公共仪式,而在这个公共仪式中选举人群和无选举权者很不协调。因此说,投票承担起"男性"所应履行的社区责任,这种责任在投票站工作人员、候选人代理和当地聚集而来的民众面前完成。投票都记录在案,理论上是为了以备查询。

这些选举仪式的公共性质确认了选举权和投票过程的性质是集体的,而非私人的。竞选活动的规定是对候选人和选民双方的尊重。在提名和竞选演讲活动中无选举权者的积极参与,用当代流行语说,就是"观望",不仅吸引了无选举权的男性,也吸引了女性。比如,1832年在怀特黑文,托利党的女性支持者扯掉了其对手辉格党的旗帜,袭击了四个木工学徒。㉔ 在19世纪30年代和40年代的卡莱尔选举政治中,女性激进协会(the Female Radical Association)在宪章运动中扮演了重要角色。㉕ 据称在1852年选举中,无选举权者威胁公众与店主,他们准备退出习俗表演,这导致在任的保守党议员威廉·科普兰(William Copeland)败给了辉格党的爱德华·莱韦森·高尔(Edward Leveson Gower,格兰维尔勋爵的兄弟)。㉖ 传统上,投票结果公布后,选举人群将"扛着"获胜者走过街道;1832年后人们采用了更为得体的方式,新选议员乘坐装饰得富有特色的马车在选区接受支持者的祝贺。这种习俗和传统加强了社区具有的实实在在的狂欢意识,作为传统祈求者角色的候选人极力保持着他们能够展示的愉快心情。候选人在经允许的狂欢中,要显示其尊贵的勇气、带着愉快的克制、保持和蔼,唯如此,他们才能证明其道德品格。《泰晤士

㉔ Jon Lawrence, *Electing Our Masters*: *The Hustings in British Politics from Hogarth to Blair* (Oxford, 2009), 21.

㉕ 参见 Malcolm Chase, *Chartism*: *A New History* (Manchester, 2007), 32–42, and James Owen, 'Carlisle', in *History of Parliament*: *The House of Commons 1832–1868*.

㉖ Henry Miller, 'Stoke-on-Trent', in *History of Parliament*: *The House of Commons 1832–1868*, and Norman Gash, *Politics in the Age of Peel*: *A Study in the Technique of Parliamentary Representation*: *1830–1850*, 2nd edn (Hassocks, 1977), 176.

报》建议,竞选演讲要短,"激发适当的诙谐",演讲者要时不时与听众开个玩笑,妙语回应听众。不需要精心论证的观点。相反,发言应该像"手枪发射一样,即时击中人的大脑",带来"强烈的效应"。㉗ 考克斯和格雷迪宣称,候选者影响民众的"黄金规则"是"无论何种挑衅,都不能发脾气"。他们说:"英格兰人就是一群彻头彻尾的选举暴民,他们敬佩'胆识'。"㉘ 在可以容忍的相辅相成的习俗行为约束中,这些仪式为无选举权者提供了一个阶段性出气的机会,精英们对此接受下来,因为他们认为这种发泄优于更危险的或更严重的政治不满的爆发,选举结果(通常不包括爱尔兰选举)见证了父权社会秩序和约束机制的恢复。

这种选举社区的理想是辉格党立法目标的基础。这种理想是将选区视作包括选民和非选民在内的一个整体,且认为选举是公开履行公共责任,而非私人或个人责任。这种责任是在有关"合法"影响的集体归属上,"独立"选举人的意见与判断,其中竞争"合法"影响的候选人要寻求选举人的支持。拉选票的过程是一种协商过程,在这一过程中,候选人和选民的地位得到加强㉙——在地主、佃户、店主、受雇人和小财产者之间基于相互依赖的错综复杂的地方网络关系得到确认。选举的仪式习俗象征了议员与他的选区之间的共识纽带。1832 年《改革法》试图要强化的这些选举价值观肯定了社区内财产、等级和声誉的自然地位——用帕默斯顿在 1831 年 3 月所说的话,"合法"影响力"来自一方的良好的行为和得体的举止,也来自另一方的尊重与服从;在产生影响力的一方是荣誉,在承认的一方是权威"。㉚ 这些旧的选举仪式,如依照程序登记候选人、拉选票、"款待选民"和"扛着获胜者"游行等,也在依据《改革法》设立的新选区实行。虽然因为保守党在选举中的开销常常超出自己的承受能力,选举仪式"不利于自由党",帕克斯曾建议禁止新设选区中的辉格党、自由党、激进派的"款待"或贿赂,但是新选区依旧实行了旧选区的选

㉗ *The Times*, 3 April 1857, 7.

㉘ Charles R. Dod, *Electoral Facts, 1832-53: Impartially Stated Constituting a Complete Political Gazetter*, ed. H. J. Hanham (Hassocks, 1972), xlix.

㉙ David Eastwood, 'Contesting the Politics of Deference: The Rural Electorate, 1820-60', in Jon Lawrence and Miles Taylor (eds.), *Party, State and Society: Electoral Behaviour in Britain since 1820* (Aldershot, 1997), 29-30.

㉚ Palmerston, 3 March 1831, *Hansard*, 3rd ser., ii. 1326.

举仪式(参见图片 4.2)。㉛

图片 4.2 "菲茨"(Phiz,全名为 Halbot Knight Browne)为《伦敦画报》(*Illustrated London News*)所画的两幅对比鲜明的选举场面,上面一幅展现了获胜候选人的欢乐场面,下面一幅是落选者受到奚落和责骂的场面。

㉛ Parkes to Hatherton, 28 December 1840, Hatherton MSS, D260/M/F/7/5/27/14, cit. in Henry Miller, 'Walsall', in *History of Parliament*: *The House of Commons 1832-1868*.

这种社区选举参与概念代表着一种理想,但被腐败和失序所颠覆的现实很可能差之千里。㉜ 1832年《改革法》在遏制"款待"或贿赂上没有做出要求。过分的喧闹很容易陷入暴乱,尤其是所涉议题导致当地政治情感激化时更是如此,如1830年的改革、1841年对安立甘教会的辩护、1847年的反天主教、1852年的新教和自由贸易,以及1868年废除爱尔兰教会等。在1832年沃尔索尔的选举中,两派支持者之间的冲突导致士兵的介入,士兵手持刺刀出现在候选人提名现场。骑兵团士兵晃着他们亮闪闪的刺刀出现在投票站,令人想起彼得卢惨案中迫使激进派支持者撤出城的一幕。㉝

1835年南斯塔福德郡(South Staffordshire)的激烈补选中,辉格党的失败导致了伍尔夫汉普顿(Wolverhampton)的暴乱。听命而来的龙骑兵向人群射击,并拔出刺刀,驱散了人群。㉞ 1841年在诺丁汉,当地的自由派宪章运动支持者和托利党分子发生冲突,各自雇佣的帮派发生冲突把提名和投票过程变成了充满暴力的混乱场面;同时,帮派们还"拘禁"对手的支持者,灌他们酒,直到投票结束。㉟ 1865年诺丁汉的选举比1841年的更暴力、更混乱。在1850年普尔(Poole)的补选中,自由贸易派与贸易保护派发生激烈对抗,竞选演讲听众中的保守派支持者扯掉了自由派的一面旗帜,随后有几个人受伤。接着

近卫骑兵所展示的黑面包被撕碎,人们把撕碎的面包投向演讲

㉜ 选举仪式的激烈和混乱的出现通常是竞选的一个功能。有必要记住,在英格兰出现的无竞争性选举,1835年和1865年有近40%,1841年有45%,1847年、1857年和1859年有48—52%。在1867年前,多数双席位的选区,几乎所有三个席位的选区都不是竞争性选举。参见 F. W. S. Craig (ed.) *British Parliamentary Election Results, 1832-1885* (1977), 624, and Trevor Lloyd, 'Uncontested Seats in British General Elections 1852-1919', *Historical Journal*, 8/2 (1965), 260-265。

㉝ *The Times*, 15 December 1832, p.1. 在提名过程中,激进派候选人 George Attwood 的支持者带着一个装饰着成功的保守党候选人颜色的猴子游行。

㉞ D. J. Cox, 'The Wolves Set Loose at Wolverhampton: A Study of Staffordshire Election Riots, May 1835', *Law, Crime and History*, 2 (2011), and Norman Gash, *Politics in the Age of Peel: A Study in the Technique of Parliamentary Representation: 1830-1850*, 2nd edn (Hassocks, 1977), 149-151.

㉟ J. Beckett, 'Radical Nottingham', in J. Beckett (ed.), *A Century History of Nottingham* (Manchester, 1997), 306; Norman Gash, *Politics in the Age of Peel: A Study in the Technique of Parliamentary Representation: 1830-1850*, 2nd edn (Hassocks, 1977), 13, 8, and James Owen, 'Nottingham', in *History of Parliament: The House of Commons 1832-1868*.

者和台上的人,接着是烂鸡蛋、石头、土豆和胡萝卜……最后,台上的人都沾上了蛋液,有人又解开了一袋面粉,于是西装革履的绅士有了一副来自面粉厂家族的外貌……这是面粉与蛋液所产生的黏糊糊的效果。㊱

过度"款待"可能导致贿赂。在1835年莱斯特的选举中,保守党和改革派的政党代理人都给他们各自发誓过的选民签署了票钱,使他们在选举期间能自由进入所有的酒店免费吃喝,在每个选民投票后,向他支付10个先令到1英镑10先令之间的费用。㊲ 在特维德河畔的伯里克(Berwick-upon-Tweed),付给每个选举人的费用被称为"醋栗"。㊳ 被允许的自由也可能导致失序。1835年罗奇代尔选举时,6个人被认为死于醉酒,城里所有的洗胃器都被用来减少醉酒的影响。㊴ 恫吓可能颠覆选举程序。1832年利兹的政党为自己的候选人雇用了身材魁梧的保镖,而在布里斯托尔,"手持棍棒者"都是从当地职业拳击手和造船工人中雇佣的。㊵ 在1837年普尔的选举中,雇佣的暴民绑架或者"拘禁"了对手的选民。㊶ 强大的地方保护人可能拒绝履行仪式乞求的习俗。在"腐败"和"任命"选区,"非法"的影响可能颠覆选举的"独立性"。

如格雷勋爵在1858年所承认的,选举腐败是一种道德威胁,在必要时,需要纠正。在1837年到1865年间,有将近20%的竞选遭到抗议请愿,1852年的请愿达到一个高潮。1852年在弗洛姆一个不具有竞争性的选举也遭到请愿。㊷ 1832年,因请愿有17个选区的选举结果被宣布无效

㊱ *Morning Chronicle*, 24 September 1850, cit. in Philip Salmon, 'Poole', in *History of Parliament: The House of Commons 1832-1868*.

㊲ *House of Commons Parliamentary Papers: Reports from Commissioners* (1835), xiii, 125-126, and Norman Gash, *Politics in the Age of Peel: A Study in the Technique of Parliamentary Representation, 1830-1850*, 2nd edn (Hassocks, 1977), 120.

㊳ *House of Commons Parliamentary Papers: Reports from Commissioners* (1861), xvii, vi, 282.

㊴ *Manchester Times and Gazette*, 17 January 1835, cit. in Kathryn Rix, 'Rochdale', in *History of Parliament: The House of Commons 1832-1868*.

㊵ Jon Lawrence, *Electing Our Masters: The Hustings in British Politics from Hogarth to Blair* (Oxford, 2009), 16.

㊶ Philip Salmon, 'Poole', in *History of Parliament: The House of Commons 1832-1868*. 关于"拘禁",参见Norman Gash, *Politics in the Age of Peel: A Study in the Technique of Parliamentary Representation: 1830-1850*, 2nd edn (Hassocks, 1977), 138-140。

㊷ F. W. S. Craig (ed.), *British Parliamentary Election Results, 1832-1885* (1977), 631.

或者发生改变;使选举结果无效或改变的请愿在1835年有12次,1837年14次,1841年25次,1847年18次,1852年13次。[43] 下院委员会调查所说的舞弊行为的主要关注点是候选人本人是否直接卷入了腐败行为。候选者个人参与腐败的证据是对其道德品行的严重指控。地方积极分子都善于将候选人与直接可能的腐败行径隔绝。请愿委员会拿到的证据通常都是选举人期待付费投票,为保证票数地方积极分子不得不付费。政党代理人的贿赂被视为他们不得已为之的做法。当然在某些情况下,这无疑是真的,但是这种关于贿赂的说辞为候选人及其代理人提供了更多的保护,使其不受非法行为的指控。

在1844年萨德伯里的萨福克(the Suffolk of Sudbury)、1852年的圣奥尔本斯(St. Albans)选区因大范围的选举腐败而被取消了选举权。但是,这些事例没有让人们正视选举制度的缺陷,反而用来证明议会有能力管理被证实的选举中的欺诈与不法行为。1841年、1842年和1852年通过的立法都要求对人们所说的腐败进行调查。罗素1854年起草的《预防腐败行为法》(Corrupt Practices Prevention Act)通过立法界定了非法贿赂、款待、不当影响和胁迫,并适度惩罚那些被证明有腐败选举行为者。该法案也要求公开选举账目,接受选举审计,但是人们普遍怀疑,许多公布的账目数远远低于实际开销。[44] 结果,某些明目张胆的腐败,如公开买选票的行为,减少了,虽然某种形式的请客和胁迫依然存在。[45] 1857年,只有9个选举结果被取消或改变,形成对比的是,1852年曾有33个。1859年,11个选举结果因请愿被推翻。[46] 这部分地反映了1857年和1859年的竞争性选举少。1865年和1868年的竞争选区增多时,选举暴力和无序也增多了,尤其在较大的英格兰内陆西部和北部城市选区,如洛奇代尔、卡莱尔、奥尔德姆(Oldham)、罗瑟勒姆(Rotherham)、哈德斯菲尔德、赫尔

---

[43] F. W. S. Craig (ed.), *British Parliamentary Election Results, 1832-1885* (1977), 631.

[44] 参见 Charles Seymour, *Electoral Reform in England and Wales [1915]*, ed. Michael Hurst (Newton Abbot, 1970), 215-233。

[45] Kathryn Rix, '"The Elimination of Corrupt Practices in British Elections?" Reassessing the Impact of the 1883 Corrupt Practices Act', *English Historical Review*, 123 (2008), 65-97.

[46] 参见 Charles Seymour, *Electoral Reform in England and Wales [1915]*, ed. Michael Hurst (Newton Abbot, 1970), 215-233。

(Hull)、诺丁汉、林肯和基德明斯特。㊼ 1868 年针对选举的非法操作的请愿数也超过了 1865 年大选后的请愿数。

如果说 1832 年后选举腐败和无序是某些竞选活动中的一个特征，《改革法》未能预见的影响也开始削弱辉格党希望保留下来的选举社区的那些特征。19 世纪 30 年代选区政治愈加具有党派导向。1830 年大选已出现明显的选民政党站队倾向，当时选举人分成了改革派和反改革派。《改革法》对拥有投票权的成年男子与没有选举权的人进行了更明确的划分，也明确将女性排除在外。《改革法》规定的登记过程的内在对抗性加剧了选区的政党意识。如皮尔在 1838 年所评论的，《改革法》导致"公共事务实际运作的改变，这是改革者所没有预见到的。政治权力中出现了一种新的因素——选民登记"。㊽

选举名单上对选民的法律要求导致登记过程的政治化，如开销、时间和专长。这强化了选区政党代理人，通常是地方法官的控制力。地方积极分子在大选中的作用扩展至两次选举之间的时期，他们要汇总登记材料，尤其是为获得选票进行辩护成为党派斗争的目标。因"宪政斗争"转移到登记法庭，皮尔才在 1837 年敦促保守党"登记、登记、登记！"㊾1835 年，改革协会(the Reform Association)在帕克斯带领下，出版了《乡村选举人手册》和《城镇选举人手册》，向每年进行登记的选民提出实际的建议。最终，如北沃里克郡的一名选举代理人所言，"所有反对与辩护的权力都落入有组织的协会手中"。㊿ 极端托利党人维维安爵士敌视地方党派组织，1842 年曾对他的赫尔斯顿选区选民抱怨："政治俱乐部的阴
168 谋集团……扩展了政党的影响，使政党影响联合王国每一个选区的竞选演讲。"(51)

㊼ 参见 Justin Wasserman and Edwin Jaggard, 'Electoral Violence in Mid Nineteenth-Century England and Wales', *Historical Research*, 80 (2007), 124–155。

㊽ Peel to Arbuthnot, 8 November, 1838, cit. in C. S. Parker, *Sir Robert Peel from his Private Papers*, 3 vols (1891–1899), ii. 368.

㊾ Eric J. Evans, *Sir Robert Peel*: *Statesmanship*, *Power and Party* (1991), 46 and Philip Salmon, *Electoral Reform at Work*: *Local Politics and National Parties*, *1832–1841* (Woodbridge, 2002), 52.

㊿ Philip Salmon, *Electoral Reform at Work*: *Local Politics and National Parties*, *1832–1841* (Woodbridge, 2002), 34.

(51) Sir Richard Vyvyan, *A Letter to his Constituents* (1842), 32.

这种发展趋势因 1835 年的《市镇机关法》和 178 个寡头"封闭"或自任的地方自治市镇机关的废除,以及要求需由纳税人(纳税人须在该地居住 3 年以上且至少完成了选举前 6 个月的纳税义务)组成年度选举自治机关而进一步加强。政党积极分子很快控制了地方自治市镇机关,为进一步影响议会选举奠定了基础。[52] 依据 1831 年《教区委员会法案》(Vestry Act)和 1834 年《济贫法》对地方选举做出的规定,自 1835 年后在自治市镇选举中开始使用印制的选票,这种做法有助于政党对地方自治市镇选举进行控制。[53] 在为《市镇机关法》和《济贫法》进行投票时,要求选民在印制的选票上签名;在为《济贫法》进行投票时,允许选民在家里准备自己的选票或者允许代理人投票。1835 年后,在莱斯特,市政改革促进了地方改革协会的重组,由区委员会监管市镇和议会选票的登记。[54] 这使 1837 年选举中的两个改革派候选人战胜了两个在任的保守党候选人。监管竞选活动的当地激进派威廉·比格斯(Williams Biggs)在选举后声称:"只要告诉我那个党参加登记,我一定会给予你们想要的选举结果。"[55] 迪斯雷利在他的小说《科宁斯比》(Coningsby)中,通过两个人物塔德波和塔珀固化了选举代理人令人讨厌的形象。塔珀先生说:"没有什么比好的简单多数和一个好的登记更好了。""啊!登记,登记,登记,"公爵说,"这些是不朽之词。"[56] 政党经理们通过诸如持票会等形式逐渐控制了民众选举传统和庆祝活动。此外,立法通过了对议会选举费用和选举狂欢方面的限制,如帽徽等,这些立法也开始侵蚀地方习俗和仪式。

1832 年后,选区议员数目的不平衡和各类不同的议员数增加或成比例地降低也导致了无法预见的后果。社会变迁、城市财产价值的变化(直接影响着 10 英镑房产持有人的市镇选举权)和 1832 年后几十年里的不

---

[52] 参见 Philip Salmon, *Electoral Reform at Work: Local Politics and National Parties, 1832-1841* (Woodbridge, 2002), 210-237, and Philip Salmon, 'Electoral Reform and the Political Modernization of England, 1832-1841', *Parliaments, Estates and Representation*, 23/1(2003), 49-67。

[53] 参见 John Philips, 'England's "Other" Ballot Question: The Unnoticed Political Revolution of 1835', in Clyve Jones, Philip Salmon and Richard W. Davis (eds.), *Partisan Politics, Principle and Reform in Parliament and the Constituencies, 1689-1880* (Edinburgh, 2005), 139-163。

[54] Henry Miller, 'Leicester', in *History of Parliament: The House of Commons 1832-1868*.

[55] Henry Miller, 'Leicester', in *History of Parliament: The House of Commons 1832-1868*.

[56] Benjamin Disraeli, *Coningsby or the New Generation*, 3 vols (1844), i. 183.

同死亡率，对城市选举的规模及性质有着重要影响。(57) 伦敦、伯明翰、曼
169 彻斯特和利物浦的市镇选区的选举人规模大幅增加，但是在 19 世纪 50 年代，这种增长减缓。在其他选区，如米德尔塞克斯郡，乡村选举的变化是大量城市自由民出现在选举人名册中。到 19 世纪 60 年代时，由于伦敦地理区域的扩展，城市自由民占了米德尔塞克斯郡选举人数量的近 50%。(58) 南兰开夏郡 25%的选举人是来自利物浦、曼彻斯特和奥尔德姆的城市自由民。布拉德福德、利兹和设菲尔德的扩张导致约克郡西赖丁的选举人有 18%是城市自由民。1848 年后，激进派如科布登等通过国有土地协会（the National Freehold Land Society）的努力，使大量自耕农获得了投票权，这种做法增加了城市自由民在乡村的选票。与此同时，拥有投票权的成年男子比例在某些城市选区，如布里斯托尔、坎特伯雷（Canterbury）、科尔切斯特、格洛斯特（Gloucester）、伊普斯威奇（Ipswich）、林肯、北安普敦、普雷斯顿（Preston）、雷丁（Reading）、森德兰（Sunderland）和伍斯特（Worcester），却在下降。(59) 这反映了劳动阶级的廉价住房状况的严重性，随着居住人口的扩大，满足 10 英镑财产标准的人却少了。这也是 1832 年享有历史权利的自由民选民人数减少的一个结果——这个过程在诺丁汉这类选区非常明显。相反，在兰开斯特市，倾向于给保守党投票的自由民占多数。再有，社会流动性的增大使那些享有历史权利的选民的选举登记变得非常困难——这个挑战在伦敦、曼彻斯特和利物浦的城市选区异常突出。因此，1832 年后的城市选举在随后的几十年里在很多重要方面已经发生改变，且日益复杂。1832 年辉格党曾希望建立一个稳定的、受尊重的、忠实遵守国家制度的选举人群，这个希望被实践证明是虚幻的。1832 年立法的意外后果与更广泛的社会和经济发展破坏了选区社区的传统特征，而这些特征原本是 1832 年立法试图加以恢复的。从

---

(57) 参见 Miles Taylor, 'Interest, Parties and the State: The Urban Electorate in England, *c.* 1820–72', in Jon Lawrence and Miles Taylor (eds.), *Party, State, and Society: Electoral Behaviour in Britain since 1820* (Aldershot, 1997), 54–60。

(58) Miles Taylor, 'Interest, Parties and the State: The Urban Electorate in England, *c.* 1820–72', in Jon Lawrence and Miles Taylor (eds.), *Party, State, and Society: Electoral Behaviour in Britain since 1820* (Aldershot, 1997), 55.

(59) Miles Taylor, 'Interest, Parties and the State: The Urban Electorate in England, *c.* 1820–72', in Jon Lawrence and Miles Taylor (eds.), *Party, State, and Society: Electoral Behaviour in Britain since 1820* (Aldershot, 1997), 57.

这一点上看,《改革法》是失败的。

选区中政党的功能决定了政党的性质,正如议会的政党功能规定了议会内政党关系的特征一样。在选区,政党的目的是要赢得政治竞争或抢占政治竞争优势。在选举时,有效引导选民和无选举权者,促使他们支持某一政党是政党的基本目的。各种协会和登记活动都是在鼓励人们依据政党站队,而选举的其他方面,如遴选候选人,则被牢牢掌控在地方权贵手中。不仅政党,反谷物法联盟也在曼彻斯特设立了登记办公室,促使同盟的追随者进行选举登记。议会内政党的功能是在不依赖王权或选举授权时,赋予政府行政权威。议会内政党是有凝聚力非僵化的政党组织。选区内政党则是确保候选人赢得选举,就性质来说,选区内政党有严格的党派性。

虽然1832年后政党成为选举中的一个突出特征,但是少数议员,尤其是激进派人士,在选举时仍然坚称他们的"独立"特性,不属于任何党派。几乎所有的候选人都宣称,他们的判断不受制于政党指令——这是惯例,也是维护他们自身道德品格的必要。但是一些激进的议员却更激烈地抨击政党是辉格党或保守党的寡头宗派,这种宗派危及了他们对"人民"的"利益"的承诺。1850年布赖特在写给其曼彻斯特选民的一封公开信中宣称他

> 宁愿此刻不待在议会……如果让我丢弃自己的人格和长期持有的原则,忘了我所认为的这个国家的真正利益,放弃所有这些,在财政督导下,只根据党的要求投票的话。[60]

这封信同下院中像布赖特这样的激进派对政党的蔑视是一致的,他们把政党视为寡头宗派。在19世纪50年代和60年代连续出版的《多德议会手册》的记载中,无论科布登还是布赖特都没有宣布他们的政党归属。1865年剑桥郡(Cambridgeshire)的民选议员、商人和船主理查德·扬(Richard Young)表达了自己支持自由价值观的立场,但是又宣称他"独立于政党"。[61] 他在1868年选举中落选了。商人和前外交官威廉·米勒(William Miller)1859年在利斯(Leith)区当选,他也持自由价值观,但是

---

[60] G. W. Trevelyan, *The Life of John Bright* (1913), 192.
[61] *Dod's Parliamentary Companion, 1865* (1865).

“独立于政党”。(62) 同样，德文郡的议员乔治·莫法特(1852—1859年代表阿什伯顿，1860—1865年代表霍尼顿)赞成无记名投票和扩大选举权，要求废除教会税；康沃尔人议员米切尔(1852—1857年代表博德明)反对《梅努斯拨款法》和所有的宗教拨款，赞成“渐进的改革”。在《多德议会手册》中，这两个人也否认自己隶属于任何政党，他们俩都是康沃尔人和德文郡的议员，这也反映了该地区的“独立”心态。党派的扩展和为显示自己道德公正声称“独立”于政党的一小部分议员的紧张关系贯穿19世纪的选举政治始终。

1832年后，大众选举行为的延续在地方政治积极性方面遇到新的和未曾预见的发展。部分变化是政党逐渐控制了地方选举习俗和仪式。在选举过程中，地方政治情感的开放性和即兴庆祝传统逐渐变得正式且更
171 有组织性，在关键方面，开放性和包容性都大打折扣。(63) 社区各个部分允许的放纵逐渐让位于更节制的排他性的形式。19世纪60年代和70年代的议会立法推进了这一变化。变化的原因也在于选举变得日益复杂，地方报纸在培养社会的党派观点，请愿则引导出对某种事业的积极支持。(64) 尽管有“款待”选民和胁迫暴民等不良现象，但选举的议题，尤其是宗教议题仍然很重要。选区内政党和议会内政党的关系很微妙，这种关系取决于“代表”。议员代表他们的选民之意义是这种关系的核心。

代表的概念

1832年后议会内的政党与选区政党的关系不是一个简单或者直接的关系。在1841年8月新的议会开会前夕，墨尔本对罗素说：“无人知道议会或者议员们将要干什么，或者他们会如何投票。他们被召集来，相互咨询。他们为这个目的而来，应该允许他们根据时代的条件和他们所听

---

(62) *Dod's Parliamentary Companion, 1859* (1859).

(63) James Vernon, *Politics and the People: A Study in English Political Culture, c. 1815-1867* (Cambridge, 1993)一书中触及的一个主要话题。

(64) 参见 Aled Jones, *Powers of the Press: Newspapers, Power and the Public in Nineteenth-Century England* (Aldershot, 1996)。

到的观点来做决定。"(65)对上院的贵族们，墨尔本宣称："必须牢记在心的是，议员们是被派到议会对国家紧急事务进行相互磋商的人（*ad consultandum de rebus arduis regni*）。因此我们不能根据他们在竞选中的演讲来判断他们的行为。"(66)议员们在下院有判断的自由。选区的支持并不能使他们受制于被委托的选举权威。人们认为，选举是要挑选出那些最有能力决定国家利益的合适之人。1858年的《爱丁堡评论》认为，议员应该"在首创或采用一种改进的政体制度时有着足够的独立判断能力，在君主或人民的不当要求与政权的永久利益相违背时，足以独立地抵制君主或人民的不当要求"。(67) 议员不是被指导的委托代表，也非自己选区狭隘利益的倡导者。

到19世纪，"代表"一词在14世纪的"呈现"之含义的基础上已延伸 172
出多种含义。在17世纪，它开始具有"代表他人"的含义。在19世纪的英国政治话语中，它可能有三种含义，每一种都反映了不同的政治传统和人们对议员的不同期待。它可能指周期性选举出来的人，这些人持续地将选民的观点呈现出来。第一种含义传达的是辉格党对于选举的观念，他们认为要选出拥有财产、受过教育、视野开阔的人，这些人能够对国家的真正利益做出正确的判断。在区分代表和委托人时，柏克论证说，议员作为主权立法团体成员的自由裁量权是其能在下院做出自由判断的基础。柏克关于"实质代表"的观念有助于理解这种思想，即议员有责任为选民代言，也有责任为没有选举权的人代言。代表整个选区是议员的道德义务。"代表"的第二个含义是，议员主要代表选民说话，这个含义在1832年以后运用更广，尤其是代表较大选区的自由派议员和代表乡村的

---

(65) Melbourne to Russell, 1 August 1841, cit. in Ian Newbould, *Whiggery and Reform 1830-41: The Politics of Government* (1990), 15. 在对1857年4月的大选结果做出猜测时，格雷维尔（Greville）回忆起前下院议长埃弗斯利（Eversley）勋爵的话，"所有这样的猜测都极其荒谬，议会开会前以及了解新议员是如何组织自身前是不可能知道结果的"［Charles Greville Journal, 4 April 1857, In Henry Reeve (ed.), *The Greville Memoirs*, 8 vols (1888), viii. 107］。

(66) Melbourne, 14 August, 1841, *Hansard*, 3rd ser., lix. 71.

(67) ［Sir George Cornwall Lewis］, 'Earl Grey on Parliamentary Government', *Edinburgh Review*, 219 (July 1858), 272. 在白芝浩看来，"选区政治恰是议会政府的反面。它是远离现场行动的非温和之人构成的政府，不是贴近行动的温和之人的政府；它是人在最后关头才做出的判断，是不受惩罚的判断，不是担心有被解散的风险的人做出的判断，不是意识到他们要听从某种召唤而做出的判断"［Walter Bagehot, *The English Constitution*, ed. Paul Smith (Cambridge, 2001),103-104］。

保守党后座议员。他们依然有着一定程度的独立判断。他们不受选民观点的束缚,但是他们对选举他们的选民负责。

一些激进派使用了"代表"的第三个含义。议员接受选民授权或者指导。在其所有的声明和下院的投票中,他们都直接对选民负责。[68] 经常地呈现其选民的观点是议员的责任,因此一些激进派议员如特里劳尼会定期向其选民发布报告,解释他们在议会的行为。1836 年后还会正式发布下院分组投票列表。代表科克茅斯(Cockermouth)的亨利·阿格莱昂比(Henry Aglionby)支持财产税、三年一选的议会和自由贸易,他曾明确承诺,如果他的选民中有相当一部分人不满意他在议会的作为,他就即刻辞去议席。[69] 然而,不是所有的激进派议员都赞成这种对选民的直接责任。捍卫民众"利益"、"独立"且"绅士般的领袖"的传统在延续。比如,在巴斯,激进的罗巴克坚持认为,在决定议会议题时,在他认为合适的时候,他有自己的自由裁量权。1849 年当选为设菲尔德的议员后,他"专注的是国家事务",认定"使自己尽可能地同所有仅仅是地方的政治事务保持距离是明智的做法"。[70] 布赖特也采取同样的态度。作为考文垂的议员,"先进的自由派"埃利斯尽可能避免让自己的选区影响自己在下院的投票。这种做法支持了在决定真正"国家利益"问题上,下院是"审议大会"的观点。"代表"一词的不同含义贯穿议会讨论的始终,也一直影响着对议会与"政治民族"关系的理解。

对辉格党来说,政体不同于社会,其基本功能是在不同利益群体或共同情感群体之间进行调解。构成"政治民族"的是利益,而不是权利、数量或者"三级会议"(国王、贵族和下院)之间的平衡。议员代表社会"利益",是有凝聚力的共同体,而不是个体选民。多个且不同的"利益",包括土地财富、商业财富和专业人士的智力,构成了一个先进且复杂的社会的集体关心所在。虽然议员们了解各自选民的需求,但他们在就国家集体利益的问题上有自己的最终判断。在判断国家是否真正需要时,他们是被赋予自由裁量权的代表。

---

[68] 有关宪章运动者把议员视为代表,而非委托人的观点,参见 Miles Taylor, 'The Six Points: Chartism and the Reform of Parliament', in Owen Ashton, Robert Fyson, and Stephen Roberts (eds.), *The Chartist Legacy* (Woodbridge, 1999), 1-23。

[69] *Dod's Parliamentary Companion*, 1844 (1844).

[70] Miles Taylor, *The Decline of British Radicalism, 1847-1860* (Oxford, 1995), 70.

因此在格雷看来,下院是"审议大会",而不是"委托代表的大会"。㉑议员对他们面前的问题有自己的判断。刘易斯爵士在他的《对某些政治术语的使用与滥用的评论》(Remarks on the Use and Abuse of Some Political Terms, 1832)中,详细讨论了"不可置疑的代表理论"。一个议员

> 既非支持其选民事业的倡导者,也非选民的喉舌,要听从他们的指令,就像律师为委托人服务一般;但他是主权立法机构的一员,不遵从任何委托权威行事,有权利做出自己的独立判断,这种判断及由此而来的行为无须担负法律的责任,而为了整个共同体的利益,他有道德的责任进行咨询与投票。㉒

布鲁厄姆把这种"代表"概念称为"伟大的现代发明"。他说,让议员们聚在一起"依据命令投票"是世界上"最悖理或者真正离奇"之事。赋予议员的"完全自由裁量权"是议会代表制的"一个基本部分"。布鲁厄姆说,如果依据让-雅克·卢梭的"习以为常的浅薄的教条主义"的建议,实行大众直接统治,那么权力将窒息自由,"无知愚蠢的大多数"将控制"每一个共同体中博学、慎思和智慧的人们"。"多数的暴政"是"无法容忍的",因为它渗透到整个共同体,"不仅压制最高贵者,而且也压制最卑贱者"。㉓ 正是在主权议会中,不列颠民族的多而不同的"利益"才得到权衡,真正的"国家利益"诞生于议会的审议。

议会主权否认了选区对行政权威的直接决定权。可变动的议会政党抵制了选举的支配性影响。议会内政党的相对力量在下院经受了检验,这种力量不是不言而喻的,不是源于候选人在选举中的演讲——因此1841年在等待议会开会和下院政党的状况还未确定前,墨尔本才对罗素提出建议。墨尔本的建议也是发生在政党高水平的"直接"参与选区投票的大选后。由于改革派和保守派的地方组织的积极与勤勉努力,政党对此次选举的参与达到空前的水平。在1832年到1868年间的所有大选中,选举人把票投给不同政党候选人的分裂投票在1841年处于最低水平

㉑ Lord Grey, *Parliamentary Government Considered with Reference to Reform* (1858), 71.
㉒ Sir George Cornwall Lewis, *Remarks on the Use and Abuse of Some Political Terms* (1832), 140.
㉓ Lord Brougham, *The British Constitution* (1844), 4, 31, 37, 66.

（整个英格兰选区只有 7.3%）。⑭ 1841 年没有竞争的选举（337 个席位）远远多于 1832 年（189 个席位）和 1837 年（236 个席位）的选举。1841 年参加选举的有 916 名候选人，此数目少于 1832 年、1835 年和 1837 年选举中的候选人数。⑮ 不管怎样，墨尔本政府的命运掌握在下院而不是选民手里。

选区中的政治活动在组织层面保持着地方竞争和忠诚的功能，虽然在讲话、竞选声明和选举文献中会提及国家议题。来自伦敦的中央控制是有限且招致反感的。无论保守党的皮尔和威灵顿，还是辉格党的格雷，在直接介入地方选区组织方面都非常谨慎。1836 年，皮尔拒绝访问斯塔福德郡地方保守党俱乐部。在 1837 年塔姆沃斯的晚宴上，皮尔称选民登记程序是"令人厌恶的""不方便的"，最重要的是，"反叛的"。⑯ 在保守党方面，极端托利党人而不是议会党的领导者敦促要在城乡选区建立协会。选举管理者，如 19 世纪 30 年代保守党鲜为人知的博纳姆带着对地方社区的忠诚，借助地方财产所有者中的显贵人物，开展工作。相应地，是像帕克斯这样的激进派在 1835 年发起成立改革协会，来反击广泛存在的保守党地方协会。但是，他试图对地方组织和选民登记进行集中管理的尝试在 1837 年遇到阻力，同年辉格党在选举中的失败令他幻想破灭。1836 年成立的改革俱乐部进一步抵消了改革协会的作用。19 世纪 30 年代，选区改革派和保守派协会组织数量激增，但它们主要由地方保护人所主导，这些保护人嫉妒且不满卡尔顿俱乐部和改革俱乐部的影响。像博纳姆或者帕克斯这样的人物，可以监控或者鼓励，但是他们不能控制地方组织。选区协会始终掌控在地方中产和土地精英手中。虽然 1832 年后的选举竞争更加激烈，但是这种竞争总体上是地方影响力作用的结果，反映着地方权威与地位的竞争。⑰ 值得注意的是，强大的国家或者有效的

---

⑭ Gary Cox, 'The Development of a Party-Orientated Electorate in England', *British Journal of Political Science*, 16/2 (1986), 199.

⑮ F. W. S. Craig (ed.), *British Parliamentary Election Results, 1832–1885* (1977), 621.

⑯ Philip Salmon, *Electoral Reform at Work: Local Politics and National Parties, 1832–1841* (Woodbridge, 2002), 52–53.

⑰ 参见 Miles Taylor, 'Interests, Parties and the State: The Urban Electorate in England, c. 1820–72', in Jon Lawrence and Miles Taylor (eds.), *Party, State and Society: Electoral Behaviour in Britain since 1820* (Aldershot, 1997), 50–78, and James Vernon, *Politics and the People: A Study in English Political Culture, c. 1815–1867* (Cambridge, 1993)。

中央控制在选举竞争中的缺席。

这同19世纪30年代和40年代的立法改革是一致的,这种立法改革对地方管理采取了"臂距"的原则。议会给予地方的多数自由裁量权继承自18世纪并一直维持原状。地方与中央权力的界限经由1834年的《新济贫法》和1835年的《市镇机关法》这类法律而明确下来。虽然《新济贫法》源于中央改革的冲动,但是该法案却将减贫的责任交由地方官员来完成。同样,地方政府基础结构没有被废除,而是试图凭借《市镇机关法》,用民选的镇议会取代自我任命的寡头。1835年的立法确认了公路由教区控制,1842年条例则规定了由地方维持治安。1844年皮尔的《银行法》(Bank of Act)通常被认为是一项国家措施,却加固了英国银行的地方结构。⑱ 19世纪30年代和50年代针对地方性议题广泛运用的"允许立法"的做法确立了样板,但却将特别立法和地方改进措施的立法权都交给了地方权力机构、志愿机构或雇主。⑲ 比如,1847年的《城镇改善条款法》(The Town Improvement Clauses Act)就提供了一个条款范本,详细规定了在排水、照明和其他服务的改革方面个人要支付的费用。尽管政府在社会福利如涉及工厂中妇女和儿童工作条件的某些方面负有责任,但是实施的角色仍然由地方权力机构和志愿机构承担,且始终由这些机构承担。

因而,虽然国家通过法律对地方政府各个方面和选区改善进程进行了改革,但是权力依旧留在地方。地方权威结构被重新激活,而不是被废除。随着地方权力在地区事务上的传统重要性被确认,继承下来的"上级"与"下级"政府之间的关系也保留下来。1848年国家卫生理事会(Board of Health)的成立,是官僚改革者试图在公共卫生方面对地方事务进行中央控制,但是理事会权力有限,麻烦不断,仅存在了很短的时间。1854年,它的权力就被掏空了。通过"可允许的立法",1858年的《地方政府法》(The Local Government Act)和同年创设的地方政府办公室支持

---

⑱ Richard Price, *British Society, 1680–1880: Dynamism, Containment and Change* (Cambridge, 1999), 174.

⑲ 参见 John Prest, *Liberty and Locality: Parliament, Permissive Legislation and Ratepayers' Democracies in the Nineteenth Century* (Oxford, 1990)。

地方在这个方面的改进。因此地方权力在各方面被加强了。⑧ 这使都市统治阶级与地方乡绅和中产阶级之间的关系始终处在不拘形式的调整中。此阶段多数立法都旨在鼓励有产者积极参与地方治理,担负社区的责任。19 世纪 40 年代和 50 年代,中央政府雇用了 16 500 个人。相反,1854 年,在地方,有大约 80 万个不同机构在履行公共责任。⑧ 尽管主权在议会,但是重要的权力却下放到了乡郡、市镇和教区。这是议会政党和选区政治关系的背景所在。通过议会的政党自治,统治阶级确保了议会对于国家事务的主权。通过选区的选举组织,地方精英帮助负责任的有产者参与到社区的公共生活中。

---

⑧ Richard Price, *British Society, 1680-1880: Dynamism, Containment and Change* (Cambridge, 1999), 183.

⑧ Philip Harling, *The Modern British State: An Historical Introduction* (2001), 109.

第五章

投票的动态:1832—1867

我看到政党的影响远远大过以往,这是一个可悲的结果。

——芒森写给豪厄尔的信,1836 年 11 月 6 日

(Mounson to Howell, 6 November 1836)

1832年后,英国401个选区产生了658名下院议员,其中英格兰议员468名,威尔士议员32名,苏格兰议员53名,爱尔兰议员105名。① 英格兰乡村有144名议员。在322名英格兰市镇选区议员中,有201名代表小市镇选区(选民不到1 000人),63名代表中等规模的市镇选区(选民在1 000—2 000人之间),58名代表大市镇选区(选民超过2 000人)。在1835年到1868年间(1841年除外),辉格党人、改革派和激进派是下院多数派。1832年《改革法》实施后不久,托利党和保守派在下院的席位就锐减到175个。仅在1841年,保守党才赢得了下院的多数席位。这段时期占据下院多数席位的辉格党、改革派、自由派和激进派议员大多来自英格兰城市选区、苏格兰和爱尔兰。在1832年到1868年的36年里,辉格党或自由党执政25年;此外,还在阿伯丁任首相的联合政府中联合执政2年多时间。选举政治的重要层面以显著的方式确保了辉格党或自由派政府这种表面上的优势。

英格兰的选举政治

英格兰、威尔士、苏格兰和爱尔兰有着非常不同的选举文化。1832年后,英格兰多数选区实行的是一个选民持多张选票,选举两个或两个以上的议员的选举方式。这是英格兰选举文化最为重要的方面。在256个英格兰选区中(不包括大学选区),只有54个(占21%)是单一席位选区。其余79%的选区为2个席位,7个选区有3个席位,一个城市选区——伦敦城有4个席位。在双席位选区,每位选民有两张选票。在伦敦城,每位选民拥有4张选票。除了单一席位选区的选民数量较小外,拥有多张选票的选民在英格兰全部选民中的影响相当大。1832年英格兰的61.47万名选民中,只有2.37万名选民持1张选票(占英格兰全部选民的

---

① 依据人口规模确定议员数目不是辉格党和改革者的原则。议员代表选举社区和"利益",不是个体的集合。但是,以1831年英国2 400万人口来看,1832年后的议员分布突出了英格兰"利益",将爱尔兰的代表边缘化。英格兰和威尔士议员共占76%,而两地人口只占联合王国的57%。苏格兰议员占8%,而人口占英国人口总数的9.4%。爱尔兰议员占16%,人口则占英国人口总数的32.2%。G. M. Young and W. D. Hancook (eds.), *English Historical Documents 1833-1874* (1956) 203.

3.8%),96.2%的英格兰选民持多张选票。②

相比单一席位选区占多数的威尔士和苏格兰,英格兰的复数席位选区的竞选率较高(参见图5.1)

然而,英格兰非竞争性选区占比在1841年、1847年、1857年和1859年很高。缺乏竞争不应被解释为选举惰性的表现。决定不竞选往往是前期大量的工作与协商的结果。在保守党和辉格党之间各分配一个席位的地方选举协议,或者在拉选票活动中遭遇不利形势的候选人退出选举,是常有的事,这种事情发生后,竞争就不必要了。

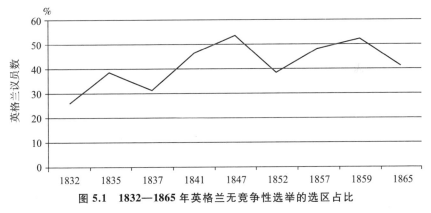

图 5.1　1832—1865 年英格兰无竞争性选举的选区占比

来源:F. W. S. Craig (ed.), *British Parliamentary Election Results*, *1832 - 1885* (1977), 624。

在投票时,多数英格兰选民如何在不同的政党候选人之间分配他们的多张选票构成了一个微妙的选举动态。在双席位选区,每一个选民有两张选票。他可以"直接"(straight)投票,即把两张选票都投给同一政党的两名候选人;可以"排他性"(plump)投票,即把两张选票都投给一个候选人;可以"无党派排他性"(non-partisan plump)投票,即把一张选票投给任一政党的候选人,另一张选票不用;可以"分裂"(split)投票,即把两

---

② Philip Salmon, '"Plumping Contests": The Impact of By-Elections on English Voting Behaviour, 1790-1868', in T. G. Otte and Paul Readman (eds.), *By-Elections in British Politics*, *1832-1914* (2013), 23.

张选票分别投给两个政党的不同候选人。③ 在 3 个席位的选区,选民有 3 张选票,类似的选项同样存在,只是选票的不同组合的可能性增加了,组合的多寡取决于不同政党提名的候选人数目。选民可以"直接"投票,把 3 张选票都投给同一政党;可以不把所有选票投给一个政党的"排他性"或"无党派排他性"投票;也可以"分裂"投票,把选票投给不同的政党候选人。1832 年后,支持一个政党进行"排他性"或"直接"投票的选民占选民的多数,但是这个多数波动很大,有相当数量的选民进行了"分裂"投票或"无党派排他性"投票。1835 年大选,双席位选区有 28% 的选民投的是"分裂"票。1847 年,"分裂"票占 38%;1857 年,双席位选区的"分裂"票平均占 33%。④

双席位选区的"分裂"投票和"无党派排他性"投票比例反映了英格兰选区"直接"投票的局限性。城市选区的"分裂"投票和"无党派排他性"投票占比通常高于乡村,而 1857 年是个明显的例外(见图 5.2)。尤其是选民较少的城市选区,"分裂"票占比更高。英格兰北部选区的"分裂"票和"无党派排他性"票占比通常也较高。许多竞争性选区的"分裂"票比例非常高,这些选区往往是保守党同温和的自由派或辉格党结成联盟反对激进派候选人的选区,虽然在 19 世纪 30 年代和 40 年代的一些竞争性选举中,也出现过激进派和保守派联合起来进行投票的事例,如在反对《新济贫法》和工厂改革问题上,就是如此。得到票数高于选区"分裂"投票平均数的议员一般比其他议员更偏离议会的政党分野。⑤ 这通常反映了他们在竞选中所宣称的"独立"于政党的立场。

选举代理人认识到许多英格兰选民出于各种原因,希望不止讨好一个政党,因此倾向"分裂"投票。1866 年的《双周刊评论》(*Fortnightly Review*)评论说:"目前我们看到城乡选区中较大比例的选民,在为两个席位进行投票时,总是把一票投给自由党,一票投给保守党。这样他们就确保

---

③ 在双席位选区,如果有 4 个候选人,选民在投票上就有 10 个选项。因此,在推论党派支持和一个政党能获得选票的占比时要非常小心——如果考虑到地区或全国投票倾向,更要小心加小心。

④ Philip Salmon, 'The House of Commons, 1801—1911', in Clyve Jones (ed.), *A Short History of Parliament: England, Great Britain, the United Kingdom, Ireland and Scotland* (Woodbridge, 2009), 264.

⑤ Gary Cox, *The Efficient Secret: The Cabinet and the Development of Political Parties in Victorian England* (Cambridge, 1987), 159.

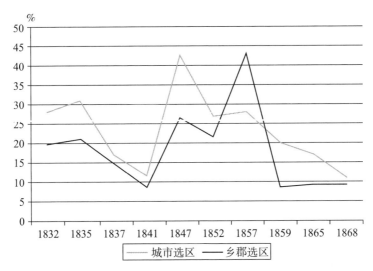

图 5.2　1832—1868 年大选时英格兰双席位选区的"分裂"投票和
"无党派排他性"投票比例

来源：Gary Cox, *The Efficient Secret: The Cabinet and the Development of Parties in Victorian England* (Cambridge, 1987), 103-109。

了哪一个政党都不得罪的大目标。"⑥ 选民把一张选票投给他们的地主或雇主，另一票则根据良心投票，这是选民们的普遍做法。因为这样一来，社区忠诚和个人选择都得其所愿。然而，1857 年后，"分裂"投票的比例开始下降，并一直持续到 1867 年后。这种下降趋势在乡村更明显。"无党派排他性"投票也出现了同样的下降模式。通常情形下，城市选区的"无党派排他性"投票占比高于乡村。1857 年是个例外，出现了相反的情形，"分裂"投票也同样如此。再者，相比 1857 年以来"分裂"投票比例的下降，1857 年的"无党派排他性"投票比例下降得更厉害。

在英格兰，1835 年到 1868 年间，辉格党、改革派、自由党和激进派只在 1835 年、1857 年、1859 年和 1865 年的四次大选中获得了 468 个席位的多数席位。在 1837 年到 1857 年的 20 年间，他们是英格兰议员中的少数派。虽然他们一直占有城市选区的多数席位，但在乡村，他们只在 1832 年和 1835 年获得了 144 个席位中的多数。相反，保守党在 1837 年到 1865 年间，始终占据乡村席位的多数。而且在 1841 年，保守党赢得了

---

⑥　E. Wilson, 'Principles of Representation', *Fortnightly Review*, 4(1866), 435.

英格兰城市选区的 50% 的席位，在 1835 年到 1865 年间，他们在城市选区的席位成功地保持在 31% 到 43% 之间。19 世纪 50 年代，乔利夫将卡尔顿俱乐部政治基金重点用于城市选区。此外，到 1837 年时，至少 30 名前辉格党和改革派议员加入了皮尔的保守党。结果，保守党赢得了 1837 年、1841 年、1847 年和 1852 年四次大选中的英格兰多数席位（参见图 5.3）。

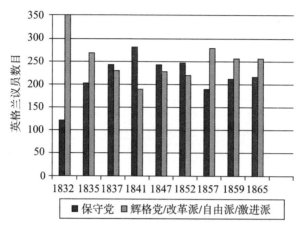

图 5.3　1832—1865 年英格兰议员的党派归属

注：克雷格（Craig）提醒，他的数据是近似值。比如，保守党党鞭宣称 1857 年该党在英格兰和威尔士的席位高于克雷格的数据——200 名保守党议员和 67 名自由保守党议员或者怀疑论者对 193 名辉格党议员和 36 名激进派议员。泰勒估计的保守党议员数目也比克雷格的数据更大，16 名议员在 1857 年 3 月来自苏格兰选区。Taylor memo, 21 March 1857, Hylton MSS, DD/HY/24/11, fos 43-44.

来源：F. W. S. Craig（ed.）, *British Parliamentary Election Results*, 1832-1885（1977）, 622。

关于这段时间的英格兰选举政治，我们可以得出三点认识。首先，保守党获得的支持力显著且持久。其次，19 世纪三四十年代，保守党在许多英格兰选区的地方政党组织工作比其对手更成功。⑦ 最后，辉格党人、改革派、自由党和激进派在英格兰选举政治中的分裂特征明显，尤其是在中等或大的城市选区。随着地方组织的出现，以及改革派、自由党、激进派和保守党协会的成立，这些英格兰选举政治的方方面面不仅是选举发

---

⑦ 梅瑞·犹斯评论说，"托利党担忧激进派的躁动，激进派害怕托利党的组织"［George Meredith, *Beauchamp's Career*, 2 vols (Leipzig, 1876), i. 189]。

生时那个短暂时期的特征,也是持续的地方政治文化的一个特征。

1837年到1857年间,保守党成为英格兰多数党的事实反映了保守党的韧性与获得的广泛支持,尤其是在乡村和小城市选区。自1832年仅获得29.2%的选票的惨败后,保守党在1837年赢得了48.9%的选票。1841年他们获得了53.1%的选票。⑧ 1841年,在144个乡村选区中,他们仅丢掉了20个选区,在201个小城市选区中,他们赢得了111个。城市保守主义在布里斯托尔、赫尔、利兹、利物浦、纽卡斯尔和约克等历史城镇有很大的影响。⑨ 这些地方信奉英国国教的商人、专业人士和工厂主已确立了自己的地位,积累起自己的财富,他们是保守党的支持力量与保守党组织的稳定核心。在那些大地主影响力不强的城市选区,如利兹,或者农村与城市精英没有严格区分的城市选区,如兰开夏郡,保守党人发现了可供开垦的肥沃的选举政治土壤。⑩ 19世纪30年代和40年代早期建立的"保守党运作协会"(Conservative Operative Associations),目的是为了获得劳动阶级的支持,鼓励保守党人对《新济贫法》和工厂改革等公共事业进行批评。他们批评工作环境的恶劣,攻击苛刻的政治经济学的节俭原则,抨击《新济贫法》,贬损不从国教者剥夺饮酒等大众生活的乐趣,这些批评引发了许多男性劳动者的共鸣。⑪ 1837年后,在像莱斯特这样的大城市选区,这些成为保守党与宪章运动和激进派结成选举同盟的基础。托利激进派人士,如奥斯特勒,呼吁工厂改革,激烈抨击"吵闹、祈祷、伪善的反对国教者"和"拿走一切、保留一切、攫取一切"的工厂主。⑫

1832年后,保守党成功地获得了来自英格兰城市和乡村选区的支持,其组织工作的有效性令人吃惊。1832年大选的失败成为鞭策保守党

---

⑧ C. Rallings and M. Thrasher (eds.), *British Electoral Facts 1832-2006* (Aldershot, 2007), 3-5.

⑨ Bruce Coleman, *Conservatism and the Conservative Party in Nineteenth-Century Britain* (1988), 102-105.

⑩ Matthew Roberts, *Political Movements in Urban England, 1832-1914* (Basingstoke, 2009), 100, and Patrick Joyce, *Work, Society and Politics: The Culture of the Factory in Later Victorian England* (Hassocks, 1982).

⑪ 这是托利激进主义的基础。参见 Stewart Weaver, *John Fielden and the Politics of Popular Radicalism, 1832-1847* (Oxford, 1987), and Felix Driver, 'Tory-Radicalism? Ideology, Strategy and Popular Politics during the Eighteen-Thirties', *Northern History*, 27 (1991), 120-138。

⑫ Matthew Roberts, *Political Movements in Urban England, 1832-1914* (Basingstoke, 2009), 100.

的动力,地方保守党很快组织了保守党协会,该组织把选民登记作为第一要务。1835 年,《黑木爱丁堡杂志》(Blackwood's Edinburgh Magazine)的编辑、托利党人阿里森宣称,"为宪政的斗争"要在登记法庭展开。⑬ 相比对手辉格党和改革派,保守党协会注重地方自治和不受中央党控制的自由。他们提倡紧密融入地方政治共同体,支持国教教士,组织地方名流聚餐,社交性强是保守党协会的典型特征。其对手在这方面却因辉格党和不从国教者反对大吃大喝而束手束脚。需要入场券的精致晚宴传递着关于"教会、国王和宪政"的传说,展示不列颠帝国形象或不列颠狮的形象,所有这些将可敬的保守党聚会同激进派和宪章运动的室外民众集会区别开来。协会的阅览室向会员提供阅读报纸和党的文献的机会,地方支持保守党的报纸,如《肯特镜报》(Kentish Gazette)和《诺丁汉期刊》(Nottingham Journal),提供了营造保守党舆论的关键动力。⑭

在赫特福德郡(Hertfordshire)、格洛斯特郡和斯塔福德郡等乡村,绅士和农民都同地主显贵站在一起支持保守党。在南安普顿、坎特伯雷和白金汉这样的城市选区的地方律师、医生和专业人士,以及在利物浦这样的大城市选区中的店主和当地零售商,都积极加入保守组织。妇女和妻子们也作为志愿者参与了保守党的活动。在坎特伯雷,一家女性保守党俱乐部于 1836 年成立。相反,当地辉格党和改革组织却将女性排除在外,宪章运动中的女性到 19 世纪 40 年代时已被边缘化。地方保守党协会通常比其对手拥有更多的财政资源和基金。比如,1835 年在莱斯特,为反对要求改变选举结果的一个请愿而紧急召开的会议上,一个小时之内就募集到 600 英镑。⑮ 保守党对工人阶级的动员因保守党运作协会的成立而加强,尤其是在约克郡、兰开夏郡、莱斯特郡、斯塔福德郡和诺丁汉郡等地成立的协会。而布里斯托尔、伍斯特和莱斯特的协会在选民登记中发挥了重要的作用。如利兹保守党运作协会秘书长所评论的那样,"谦卑的保守党对于其劳动兄弟的真正影响大过富人的影响"。⑯

---

⑬ A. Alison,'The Change of Ministry', Blackwood's Edinburgh Magazine, 37 (May 1835), 813.

⑭ 参见 Matthew Craegoe,'The Great Reform Act and the Modernization of British Politics: The Impact of the Conservative Associations, 1835-1841', Journal of British Studies, 47/3 (2008), 581-603。

⑮ Matthew Craegoe,'The Great Reform Act and the Modernization of British Politics: The Impact of the Conservative Associations, 1835-1841', Journal of British Studies, 47/3 (2008), 589.

⑯ Philip Salmon, Electoral Reform at Work: Local Politics and National Parties, 1832-1841 (Woodbridge, 2002), 66.

保守派团体的政治观点从皮尔的"塔姆沃思宣言"中得到了启示。国家"古代制度"必须继承下来,固有的法律权利必须消除,真正的不满必须消除,"教会与国家"的宪政必须加以维护。必须坚定反击辉格党、激进派和爱尔兰煽动者对国教和其他历史制度的攻击。如皮尔在宣言中所说,这种号召不是基于党派立场,相反,宣言是向所有坚信良好秩序和明智政府的有产且睿智之人发出的呼吁。因此,被激进派和追随奥康奈尔的爱尔兰人的组织所惊吓的一些辉格党人和"温和"改革派者也响应了宣言的呼吁。1836年达勒姆保守协会举办的晚宴就有当地的一些前辉格党人参加。1837年梅德斯通宪政俱乐部(the Maidstone Constitutional Club)也有本地的前辉格党人加入。[17] 通过对《新济贫法》等类似问题的批评,保守派团体体现了爱国主义精神、对权威的敬畏,以及对彼此依恋的天然纽带的赞美,这种纽带将贵族、绅士、专业人士、商人和管理者团结在一起。

1832年后保守党组织很快取得了一些显著成就。1834年保守党赢得了利兹的一个席位,当地保守党协会成功地抵制了改革派选民的登记。1835年保守党不仅赢得了哈利法克斯、莱斯特、罗奇代尔、里彭和雅茅斯(Yarmouth)的席位,还赢得了布里斯托尔的两个席位。在贝德福德郡、白金汉郡、北安普敦郡的南部、南沃里克郡、西萨福克郡、伯克郡、威斯特摩兰郡(Westmorland)确保了乡村的席位。1835年补选时,保守派团体戏剧般地击败了罗素再次当选南德文郡议员的企图——这是被保守党协会在全国庆贺的一个事件。[18] 在1832年新设立的小城市选区韦克菲尔德(Wakefield),富裕的国教绅士使该区不同于利兹,该区的多数选民与贸易或制造业无关。[19] 围绕选举登记的勤奋运作与努力,最终使该市保守党在1837年获得了议席,且一直保持到1865年。在历史上人数不多的双席位市镇科克茅斯,主要的产业是纺织和制革业,改革派候选人在1832年、1835年和1837年选举获胜。但是,当地地主、埃格雷蒙(Egremont)伯爵的儿子亨利·温德姆(Henry Wyndham)在19世纪40年代重

---

[17] Matthew Cragoe, 'The Great Reform Act and the Modernization of British Politics: The Impact of the Conservative Associations, 1835–1841', *Journal of British Studies*, 47/3(2008), 587.

[18] Angus Hawkins, 'Government Appointment By-Elections, 1832–1886', in T. G. Otte and Paul Readman (eds.), *By-Elections in British Politics, 1832–1914* (2013), 62. 保守党已经在格洛斯特(1833年4月)和达德利(1834年2月)的补选中击败了辉格党政府的提名人。

[19] Kathryn Rix, 'Wakefield', in *History of Parliament: The House of Commons 1832–1868*.

建了保守党在该市的利益,并在1852年赢得了选举,且此后一直同自由派分享席位。[20] 在德比、达勒姆、罗奇代尔、特伦特河畔斯托克和布赖顿这些中等规模的自治市选区,保守党所获的支持弹性是非常明显的。在以酿造业、丝绸和蕾丝制造业、铁路工业为中心的德比市,保守党获得了两个席位。在19世纪30年代和40年代,辉格党基本垄断了该市的选举,但是其传统优势逐渐被当地的保守党所侵蚀。[21] 19世纪30年代后期,德比运作保守协会(Derby Operative Conservative Association)和德比与德比郡新教协会(the Derby and Derbyshire Protestant Association)成立。[22] 领导人分别为当地丝绸制造厂主乔赛亚·刘易斯(Josiah Lewis)和商人兼银行家威廉·考克斯(William Cox)。1852年这两个协会收获了胜利果实,利物浦商人托马斯·霍斯福尔(Thomas Horsfall)因家族同该市的联系而当选为议员。1865年,考克斯作为保守党候选人,与自由党候选人、酿造业主迈克尔·巴思(Michael Bass)共同当选。时尚度假胜地布赖顿,一个长期以选举丑闻和王室恩赐而出名的中等城市,1832年经过充斥着吵闹与谩骂、醉酒与投掷石块的选举后,一名"先进自由派"和一名"极端激进派"当选。[23] 1835年,在发生民众暴力和恐吓行为的选举后,"温和改革派"候选人乔治·皮切尔(George Pechell)和激进派的伊萨克·维尼(Isaac Wigney)当选。但是在1835年保守党协会在该市成立。协会积极寻求国教教会的援助,组织保守党支持者参与社会活动,积极从事选举登记工作。1837年,在《新济贫法》问题主导的竞选中,退伍老兵、保守党候选人阿道弗斯·达尔林普尔(Adolphus Dalrymple)爵士与皮切尔一同当选。相当多的选民对这两个候选人投了"分裂"票。[24] 在布赖顿保守协会的支持下,从1842年到1857年间,保守党人、皮尔的追随者、布里斯托尔侯爵最小的儿子赫维勋爵(Lord Alfred Hervey)一直是布赖顿的议员。

1832年,在历史城市达勒姆,两个改革派候选人赢得了选举,这促使

---

[20] James Owen, 'Cockermouth', in *History of Parliament: The House of Commons 1832-1868*.

[21] Henry Miller, 'Derby', in *History of Parliament: The House of Commons 1832-1868*.

[22] Henry Miller, 'Derbyshire South', in *History of Parliament: The House of Commons 1832-1868*.

[23] Norman Gash, *Politics in the Age of Peel: A Study in the Technique of Parliamentary Representation, 1830-1850*, 2nd edn(Hassocks, 1977), 384-392, and Philip Salmon, 'Brighton', in *History of Parliament: The House of Commons 1832-1868*.

[24] *Brighton Poll Book*(Brighton, 1837),收藏于the Institute for Historical Research, London。

伦敦德里勋爵在1833年成立了达勒姆保守党协会。㉕ 这个协会在1835年和1837年的选举中,保证了保守党人和国教的坚定维护者阿瑟·希尔－特雷弗(Arthur Hill-Trevor)的当选。此后,直到1865年,该市都能选举出一名保守党议员和一名自由党议员,这证明了当地保守组织的有效性。为代表陶瓷业"利益",1832年新设立了中等规模的双席位的特伦特河畔斯托克市,该市的韦奇伍德(Wedgwood)、达文波特(Davenport)、名顿(Minton)公司与不从国教者联系紧密。两位改革派成员韦奇伍德(Josiah Wedgwood)和达文波特(John Davenport)在1832年当选,但到了1835年,达文波特成为皮尔的支持者,当地保守派组织起来反对不从国教者和改革派。1835年,在有10 000名观众的参与下,达文波特凭借最高选票数被提名为保守党候选人。接着在1837年,保守党赢得了两个席位。此次选举中,保守党支持者举行了有9 000人参加的壮观游行,游行的旗帜上写着他们的候选人"达文波特和科普兰,穷人的朋友"。㉖ 科普兰在1841年、1847年和1857年再次当选,自由党人、狂热的自由贸易商人和生意人约翰·李嘉图(John Ricardo,经济学家李嘉图的侄子),则在1841年到1862年一直是该市的另一位议员。

即使在像罗奇代尔(1832年新设的单一议席自治市)这样没有希望的地方,保守党也能有所收获。罗奇代尔是一个位于曼彻斯特外的兰开夏郡的市镇,主要产业是羊毛和棉花产业,是早期合作运动的发源地,大部分人是不从国教者。在19世纪50年代,罗奇代尔激进主义盛行,代表人物迈阿尔和科布登一直是该市议员。即使如此,1835年,当地乡村贵族、保守党人约翰·恩特威斯尔(John Entwistle)当选议员——这个成功应归于当地改革派和激进派的纵酒、恐吓和腐败行径。㉗ 同样重要的还在于保守党积极分子在登记工作上比其对手付出了更辛勤的劳动。1857年,保守党再次赢得了罗奇代尔的席位,狂热的反牛津运动者亚历山大·拉姆齐(Alexander Ramsay)爵士击败了迈阿尔,获得了最多的选票。

在显然是自由派天下的英格兰的大城市,如伯明翰和莱斯特,保守党

㉕ James Owen,'Durham', in *History of Parliament*: *The House of Commons 1832-1868*.

㉖ Henry Miller,'Stoke-on-Trent', in *History of Parliament*: *The House of Commons 1832-1868*.

㉗ Karthryn Rix,'Rochdale', in *History of Parliament*: *The House of Commons 1832-1868*.

组织也不是无所作为。伯明翰是1832年新设立的双席位选区,1832年有4 000名选民,1851年有近8 000名选民,该市以组织高技能、小单元的金属制造业的多样性而闻名,没有棉花产业的那种大机械化工厂。虽然在1851年上教堂的人口中有48%是国教信徒,但是不从国教者在该市事务中起着重要作用,该市的社会流动性比曼彻斯特这种重工业城市更强,后者的阶级分化更厉害。㉘ 伯明翰政治联盟(the Birmingham Political Union)由竞选者和货币改革者阿特伍德在1830年发起组织,把中产阶级和激进工人阶级动员起来支持改革。但是这个广泛的联盟在19世纪30年代发生了分裂。当地保守派决定发起选举挑战,首先是就《济贫法》和教区选举问题挑战改革派,接着在大选上发起挑战。1841年,反《新济贫法》的保守党人、急躁的新教候选人理查德·斯普纳(Richard Spooner)向激进的在任议员乔治·芒茨(George Muntz)和乔舒亚·斯科菲尔德(Joshua Scholefield)发起了组织良好的选举挑战。虽然没有成功,但是他在1844年的补选中当选。1847年后的选举获胜者都是自由党候选人,但是1844年的惊人成功却显示了保守党在辉格党和自由党的中心地带所获得的支持弹性。同样,在针织业中心莱斯特这样一个1832年有着超过3 000名选民的双席位城市,也是不从国教者居多数的地方,保守党也能获得成功。1833年,若干保守党运作协会建立起来,保卫国教是其主要任务。在1835年的大选中,两名保守党候选人爱德华·古尔本(Edward Goulburn)和托马斯·格莱斯顿(Thomas Gladstone,威廉·格莱斯顿的长兄)获得了最高票数。改革派和自由党积极分子震惊于这种惊人的失败,很快在改革协会的组织下重构其选区组织。㉙ 随即,自1837年起,莱斯特的议席又被两名改革派或自由党人所占据。但是同1844年的伯明翰一样,1835年莱斯特的选举揭示了保守党在大的城市选区所具有的不容忽视的力量。

即使在保守党的选举大本营英格兰乡郡,保守党对选举支持力量的培育和选民的培养也像在城市一样尽心用力。地产持有者的"影响"是保守党成功的一个因素,但是注重选举登记和竞选活动中的惯例做法也

㉘ Henry Miller, 'Birmingham', in *History of Parliament: The House of Commons 1832—1868*.

㉙ Henry Miller, 'Leicester', in *History of Parliament: The House of Commons 1832—1868*.

是保持对乡村代表制的控制所必要的。㉚ 在南德比郡(South Derbyshire)，独立和保守协会(the Independent and Conservative Association)成立于1836年，德比运作保守协会(the Derby Operative Conservative Association)成立于1838年，德比新教协会(the Derby Protestant Association)成立于1839年。㉛ 地方保守党严密监控选举登记，动员支持力量反对《梅努斯拨款法》和牛津运动的天主教做法。1844年成立了南德比郡农业保护协会。1835年到1857年，每次大选获胜者都是两名保守党候选人。在北斯塔福德郡的8 756名选民中，40先令自耕农和50英镑土地租用人(leaseholder)占了多数，故两名改革派候选人赢得了1832年选举。作为回应，旨在加强选民登记的斯塔福德保守协会(the Staffordshire Conservative Association)于1835年成立。㉜ 1837年又成立了北斯塔福德郡保守协会(the North Staffordshire Conservative Association)，旨在寻求当地地产持有者的支持。1837年，保守党赢得了其中的一个席位，1841年获得了两个席位。从1841年到1865年，保守党候选人总是无可争议地获得代表北斯塔福德的权利。

在北莱斯特郡，阿什比和拉夫堡保守协会(the Ashby and Loughborough Conservative Societies)尽心做好选民登记，支持拉特兰公爵(the Duke of Rutland)在当地的影响。㉝ 从1835年到1865年，该郡的两位议员都是保守党人。在南莱斯特郡，40先令自耕农构成了选民的大多数，相比北莱斯特郡较单一的农业经济，针织业和煤矿业的发展使混合经济更为突出，在南莱斯特郡保守协会(the South Leicestershire Conservative Society)的管理下，通过有效的组织和定期开会，保守党保住了该郡的两个席位。㉞ 在莱斯特，保守党轻易抵挡住了来自改革派的挑战。1837年到1868年间的每一次选举中，在农业主导的南诺丁汉郡的当选者一直是

㉚ 参见 David Eastwood, 'Contesting the Politics of Deference: The Rural Electorate, 1820-60', in Jon Lawrence and Miles Taylor (eds.), *Party, State and Society: Electoral Behaviour in Britain since 1820* (Aldershot, 1997), 27-49。

㉛ Henry Miller, 'Derbyshire South', in *History of Parliament: The House of Commons 1832-1868*。

㉜ Henry Miller, 'Staffordshire North', in *History of Parliament: The House of Commons 1832-1868*。

㉝ Henry Miller, 'Leicestershire North', in *History of Parliament: The House of Commons 1832-1868*。

㉞ Henry Miller, 'Leicestershire South', in *History of Parliament: The House of Commons 1832-1868*。

保守党人。在 50 英镑自耕农人数占选民人数的 60% 时,国家的政治不再单纯是大人物的"影响"的问题,1844 年成立的诺丁汉郡农业保护协会(the Nottinghamshire Agricultural Protection Society)有效地动员起保守党的支持力量。㉟ 在南沃里克郡,1837 年到 1868 年间,保守党长期占据两个席位,没有遇到过挑战,自由党仅在 1857—1859 年间赢得了一个席位。这证明了南沃里克郡保守协会(the South Warwickshire Conservative Association)自 19 世纪 30 年代中期以来在选举登记方面和 1844 年成立的沃里克郡农业保护协会(the Warwickshire Association for the Protection of Agriculture)的工作卓有成效。㊱ 在城市化水平更高的北沃里克郡,保守党在 1835 年到 1868 年间始终占据两个议席。即使在最小的乡村选区,如威斯特摩兰,富裕的朗斯代尔伯爵有着强大的"影响",保守党人并不把成功视为当然,而是密切关注着选民登记的补登工作,这是伯爵的代理人认为最基本的工作。㊲ 同样,在农业为主的南林肯郡,只有 1841 年选举带有竞争性质,南林肯郡保守协会(the South Lincolnshire Conservative Association)募集了大量资金,在选举登记上投入了大量精力。

1832 年后保守党在英格兰选民中长期保有这种优势,并进一步加强了党在选区中的支持力量,我们从中可以获得两点启示。第一,1832 年改革刚刚启动,最初不愿登记或对登记无动于衷的选民一旦登记了,大部分会投保守党的票,而不是投其他政党。选民登记越多,通常越有利于保守党。例如,在南汉普郡,在 1832 年到 1834 年间,登记的选民数量增加了 20% 多,同一时期在南兰开夏郡增加了 15%。1835 年,保守党在这两个地方都赢回了 1832 年败于改革派的议席。㊳ 1835 年出来参选的保守党候选人多于三年前。这也鼓励了未登记的保守党支持者进行登记。在西萨默塞特,1837 年保守党得票的增长数几乎等于自 1835 年以来增加

㉟ James Owen, 'Nottinghamshire South', in *History of Parliament: The House of Commons 1832-1868*.

㊱ Henry Miller, 'Warwickshire South', in *History of Parliament: The House of Commons 1832-1868*.

㊲ James Owen, 'Westmorland', in *History of Parliament: The House of Commons 1832-1868*.

㊳ Philip Salmon, *Electoral Reform at Work: Local Politics and National Parties, 1832-1841* (Woodbridge, 2002), 78. 1834—1835 年英格兰和威尔士登记的选民显著增加;城市增加了 10%,乡村增加了 22%。Philip Salmon, *Electoral Reform at Work: Local Politics and National Parties, 1832-1841* (Woodbridge, 2002), 28-29.

的选民登记数。㊴ 在 1832—1835 年间,南斯塔福德郡(长期被视为辉格党的地盘)的登记选民增加了惊人的 89%,在 1835 年保守党赢得了一个席位,且一直保持到 1857 年。第二,在英格兰补选中,所有的选民都只有一张选票,而不是大选时的多张选票。选民不能投"分裂"票。因此,补选通常被称为"排他性竞选"或者"单一选举"。补选更受到媒体的关注,通常开销也很大。所以,人们也认为,这种选民被强迫的"排他性"投票有利于保守党。如《纪事晨报》在 1836 年所评论的,"众所周知,分裂投票有利于自由党,而小选区的'排他性'投票最不利于改革派"。㊵ 1851 年,圣奥尔本斯的保守党选举代理人对一名议会委员说:"在大选或者单一选举中,两党的相对优势有所不同。我们一直认为,保守党在单一选举(只选一名议员)中比在大选中更占优势。"㊶

　　1832 年后的英格兰选举政治一方面表现为保守党拥有适应力很强的支持力量,且党的组织工作有效,另一方面则表现为辉格党人、改革派、自由党和激进派政治的分裂性。与保守党相比,辉格党人、改革派、自由党和激进派在地理上更分散,社会构成更异质化,在进步政治的宏伟事业中所涉及的"利益"面和社会群体更为宽泛。他们承诺"公民和宗教自由"与自由贸易,反对特权,对有责任心的劳动男性所具有的尊严充满信心,这些进步政治诉求具有一种强大的道德吸引力,吸引着中产商人、不从国教者、自强自立的手工业者、小雇主、小店主、有组织的工人及其他人。但是从 19 世纪 30 年代至 50 年代,辉格党人、改革派、自由党和激进派常常在特定政策、特别议题和政治策略上发生严重分裂。㊷ 这导致他们在 1837—1857 年间的英格兰选举中成为少数派。

㊴ Philip Salmon, *Electoral Reform at Work: Local Politics and National Parties, 1832‐1841* (Woodbridge, 2002), 83.

㊵ *Morning Chronicle*, 25 August 1836, cit. in Philip Salmon, '"Plumping Contests": The Impact of By-Elections on English Voting Behaviour, 1790‐1868', in T. G. Otte and Paul Readman (eds.), *By-Elections in British Politics, 1832‐1914* (2013), 25.

㊶ Philip Salmon, '"Plumping Contests": The Impact of By-Elections on English Voting Behaviour, 1790‐1868', in T. G. Otte and Paul Readman (eds.), *By-Elections in British Politics, 1832‐1914* (2013), 31.一个突出的例子是 1844 年伯明翰补选时保守党的胜利。

㊷ 显然,在不同的时期,都是在宗教议题上发生分歧,如爱尔兰教会改革、教堂税和梅努斯拨款等,在 19 世纪 30 年代,则是《谷物法》。参见 Joseph Coohill, *Ideas of the Liberal Party: Perception, Agendas and Liberal Politics in the House of Commons, 1832‐52* (Chichester, 2011), 111‐203.

随着《改革法》的通过，多数曾在1830—1832年间活跃的地方改革组织陷于分裂中。激进派选举活动组织者弗朗西斯·普莱斯(Francis Place)通过全国政治联盟(the National Political Union)监管各选区的登记选举的尝试失败。由帕克斯提议、在爱德华·埃利斯和埃布林顿勋爵的支持下于1835年成立的改革协会也试图对辉格党人、改革派和激进派的选举工作施加某种中央监控。结果，地方改革协会缺乏一定程度的自治，未能像地方保守党协会那样与选区融为一体。接着，在1836年后，改革俱乐部提供了分配有限的选举基金的另一种渠道，改革协会被边缘化了。1835—1837年，许多地方改革协会分化成不同的辉格党、自由党或激进组织。在约克郡西赖丁，辉格党控制的西赖丁改革和登记协会(West Riding Reform and Registration Association)同更多的激进组织有摩擦。1837年在达勒姆，选民的补登成为保守党、自由党和辉格党竞争的领域。㊸ 在坎特伯雷，激进派成员从改革协会分裂出来，成立了自己的组织。到1839年时，布里斯托尔的自由党协会分解为自由保护协会和宪章运动组织。类似的组织分裂发生在布拉德福德(Bradford)、大雅茅斯和北达勒姆。1841年西赖丁改革和登记协会主席向巴恩斯利区改革协会(Barnsley District Reform Association)的主席抱怨说:"我们之间缺乏团结的纽带，否则我们不会像现在这样在面对一个强有力的对手时只能俯首称臣。"㊹

在像达勒姆、卡莱尔、布赖顿和德比这些中等规模的双席位历史老城，辉格党、改革派、自由党和激进派之间的分歧在选举政治中也如影随形。1835年在达勒姆，兰布顿(Lambton)家族的"影响"同改革派发生了冲突。1837年的选举成了保守党、辉格党和激进派三者之间的竞争。在卡莱尔，辉格党对选举的控制受到来自当地棉花制造业主的挑战。卡莱尔改革协会(the Carlisle Reform Association)批准了辉格党人菲利普·霍华德(Philip Howard)和激进派成员威廉·詹姆斯(William James)同为1832年选举候选人。但是两个候选人都组建了各自的选举委员会，内斗接踵而来。19世纪30年代后期对宪章运动的支持加剧了这些分歧。

㊸ James Owen, 'Durham', in *History of Parliament: The House of Commons 1832-1868*.

㊹ Philip Salmon, *Electoral Reform at Work: Local Politics and National Parties, 1832-1841* (Woodbridge, 2002), 63.

1841年,卡莱尔选举发生暴乱,伴随着骚乱、投掷石块、砸碎市政厅的窗户的行为,军队介入进来。宪章运动候选人、纺织工人约瑟夫·汉森(Joseph Hanson)在退出竞选前,公开指责辉格党候选人霍华德是"说谎者、造谣者和伪君子"。㊺这些分歧最终导致1847年辉格党失去了对该市的控制。在1837年布赖顿的激烈选举中,"彻头彻尾的激进派"候选人乔治·费斯富尔(George Faithful)攻击辉格党人皮切尔说,尽管他"从内心憎恶托利党人",但是他"喜欢公开的敌人胜过伪装的敌人"。㊻费斯富尔随后的失败导致相当数量的选民在皮切尔和保守党候选人达尔林普尔之间投了"分裂"票。㊼1847年选举时,一个新的布赖顿自由协会(Brighton Liberal Association)成立,将辉格党、自由党和激进派团结起来,但是科布登派的自由贸易商人科宁汉(William Coningham)对投票进行了调查,抱怨说,持激进观点的人实际上投了保守党的票。布赖顿自由党选举的团结最终在1865年才实现。德比的选举政治同样显示出辉格党人、改革派和激进派之间长期的对立情绪,主要是庞森比(Ponsonby)家族和城市改革者之间的相互竞争。结果,19世纪40年代德比的自由主义以宗派而闻名。这种分歧使保守党在1865年获得了不受激进派影响的温和自由派选民的投票并赢得了一个席位。

在1832年新创设的中等城市,如罗奇代尔、特伦特河畔斯托克和森德兰,辉格党人、改革派和激进派的分歧也很快出现。1835年罗奇代尔激进协会(the Rochdale Radical Association)成立,随后同宪章运动联合,削弱了1832年和1837年选举中对不从国教者、地主、纺织厂主和辉格党人约翰·芬顿(John Fenton)的支持。㊽1840年又成立了一个激进选民协会。1841年,在得到布赖特准许后,激进派推选了威廉·克劳福德(William Crawford)。他成功获得最高票数,并于1847年再次当选。一个自由选举委员会邀请解放社团创始人迈阿尔参加1852年的选举,他成功

㊺ *Morning Chronicle*, 28 June 1841, cit. in James Owen, 'Carlisle', *History of Parliament: The House of Commons 1832–1868*.

㊻ Philip Salmon, 'Brighton', *History of Parliament: The House of Commons 1832–1868*.

㊼ 参见 *Brighton Poll Book*, 1837 (Brighton, 1837) (收藏于 the Institute of Historical Research London), and Norman Gash, *Politics in the Age of Peel: A Study in the Technique of Parliamentary Representation, 1830–1850*, 2nd edn (Hassocks, 1977), 389。

㊽ Kathryn Rix, 'Rochdale', *History of Parliament: The House of Commons 1832–1868*.

当选。1852 年他再次参选时，被保守党候选人击败。自由党和激进派在罗奇代尔的地方政府改革问题上，以及在帕默斯顿对中国政策问题上发生了分裂。1858 年一个自由选民协会成立以求恢复团结。1859 年，科布登在其不在场的情况下被选为该市议员，没有遭到反对。1837 年在特伦河畔斯托克的选举中，曾在 1832 年当选的两名改革派议员双双落选，两个席位都被保守党候选人赢得，部分原因就是内斗。⑭ 1857 年自由党和激进派在帕默斯顿对中国政策上的分歧，使保守党赢得了该市的一个席位。1862 年补选中，有三个自由党候选人参选，他们彼此公开谩骂，其中一个候选人在投票前退出了选举。1832—1835 年间，森德兰选举政治受困于辉格党人、改革派和激进派的冲突，导致"温和辉格党"常常同保守党结成选举联盟，反对该市的激进派。在 1837 年森德兰改革协会(the Sunderland Reform Association)成立后，森德兰宪章协会于 1838 年成立，完全选举权联盟(the Complete Suffrage Union)于 1841 年成立。⑮ 在 1845 年的补选中，激进派佩罗内·汤普森被富裕的保守党人"铁路王"乔治·哈德森(George Hudson)击败，许多辉格党人和"温和"的自由派选民支持哈德森。1847 年的补选见证了自由派候选人威廉森(Hedworth Williamson)爵士和激进派候选人威尔金森(William Wilkinson)的直接对垒，最后自由派胜出。辉格党、改革派、自由党和激进派之间持续的不团结令丑闻缠身的哈德森代表保守党在 1857 年再次赢得了议席，且持续的宗派主义在 1865 年又送给了保守党一个胜利。此次选举中，相当数量的选民对自由党候选人亨利·芬威克(Henry Fenwick)和保守党候选人詹姆斯·哈特利(James Hartley)投了"分裂"票，激进派候选人约翰·坎德利什(John Candlish)得票最低。

在英格兰的大城市，如伯明翰、莱斯特、诺丁汉和泰茵河畔的纽卡斯尔，辉格党人、改革派、自由党和激进派的分歧妨碍着选举效力。不顾阿特伍德发出的"分裂就是毁灭"的劝告和他对伦敦激进派干涉伯明翰事务的批评，工人阶级米德兰联盟(the Midland Union of the Working Classes)于 1832 年成立，他们要求普选并挑战伯明翰政治联盟的权威。⑯

---

⑭ Henry Miller, 'Stoke-on-Trent', *History of Parliament*: *The House of Commons 1832–1868*.
⑮ James Owen, 'Sunderland', *History of Parliament*: *The House of Commons 1832–1868*.
⑯ Henry Miller, 'Birmingham', *History of Parliament*: *The House of Commons 1832–1868*.

阿特伍德在1833年后再次发起成立伯明翰政治联盟，提出赋予房产持有人普选权、实行无记名投票、要求支付议员薪水、废除对议员的财产条件限制和三年一选的议会的主张。联盟随后采纳了要求普选权的主张，但是他开始疏远联盟；与此同时，宪章运动者指责联盟的克制言辞。(52) 联盟随后解体，1839年伯明翰的一次宪章大会引发了斗牛场(Bull Ring)暴乱。1842年教友派谷物商人约瑟夫·斯特奇(Joseph Sturge)创立了完全选举权联盟，遭到了反谷物法联盟的强烈反对。1844年，这些分裂使得保守党人斯普纳在该年7月的补选中获得戏剧般的成功。1847年当地一些辉格党人和激进派人士反对阿特伍德的门徒芒茨连任，因自1840年以来，他一直占据着议员席位。尽管如此，他还是在投票中获胜。次年，他成为新成立的改革同盟(Reform League)的主席，组织声援休谟发起的进一步的议会改革。1857年芒茨去世后，布赖特当选，1858年伯明翰改革协会成立(the Birmingham Reform Association)，最终弥合了自1832年以来困扰伯明翰政治的改革派与激进派的分歧。

在莱斯特，1837年后改革派也同样受困于派系纠纷。温和改革派拒 192
绝了激进派议会深化改革的要求，也拒绝了不从国教者废除教堂税和政教分离的要求。当地宪章运动的出现主要源于当地织工的悲惨境遇和《新济贫法》的不得人心。这种地方宪章运动使得激进派和改革的支持力量呈现碎片化。在1841年大选中，改革者受到宪章运动者与保守党结成的联盟的挑战，改革派、自由派和激进派内的严重分裂贯穿于整个19世纪40年代。(53) 在诺丁汉，长期的激进传统和19世纪30年代后期的宪章运动挑战了辉格党对当地政治的控制。(54) 1838年，宪章运动在该市举办了一次大会。在1841年4月的补选中，保守党和宪章运动者结成的联盟击败了"先进自由党"人乔治·拉彭特(George Larpent)，保守党人约翰·沃尔特(John Walter，《泰晤士报》所有者)以反谷物法候选人的身份当选。在1841年6月的大选中，军队被调入，选民被对手拘禁，酒被派

(52) 有关这段时间伯明翰的"货币改革"运动，参见 Henry Miller, 'Radicals, Tories or Monomaniacs? The Birmingham Currency Reform in the House of Commons, 1832-67', *Parliamentary History*, 31/3 (2012), 354-377。

(53) Henry Miller, 'Leicester', *History of Parliament*: *The House of Commons 1832-1868*.

(54) James Owen, 'Nottingham', *History of Parliament*: *The House of Commons 1832-1868*.

送,蓄意破坏令投票日的局势陷入混乱。㊵ 一片混乱中,自由党候选人拉彭特和约翰·霍布豪斯爵士(Larpent and Sir John Hobhouse)在当地辉格党支持下当选。1847年奥康纳被邀代表诺丁汉,当地宪章运动情感再一次兴盛。奥康纳通过提倡政教分离和非宗教教育来吸引不从国教者,为不冒犯当地的保守主义而弱化了宪章运动的主张。保守党候选人沃尔特则通过支持废除《谷物法》而稳住了温和派辉格党的选民。虽然沃尔特获得了最高票数,但是奥康纳也赢得了诺丁汉的第二个席位。奥康纳的当选表明宪章运动有了一个自己的议员。在较大的港口城市纽卡斯尔,1835年以后一直有着政治控制权的辉格党遭到来自宪章运动者的挑战,如心怀不满的工人在镇沼泽公园和沙丘码头(Town Moor and Sandhill)举行大型集会,辉格党也遭到来自由爱尔兰出生的移民和泰茵河畔的激进派组成的联盟的挑战。㊶ 1838年1月,北方政治联盟(the Northern Political Union)发起反对《新济贫法》的大型示威活动。同年6月,宪章运动者8万人在镇沼泽公园集会,奥康奈尔在会上讲话。1840年,全国宪章协会的纽卡斯尔分会成立。到1847年时,辉格党对于当地政治的控制被打破。

在19世纪30年代的伦敦自治市选区和教区中,辉格党和当地激进活跃分子的选举冲突始终存在。除了原有的历史自治市伦敦城、威斯敏斯特和萨瑟克区(Southwark)外,1832年又增设了陶尔哈姆莱茨区、芬斯伯里区(Finsbury)、马里波恩区、朗伯斯区(Lambeth),以及实为伦敦市政治一部分的格林尼治市。1833年5月威斯敏斯特的补选显示了某种迹象。㊷ 新近被任命为格雷内阁的爱尔兰首席部长的在任议员霍布豪斯爵士在卡文垂花园举办的提名仪式上受到一群敌视者的挑衅,这群敌视者用暴风雨般的嘘声和喊叫声以及恶心的投掷物阻止他讲话。警察部署在他的寓所外。㊸ 最终,霍布豪斯在选举中败给了德拉西·伊万斯上校(De

---

㊵ Norman Gash, *Politics in the Age of Peel: A Study in the Technique of Parliamentary Representation, 1830-1850*, 2nd edn (Hassocks, 1977), 139.

㊶ James Owen, 'Newcastle upon Tyne', *History of Parliament: The House of Commons 1832-1868*.

㊷ 有关威斯敏斯特的选举政治的性质,参见 Marc Baer, *The Rise and Fall of Radical Westminster, 1780-1890* (Basingstoke, 2012)。

㊸ Norman Gash, *Politics in the Age of Peel: A Study in the Technique of Parliamentary Representation, 1830-1850*, 2nd edn (Hassocks, 1977), 143-144.

Lacy Evans),他是无记名投票、三年议会和政教分离制度的激进的提倡者。陶尔哈姆莱茨区位于伦敦的东端,是一个1832年后人口增长迅速的大区,选民复杂且不稳定。激进派在选区内宣传反对教堂税,支持地方贸易,主张宪章运动政治。1847年汤普森(George Thompson)当选为该区议员,他出身贫困。在竞选中,他突出自己的卑微出身和未受过正式教育的特征,把自己塑造成一个鼓舞人心的例子。在庆贺他当选的晚宴上,宪章运动擅长演讲者亨利·文森特(Henry Vincent)惟妙惟肖地模仿了一位"贵族"辉格党人在竞选台上的表现,令在场听众捧腹大笑。[59] 在伦敦所有自治市区,选民主要由教会纳税人构成,教区选举成为要求更多地方自治的温床。激进派反对"贵族"辉格党地主,反对他们在行政管理、减贫、公共卫生和地方征税上的集权化改革。在教区选举中采取的激进主义为他们在议会选举中的竞选活动奠定了基础。辉格党关于宪政净化的呼吁受到"独立的"地方激进派的挑战,这些激进派斥责"有头衔"改革者的父权主义以及教堂税和直接税的征收,这成为选举斗争中反复出现的主题。[60]

辉格党人、改革派、自由党和激进派选举政治中的分裂性质使他们在1837—1857年的英格兰议员中沦为少数派。最低点出现于1841年,他们仅获得了英格兰城乡席位中的39%。但是在1857年,也是20年来头一次,他们成为英格兰席位中的多数派,并且在1859—1865年间保持住了这种多数派地位,虽然席位略微有所减少。在城乡选区中,他们都赢得了多数席位,许多地方自由派组织比19世纪30年代、40年代和50年代早期都更为团结。[61] 1860年成立的自由党登记协会(the Liberal Registration Association)也对此有所帮助。成功也部分地归于保守党选区组织的大范围解体,因为1846年这些组织在废除《谷物法》的问题上发生了分歧。从1859年到1865年,"分裂"投票和"无党派排他性"投票在选举中急剧减

---

[59] James Vernon, *Politics and the People: A Study in English Political Culture, c. 1815–1867* (Cambridge, 1993), 120.

[60] 参见 Benjamin Weinstein, *Liberalism and Local Government in Early Victorian London* (Woodbridge, 2011)。

[61] 这一过程的主要的"经典"研究是 John Vincent, *The Formation of the British Liberal Party, 1857–1868* (1966)。也参见 Jonathan Parry, *The Rise and Fall of Liberal Government in Victorian Britain* (New Haven, 1993), 178–226, and Miles Taylor, *The Decline of British Radicalism, 1847–1860* (Oxford, 1995), 337–346。

少。1857年英格兰的"分裂"投票和"无党派排他性"投票在城市占28%,乡村占43%,到1865年时分别下降到17%和9%。[62] 更有凝聚力的自由选民支持了辉格党、激进派、好斗的不从国教者,以及有组织的劳工和新兴的媒体。1857年非保守党议员绝大多数在竞选台上使用了自由党标签。最终,1859年议会中几乎所有的非保守党人都采纳了自由党作为党派的共同名称。1859年6月帕默斯顿组建的政府,是辉格党人、一些著名的前皮尔派人士、自由党人、改革派者和激进派者构成的混合体,他们聚集在共同的自由党旗号之下。[63] 那些曾在阿伯丁联合政府任职的皮尔派放弃了傲慢的独立。激进主义不仅是一种情感事业,而且成为通向仕途的一条道路,抛弃了一些城市的粗鄙,在机灵和充满抱负的年轻人如查尔斯·迪尔克(Charles Dilkes)和G. O. 特里维廉(G. O. Trevelyan)的个性发挥下却获得了某些时尚光泽。这标志着英格兰政治动态的一个显著变化,无论是在选区,还是在议会。英格兰政党政治在1859年后开始具有了更清晰的双元性。这为19世纪60年代后期和70年代的对抗的两党政治开辟了道路。

威尔士和苏格兰的选举政治

1832年至1865年间,威尔士和苏格兰的选举政治完全不同于英格兰。差异源自不同的历史、文化、宗教、社会和经济实践,也源自选举制度的结构性不同。安立甘国教与不从国教之间的紧张关系是威尔士社会道德的中心问题,且在选举政治中愈发重要,而威尔士主要是单一席位选区,选民仅有一张选票。1832年后,在威尔士的28个选区中,24个选区为单一席位选区,包括15个城市选区和9个乡村选区,只有4个乡村选区是双席位选区。与英格兰相比,威尔士的非竞争性选举率更高(参见图5.4)。这样高的非竞争性选举率表明1832年以前的王朝政治形

---

[62] Gary Cox, 'The Development of a Party-Orientated Electorate in England', *British Journal of Political Science*, 16/2, (1986), 198–205.

[63] Angus Hawkins, *Parliament, Party and the Art of Politics in Britain, 1855–59* (1987), 240–279.

式在延续。[64] 17世纪到19世纪这段时间,控制在大土地所有者和乡绅手中的地主土地所有制巩固的趋势在威尔士像在英格兰一样出现了,尽管速度稍慢些。

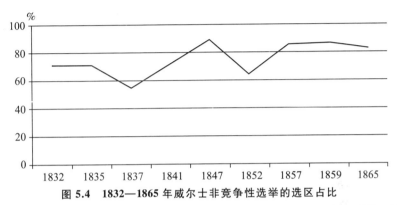

图 5.4　1832—1865 年威尔士非竞争性选举的选区占比

来源:F. W. S. Craig (ed.) *British Parliamentary Election Results*, *1832-1885* (1977), 624。

在威尔士西北部农村和布雷肯郡(Breconshire)、卡迪根郡(Cardiganshire)、弗林特郡(Flintshire)以及拉德诺郡(Radnorshire)选民人数少,而在格拉摩根郡(Glamorganshire),更复杂和充满活力的地方政治文化和迅速的工业化赋予了该地区鲜明的特征。卡迪夫1801年的人口只有2 000,而到了1871年已经扩展到40 000。

19世纪20年代,威尔士选区当选的议员多为托利党人或"政府"支持者。随后的1831年大选完全颠倒过来,18名辉格党人赢得了大选。1832年,多数席位都被辉格党或改革派赢得。但是,在1832年,英格兰式的选举权改革引入威尔士后,席位的分布并没有发生大的变化。1835年到1859年,威尔士多数选区席位被保守党议员所占据,保守党平均获得了59%的选票。[65] 1835年,保守党获得了63.9%的选票,1859年为63.6%。1847年他们获得了惊人的89.5%的选票。[66] 在卡马森郡(Car-

---

[64] 参见 Matthew Cragoe, *Culture, Politics and National Identity in Wales, 1832-86* (Oxford, 2004), and Norman Gash, *Politics in the Age of Peel: A Study in the Technique of Parliamentary Representation, 1830-1850*, 2nd edn (Hassocks, 1977), 186-188。

[65] N. J. Crowson (ed.), *The Longman Companion to the Conservative Party since 1830* (2001), 170.

[66] C. Rallings and M. Thrasher (eds.), *British Electoral Facts 1832-2006* (Aldershot, 2007), 3-5.

marthenshire),当地大地主多为乡村选区的代表,同时大多也是当地治安法官。⑥ 在布雷肯郡、卡那封郡(Caernarvonshire)、卡迪根郡、梅里奥尼斯郡(Merionethshire)、彭布罗克郡(Pembrokeshire)和拉德诺郡的乡村同样如此。在卡迪夫市,地主兼工业家比特勋爵有着很大的"影响力",自1835年到1847年(1841年除外),议席一直由一名保守党议员占据且没有受到过挑战。1841年保守党在威尔士的成功达于顶点,在22个选区中,保守党赢得了21个选区。随后在1865年自由党赢得了自1832年以来的第一个多数席位。1868年由于不从国教者侵入了曾经由国教和乡绅主导的选区,自由党的多数席位扩大了,有23名自由党议员当选,保守党只有10名当选(参见图5.5)。

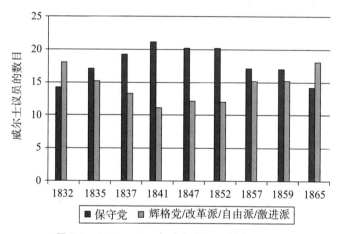

图 5.5 1832—1865 年威尔士议员的党属关系

来源:F. W. S. Craig (ed.) *British Parliamentary Election Results*, 1832 - 1885 (1977),622。

1832年后,在格拉摩甘郡的选举政治中,地主阶级和工业"利益"发生对立仅仅是偶尔发生,虽然此处的煤矿、铁厂、炼铜业扩张迅速,但当地大地主依然保持着很强的影响力。⑧ 1832年新设了两个单一议席的自治市选区斯旺西(Swansea)和梅瑟蒂德菲尔(Merthyr Tydfil)。改革派乔西亚·约

---

⑥ 参见 Matthew Cragoe, *An Anglican Aristocracy*:*The Moral Economy of the Landed Estate in Carmarthenshire*, 1832–1895 (Oxford, 1996)。

⑧ 此段引自 Kathryn Rix, 'Glamorganshire', in *History of Parliament*:*The House of Commons 1832–1868*。

翰·格斯特（Josiah John Guest）是梅瑟（Merthyr）的道莱大铁厂的主人，自1832年到1852年一直是该市的议员。仅在1837年这一年，有人反对他的当选。在斯旺西，改革派工业家约翰·亨利·维维安（John Henry Vivian）自1832年到1855年去世时，一直做议员且未遭到反对。此后，从1855年到1885年，一直是自由派的迪尔温（Lewis Llewellyn Dillwyn）任议员，也未遭到反对。在乡村选举中，格拉摩甘最大的地主温和辉格党人塔尔伯特（Christopher Talbot）于1830年当选并一直任职到1890年。1832年和1835年乡村的另一席位由辉格党人地主和工业家刘易斯·韦斯顿·迪尔文（Lewis Weston Dillwyn）获得。格拉摩根宪政和保守协会（the Glamorganshire Constitutional and Conservative Society）在1836年成立，旨在获得乡村的第二个席位。1837年保守党的候选人是年轻的子爵阿代尔（Adare），他是邓拉文（Dunraven）伯爵和格拉摩甘山谷中广大地产的继承人。调查数据显示，阿代尔的票数在塔尔伯特之后，居于第二。有谣言说，温和的塔尔伯特很满意能同一位保守党人分享代表权。1841年和1847年，两人都当选，未遇到反对。1851年阿代尔退休。在随后的补选中，保守党人、贸易保护主义者乔治·泰勒（George Tyler）爵士未受到挑战地当选，他得到了来自布里真德保护主义协会（Bridgend Protectionist Society）的支持。在1852年选举中，虽然当地工业家试图推选自由党人参选第二个席位，但最终仍是塔尔伯特和泰勒当选。随后在1857年，格拉摩甘在20年内第一次出现了竞选。格拉摩甘自由派登记协会（Glamorganshire Liberal Society）非常活跃，据报道，该协会新登记了2 500名选民。结果，塔尔伯特和自由党候选人、斯旺西的工业家维维安击败了保守党候选人纳什·沃恩（Nash Vaughan）而当选。1859年两人再次当选。随后经济进入一个下行期，工会活动增加，不从国教者积极好斗，保守党决定不参与1865年的乡村竞选。因此，19世纪30年代和40年代，格拉摩甘当地的土地和工业"利益"共同代表了这个郡，选举政治呈现出相对和谐的局面。1857年，这种局面开始让位于更有效的自由党组织、有组织的劳工和好斗的不从国教者。⑩ 这些在1865年帮助自由党自1832年以

---

⑩ 参见 John Vincent, *The Formation of the British Liberal Party, 1857-1868* (1966), John Vincent, *Pollbooks: How Victorians Voted* (Cambridge, 1968), 18, and Matthew Cragoe, 'Conscience or Coercion? Clerical Influence at the General Election of 1868 in Wales', *Past and Present*, 149 (November 1995), 140-169。

来首次赢得威尔士的多数席位。

在苏格兰,1832年后的51个选区中(30个乡村选区和21个市选区),有49个是单一席位选区,只有两个市选区是双席位选区。这反映了自16世纪30年代以来的威尔士和1707年以来的苏格兰逐渐并入不列颠议会的过程。英格兰立法者希望确保威尔士和苏格兰议员始终处于下院的少数派阵营。合并意味着服从。

如在威尔士一样,众多的苏格兰单一席位选区导致了1832年后高企的非竞争性选举(参见图5.6)。实际上,非竞争性选举数量在稳步上升,在1859年达到了一个高峰,占到了苏格兰选区中的84%。如在英格兰一样,1832年后激烈的选举登记斗争也出现在苏格兰选区,地方政党组织在选举政治中作用突出。几乎所有的选区都是单一席位选区,选民持有一票的情形加剧了党派活动。因此,非竞争性选举的高发生率并不意味着选举缺乏活力,相反,在严密监控下的选举登记,拉选票和提名之后,谁有可能获得最高票数通常一目了然,反对方的候选人在判断无法取胜时,往往选择退出选举。

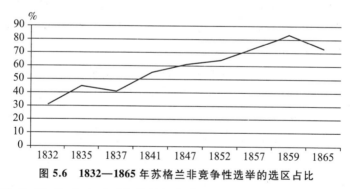

图 5.6　1832—1865 年苏格兰非竞争性选举的选区占比

来源:F. W. S. Craig (ed.) *British Parliamentary Election Results*, 1832-1885 (1977), 624。

1832—1867年,苏格兰绝大多数选区的席位持续由辉格党、改革派或者自由派议员把持,虽然19世纪30年代保守党在苏格兰乡村的代表席位有所增加,但是在乡村,制造"虚假"选票依然是选举制度的一个特征(参见图5.7)。21个城市选区的大多数选举中,通常是改革派、自由派或激进派当选。而在30个乡村选区中有18个选区在19世纪30年代到50年代早期,始终是保守党议员获胜,在像班夫郡(Banffshire)、克拉克曼南郡（Clackmannanshire）、福弗尔郡（Forfarshire）、柯库布里郡（Kirkudbrightshire）、萨瑟兰和威格顿郡（Wigtownshire）的乡村,常常是辉格党人、改革派和自由派当选。苏格兰保守党的巨富大亨,如巴克卢公爵、阿伯丁勋爵和阿盖尔（Argyll）公爵,对东洛锡安和法夫（Fife）这样有着大片耕地的地方发挥着"影响",他们在 1846 年后追随了皮尔。[70] 但像在英格兰一样,1846 年支持皮尔的苏格兰保守党人在 19 世纪 50 年代时又回到德比的保守党。更重要的是,到 19 世纪 50 年代和 60 年代,自由派议员在苏格兰的影响恢复到 1832 年的水平。

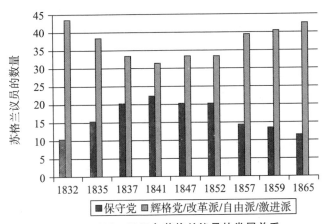

图 5.7 1832—1865 年苏格兰议员的党属关系

来源：F. W. S. Craig（ed.）*British Parliamentary Election Results, 1832–1885*（1977）,622。

1832 年后,议会一方面希望把苏格兰同化到英格兰的代表概念中,另一方面又希望保持苏格兰法律、宗教、地方政府和社会的鲜明特色,这两者之间存在持续的紧张关系。[71] 1832 年议会曾对苏格兰改革有过短暂的考虑,这种情况也出现于 1867—1868 年,这加剧了紧张关系。[72] 尽管

---

[70] 参见 Gordon Millar, 'The Conservative Split in the Scottish Counties, *1846–1857*', *Scottish Historical Review*, 210（2001）,221–250。

[71] 参见 Gordon Pentland, 'Scotland and the Creation of a National Reform Movement, 1830–1832', *Historical Journal*, 48/4（2005）,999–1023,有关在苏格兰改革派中对这种动态的讨论。

[72] 参见 Gordon Pentland, 'The Debate on Scottish Parliamentary Reform, 1830–32', *Scottish Historical Review*, 48/4（2006）,102–132, and Michael Dyer, '"Mere Machinery and Detail": The Great Reform Act and the Effects of Redistribution on Scottish Representation', *Scottish Historical Review*, 173（1983）,17–34。

格雷内阁曾希望确保1832年的改革立法在苏格兰尽可能同英格兰一样，但是苏格兰法律和财产所有权的不同产生了不一样的结果。1832年后，在苏格兰乡村，45名成年男子中有一人有投票权，而在英格兰24名成年男子中就有一人有投票权。在苏格兰自治市，27名成年男子中有一个合格选民，而在英格兰城市中则是17名成年男子中有一个合格选民。苏格兰选举制度的另一个不同之处在于，多数自治市选区是由地理分散的社区构成的。在这些分散的选区，指导选民和拉选票活动创造了其独特的选举动态，"外部"的地主或者商业"利益"通常能对其施加影响。

不仅选举制度存在差异，宗教、社会和文化的差异都使苏格兰的政治行为不同于英格兰。[73] 宗教问题是苏格兰选举中的突出问题，但是背景完全不同于英格兰。[74] 1843年，苏格兰教会因平信徒委派权（lay patronage）的问题发生了分裂。教会内的福音派在19世纪30年代就将平信徒委派权视为对教会精神独立的威胁而加以反对。1843年5月，在托马斯·查默斯（Thomas Charlmers）的领导下，福音派从苏格兰教会分裂出来，组成了苏格兰自由教会（the Free Church of Scotland）。[75] 他们并不反对国教原则，但是极力要将自身同唯意志论者划清界限。这造成了宗教背景的复杂化。自由教会在不同的议题上或者同苏格兰教会合作，或者同其他教派组织如统一分离教会（United Secession Church）合作。"教会处在危险中"的呼吁总是能在一些选区引起共鸣；与此同时，1845年皮尔的《梅努斯拨款法》引发了大的选举骚乱。1846年7月麦考莱在爱丁堡补选中遇到挑战，他支持《梅努斯拨款法》，赞成该法案的永久化，因此遭到自由教会和不从国教的选民的激烈反对。他还被指控意图资助爱尔兰天主教教士，对此他予以强烈否认。由于许多保守派选民没有参加投

---

[73] I. G. C. Hutichson, *A Political History of Scotland, 1832—1924* (Edinburgh, 1986).

[74] 在 *Edinburgh Poll Book, 1847* (Edinburgh, 1847)（收藏于 the Institute for Historical Research, London）中，比如，每个选民的教派所属被记录为圣公会教、自由教会、统一长老会、公理会、浸礼会、卫斯理、改革的长老会、唯一神教、教友会、天主教或犹太教。

[75] 参见 G. I. T. Machin, *Politics and the Churches in the Great Britain, 1832—1868* (Oxford, 1977), 112—147, Stewart J. Brown, *The National Churches of England, Ireland and Scotland, 1801—1846* (Oxford, 2001), 348—362, and James Kellas, 'The Liberal Party and the Scottish Church Disestablishment Crisis', *English Historical Review*, 79 (January 1964), 31—46。

票,因此他最终再次当选。⁷⁶ 在罗马教皇庇护九世宣布恢复英格兰的天主教教阶制而辉格党立法以1851年的《教会头衔法》(Ecclesiastical Titles Act)进行回应后,苏格兰的反天主教情绪因这种"教皇入侵"(Papal Aggression)插曲而加剧。在19世纪50年代早期,苏格兰的天主教爱尔兰移民增多,反天主教组织纷纷成立,比如苏格兰改革协会(the Scottish Reformation Society)和苏格兰新教协会(the Scottish Protestant Association),加剧了教派间的紧张关系。⁷⁷

截至19世纪40年代,宪章运动的影响、对关税改革的广泛支持和反谷物法联盟激发了改革热情和激进主义情绪。1838年5月,伯明翰激进派的领袖阿特伍德在格拉斯哥的格林草坪(Glasgow Green)对在场的上万人发表演说。到1839年时,将近130个宪章运动协会在苏格兰成立,其核心支持力量来自独立的外包工、织机织工和熟练手工业者。在一定情形下,"道德力"的信奉者多过准备采取"暴力"行为的宪章运动者,因为他们主要通过和平抗议、请愿、公共集会、教育和讲座来推动事业发展。苏格兰宪章运动也显示了很浓的宗教氛围,他们吸取了福音中有关社会的说法,到1841年为止,至少成立了20个宪章教会,其对克制、合作和教育的呼吁是显而易见的。然而,他们的言辞更多地指向地产"贵族",把那些拥有世袭地产财富者视为道德和政治恶行之源,而不是针对富裕的雇主和工厂主,调和了"阶级"敌意。与此同时,支持自由贸易和反谷物法联盟使贸易保护主义在苏格兰政治中被边缘化,即使在农村选区也是如此,因为苏格兰的国际贸易发展迅速,且坚信农业的效率,这些使苏格兰对限制商品、制造业和贸易的自由流通持强烈的反对态度。⁷⁸

虽然政治民族主义不强,但是联合王国中苏格兰身份的文化构成强化了苏格兰特质。宗教此时再次显示了其重要性,长老派的价值观——节俭、克制、工作伦理、重视教育——被视为苏格兰"受尊重的"中产阶级和劳动阶级的特征。作为士兵、传道者、工程师、医生、殖民地管理者、金

---

⁷⁶ Angus Hawkins, 'Government Appointment By-Elections, 1832–1886', and Gordon Pentland, 'By-Elections and the Peculiarities of Scottish Politics, 1832–1900', in T. G. Otte and Paul Readman (eds.), *By-Elections in British Politics, 1832–1914* (Woodbridge, 2013), 67, 281–282. 1847年大选时,麦考莱被两名自由党人击败。

⁷⁷ 1851年,爱尔兰移民占格拉斯哥人口的18%,占邓迪人口的19%。

⁷⁸ T. M. Devine, *The Scottish Nation 1700–2000* (1999), 284.

融家、律师和商人,苏格兰人证明了不列颠帝国的扩张是民族命运的一部分,也是苏格兰经济发展不可分割的一部分。⑲ 历史人物威廉·华莱士(William Wallace)被人民看作是为了苏格兰自由而战的英雄,罗伯特·彭斯(Robert Burns)则被视为"人民诗人"。这两个历史人物受到的推崇提升了沃尔特·司各特爵士的浪漫文学成就。维多利亚女王和阿尔伯特亲王都热爱苏格兰高地,自1848年起王室每年都在巴尔莫勒(Balmoral)过夏,他们穿上苏格兰格呢短裙,参加传统的高地运动会(Highland Games),令英格兰北方与苏格兰交界地域的强劲有力的美德和刚强直率的形象广为人知。这塑造了苏格兰的政治生态,使其不同于英格兰的政治。

　　辉格党、改革派、自由党和激进派在苏格兰的统治地位意味着选举竞争在他们之间展开。自由主义内分裂严重。1841年保守党在乡村选举中挑战辉格党和自由党,除了三个选区外,保守党都获得了成功。1847年,保守党试图挑战辉格党和自由党所占据的乡村议席,但没有成功。在城市,保守党很少向辉格党人、改革派和激进派发起挑战。保守党在城市的一个成功事例是1846年福尔柯克区(Falkirk District)的补选,保守党候选人林肯勋爵战胜了自由党候选人。林肯是皮尔内阁的爱尔兰首席大臣,他仅以11票的多数优势获胜。⑳ 1851年林肯继任纽卡斯尔公爵后,福尔柯克区选举保守党人、铁矿加工工业家詹姆斯·贝尔德(James Baird)为议员,他一直任职到1857年。但是保守党这种成功的事例是个别的。1832年到1867年间,在阿伯丁、埃尔区(Ayr District)、邓弗里斯区(Dumfries District)、邓迪(Dundee)、爱丁堡、格拉斯哥、格里诺克(Greenock)、柯卡尔迪区(Kirkcaldy District)、利斯区、佩斯利(Paisley)、珀斯(Perth)、斯特灵区(Stirling District)、威克区(Wick District)和威格顿区(Wigtown District),始终是改革派、自由党和激进派的候选人当选。然而,这些苏格兰自治市的竞选非常激烈,三派之间的分歧比在英格兰更为突出。在1865年大选中,牧师和持异见的长老派人士在教育问题上的争

---

⑲ 参见 T. M. Devine, *To the Ends of the Earth: Scotland's Global Diaspora, 1750–2010* (2011)。

⑳ Angus Hawkins, 'Government Appointment By-Elections, 1832–1886', in T. G. Otte and Paul Readman (eds.), *By-Elections in British Politics, 1832–1914* (Woodbridge, 2013), 65–66.

执,以及地主和佃农在猎物法和抵押权*上的紧张关系,更加剧了苏格兰辉格党、自由派和激进派之间的分歧。

1832年后苏格兰选举政治的特征,如宗教因素的重要性,以及辉格党、改革派和激进派之间的竞争,在蒙特罗斯市比较有代表性。这个单一议席的自治市包括了蒙特罗斯港口、阿布罗斯(Abroath)亚麻制造厂、布里津(Brechin)的烟草和燃气工厂。《改革法》后的选举制度取代了1832年前的寡头制度,镇书记监管下登记的选民将近1 500名,多数是拥有10英镑财产的房产持有人。⑧ 辉格党人、改革派和激进派在宗教问题、当地利益和改革范围问题上存在分歧,他们为获得蒙特罗斯的议席而展开了竞争。1818年到1830年,该市议员是蒙特罗斯出生的激进派人士约瑟夫·休谟,他是詹姆斯·穆勒的朋友、李嘉图的信徒,也是要求政府减少开支的主要发言人。1832年的选举竞争在两个改革派候选人间展开,一个是有着商业背景的地主、布里津的帕特里克·查默斯(Patrick Chalmers),另一个是冒险家和"温和改革派"霍雷肖·罗斯(Horatio Ross),后者赢得了多数选票。1835年查默斯再次参与竞选,起初他受到了"坚定自由派"约翰·利德(John Leader)的挑战,后者是在蒙特罗斯有着制造业利益的伦敦商人。针对最为突出的宗教问题,查默斯试图通过提倡爱尔兰和英格兰教会改革、取消什一税、废除苏格兰教会的平信徒委派权、救济反对国教者等主张击败利德的激进观点。随着竞选活动的展开,查默斯获得了强有力的支持,利德在投票前退出了选举。查默斯没有遇到任何反对而顺利当选议员,1841年他再次未受任何挑战而当选。1842年,出于健康原因他辞去议席,在补选时有若干激进派、辉格党和自由派人士被动员起来参加竞选。最后,当选民登记和游说显示休谟获得了强有力的支持时,其他候选人都退出了竞选。1842年4月,休谟在没有反对的情形下当选。1847年的选举,宗教问题仍然是最突出的问题,苏格兰教会和自由教会的支持者反对罗马天主教的资助和《梅努斯拨款法》,持异见者则反对任何的宗教资助。蒙特罗斯船运业反对休谟,因为他支持废除《航海条例》,当地船主戴维·格林希尔(David Greenhill)挺身而出参加

---

* 苏格兰的一种产权,给予债权人或地主拥有对于债务人或租佃人财产的权利——译者
⑧ 此段引自Henry Miller,'Montrose', *History of Parliament*:*The House of Commons 1832-1868*。

竞选。休谟宣称，他支持满足了人民道德和教育需求的苏格兰教会和英格兰教会，他赢得了458张选票中的多数选票，击败了格林希尔。1855年休谟的去世再一次引发激进派、辉格党和自由派群体的纵横捭阖。经验丰富的英格兰激进派人士特里劳尼爵士、当地辉格党人地主约翰·奥格尔维（John Ogilvy）爵士和邓迪亚麻制造业主威廉·巴克斯特（William Baxter）都声称继承休谟的衣钵。在提名候选人前，特里劳尼退出。奥格尔维在拉选票时声称支持克里米亚战争和议会的进一步改革。公理会派人士巴克斯特突出自己商人的品质，这与奥格尔维的乡村绅士形象形成对比。巴克斯特反对宗教资助和《梅努斯拨款法》，这有助于扩大他的支持力量，还动员了持异见者和自由教会的信徒。这确保了他在1855年3月获得的选票最多。他把自己描述为一个"先进的自由派"，连续赢得了1855年、1859年和1865年大选。1832年后的苏格兰选举政治动态，如宗教问题的重要性，对世袭继承地产财富的敌视，当地辉格党、改革派和激进派支持者之间的竞争，以及非竞争性选举掩盖下的选举活动的激烈，在蒙特罗斯表现得非常明显。

爱尔兰的选举政治

1832年后的爱尔兰选民构成多样且不稳定。[82] 1840年选民人数下降，因为1832年签发的有效期为8年的选民证件到期了，这个证件只在爱尔兰有效。地主不愿意出租土地，农场进一步细分，小租地农的破产也减少了乡村拥有选举资格的人数。大饥荒导致农村选民的崩溃。1840年签发的选举证件到期在1847年击中了要害。到1849年的乡村选举时，选民人数大约是32 000人，比1832年下降了近一半。在梅奥乡，到1850年时，选民人数下降到250人左右。在卡文（Cavan）乡，1832年有2 248位选民，1850年仅有704位。[83] 登记的随意与复杂、解释选票资格

---

[82] 参见 K. Theodore Hoppen, *Elections, Politics, and Society in Ireland, 1832—1885* (Oxford, 1984), 1-33, and K. Theodore Hoppen, 'Politics, the Law, and the Nature of the Irish Electorate, 1832-1850', *English Historical Review*, 92 (1997), 746-776。

[83] K. Theodore Hoppen, *Elections, Politics, and Society in Ireland, 1832—1885* (Oxford, 1984), 17, and K. Theodore Hoppen, 'Politics, the Law, and the Nature of the Irish Electorate, 1832-1850', *English Historical Review*, 92 (1997), 755.

条件的困难和多样的评估选票资格的地方法律实践加剧了选民人数大幅下降所造成的困难。1832年到1850年间,许多富裕且有资格投票的人未能登记,而穷困的贫农却有投票权。

人们通常认为爱尔兰选举充满暴力与贿赂。由于新教的优势地位,长老会少数派和农村天主教多教派(二者占爱尔兰人口的80%)之间的仇恨给政治竞选带来了暴力的宗教色彩。英国政府的统计数据记录了1837年大选中的157次暴乱,以及1841年大选中的113次暴乱和709次"暴行"。评论家认可以下这种说法,即选举政治冲突导致爱尔兰公共秩序失控,暴乱和犯罪频发。在英格兰,犯罪多数是非政治性的谋财;而在爱尔兰,无序与犯罪通常是政治性的,既谋财,也害命。[84]在阿尔斯特(Ulster),好斗的新教和天主教社区比邻而居,选举暴力是家常便饭。多数选举,如1837年、1841年、1847年、1852年和1865年的选举,都会引发阿尔斯特的橙色游行,这加剧了教派冲突。政治失序、攻击个人也时常发生在蒂珀雷里(Tipperary)、利默里克和爱尔兰的其他地方。1832年,在卡洛(Carlow)、邓加文(Dungarvan)、利默里克,选举中有17人被杀。1852年在克莱尔乡,10人被杀,一次事件中就死了6人。在斯莱戈(Sligo)乡,两名保守党游说者被绑在奔跑的马上,一个即刻死去,另一个几星期后死去。1865年在劳斯(Louth)乡,农村劳工和贫农组成的一群暴民,手持棍棒、镰刀和其他武器在选区游荡。用他们的话说,民众领袖如奥康奈尔是合法抗议与暴力行动的骑墙派,就如参与公众抗议的那些天主教牧师一样。[85]

爱尔兰的非竞争性选举数量远远低于威尔士或苏格兰,部分原因在于66个选区中的39个是双席位选区,仅有27个是单一席位选区(参见图5.8)。1832年后,保守党在大选中一直是少数派。这实际上延续了自1820年以来的趋势,虽然在1835年到1865年间,保守党的选民支持率为

---

[84] K. Theodore Hoppen, 'Grammars of Electoral Violence in Nineteenth-Century England and Ireland', *English Historical Review*, 109 (1994), 597–620.

[85] K. Theodore Hoppen, 'Riding a Tiger: Daniel O'Connell, Reform and Popular Politics in Ireland, 1800–1847', in T. C. W. Blanning and Peter Wende (eds.), *Reform in Great Britain and Germany, 1750–1850* (Oxford, 1999), 121–143.

图 5.8　1832—1865 年爱尔兰的非竞争性选举的选区占比

来源：F. W. S. Craig (ed.) *British Parliamentary Election Results*, *1832－1885* (1977)，624。

40%。⑯ 只有 1859 年的选举是个例外，53 名保守党人获得了进入下院的爱尔兰席位，非保守党议员仅拿到了 50 个席位。⑰ 德比式改革⑱[1852 年和 1858—1859 年作为首席大臣的纳斯 (Naas) 勋爵的工作成效]和中央保守协会 (the Central Conservative Society) 的努力收获了选举的成果。与此同时，天主教反对罗素对于"教皇入侵"问题的回应，1859 年，帕默斯顿和罗素的意大利政策促使许多天主教牧师指导他们的教民投票给保守党。结果，1859 年，保守党赢得了爱尔兰议会的多数席位。然而，这个成功是短暂的。1865 年，自由党多数席位的地位再次确立 (参见图 5.9)。1868 年格莱斯顿呼吁在爱尔兰解散教会，这一主张为党派吸引了更多的选民，扩大了自由党的多数席位的优势。

---

⑯　N. J. Crowson (ed.)，*The Longman Companion to the Conservative Party since 1830* (2001)，170，and K. T. Hoppen，'The Franchise and Electoral Politics in England and Ireland，1832－1885'，*History*，70 (1985)，202－203.

⑰　有关这段时期的爱尔兰保守党议员，参见 Andrew Shields，*The Irish Conservative Party*，*1852－1968* (Dublin，2007)。

⑱　1858—1859 年德比政府给予了军队中的天主教牧师永久军衔与薪水，且协商订立有关美国同爱尔兰直接通邮的合同，有可能促进了戈尔韦的商业发展，天主教牧师也被允许更便利地出入监狱与工厂，还有迹象表明，对爱尔兰地主和租地农法律的改革也在考虑中。Angus Hawkins，*The Forgotten Prime Minister*：*The 14th Earl of Derby*：*Achievement*，*1851－1869* (Oxford，2008)，182。

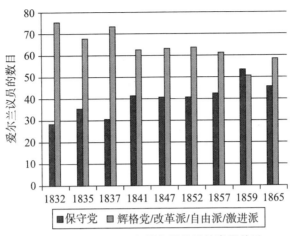

图 5.9　1832—1865 年爱尔兰议员的党属关系

来源：F. W. S. Craig (ed.) *British Parliamentary Election Results*, *1832 - 1885* (1977), 622。

1832 年至 1865 年竞选爱尔兰议席的有辉格党人、改革派者、自由党人和奥康奈尔合并撤销论者。这反映了 1832 年后爱尔兰政治中的特殊宗教、社会和文化动态。19 世纪 30 年代和 40 年代奥康奈尔要求撤销《合并法》和反对什一税的运动持久地展示了被煽动起来的民众的力量，将租佃农民和农村劳工团结起来，也有效地利用了天主教教士的影响。作为一个自称基于爱尔兰"舆论"认可的"民主派"的权威，奥康奈尔注意使运动尽可能地具有包容性，除了要求男性的普选权之外，他强调自己反对什么(合并和"贵族"新教)，并弱化他积极追求的爱尔兰自治的目标。与此同时，在自己的话语里，他把"人民"与爱尔兰"民族"相提并论，用"令人尊敬的身份"和财产的神圣性软化他激发起来的"大众参与"的"道德力量"。[89] 1833 年，奥康奈尔领导了议会内主张撤销 1800 年《合并法》的 35 名爱尔兰议员。

1830 年以后，辉格党执政者认为爱尔兰的"文明"程度还不足以享有完全的自由，故将改革与胁迫结合起来。爱尔兰民众对什一税所进行的广泛且通常是暴力的抵制加剧了紧张气氛。1830 年到 1833 年任爱尔兰

---

[89] 参见 Laurent Colantonio, '"Democracy" and the Irish People, 1830-48', in Joanna Innes and Mark Philip (eds.), *Re-Imagining Democracy in the Age of Revolutions: America, France, Britain, Ireland 1750-1850* (Oxford, 2013), 163-173。

首席大臣的斯坦利试图加强法治与保护财产权利。⑩ 对被认定合法的爱尔兰教会财产进行保护和1834年把教会收入用于非宗教目的的建议导致斯坦利、格雷厄姆和里士满从格雷政府辞职。整个19世纪30年代,辉格党维持着同奥康奈尔小心翼翼的关系。1835年奥康奈尔支持辉格党执政,并暂时搁置了他撤销1800年《合并法》的要求。然而,他以重提撤销《合并法》为手段,试图把爱尔兰改革从墨尔本政府中剥离出来。1841年,他重提撤销1800年《合并法》,举行了参加者达10万人的"巨型会议"(monster meeting)。1843年,保守党政府禁止了奥康奈尔计划在都柏林外的克朗塔夫(Clontarf)召开的"巨型会议",并很快以阴谋叛乱罪拘禁了他。随着他于1847年去世,若干先前他的追随者,如威廉·史密斯·奥布赖恩等人,主要是盎格鲁-爱尔兰人或中产天主教徒,采取了更具革命性的民族主义政治,成立了"青年爱尔兰"组织。⑪ 与此同时,净化精神的福音派运动影响了爱尔兰教会、长老派和爱尔兰天主教会。这加剧了教派间的紧张关系。天主教民族主义开始联合,新教联邦主义则趋于强硬。1845年秋开始爆发的大饥荒导致疾病、死亡和社会溃败。饥荒之后,罗素的辉格党政府认识到爱尔兰选举制度需要即刻着手解决。⑫

1850年的《爱尔兰公民权法》在有关爱尔兰选举改革的叙述中比1832年或1867年的改革都更为重要。⑬ 该法案废除了有效期为8年的选票证。无论是农村还是城市,以业主为准,根据《济贫法》评估的标准,拥有12英镑财产的农村占有人和8英镑财产的城市占有人都有选举权。虽然旧式选举权资格仍然有效,但是三年里,88.7%的爱尔兰选民都是以新的选举权标准登记的。一个更有效和各地统一的选举登记过程开始被引入进来。1832年法案中含糊且不相一致的地方被一扫而光。1850年的法案创设了"基于一致原则的内在统一的选区,从而能够进行并保持持

---

⑩ 参见 A. D. Kriegel,'The Irish Policy of Lord Grey's Government', *English Historical Review*, 86 (1971), 22-45, and Angus Hawkins, *The Forgotten Prime Minister: The 14th Earl of Derby: Ascent, 1799-1851* (Oxford, 2007), 74-127。

⑪ 参见 Richard Davis, *The Young Ireland Movement* (Dublin, 1987)。

⑫ 参见 Peter Gray, *Famine, Land and Politics: British Government and Irish Society, 1843-1850* (Dublin, 1999)。

⑬ 参见 K. Theodore Hoppen, *Elections, Politics and Society in Ireland, 1832-1885* (Oxford, 1984), 17-33。

续的政治动员"。⑭ 1850年后,农产品价格的上升高于房租,识字率提高,交通改善,报纸阅读群体扩大。这些为爱尔兰农村的民族主义政治化奠定了基础,从而使得土地联盟(the Land League)、自治党(the Home Rule Party)和帕内尔(Parnell)的成功成为可能。

沃特福德郡地理面积小、人口多,几乎97%的居民是天主教徒,这里的选举政治反映了典型的爱尔兰农村选举政治的特征。⑮ 在地主、租地农、自由佃农和农村劳工之间存在着一种微妙的马赛克关系。1832年前,辉格党人德文郡公爵与保守党人沃特福德侯爵是该郡的大地主,对选举有着重要的"影响"。从19世纪20年代起,在天主教协会的支持下,当地辉格党人、地主亨利·维利尔斯·斯图尔特(Henry Villers Stuart,比特勋爵的侄子)开始对郡的选举施加"影响"。1815年沃特福德的选民据估计有3 300人,1829年下降到1 210人,1832年增加到1 448人。1832年,在该郡大范围地抵制交纳什一税的情况下,奥康奈尔为该郡游说争取到了两个撤销《合并法》的议席。当选者之一是约翰·高尔韦(John Galwey),他是来自邓加文(the Dungarvan)的商人和土地代理人,赞成撤销《合并法》、三年一选的议会和无记名投票;另一个是当地地主理查德·基恩(Richard Keane)爵士,宣称对于撤销《合并法》给予实质的支持。1835年奥康奈尔的影响显而易见。由于同高尔韦关系不睦,奥康奈尔推荐他的朋友、坚定的撤销合并论者帕特里克·鲍尔(Patrick Power)和热心支持者理查德·马斯格雷夫(Richard Musgrave)参选,高尔韦退出选举。鲍尔和马斯格雷夫无争议地当选。1835年8月鲍尔意外死亡,在随后的补选中,利·维利尔斯·斯图尔特推荐他的兄弟威廉·维利尔斯·斯图尔特(William Villers Stuart)参选,后者也无争议地当选。1837年威廉同约翰·鲍尔(John Power)当选,后者得到奥康奈尔的许可,是撤销《合并法》的演说者理查德·莱勒·希尔(Richard Lalor Sheil)的继子。1840年鲍尔退休时,卡鲁男爵的长子、改革者罗伯特·卡鲁(Robert Carew)无争

---

⑭ K. Theodore Hoppen,'Politics, the Law, and the Nature of the Irish Electorate, 1832-1850', *English Historical Review*, 92 (1997), 775.

⑮ 此段引自 Stephen Ball,'Co. Waterford', in *History of Parliament: The House of Commons 1832-1868*。

议地当选。1841年,斯图尔特和卡鲁无争议地当选。这可以作为该郡撤销《合并法》不容置疑的证明。大饥荒引发的苦难在沃特福德非常普遍。1840年郡选民已经上升到1 675人。到1850年时,却只有321位选民。1847年选举显示这场灾难导致了政治的激进化。两名撤销《合并法》的支持者——富商和天主教支持者尼古拉斯·鲍尔(Nicholas Power)与罗伯特·基廷(Robert Keating)无争议当选。代表当地地产所有者势力的斯图尔特和卡鲁退出了选举。

随后,当19世纪50年代对于撤销《合并法》的强有力支持减弱后,沃特福德的选举政治日益复杂。在爱尔兰中央保守协会的帮助下,又借助纳斯勋爵(德比政府1852年和1858—1859年的爱尔兰大臣)的有效努力,保守党渐渐重塑了在爱尔兰部分地区的存在。⁹⁶ 与此同时,1851年罗素的《教会头衔法》和帕默斯顿与罗素对意大利的政策从1859年起开始令部分天主教爱尔兰人和天主教教士反感自由党人。结果,在1859年的选举中,保守党人沃尔特·塞西尔·塔尔伯特(Walter Cecil Talbot,施鲁斯伯里伯爵的小儿子,沃特福德侯爵的侄子)赢得了一个席位。在任的自由党议员鲍尔参与了竞选,发表了讲话,但是没有进行拉选票活动,在提名前夕退出了选举。另一位在任的自由党议员约翰·埃斯蒙德(John Esmonde)同塔尔伯特一起当选。1865年,埃斯蒙德同另一位保守党人蒂龙伯爵(the Earl of Tyrone,沃特福德侯爵的长子)一起当选。

爱尔兰城市的选举政治显示出类似的紧张关系和动态变化,奥康奈尔的影响还是很突出。单一议席的邓加文选区是一个有8 500人、位于沃特福德的小港口。德文郡公爵和沃特福德侯爵不仅在此地有财产,而且有"影响"。⁹⁷ 1832年爱尔兰《改革法》规定的40先令财产选举权资格使该港口的许多贫穷渔夫获得了选举权,令该市的选民达到了677人,这表明了法律实施的随意性。1832年,经过激烈的竞选,墨尔本勋爵的兄弟乔治·拉姆(George Lamb)当选,他得到了当地地主的支持。据称,拉姆的一个支持者被主张撤销《合并法》的候选人戈尔韦(John Galwey,他随后当选为乡郡的议员)的支持者的帮派杀害。在暴乱发生时,当地军队

---

⑨⑥ Andrew Shields, *The Irish Conservative Party, 1852-1868* (Dublin, 2007), 11-12.
⑨⑦ 此段引自 Stephen Ball, 'Dungarvan', in *History of Parliament: The House of Commons 1832-1868*.

朝人群开火,两人被射杀,多人受伤。1834年拉姆去世后,奥康奈尔推荐了一位合并撤销论者埃比尼泽·雅各布(Ebenezer Jacob),此人击败了德文郡公爵和辉格党人属意的皮尔斯·巴伦(Pierce Barron)。此后,邓加文的政治被温和激进的天主教派间的竞争所左右。1835年,奥康奈尔的门徒、曾经的爱尔兰首席检察官迈克尔·奥洛克伦(Michael O'Loghlen)当选。奥洛克伦在1836年被任命为爱尔兰财长后,针对他退出的席位又进行了补选,教区牧师福伦神父(Father Foran)支持的合并撤销论者约翰·鲍尔击败同为合并撤销论者的戈尔韦当选。1841年该市选民下降为304人,曾为墨尔本政府成员的希尔无争议地当选。希尔被某些合并撤销论者视为变节的辉格党官员,奥康奈尔对他的支持导致更为激进的合并撤销论者如奥布赖恩的疏远。但是,希尔在1846年(被任命为王室铸币厂负责人)和1847年都再次当选。1852年和1857年,"独立"合并撤销论者和《科克考察家》(Cork Examiner)的所有者约翰·弗朗西斯·马圭尔(John Francis Maguire)在租地农联盟(the Tenant League)的支持下当选,军队时常被调遣来镇压暴乱与制止暴力。马圭尔1859年再次无争议当选,他为德比的改革议案辩护,同时得到了来自人口众多的教区牧师哈雷神父(Father Halley)的衷心支持,后者强烈反对自由派对意大利的政策。1865年,天主教自由党人查尔斯·巴里继马圭尔之后当选,巴里被人们视为帕默斯顿式的辉格党人。

在南部的蒂珀雷里的科隆麦尔(Clonmel),一个居民多数为天主教徒、人口为12 256人的市镇,1832年的选民有521人,他们选举了多米尼克·罗奈因(Dominick Ronayne)为他们的议员,罗奈因承诺撤销《合并法》和什一税。⑱ 在奥康奈尔的支持下,当地商人自己组织起来,化解了保守党人约翰·巴格韦尔的挑战。1835年罗奈因再次战胜巴格韦尔当选。1836年罗奈因死后,天主教都柏林律师尼古拉斯·巴尔(Nicholas Ball)无争议地当选,并在1837年再次当选。1839年巴尔被任命为爱尔兰法官后,天主教首席检察官大卫·理查德·皮戈特(David Richard Pigot)经当地神父伯克(Burke)和鲍德温(Baldwin)的提名,无争议地当选。1846年,在皮戈特被任命为财政大臣后,奥康奈尔和伯克神父安排

---

⑱ 此段引自 Stephen Ball,'Clonmel', in *History of Parliament*: *The House of Commons 1832-1868*。

了克朗克里(Cloncurry)勋爵的小儿子、撤销《合并法》的支持者塞西尔·劳利斯(Cecil Lawless)参选,他无争议地当选。1848年青年爱尔兰起义在蒂珀雷里引发骚乱后,劳利斯1852年再次当选,但是他于1853年去世。此后的补选暴露了爱尔兰激进派和民族主义圈子的分歧。解放者之子约翰·奥康奈尔(John O'Connell)自荐参选。佃户联盟代表和选民会议希望推选一位愿意从辉格党那里获得更多独立权的候选人。伯克神父和鲍德温神父在奥康奈尔的候选资格上发生分歧。最后奥康奈尔无争议地当选。1857年,在该市选民下降为318人时,奥康奈尔任命了一位王室职员(a Clerk of the Crown)巴格韦尔代表辉格党候选人参选,他击败青年爱尔兰运动(Young Ireland)候选人帕特里克·默里(Patrick Murray)当选,并且在1859年和1865年再次当选。

科克郡的马洛(Mallow)温泉城是单一席位市选区的一个范例。在这座城市,一名辉格党地主建立了与奥康奈尔的合作关系,保持着他对于该市选举政治的控制。马洛城堡的杰夫森(Jephson)家族拥有该城的大部分财产,自爱尔兰同英格兰合并以来,就一直代表着该城。⑨ 1832年共有458位选民,其中250人是40先令自耕农,161人是10英镑房产持有人,还有相当数量的文盲,这些选民颠覆了该城的政治安排,使合并撤销论者威廉·当特(William Daunt)以高出其他候选者10票之多当选。当特的支持者来自他的亲戚奥康纳,更有当地教区牧师柯林斯(Collins)神父的强有力支持。辉格党人查尔斯·杰夫森(Charles Jephson)的票数排在第二。奥康奈尔对选举结果不满,因为他曾获得杰夫森在《天主教解放法》上的支持,于是就选举舞弊发动了一个请愿,声称有些选民是柯林斯教父控制下的"托钵僧"或"靠救济度日者"。请愿成功了,在奥康奈尔的帮助下,杰夫森于1833年2月当选。此后,杰夫森在1835年和1837年都无争议地当选。1839年,奥康奈尔出席了马洛的一个会议,在会上他肯定了杰夫森对改革的同情,赞扬了他"诚实的独立"。到1841年时,马洛的选民规模缩减为1832年的1/4。此时保守党推举理查德·朗菲尔德(Richard Longfield)挑战杰夫森。朗菲尔德是当地的地主,神父柯林斯强烈反对他参选。在充满暴力的提名程序后,20 000人到30 000人规模的

---

⑨ 此段引自Stephen Ball, 'Mallow', in *History of Parliament*: *The House of Commons 1832-1868*。

暴民群体来到镇政府反对朗菲尔德,保守党支持者的家宅受到攻击。杰夫森以 111 对 52 的比例当选。随后的大饥荒使该市政治局势恶化。城市灾情极其严重,到了骇人的程度,街道上满是未能埋葬的尸体。伤寒热的爆发更是雪上加霜。结果,1847 年杰夫森受到合并撤销论者大卫·罗斯(David Ross)的挑战,后者受到了当地牧师的热情支持。在竞选演讲时,杰夫森号召爱尔兰改革者之间实现团结,最终他以 15 票的优势战胜罗斯。虽然有了 1850 年《选举权法》,但是 1851 年时马洛的登记选民已经下降为 143 人。1852 年保守党又推选了一名候选者——当地农民查尔斯·尤斯塔斯(Charles Eustace)。杰夫森因支持罗素内阁在"教皇入侵"上的态度,且投票赞成教会头衔议案,削弱了他在该市天主教中的支持力量。最终他以 59 票对尤斯塔斯的 44 票当选。1857 年,一名"温和保守党派"人士亨利·温莎(Henry Windsor)出来挑战杰夫森,但他在拉选票过程中就宣布退出选举,杰夫森又一次毫无争议地当选。1859 年,保守党发动了一次驱逐杰夫森的更为协调一致的努力,所推荐的候选人朗菲尔德获得了来自教区牧师麦卡锡(McCarthy)神父的支持。在暴民暴力中,朗菲尔德击败了杰夫森,马洛成为 1859 年保守党在爱尔兰成功的一个标签。辉格党通过奥康奈尔支持的杰夫森对马洛的控制结束了。

　　蒂珀雷里的卡舍尔镇(Cashel)是臭名昭著的衰败选区,1832 年奥康奈尔和当地天主教教士确保了合并撤销论者和什一税废除者詹姆斯·罗(James Roe)的当选。从 1835 年到 1852 年,卡舍尔镇就被爱尔兰司法官视为保险议席(safe seat),没有发生过竞争性选举。⑩ 在奥康奈尔的许可和党派性强的当地天主教教士的支持下,从 1835 年到 1846 年,路易·佩林、斯蒂芬·沃尔夫和约瑟夫·斯托克(Louis Perrin, Stephen Woulfe, and Joseph Stock)相继作为自由派"大臣"代表该市。1846 年,该市的合并撤销情绪再一次高涨,在任者斯托克拒绝承诺撤销《合并法》,并请求辞去议席席位。大饥荒使该市人口由 1841 年的 7 000 人下降到 1851 年的 4 650 人。可怕的困境把该市变成了合并撤销论者的"国会议员选区"。富裕的都柏林商人蒂莫西·奥布赖恩(Timothy O'Brien)爵士在撤销协会的支持下,自 1846 年到 1847 年均无争议当选。1850 年《选举法》

---

⑩ 此段引自 Stephen Ball,'Cashel', in *History of Parliament: The House of Commons 1832-1868*。

之后卡舍尔经历了一系列竞争激烈的选举。1852年奥布赖恩击败了保守党人查尔斯·麦加勒尔(Charles McGarel)的挑战。1857年他又打退了来自"独立反对派"约翰·拉尼根(John Lanigan)和保守党律师查尔斯·亨普希尔(Charles Hemphill)的实质挑战。1859年他拒绝参选后,激进自由派拉尼根赢得了议席,直到1865年才被主张土地改革、天主教权利和税制改革的自由派人士詹姆斯·奥贝恩(James O'Beirne)打败。

相反,科克郡的班登(Bandon)是爱尔兰的一个非阿尔斯特市(non-Ulster),一向反对选举暴力,在1832年到1868年间,始终是保守党人做议员。在这座1600年至1610年间曾经是种植园城镇的大型集镇班登,宗教分歧日渐突出。虽然新教人口仅占镇人口的30%,但是1832年后他们占到登记选民人数的70%。⑩ 除了1835年至1842年这段时间,1832年到1868年间的市议员始终是来自伯纳德家族的一名成员。这不仅是因为伯纳德家族在该选区具有的领地"影响",也是当地保守党对该市政府机关控制的结果。1832年,班登一世伯爵的儿子威廉·伯纳德(William Bernard)击败了当地信奉新教的工厂主、持"温和自由"观点的雅各·比格斯(Jacob Biggs)当选。1834年10月,爱尔兰中央保守协会举行大型会议,成立了橙色协会(the Orange Society),班登勋爵鼓励科克保守协会在选民登记方面的工作。1835年科克律师约瑟夫·杰克逊(Joseph Jackson)作为一名保守党候选人参选,他得到的选票最多,而且远高于其他候选人。1842年,伯纳德子爵、班登二世伯爵的继承人弗朗西斯·伯纳德(Francis Bernard)以保守党候选人身份在无争议情形下当选。大饥荒没有改变班登的选举政治。班登子爵在1847年和1852年又无争议地当选。1856年,他继承了班登四世伯爵头衔后,该市进行了一次补选。威廉·伯纳德(新任伯爵的叔叔、曾经的市议员)作为保守党候选人参选,不从国教的商人威廉·肖(William Shaw)作为自由党候选人参选,他强烈反对伯纳德家族的"影响",批评爱尔兰的国教会。虽然竞选导致的暴乱冲突招致军队的镇压,伯纳德还是获得了多数选票,大选后六周,伯纳德无争议当选。因有爱尔兰中央保守协会帮助登记伯纳德的支持者,1859年伯纳德再次无争议地当选。1863年威廉·伯纳德死

---

⑩ 此段引自 Stephen Ball, 'Bandon', in *History of Parliament: The House of Commons 1832-1868*。

后,班登二世伯爵的儿子亨利·伯纳德(Henry Bernard)作为保守党候选人参与补选,当地律师和地主托马斯·沙利文(Thomas Sullivan)出来挑战他。选举引发了暴力事件,选民遇袭,房子被破坏,300名士兵和轻骑兵被调来维持秩序,最后亨利·伯纳德获得最高选票数。1865年伯纳德的挑战来自威廉·肖,肖主张以"坚定独立的原则"反对伯纳德家庭的"封建主义和统治思想"。伯纳德以仅仅5票的优势再次当选。随着选民的增加,肖(后来短暂领导了自治党)在1865年为自由党赢得了席位,伯纳德家族的所有权控制最终被消除了。

选举文化的铸造

1832年到1874年间,辉格党人、改革派、自由党和激进派在整个联合王国占有选举优势的外在表现掩盖了各地存在的根深蒂固的差异。英格兰、威尔士、苏格兰和爱尔兰有着显著不同的选举文化。这些文化差异不仅是不同的社会、宗教、政治经历造成的,也是选举制度的结构和实施上的差异所造成的。虽然1832年的辉格党改革者试图在英格兰、威尔士、苏格兰和爱尔兰确立一致性,但是各地选举文化的差异构成了联合王国代表制度的特征。

英格兰的复数席位选区占整个选区的79%,96.2%的选民在大选中持有两张或更多的选票。[102] 1830—1832年的改革讨论将英格兰的这个特点确认下来,因为这种做法有助于保障少数"利益"的代表。与之相反,在威尔士和苏格兰单一席位选区是常态,选民只持有一张选票。结果,英格兰选民能够在投票时有许多策略选择。一个选民可以投"直接"票,把所有选票都投给一个政党的候选人,对不同政党的候选人进行"分裂"投票,或者不投完所有的票,不受党派束缚,选择只给一个候选人的"排他性"投票。"分裂"投票在英格兰选区比例很高,尤其在北部城市选区,其比例高于乡村。"分裂"和"无党派排他性"投票比例最高的情况出现在

---

[102] Philip Salmon, ' "Plumping Contests": The Impact of By-Elections on English Voting Behaviour, 1790-1868 ', in T. G. Otte and Paul Readman (eds.), *By-Elections in British Politics*, *1832-1914* (2013), 23.

1847年、1852年和1857年。[103] 与此同时,相当数量的选区选举不具竞争性。在1841年、1847年、1857年和1859年的选举中,不具有竞争性的选区占46%到53%。多数情形下是因为候选人在提名或者拉票阶段就退出选举而造成的结果。1837—1857年,保守党占据英格兰议会的多数席位,保守主义构成了重要而持久的选举力量。而且,保守党在组织地方党派支持方面比对手更有效率。英格兰选民中潜在的保守主义倾向可从两点得到验证:第一,那些起初不愿登记或者对登记漠不关心的选民在1832年后开始登记,一旦登记,他们就更倾向于将选票投给保守党,而不是辉格党、改革派、自由党或激进者;第二,人们普遍认为,英格兰补选或者"单一选举",即选民只有一张选票时,他们更倾向于把票投给保守党。

19世纪30年代到50年代后期,在英格兰选举政治中,辉格党、改革派、自由党和激进派内的派性冲突明显。这在中等或大的英格兰城市尤其突出。自1857年后,重大变化开始出现,辉格党、改革派、自由党和激进派实现了从未有过的团结。"分裂"投票和"无党派排他性"投票显著减少。自1832年以来,辉格党、自由党和激进派首次赢得了英格兰议会多数席位。自由党在1859年到1865年间保持了多数席位。1859年下院的非保守党议员团结在共同的自由党标签下。这为1867年后的两党政治开辟了道路,团结巩固的自由党和保守党分别在格莱斯顿和迪斯雷利的带领下,为获得权力而展开竞争。

在威尔士,单一席位选区即选民只持有一张选票的选举模式更为普遍。威尔士不具竞争性的选举数也高于英格兰。1857年和1859年,威尔士有86%的选举不具有竞争性。1835年到1865年,保守党占据威尔士席位的多数。1832年前流行于威尔士乡村的王朝政治选举文化在《改革法》颁布后依然持续。在格拉摩甘郡,工业家与当地地产持有者的选举关系很大程度上不是敌对关系,保守党和辉格党分享了乡村代表权,而主要的地方工业家无争议地代表着郡中的市镇。19世纪50年代,这种相对和谐的选举局面开始瓦解。不从国教者越来越富有斗争性,劳工组织也更积极地伸张自己的权利,地方自由派积极分子付出了更多的努力,这导致威尔士选举相对平静的局面的结束。1865年,自由党赢得了1832

---

[103] Gary Cox, *The Efficient Secret*: *The Cabinet and the Development of Political Parties in Victorian England* (Cambridge, 1987), 103-109.

年以来的首次威尔士议会的多数席位。

在苏格兰,辉格党人、改革派、自由党和激进派的主导性影响,以及苏格兰法律、社会、宗教、文化和政治的鲜明特征,令苏格兰的选举制度与英格兰有着很大的不同。重要的是,96%的苏格兰选区都是单一席位选区。苏格兰非竞争性选举率同威尔士一样,高于英格兰。围绕宗教、土地所有制和社会变迁,辉格党人、改革派、自由党、激进派和宪章运动者为选举展开了竞争。宗教始终是苏格兰选举中最重要的议题。1843年大破坏之后,苏格兰教会、苏格兰自由教会、统一分离教会和其他宗教教派之间的关系构成了一个复杂的选举背景,这种背景因爱尔兰移民大批涌入而导致的反天主教运动加深了各教派间的敌意。像《梅努斯拨款法》、"教皇入侵"、《教会头衔法》等都激起了选举竞争。1865年,地主和佃户之间因猎物法和财产权利而发生的冲突更增加了苏格兰选举政治的不确定性。

1832年后的爱尔兰选举政治同样高度紧张,也同苏格兰选举政治一样充满动荡,常有暴力发生,政治暴力是家常便饭,全然不同于联合王国的其他地方。1832年爱尔兰《改革法》造成的选民变化不定和选民人数的下降(尤其在乡村)形成了摇摇欲坠的爱尔兰选举框架,在这种框架秩序下,奥康奈尔在19世纪30年代发起了撤销《合并法》运动和针对"什一税"的斗争,辉格党始终将立法改革与强制结合在一起,大饥荒对选举制度造成了极大破坏。奥康奈尔成功地使赞成合并撤销论者成为下院议员,他在爱尔兰选区的影响力惊人。1843年以前他的权威主导着撤销合并运动。19世纪40年代早期,他抵制爱尔兰宪章运动的渗透——把宪章运动斥责为"野蛮的"或"激烈的""民主"。[104] 天主教教士对选举的党派性介入是一个关键因素。大饥荒的一个直接后果是选举政治的激进化。到1847年时,革命的"青年爱尔兰"试图诉诸"物理之力"来解决爱尔兰的不幸,但被奥康奈尔的高压手段和实用主义所挫败。在1852年和1868年选举中,佃户权利骚动尤为引人注目。正是1850年的《爱尔兰公民权法》修补了濒于崩溃的选举制度,确定了统一的选民标准,修改了登

---

[104] Laurent Colantonio, '"Democracy" and the Irish People, 1830-48', in Joanna Innes and Mark Philip (eds.), *Re-Imagining Democracy in the Age of Revolutions: America, France, Britain, Ireland 1750-1850* (Oxford, 2013), 165.通过强调他在废除合并法运动中以争取男性普选权运动中所体现的理性和尊严,奥康奈尔认为"道德之力"与"物理之力"之争论严重分裂了宪章运动,暴露出极端宪章运动的那些非理性和不受尊敬的方面。

记程序,奠定了19世纪后半期的爱尔兰选举政治的框架。为此,《选举权法案》为1870年和1880年的自治法和帕内尔(Parnellite)运动奠定了基础。

到1865年时,自由党在英格兰、威尔士、苏格兰和爱尔兰都是多数党——1868年大选使这个成就依然保持下来。然而,四个地方的选举制度非常不同。1832年到1867年间,联合王国包括四种不同的选举文化。宗教情感及其反映出的党派性构成了四种选举文化中最重要的共同点。英格兰有英国国教捍卫者保守党、要求宗教自由的自由党和不从国教者的斗争。到19世纪50年代时,威尔士存在着富有斗争性的不从国教者对维护威尔士教会的精英权威的挑战。在苏格兰,反天主教运动加剧了苏格兰教会、自由教会和持异见者之间倏忽不定的关系。在爱尔兰,大众的政治化天主教同民族主义结合在一起,新教与联邦主义结合在一起,使爱尔兰的选举充满了教派性质。宗教对立源于不同道德共同体概念的冲突,因为对国教的担忧、强烈的反天主教情绪、激进的不从国教者、自由安立甘派和政治化的天主教证明是整个联合王国选举行为的最能发挥作用的因素。这些选举行为的对立源于相互冲突的道德共同体概念,也明确了各自强烈的教派归属。

第六章
改革的道德环境：1848—1867

> 大多数人无须十分明智，只要他们能够适当地认识到这些超群智慧的价值就足矣。
>
> ——约翰·斯图亚特·穆勒:《代表的基本原理》
> (John Stuart Mill, 'The Rationale of Representation')

1848年的欧洲革命动摇了欧洲大陆政权的根基,深刻地影响了欧洲社会的发展。① 伴随街头的暴力与巷战,巴黎、维也纳、柏林、法兰克福、克拉科夫、布拉格、布达佩斯、威尼斯、米兰和罗马手工业者运动以及中产阶级知识分子通过出版、演讲、组建俱乐部和游行示威等方式进行政治运动。他们呼吁男性享有普选权,提出要限制国家和教会的权力,呼吁统治要征得被统治者的同意,呼吁新闻和出版自由。在巴黎,法国国王路易·菲利普退位。在"六月起义"(Days of June)危机中,法国制宪会议镇压了巴黎的共和起义。有500人在这场起义中丧生,3 000人最终被处死,12 000人被关入监狱。即使是像荷兰、瑞典、俄国和西班牙这些没有经历内乱的欧洲国家,也感受到了民主热浪的冲击,革命的浪潮甚至波及南美洲的部分国家。布赖特私下评论说,"自由在前行";而科布登则看到了充满"电流"的政治氛围。② 一方面,欧洲的阶级斗争和社会革命似乎会一触即发;而另一方面,君主立宪制又带来了一定的稳定性。到1849年年底,"贵族"的反动势力和军队集结在德国和意大利被围困的君主周围。由于在城市和农村地区强烈抗议的民主呼声渐弱,天主教会在保守派的反动行动中逐渐凸显,1848年革命逐渐演变成为民族解放和统一运动。③ 1851年,路易·拿破仑(Louis Napoleon)发动政变,解散了制宪会议,在公民投票后宣布称帝,号称法兰西第二帝国拿破仑三世。

在英国,1848年议会改革的复兴成为政党政治关注的问题,随之而来的是对英国宪政本质的公开讨论。④ 19世纪30年代末和40年代的宪章运动请愿书中的要求包括男性享有普选权、改革选民登记制度、按照人口数量平等分配选区席位、取消议员的财产资格限制、议会每年改选一次、实行无记名投票表决和为议会议员支薪等。但对撼动了整个欧洲大陆的欧洲革命运动1848年的英国宪章运动却回应寥寥。宪章运动者更愿意通过示威游行和请愿活动,而不是通过激战和暴力等革命的方式,对

---

① 参见 R. Evans and Pogge von Strandmann (eds.), *The Revolutions in Europe*, 1848-1849: *From Reform to Reaction* (Oxford, 2000)。

② G. M. Trevelyan, *The Life of John Bright* (1913), 183, and John Morley, *The Life of Richard Cobden*, 2 vols (1881), ii, 24.

③ 参见 Alex Korner (ed.), *1848: A European Revolution? International Ideas and National Memories of 1848* (2003)。

④ 参见 Roland Quinault, '1848 and Parliamentary Reform', *Historical Journal*, 31/4 (1988), 831-851。

第六章　改革的道德环境：1848—1867

议会进行大规模的游说。1848年4月，一场倾盆大雨将本打算在肯宁顿公地进行伦敦宪章运动请愿示威活动的热情浇灭，虽然到议会的游行计划最终被取消，但是从统治者当局调来8 000多名士兵、4 000多名警察以及8.5万名征募而来的临时警察可以看出他们倍感威胁。出于安全考虑，维多利亚女王也被送到怀特岛躲避。青年爱尔兰运动组织的武装暴动的威胁促使政府通过了《爱尔兰强制法》(Irish Coercion Act)以及终止了《人身保护令》(habeas corpus)。但同年7月，随着青年爱尔兰运动领导人威廉·史密斯·奥布赖恩在甘蓝田里被捕，该运动宣告失败。帕默斯顿认为肯宁顿宪章运动集会的无疾而终是"一场和平与秩序的滑铁卢……为了捍卫法律和财产各个阶层的人们都聚集在一起"。⑤"我们曾有过革命，"阿尔伯特亲王评论道，"然而它很快就烟消云散了。"⑥辉格党和保守党驳回了宪章运动领导者作为"人民"的真正代表的请求。他们不接受宪章运动提出的政治诉求，他们认为这些诉求是社会分化和经济困难所导致的。现在人们认为，1846年《谷物法》的废除使得英国从1848年欧洲革命中脱身出来。

欧洲大陆1848年革命的失败使英国可以将自己描绘成一个维护自由和稳定的良好的立宪政府的光辉典范。⑦英国避免了内战，这给人民带来了极大的爱国主义满足感，当时的英国首相罗素认为1848年是考虑进一步议会改革的恰当时机。他认为，与其等到人民沮丧的要求发酵成为暴动，还不如在国家风平浪静的时候进行慎重的考虑。他随后评论道，1848年"人民"所表现出来的"节制、温和与理智"，充分表明这些没有选举权的绝大多数人都是适合被赋予选举权的。⑧另一方面，皮尔派保守党员格雷厄姆爵士害怕的是议会改革会成为"阴谋野心的幌子以及愚弄群众的政治口号"。⑨受到欧洲大陆革命的启发，激进派争辩说，给大多数纳

---

⑤　Palmerston to Normanby, 11 April 1848, cit. In E. Ashley, *The Life and Correspondence of Henry John Temple, Viscount Palmerston*, 2 vols (1879), ii. 86.

⑥　John Saville, 1848: *The British State and the Chartist Movement* (Cambridge, 1987), 126.

⑦　参见 Jonathan Parry, *The Politics of Patriotism: English Liberalism, National Identity and Europe, 1830-1886* (Cambridge, 2006), 172-220。

⑧　Russell, 3 March 1854, *Hansard*, 3rd ser., cxxxi. 307. 也参见 Robert Saunders, 'Lord John Russell and Parliamentary Reform, 1848-67', *English Historical Review*, 120 (2005), 1289-1315.

⑨　Graham to Lewis, 22 April 1848, cit. In C. S. Parker, *The Life and Letters of Sir James Graham*, 2 vols (1907), ii. 69.

税人赋予选举权能够有效限制政府的恣意挥霍,扩大选民范围能够给国家带来安定且赋予劳动者更多的道德尊严。这并不是号召进行革命,而是要清除一些"特殊利益",尤其是"贵族"的影响力,只有这样才能恢复历史上英国宪政的优点。对大部分的激进派而言,他们呼吁的重点除了扩大选民范围以及提倡三年一次的选举外,还有将下院的代表权从小自治市让渡给新兴的工业城镇。1848年6月,在约瑟夫·休谟的带领下,50名激进派议员要求扩大选举权范围。作为回应,罗素通知下院说1832年的《改革法》需要修订。他谈到了需要把选举权赋予一定比例的工人阶级。但同时他也拒绝了大部分激进派的改革主张,例如更大范围地进行席位的重新分配。⑩他坚称,英国人的自由和尊严在于维护法律的崇高地位,在于保护人们的思想和表达自由,在于公民财产的神圣不可侵犯,而不在于是否被赋予选举权。他希望能够保留土地贵族的"合法"影响,小自治市能够调解好农业和工业之间的矛盾,从而保护工人阶级不受到政客煽动者花言巧语的欺骗。像1832年的改革一样,改革应该强化理智的"舆论"同国家历史体制的关系。这引发了长时间断断续续的讨论,最终1867年《改革法》的出台为其画上句号。

英国宪政的最大优点和弹性可以从欧洲大陆1848年革命的失败得到印证。正如麦考莱在下院宣称的那样:

> 我们知道,尽管我们的政府并不是一个完美的政府,但至少它是一个良好的政府,它的过失能够通过和平、合法的方式得以纠正,它从来没有执拗地反对正义的要求,我们做出了不可估量的让步,这靠的不是敲响战鼓、拉响警钟……而是靠理智和舆论的力量来完成。⑪

在英国人民的脑海中,1848年后,欧洲大陆的独裁政权对自由主义的打压反衬出英国政体包容和自由的特点。在1848年至1851年间,有关英国政策的一些重要方面的论战的结果是扩大了自由贸易,缩减了政府开支,平衡了财政对社会各个阶层的支出,以及朝着殖民地自治政府的

---

⑩ 参见 Robert Saunders, *Democracy and the Vote in British Politics, 1848-1867* (Franham, 2011), 39-40。

⑪ H. J. Hanham, *The Nineteenth Century Constitution, 1815-1914: Documents and Commentary* (Cambridge, 1969), 12-13。

方向转变,与其他国家以集权和镇压为取向的不自由的政权相比,英国的政府体系正逐步走向稳固。⑫然而,爱尔兰依旧令英国尴尬。随后发生的19世纪40年代的灾难性的爱尔兰马铃薯大饥荒促成了一些新的政治经济学原则的发展,这些原则旨在纠正爱尔兰农业的弊病,维护佃户的勤劳和地主的尽责。1851年在伦敦水晶宫举行的世博会在22周内吸引了600万游客有序参观,这不仅是一场技术创新的展示,而且是一场爱国庆典,庆祝英国所取得的巨大成就、社会的稳定和在全球的经济地位——同时也是对英国的商业优势、工业力量以及政治价值观的展示。⑬1852年2月,当议会在重修的威斯敏斯特宫召开的时候,很自然地要庆祝英国的宪政成为让全世界其他国家都羡慕不已的"代议制政府的典范"。⑭

从惩罚到救赎

到19世纪50年代,英国在表达自信和自得的同时精神上也放松了,英国人欢庆自己在19世纪三四十年代充满危机的政治环境中所取得的社会稳定和繁荣。贵族辉格党的改革和皮特/皮尔派的管理主义的双重治理的正统思想看起来像是正确的道路。自由派安立甘教会为改革提供道德背景的做法得到支持。19世纪30—50年代影响力很大的自由派安立甘教的价值就在于他们找到了一位卓越的代言人托马斯·阿诺德(Thomas Arnold),他是英国拉格比公学(Rugby School)的改革派校长,曾在牛津任圣职。⑮阿诺德不赞同麦考莱的世俗观,麦考莱认为政治社会的终极目标就是要保护人们的生命和财产——这种观点否认了政府还具备一些更多的责任来提倡公正的社会关系。阿诺德认为政治社会的终极目标在于提高人们的道德境界⑯——这不是宣称特定版本的宗教真理或是

---

⑫ 有关1848年殖民地的情况,参见 Miles Taylor, 'The 1848 Revolutions and the British Empire', *Past and Present*, 166 (2000), 146-180。

⑬ 参见 J. Auerbach, *The Great Exhibitiion*, *1851* (New Haven, 1999), 158, 166-167。

⑭ *The Times*, 4 February 1852, 6。

⑮ 参见 H. S. Jones, Victorian Political Thought (Basingstoke, 2000), 44-50。有关自由派安立甘教在定义英格兰的"民族国家"中发挥的重要作用,参见 H. S. Jones, 'The Idea of the Nation in Victorian Political Thought', *European Journal of Political Theory*, 5(2006), 12-21。

⑯ 阿诺德在《现代历史引论》中提到"一个国家的道德理论"是"政治真理的基础" [Thomas Arnold, *Introductory Lectures on Modern History*(1843),49]。

强加一个共同的教义信仰,而是培养一种共识,让社会上具有美德的个体能够一起行动。基督教共同的道德预设而不是某一教派的教条才构成一个伦理社会的基础。⑰阿诺德的宗教信仰自由主义支持1828年至1829年天主教徒和不从国教的基督教徒进入"政治民族",但仍然排斥犹太教徒等非基督徒作为其政治社会的成员,因为非基督徒不遵守基督教福音的道德法则,所以只能被视为"自愿的外人"。这种自由主义坚信,政治是道德社会行为而不是世俗的理性主义行动。在阿诺德看来,国家和宗教是密切相连的,国家和教会都是神圣的。⑱

阿诺德认为功利主义是一种无神论的哲学,政治经济学理论在增加人们福祉方面存在局限性。对个人财富的自私追求是一种贫瘠的道德。他认为基督教自身在本质上是进步的并推动着"社会前进"。基督教鼓励智力进步和道德进步,这会带来更大的满足和幸福感,而不仅仅是物质的繁荣。⑲后来的都柏林大主教理查德·惠特利1832年出版了他作为牛津大学德拉蒙德政治经济学讲座教授时的讲稿,阐述了基督教也需要适当了解政治经济学的必要性——这也是对像李嘉图那样的激进派世俗主义经济学家的回应。就像自由主义的神学家一样,纯理性论来自于牛津大学奥利尔学院,惠特利指出在基督教道德秩序的经济过程中有仁慈上帝的幸运指引。马尔萨斯人口理论、劳动价值论、李嘉图的地租论以及机械化会损害工人阶级利益的主张都遭到驳斥。⑳自由派安立甘教会支持1830年后辉格党立法中针对爱尔兰教会、什一税和教堂税的大部分温和的改革措施,这些改革措施被辅以辉格党关于推进"自由"的顺畅且让人心安的历史叙述,即通过明智的体制改革推进"自由"。㉑

---

⑰ 参见 Bernard Reardon, *Religious Thought in the Victorian Age: A Survey from Coleridge to Gore*(1971),50-59。

⑱ H. S. Jones,'The Idea of the Nation in Victorian Political Thought', *European Journal of Political Theory*, 5(2006), 15-16。

⑲ 参见 Arthur Penrhyn Stanley, *The Life and Correspondence of Thomas Arnold D.D.*, 2 vols (1844)。有关当代德国对阿诺德神学的评价,参见 August Neander, *The Theology of Thomas Arnold: Its Importance and Bearing on the Present State of the Church* (Cambridge, 1846)。

⑳ 参见 Richard Brent,'God's Providence: Liberal Political Economy as Natural Theology at Oxford 1825-1862', in Michael Bentley (ed.), *Public and Private Doctrine: Essays in British History Presented to Maurice Cowling* (Cambridge, 1993), 85-107。

㉑ 参见 Richard Brent, *Liberal Anglican Politics: Whiggery, Religion and Reform, 1830-1841* (Oxford, 1987)。

但在19世纪50年代以前,马尔萨斯悲观主义、强调神圣审判和道德审判的福音派以及处于持续焦虑的浪漫主义的影响等思潮相互交织,随之而来的还有宪章运动的挑战、英国激进派的煽动、奥康奈尔对爱尔兰民众舆论的动员活动、1837—1843年间影响深远的经济衰退以及日益扩大的城市化中日渐明显的社会苦难。㉒拥有土地的政客们在面对这些挑战的时候,或倍感挑衅,或困惑不安,或失望沮丧,或决意前行。约翰·穆勒认为历史分为"有机"和"关键"时期,他所处的就是"关键"时期。托马斯·卡莱尔认为一个"有信仰"的年代已经突然让位于一个机械的、"无信仰"的时代。

处于遭遇战争破坏、普遍贫困和人口增长的18世纪90年代,马尔萨斯对可持续的经济繁荣和人口增长的可能性怀有疑问。亚当·斯密倡导的对启蒙政治经济学论的乐观也让位于对经济活力自然维持的不确定性,这种惰性会导致深深的社会分裂。看到大范围的城市扩张带来的令人不安的社会痛苦和混乱,人们不禁怀念工业化之前的时代,认为那时的社会凝聚力似乎更为紧密。一个失落的社会的和谐需要怀旧的田园色彩。J. P. 凯(J. P. Kay)的《曼彻斯特棉花厂雇佣的工人阶级的道德状况和身体状况》(The Moral and Physical Condition of the Working Classes Employed in Cotton Manufacture in Manchester,1832)和彼得·加斯克尔(Peter Gaskell)的《手工业者与机器》(Artisans and Machinery,1836)中描绘的就是工厂作业和城市条件的改变而导致的去人性化的过程。㉓埃得温·查德威克(Edwin Chadwick)在1842年的《英国劳动人民卫生状况报告》(Report on the Sanitary Condition of the Labouring Population of Great Britain)中通过统计数据证实了毫无监管的城区扩张导致工人阶级健康状况和道德水平下降。㉔1851年英国的人口普查显示英格兰和威尔士的城市的居民数量首次超过了农村居民的数量。在1831—1871年间,伦敦

㉒ 有关论述将19世纪三四十年代视为"一个不确定的年代""一个改革的年代"或是"一个进步的年代",参见David Eastwood, 'The Age of Uncertainty: Britain in the Early-Nineteenth Century', Transactions of the Royal Historical Society, 6th ser., 8 (Cambridge, 1998), 91-116。

㉓ Peter Gaskell, Artisans and Machinery: The Moral and Physical Conditions of Manufacturing Population Considered with Reference to Mechanical Substitutes for Human Labour (1836).

㉔ 与之对立的观点认为当时英国的经济和社会依然在不断往前发展,例如统计数据参见G. R. Porter, The Progress of the Nation, in its Various Social and Economical Relations, from the Beginning of the Nineteenth-Century to the Present Time, 3 vols (1836-1843)。

人口翻了一倍,达到 325 万。与此同时,布拉德福德的人口从 4.4 万人增加到 14.6 万人,利兹市的人口从 12.3 万人增加到 25.9 万。曼彻斯特的人口则从 1821 年的 8.9 万人增加为 1871 年的 35.1 万人。

　　福音派认为这个世界就是一个严厉的道德审判的场所,考验着人因疏远上帝而赎罪的能力,这更增加了 19 世纪三四十年代人们的不安情绪。再加上遇到一些天意使然的灾难,例如爱尔兰 19 世纪 40 年代的大饥荒,这些都号召不完美的人类去克服自身内在的罪行。同样地,被视为导致宪章运动的经济不景气和社会疏离也召唤着基督徒的责任、私人慈善机构和道德自立。约翰·基布尔、爱德华·普西(Edward Pusey)、约翰·亨利·纽曼自 1833 年发起的英国牛津运动极大地扰乱了人们的宗教情感,随着 1845 年纽曼改信罗马天主教,人们的宗教情绪受到进一步煽动。宗教崇拜方式的改变也进一步加强了宗教的焦虑情绪。㉕据估计,1800 年,教会成员中约有 46% 的人属于安立甘教派或是苏格兰主教派。到 1871 年,这些会众约占常去教堂做礼拜的人的 26% 左右。此外,卫理公会(Methodist)、公理会(Congregationalist)、浸信会(Baptist)、贵格会(Quaker)与英格兰教相比都得到了较大程度的发展壮大。在 1800 年仅占教会成员 10% 的罗马天主教徒在 1870 年占常去教堂做礼拜的人的 27%。尽管当时英国仍然是一个新教国家,但已不再是一个安立甘教占统治地位的社会了。更加让人震惊的是,完全不参加有组织的宗教活动的人数也在不断扩大。1851 年的一次宗教普查显示,在英格兰和威尔士仅有约 40% 的人会在周日去参加礼拜活动。更让当代学者们大跌眼镜的是,统计数据表明,在伦敦当时仅有 25% 的人会经常性地参加宗教活动。

　　19 世纪前半叶,浪漫主义的影响也引发了人民不安的感觉。浪漫主义诗人和散文家柯勒律治和骚塞,以及"湖畔诗人"华兹华斯(William Wordsworth),最初都是怀着欣喜之情迎接 1789 年法国大革命的到来。华兹华斯曾写过这样的名句:"能活在那黎明时光是何等幸福。"但到 19 世纪的时候,骚塞和柯勒律治的欢欣之情很快就被破灭的幻想和高托利

㉕ 参见 R. R. Currie, A. D. Gilbert, L. S. Horsley, *Churches and Churchgoers: Patterns in Church Growth in the British Isles since 1700* (Oxford, 1977)。

主义(High Toryism)所取代。㉖华兹华斯将柏克式情感记录笔下,赞美"习俗所钟爱的社会纽带的重要力量"。㉗柯勒律治反对"自然权利"说,反对政治经济学的预设命题,反对进步是基于逐渐增加的理性认识的线性运动,他在1830年出版的《关于教会和国家的宪政》(On the Constitution of Church and State)一书中写到,文化是法律和社会情感之间不可或缺的中介。他认为,高尚的文化价值观应该由"知识分子"(clerisy)来捍卫,这些有学问的精英人士的决策要符合被统治者无法言表的一些本质特点。㉘这就是他为英国国教机构的辩护,以及提出的政治秩序需要与宗教需求相协调的要求。从1811年起,骚塞在《季刊评论》中发表了一系列文章,谴责政治经济学导致一个只专注于物质主义和财富创造的社会的形成。其结果是知识多于智慧,财富多于幸福,外在多于内涵。他认为,工业生产导致了一个不人道的和充满剥削的社会体系的形成。中世纪晚期的社会被描绘为一个道德缺失的物质主义社会。

在骚塞的文章中,柏克的社会价值观有机论受到了德国思想家费希特(J. G. Fichte)和约翰·赫尔德(Johann Herder)提出的文化发展的推动力的影响。㉙柏克将社会视为对习俗、观念和情感的继承,而骚塞则认为历史是在一系列对人们生活方式的巨大转变中形成的。柏克认为共同体的社会纽带建立在一个关于人性的固定概念的基础上,而骚塞则认为人会随着社会和经济条件的变化而变化。政治经济学这门"阴郁科学"颂扬物质的私利,颠覆公共的道德,导致了残酷的贫困与苦难。骚塞悲叹道,他们所在的年代已经沦为一个"机器时代"。市场已不再是一个仁慈

㉖ John Morrow, *Coleridge's Political Thought: Prosperity, Morality and the Limits of Traditional Discourse*(1990), 43-72; David Eastwood, 'Robert Southey and the Origins of Romantic Conservatism', *English Historical Review*, 104(April 1989), 308-331; Jonathan Mendilow, *The Romantic Tradition in British Political Thought*(1986), 47-82.

㉗ Richard Bourke, 'Burke, Enlightenment and Romanticism', in David Dwan and Christopher J. Insole (eds.), *The Cambridge Companion to Edmund Burke*(Cambridge, 2012), 27-40.

㉘ 参见 Bernard Reardon, *Religious Thought in the Victorian Age: A Survey from Coleridge to Gore* (1971), 60-89。浪漫主义给社会注入了情感和想象力的道德重要性,给公民个体带来了通过道德和宗教来表达情感的可能性。参见 John Morrow, 'Romanticism and Political Thought in the Early Nineteenth-Century', in Gareth Stedman Jones and Gregory Claeys (eds.), *The Cambridge History of Nineteenth-Century Political Thought* (Cambridge, 2013), 39-76。

㉙ 有关骚塞晚期的政治思想的深入讨论,参见 David Craig, *Robert Southey and Romantic Apostasy: Political Argument in Britain 1780-1840* (Woodbridge, 2007), 127-211。

的机构,而是一个成为幸运的少数人剥削不幸运的绝大多数人的自私的工具——对社会凝聚力的破坏导致了纲常废弛、目无法纪、内乱不断。财富并不能取代道德福祉。骚塞寄望一个家长制统治的国家,通过税收、市政工程、教育、消除贫困和开拓殖民地等方式重新分配财富,以摆脱人作为生产代理人的这种狭隘的物质主义观点,由此才能摆脱对更多财富的粗鄙的追求,构建起稳定的社会制度和满足个人的获得感,捍卫宗教的道德真理和社会的土地秩序。

受到骚塞和柯勒律治浪漫托利主义的鼓舞,卡莱尔将自己从一个作家转变为一名大胡子道德先知。卡莱尔与约翰·济慈(John Keats)生于同一年,他将权威神秘主义与所受的加尔文主义教育的道德信念结合在一起来抵抗他所看到的恶魔,即步步逼近的无政府状态和混乱。弗劳德将卡莱尔称作"不讲神学的加尔文主义信徒"。[30] 卡莱尔作为一个浪漫主义者,深受席勒、歌德、康德和诺瓦利斯(Novalis)等德国理想主义哲学家和诗人的影响,他反对牛顿科学中的理性观点并且谴责 18 世纪是一个欺诈和破产的时代。他抨击功利主义并且鄙视政治经济学,认为二者模糊了那些存在于物质世界中的超验真理。1837 年,通过出版三卷本的《法国大革命史》(History of the French Revolution),卡莱尔名声大噪。在该书中,他将自己化身为一个历史学家和道德圣贤,描绘了当时动荡不安的社会以及遭受的突如其来灾难性的巨变。1841 年,卡莱尔在《英雄、英雄崇拜和历史英雄》(Heroes, Hero-Worship and the Heroic in History)一书中高歌塑造这个时代的"伟人"。在其编纂的两卷本《奥利弗·克伦威尔的信件和演讲》(Oliver Cromwell's Letters and Speeches, 1845)中,他将克伦威尔视为天降伟人、虔诚的新教英雄和行动派,一扫之前的历史学家对这位护国公的诋毁和贬损。[31]在《过去和现在》(Past and Present, 1843)一书中,他将当代社会与 12 世纪的修道院社会进行比较,指出当代社会有相

---

[30] J.A. Froude, *Thomas Carlyle: A History of the First Forty Years of his Life*, new edn, 2 vols, (1890), i. 2.

[31] 有关维多利亚时代奥利弗·克伦威尔的评价的改变,参见 Blair Worden, 'The Victorians and Oliver Cromwell', in Stefan Collini, Richard Whatmore, and Brian Young (eds.), *History, Religion and Culture: British Intellectual History 1750–1950* (Cambridge, 2000), 122–135。

当多的不足。由道德阶层组成有机共同体是人类生活精神满足的基础。㉜像骚塞一样,卡莱尔也把他自己生活的年代视为"机器的时代",人们无论是身体还是心灵都变得机械化了。在社会中,人与人之间的"现金交易"成为普遍的社会关系纽带。对卡莱尔而言,社会就是一个有机轮回,是出生、长大、生病、死亡的循环。自由主义预言了一个将导致共同体毁灭的病态社会条件。在《宪章运动》(Chartism,1839)一书中,卡莱尔对"民主"理想发起持续攻击。㉝他认为鼓动民众是缺乏纪律性的煽动行为。1867年,卡莱尔将《第二次改革法》(Second Reform Act)比作社会在"孤注一掷"(shooting Niagara)。㉞

19世纪三四十年代,许多读了卡莱尔著作的人都受到他的影响。如果说拜伦用浪漫主义苦痛激励了更早一代的年轻人,卡莱尔则用先知的绝望点燃了后一代年轻人的热情。特罗洛普称卡莱尔是"悲观的反邪恶先生"(Mr. Pessimist Anticant)。作为一个苏格兰人,卡莱尔在德国度过了大部分的年轻时光,吸收了形而上学的思想。㉟科学家托马斯·赫胥黎从卡莱尔的观点中得出一个结论,认为深刻的宗教意识能够与神学的完全缺失相容。小说家乔治·艾略特认为卡莱尔的书在塑造那个年代的人的思想方面开创了新纪元。然而,卡莱尔提倡英雄崇拜,认为这些英雄构成了基于加尔文主义"拣选"模型的新贵族阶层,他提倡类似封建制的社会经济秩序,但是这些观点比起他对大众的道德弱点的疯狂警告来说影响力更小一些。

随后,在19世纪50年代,宗教的模式也在发生转变,从强调神的惩罚到强调救赎。神的善意及其化身的救赎力量更有助于改善社会和经济的态度。㊱强调上帝的爱和宽恕对大多数人而言,意味着地狱仅是一个隐喻的概念,而不是迷失的灵魂定会无可挽回地受到谴责这个可怕的现实。

㉜ 参见 Jonathan Mendilow, *The Romantic Tradition in British Political Thought* (1986), 112-149。

㉝ 写完《法国大革命历史》后,卡莱尔写了《宪章运动》,他认为宪章运动、激进主义和改革威胁会给19世纪30年代的英国带来一场毁灭性的革命。

㉞ Thomas Carlyle, 'Shooting Niagara: and After?', *Macmillan's Magazine*, 16 (August 1867), 319.

㉟ Anthony Trollope, *The Warden* (1860), 151.

㊱ 参见 Boyd Hilton, *The Age of Atonement: The Influence of Evangelicalism on Social and Economic Thought, 1785-1865* (Oxford, 1988), 255-297。

逐渐地,关于社会和道德进步的更为乐观和安稳的意识开始取代早前的关于有益的天意折磨的观念。随着社会繁荣和宪章运动的结束,人们对社会疏离的担忧变得越来越小。自由贸易呈现出更加温和、更少问题的自然道德秩序。1842 年皮尔第一次引入和平时期收入税,为间接税的减免提供资金,1846 年废除了《谷物法》,1851 年几百万人有序地参观了世博会,这些都从不同层面见证了英国政体变得更加稳固。马尔萨斯悲观主义的愁云也随着 1851 年和 1861 年的人口普查报告的出台烟消云散。该报告声称,没有证据表明出现了严重的人口过剩问题,而且大量统计数据也鼓励人们相信国家的物质条件在持续改善。

最终,在 19 世纪五六十年代,人们普遍认为有必要通过进一步的议会改革来赋予公民更多的权利。财富和智慧的增长,道德责任感的提升,对法律的更加尊重,工人俱乐部的不断增加和借阅图书馆所表现出的自我完善精神,报纸读者数量的大幅增加㊲,1859—1860 年对法国入侵的恐慌期间工人阶级加入志愿军时所展现出来的爱国主义,以及在美国内战时期工人不顾棉花短缺引起的困苦而坚持对美国统一事业的支持,所有这些都让人们更加坚信必须要扩大选民范围——这样既能够作为一种奖赏,也能够巩固英国议会的权威。因此,有关议会改革的讨论焦点就集中于如何在最负责的基础上扩大选民范围这一复杂的问题上。激进派、辉格党人、自由党人和保守党人都加入到讨论中,讨论议题延伸到有关英国体制、英国公共价值观、"国民性"等更具有深远意义的问题,最终在 1867 年,形成了关于男性"体面可敬"的道德概念。

"民主"和对民主的不满

1848 年欧洲大陆革命的失败表明英国模式下获得政治自由和取得

㊲ 迅速扩大的关注政治的大众化报纸,体现了大众读者的观点和阅读兴趣。1824 年,伦敦有 31 家报纸。随着 1853 年对广告税的废除、1855 年对邮票费的废除、1861 年对纸张税的废除,更廉价的报纸品种迅速增加。截至 1856 年,伦敦有 154 家报纸;到 1871 年,市面上流通的则有 261 家报纸。地方报纸的数量也不断增加,从 1824 年的 135 家地方报纸增至 1871 年的 851 家。以《曼彻斯特卫报》(*Manchester Guardian*)为例,在 1821 年一张周报卖 7 便士,1857 年改为日报,仅售 1 便士。到 1886 年,一共有 1225 家地方报纸。Aled Jones, *Powers of the Press Newspapers*, *Power and the Public in Nineteenth-Century England*(Aldershot, 1996), and T. A. Jenkins, Parliament, *Party and Politics in Victorian Britain*(Manchester, 1996), 21.

稳定的发展并不是简单的体制问题。就像约翰·穆勒指出功利主义缺陷时所评论的,"不以国民性哲学为基础的关于法律和体制的哲学是无稽之谈"。㊳代议制机构被视为是建立在文化价值观和社会态度上的国民性的表达形式。白芝浩在1852年指出"民族"(nations)就是有"同一性格、同一才赋、面对同样诱惑和承担同一责任"㊴。英国的政治家和作家通过比较的维度讨论改革,将英国宪政与美国、法国和澳大利亚的殖民政府的政治进行对比。

在19世纪50年代的英国,人们普遍认为法国人缺乏对法律的尊重和内在的自律,而这二者正是享有议会自由的必要前提。罗素在1848年私下评论说,"火枪和屠杀"就是"巴黎时尚"。㊵法国人对抽象意识形态、教条化的理论、高压行政管理、集权政府和国家荣誉感的嗜好与英国人的实用主义常识、活力和顽强的独立性背道而驰,而后者正是英国气质所在。由于无法理解英国人对"个人自由"的看法,法国人只能被迫接受抽象的"政治权利"。因此,法国在1848年引入男性普选权已经成为一种民主暴政形式,迎合的是大众轻信的虚荣心。让很多的英国评论家震惊的是,法国在1848年实行男性普选权后,保守党政客赢得了广泛的支持。在法国,思想的自由受到了民主专制政治的压制——这种看法在1852年全民公投后路易·拿破仑加冕称帝中得到印证。帕默斯顿痛骂法国人"在遇到所有重大问题时幼稚得像孩子一样"。㊶对激进派来说,帕默斯顿等人的观点更印证了英国工人具有高贵的道德品质,英国工人更向往"自由""独立""自助"和"责任"。对自由派、辉格党和保守党人来说,帕默斯顿等人的观点阐释了一种人们容易上当的民主暴政的危险。

如果说法国体制反映了高卢人摇摆不定的特征的话,那么美国则深受严格规定了"三权分立"的成文宪法的不灵活之害。㊷有人认为,美国的政治体制导致其执行力弱化且无法对突发事件做出快速反应。美国总统

㊳ John Stuart Mill, 'Bentham', in *The Collected Works of John Stuart Mill*, ed. John Robson et al., 33 vols (Toronto, 1963-1919), x. 99.

㊴ Walter Bagehot, 'Letters to the French Coup d'Etat of 1851', in *The Collected Works of Walter Bagehot*, ed. N. St John-Stevas, 15 vols (1965-1986), iv. 50.

㊵ Russell to Clarendon, 10 April 1848, Clarendon MSS, Irish Box 43.

㊶ Palmerston to Clarendon, 22 April 1848, Clarendon MSS, C. 524.

㊷ 有关约翰·米勒、白芝浩、梅因和詹姆斯·布赖斯对美国政府和社会的观点的讨论,参见 Frank Prochaska, *Eminent Victorians on American Democracy* (Oxford, 2012)。

及政府人员经常无法保证国家需要的立法。广泛传播的亨利·里夫（Henry Reeve）对托克维尔的《论美国的民主》（Democracy in American）的误译再加上其教条化的注解证实了民主政府的不足之处。在美国,民主的媚俗会阻止最优秀的人进入政府,而鼓励素质较差的人去追求权力。对约翰·穆勒而言,美国治国之术的退化正是民主的"最大耻辱"和民主"最强大的恶魔"之一。㊸在缺乏像英国那样有教育的和有道德的"舆论"的情况下,大多数选民由于无知和唯利是图而在选举中受到了操纵。1861年在美国发生的内战用暴力手段将社会撕裂,在很多英国评论家眼中,这恰好印证了柏拉图的警告——纯粹的"民主"最终要么走向专制暴政,要么走向血腥的无政府状态。㊹与此同时,澳大利亚殖民地的普选权显示了在缺乏保证社会稳定和负责的政治领导的情形下,任性的平等主义政治是危险的。白芝浩得出结论,民主与腐败、恐吓、动乱并存。㊺

英国评论家称,法国、美国和澳大利亚体现了民主政府的体制弱点和灾难性的现实。在19世纪60年代这三个国家的男性普选权的范围远大于英国。法国在1848年承认了男性普选权,并在第二共和国拿破仑三世的时候通过修改得以保留。丹麦在1849年实行了男性普选。德意志联邦紧随其后,于1866年实行了男性普选。1871年普鲁士武力统一德国时,虽然全民选举产生的德意志帝国议会权力有限,但还是采取男性普选的办法。瑞士于1874年实行了男性普选。民选政府或民主政府不再是古希腊人提出的抽象理论或历史模式,一些欧洲国家已经在政治上实现了,这在很多人看来是逐步扩大选举权活动的不可避免的结果。托克维尔在《论美国的民主》一书中曾警告说,在历史和社会中有一条不变的规则,即一旦选举资格发生调整,就会出现一个让步接着另一个让步,最终结果一定是普选权的实现。到1914年,奥地利、比利时、意大利、荷兰、西班牙和雅典都实现了男性普选权。而英国的民主之路则显得更加具有试

㊸ Robert Saunders, *Democracy and the Vote in British Politics, 1848-1867* (Farnham, 2011), 145.

㊹ 1861年,斯坦利勋爵就注意到:"美国是一个平等的国家,在我们上流社会的脑海里,美国取代了大革命时期的法国,当时法国被视为贵族、君主制和教会制的敌人"[Stanley journal, 1 December 1861, in John Vincent (ed.), *Disraeli, Derby and the Conservative Party: Political Journals of Lord Stanley, 1848-69* (Hassocks, 1978), 179]。

㊺ Walter Bagehot, *The English Constitution*, ed. Paul Smith (Cambridge, 2001), 187-191.

验性、渐进性和不均衡性。英国直到1918年才实现了男性和女性（30岁及以上）的普选权。对英国的政治评论家而言，法国、美国和澳大利亚的例子不仅揭示了各国在塑造其政治体制和政治行为中截然不同的文化条件，也揭示了民选政府的很多本质问题。而这些问题在英国都被其特殊的历史和英国人独有的处事风格所缓和。英国更晚一步地实现"民主"也证实了它的实用主义倾向，英国人更喜欢用渐进的、非革命的变革方式来保持政治稳定和社会和谐——那种突然的暴力方式的政治变革则是那些具有相对不稳定的文化和更多变的民族气质的国家的产物。

很多英国人认为，1789年法国大革命呼吁的自由（*liberté*）、平等（*égalité*）、博爱（*fraternité*）是对"自由"与"平等"的合并，是法国革命的最大失误。天主教的自由主义历史学家约翰·阿克顿（John Acton）指出："法国大革命在自由方面遭受灾难性破坏的根本原因就在于它的平等理论。"[46]真正的"自由"来自于在法律面前的平等，而不是来自于社会平等。在白芝浩看来，法国病就在于牺牲了自由，将自由作为建立在一种异想天开的、抽象的、不切实际的社会平等概念之上。在法国，"对平等的狂热"是"如此之大，以至于她会不惜一切代价地追求平等。自由政府需要特权，因为大多数的权力需要给予受教育者而不是未受教育者：没有什么办法能够让人同时兼顾自由和平等"。[47]阿诺德相信："在这个国家政治体系的形成过程中没有哪个宽泛的政治概念像平等一样受到人们强烈的热爱。"[48]格莱斯顿在1877年说："在我们的国民中，他们很好地区分了公正与平等，他们对公正的热爱非常强烈，而对平等的热情极为淡漠。"[49]在特罗洛普书中，平时寡言少语的奥姆尼姆公爵（Duke of Omnium）非常罕见地评论说："现在人的智商是如此不同以至于都无法认识到平等的概念。只因那些在其他国家进行的有关平等的荒谬的尝试所带来的恶果，英国人民就被告知要去憎恶平等这个词。"[50]真正的"自由"与社会"平等"是

---

[46] Lord Acton, 'Sir Erskine May's *Democracy in Europe*', *Quarterly Review*, 145（January 1878）, 133. 有关"自由"与"平等"的区别是阿克顿文章的主要议题之一。

[47] Walter Bagehot, 'France or England', in *The Collected Works of Walter Bagehot*, ed. N. St John Stevas, 15 vols (1965–1986), iv. 94.

[48] Matthew Arnold, *Mixed Essays* (1879), 49.

[49] William Gladstone, 'The Country Franchise and Mr Lowe Thereon', *Nineteenth-Century*, 2 (November 1877), 547.

[50] Anthony Trollope, *The Prime Minister*, 4 vols (1876), iv. 127.

不相容的。关键的问题就在于:"大众政府"究竟在多大程度上能与社会不平等和真正的"自由"相容?

227 在这样的背景下,有关英国政治体制的报刊和书籍不断刺激着关于宪政的辩论。布鲁厄姆和罗素关于宪政的优秀作品被再版。1862 年布鲁厄姆的《英国宪政》(*British Constitution*)第三版发行,尽管他关于"混合"政府的传统概念的详细解释在今天看来越来越陈旧了。(51) 1865 年,罗素首次发行于 1821 年的《有关英国政府历史的文集》(*Essays on the History of the English Government*)再版。边沁主义法学家约翰·奥斯汀(John Austin)在 1859 年写了《对宪政的祈求》(*A Plea for the Constitution*)一书。约翰·穆勒在 1861 年出版了《对代议制政府的思考》(*Considerations on Representative Government*),该书并没有着重描写英国的政体,而是对代议制政府进行了概述。1863 年,霍默山姆·考克斯(Homersham Cox)出版了《英国政府的制度》(*The Institutions of English Government*)一书,书中引用了德·洛姆对英格兰"法治"的颂扬之词,他颂扬法治的普遍性,与财富和影响力无关。同年,自由党内阁大臣刘易斯出版了《关于最佳政府形式的对话》(*Dialogue on the Best Form of Government*)一书。1864 年格雷的《以改革为参照的议会改革》(*Parliamentary Reform Considered with Reference to Reform*)第二版出版。1867 年柏克派的威廉·赫恩(William Hearn)和阿尔菲厄斯·托德分别出版了《英国政府》(*The Government of England*)和《英格兰的议会政府》(*On Parliamentary Government in England*)。许多人不是一时兴起,而是试图能更清晰地揭示英国宪政是如何运作的。

19 世纪五六十年代对宪政的研究很大程度上受到罗素、帕默斯顿、德比、迪斯雷利和其他议会政治家的政治操纵。他们非常肯定地认为,要适应自 1832 年以来在英国发生的道德、政治、社会和经济变化,必须进行进一步改革。(52)然而,有些人认为选举权扩大可能会对社会道德造成不利影响。在同法国或美国的"民主"进行比较的时候,英国人对本国宪政的

---

(51) Lord Brougham, *The British Constitution* (1844), 262.

(52) 随着英国城市化的发展吸引了越来越多的人从农村来到城镇,英格兰一些地区的工业化已经开始重塑人们的工作模式,社会流动方式也随着 19 世纪 40 年代英国铁路网的建设发生了改变。1850 年,英国 18084 英里的铁路运载了超过 100 万名乘客。这些不仅影响了人口的流动方式,而且也改变了信息的交流方式以及本地和区域共同体之间的关系。

第六章　改革的道德环境：1848—1867

美德及其韧性的爱国信念非常突出。早前对物质贫困和机构腐败的担忧已被对道德贫困的关注所取代。阿诺德等文化评论家则表达了更深切的不安之情。随着重点关注"体面可敬"概念，道德不安的暗潮涌动。就议会改革而言，是否具备投票资格的道德属性究竟应该由什么决定？

文化评论者的不安逐渐渗透到 19 世纪中期英国的政治辩论中，一以贯之继承下来的确定性也像冰山遇到了暖流一样开始融化。自由派安立甘教徒开始对他们自己教会内兴起的仪式主义和罗马教会的教皇权力至上主义感到担忧，因为这表明比起内心的虔诚，人们更加偏爱外在的庆典仪式。这些活动的教条化进一步动摇了广教派（Broad Church）的安立甘教徒。弗雷德里克·莫里斯（Frederick Maurice）所领导的基督教社会主义运动就是对宪章运动失败的一个短暂的回应。[53]作为国际政治上为数不多的源于英国的政治术语之一，"社会主义"一词最早是由空想主义改革者罗伯特·欧文于 1827 年提出来的。1848 年以后，莫里斯、托马斯·休斯（Thomas Hughes）和金斯利等人注重使基督教的工作重点从个体考验转变为社会救助。莫里斯认为工人阶级对团体的需求证实了基督教中至关重要的一个原则，即人们意识到，要满足需求，与其通过国家所有权下的集体主义，还不如通过合作与利益分享来实现。[54]莫里斯"非常不信任和厌恶'体系'和'理论'，因为他看到人们用这些自己脑海里生成的东西取代了上帝的声音。"[55]当然，社会合作需要倚靠耶稣基督的正直和爱。但到 19 世纪中期，内在的分歧破坏了这项运动，只留下坎伯威尔（Camberwell）的工人大学和新兴的工人合作社运动这样的遗产。

圣经批判以及自 19 世纪中期德国的文本学术带来的深远影响对《圣经》的字面真理提出了质疑，引发了许多轰动一时的争议。[56] 由一些激进广教派教徒编写的《文章与评论》（Essays and Reviews）于 1860 年出版并且十分畅销，在这本书里，牛津大学萨维尔几何学教授巴登·鲍威尔

---

[53] 参见 E. R. Norman, *The Victorian Christian Socialists*（Cambridge，1987）。

[54] 莫里斯很大程度上受到柏拉图的影响，J. H. Rigg 作为一位与莫里斯同时代的人，在 *Modern Anglican Theology*（1859）一书中将莫里斯的神学描绘为"穿着礼服和袈裟的柏拉图主义"。

[55] 参见 J. Llewelyn Davies, *The Working Men's College 1854-1904*（1904）。

[56] 参见 Gerald Parsons,'Biblical Criticism in Victorian Britain：From Controversy to Acceptance?', in Gerald Parsons（ed.）, *Religion in Victorian Britain*, 4 vols（Manchester，1988），ii. 238-257。

（Baden Powell）驳斥了奇迹的存在，亨利·威尔逊（Henry Wilson）否定了外部惩罚的教义，本杰明·乔伊特（Benjamin Jowett）建议人们学习《圣经》也应该像学习其他的书一样。[57]同年，纳塔尔主教约翰·科伦索（John Colenso）出版了《对摩西五经和约书亚书的批判审视》（*The Pentateuch and the Book of Joshua Critically Examined*），否认了《旧约》中事实陈述的真实性，也正因为如此，他随后被逐出教会。这些作品的效果在于告诉人们《圣经》中的教义不过是特殊的历史文本，同时也暗示着，随着社会进步和知识的增加，人们需要重新评价《圣经》里的思想，并对其教义进行修改。科学知识的发展和改革思潮的进步或许能相互协调，从而形成关于基督教的更高级复杂的认识。这促进了将神学关注的重点从赎罪转为道成肉身。

弗劳德在《复仇女神的信仰》（*The Nemesis of Faith*，1848）中描绘了信仰的危机，虽然他的语气是反对教会而不是反对基督教的。[58]卡莱尔批判弗劳德在公共场合大倒苦水，诉说他自己精神上的痛苦，而没有私下把这些苦水从下水道里冲走。[59]1851年，自学成才的激进主义者乔治·霍利约克（George Holyoake）创造了"世俗主义"这个概念，他早先因为无神论言论入狱9年。19世纪五六十年代，受到诸多作品的影响，人们对正统观念的质疑不断加深，这些作品包括被乔治·艾略特从德文译为英文的两本书：一是得到帕克斯资助的大卫·施特劳斯（David Strauss）的《耶稣传》（*Life of Christ*，1846）；二是费尔巴哈的《基督教的本质》（*Essence of Christianity*，1854）。弗朗西斯·纽曼（Francis Newman）的《灵魂》（*The Soul*，1849）和格雷格（W. R. Greg）的《基督教的信条》（*The Creed of Christendom*，1851），描绘了作者从功利主义到自然神论的转变，体现了从持固有的宗教观念向怀疑和审视态度的转变。这些书提出，信仰需要被检验而不是假设。丁尼生在1849年提出警告说，更多的信仰存在于"诚实的

---

[57] 参见 Josef Altholz, *Anatomy of a Controversy: The Debate over Essays and Reviews, 1860-1864* (Aldershot, 1994), and Peter Hinchcliffe, *Benjamin Jowett and the Christian Religion* (Oxford, 1987)。

[58] 尽管在1844年听从了执事的命令，弗劳德依然攻击了安立甘神职人员的虚伪和自私的物欲。出版该书使他丢掉了牛津大学埃克塞特学院的研究员的职位。

[59] Clarlyle to Foster, 4 April 1849, in Charles Richard Sanders, Clyde de L. Ryals, and Kenneth J. Fielding (eds.), *The Collected Letters of Thomas and Jane Welsh Carlyle*, 40 vols (Duham, NC, 1970-2012), xxiv. 13.

怀疑"中,而不存在于对宗教教条不经思考的遵循中。[60]哈里特·马蒂诺(Harriet Martineau)在《有关人类本质与发展规律的信件》(Letters on the Laws of Man's Nature and Development,1851)一书中发表了臭名昭著的言论,否认上帝和不朽,促成了一句流行语的产生——"上帝不存在,哈里特·马蒂诺就是上帝的先知。"[61] 1869 年,达尔文的拥护者、科学家赫胥黎创造了"不可知论"(agnosticism)这一术语。在很多人看来,这种说法就像人们常打的比方,即社会脱离了它的停泊处,在错误的指南针的指引下漂泊在精神的海洋上,除了天上的星星再没有东西可以指引方向。[62]没有了熟悉的标志,对可替代的信条的寻找更像是一种渴望而非反抗,这样的寻找强化了要求恢复具有道德确定性的社会意识的渴望,许多人都感受到了这种渴望。

随着对正统宗教信条的挑战不断增加,人们对于社会道德以及城市"工人阶级"是否具备了能将他们从酗酒和道德堕落中拯救出来以享受文明生活和拥有更高道德德行的能力的关注,变成了普遍的焦虑。人们对政治阶级能否实现有抱负的领导力的担忧也反映了这种焦虑。对一些人而言,对进步、道德提升和物质繁荣带来的好处所持的乐观主义开始让位给对民主幽灵的深深忧虑。大众消费主义、不断变化的社会礼仪和宗教不确定性对于大众的政治参与有何含义?政治在社会道德再生中应该扮演什么样的角色?扩大的"舆论"如何与受教育者的观点相协调?1861 年,担任原辉格党贵族兰斯多恩勋爵的私人秘书的托马斯·阿诺德的儿子马修·阿诺德看到一种"不可抗拒的力量"在起作用,并且"逐步扩散到各处,该力量清理了旧环境,营造了新氛围,改变了过去长期固有的习惯,破坏了受尊重的体制,甚至改变了国民性格"。[63]这带来一系列"民主的困境"问题:如何找到和秉持崇高理想?享受选举权又有哪些必要条件?扩大的选民范围是否能与社会稳定共存?被卡莱尔称为"蜂群

---

[60] Alfred Tennyson, *In Memoriam*: Section 96, in *The Poems of Tennyson*, ed. Christopher Ricks, 3 vols(Harlow, 1969), ii. 409. 由于福音派强调惩罚和罪恶,达尔文、亨利·西奇威克(Henry Sidgwick)和莱斯利·斯蒂芬(Leslie Stephen)等人不再信仰福音派教会。

[61] Rosemary Ashton, *142 Strand*: *A Radical Address in Victorian London* (2007), 117.

[62] 这个比喻被人使用在如 J. A. Froude, *Thomas Carlyle*: *A History of His Life in London*, *1834-81*, new edn, 2 vols (1890), i. 311。

[63] Matthew Arnold, 'Democracy', in *The Complete Prose Works of Matthew Arnold*, ed. R. H. Super, 12 vols (Ann Arbor, 1965), ii. 29.

状"(swarmery)的大众政治带来由数量控制的威胁。"大街小巷响彻着百万只脚的踏步声,比脚步声多出数千倍的困惑之声出现在人们的写作、讲话、思考、时尚和行为中。"⑭在这些担忧的背后,是萦绕在人们心头挥之不去的情景——随着城镇化的快速发展,拥挤的城市人口颠覆了传统礼仪,对社会秩序产生了威胁。大部分选民否决了少数人的意见——这是一个更加大众化的政治,约翰·穆勒借用托克维尔的说法将其称作"多数人的暴政"——这样的威胁又该如何避免?

这种担忧对维多利亚中期的政治价值观产生了双重影响。首先,它强调了社会行为中道德的重要性。当物质财富不断增加、大众消费主义不断加强、人们更多地进行政治参与时,需要公民具备更高的道德情操以实现个人满足和社会融合。其次,它促进了重要的对政治和社会关系的重新定义。由于人们对社会的看法发生了较大改变,政治也置身于这种变化中,辉格党关于政体和社会的区分开始变得模糊。辉格党关于政府的机械化概念是,政府作为"利益"协调者作用于社会并通过慎重调整确保"平衡"和维持稳定机制。这种概念已被关于政治的有机概念所取代,即政治是社会变革中不可分割的一部分。政治机构是由社会和习俗的实际所塑造的。约翰·穆勒在1843年写的《逻辑体系》(System of Logic)一书中宣称,"没有独立的政府科学",因为"它同特定人群或特定时代的特点混合在一起,既为因,也为果"。⑮政治并不是作用于社会,而是被社会所塑造。

19世纪中期的不安引起了不同的反应。约翰·穆勒在1859年出版且畅销的《论自由》一书中尖锐地表达了一种有影响力的观点。和阿诺德一样,约翰·穆勒也认为"民主"的进步是不可避免的。作为激进的自由党人,他认为只要伴随着教育和道德观念的发展,民主的发展一定会受到人们的欢迎。但是,民主也会对个人自由产生威胁,平凡人的统治和被赋予选举权的平庸大众会使自由窒息。无拘无束的"民主"对个人也是危险的。男性普选权会使贫困的人和未受教育的人同样获得投票权,他们的无知使他们很容易受到贿赂和误导宣传的影响。约翰·穆勒指出,

---

⑭ Thomas Carlyle, *Latter-Day Pamphlets* (1850), 8.

⑮ John Stuart Mill, 'A System of Logic', in *The Collected Works of John Stuart Mill*, ed. John Robson et al., 33 vols (Toronto, 1963–1991), vii. 906.

如果缺乏更有天赋和教养的少数人,无论是"民主政府"还是"贵族"政府,都不可能摆脱平庸。个人自由无论是在行动上还是思想上,都受到舆论的制约。约翰·穆勒警告说,比起早期严酷的政治压迫,社会整合的分量会带来更大的潜在的暴政。与欧洲大陆其他国家相比,英国法律的束缚较轻,但传统观念的压力却很大。这种思想的压制性的统一会在社会中形成让人迟钝的惰性和惯性,个体自发性会让步于止步不前或是约翰·穆勒形容的"中国式静止"(Chinese Stationariness)。他承认,在维多利亚中期的英国,人们比起之前的时代享有了更多宗教信仰自由。但是,大多数人的压抑感对社会态度有很大的影响——传递偏见和迷信思想的习俗的力量阻碍了思想和表达的自由。

约翰·穆勒作为实用主义作家和历史学家詹姆斯·穆勒的儿子,从小接受的是温室环境中的边沁主义教育。19世纪50年代,他试图用鼓励完整的自我实现这种道德概念来取代"追求更大幸福"的快乐主义原则。1863年,他在《功利主义》(Utilitarianism)一书中写道:"除非善是有别于快乐的,否则说快乐是善就毫无意义。"快乐是不均等的。满足那些"高尚的能力"而不是"动物的欲望",以此来滋养智慧、情感和道德情操的想象力,人们才能够获得更大的幸福。⑥这个过程的关键是个人自由,通过教育和自由的思想交流所获得的自由。在约翰·穆勒很有影响力的《政治经济学原理》(Principles of Political Economy, 1848)一书中,他认为有序的社会发展只有在下列条件下才是可能的:劳动力通过工会组织起来,社会财富通过税收进行重新分配,尤其是通过死亡进行重新分配,因为遗产是社会公正的一大障碍。法国人让·德古尔纳(Jean de Gournay)在18世纪提出了"自由放任"(laissez-faire)理论。约翰·穆勒将其称为"放任原则"(the let alone doctrine),认为该原则半对半错——政府干预既受到推崇,也受到指责。⑥亚当·斯密、马尔萨斯、李嘉图、麦卡洛克(McCulloch)、边沁、纳索·西尼尔(Nassau Senior)都不谈"自由放任",和约翰·穆勒一样,他们认为自由贸易是物质繁荣和社会公德的基础。只

---

⑥ John Stuart Mill,'Utilitarianism', in *The Collected Works of John Stuart Mill*, ed. John Robson et al., 33 vols (Toronto, 1963–1991), x. 209–226.

⑥ John Stuart Mill,'Coleridge(1840)', in *The Collected Works of John Stuart Mill*, ed. John Robson et al., 33 vols (Toronto, 1963–1991), x. 156. 约翰·穆勒还把自由主义称为"一种政府做了还不如不做的理论"(156)。

有戴雪在 1905 年回顾过去的时候,将维多利亚中期称为自由放任的时代。⑱

在《论自由》一书中,约翰·穆勒认为只有自我保护或者是保护其他人不受伤害时才能对个人自由进行限制。唯如此,个人独立才能免受集体主义观念的束缚。自由包含思想的自由、行动的自由和交往的自由。通过自由的行动和思想,再加上个体丰富的多样化差异,人们才有可能获得真理。这就将法律的公共领域和个体的道德思想区分开来。这些区分标志着人们逐渐转变观念,认为投票不再是公共责任,而是个人思想的表达途径。法律则成为保证最大的个人自由的社会建设。因此,个人自由是获得完整的自我实现的必要条件。自由对获得更高的道德目标起了重要的作用。《论自由》在某种程度上是约翰·穆勒对"中产阶级"物质主义的自以为是的狭隘性的批判。尽管苏格兰启蒙运动哲学家们将技术和经济关系的"多样化"视为"进步"的引擎,但约翰·穆勒认为"多样化"是个人自由的功能,对反常行为的包容能够保护道德进步。道德愿望和社会焦虑关注的都是个人转变的可能性。

1861 年,约翰·穆勒在《对代议制政府的思考》(*Considerations on Representative Government*)一书中提出如何最好地协调个人"自由"与"大众政府"以及维护有别于"人民"之"意愿"的"人民"之"善"的问题。他认为解决之道就是保留"公开投票"作为行使公共职责的方式,议员无薪,且建立一个精心设计的旨在削弱无知者选举优势的复数投票制度。选举比例代表制也许会保障少数人的意见。约翰·穆勒也支持将选举权更加集中在那些能读会写的人手中,立法也由专业人士组成的官僚精英来起草,这些专业人士需要经过竞争激烈的考试才能进入公共机构。托马斯·黑尔(Thomas Hare)的《代表的机器》(*The Machinery of Representation*, 1857)和《关于代表选举的论述》(*A Treatise on the Election of Representatives*, 1859)中举出了比例代表制的例子。然而,极少有人被黑尔和约翰·穆勒的这些论述说服。但是约翰·穆勒提倡的个人自由(被定义

---

⑱ 参见 A. V. Dicey, *Relations between the Law and Public Opinion in England during the Nineteenth-Century* (1905)。戴雪将 1825—1870 年这段时间称为由功利主义和个人主义主导的自由主义时期,19 世纪 70 年代以后则由集体主义所取代。戴雪的观点对后来的历史编纂学产生了很大的影响。

为与个人幸福一致的最小约束)作为保护社会道德再生的方式在19世纪六七十年代塑造了很多青年自由党人的思想。1867年出版的《关于改革和改革议会的问题的文集》(Essays on Reform and Questions for a Reformed Parliament)中收集的文章来自很多年轻而又思想高尚的牛津、剑桥学者,如布赖斯、亨利·西奇威克、莱斯利·斯蒂芬和格林(T. H. Green),他们对社会进行了激进的批判,呼吁对后续改革进行新的道德承诺。马修·阿诺德将他们称作"自由主义之光"。⑩布赖斯宣称,"雅典的动荡、罗马的腐败、法国大革命的残暴,以及美国的游说活动、党团会议和幕后操纵"等丑行不会在英国发生。⑪与"排外政府"截然不同的"大众政府"需要释放出"更多的能量、更高尚的美德以及更大程度地传播幸福"。⑫手工业者的爱国主义需要转移到国家层面上来。阶级的划分需要通过呼吁所有人承认的相互责任来弥合。⑫大部分作者都是在福音派家庭中成长起来的,受到约翰·穆勒呼吁振兴社会道德的哲学的激励。他们将约翰·穆勒论点的普遍性放到英国社会的特定条件中去考虑。他们世俗化的福音派精神指出,救赎不是通过个人的虔诚而是通过理性来实现的。但约翰·穆勒抗议大多数人意见的压倒性指令会让人的个性窒息的观点并没有被所有同时代的人认同。麦考莱将其比作一个人在诺亚大洪水中开火。

马修·阿诺德等作家则纠结于对自由公理、政治经济学和个人自由这些不言自明的力量的怀疑。阿诺德在1869年出版的《文化与无政府状态》(Culture and Anarchy)一书中指出了他所观察到的在道德多元主义和社会融合之间存在的紧张状态。他把不从国教者视为狭隘的"秘密的"宗派主义者,这些人已经与国家的主流生活相分离。⑬他将拥有传统权力的贵族称为野蛮人。阿诺德将自以为是的"中产阶级"价值观称为带有

---

⑩ 参见 Christopher Harvie, *The Lights of Liberalism*: *University Liberals and the Challenge of Democracy*, *1860—1886*(1976)。

⑪ James Bryce,'The Historical Aspect of Democracy', in W. L. Guttsman (ed.), *A Plea for Democracy*: *An Edited Selection from the 1867 Essays on Reform and Questions for a Reformed Parliament* (1967), 168.

⑫ James Bryce,'The Historical Aspect of Democracy', in W. L. Guttsman (ed.), *A Plea for Democracy*: *An Edited Selection from the 1867 Essays on Reform and Questions for a Reformed Parliament* (1967), 173.

⑫ 参见 Stefan Collini,'Political Theory and the "Science of Society" in Victorian Britain'. *Historical Journal*, 23 (1980), 217。

⑬ Matthew Arnold, *Culture and Anarchy*, ed. Jane Garnett (Oxford, 2006), 12.

自满和虚伪味道的庸俗主义(Philistinism)。在这群庸人之下,是"数量庞大"的平民百姓,他们举止粗鄙、目光短浅。激进的个人主义反对"悲伤、悠长、压抑的呐喊"的信仰,将对自由的追求作为目标,提出"人人为己",令社会和道德面临无序的威胁。[74]《每日电讯报》将阿诺德称为"优雅的耶利米"。[75]

在对选举权和机构改革的辩论背后,阿诺德看到了人们关于社会本质的深刻的斗争。他宣称,在针对是否扩大选举权的讨论中,人们对个人的道德志向和社会责任缺乏重视。他们忽视了财富、智力和大众的权力之间的不可协调性。他认为,在获得一个健康的社会所依靠的社会融合和道德整合的过程中,存在着一种辩证的张力,即希伯来精神(Hebraism,体现宗教信仰的力量)和希腊精神(Hellenism,闪耀着深刻而广博的智慧之光)之间的辩证关系。希腊精神照亮了完美的研究。阿诺德评论说,希伯来精神对英国的影响很大,因此对希腊精神的"客观公正"的需求显得格外紧迫。然而,对于功利主义的格罗特而言,希腊精神提供了一个激进自由的模型;对阿诺德而言,受歌德和海涅的影响,认为希腊精神体现了一种纯粹的知识探索的精神。只有"文化"才能使道德多元主义、物质繁荣、大众政治和个人自由与开明有序协调起来。在《文化与无政府状态》一书的导言中,阿诺德引用了布赖特对"文化"轻蔑的看法,文化无非是"一知半解地摆弄希腊和拉丁语两种死亡语言而已"。[76]像骚塞和卡莱尔一样,在政治术语上,这促使阿诺德提出了一个强化的国家概念,即民族的集体和集合特征——代表了"民族的健全理智"。[77]他对英格兰人普遍对国家道德权威持过分怀疑的态度感到痛心,英格兰人的怀疑态度体现在对政治经济学的绝对服从。但是,一个关于国家的正确的概念,即被文化赋予了"所知所想中最优秀的知识"的政治权力,将会鼓励人们追求开明的自由与公共利益的实现。[78]在越来越机械化和物质化的社会中,政

---

[74] Matthew Arnold, 'Dover Beach', in *New Poems* (1967), 113.
[75] Matthew Arnold, *Culture and Anarchy*, ed. Jane Garnett (Oxford, 2006), 32.
[76] Matthew Arnold, *Culture and Anarchy*, ed. Jane Garnett (Oxford, 2006), 31.
[77] Matthew Arnold, *Culture and Anarchy*, ed. Jane Garnett (Oxford, 2006), 61.
[78] 在1861年,阿诺德写到,民族"在这个国家追求崇高理性和正确感觉的理想,代表着最好的自我,赢得了普遍的尊重,将共同体的智慧和最有价值的本能汇聚在一起,共同体因此而具有了真正结合在一起的纽带"。Stefan Collini, *Matthew Arnold: A Critical Portrait* (Oxford, 1994), 71.

治大众被赋予了更好的理想,对完美的研究也使得人性朝着更加和谐的方向发展。阿诺德指出,"文化"人是"平等的真正使徒"。⑦

同时代的批评家们从政治和宗教等诸多方面质疑阿诺德的观点。充满斗志的实证主义记者弗雷德里克·哈里森控诉阿诺德不切实际的怀疑论导致了行动的麻痹。他还谴责阿诺德精英式的严苛暴露了他轻视普通人,漠视受苦大众的迫切需求。公理会牧师、记者和议员迈阿尔控诉阿诺德对不从国教者的嘲笑与排斥。同时,哲学家和教育改革者西奇威克则称阿诺德缺乏逻辑和系统的思考。《伦敦评论》(*London Review*)评价说,阿诺德的观点散发着"柏拉图和玫瑰水"的芬芳。⑧

"民主"的前景使得约翰·穆勒、柯勒律治、骚塞、卡莱尔和阿诺德等人不得不重新定义民族的道德共同体。将更多的权力让渡给大众则需要新一代的道德精英来给社会提供必要的引领。所有这一切引出一个结论:英国的历史精英的地位是建立在财富的基础上,因此不适合担此重任。等级的划分需要建立在优良的道德基础之上。约翰·穆勒提倡道德精英,认为有高尚道德的人能够将"善"与"快乐"区分开来。柯勒律治提倡有知识的受教育者要顺应大众的道德直觉。骚塞则认为家长制统治的国家可以高举道德真理来反对赤裸裸的物质主义。卡莱尔认为"伟大的人们"能够抵抗住无政府状态和混乱的状态。阿诺德则诉诸能将希伯来精神中的宗教信仰与希腊精神中的批判启蒙和怀疑相结合的"所知所思中最优秀的"精英。对他们每个人而言,社会的道德力量是塑造一个不断壮大的"大众"政体的基本要求。

重要的是,约翰·穆勒、柯勒律治、骚塞、卡莱尔和阿诺德等人的作品将政治植入社会特有的价值观与特性中。政治是社会文化的一部分。到了19世纪中期,"culture"一词的含义变得越来越复杂,指那些象征特定社会或人民独特生活方式的独特的信仰、习俗和行为模式。在中世纪英语中,"culture"一词指的是土地的开垦、植物与谷物的播种。到16世纪,它也指礼仪和教育的进步,即心智的培养。18世纪的作家们用它来描述人类艺术和智力成就的更高表现,用来指品味和礼仪的提升。正是在此

---

⑦ Matthew Arnold, *Culture and Anarchy*, ed. Jane Garnett (Oxford, 2006), 53.

⑧ Heather Ellis, 'This Starting, Feverish Heart: Matthew Arnold and the Problem of Manliness', *Critical Survey*, 20/3 (2008), 101.

意义上,在《文化与无政府状态》一书中,阿诺德发出了警告,他说,法国大革命雅各宾派所代表的教条主义和意识形态的狂热构成了对社会的威胁。文化(culture)追求的是"美好与光明","始终反对标志着雅各宾主义的两件事——激进好斗和醉心于抽象的理论"。[81]但是到阿诺德使用该词的时候,它被赋予新的含义,即一群人特有的社会环境。19世纪五六十年代使用这个新含义的意义十分重大。因为它反映了英国人关于他们国家政治实体观点的深刻转变。19世纪早期,英国宪政主要是被视为功能或体制术语,它作用于社会,并且维持社会平衡和稳定。"进步"是由体制改革来保障的。到19世纪60年代,宪政被视为广义的道德价值观的体现,表达共同体的信仰和习俗。它是社会必不可少的一部分,因此人们要保障"进步"就必须将整个社会视为一个整体。

19世纪中期,作为塑造社会行为的习俗与信念的鲜明特征的文化观点也受到了科学和人类学著作的影响。[82]像浪漫主义对自由思想的批判一样,这些对社会的理解强调非理性因素在塑造人类行为中环境的重要性。给维多利亚中期人们对社会和自然的思考带来影响的主要有两个方面。第一,地质学、古生物学和史前考古学的发展将对过去的认识延伸到漫长的渐进变化的时代。就像长时间的成形能力产生了地质沉积层,语言、法律和习俗都是随着时间的逐渐积累而形成的。第二,拉马克、理查德·格兰特(Richard Grant,激进的拉马克主义者,也是达尔文的导师)、钱伯斯,以及后来的达尔文都指出,在自然界的生命形式中均经历了类似的过程。物种的嬗变揭示了复杂的过程和环境的塑造力量,从而改变了社会文明进步的观念。欧洲大陆的人类学专注于对人类变异及其起源的纯物理研究,但在英国,人类学包含了文化和物理研究两个层面。伦敦人种学学会成立于1843年,伦敦人类学学会成立于1863年。社会文化进化被视为是从简单同质到复杂异质的缓慢渐进的转变。随着文化的发展,语言、习俗和信念也变得越来越不同,越来越复杂。

通过类推,这些观点也受到了19世纪三四十年代地质研究的发展和普及的影响,地质研究揭示了物质世界的长期变化。化石和沉积岩是物

---

[81] Matthew Arnold, *Culture and Anarchy*, ed. Jane Garnett (Oxford, 2006), 50.

[82] 直到19世纪中期,作为基于物理和实验研究的系统性知识的独特的英文术语"科学"(science)才出现了普遍的用法。与此同时,19世纪30年代作为笨拙的语言创新的"科学家"(scientist)一词也被广泛接受。

质世界发生根本变化的证据,在神学家和地质学家威廉·巴克兰(William Buckland, 1784—1856)看来,这种变化是以一种突然的灾难性的形式发生的[83],或者按照查尔斯·莱尔爵士的说法,是以一种更加统一的渐进主义方式("均变论")完成,从而揭示了"无限延伸的过去"。[84]莱尔的观点通过迪恩·曼特尔(Gideon Mantell)写的《地质的奇迹》(The Wonders of Geology)一书得到普及,该书在十年间共出版了六版。[85]自然科学家将物质世界的变化证据拓展至生命的形式。[86]拉马克提出,在环境的塑造力量的作用下,物种变得越来越复杂。1844年,钱伯斯(Robert Chambers)匿名发表了《创造的自然历史的痕迹》(The Vestiges of the Natural History of the Creation)一书。该书通过一连串的化石种类论证了在自然中的连续变化和物种的演化,该书也激起了骚乱和诽谤。上帝被贬低为一个模糊的自然神论的第一因,暗示着人类并不是自然演化的最终结果。[87]钱伯斯无法给出让人信服的理论来解释自然界中的进化变化,

---

[83] 巴克兰的"地质灾难"理论影响了卡莱尔,并且为人类历史上的戏剧性事件提供了生动的比喻,卡莱尔认为这种改变决定了人类的过去和现在。John Burrow, 'Images of Time: From Carlylean Vulcanism to Sedimentary Gradualism', in Stefan Collini, Richard Whatmore, and Brain Young (eds.), *History, Religion and Culture: British Intellectual History 1750-1950* (Cambridge, 2000), 198-223.

[84] 查尔斯·莱尔3卷本《地质学原理》(*The Principles of Geology*, 1830—1833)逐渐取代了巴克兰的"地质灾难"说,在相当长的一段时间里提供了一个渐进增长的观点。这种关于随着时间的推移自然形成的沉积岩的渐进变化的描述对19世纪50年代后的政治评论家、神学家、自然哲学家和作家都产生了很大的影响,为人们对进化理论的接受提供了背景。达尔文受到他的亲密朋友莱尔的很大影响。1868年,牛津语言学家Friedrich Max Müller出版了 *On the Stratification of Language* (Cambridge, 2013)。

[85] 有关地质学对当代文学和作家如查尔斯·金斯利和乔治·艾略特等人的影响,参见 Adlene Buckland, *Novel Science: Fiction and the Invention of Nineteenth-Century Geology* (Chicago, 2013),也参见 Anne de Witt, *Moral Authority, Men of Science and the Victorian Novel* (Cambridge, 2013)。

[86] John Burrow 认为进化论也影响了19世纪中期之后的历史写作,强调不知名的代理和非计划的后果,描述了逐步渐进的改变,就像 William Stubbs 在《英格兰宪政史》(*The Constitutional History of England*, 1837)一书中写的一样,"没有宪政改革,没有法律的暴力式的逆转;习惯远比法律要有力得多,而习惯又是每天都发生着极其细微的改变"[John Burrow, 'Images of Time: From Carlylean Vulcanism to Sedimentary Gradualism', in Stefan Collini, Richard Whatmore, and Brain Young (eds.), *History, Religion and Culture: British Intellectual History 1750-1950* (Cambridge, 2000), 218]。

[87] 参见 James A. Secord, *Victorian Sensation: The Extraordinary Publication, Reception and Secret Authorship of Vestiges of the Nature History of Creation* (Chicago, 2000)。

而 1859 年达尔文《物种起源》(The Origin of Species)一书中"自然选择"的理论却很好地解释了持续的变化和适应过程使生物发生了改变。⑧

这些观点在有关人类社会发展的人类学研究中都有详细的表达。在 1861 年出版的《古代法》(Ancient Law)一书中,亨利·梅因爵士探究了稳定政体的早期起源。他声称要描述法律的自然历史,梅因打了一个形象的比喻说古代法对于法学家而言就好像地球的外壳对于地质学家一样。⑨所以才有从部落制度经封建制度到当今时代的转变,这是从身份到契约的逐步渐进的转变。1865 年约翰·卢伯克(John Lubbock)爵士出版的《史前时代》(Prehistoric Times)和爱德华·泰勒(Edward Tylor)出版的《对人类早期历史的研究》(Researches into the Early History of Mankind)审视了在远古社会中社会习俗的本质。泰勒指出从现在仍然存在的迷信活动和仪式中可以发现人类最初起源的证据,就像是达尔文指出的生物的退化器官代表着该物种的物理的过去。⑩与此同时,赫伯特·斯宾塞(Herbert Spencer)于 1862 年出版了《第一原理》(First Principles),试图从自然主义公理出发构建一个覆盖生物学、社会学和伦理学的解释系统,从"意识的基本参考点"中推导出"原初真理"。斯宾塞从年轻的时候就开始读拉马克的文章,他认为社会、有机体和物理世界等方面的改变都可以用进化变异进行解释。受到环境塑造力量的影响,进化过程从不连贯的同质性逐渐走向连贯的异质性。就像斯宾塞在 1864 年《生物学原理》(Principles of Biology)中写的那样,这揭示了生活中"适者生存"是有益且必需的。在 1863 年出版的《人在自然中的位置》(Man's Place in Nature)一书中,赫胥黎坚定地认为人身心的发展属于物理过程的范畴。赫胥黎 1866 年出版的《基础生理学》(Elementary Physiology)一书分析了后天性状是如何从一代传递到下一代的。赫胥黎的好友、物理学家约翰·廷德尔(John Tyndall)在英国科学研究所做讲座,通过探讨无机物、有机生物和人类意识证明物质和活动有着至关重要的关联。

---

⑧ 对 19 世纪五六十年代智力环境和道德环境的变化的衡量证明 1859 年达尔文的《物种起源》比 1844 年钱伯斯的《创造自然历史痕迹》一书所引发的愤怒和警示要少得多。

⑨ Sir Henry Maine, Ancient Law: Its Connection to the Early History of Society (1861), 2.

⑩ 参见 Edward Tylor, Primitive Culture,在该书中泰勒将"文化"定义为"一个复杂的整体,包括了知识、信念、艺术、道德、习俗,以及一个人作为社会的一员需要具备的其他能力和习惯" [Edward Tylor, Primitive Culture, 2 vols (1871), i. 1]。

约翰·穆勒的思想、浪漫主义对自由思想的批判以及关于自然、人类和社会的科学文章的影响对维多利亚时代中期理解共同体及其体制产生了深远的影响。它强调不断变化的文化条件在塑造社会行为中的重要性。它也强调决定人类行为的环境因素和非理性因素。它告诉人们社会的不断变化是一个持续复杂的过程,是一个在相当长的历史时期内发生渐进变化的过程。它摒弃了对社会机构的机械化解释,做出了政治机构是包含在文化环境中的有机分析。1858 年格雷伯爵三世与 1867 年白芝浩关于宪政研究的对比凸显了这种转变。公共文化从一代传到另一代是一个细微而复杂的过程,在这个过程中延续和变化相互交织。格雷和白芝浩都采用了经验主义的方法和归纳推理,并且诉诸"常识"和"简单事实"。白芝浩赞扬柏克对世界的教诲,因为柏克指出,政治是"由时机和地点造就的……由每个事件的特殊紧急情况所决定的;用通俗的英语来说——就是由感觉和环境决定的"。[91] 然而,格雷作为一名生于 1802 年的辉格党人关注的是政府的体制机制,1826 年出生于一个地方银行家家庭的白芝浩提倡用更为宽泛的文化解释来看待权力行使的现实和干扰表象。格雷认为宪政自由的历史性演变体现在制度改革中,但是白芝浩则认为这种历史性演变体现在社会的价值观和人们的性格中。

白芝浩的《英国宪政》

1839—1842 年,在布里斯托学院读书的白芝浩师承自然科学家威廉·卡彭特(William Carpenter)以及人种学家詹姆斯·普里查德(James Prichard),卡彭特后来写了著名的《人体生理学原理》(*Principles of Human Physiology*)一书,普里查德的《人类物理历史的研究》(*Researches into the Physical History of Man*, 1813)一书则是早于达尔文的《物种起源》的关于进化的标准书籍。白芝浩也被引荐给约翰·埃丁顿·西蒙兹(John Addington Symonds),此人后来成为在思维和无意识方面领先的医生和作家。[92] 白芝浩在伦敦大学学院学习,接受了律师的法律

---

[91] Walter Bagehot, 'Letters on the French *Coup d'Etat*', cit. in S. Collini, D, Winch, and J. Burrow (eds.), *That Noble Science of Politics: A Study in Nineteenth-Century Intellectual History* (Cambridge, 1983), 161.

[92] Walter Bagehot, *The English Constitution*, ed. Miles Taylor (Oxford, 2009), xii.

培训(尽管他后来从未当过律师),毕业后又在银行和新闻界工作。1861年,他成为《经济学人》杂志的编辑,并于 1858 年与杂志创始人兼老板詹姆斯·威尔逊(James Wilson)的女儿艾丽萨(Eliza Wilson)结婚。在他的乡居地萨默塞特,白芝浩曾担任当地的治安官并被誉为有才华的"猎犬大师"。在 1860—1867 年间,他四次参选自由党下院议员,但都失败了,他的政治观点属于"活跃持中"这一类。⑬

白芝浩一生中最著名的作品就是 1872 年出版的《物理与政治》(*Physics and Politics*)一书。该书体现了他将"自然选择"和"遗传"理论用于政治社会的思想,阐释了国民性格和国家机构是如何形成的以及产生"新增保护物"的进化选择过程是如何同权威与秩序发生关联的。⑭他明显受到了达尔文、赫胥黎、卢伯克、泰勒和梅因的影响。白芝浩指出,渐进的政治改变推动了"身份的时代"向"选择的时代"的转变,政府的讨论决策取代了传统习俗的束缚。社会有效地组织自己参与到公益事业中是一个缓慢的进化过程,也是一个日益复杂且相互关联的过程。白芝浩借用赫胥黎的"模仿"的概念指出,个人具备本能地模仿社会中成功和杰出人士的倾向。"模仿"在形成和维系民族中是一个基本力量,它能够保护原有的机构不受到新的激进的思想的影响,并且还可以作为原有习俗和传统的堡垒。国民性并非固定和一成不变,而是从社会中最高阶级的精神属性、道德属性和社会属性中形成的。正是这些有影响力的精英控制了人们的行为和社会的价值观。白芝浩深刻地了解他所处时代的知识潮流,通过与刘易斯、艾略特和斯宾塞的交往,他进一步扩大了博览群书的范围。他获得了关于世界商务和金融的第一手信息,直接参与了反谷物法联盟在伦敦召开的激烈会议,见证了 1851 年路易·拿破仑在巴黎发动政变称帝,他还可以借助《经济学人》这个新闻平台用明快的警句和戏谑的悖论来阐述自己对英国政体的看法。

白芝浩的著名作品《英国宪政》从 1865 年起在《半月评论》(*Fortnightly*

---

⑬ Walter Bagehot, 'Physics and Politics', in *The Collected Works of Walter Bagehot*, ed. N. St John Stevas, 15 vols (1965–1986), vii. 131. 对白芝浩而言,"活跃持中"指的是英国比其他国家都要优越,英国既不过分,也不夸张,这种依据判断而产生的本能可以生成实用和有效的政府。

⑭ 参见 John Burrow, 'Sense and Circumstance: Bagehot and the Nature of Political Understanding', in S. Collini, D. Winch, and J. Burrow (eds.), *That Noble Science of Politics: A Study in Nineteenth-Century Intellectual History* (Cambridge, 1983), 161–182。

Review）上连载,1867年集结成书出版,该书将英国政体的运作放在一个广泛的社会和文化背景下考虑。他断言,从1832年开始,"中产阶级"已经将他们的手伸向了威斯敏斯特的权力杠杆——这是一种夸张的说法,它忽视了维多利亚中期政府的社会构成以及乡绅和贵戚作为下院议员的持续影响力。但是,他肯定了行政、立法和司法的合并——这些宪政运作决定了议会主权。大臣们隶属于议会的终极裁决,尤其是下院,实际是通过议会政党的组织来进行的。政党是下院的根本,它们是"骨骼的骨骼,呼吸的呼吸"。⑨⑤体现为内阁对议会负责的几乎完全融合的宪政权力是英国政府"高效的秘密"。⑨⑥按照美国宪法,主权权力是分散的;而在英国,下院依靠自己的力量行驶其有效的主权权力去成立或者解散政府。这是选民赋予下院的权力,选民赋予下院议员决定"国家利益"的权力。"政府和议会之间的作用力与反作用力"组成了"英国政治的全部"。⑨⑦

　　白芝浩的分析中原创的成分非常少:熟悉的辉格党概念被赋予了世俗的新闻味。早在六年前,杰弗里就在《爱丁堡评论》中提出下院是"国家政治权力的最大储藏所"。⑨⑧像格雷一样,白芝浩几乎没有或者很少谈到法律、司法、新闻自由或是地方政府。他认为讨论"需要将多大权力下放给边远机构"没有太大意义。⑨⑨但是作为19世纪60年代的一种声音,白芝浩将议会中发生的一切放在一个更广泛的文化和行为背景下分析。这也体现了一个重要的区分,即宪政中"生活现实"与"书面描述"之间的区别,"粗糙实践"与"文字理论"之间的区分。⑩⑩就是在这方面,白芝浩用他那众人熟知的市侩气充分地发挥了其超然的讽刺语气。

　　首先,白芝浩对宪政中"有尊严的"成分和"有效的"成分进行了区分。⑩①宪政的"有效"运作即格雷描述的功能关系,主要重点是内阁集行政功能和立法功能于一身时发挥的作用;"有尊严的"成分为宪政赋予了仪式化的干扰。下院的有效控制剥夺了君主和上院原来的政治权力,他们

---

⑨⑤　Walter Bagehot, *The English Constitution*, ed. Paul Smith (Cambridge, 2001), 101.
⑨⑥　Walter Bagehot, *The English Constitution*, ed. Paul Smith (Cambridge, 2001), 8.
⑨⑦　Walter Bagehot, *The English Constitution*, ed. Paul Smith (Cambridge, 2001), 95.
⑨⑧　Francis Jeffrey, *Contributions to the Edinburgh Review by Francis Jeffrey*, 2nd edn, 2 vols (1846), i. 557.
⑨⑨　Walter Bagehot, *The English Constitution*, ed. Paul Smith (Cambridge, 2001), 182.
⑩⑩　Walter Bagehot, *The English Constitution*, ed. Paul Smith (Cambridge, 2001), 3.
⑩①　Walter Bagehot, *The English Constitution*, ed. Paul Smith (Cambridge, 2001), 5.

提供了戏剧表演来安抚和影响这个充满崇敬心的民族。庆典仪式和迷人的壮观景象有效地掩盖了权力的真相。"哥特式的宏伟"塑造了"现代简约"的外观。[102]可敬、耀眼的外观令世人难以窥见权力的真正拥有者,共和国在君主政体的外衣下成长壮大。在对宪政中"有尊严的"和"有效的"成分进行清晰划分时,白芝浩低估了君主制和上院犹存的影响力。他后来写道,君主保留了"咨询权、奖励权和警告权"。[103]他承认,阿尔伯特亲王在1861年去世之前一直在行政政治中寻求君主政体的积极作用。同样地,他也注意到贵族以其丰富的才干和经验被指派为各部大臣。[104]首相和外交大臣经常是由贵族来担任。虽然1832年之后上院的领导者们并不愿意公然对抗下院的权力,从而引发大的宪政危机,但是1832年的《改革法》并没有削减贵族们原有的权力。总而言之,白芝浩认为,无论是君主还是上院都不是观赏性的消遣。但他随后关于下院已经成为"中产阶级"的代表机构的结论还是夸大了事实。无论是从社会构成还是从机构文化看,下院都不会成为"中产阶级"的堡垒。但是这种明显夸张的区分是为白芝浩要在宪政的实际运作中撕下过时的正统说法的老式面纱的主要新闻观点服务的。白芝浩称英国宪政是一个"乔装打扮的共和国"。[105]此外,他们还允许他用行为社会学术语来描述宪政的实际,这也反映了当时的科学和人类学思想。

其次,白芝浩在解释大众对国家机构的忠诚时引入了"顺从"的概念。[106]民众愿意参与作为装饰性干扰的宪政"有尊严的"特征的展示确保了他们对议会政府"有效"运作的重视。习惯性的顺从而不是理性的同意确保了民众对议会的忠诚。所以人们的激情和想象力以及他们的理性在促使他们参与政治过程。白芝浩宣称,是"人类无趣的传统习惯"指导着"大部分人的行为"。[107]正是对权威的遵从、对君主的尊敬、对贵族的尊重以及对文雅举止的尊重使英国成为文明人的社会。难以捉摸的"顺从"的概念是白芝浩对英国宪政行为解释的核心,揭示了大众勉强接受由

---

[102] Walter Bagehot, *The English Constitution*, ed. Paul Smith(Cambridge, 2001), 8.
[103] Walter Bagehot, *The English Constitution*, ed. Paul Smith(Cambridge, 2001), 60.
[104] Walter Bagehot, *The English Constitution*, ed. Paul Smith(Cambridge, 2001), 10.
[105] Walter Bagehot, *The English Constitution*, ed. Paul Smith(Cambridge, 2001), 185.
[106] Walter Bagehot, *The English Constitution*, ed. Paul Smith(Cambridge, 2001), 29-33.
[107] Walter Bagehot, *The English Constitution*, ed. Paul Smith(Cambridge, 2001), 8.

有限的选民选举出来的自治下院所做决定的非理性过程。"顺从"揭示了人们对权力幻觉而不是实际权力的默许。因此,"少数人的统治不是依靠他们对多数人的理性控制,而是依靠对多数人的想象和习惯的控制。依据想象是因为他们无法预知遥远的未来,依据习惯是因为他们更加熟悉身边的事情"。[108]白芝浩煽动性地将这种自愿遵循归之为建立在大众的"愚昧"上。并不是大众的理性维持了国家机构的稳定,而是他们对权力实际的无知使得权力能够有效行使。大众的"愚钝"和"迟钝的保守主义"是英国政治机构保持稳定的必要条件。将工人阶级从选民资格中排除出去并不是因为他们对"我们集体的舆论"没有做出任何贡献。[109]无论白芝浩的"顺从"概念是否正确或准确,它都从心理学的角度给出了宪政的概念,这与格雷的辉格党派功能分析迥然不同。白芝浩的这种做法标志着,对英国政治制度的解释从传统的辉格主义向19世纪中期的主观行为主义的转变。人类学研究和社会学研究的新的知识潮流,包括查尔斯·达尔文和华莱士(A. R. Wallace)的进化论的文章书籍,也被白芝浩用来分析政治行为的习俗和习惯。信念、信仰、想象和道德属性为法律和体制结构提供了重要的文化背景。

---

[108] Walter Bagehot, *The English Constitution*, ed. Paul Smith (Cambridge, 2001), 33.
[109] Walter Bagehot, *The English Constitution*, ed. Paul Smith (Cambridge, 2001), 116.

第七章

"奋力一搏":1867年《改革法》

> 改革是难免的,但我相信,你能做到让改革广泛、平稳且令人满意。
>
> ——沙夫茨伯里写给德比的信,1866年10月19日
>
> (Shaftesbury to Derby, 19 October 1866)

第七章 "奋力一搏":1867年《改革法》

1848年后关于议会改革的争论最初关注的是"利益"和财产这类传统话题,这类话题曾是1830—1832年间争论的焦点。1846年废除《谷物法》的有关争论放大了农村土地和城市制造业之间即乡绅贵族和中产阶级之间的冲突。作为取消关税壁垒和贸易限制的举措,罗素政府于1849年取消了《航海条例》。1849年至1851年间,在农村选区贸易保护主义的复兴强化了辉格党和自由党的信念,他们坚信议会改革势在必行,然而对保守党而言,自由贸易的进步最终属于宪政和道德问题,而不仅仅是经济政策的问题。①这对以土地为基础的宪政产生了威胁。商业和城市风潮导致与地产相抵牾的部门利益。然而,商业中的自由贸易不可避免地会导致保守党担忧的宗教中的自由贸易,会导致安立甘教会失去其国教的地位。

1848年至1852年间自由党和激进派关于改革的观点使保守党对这种威胁有了新的看法。议会代表权在工业城镇不断扩大,城区选举权在扩大,而乡郡投票权却在不断减少——农村选区被城市选票所淹没——这些在保守党看来都会对农业"利益"、土地贵族和国教产生持续不断的伤害。1848年至1850年农业价格的崩盘加剧了这些威胁,谷物价格在十四年间跌到了最低点。德比在1851年私下评论道,"政治的伟大斗争就是看土地和制造业谁更占优势"以及如何抵制"民主浪潮"。②为了在乡郡争取更多激进选票,科布登的全国不动产协会(National Freehold Society)积极争取为中产阶级和工人阶级购买40先令土地产权,这使危险更加突出。③

但到了1852年,经济开始从萧条中复苏。德比领导的少数派保守党在1852年放弃了作为政党政策的贸易保护主义,认为自由贸易是一种在政治上无懈可击的正统的经济行为。保守党将财政改革作为重新调整土地和制造业之间宪政平衡的一个实用的选择。作为阿伯丁联合政府的财政大臣,格莱斯顿1853年的预算法案是具有里程碑意义的,它将自由贸易确立为国家政策,抓住机会,通过更大的繁荣削减政府开支,实施一项

---

① 参见 Anna Gambles, *Protection and Politics: Conservative Economic Discourse, 1815-1852* (Woodbridge, 1999)。

② Derby to Disraeli, 11 December 1851, Hughenden MMS, B/XX/S/41.

③ 参见 Malcolm Chase, 'Out of Radicalism: The Mid-Victorian Freehold Land Movement', *English Historical Review*, 106 (1991), 319-345。

对社会各方面都更能体现公平的财政政策。最终,关于改革的如火如荼的讨论逐渐降温,整个国家对改革的狂热也逐渐消退。1853 年 1 月,迪斯雷利评论道,在人民中间"不存在真正的民主病毒"。④随后在考虑进行进一步选举改革时,1830 年至 1832 年间笼罩整个国家的那种迫在眉睫的危机意识不见了。改革存在内在的技术复杂性,即认识到必须给工人阶级更多的选举权,然而,扩大选举权也存在很多困难,既要避免让工人阶级的选票占有优势,又要将"民主"的危险沉淀下来,这造成了一个两难的局面,似乎很难找到能够两全的答案。在民众未被煽动的情况下,19 世纪 50 年代的改革成为议会中罗素和帕默斯顿之间高层政治操纵的一部分。他们两人之间的竞争破坏了议会中辉格党、自由党和激进派之间的关系,这种情况持续了十多年之久。与此同时,德比和迪斯雷利意识到保守派在改革问题上的寸步不让给保守党的对手们提供了良机。他们的目的在于在改革中保护保守党的利益,尤其是防止城市选民向乡郡选区的扩散。如果改革的复杂性分裂了辉格党、自由党和激进派,使他们很难达成共识,那么对保守党而言就提供了一个提出自己的解决方案的契机。

帕默斯顿能够获得议会支持是源于他的爱国情操以及他倡导海外自由利益和国家荣耀的强硬的外交政策。他的友好亲切、外交技巧、对媒体支持的巧妙培养、对英国自由主义政治价值观的颂扬,使英国在世界上产生道德影响力以及为其他国家树立了一个光辉的榜样,这些都被证明是非常有效的。⑤这让他在议会中获得了广泛的政治支持并且在曼彻斯特、索尔福德以及利物浦受到了民众的拥护。1855 年在克里米亚战争处理不善的阴霾下,他走马上任。《泰晤士报》宣称,帕默斯顿以其独有的绅士风度和"女人缘"的持久声望是唯一一位可以为国家事务注入一种有目的的活力的政治家。⑥这是勤奋、时尚、长寿和运气的胜利。1855 年帕默斯顿庆祝了他的 71 岁生日,就像他漠不关心的态度掩盖了他的政治严

---

④ Disraeli to Malmesbury, 16 February 1853, in M. G. Wiebe, J. B. Conacher, John Matthews, Mary Millar, et al. (eds.), *Benjamin Disraeli Letters*, 10 vols to date (Toronto, 1982-), vi. 207.

⑤ 参见 David Brown, *Palmerston: A Biography* (New Haven, 2010)。

⑥ *The Times*, 6 October 1855, 6.

肃一样,他的风采也掩盖了他的年龄。⑦然而,他充满活力的英国精神对"舆论"很有影响,这被证明是有效巩固下院的辉格党、自由党和激进派之间情感的方式。帕默斯顿在1855年至1858年和1859年至1865年间出任英国首相。⑧

改革的复兴

因帕默斯顿在国内问题上的保守态度,罗素更坚定了自由主义的立场。罗素在1846年至1852年任首相时,亲眼见证了自己的自由主义立场被命运多舛的辉格党政策所破坏。政府在处理诸如爱尔兰饥荒、银行危机、财政政策、政府开支、宪章运动和"教皇入侵"等问题上的左右为难削弱了他真诚的进步冲动。政策变动频繁和政府立法一再被修正,给人造成政府缺乏明确目标和坚定领导的印象——同1841年至1846年的皮尔政府相比,这种失败尤其突出。罗素的隐居气质、传闻中他野心勃勃的妻子和亲戚们的阴谋诡计,以及传说中他的冲动倾向,被人们抨击为"威尼斯寡头政治"的辉格派的裙带关系,都进一步损害了他的威望。1848年7月,激进派奥斯本(米德尔塞克斯议员)在下院嘲笑辉格党是"舒适的家庭聚会",并得出结论说"只能用父辈们互为亲戚来解释他们在立法上的羸弱后代"。⑨然而,罗素的自由主义资历和真挚的进步本能是毋庸置疑的。通过1848年后进行的议会改革,罗素希望能够团结议会和全国的自由党人,保证值得尊敬的工人阶级(在宪章运动失败后)的愿望得以实现,并且防止土地和制造业间的"利益"冲突。罗素既采用了帕默斯顿

---

⑦ 以冷漠的社会态度掩盖政治的严肃性和真诚的承诺也是德比作为保守党领袖的特点。努力和劳动虽然真实,但被认为是不恰当的表现。就像作为律师的威廉·约翰斯顿(William Johnston)于1851年写下的"冷漠之光——一种轻蔑的粗心大意"是贵族的"日常生活习惯或矫揉造作","几乎所有的人都想要保持上流社会的做派"[William Johnston, *England As It Is, Political, Social and Industrial*, 2 vols(1851), i. 122, 126]。这种绅士态度掩盖的是一种放松和自我控制的方式,正是对这种方式的青睐才使得人们对格莱斯顿在议会中表现出的脾气暴躁和缺乏自我控制进行批评,格莱斯顿的做派招致下院两党的私下谴责。

⑧ 参见 Antony Taylor, 'Palmerston and Radicalism, 1847–1865', *Journal of British Studies*, 33/2 (1994), 157–179。也参见 E. D. Steele, *Palmerston and Liberalism, 1855–1865* (Cambridge, 1991), 24–25, 66–69。

⑨ Osborne, 6 July 1848, *Hansard*, 3rd ser., c. 166.

有关英国作为国际的自由和人道主义价值观拥护者的观点,也扛起了国内改革的进步大旗,让自由的福克斯式火焰继续燃烧。经他努力而振兴的自由党人的正直品格恰好暴露了帕默斯顿爱国主义言论的软肋。

在1851年、1854年和1860年,罗素起草了《议会改革法》。⑩虽然罗素将对男性普选权的诉求视为"所有自由温和派的坟墓,暴政与肆意妄为之根源",但他提议将投票权赋予那些有责任心的工人。⑪罗素提议将选举权给予那些有资格的工人。他提议将城区选举权的门槛费降为6英镑,乡郡的选举权赋予所有缴纳了10英镑的居住者;1854年,还向某些股息年收入超过10英镑的人、直接纳税额超过40先令的人、有3年以上定期存款的人以及有大学学历的人赋予"奖励选举权"。他还拒绝了激进派提出的大范围重新分配席位的要求。为了消除人们对选举混乱、工人阶级数量大幅增长和工会大量出现的担忧,罗素打算加强有责任的工人们与国家历史机制之间的联系。然而,在他1852年辞去首相之位后,1854年英国主要关注的是在克里米亚地区的战争,人们对1860年的立法议案也漠不关心,这些都一步步地碾碎了他的希望。每一次失败对罗素本人都是一场沉重的打击。1854年当议会撤回他的改革议案的时候,在下院议员们尴尬的沉默中,他痛哭流涕。⑫然而到19世纪50年代末,议会逐渐达成了一个广泛的共识,即必须要解决议会改革这个棘手的问题,无论对1832年议会改革进行何种修正,都需要将选举权扩大到一定数量的负责任的工人阶级。

罗素所倡导的进一步进行议会改革的提议使得帕默斯顿作为继任首相不得不在1857年议会休会期间起草了一个改革议案,在德比担任首相期间保守党人于1859年提出了改革议案。帕默斯顿的改革草案显然是温和的,城区选举权门槛费维持不变,乡郡选举权门槛费减为20英镑,"奖励选举权"对象扩大到军队和海军军官、律师、牧师、医生以及有同等地位的其他职业者。他认为这样的措施能够满足所有理性的和反对激进

---

⑩ 参见 Robert Saunders, *Democracy and the Vote in British Politics, 1848-1867* (Farnham, 2011), 49-54, 80-87, 117-127。

⑪ Lord John Russell, *An Essay on the History of the English Government and Constitution* (1821), 352.

⑫ Stanley journal, 11 April 1854, in John Vincent (ed.), *Disraeli, Derby and the Conservative Party: Political Journal of Lord Stanley, 1848-69* (Hassocks, 1978), 124.

改革的人的期待。⑬但是直到帕默斯顿 1858 年 2 月辞去首相之职时，该计划也从未经过下院的讨论。1859 年保守党的改革议案将城区和乡郡的选举权门槛都统一为 10 英镑，"奖励选举权"的范围与罗素 1854 年提出的类似，并进行有限的再分配。保守党认为 1832 年的《改革法》是有利于辉格党和自由党"利益"的党派协议。他们的计划是通过引入自由党和激进派在 1858 年都支持的城区和乡郡选举权平等化机制，弥补已感知到的不平等问题，尤其是城市选票对乡郡的入侵。⑭但由于受到罗素反对动议的影响，下院于 1859 年 4 月否决了保守党的议案——布赖特嘲笑保守党的"奖励选举权"是"花样选举权"。⑮这些修改选举制度尝试的失败使得改革无疾而终。

在 1858 年 10 月至 1859 年 1 月间，布赖特分别在伯明翰、曼彻斯特、格拉斯哥和布拉德福德进行演讲，阐述他对改革的期许。他号召设立城区 10 英镑济贫税选举权和乡郡 10 英镑租金选举权，并通过无记名投票和广泛的席位再分配保护这种选举权。他演讲的主题是英国政治中土地权力的持续影响压制了大众自由。他指责贵族院是世袭立法者的大会，这与自由宪政格格不入。他将下院描绘成维护伟大的国家领土利益的机构。他指出，对一个人民的自由被土地权力所窒息的政治制度来说，议会改革是一剂必需的良药。他攻击贵族院和实施长子继承大量不动产的长子继承法，他的攻击激起了人们对阶级斗争的恐惧。⑯布赖特说的话肯定了一种普遍的感觉，即更温和的改革更符合国家的愿望。保守党、辉格党和温和派的自由党人都将他的话视为一种警示人们颠覆性危险的方便信号，提醒负责任的政治家必须抵制这种颠覆性的危险。

在 19 世纪 60 年代，人们进一步倡导将选举权授予"体面可敬的"男性。宪章运动的消亡，工人阶级在 1869 年至 1860 年间在面对法国入侵

---

⑬ Angus Hawkins, *Parliament, Party and the Art of Politics in Britain, 1855-59* (1987), 83-84.

⑭ 参见 Robert Saunders, *Democracy and the Vote in British Politics, 1848-1867* (Farnham, 2011), 107-118, and Angus Hawkins, *Parliament, Party and the Art of Politics in Britain, 1855-59* (1987), 177-198。

⑮ Bright, 24 March 1859, *Hansard*, 3rd ser., cliii. 773-792.

⑯ 参见 Angus Hawkins, *Parliament, Party and the Art of Politics in Britain, 1855-59* (1987), 160-162 和 Robert Saunders, *Democracy and the Vote in British Politics, 1848-1867* (Farnham, 2011), 108-109。

的恐慌时加入志愿军所表现出来的爱国主义（把武器交到下层阶级手中），在美国内战期间工人阶级对美国统一事业的支持（虽然受到棉花短缺的威胁），这些都被看作是他们道德成熟的表现。工人阶级内部不再充斥着政治煽动，不断增加的工人俱乐部和借阅图书馆是他们自我提升的精神的体现。是否具备选举资格的衡量标准从原来的财产状况转向道德品性，体现了人们对进入这个"政治国家"的行为要求。辉格党过去有关"利益"代表的言论也被对个人选民道德资格的关注所取代。例如，议员洛韦等功利主义自由党人在言论中继续采用"利益的平衡"的表述，而其他自由党人则将选票看作是一种道德授权。在1864年5月的一次著名的下院发言中，格莱斯顿认为符合选民资格的人应该具备"自我命令、自我控制、遵守秩序、忍辱负重、信赖法律、尊重上级"的品质。⑰格莱斯顿的话引发了一场暗示着激进扩大选举权的风暴，同时也体现了在选举权资格认识上的巨大变化。政治才干应该由个人品德而不是由个人财产所决定。决定是否具备选举资格的条件应该看一个人是否正直、自立、自律、勤勉、守法和能否履行财务责任。教育的进步、爱国主义情感的加强，以及公民中良好习惯的形成，为选举权的扩大提供了充足的理由。以荣誉和无私为核心的传统美德也与劳动、自律、活力和毅力的价值观结合起来。这些价值观的道德维度在不断增加的将"良知"作为个人和集体美德的属性中得到体现。"政治民族"由原来的负责任的财产所有者的共同体被重塑为道德"可敬"（作为"品格"属性）的共同体。⑱

道德品质成了政治才干的划分线，要成为一位绅士不仅要拥有个人财产，还要具备个人道德品质。⑲广受欢迎的小说，例如夏洛特·扬格（Charlotte M. Yonge）的《雷德克里夫的继承人》（*The Heir of Redcliffe*, 1853）和托马斯·休斯的《汤姆·布朗的求学时光》（*Tom Brown's Schooldays*, 1857），以及查尔斯·狄更斯、安东尼·特罗洛普的小说，还有金斯利的布道和作品，都把勇气、自立等道德品质视为绅士行为的体现。到了

---

⑰ Gladstone, 11 May 1864, *Hansard*, 3rd ser., clxxvi. 313. 也参见 Robert Saunders, *Democracy and the Vote in British Politics, 1848–1867* (Farnham, 2011), 183–184。

⑱ 有关"品性"概念的日益重要性，参见 Stefan Collini, *Public Moralists: Political Thought and Intellectual Life in Britain, 1850–1930* (Oxford, 1993), 91–118。

⑲ 参见 Stefan Collini, 'The Idea of "Character" in Victorian Political Thought', *Transactions of the Royal Historical Society*, 5th ser., 35 (1985), 29–50。

19 世纪 50 年代,人们认为"男子气概"体现在对待他人时表现出的自控、友善和无私。[20]就像是托马斯·哈代(Thomas Hardy)的小说《一双蓝色的眼睛》(A Pair of Blue Eyes)中的斯旺科特(Swancourt)夫人势利地说道:"现在不要再提'绅士'(gentleman)一词啦……这个词已经被低等的中产阶级所使用,在商人们的舞会和地方的茶会上倒是经常能听到这个词。"[21]高尚的"男子气概"源于道德品格,而不是出身。特罗洛普在《美国参议员》(The American Senator)一书中意识到了这一概念的严重性别偏见。上层阶级的男人可以"将他的妻子带进他所在的阶层,然而妻子只能接受她丈夫所在的阶层"。[22]这种男性的"体面可敬"和男子汉行为的概念模糊了原有的财产决定社会地位的概念,而且还重新定义了人们对个人政治责任的认识。塞缪尔·斯迈尔斯(Samuel Smiles)的一本畅销书《自助》(Self-Help, 1859)中讲的就是如何通过个人努力来提升自我,最后一章的标题就是"品格:真正的绅士"。人类存在的目的是为了提升个人品格,而不是为了追求个人财富,否则年轻时能够节俭,但到老了就会变得贪婪。在 1866 年新版的前言中,斯迈尔斯表示他后悔采用这个标题,误导了读者认为这是对自私的不道德的谬赞。

1858 年至 1859 年间,在布赖特就改革进行的多次户外激进演讲中,他谈到的主题之一就是诚实劳动者的道德问题。在 1863 年至 1865 年间,他颂赞"人民"是真正的政治道德源泉。正是"人民"体现了人类的历史力量,只有"人民"才能推翻腐败的"贵族"特权和寡头政治令人窒息的傲慢。1864 年,在他的帮助下,以曼彻斯特为基础的全国改革联盟(National Reform Union)成立,主要以中产阶级为成员,目的在于呼吁房产持有人选举权。该联盟最初是与手工业者的全国改革同盟合作,其中的一些成员呼吁男性选举权。布赖特称赞美国内战中的联邦事业鼓舞了全世界各国人民为自由而战斗。1864 年 4 月,当意大利的民族英雄和革

---

[20] 参见 Boyd Hilton,'Manliness, Masculinity and the Mid-Victorian Temperament', in Lawrence Goldman (ed.), The Blind Victorian: Henry Fawcett and British Liberalism (Cambridge, 1989), 60-70。也可以参见 John Tosh, A Man's Place: Masculinity and the Middle Class Home in Victorian England (1999) 和 John Tosh,'Gentlemanly Politeness and Manly Simplicity in Victorian England', Transactions of the Royal Historical Society, 6th ser., 12 (2003), 455-472。

[21] Thomas Hardy, A Pair of Blue Eyes (1877), 134.

[22] Anthony Trollope, The American Senator (1931), 202.

命家朱塞佩·加里波第(Giuseppe Garibaldi)到访伦敦的时候,受到了激进派代表团的夹道欢迎。从1865年1月开始,布赖特分别在伯明翰、利兹、格拉斯哥以及其他地方进行了激情洋溢的演讲,呼吁改革。他宣称,正是这些"体面可敬的"和"有责任感的"工人的努力实现了代表物质文明进步的诸如城市、工业和铁路的发展。更重要的是,道德"自我进步"的成就证明了这些勤奋、诚实的工人才是公共美德的真正守护者。这也是他对政治权利的主张。19世纪60年代早期,格莱斯顿作为"人民的威廉"出现在公众面前,他公开称赞勤勉的劳动人民的正直和美德,这与布赖特的说法不谋而合。1862年10月,格莱斯顿考察了泰恩赛德(Tyne-side),发现自己成了人民的偶像。1864年,他访问了博尔顿、利物浦和曼彻斯特,并且宣称在棉花短缺期间兰开夏郡的工人们所表现出来的坚忍精神以及他们在美国内战期间对北方的坚定不移的支持让他十分感动。作为财政大臣,他接待了工会和手工业者代表团,他们给他留下了深刻印象。会面时,格莱斯顿当面直接称赞手工业者,使他们能够强烈感受到自身所具有的道德价值,双方的相互恭维令人愉快。他总是称呼他的听众为"先生们"——言语中立刻提升了听众的社会地位并且有了性别的区分。由于格莱斯顿给予了他的听众以尊重,所以他们也向他表达了他们的愿望。㉓这种语言的宗教暗示调动了新选区中大众的支持,肯定了政治权利的道德观念。

因此,19世纪60年代中期在议会中有关扩大选举权的争论的焦点是如何界定"体面可敬的"劳动阶级,将他们同布赖特所谓的"社会渣滓"(the *residuum*)即贫困潦倒、不能自食其力的失地劳工和流动贫民区分开来。㉔虽然激进派和保守党在19世纪50年代间一直在争论席位的分配问题是改革能够取得成功的关键,但人们对席位的分配问题还是不太关心。1848年以后,科布登和布赖特认为在扩大选举权的过程中"重新分配席位问题是个困难问题,也是一个危险问题"。㉕因此,科布登于1848

㉓ 格莱斯顿将受欢迎的演讲描述为是"演讲者把来自听众的思想刻入听众的头脑。这种影响是演讲者从听众中感知而来(可以这么说),随后他又用更强烈的方式回馈给他们"[John Morley, *The Life of William Gladstone*, 3 vols (1903), i. 191]。

㉔ 参见 Bright, 19 March 1860, *Hansard*, 3rd ser., clvii. 905。"社会渣滓"(residuum)一词还有反爱尔兰的蕴意,因为从19世纪40年代起就有大量的贫困的爱尔兰移民来到英国。

㉕ Bright to Cobden, 16 April 1857, Cobden MSS, 43384, fo. 93。

年成立了全国不动产协会以便在乡郡选区增加城市不动产选民。1857年,布赖特评论道,如果不进行席位的重新分配,那么"很容易在选民数量加倍的同时也在议会增加了贵族的势力"。㉖他宣称,重新分配席位是改革的核心问题。他坚信,要确保席位"诚实"地重新分配必须要进行无记名投票。保守党对此问题的意见是要将城市不动产选民从乡郡选民中排除出去。如果只是增加选民数量,而不解决城市选票大幅扩展到乡郡的问题,那么只会使现有制度中不平等的问题更加严重。保守党失败的1859年改革议案清楚地表明要将城市不动产选民从乡郡选区中排除出去。与此相对的是,在19世纪50年代,激进派和保守党都认为对未来改革而言更重要的是席位的重新分配,而不是选民的数量。但是到了1863年,布赖特认为的优先事项发生了改变。他不再认为重新分配席位是真正改革的必要先决条件。他宣布说,更好的方法是延迟重新分配席位,因为这需要在一个更广泛的选民范围内进行。选举权的扩大要先于无记名投票和重新分配席位。格莱斯顿讨好大众的方法之一也是强调随着工人阶级道德水平的提高,需要扩大选举权的范围。1866—1867年间有关改革的讨论也越来越集中到关于选票的道德资格问题上,赋予"体面可敬"者选举权是对个人美德和社会和谐的鼓舞,而有关重新分配席位的问题则被边缘化了。早前关于"公共美德"的概念也让位于"性格的独立"的观点。

  1865年5月召开了一场大型的以工人阶级为主的改革联盟会议,会议主席埃德蒙·比尔斯(Edmond Beales)宣称"男性普选权"作为"道德权利",与宪政的"精神"是一致的。比尔斯引用了《大宪章》和1297年、1306年和1429年的议会法令,他宣称"男性普选权"在中世纪宪政中就已明确下来,只是在1832年《改革法》中被取消了。不让工人阶级的纳税者参与投票实际上违背了历史公正。工人阶级的勤劳、智慧和技术"给整个国家提供了力量,是国家的支柱"。工人阶级在"近几年培养了审慎和节制的习惯,并且在社会和基督徒的生活以及美德方面"都取得了"了不起的进步"。他坚信,"男性普选权"的实现能够通过统一的道德利益将社会各个阶层紧密团结在一起,使国家成为一个和谐的整体。而反对扩大选举权的人们则指出扩大选举权会导致大量破坏法律和秩序以及反对

㉖ H. J. Leech (ed.), *The Public Letters of the Rt. Hon. John Bright* (1885), 76.

财产和资本权利的人在选民中占压倒性多数。但是比尔斯则认为工人阶级本身是非常关注法律和秩序的保护、资本和财产权利的保护以及国家权力的保护,因为他们是一群才华横溢、认真真诚、拥有不变的基督信仰的人们。[27]让这些人拥有选举权不但能够改善政府和消除社会分化,还可以鼓舞和加强更大范围选民的道德责任感。不信仰宗教的激进主义者霍利约克指出,选举权能够给予这些工人阶级"自尊"。[28]

关于改革的辩论:1866—1867

1865年10月帕默斯顿去世以后,在下院领袖格莱斯顿的支持下,自由党人罗素当选新一任首相,他上台后立即准备了一份改革议案。[29]随着约翰·穆勒、亨利·福西特(Henry Fawcett)和特里维廉等改革派的政治家在1865年的大选中成为下院议员,议会改革的愿望更加强烈。《帕尔摩街公报》(Pall Mall Gazette)指出,"沙龙政治"已经让步于"信条政治",这种政治更听从于"良心",在气质上更为"焦虑"。[30]受到激进派例如布赖特等人的威胁,外加感受到了温和派自由党议员对扩大男性选举权的不安,格莱斯顿于1866年3月异常小心翼翼地提出了一项改革议案,希望既安抚温和派,又令激进派满意。但这种妥协的性质让激进派和温和派都感到失望。该议案仅就选举权提出了城区7英镑租金和乡郡14英镑居住标准的选举资格。在演讲中,格莱斯顿指出,这样做既可以维持现状,又不会导致对选举制度的革命性变革。议案还包含两个"奖励选举权",即最早由罗素在他以失败告终的1854年议案中提出的给在城区缴纳了10英镑以上的房客和在乡郡有50英镑以上存款的人赋予选举权。[31]由于缺乏精确的统计数据,预计这种方案大约可以增加40万男性选民,其中一半是专业人才,一半是工人阶级。每四个人中有一个人(而

---

[27] Edmond Beales, *The Speech of Edmond Beales at St. Martin's Hall*, 13 May 1865 (1865).
[28] George Holyoake, *The Liberal Situation*: *The Necessity for a Qualified Franchise* (1865), 5.
[29] 有关1866—1867年的改革,以下这些书都是非常有价值的参考资料:Maurice Cowling 1867: *Disraeli, Gladstone and Revolution*: *The Passing of the Second Reform Bill* (Cambridge, 1967); F. B. Smith, *The Making of the Second Reform Bill* (Cambridge, 1966); Robert Saunders 的 *Democracy and the Vote in British Politics, 1848-1867* (Farnham, 2011)。
[30] *Pall Mall Gazette*, 19 October 1865.
[31] Gladstone, 12 March 1866, *Hansard*, 3rd ser., clxxxii. 19-60.

第七章 "奋力一搏"：1867年《改革法》

不是过去的五个人中有一个）会拥有选举权。议案中没有提议对席位进行重新分配。

人们对议案的态度从开始的冷漠很快转变为公开的抗议。保守党反对1866年改革议案，因为该议案提议降低乡郡的选举权门槛，条件是投票人需要有租住的或是属于自己的住房，但是条件中并没有包含农业用地而仅仅是有利于城市财产。该议案既不能将大乡镇从乡郡选区中分离出来，也不能对选区进行重新划分，这样已经侵入周围郡的城市郊区很可能被纳入城区中。他们认为这项议案的设计不利于土地持有者的利益。更有甚者，这些意料中的保守党的批评在来自议会政府方的毁灭性的谩骂声中得到进一步的加强。自由党人洛韦（基德明斯特议员）强烈谴责改革议案是"感情用事的、形而上学的……以及抽象的"，他宣称"所有关于扩大选举权的讨论都应该是用归纳的方法……并出于纯粹实用的考量"。[32]改革必须保证"利益的平衡"以及宪政的实际运作，避免工人阶级选票占压倒性多数，且不能屈从于道德情感。洛韦发起了大规模攻击反对任何走向"民主"的改革，他认为"民主"会让工人阶级的选票数压倒知识分子和财产所有者的选票数。洛韦宣称，古希腊和古罗马以及仍然保留大众选民制度的澳大利亚、法国、美国的历史表明，大众并不能做出理性、有依据以及不自私的判断。只有受过教育的富人才是最适合做出有利于整个社会利益的决策的人。扩大选举权只会将权力赋予那些"冲动的、浅薄的和暴力的人"，从而增加投票中的唯利是图和恐吓行为。总而言之，工人阶级是不适合参与投票的。这暴露了自由党人在关于改革的目的和他们的说辞上的严重分歧。[33]布赖特警告说，越是不给工人阶级赋予选举权，工人阶级对选举权的呼吁就会越强烈。格莱斯顿补充道，"人的思维和灵魂"并不是由"先令和便士"来衡量的。[34]

1866年4月12日，辉格党的格罗夫纳勋爵与在野的保守党协商后提出了上述改革议案的一个修正案，该修正案认为在不考虑重新分配席位

---

[32] Robert Lowe, *Speeches and Letters on Reform: With a Preface* (1867), 3.

[33] 有关自由党对改革的不同看法，参见 Kirsten Zimmerman, 'Liberal Speech, Palmerstonian Delay and the Passage of the Second Reform Act', *English Historical Review*, 118 (2003), 1176-1207.

[34] Gladstone, 15 March 1866, *Hansard*, 3rd ser. clxxxii. 324.

的基础上讨论降低选举的门槛是不明智的。㉟格罗夫纳和洛韦,以及其他温和派自由党人,例如邓克林勋爵、霍斯曼(Edward Horsman)和埃尔科(Elcho)勋爵,在自由党内成立了一个小团体,这个团体被布赖特称为自由党内的持不同政见者。该团体认为,选举权应该代表的是阶级而不是个人,这样才能通过一种持续性的设置使得社会各阶层处于一种平衡的状态。虽然该修正案以微弱的 5 票之差没能通过,但使得罗素的内阁政府被迫匆匆出台了重新分配席位的议案。该议案重新分配了 49 个席位,对人口不足 9 000 人的市镇进行了合并,同时还将不足 8 000 人的选区的 2 个席位减为 1 个席位。英格兰乡郡获得了 26 个席位,英格兰市镇获得了 15 个席位,伦敦大学获得 1 个席位,苏格兰获得 7 个席位。然而,反对的修正案持续影响政府的立法,最终以邓克林勋爵的议案被通过而告终,该议案提议市镇的选举权不依据租金的高低而是要依据税率来分配。6 月 18 日,邓克林的议案以 40 票之多击败了政府议案。据保守党在下院的党鞭爱德华·泰勒计算,自由党内有 42 人投了政府的反对票。㊱对格莱斯顿的不信任、改革产生的分歧、对议会解散的恐惧使得政府在下院的多数党分崩离析。自由党对如何既能避免工人阶级选票占压倒性多数又能扩大工人阶级选举范围的意见不一。他们形容这种进退两难的局面的说辞也不一致。洛韦认为这是一个关于理性务实的问题。而格莱斯顿则认为这是一个关于道德权利的问题。6 月底,罗素内阁宣告解散,德比成立了保守党政府。

　　自由党改革议案的失败促使激进派多次组织大众抗议活动。6 月 29 日,有 1 万人聚集在特拉法加广场进行抗议,接着向帕尔摩街和卡尔顿联排房方向游行。7 月 23 日,在海德公园举行了一场由比尔斯为首的改革联盟举办的改革集会,最终以 2 万余名抗议者(其中大部分是手工业者)中的部分人与警察之间的冲突打斗结束。在随后的打斗中,有 200 余人受伤,公园围栏被推倒,1 名警察后来因伤势过重而死亡。政府不得不出动皇家骑兵团来维持秩序。与 1831 年至 1832 年的改革骚乱、1855 年的

㉟ Angus Hawkins, *the Forgotten Prime Minster: The 14th Earl of Derby: Achievement, 1851-1869* (Oxford, 2008), 305–306.

㊱ W. F. Monypenny and G. E. Buckle, *The Life of Benjamin Disraeli, Earl of Beaconsfield*, 6 vols (1910–1920), iv. 439.

礼拜日贸易暴动、1866年在伯明翰和曼彻斯特发生的宗教教派墨菲暴乱相比,海德公园动乱的程度相对较轻。㊲与此同时,激进派和自由党议员们也明确地将自己和这些动乱活动撇清关系。就像1830—1832年间一样,辉格党和自由党的贵族们也不愿意自己与激进的骚乱行为扯上任何关系。但阿诺德却独树一帜地指出这些事件正是涌动在脆弱的文明秩序表面下的社会无政府状态的迹象。这些事件也扰乱了保守党内政大臣斯宾塞·沃波尔(Spencer Walpole)脆弱的神经,他几天后接待了一个改革联盟的代表团,该代表团威胁说要于6月30日在海德公园再次举行一次大众集会。然而,沃波尔的内阁同事们,尤其是德比,则反对过分重视海德公园事件,认为这不过是一场无目的的恶作剧,而非恶意的革命行为。㊳布赖特发起了室外抗议活动,8月27日,有超过15万人在伯明翰聚集,随后这样的聚集活动又蔓延到了曼彻斯特和格拉斯哥。保守党内阁坚信,这种反动形式的激进煽动只会使那些有责任感的人转而支持持久温和的改革方案。㊴显然,对于保守党大臣们而言,绝不可能因为民粹主义的威胁使他们考虑一个更加广泛的改革方案。他们坚信,激进的抗议活动只会使大部分有责任感的政治观点更倾向于较为温和的解决方案。德比在9月对迪斯雷利说道,"布赖特的语言暴力"只会使得下院更加倾向于"更为温和的保守党的解决方案"。㊵

借助这种被证明是转瞬即逝的激情,下院的保守党领袖迪斯雷利于7月29日向德比建议,政府应该马上出台一个改革议案,规定城区6英镑额度的选举权标准和乡郡20英镑额度的选举权标准,以及在英格兰北部设立一些新的市镇选区。这样就能够在议会休会期的激进风潮中占有先机,先发制人地破坏格莱斯顿的计划,并且预先阻止顽固的保守党的反对。但德比反对冲动的改革。㊶随着迪斯雷利改革热情的降温,在休会期

㊲ Robert Saunders, *Democracy and the Vote in British Politics, 1848-1867* (Farnham, 2011), 226-227.

㊳ Angus Hawkins, *the Forgotten Prime Minster: The 14th Earl of Derby: Achievement, 1851-1869* (Oxford, 2008), 314-315.

㊴ Stanley journal, 1 November 1866, in John Vincent (ed.), *Disraeli, Derby and the Conservative Party: Political Journals of Lord Stanley, 1848-69* (Hassocks, 1978), 269.

㊵ Derby to Disraeli, 27 September 1866, Hughenden MSS, B/XX/S/366.

㊶ Angus Hawkins, *the Forgotten Prime Minster: The 14th Earl of Derby: Achievement, 1851-1869* (Oxford, 2008), 315-316.

间,德比为下一阶段保守党的改革议案做积极的准备。1866年9月,德比通知迪斯雷利说他相信在这个国家人们真诚地要求温和的改革措施。首相提议通过决议案的形式来推进改革,将下院通过的决议案递交皇家委员会审核,审核通过的决议案可以成为起草议案的基础。尽管迪斯雷利希望推迟考虑改革事宜,但是德比与女王在巴尔莫拉城堡会谈后坚持要讨论推进改革的事宜。德比宣称,解决改革问题"能够使我们都处于有利的位置"。[42] 同年10月9日,他列出了改革措施的清单:乡郡和城区都需要降低选举资格的门槛;选举资格要根据可衡量的财产价值来决定;不能剥夺任何一个市镇的选举权,但是有50个小市镇的议员数量要从2名减少为1名;在评估选区的重要性时选民数量占整个人口的比例是重要的参考值;人口众多的乡郡和大城镇要相应增加席位;将小的市镇选区范围扩大到邻近的还没有代表的乡镇。议会通过这些决议以后,再由一个专门委员会收集最新的统计数据并起草改革议案。

同年11月上旬德比将他的方案提交给内阁。他观察到,通过将一定的代表权赋予劳动阶级可以防止任何一个阶级或利益集团拥有占支配地位的权力。此外,投票者应该可以选择用无记名选票的方式进行投票,在大的选区应该增加投票点的数量。德比强调他的这些改革方案的主要目的不是进行某种具体的承诺。对城区和乡郡选举资格门槛的降低幅度也无具体的说明。这些都是刻意为之的。[43] 德比期望通过随后的议会辩论来确认下院的大多数人能够接受多大程度的增加选举权的范围。因此,他预计这样做既可以保证内阁的统一,又可以迫使自由党反对派亮出底牌。11月底,议会通过了他的决议,德比希望作为辉格党安全伙伴的格雷勋爵能够担任委员会主席,委托他考虑有关选举权扩大的具体事宜。这样的过程更加能够鼓励议会共识,避免在下院讨论中对最终由委员会决定的议案细节产生分歧,这与布赖特的激进煽动行为产生了鲜明的对比。德比将12月在伦敦举行的一次改革示威活动定义为以"惨败"告终。[44]

在保守党改革议案的程序设计方面,德比的决议并没有明确指出在

---

[42] Derby to Disraeli, 27 September 1866, Hughenden MSS, B/XX/S/367.

[43] Angus Hawkins, *the Forgotten Prime Minister*: *The 14th Earl of Derby*: *Achievement*, *1851-1869* (Oxford, 2008), 321–322.

[44] Derby to Disraeli, 3 December 1866, Hughenden MSS, B/XX/S/379.

多大程度上具体扩大选举权范围。然而,如何明确划分在男性人口中哪些是"体面可敬的"选民呢?在走向"民主"的进程中,到哪里去找一条清晰的、可辩护的以及持久的分界线来区分合适的选民范围呢?在12月,德比决定在所有的可能性中,最好的着手点是将在城区房产持有人选举权(household suffrage,基于当地的税收和税率)和复数投票制关联起来。基于纳税额度的房产持有人选举权可以划分出哪些人是作为房屋的主人对整个社会尽到了勤勉责任的"体面可敬的"劳动人民。㊺这样做在允许更广泛的选举权上提供了更加清晰和可辩护的原则——人们不用再去讨论5英镑、6英镑和7英镑财产之间的区别,因为这种区分即使不是武断的,也是经不起推敲的。与此同时,依据财产资格赋予其他城区选民额外选票,也可以对拥有房产持有人选举权的选票数的增加进行抵消。给予年收入价值10英镑以上城区选民最多2张选票,年收入价值20英镑的最多3张选票,最少也能像房产持有人选民一样有1张选票保底。激进派人士休谟也提倡这种城区房产持有人选举权,并于1858年被布赖特采用。在德比看来,这种伴有复数选票制的房产持有人选举权并不是降低选举门槛的逻辑终点,而是预示了最终发展的方向。此外,委员会应调查在城区10英镑房屋承租人选举权的效果以确定这样做能够产生哪种阶层的投票者,还应调查可能的存款额度选举权,还要防止贿选事件和考虑纸质选票的事情。这样做能够给委员会提供大量的信息简报,也有机会感知下院的脉搏。㊻而且还可以在议会做出不可更改的结论之前将一些存疑点讨论清楚,避免政府受到任何不受欢迎的议案的束缚。

通过与迪斯雷利协商,德比于12月27日修改了他的改革决议,并且评论说委员会的工作已经做得非常充分,不存在任何可抱怨的余地。如果不实行房产持有人选举权复数票制,工人阶级的选票也可能使他们在议会中占多数,这是连格莱斯顿也非常反对的,但是保守党统计学者巴克斯特(R. Dudley Baxter)随后证实,事实上城区房产持有人选票的增加并没有他们担心的那么多。㊼1867年1月12日,女王批准了在复数票制保障下的城区房产持有人选举权的提议。关于他觐见女王的情况,德比向

㊺ Angus Hawkins, *the Forgotten Prime Minster: The 14th Earl of Derby: Achievement, 1851-1869* (Oxford, 2008), 324–325.

㊻ Derby to Disraeli, 27 December 1866, Hughenden MSS, B/XX/S/381.

㊼ Derby to Disraeli, 2 February 1867, Hughenden MSS, B/XX/S/405.

迪斯雷利报告说："我们不仅处于优势地位，而且可以把此次觐见视为获得支持；我们在选择的时候可以让他们介入。"㊽德比希望温和保守党议员和自由党议员能够联合起来，使那些极端的激进派处于孤立状态。此
256 外，德比还与《泰晤士报》主编约翰·德莱恩(John Delane)进行了交流，德莱恩似乎非常愿意"尽他自己所能去帮助我们渡过难关。他非常认真地听取了关于我们项目的整个报告并且神谕般地说'我觉得这样可行'"。㊾1月末，《泰晤士报》刊登了一系列社论呼吁持久、温和地解决改革问题。

因此，在临近1867年议会会期的时候，关于城区选举权问题，德比希望通过流程和原则将温和派议员们联合起来支持一个更加持久的改革方案，从而避免他的内阁发生分歧。但在2月5日的议会会议上，他精心准备的改革策略很快就开始瓦解。反对党施压要马上出台改革议案。德比担心在提交议会之前把方案先提交给委员会讨论会让人觉得他们在敷衍此事，并且以此作为不提交议案的借口。反对党要求的立刻出台立法使得他们没有机会通过更长时间考虑后再产生一个更广泛的共识。考虑到议会的情绪，德比认为最好还是推迟公开委员会的讨论过程。㊿此外，迪斯雷利在2月11日对下院议会描述了内阁的改革方案，强调改革需要双方让步和公正无私的合作。该演讲也激起了格莱斯顿的攻击，指责内阁的目标不够明确清晰。很显然，自由党和激进派并不是很容易就能被离间的。2月12日，在卡尔顿联排房格莱斯顿邸宅的一次自由党领导层的会议上，罗素敦促将保守党赶下台。格莱斯顿则表示要给保守党政府一个机会，如果政府部长们拒绝说明详细的改革方案，再赶他们下台也不迟。(51)

下院明确表明了反对德比的程序化策略后，德比内阁的团结就逐步瓦解了。2月初，战争大臣乔纳森·皮尔(Jonathan Peel)将军反对在改革决议中明确规定城区房产持有人选举权的细节，建议采用在扩大城区选

㊽ Derby to Disraeli, n.d., Hughenden MSS, B/XX/S/468.

㊾ Derby to Disraeli, [February 1867?], Hughenden MSS, B/XX/S/414.

㊿ Angus Hawkins, *the Forgotten Prime Minster: The 14th Earl of Derby: Achievement, 1851–1869* (Oxford, 2008), 330–331.

(51) Gladstone diary, 12 February 1867, in M. R. D. Foot and H. C. G. Matthew (eds.), *The Gladstone Diaries* (Oxford, 1968–1994), vi. 499.

举权范围的规定上进行模糊的表述，否则他就提出辞职。反对党不愿意先讨论总的改革决议，而是施压尽快出台改革议案，这进一步导致了内阁的不合。(52)在是否出台改革细节上暴露了大臣之间的分歧。成立委员会的想法很快就被否决了。关于房产持有人选举权的讨论也在大臣间产生了争论。为了保证内阁的统一，迪斯雷利匆匆提出了一个替代城区房产持有人选举权的议案，例如设立5英镑税率选举权等，但是他的内阁大臣们还是不同意。面对不断加剧的内阁争论的混乱局面，德比还是坚持回 257
到他最早的提议，即城区缴纳一定税费的房产持有人选举权和复数票制的结合。德比在2月19日的内阁会议上坚定地指出，这样做能够检验格莱斯顿是否能像他对大众公开承诺的那样愿意支持接下来的改革方案。该议案与1866年以失败告终并且导致罗素下台的自由党改革议案在原则上截然不同。它大幅扩大了选民范围，不过也预示了改革的终点。(53)德比的提议得到了采纳，但同时也规定复数票制最多不能超过2票。有报道称自由党在改革的问题上产生了越来越多的分歧和混乱，这让德比很受鼓舞，他希望在这种流程的基础上进行的改革能够让温和的自由党有机会与政府合作以形成一个更加持久的解决方案。

迪斯雷利向下院承诺，政府会在2月25日向议会提出针对英格兰和威尔士的改革议案的草案。但是就在当天中午12点30分的一场唇枪舌剑的内阁会议上大臣之间爆发了严重的分歧。克兰伯恩（Cranborne）勋爵（原来的塞西尔勋爵）、卡那封（Carnarvon）勋爵和皮尔（Jonathan Peel）宣称，他们不能接受房产持有人选举权，因为这会导致市镇发生颠覆性变革。他们坚称，复数票制并不能有效抵消在小型和中等市镇所产生的新增选民的数量。一向嘴巴很紧的德比也对整个事件的转折表示非常失望。由于德比马上要去唐宁街向保守党议员们发表演讲以呼吁政党的统一，随后迪斯雷利要在下院宣布改革的方案，就在这场内阁会议必须结束前的十分钟匆匆达成了一个折中方案：设立城区6英镑的纳税额度选举权且不能进行双重投票，乡郡选举权则是20英镑额度。虽然大部分大臣，包括德比自己，都不喜欢这样仓促的妥协。但这是唯一能够让内阁达

(52) Angus Hawkins, *the Forgotten Prime Minster: The 14th Earl of Derby: Achievement, 1851-1869* (Oxford, 2008), 333-335.

(53) Stanley journal, 1 November 1866, in John Vincent (ed.), *Disraeli, Derby and the Conservative Party: Political Journals of Lord Stanley, 1848-69* (Hassocks, 1978), 290.

成一致的条件。该方案也被称为“十分钟议案”。[54]然而，该议案既不能迎合保守党的后座议员，也不能让政见不合者满意。不出所料，在这种情况下，迪斯雷利在下院的表现显得非常浅薄并且不足以让人信服。他所描述的议案与1866年下院否决的自由党的议案几乎如出一辙。洛韦、格莱斯顿和布赖特对政府进行了猛烈的抨击。与此同时，在卡尔顿俱乐部举行的保守党后座议员会议上，他们宣布他们更加喜欢房产持有人选举权的议案。

德比此刻感到他已经无法在坚持他所中意的改革提议的基础上维持内阁的统一，并且保留草率出台的替代方案也是不可行的。2月28日，他决定继续推进他的复数票制基础上的城区房产持有人选举权议案，并且接受不可避免要发生的大臣的请辞。迪斯雷利表示：“所有我看到的和听到的，使我越来越相信大胆的举措才是安全的举措，并且是一定会取得
258 成功的。”[55] 3月2日，德比宣布了他的决定以后，克兰伯恩、卡那封和皮尔递交辞呈后离开了政府。随后，3月12日和3月14日的内阁会议同意给所有的城区男性房产持有人赋予选举权，条件是他们必须是交纳了济贫税并且至少在该选区居住了2年以上。第二张选票是给同时交纳了济贫税和收入所得税的男性。[56]具备财务责任、能够缴纳济贫税、够资格缴纳收入所得税——这三条成为保守党改革措施的基本核心。它为保守党内阁定义了非常难理解的在城市里“体面可敬”的选举概念。就像大臣盖索恩·哈代（Gathorne Hardy）随后在下院所说，它将“做事认真、有存款、真正自立的男性”与“收入只能勉强糊口度日的男性”区分开来。[57]

在2月和3月初经受的巨大压力摧毁了德比的健康。3月15日，在唐宁街举行的一场大型政党会议上，他宣称赋予城区房产持有人选举权是符合宪政原则的，也是保守党能够进行持久的改革的方式。他认为对于那些至少缴纳了20先令（按照现在法律规定年收入要在120英镑以上）收入税的人、银行账户存款超过50英镑的人或是有高等教育经历的

---

[54] Angus Hawkins, *the Forgotten Prime Minster*: *The 14th Earl of Derby*: *Achievement*, *1851-1869* (Oxford, 2008), 337-338.

[55] Disraeli to Derby, [17 February 1867], Derby MSS (14), 146/3.

[56] Angus Hawkins, *the Forgotten Prime Minster*: *The 14th Earl of Derby*: *Achievement*, *1851-1869* (Oxford, 2008), 340.

[57] Hardy, 25 March 1867, *Hansard*, 3rd ser., clxxxvi. 507, 509.

人,应该额外赋予选举权。乡郡选举权的门槛应该降低为他们所占有的土地年收入在 15 英镑以上。席位的重新分配要限定在 15 个席位以内。现场约有 200 名议员对德比的陈述报以热烈的掌声,就在几周前,党内发生的摇摆不定也随之烟消云散了。⑱但是不久以后,过去对手们给他带来的伤痛还是令德比卧病在床,他不得不在后来事情的发展中成为旁观者。对内阁的指挥权和保守党的改革立法权实际很快地交到了迪斯雷利手上,迪斯雷利成为"政府部门的指挥者"。⑲英格兰和威尔士的《改革议案》也是 3 月 18 日由迪斯雷利在下院推出的,此后进行了长达 5 个月的激烈的议会辩论。

在介绍英格兰改革议案的时候,迪斯雷利称城区房产持有人选举权能够在一个更大范围的群众基础上强化下院的特点。有关个人缴纳税费的条件可以保证城区选票是赋予那些生活规律、行为端正的可靠之人。他估计城区房产持有人选举权大约会增加 23.7 万张城区选票,而"奖励选举权"会增加约 30.5 万张城区选票。⑳这些数据在很大程度上都是猜测出来的,并没有进行精确的统计,但却很好地服务于迪斯雷利的夸张目的,他认为增加的城市房产持有人选票要比增加的中产阶级选票多得多。他认为,乡郡选举权门槛的降低会增加 17 万张选票,其中"奖励选举权"会增加大约 13.9 万张选票。作为回应,格莱斯顿马上指出迪斯雷利的"奖励选举权"的统计数据是"完全错误和臆想的"。㉑此外,有关个人缴纳税费的条件是一种全新的宪政安排,也是一种错误的添加。这样做有可能将已经拥有选举权的人排除在选民范围之外,比如说租客已经通过房租的形式缴纳了税费但却不能获得选举权。另外,包括"奖励选举权"双票制的提议也会成为一个"巨大的欺诈引擎"。但是格莱斯顿的激情使得自由党内的摇摆不定者感到不安。内阁希望城区房产持有人选举权的简单明智的原则能够反衬出格莱斯顿的极端,也希望能借此将温和自由党和激进分子区分开来。迪斯雷利对自由党反对派中的意见不一心知

---

⑱ Angus Hawkins, *the Forgotten Prime Minster: The 14th Earl of Derby: Achievement, 1851-1869* (Oxford, 2008), 344-345.

⑲ General Grey to Queen Victoria, 7 May 1867, in G. E. Buckle (ed.), *The Letters of Queen Victoria between 1862 and 1878*, 2nd ser., 2 vols (1926), i. 425.

⑳ Disraeli, 18 March 1867, *Hansard*, 3rd ser., clxxxvi. 6-25.

㉑ Gladstone, 18 March 1867, *Hansard*, 3rd ser., clxxxvi. 26-46.

肚明，故敢于提议说，如果城区纳税额选举权只增加格莱斯顿所谓的 12 万张选票，而不是他最初说的 23.7 万张选票的话，他愿意放弃双票制的提议，这将明确肯定政府所推荐的解决方案的保守性质。[62]迪斯雷利成功地做到了在分化自由党的同时也安抚了保守党的后座议员，这种做法也给后续的讨论设立了榜样。内阁于 3 月 23 日同意放弃双票制。3 月 27 日，迪斯雷利在下院成功进行了英格兰改革议案的二读流程，没有发生异议。德比在给迪斯雷利的致信中写道，他"对通过这样的方式推进议案的通过持乐观态度"。[63]

格莱斯顿的恐吓威胁所产生的党内憎恶情绪导致自由党的意见不合者于 4 月 7 日在改革俱乐部举行了一次会议。第二天的后续会议设在下院的茶室举行，共有 50 名自由党议员参加，另外还有 30 名议员表示声援。例如，出席会议的有激进派约翰·洛克（伦敦萨瑟克区议员），他多年来一直致力于呼吁房产持有人选举权，显然他不愿意因为党派之争而放弃他的目标。他担心反对房产持有人选举权的议案只会带来更大的反对活动，改革联盟会煽动更大的群众动乱来呼吁男性普选权的实现。出席会议的还有帕默斯顿派自由党人士，他们认为该议案是保证持久和安全的改革的最实用方案。而格莱斯顿所准备的对议案的一系列修正则让他们感到越来越不安。[64]迪斯雷利也私下通过保守党党鞭泰勒上校鼓励他们反对格莱斯顿的领导。4 月 12 日，当格莱斯顿试图用 5 英镑选举权替代纳税房产持有人选举权的时候，他遭到了彻底的失败。有 52 名自由党和激进派议员投了反对票。就像格莱斯顿在日记中写的那样，这是"一场前所未有的挫败"。[65]在议会复活节休会期间，他暂时交出了自由党在下院的领导权并且和后座议员们谈起自己想要退休的打算。在 4 月底议会重新开会的时候，反对党内发生的混乱为迪斯雷利扫清了前进的道路。与此同时，斯坦利勋爵说道："在重重困难下，（保守）党内能够如此团结

---

[62] Disraeli, 26 March 1867, *Hansard*, 3rd ser., clxxxvi. 642-5.

[63] Derby to Disraeli, 27 March 1867, Hughenden MSS, B/XX/S/426.

[64] F. B. Smith, *The Making of the Second Reform Bill* (Cambridge, 1966), 175-176.

[65] Gladstone diary, 12 April 1867, in M. R. D. Foot and H. C. G. Matthew (eds.), *The Gladstone Diaries*, 14 vols (Oxford, 1968-1994), vi. 513.

紧密是一件多么美好的事情。"⑥保守党的议员们终于看到了把这个令人烦恼的问题持久性解决的机会,对手在这个问题上的循序渐进已失败。

5月里,迪斯雷利将灵活性和安抚很有技巧地结合起来,用手术般的精准分化了自由反对派。在议案中也吸纳了一系列除格莱斯顿以外的自由党和激进派提出的有远见的修正意见,同时也重申了会坚持纳税额度和住房资格这两个重要的原则——这些表现被布赖特轻蔑地谴责为是一种"狡猾的邪恶"。⑥激进派阿克顿·艾尔顿(Acton Ayrton,伦敦陶尔哈姆莱茨区议员)提出的将城区居住年限从两年变为一年的提议被毫无争议地接受了。因此城区居住条件与乡郡居住条件持平。由资深的自由党员威廉·托伦斯(William Torrens,伦敦芬斯伯里区议员)提出的在城区缴纳10英镑租金的房客选举权也被接受了。迪斯雷利相信这个标准能够将手工业者排除在外,而只把选举权赋予专业人士阶级,他们中的大部分人都居住在伦敦。实际上,由于资格登记过于复杂,最后只增加了大约5 000张选票,并且就像迪斯雷利预料的那样,他们大多住在伦敦自治市区。由激进派彼得·洛克·金提出的将乡郡选举权标准从年租金15英镑降低为10英镑的提议遭到了迪斯雷利的反对,最终折中为12英镑。迪斯雷利的这些让步也都被写入议案中。最重要的是,自由党人格罗夫纳·霍金森(Grosvenor Hodgkinson,伦敦纽瓦克区议员)提出的在城区财产的衡量上看居住者而不是所有者的提议被接受了——这个决定一下子就在城区选民中增加了50万名作为租客的房产持有人。这些修正案使得原来的"奖励选举权"变得十分多余,因此,迪斯雷利也在后来非常高兴地将"奖励选举权"取消了。迪斯雷利反对的极少的几个提议之一包括了约翰·穆勒(1865年被选为威斯敏斯特议员)提出的女性选举权。约翰·穆勒提出的将议案中的"男人"替换为"人"的提议最终以193票对73票遭到否决。迪斯雷利的灵活得到了回报,在7月15日下院的三读过程中,这项大幅修改过的改革议案得以通过。

身体依然非常虚弱的德比打起精神领导了该议案在贵族院的通过。这也是自1832年以来改革议案第一次递交到贵族院。当10英镑城区选

---

⑥ Stanley journal, 13 April 1867, in John Vincent (ed.), *Disraeli, Derby and the Conservative Party: Political Journals of Lord Stanley, 1848-69* (Hassocks, 1978), 301.

⑥ Keith Robbins, *John Bright* (1979), 193.

举权被否决的时候,德比宣称,只有带有居住和纳税条件的城区选举权才是持久的解决方案的基础。因为它能够对城市的政治才智进行清楚的划分。⑱缴纳税款的城区居住者可以定义为诚实的、有才智的城市选民。保守党的后座议员凯恩斯(Cairns)勋爵提出的一项修正案获得了通过,将有3个席位选区的选举人持有的选票限制为最多不超过2票。凯恩斯认为这样做能够使拥有"大量财产和才智"的大城镇中的少数人获得代表权。⑲1867年以后,这个少数条款被证明是对如伯明翰这种大自治市的选区组织的强力兴奋剂,在这些地区控制政党选票的分配是非常重要的。另外一些旨在限制大众选票的修正案则被否决了。8月6日,在贵族院进行的议案三读过程中,德比表示"对我的乡下同胞们的理智很有信心",他还坚信选举权范围的扩大能够让国家体制建立在更为坚实的基础上,增加女王的子民们的忠诚感和满足感。⑳他认为英格兰和威尔士的议案是保守党提供的宏大而广泛的解决方案。8月19日,女王批准了该议案。

在议会中有关英格兰和威尔士选举权的复杂的戏剧性的辩论从1867年3月到7月之间一直在下院讨论中占主导地位,这使得保守党关于重新分配席位的提议和有关苏格兰和爱尔兰的改革提议显得黯淡无光。人们专注于如何界定"体面可敬的"城区选民,无暇顾及考虑改革的其他方面。1867年2月由迪斯雷利提出的有限的重新分配席位的议案所涉及要调整的席位只有30个,主要是将人口数量不足7 000人的双席位选区改为单一席位选区。其中从原属乡郡的14个席位划给新兴城区,还有15个席位是在乡郡中进行调整,另外还给伦敦大学单独设立了一个席位。这种温和的方案的目的就是安抚小城区的议员们,因此给每一个城区都分配了席位。但是随着3月以后在英格兰和威尔士的选民范围逐步扩大,又提出了许多更加雄心勃勃的重新分配席位的议案。自由党人以及铁路公司总裁塞缪尔·莱恩(Samuel Laing,威克议员)提议所有人口数量不足1万的双席位选区都应该减少1个。㉑这样就能够多出52个席位进行重新调配,他提议说人口数量超过15万的城镇可以有3个席位,

---

⑱ Derby, 22 July 1867, *Hansard*, ser., clxxxviii. 1782-1803.
⑲ Cairns, 30 July 1867, *Hansard*, ser., clxxxix, 433-441.
⑳ Derby, 6 August 1867, *Hansard*, ser., clxxxix, 952.
㉑ Laing, 31 May 1867, *Hansard*, ser., clxxxvii, 1388-1400.

人口数量超过 5 万的单一席位城镇要增加 1 个席位。这样人口数量超过 15 万的城镇可能会增加 16 个席位。莱恩的提议的核心思想就是认为代表数量需要依据选民占总人口的比例决定,而不是保证代表不同"利益"。在这次调整中,英格兰和威尔士共有 45 个席位进行了重新分配,产生了 11 个新的城区选区,对已有的哈克尼(Hackney)城区进行了分割,并给两个原来是单一席位的选区(梅瑟蒂德菲尔和索尔福德)增设了 1 个席位,还有 4 个自治市(伯明翰、利兹、利物浦和曼彻斯特)则设立了 3 个席位(而不是原来的 2 个),12 个新的乡郡被划分出来,兰开夏郡被一分为二,伦敦大学也单独设立 1 个席位。

6 月 13 日,在修改过的重新分配席位的议案中迪斯雷利采用了莱恩的提议。[72] 因此,也就接受了按照选区人口中选民所占比例以寻求更多公平的原则——这个原则在 1832 年曾被否决。这个让步后来被证明为 17 年后政治家们再谈改革时所立的一个重要先例。来自 7 个人数不足 5 000 人的城镇的 10 个席位被完全取消,人数不足 1 万的选区也减少了 35 个席位。一共有 45 个席位进行了重新分配,其中 19 个给了新增的城区,25 个给了乡郡,1 个给了伦敦大学。迪斯雷利同意给 4 个人数超过 25 万的北部城市(伯明翰、利兹、利物浦和曼彻斯特)在 2 个席位的基础上再增加 1 个。在议会二读过程中,该议案以 297 票对 63 票获得通过。与此同时,政府于 1867 年 6 月成立了重新划分选区范围的委员会,迪斯雷利确保委员会由原下院议长埃弗斯利(Eversley)勋爵任主席,从而保守党能够主导该委员会。城市的边界扩大到了周边的郊县,包括了可能被并入郊区的村庄。例如,在这样的过程中,委员会提议将 8 000 名周边乡郡选区的选民划入曼彻斯特。类似的提议也影响了伯明翰、米德尔斯伯勒(Middlesbrough)、伯肯黑德(Birkenhead)、盖茨黑德(Gateshead)、诺丁汉、泰恩茅斯和南希尔兹。委员会共提议扩大 90 个城区的范围。这些提议反映了保守党希望清除乡郡选区的城市选民的愿望——这是自 1832 年以来保守党的夙愿。但是,1868 年 5 月,当边界委员会(the Boundary Commission)的报告递交到下院的时候,受到了激烈的批判。委员会的建议被提交给一个下院特别委员会(the Commons Select Committee)。该委员会由缺乏主见的沃波尔担任主席,并由 2 名保守党议员和 3 名自由党

---

[72] Disraeli, 13 June 1867, *Hansard*, ser., clxxxvii. 1776-1780.

议员组成。特别委员会否定了利物浦、曼彻斯特、伯明翰、伦敦兰贝斯区和马里波恩区的修改方案，但是同意了泰恩茅斯、南希尔兹、盖茨黑德和伯肯黑德的修改方案。58个英格兰城区和10个威尔士城区的边界扩大了，从30个乡郡中清除了城市的影响。据统计，这大约影响到35%的新增选民。保守党最初议案中希望的将城市选民大幅转移到城区去的打算被大打折扣。(73)在有限的时间内，为了在下一次选举前及时完成选民登记，下院很快结束了讨论，匆匆接受了特别委员会的建议。

有关苏格兰的《改革法》是由迪斯雷利于1867年5月13日向下院提出的。(74)除了没有提到房客选举权以外，其他条件与英格兰《改革法》一致。席位的重新分配显然充满争议。迪斯雷利在苏格兰自1832年以来53个席位的基础上增加了7个席位。然而，委员会通过重新划分边界将
263 城市选民从乡郡清除出去的打算比英格兰和威尔士更具侵略性。面对自由党的强烈反对，迪斯雷利于同年7月撤回了该议案，1868年2月推出了一个稍加修改的计划。(75)尽管自由党保证了一些小的利益，但是最终的议案在一些重要的方面还是非常有利于保守党的。来自爱尔兰保守派芬尼亚会(Fenian)的威胁和爱尔兰保守党的私人代表的劝说迫使政府将爱尔兰改革推迟到1868年。推迟了的议案将城区选举权的门槛从8英镑减少为4英镑且保留了现有的12英镑的乡郡选举权。(76)增加的选民数量几乎可以忽略不计，重新分配席位的议案也被否决了。议员们对拖了很长时间的关于英格兰选举权的讨论感到疲惫不堪、无聊至极，因此他们既不希望也不喜欢讨论选举体系中的"凯尔特人的选举制度"(Celtic Fringe)问题。

然而，随着格莱斯顿对解散爱尔兰教会的呼吁，爱尔兰的问题被推到了前台。1868年3月，格莱斯顿提议反对党后座议员们呼吁解散爱尔兰教会。他提议的推迟爱尔兰神职人员任命的议案在下院获得通过，但是

---

(73) 参见 Richard Woodberry, 'Redistribution and the Second Reform Act: The Intended and Unintended Electoral Effects on the Balance of Political Parties', unpublished Ph.D. thesis, University of Bristol, 2007。

(74) Disraeli, 13 May 1867, *Hansard*, ser., clxxxvii. 399-407.

(75) Gordon, Lord Advocate, 17 February 1868, *Hansard*, ser., cxc. 811-819.

(76) 参见1868年6月15日的议会辩论，*Hansard*, ser., cxcii. 1571-1591，以及6月18日的议会辩论，*Hansard*, ser., cxcii. 1762-1805。

6月在贵族院被否决了。从1868年5月到11月举行大选之前,在经历了改革问题上的混乱无序后,格莱斯顿以其卓越的对恰当目标的感知能力,在呼吁爱尔兰公平的过程中使自由党重获统一。议会于7月31日休会。11月上旬,在最新通过的《改革法》的背景下议会要进行大选。在从未有过的选民面前,焦虑、迟疑不决和谨慎乐观的议员们将迎来新的政治图景。就像自由党党鞭长乔治·格林(George Glyn)警告格莱斯顿时说的,"一切都是新的、变化的、大范围的,然而我也必须说在某些方面是**黑暗的**"。⑦

"冒险之举"

1867—1868年《改革法》将这个"政治国家"推进得更远,甚至超出了保守党最初的打算,也超出了大部分议员私下所希望的要求。随着缴纳了房租的房屋承租人被赋予选举权,居住年限从两年降低为一年,双票制被取消等一系列措施,城区纳税房产持有人选举权逐步被剥夺了它的保障措施。需要解决的问题使得议员们陷入了一个从未有过的境地。《改革法》实施后英格兰城区增加了134%的选民,乡郡增加了46%的选民。1867年前,在英格兰和威尔士每5位成年男性中只有1位选民,《改革法》实施以后,3位男性中就有1位选民。英格兰1868年的选民总数大约增加至187.34万人,而1866年选民总数仅为97.1万人。威尔士1868年的选民总数是12.74万人,而1866年仅为6.17万人。苏格兰的增幅更大,1866年选民总数仅为10.51万人,到1868年增加到23.14万人。爱尔兰的增幅相对较小。1866年全英国共有136.4万名选民(占成年男性人口的20%),到1868年增至247.77万名选民(占成年男性人口的33%)——共增长了83%。⑦在更大的英格兰城市选区中,选民数量的增加更加惊人。1866年伯明翰有1.5万名选民,到1868年增长了近3倍,

---

⑦ Eric J. Evans, *The Forging of the Modern State: Early Industrial Britain, 1783-1870* (1983), 351.

⑦ Philip Salmon, 'The House of Commons, 1801-1911', in Clyve Jones (ed.), *A Short History of Parliament: England, Great Britain, The United Kingdom, Ireland and Scotland* (Woodbridge, 2009), 262. 值得注意的是,精确估计选民占男性成年人口的比例是非常困难的。例如,如果选民同时拥有2个或者2个以上选区的选票,就会增大统计中选民占男性成年人口的比例。

达到4.3万人。曼彻斯特的选民数量也从1866年的2.2万人增长到1868年的4.8万人。布莱克本、博尔顿、哈利法克斯和特伦特河畔斯托克的选民数量增长为原来的5倍。奥尔德姆和南希尔兹的选民数量增加到1867年前的6倍之多。伦敦城区新增的选民数量较少。在一些小型历史城区像多切斯特(Dorchester)、赫特福德、纽波特(Newport)和韦茅斯增加的选民数量就更少了。通过重新分配席位和重新划分选区范围,共划分出420个选区,共计658个席位,缓和了选民数量增加所带来的影响。正如保守党所希望的那样,当68个城市选区吸纳了周边郊区以后,的确阻止了乡郡受到新增的城市选票的影响。但是无论如何也不可否认的是,选举形势,尤其是城区选举形势,发生了剧变。

  政客们在回顾过去的时候,对他们的所作所为进行了一番解释性的修饰。一定程度的"民主"通过大众煽动(激进派的神话)、有效反对(自由党的神话)和慷慨的设计(保守党的神话)得以体现。在激进派对改革的描述中,1866—1867年间大众参与的改革煽动活动是对1831—1832年间抗议活动的回应,迫使政府不得不让步于更大范围并带来深远影响的措施。通过例如伦敦工人协会(the London Working Man's Association)和伦敦同业理事会(the London Trades Council)等组织,手工业者和工人们追求选举权的强烈呼声战胜了保守党的沉默,使得政府不得不让步。这标志着英国人民争取自由的斗争的高潮,这种斗争高潮在19世纪50年代和19世纪60年代早期曾出现于意大利、匈牙利、波兰、希腊和美国。在自由党的描述中,1867年的改革标志着骗子迪斯雷利玩世不恭地挪用了自由党的政策。自私的机会主义体现了保守党思想的浅薄,保守党的思想是以偏见作为原则的。只有当迪斯雷利接受了反对党修正案时才稍微缓和了他立法中的不足。1867年4月,格莱斯顿试图用限制性更强的5英镑选举权取代城区房产持有人选举权,却以失败告终。然而,同年12月,在奥姆斯柯克(Ormskirk)举行的一次演讲中,格莱斯顿却称赞《改革法》是一场"英国自由事业中的伟大进步"。它体现了"一个政党的最大胜利",即"看到[我们的]对手被迫成为实施[我们的]原则和实现[我们的]愿望的机构"。⑲自由党称,作为对迪斯雷利欺骗行为的迅速报复,随着1868年大选的到来,下院议员中自由党派会占到多数。

---

⑲ *The Times*, 20 December 1876, 5.

保守党对改革的描述成了迪斯雷利留给保守党的遗产的基石。1867年被描绘为一次光芒四射的信仰行动,因为他们相信"体面可敬的"工人阶级也具备与生俱来的保守主义。自由党和激进派对中产阶级和手工业者的意见偏好背后隐藏着他们对房产持有人选举权的内在保守情感——房产持有人选举权的选举基础后来被保守党称为"托利民主"。迪斯雷利宣称,1867年改革提供了一个"幸福的机会"去"扩大英格兰人民的权力"。这证明了保守党是相信"人民"的国家政党。⑧在1868年大选中,保守党在兰开夏郡、伦敦以及东南地区的席位数量有了小幅增长,但是自由党在苏格兰和爱尔兰的票数领先地位也加强了,自由党在威尔士的票数领先优势继续增加,自由党在伦敦的多数票地位维持不变。⑧1874年大选证明1867年改革走了一条正确的道路,这也使保守党自1841年以后第一次成为下院的多数党。19世纪70年代,帝国的吸引力、社会改革和对宪政的坚守使得保守党由一个阶级的狭隘代表逐步转变为一个真正的全国性政党。这也成了"比肯斯菲尔德"(Beaconsfield)*神话,对后来的保守派思想是强有力的鼓舞。1886—1900年,在五个政党有效竞争的情况下,保守党在大选中平均获得了49.5%的大众选票。⑧除了1892—1895年,在1886—1905年间都是保守党执政。

此后政治家对1867年复杂事件所构筑的任何神话都没有能提供相关的充分的历史解释,这是因为人们在回顾时需要使解释有说服力且前后一致。事后来看,这种审慎却遮蔽了偶然不确定性的强烈时代感。《改革法》提出了一个看似简单的方法,即按照固定纳税房产持有人的条件来界定"体面可敬的"城市选民。但是在1868年的时候,任何一个政治家都不敢肯定新的选举体系在实际中该如何操作。新的选民们的表现会如

---

⑧ W. F. Monypenny and G. E. Buckle, *The Life of Benjamin Disraeli*, *Earl of Beaconsfield*, 6 vols (1910-1920), iv. 555-558.

⑧ 1868年,威斯敏斯特的选民增加到18879人,使得保守党的W. H. Smith在投票中获得多数票,战胜了候选人约翰·穆勒。Marc Baer, 'From "First Constituency to the Empire" to "Citadel of Reaction": Westminster, 1800-90', in Matthew Cragoe and Antony Taylor (eds.), *London Politics*, *1760-1914* (Basingstoke, 2005), 155, 和 Marc Baer, *The Rise and Fall of Radical Westminster*, *1780-1890* (Basingstoke, 2012).

* 迪斯雷利也被称为比肯斯菲尔德勋爵——译者

⑧ C. Rallings and M. Thrasher (eds.), *British Electoral Facts 1832-2006* (Aldershot, 2007), 12-16.

何？选民们的表现会对那些熟悉的政治关系模式产生什么样的影响？人们对改革的希望和愿望要多于对改革的坚定信念。德比对上院贵族们说道，《改革法》的通过是整个国家的"冒险之举"。㊿ 它是一场信念的行动。就像保守党大臣同时也是牛津大学议员的哈代在1867年回顾时说的那样，"我们步入了一个完全未知的世界……如果绅士们都能够参与进来，那么他们会成为我们的领袖。如果是一群煽动者们占据了优势，那只有愿上帝来保佑我们了！"㊱

然而，在政治家后来所构造的神话中的确包含了一些真理。例如，保守党人马姆斯伯里勋爵和斯坦利勋爵就相信一旦这些"体面可敬的"工人获得了选举权，他们就会倾向于保守主义。1853年，马姆斯伯里就曾经暗示过这些城市工人要比拥有5英镑财产的房产持有人们更加保守且更不激进。㊾ 1867年，他重申了自己对房产持有人选举权的偏爱，认为比起其他任何半途而废的议案，该选举权进行了"恰当的平衡"。㊽ 斯坦利指出保守党对兰开夏郡工业城镇持有同情之心，但因乡村托利乡绅们夹杂着傲慢的胆怯，这种同情未被利用起来。㊼ 其他保守党人将英国的历史文化作为阻止大众选民到来的一种可靠的保障。随着改革议案成为正式法令，作为殖民地事务大臣的温和派保守党人查尔斯·阿德利（Charles Adderley）出版了一本被广泛引用的小册子《欧洲不能适用美国式民主》（*Europe Incapable of American Democracy*, 1867），在该书中他认为通过政府提倡的大众选举权并不能将美国式"民主"复制到英国来。正是英国和美国不同的历史起源和发展所衍生出来的截然不同的社会使得美国式"民主"不可能复制到英国。英国和美国不同，在经历了部落制度和封建制度后才有了在拥有财产基础上的"以贵族为首领"的分级、和谐的阶级。"即使组成美国民主的成千上万的条件都被引入［英国］……也必须先要清除英国数百年来形成的根深蒂固的习惯、协会之间纵横交错的历

㊿ Derby, 6 August 1867, *Hansard*, 3rd ser., clxxxix. 952.

㊱ Gathorne Hardy diary, 9 August 1867, in Nancy E. Johnson (ed.), *The Diary of Gathorne Hardy, Later Lord Cranbrook, 1866-1892: Political Selections* (Oxford, 1981), 47.

㊾ Stanley to Disraeli, 28 January 1853, Hughenden MSS, B/XX/S/588.

㊽ Malmesbury to Derby, 1 March 1867, Derby (14) MSS, 144.

㊼ Stanley journal, 22 November 1853, in John Vincent (ed.), *Disraeli, Derby and the Conservative Party: Political Journals of Lord Stanley, 1848-69* (Hassocks, 1978), 112.

史关联……和从属关系,这样才能留出新生事物的发展空间。"⑧⑧这些也是梅因和白芝浩为安慰对改革感到震惊的保守党人而提供的说辞。

1867年10月17日,在曼彻斯特自由贸易大楼举行的一场向德比致敬的盛大宴会中,有800位当地名人参加了宴会,另外还有1 200人旁听。在内阁成员的围绕下,德比向大家发表讲话,熟练地调动起他们忠诚的热情。德比指出迪斯雷利成功地领导下院通过了改革议程,保证了改革在面临灾难性失败前能够最终取得巨大的成功。德比还表达了他对工人阶级的智慧和尊严的尊重——如工人阶级在棉花短缺中表现出了坚忍不屈的道德品质。他指出,工人阶级的通情达理、健全理智和没有社会偏见让他坚信工人阶级是值得被赋予选举权的。这些靠拿日工资、周工资或月工资的人证明了他们是忠诚和优秀的。在寻求深思熟虑、站得住脚和持久的改革方案方面,他总结道:"勇敢的就是安全的。"⑧⑨他宣称新城区选举权的最好的基础在于占用经营场所及履行该场所的财政责任。这体现了对城市责任的确切定义。通过对这些道德品质进行奖励,他的政府加强了相互尊重和必要的信任,这些有助于巩固民族对自身体制的忠诚。此外,他还提供了一个超出分裂的自由党能力范围的解决方案,自由党对进步智慧的垄断已经被打破了。他总结道,正是保守党致力于维护劳工和资本之间的友好联盟,维护雇主和雇佣者之间的和谐,从而使他们免受激进的煽动和分裂的自由党言论的威胁。听众们对德比的演讲报以热烈的掌声。

十二天以后,迪斯雷利又在爱丁堡给保守党观众进行了一次演讲。他解释因病缺席了在曼彻斯特为德比举行的宴会。但是,在10月28日,为了阐释对改革的理解,他从白金汉郡出发北上,在爱丁堡演讲的大部分内容和德比在曼彻斯特演讲的一致:保守党有权去解决一个分裂的自由党无法解决的问题,以及一个全面的改革方案必须要建立在一个明白易懂与合理的原则上。迪斯雷利宣称:"最大的问题不在于你能否抵制那些必然发生的改变,而在于你该如何在考虑到规矩、习俗、法律以及人民的

---

⑧⑧ Charles Adderley, *Europe Incapable of American Democracy* (1867), 38.

⑧⑨ *The Times*, 18 October 1867, 10.

传统的基础上去促成这些改变。"⑩他声称,这正是《改革法》做的事情。改革出台了一个保守党从来没有违背过,今后也不会违背的政策,这也保证了保守党在上帝的旨意下成为这个国家的"自然领导者",希望维护这个国家的繁荣和人民的幸福。最显著的是,迪斯雷利将领导保守党推动这个长远改革取得了值得欢呼的胜利归在自己头上。为了改革,他已经为这个国家准备好了思想,又"教育"了保守党改革的必要性,这是德比和他的同事们默认的事情。他的大言不惭抹掉了他在 1866 年休会期间的表现,当时他不愿意推进《改革法》,在 1866 年节礼日,他在写给克兰伯恩的信中说自己"一贯反对[改革]的立法,并且今后还会一直反对"。⑪这也使他自己在 1867 年 3 月至 7 月的即兴创作具有了回顾性的一致性。因此也种下了"比肯斯菲尔德"传统的种子。

然而保守党必胜的信念也不能掩盖对未来的不确定性。1872 年,白芝浩推出了他的《英国宪政》的第二版。他并没有更新自己对"帕默斯顿时代"的描述。他说,现在评估 1867 年改革的效果还为时尚早。"获得了选举权的人们还不了解自己的权力"。白芝浩没有重写对改革的分析,而是增加了一段引言,指出"最近在我们的政治中发生了巨大的变化"。"一个与旧世界完全不同的新世界已经诞生。""1865 年以来发生的改变不是一点而是上千点;它不是哪个具体问题的改革,而是普遍存在的精神变革。"⑫他并没有把所有的这些改变都归因于 1867 年《改革法》。他相信新一代的政治家也对公共事务的倾向产生了非常重要的影响。帕默斯顿、罗素和德比这些 1832 年以前参与公共事务的老政治家不是去世了就是健康状况较差。自《英国宪政》一书出版后,一代英国政治家已经离去了。格莱斯顿和迪斯雷利这些在 1832 年以后进入下院的政治家还在英国政界占支配地位,一些在 19 世纪五六十年代进入下院的"新一代政治家"可能是"帕默斯顿勋爵的孙辈"。因此,年轻的政治家们正步入一个未知的领域。白芝浩郑重地指出,正视这些情况和问题是非常重要的。这些因《改革法》而被赋予选举权的新选民会像 1867 年以前的选民一样

---

⑩ W. F. Monypenny and G. E. Buckle, *The Life of Benjamin Disraeli, Earl of Beaconsfield*, 6 vols (1910-1920), iv. 555-558.

⑪ Disraeli to Cranborne, 26 December 1866, cit. in W. F. Moneypenny and G. E. Buckle, *The Life of Benjamin Disraeli, Earl of Beaconsfield*, 6 vols (1910-1920), iv. 463.

⑫ Walter Bagehot, *The English Constitution*, ed. Paul Smith (Cambridge, 2001), 194-195.

听从于财富和等级吗?

1867年,保守党创造了"大众"选民。在英格兰和威尔士的5名成年男性中就有3名选民。[93]这有着非常重要和深远的含义。首先,保守党政府所取得的成就肯定了维多利亚中期主要政党之间取得的广泛共识。19世纪60年代的保守党和自由党之间的分歧并不是在于否定或赞同进步的是非问题上,而是在改革所需要的具体条件和改革步伐快慢的问题上。1846年以后,保守党复兴成为一个值得信任的温和派政府政党,其原因一部分要归功于德比作为保守党领袖所取得的成就。德比作为一名年轻的辉格党人和1830—1834年格雷改革政府的成员之一,他把1846年的贸易保护主义者从农村抗议活动的后续代言人中挽救出来。1852年、1858—1859年、1866—1868年保守党作为少数派政府的立法改革表明保守党能够对社会的问题和负责任的发展提供安全的援手。1867年《改革法》并非像自由党形容的那样只是一个简单的工于心计的迪斯雷利娴熟和机会主义的玩世不恭的产物。保守党称赞1867年改革,说这次改革表明保守党不仅是拥有土地的安立甘贵族和地主阶级的代表,也是一个温和的有责任感的国家政党和爱国政党。当整个欧洲大陆的政治都在经历君主主义、自由主义、保守主义、社会主义、共和主义、军国主义所带来的不同的分裂极化以及怨恨的反动情绪的时候,英国的讨论和争论还是局限在一个较为狭窄的范围之内。作为国家的领导者,值得注意的一点就是自由党和保守党在社会同质性方面的努力。像德比、罗素、马姆斯伯里、克拉伦登、格兰维尔和哈廷顿等贵族,与格莱斯顿和迪斯雷利这些来自中产阶级的新成员一同治理这个国家。他们的领导都不反对进步的基本现实。他们的区别只在于有关建设性改变的本质和步伐方面。1848年,激进派拉尔夫·奥斯本在下院说道:"现在所有人都在致力于进步;唯一的问题就是需要迈多大的步伐以及谁来当领航的舵手。"[94]就像《泰晤士报》在1851年的评论中指出的,"现在没有哪个政党会否认进步的解决方式;唯一的问题只剩下一个,就是速度的问题。"[95]

其次,1867年可被视为自19世纪20年代以来改革政治的顶点。在

---

[93] T. A. Jenkins, Parliament, *Party and Politics in Victorian Britain* (Manchester, 1996), 90.

[94] Osborne, 6 July 1848, *Hansard*, 3rd ser., c. 157.

[95] *The Times*, 5 March 1851, p. 4.

19世纪早期人们攻击寡头政治、封闭政治和道德腐败的政治体系的时候,辉格党、改革派、自由党以及皮尔和德比领导下的保守党进行了体制改革、宗教改革和社会改革。这和激进地去谩骂寄生、封闭、腐败、自私的精英们(他们将"人民"和"生产阶级"排除在影响力和权力之外)的做法截然相反。因此,政府逐渐被认为是包容、开放以及值得大众信任的。1830—1832年产生的议会机构危机也逐渐通过立法肯定了议会具备解决对真正的不公正现象的不满的能力。自由党和皮尔派保守党都致力于建设一个更有效率和更加省钱的政府,以使国家能够平等地为社会中的所有人服务。《谷物法》的废除和格莱斯顿1853年预算案被看作是解除了对社会特定阶级的歧视性征税。在这个过程中,德比将保守党复兴为一个在1852年以后致力于温和进步和安全发展的全国性政党也功不可没。1848年以后,对被既得"利益"、自私的"贵族"和封建骗局所腐蚀的政治制度的激进批判减弱。⑯随着行政改革协会公开谴责"贵族"的无能,政府在克里米亚战争问题上的不当处理曾在1855年激起了一阵反对情绪的复苏。到1867年,辉格党/自由党、保守党以及皮尔派的治理策略使议会成为一个为整个社会的利益支持政府工作的积极回应、更加包容的机构,而不是一个狭隘的、相互竞争的和政治精英们之间进行自私的明争暗斗的场所。

另外,1867年还可以看作是19世纪70年代"大众"政党政治的起点。1867年"大众的"和"体面可敬的"选民概念的创造肯定了政府是属于国家的。英国政体获得了新的合法性,增强了它整合或调解不同的道德诉求和政治诉求的能力。埃斯科特(T. H. S. Escott)评论说:"社会不再仅仅因为某个贵族小集团的特定阴谋而动摇。"⑰拥有更广泛代表性的议会强调选民在决定政府特征和立法法令通过的过程中所扮演的角色。这就意味着政府的权威是由选民赋予的。1867年后政府的生命是由大选决定的。一个强化的"人民主权论"概念开始挑战威斯敏斯特的自治

---

⑯ 有关从19世纪50年代开始弥漫的对国家制度和文化的激进敌意的消解,导致了19世纪80年代和90年代的社会主义者威廉・莫里斯(William Morris)和费边主义者对鲜明的英国特色多呼吁,参见Julia Stapleton, 'Political Thought and National Identity in Britain, 1850-1950', in Stefan Collini, Richard Whatmore, and Brian Young (eds.), *History, Religion and Culture: British Intellectual History 1750-1950* (Cambridge, 2000), 245-269。

⑰ T. H. S. Escott, 'Political Novels', *Fraser's Magazine*, 9 (April 1874), 520.

权。结果,对容易引起争辩的"民主"这一术语的采用也有了更多积极的含义,不是无政府主义的卡莱尔式社会威胁,而是对"大众"政体的更好的表达。⑱通过强调"民主"作为代表所有阶级和利益的扩大的政治体系,把"民主"视为一个大型的分离的社会阶级或是暴民或是视为威胁性的革命历史运动等更为颠覆性的概念都销声匿迹了。保守党在1867年将他们的《改革法》作为反对"民主"的保障。但在1867年以后,对"民主"含义的党派的重新设计使得保守党、自由党和激进派都将其作为赢得"大众"选民支持的方式之一。所以,到19世纪80年代,伦道夫·丘吉尔勋爵等保守党人才能够呼吁一个"托利民主",激进派则在呼吁一个"城市民主"。"民主"不再被用来表示社会各部分元素的碰撞,而被用来表示社会各阶级围绕一个共同的道德价值观聚合在一起。在这个过程中"舆论""政治国家"和"人民"的概念也被重新定义。

在19世纪60年代以前,"舆论"被认为是有智慧和负责任的社会男性成员深思熟虑、通情达理的判断。到19世纪30年代,它关乎中产阶级通过新闻界、请愿书、讲台和布道台表达出来的观点和道德品质。19世纪60年代以后,随着"大众"选民的产生,"舆论"开始取代对"人民"的提及。⑲白芝浩在《英国宪政》中采用的"公车上的男人"(the man on the omnibus*)的表达也开始流行起来。⑳到19世纪90年代,人们普遍采用了"大街上的男人"的表述。这些表述都体现了"舆论"仍属于男性和大部分城市人口。这种表述说明选民读书写字、阅读报纸并且理智和知情地参与到公共事务中。这将令人尊敬的和深思熟虑的公众意见同那些依附、散漫和贫困之人的意见区别开来——后者是被布赖特称为"社会渣滓"的人。㉑在反映和塑造有价值的意见的过程中,媒体和讲台的影响力不断增强,而最初因为一些宗教事件和道德改革所引发的请愿行为逐渐

---

⑱ Robert Saunders,'Democracy', in David Craig and James Thompson (eds.), *Languages of Politics in Nineteenth-Century Britain* (Basingstoke, 2013), 152-156.

⑲ 参见James Thompson, *British Political Culture and the Idea of 'Public Opinion', 1867-1914* (Cambridge, 2013)。

* 以此来代指"普通人"。——译者

⑳ Walter Bagehot, *The English Constitution*, ed. Paul Smith (Cambridge, 2001), 30.

㉑ 参见James Thompson, *British Political Culture and the Idea of 'Public Opinion', 1867-1914* (Cambridge, 2013), 73-78。

消减了。⁽¹⁰²⁾人们讨论媒体是否教育、表达或者控制"舆论"。然而,和其他一些欧洲国家相比,英国媒体的相对自由也被看作是英国宪政在教化、开化和提高政治公众方面的优越性的证明。⁽¹⁰³⁾

同样重要的是,1867年以后"代表"、选举判断、"舆论"和大众共识越来越多地通过全国性政党表达出来。"舆论"也通过集中的和严格统一的政党清楚地表达出来。在议会里政党成为更加坚定的意见的联盟,政党原则对议员们的行为产生了很重要的影响。1857年后辉格党、自由党和激进派在选区中进行了选举融合,随之而来的"分裂"投票和"无党派倾向"投票的急剧下降,以及1859年在自由党领导下的议会的巩固,都给政党体系带来了一个更加清晰的二元结构。1867年以后,"人民主权论"逐渐通过组织更加严密的政党联盟表达出来。

最后,在1867年以前,宪政一般是从机械体制层面上来理解,被认为是作用于社会。这正是辉格党、改革派、自由党和激进派强调制度改革的重要性的原因。从18世纪继承下来的"恩宠"的遗产以及"贵族"、牧师和社团的特权都被取消了。在19世纪50年代和60年代,一个关键的思想转变发生了,宪法被重新认为是根植于社会中的。这是对不同的英国"文化"的政治描述,即特殊的价值观、态度、行为和社会习俗。早期关于宪政的柏克式概念包含"人民"的"秉性、性情、道德习惯、民事习惯和社会习惯",关于社会环境形成力量的浪漫主义描绘就迎合了这种转变。1867年以后,这种感知进一步加强,即宪政和议会并不是强加在社会之上的,而本来就是这个国家的一部分。就统治或改变社会运动而言,制度也不再是外部的、内在有害的或腐败的机制。1872年后的君主制为女王能够在爱国主义的象征性庆祝活动中体现包含她所有臣民的民族共同体铺平了道路。1867年以后,议会和扩大的选民之间的相互关系得到重新

⁽¹⁰²⁾ 前自由党大臣哈利法克斯勋爵在1877年评论道:"我相信,许多我们这些老的公众人物必须看到,现在的公共事务的处理方式和我们年轻时期的处理方式已经截然不同了。在过去,人民是愚昧无知的,老的辉格党要比他们强得多……现在的人民受教育程度提高了——只要公共问题被纳入考虑范畴,在政党首脑们还没有拿定主意之前,这些问题都应在媒体进行自由和广泛地讨论"[T. A. Jenkins, *Parliament, Party and Politics in Victorian Britain* (Manchester, 1996), 155]。

⁽¹⁰³⁾ Lecky认为,"在我们这个年代,媒体变得比下院更能代表国家真正的大众舆论"[W. E. Lecky, *Democracy and Liberty*, 2 vols (1896), i. 210]。

定义。这证实了"社会改革"从平凡的非政治事务变为政党需要考虑的问题之一。它为作为道德代理的国家发挥新的、更为积极进取的作用做好了准备。它激发了迪斯雷利在19世纪70年代把英国视为一个"先进"的文明帝国，对那些"不那么先进的"人民负有责任和义务的使命感。它也同时要求1867年以后的政治家们要创造出能够吸引更多的以政党为导向的选民的语言。

第八章
"议会政府"的终结:1868—1884

[1867年《改革法》的]决议将会在很长一段时间内支配着我们的政治伦理家。如果我们还继续现在的做法的话,那么要长久维护我们的议会政府体制将十分困难。

——克兰伯恩勋爵:《保守党的投降者》
(Lord Cranborne, 'The Conservative Surrender')

第八章 "议会政府"的终结:1868—1884

面对爱丁堡的热切听众,约翰·布赖特声称政客们是"站在新的事业的门槛上",他们"不必再求助于过去我们耳熟能详的政治观点,而现在要做的就是取悦于你们"。"大众"选举的诞生实质上就是把权力让渡给"人民"。布赖特补充道:"我们不再反对自私的寡头政治……我们也不再认为自己要受制于哪个阶级的统治……对未来的责任要由人民中的大多数来承担。"①布赖特预示的新开端凸显了在 1867 年的《改革法》刚刚实施后政客们心中最为担心的事情。也正因为如此,1872 年白芝浩在他再版的《英国宪政》前言中提出了这个激进的问题:扩大了范围的"大众"选民、全国政党、议会政客与国家政府之间的未来关系将会何去何从?②

对于这个问题,有人充满担忧,有人满怀希望。虽然像布赖特这样的激进主义者宣告了一个新的政治时代的到来,罗伯特·洛韦则预测将来的议员们将不再是原则的倡导者,而是公众支持的祈求者。洛韦警告说,我们并不是一个进步的政党和一个反对进步的政党,"我们是两个竞争的政党,就像阿里斯托芬笔下的克里昂和卖香肠的人一样,都在争取民众的支持"。③ 1873 年,阿盖尔公爵评论说,"在议会解散前试图'大哭大嚷'的做法","即使不是不道德的,也是令人讨厌的"。④同年,刚刚退休的激进派议员亨利·莱亚德(Henry Layard)对议会中来自选区和议员们的束缚表示遗憾。⑤辉格党人哈廷顿勋爵发现在 1868 年大选中的拉票活动成了令人非常不快的事情,"几乎所有的绅士都彼此对立,这个社会令人感到很不愉快"。⑥这种沮丧的感觉体现出人们对未来的惶惶不安。

正如 1867 年《改革议案》的最终表现与改革者原初设想大相径庭一样,其影响也出乎意料。从长远来看,与 1832 年《改革法》相比,1867—1868 年的《改革法》对英国的政治文化产生了更加深远的影响。如果说

---

① *The Times*, 6 November 1868, 5.

② 对自由派人士约翰·莫雷来说,"就像新的选民要么是诚实博学的,要么是粗鄙无知的,《改革法》要么是祝福,要么是诅咒"[John Morley,'Public Affairs', *Fortnightly Review*, 8 (July 1867), 112-122]。

③ Robert Stewart, *The Foundation of the Conservative Party*, *1830-1867* (1978), 367.

④ Argyll to Dufferin, 18 August 1873, 引自 J. P. Parry, *Democracy and Religion*: *Gladstone and the Liberal Party*, *1867-1875* (Cambridge, 1986), 118。

⑤ Layard to Gregory, 6 Feburary 1873, 引自 J. P. Parry, *Democracy and Religion*: *Gladstone and the Liberal Party*, *1867-1875* (Cambridge, 1986), 121。

⑥ Hartington to Granville, 13 September 1868, 引自 J. P. Parry, *Democracy and Religion*: *Gladstone and the Liberal Party*, *1867-1875* (Cambridge, 1986), 118。

1832年的法案是以补救为目的,那么1867年的法案就带来了真正的改变。人们在讨论1830年改革的时候采用的都是从18世纪沿用下来的政治辩论中熟悉的术语;1867年的改革辩论则预示着支撑政治态度的一些预设前提将会发生深远的变化。其中一个变化是选举权资格取决于道德品质而不是财产地位。另一个变化是在选区中迫切需要更大的正式组织来将扩增的选民们集结在不同的全国性政党麾下;这个过程对一些拥有3个议会席位的大型城市选区而言是一个强大的刺激,比如依据凯恩斯的"少数者条款"(minority clause)的伯明翰就是如此。随之而来的是对议员责任的认知、议会和国家中政党联系的关系以及大选在决定政府特征中所扮演的角色等看法的改变。这些发展逐渐削弱了作为"议会政府"概念核心的议会自治主权。格莱斯顿在1879年对中洛锡安郡(midlothian)的观众们演讲时说"人民"现在已经成为"主人"。⑦ 1868—1884年间,宪政权威开始逐渐由议会转到了政党导向的选民手中。其结果导致1868年以后"议会政府"逐步让位给政党体制。在1884年的改革讨论中,担任过德比和迪斯雷利内阁大臣的卡那封勋爵私下悲叹道:"事实是议会政府几乎已经消亡。它过去所有的重要权力都已经失去了。"⑧

选举改革的过程

1867年保守党希望对"政治民族"进行一个持久的重新定义。但《改革法》证明这个愿望扑空了。英国的选民从1868年的大约240万增加到1880年的约360万。⑨通过男性房产持有人的纳税额来决定城区选民"体面可敬"的标准这种看似非常清晰的划分方式很快也行不通了。最迅速的改变首先发生在改革立法的不可操作性上,尤其是选民资格认定的复杂性上。在迪斯雷利对"体面可敬"的定义中,个人交纳税款占中心地

---

⑦ W. E. Gladstone, *Midlothian Speeches*, 1879, ed. and intro. M. R. D. Foot (Leicester, 1971), 50.

⑧ Carnarvon diary, 15 November 1884, cit. in P. Gordon (ed.), *The Political Diaries of the Fourth Earl of Carnarvon, 1857–1890: Colonial Secretary and Lord Lieutenant of Ireland*, Camden Fifth Series, 35 (Cambridge 2009), 369.

⑨ C. Rallings and M. Thrasher (eds.), *British Electoral Facts 1832–2006* (Aldershot, 2007), 9–12.

位。但这种下院认为非常有吸引力的简单原则却在实践中被证明充满争议且难以操作。法案一经通过,在一些大的乡镇就发生了抗议活动,要求恢复合并租金的做法,即允许房客可以缴纳税金作为交给房东的租金的一部分。依照新的《改革法》,房客需将房租的支付分为两个独立的部分——房租和税费,而不是缴纳一种或是把两种合并缴纳。他们抱怨道,虽然房东不再负责缴纳租户的税费,但他们并没有减少租金。他们抗议说自己的财务状况比1867年以前还要糟糕。在一些市镇,小型住房的占有者们拒绝缴纳税费。⑩《改革法》通过的次月,在哈克尼就有1.5万人因为没有缴纳税款被法院传召。1867年10月在伯明翰也有2.5万人因没有缴纳税款被法院传召,1868年5月也有1.5万人因此被传召。⑪这也给地方政府增添了无法忍受的负担。许多地方政府都没有准备好应对激增的选举登记工作。在一些市镇,税费与租金合并的方式还在继续,但住房者的名字却并没有出现在税费登记本上,因此这些住户便没有登记到选民名单上。在另一些市镇,税是房东交的,登记的选民却是房客。负责拟定选民名单的倒霉的法律监察员有时候会把这项工作推给税费收缴者。很明显,在这个国家里,小律师和负责审查选举人名册工作的大律师行事方式有很大的不同。

1869年,自由党人乔治·戈什(伦敦金融城议员)提议将贫民救济税与房租合并缴纳,同时将租户的名字登记在税收记录本上,最终他们也能进入选民名单中,该提议得到批准。⑫他的用于实施这个提案的《济贫税评估与征收法》(Poor Rate Assessment and Collection Act)通过后,单纯的城区房产持有人选举权的最后一条限制也取消了。个人直接缴纳济贫税不再是参与城区选举的条件。⑬随后也逐步放松了至少1年的居住要求。即使搬到不同住房居住,只要是在同一个城区住满12个月就被视为"持续占有住房",这也被认为是符合选民条件的。查尔斯·迪尔克爵士1878年的《议会和市政登记法》(Parliamentary and Municipal Registration

---

⑩ A. Offer, *Property and Politics*, *1870-1914* (Cambridge, 1981), 286-287.

⑪ Charles Seymour, *Electoral Reform in England and Wales [1915]*, ed. Michael Hurst (Newton Abbot, 1970), 354-355.

⑫ Goschen, 7 June 1869, *Hansard*, 3rd ser., cxcvi. 1299-1305.

⑬ 参见 John Davis and Duncan Tanner, 'The Borough Franchise after 1867', *Historical Research*, 69 (1996), 313.

Act)对城区选举权的条件进行了拓展,指出选举资格中所要求的居住房屋在房屋结构上并不一定要求完全独立的房子——独立房屋是1867年《改革法》提出的假设。在一栋房东不居住的大楼里租住了一个单独房间或是几个房间的租户也可以被视为房产持有人。对一栋大楼的多重占有也不再是租户获得选举权的阻碍。但住在有房东居住的大楼中的租客们如果想获得选举权,则需要按照更为复杂的房客选举权的要求进行登记。1881年,布拉德利起诉贝利斯案(Bradley v. Baylis)的法律判决结果的生效进一步肯定了迪尔克法案的影响力。[14] 戈什的1869年法案和迪尔克的1878年法案对增加城区选民数量的影响是直接和令人震惊的,其影响力要远远超过1867年《改革法》。1871—1881年间,英国城区总人口数量增加了15%,同期英国城区选民数量增加了26%。伦敦的增幅更为明显:1881年,在圣潘克拉斯(St Pancras)区,就有1.1万名新增选民。1884年,在芬斯伯里地区选民增加了35%。[15] 1867年《改革法》通过后的15年间,把支付了济贫税且占有独立结构住房的男性房产持有人视为"体面可敬"的城区选民的看法已不复存在。[16]

1867年以后,选民登记过程本身也存在很多问题。人们熟悉的自1830年以来选民登记程序中的做法仍在继续。人们对拟定选民名单的监管存在诸多抱怨。每个城区选举的监管员年年都在变化,他们不可能总是熟悉该城区的纳税者,因此他们可能会根据心情和环境,对这项工作时而尽责时而松懈。据指控,有一些选民名单是由一些职业收税者在和政党代理人协商后拟定的。选民名单要求于8月1日对外公布,这也意味着名单中应该要包括到7月31日为止所有符合选民条件的人。时间表上的不可操作性意味着暂定名单是当年才编制的,几乎没有时间更新最新的选民名单。这也意味着原告几乎没有时间对他们列入选举名单的反对意见做出回应。再加上监管员又是无偿工作,这使问题更加严重。因此,对于那些马虎之人和党派人士来说,更没有必要去收集准确的信

---

[14] John Davis and Duncan Tanner, 'The Borough Franchise after 1867', *Historical Research*, 69 (1996), 306-327.

[15] John Davis and Duncan Tanner, 'The Borough Franchise after 1867', *Historical Research*, 69 (1996), 308, 312.

[16] 参见 John Davis, 'Slums and the Vote, 1867-90', *Historical Research*, 64 (1991), 375-388。

息。在各个乡郡,重复参选的情况并不少见。1870 年,在东肯特郡,据说在选举名单上有 10% 的名字是重复投票。同样,在南埃塞克斯和东柴郡重复投票的比例也不低。⑰在城区,投票资格主要是以纳税记录为基础的,重复投票的比例较低。但在城区,选民被取消资格是更为严重的问题。如果要为选民资格进行辩护,房产持有人必须出庭接受审核律师的审理,因此至少会损失一天的工资。人们越来越感到,要成功捍卫选举权,需要当事人律师的支持。1869 年,议会听取了选举代理人对其竞争对手的选民名单的反对意见的所有证据。据报道,1865 年在利物浦,自由党协会的秘书就对选举名单上的 9 000 人中的 3 000 人提出了反对意见。⑱除非人们对这些异议进行辩护,否则这些人的名字就会在选举登记表中自动删除。据说这些被称为"专业反对者"的人专门在一些城区运作,对选民登记的复杂程序相当熟悉,也知道如何有效地从登记表中删除选民名字。

  1871 年,议会委员会提议在每个城区建立一个独立的主管机构来专门负责选民登记工作。拿工资的选民登记员和专业工作人员能够保证编制准确的选举名单。然而下院否决了这个提议,主要是因为担心选民登记员会拥有广泛且不需要对议会负责的权力,这样一来,选民登记员就会成为有党派意图的政党代理人追求的职位。⑲1872 年律师威廉·哈考特(牛津城的自由党议员)的类似议案也在下院遭到否决。1873 年,自由党政府引入了一项覆盖面远不那么广泛的提案,提议简化注册程序,在城区拟定单独的议会和市政选民名单,并且对那些注册不成功或是无理取闹的对象征收费用。虽然该议案在下院通过了,但却遭到了上院的否决。结果,选民登记的过程越来越受地方政党协会的操纵,政党代理人及其律师对选民名单的操控也继续扩大。1878 年,基于未通过的 1873 年提案基础上的法案终于得到了议会的批准。⑳但该法案仅适用于城区,并且还

---

  ⑰ 参见 Charles Seymour, *Electoral Reform in England and Wales* [1915], ed. Michael Hurst (Newton Abbot, 1970), 359-363。

  ⑱ Charles Seymour, *Electoral Reform in England and Wales* [1915], ed. Michael Hurst (Newton Abbot, 1970), 366。

  ⑲ Charles Seymour, *Electoral Reform in England and Wales* [1915], ed. Michael Hurst (Newton Abbot, 1970), 371-372。

  ⑳ Charles Seymour, *Electoral Reform in England and Wales* [1915], ed. Michael Hurst (Newton Abbot, 1970), 375。

肯定了地方政党组织是确定选民权利的不可避免的背后力量。因此,在1832年的改革辩论中辉格党概念中的"独立"选民概念在1868年以后也让位给了越来越多的政党导向的选民这一现实。

1854年《预防腐败行为法》的出台对大选产生了很大的节制作用,但并没能消除贿赂和恐吓现象。[21]动荡的1868年大选使候选人耗资巨大。1868年,城区候选人的平均独立开支在400英镑到900英镑之间,甚至2 000镑的开支也很正常。在布拉德福德,选民人数大幅增加为2.16万人,自由党人爱德华·迈阿尔,落选候选人为此花费了7 000英镑。[22]在乡郡选区,候选人的平均花费在2 000英镑到4 000英镑之间。贝弗利(Beverley)和布里奇沃特(Bridgwater)仍是臭名昭著的腐败选区,在每次选举中都会发生对选民的贿赂和聚众滋事的暴力行为。1868年,特罗洛普竞选贝弗利的席位失败,贝弗利于1869年被取消了选举权,此后便成了选举腐败的代名词。在特罗洛普的小说《继承人拉尔夫》(*Ralph the Heir*,1869)一书中,他将他在珀西克罗斯(Percycross)选举中所经历的痛苦的选举过程编成小说。在那里,选民对外地来的候选人漠不关心,对政治问题也同样漠视,选民们关心的只是能从候选人那里得到多少啤酒和金钱,候选人演讲像连绵不停的雨一样无休无止。在特罗洛普的《我们现在的生活方式》(*The Way We Live Now*,1875)一书中,对伦敦选举的谴责就少得多了。特罗洛普指出,选举就是一场不择手段的党派代理人之间愤世嫉俗的竞争。与贝弗利一样,布里奇沃特和托特尼斯(Totnes)都是因为选民的腐败而臭名昭著的城区。据报道,在兰开斯特、韦克菲尔德、赖盖特(Reigate)和雅茅斯也有买选票的情况发生。但在1867—1869年间,除了韦克菲尔德以外,这几个选区都被取消了选举权。虽然选举开支中仍然包含选举中提供食物和饮料、在大型乡郡选区提供免费的交通和慈善捐助,但选举中的公然腐败现象被视为早期不太有序的选举时代的遗产,是不可接受的。[23]

---

[21] Charles Seymour, *Electoral Reform in England and Wales [1915]*, ed. Michael Hurst (Newton Abbot, 1970), 227–233.

[22] Charles Seymour, *Electoral Reform in England and Wales [1915]*, ed. Michael Hurst (Newton Abbot, 1970), 406.

[23] Jon Lawrence, *Electing our Masters: The Hustings in British Politics from Hogarth to Blair* (Oxford, 2009), 33.

1868年审议以腐败为由质疑选举结果的请愿从下院委员会转到选举法庭,在选区内举行,由法官主持。有人认为,下院委员会在考虑腐败指控时往往过于仁慈。司法公正将确保法律得到严格执行。对微不足道的或未经证实的请愿的惩罚也逐渐增加了。1854年《预防腐败行为法》的有限条款也得到了更有力的执行。虽然没有根除,但那些明目张胆的贿赂和公开的腐败行为减少了。18世纪以来,选民和非选民都很熟悉的标志着1867年前选举竞争特征的传统的公共仪式和喧闹的庆祝活动都逐渐销声匿迹了。《每日新闻报》(*Daily News*)在1868年评论说:"现代的提名程序和过去的程序已经大不相同了,过去的横幅、彩带、帽徽和乐团都不见了。"㉔投票实践中的更好秩序和节制使过度喧嚣逐渐被组织的遏制行为所取代(参见图片8.1)。

在1867年以后的选举过程中,最重要的变化就是1872年通过的《议会和市政选举法》(Parliamentary and Municipal Elections Act),该法案规定用无记名投票取代"公开"投票。法国在1789年大革命以后,无记名投票就被接受为选举体系中的一部分,选举集会一般在离非选民较近的教堂或市政厅举行。新独立的美国各州将在选举官员、选举人和候选人共同见证下的无记名投票制度写入了18世纪80年代的州宪法中。㉕在欧洲大陆意识形态的背景下,无记名投票被视为成文宪法中对选民"自然权利"的保护。然而,这一做法在英国却遭到了否决,它被视为外来的激进做法,将破坏选民对所在共同体的"男子气概"的公共责任。1830年,奥康奈尔呼吁下院进行无记名投票,实行男性普选权和三年召开一次的议会制度,但都以失败告终。㉖布鲁厄姆谴责这一提议是一种欺诈机制,这对选举代表合法"利益"和选民的道德品质来说都是致命的。在起草政府1831年改革议案的时候,罗素也反对无记名投票,认为它会破坏财产的影响力并导致宪政的颠覆。1833年皮尔也基于类似的理由反对无记名投票,认为它将会消除财产在选举中的影响力,会损害所有财产的安全和政府的稳定。㉗然而,激进派坚持在1835年和1838年议会中提出无记

㉔ *Daily News*, 16 November 1868.

㉕ 参见 Malcolm Crook and Tom Crook, 'The Advent of the Secret Ballot in Britain and France, 1789-1914: From Public Assembly to Private Compartment', *History*, 92 (2007), 449-471.

㉖ O'Connell, 28 May 1830, *Hansard*, ns, xxiv. 1214.

㉗ Peel, 25 April 1833, *Hansard*, 3rd ser., xvii. 663-667.

图片 8.1　1868 年在特拉法加广场（Trafalgar Square）举行的选举集会，特拉法加广场是 1829—1843 年间修建的一个公共场所。1868 年，因为在考文特花园的竞选讲坛中发生了较大的混乱，特拉法加广场成为威斯敏斯特区选举演讲的讲坛。

名投票的提议。这两个提议都在下院遭到了否决。格罗特向下院展示他在选票上打孔的机器，并指出该机器是一种比口头唱票更为安全的记录选票的方式，因为口头唱票会有因敌意而故意遗漏的情况。1835年，罗素赞扬选民在"光天化日之下，在全世界面前，在舆论的高度监控"下，口头行使他们投票特权的"有益的做法"。㉓ 1848 年，在宪章运动者向议会提交最后一份请愿书中，他们放弃了将无记名投票作为进一步改革的要求。

1848 年后，激进派弗朗西斯·伯克利（Francis Berkeley，布里斯托议员）在下院提议年度无记名投票。但讨论的时间通常非常短，因为下院似

㉓　Russell, 2 June 1835, *Hansard*, 3rd ser., xxviii. 452.

乎并不太愿意讨论这个事情。1853年成立的促进采用无记名投票社团（Society for Promoting the Adoption of the Vote by Ballot）在影响舆论方面也收效甚微，激进派内部在这个问题上产生了分歧。罗素认为这件事情不值一提，它只是个"糟糕的、秘密的、卑鄙的投票方式，而不是公开和直接的方式"。㉙ 1856年，《泰晤士报》称无记名投票"在英格兰是不可能的，因为这与对自由而言至关重要的公开和自尊是完全矛盾的"。㉚ 在1859年大选期间，保守党大臣纳斯勋爵在科克茅斯更是直截了当地对选民们表示，无记名投票是"一种肮脏的、卑鄙的、伪善的、美国佬的机制"。㉛ 约翰·穆勒在1859年出版的《有关议会改革的思考》（Thoughts on Parliamentary Reform）一书中说，无论是对社会道德还是社会福祉来说无记名投票都是不必要且有害的。他宣称："人们会投下不诚实或者卑劣的选票，比起公开投票，秘密投票使得人们从钱财、恶意、愤怒、个人竞争、阶级或者宗教的偏见的利益等出发的投票变得更加容易。"㉜ 格莱斯顿反对无记名投票，并且在他的1866年改革议案中拒绝考虑任何有关无记名投票的动议。在1867年的改革辩论中，有关这个问题的讨论也没有占据多少时间。但激进派奥斯本（诺丁汉议员）在1867年7月提出了一个新的论断。奥斯本并没有采用所谓穷人在公开选举时会受到富人老板的压迫这一类的老套说辞，他指出："暴政有可能是表述阶级对本阶级人施压。"他以工会活动为例，警告说："当贫困阶级联合在一起的时候就会形成强大的力量，可以对那些违背他们意愿的人行使权力。"㉝ 无记名投票可以使贫困的选民诚实地表达他们的意见，而不会受到来自他们自己阶级的集体压力的影响。在1868年以前，下院对无记名投票的支持并没有增加，而在19世纪60年代早期反对的立场却如同30年以前一样坚定。

此后，在1868年8月至11月为大选做准备的公开演讲中，布赖特指

㉙ 29 Russell to the Dean of Bristol, 27 October 1858, Russell MSS, TNA: PRO 30/22/13F, fo. 135.

㉚ *The Times*, 10 December 1856, 8.

㉛ *Carlisle Journal*, 3 May 1859, 引自 James Owen, 'Cockermouth', in *History of Parliament: The House of Commons 1832–1868*。

㉜ John Stuart Mill, 'Thoughts on Parliamentary Reform', in *The Collected Works of John Stuart Mill*, ed. John Robson et al., 33 vols (Toronto, 1963–1991), xix. 336.

㉝ Osborne, 12 July 1867, *Hansard*, 3rd ser., clxxxviii. 1445–1446.

出无记名投票是保证进一步改革的首要问题。㉞ 他认为,这样做能够降低选举的过高成本,减少选举混乱,对那些不太独立的选民阶级来说可以避免受到不公正的压力。1868 年候选人选举的高额开支对布赖特的论断是个强有力的支持。在贝弗利、布里奇沃特和斯莱戈报道出来的腐败现象提供了生动的不受欢迎的选举实践案例。在布莱克本的选举暴力事件中,有两名男子死亡,这引起了包括格莱斯顿在内的许多议员的公开评论。㉟ 1868 年 4 月,在布里斯托举行的一次补选中,有 1 200 名装备了临时武器的"粗人"恐吓选民并且摧毁自由党支持者们的财产,据称这些人的费用都是由保守党候选人支付的。保守党候选人约翰·迈尔斯(John Miles)也被指控在 200 家当地酒吧向选民提供免费啤酒,并且也由于请愿而被取消了候选资格。㊱ 11 月在布里斯托举行大选时,自由党的武装暴民袭击了有声望的保守党人的房屋并且毁坏了保守党委员会的房间。㊲ 布赖特以在爱尔兰乡郡选举中的暴力事件、在苏格兰乡郡选举中的困难以及威尔士圣公会地主对不从国教的自由党选民的恐吓为例,宣称无记名投票是保证选举秩序和选举自由的不可或缺的部分。1868 年 11 月,他写信给格莱斯顿说大选中"数量空前"的腐败、贿赂和骚乱现象表明无记名投票"就像是两年前的广泛的男性普选权一样是必要的且不可或缺的"。㊳ 1856 年,澳大利亚在维多利亚州(Victoria)、南澳大利亚州(South Australia)和塔斯马尼亚州(Tasmania)都进行了非公开的无记名投票,布赖特认为,这是一个很好的例证,说明用无记名投票来代替口头投票是非常有益的。1868 年 12 月,布赖特同意加入格莱斯顿的自由党内阁的条件就是要对选举行为进行调查——就包括了对无记名投票在内的考察。布赖特作为一个全国最知名的不从国教的政治家,被吸纳进自由党内阁,这对格莱斯顿来说是必要的,足以证明他的政府代表了被他所呼吁的爱尔兰政教分离所激发的广泛的道德情操群体。格莱斯顿在格林尼

㉞ 1867 年 8 月,布赖特在写给 Edmond Beales 的公开信中指出无记名投票的紧迫性,参见 H. J. Leech (ed.), *The Public Letters of the Rt Hon. John Bright, MP* (1885), 135-136。

㉟ Justin Wasserman and Edwin Jaggard, 'Electoral Violence in Mid-Nineteenth-Century England and Wales', *Historical Research*, 80 (2007), 134.

㊱ 参见 25 June 1868, *Hansard*, 3rd ser., cxcii. 2130。

㊲ Justin Wasserman and Edwin Jaggard, 'Electoral Violence in Mid-Nineteenth-Century England and Wales', *Historical Research*, 80 (2007), 128.

㊳ Bright to Gladstone, 27 November 1868, Gladstone MSS, 44112, fos 67-68.

治的一次演讲中承认,1867 年《改革法》所增加的选民队伍似乎凸显了在面对贿赂的诱惑和强制压力的时候新增选民的脆弱性。㊴

格莱斯顿政府愿意考虑无记名投票,与其说是原则性的承诺,还不如说是战术性的让步。在 1868 年前,包括首相在内的大多数自由党内阁都反对伯克利每年提出的无记名投票的提案。但在 1869 年 1 月,新任的自由党内政大臣 H. A. 布鲁斯(H. A. Bruce)宣布了他态度的转变。布鲁斯说,他之前在反对无记名投票的时候,认为这种做法违背了国家体系中应该鼓励的勇敢、诚实、无畏的精神,但在 1868 年大选中他所目睹的一切使他相信,无记名投票的做法是两害之中较轻的那一个。㊵这次,他不是原则性地拥护,而是一种不情愿的默认。进步的自由党杂志《威斯敏斯特评论》批判说无记名投票是一个非英国的创新。"英国人所珍视的自由必须是强有力的增长",而不是"爬入角落的无法忍受阳光的病态的异国情调"。㊶尽管如此,1869 年 3 月,还是成立了一个特别委员会来审查议会和市政府选举行为,以确保选举中的安定、纯洁和自由。布鲁斯证实,委员会将考虑引入无记名投票作为一种赋予选民安全、自由和独立的手段。此外,委员会还将商讨提名程序、有偿拉票的做法、公共住房的选举使用以及选举费用等问题。㊷

该特别委员会由 23 名成员组成,其中包括布赖特在内的 9 名支持无记名投票的激进派和进步的自由党成员。其他自由党成员如前党鞭长亨利·布兰德对此持怀疑态度,还有辉格党乔治·格雷爵士此前就曾投了对该提案的反对票。有 11 位保守党成员被认为是反对该提案的,而辉格党的主席哈廷顿勋爵则被视为是值得信赖的报告起草者。1869 年 3 月至 7 月间,委员会采访了近 80 名证人并收集了证据,这些证据成了考虑是否进行无记名投票的主要依据。㊸哈廷顿起草的报告中证实在英格兰和爱尔兰的城区依然存在大量各种形式的腐败行为,选举恐吓以变相的

㊴ *The Times*, 22 December 1868, 4.
㊵ *Observer*, 17 January 1869, cit. in Bruce Kinzer, *The Ballot Question in Nineteenth-Century English Politics* (New York, 1982), 104-105.
㊶ *Westminster Review*, 91 (1869), 388.
㊷ Bruce, 4 March 1869, *Hansard*, 3rd ser., cxciv. 648-657.
㊸ Bruce Kinzer, *The Ballot Question in Nineteenth-Century English Politics* (New York, 1982), 119-121.

形式进行,虽然在乡郡几乎没有腐败"招待"和贿赂行为,但还是存在地主对选民的微妙的胁迫。在嘈杂、骚乱和混乱的背景下以及布赖特的敦促下,报告建议废除公开提名制度。报告评论说,虽然拉票行为不能被有效禁止,但无记名投票尽管不能消除却可以抑制恐吓和胁迫行为。因此,这可能给选举竞争带来更大的"平静"。㊹ 1870 年 2 月至 3 月间,委员会讨论了报告草案。委员会保守党成员反对将无记名投票写入草案,他们认为投票是公共责任的表现,需要受到舆论的控制,而无记名投票则和"这个国家的习惯"是对立的。㊺他们的意见被自由党人和激进派驳回。

1870 年 5 月 9 日,哈廷顿在特别委员会报告的基础上在下院提出了一份议会选举的议案。该议案提议进行无记名投票,禁止将公共房屋作为选举委员会的房间,并且任何未列入候选人支付返还的款项均被自动视为腐败支付。该议案的条款中不包括市政选举。在无记名投票纸上带有编号的票根与每个选民在进行选民登记的编号对应,以方便选举法官对选举不当行为的指控进行调查。㊻但激进派立即反对这种可能的审查,因为它破坏了无记名投票的秘密性。他们还抱怨说,该议案不能将选举必需的花费从候选人身上转移到选区。与此同时,保守党也打算在二读的时候反对该议案。

7 月,旷日持久的有关政府教育立法的讨论拖延了时间,因此没有时间讨论议会《选举法》。但格莱斯顿还是抓住了这个机会阐释了为什么他现在会转而支持无记名投票。他认为房产持有人选举权已经在城区实施了,所以将房产持有人选举权引入乡郡是迟早的事,以前有关投票的公共信任的概念已不再适用了。㊼他声称,1867 年《改革法》使得城区所有没有"年龄、犯罪、贫困或其他实际不合格情况"的男性都获得了选举权。这是对投票人的道德资格的一个非常宽泛的定义,他看到了对房产持有人的赋权的含义。他认为,这就意味着现在的代表体系涵盖了整个国家,现在选民和国家站在了一条战线上。这给那些过去有投票权的人所谓的

㊹ Bruce Kinzer, *The Ballot Question in Nineteenth-Century English Politics* (New York, 1982), 125.

㊺ Bruce Kinzer, *The Ballot Question in Nineteenth-Century English Politics* (New York, 1982), 128.

㊻ Hartington, 9 May 1870, *Hansard*, 3rd ser., cci. 431–446.

㊼ Gladstone, 27 July 1870, *Hansard*, 3rd ser., cciii. 1029–1034.

"实质代表"的概念沉重一击。他声称,除了选民的妻子或者家人,"实质代表"并不能代表其他人的信任。对财产的占有和"独立"不再是选民的定义,但一个房屋的持有人履行他的义务和责任时呈现的"体面可敬"——这个资格在格莱斯顿看来是面向所有人的,只要他们渴望选举权并且能够证明他们的道德价值。因此,无记名投票是保证脆弱的新选民不受胁迫的必要条件,使投票做到"纯粹"和"自由"。格莱斯顿对无记名投票合理性的说明并不完全有说服力。1867年后,在英格兰和威尔士3位成年男性中还有2人没有选举权。在实践中,选民仍然是有限的。迪斯雷利在回应格莱斯顿时指出了这一点,并且重申他认为投票不是一种信任和权利,而是一种特权。[48]约翰·穆勒认为即使是在普选权的制度下,投票也只有通过"公开"投票才能获得公众的信任。格莱斯顿将无记名投票的必要性和终会实现的乡郡房产持有人选举权联系在一起的做法,反而加剧了反对者的担忧。首相对无记名投票的理由对很多人来说似乎只是在他的政治让步上添加了一个薄薄的道德光环,是确保布赖特出现在格莱斯顿内阁中的代价。

在1871年议会会议期间,格莱斯顿的政府引入了一个更加全面的选举议案。该议案同样适用于市政选举和议会选举。1870年自由党通过的《初等教育法》(Elementary Education Act)同意采用无记名投票的方法选举大城市的学校董事会。由于布赖特因病于1871年从政府辞职,议会的立法工作交由1870年《教育法》的拥护者和长期倡导无记名投票的内阁部长福斯特负责。福斯特说服内阁在议案中加入议会候选人的官方开支应由选区纳税人承担的提议。[49]1870年《议会选举议案》(Parliamentary Elections bill)中的审查条款被删除了。在福斯特立法提案问题上,作为反对党的下院保守党成功地运用了拖延策略,致使直到8月该提案才提交上院。在大多数人的反对下,上院拒绝了这项提案,贵族们反对该立法的性质且认为给予他们考虑这项措施的时间表是无礼和仓促的。为了1872年的议会讨论,格莱斯顿于1871年9月在惠特比发表了一次演讲,重申了无记名投票措施的重要性。[50]为使该议案能够顺利地在议会通过,

---

[48] Disraeli, 27 July 1870, *Hansard*, 3rd ser., cciii. 1037–1038.

[49] Bruce Kinzer, *The Ballot Question in Nineteenth-Century English Politics* (New York, 1982), 153–154.

[50] *The Times*, 4 September 1871, 12.

内阁同意将无记名投票与处理腐败选举行为的立法分开。在随后的议会议程中，关于将官方选举费用转移至选区的提议也从福斯特的《议会和市政选举议案》(Parliamentary and Municipal Elections bill)中撤下，只提议进行无记名投票和取消公开提名的选举程序。(51) 1872 年 5 月底，尽管参加下院辩论的人并不多，一些部长也只是敷衍了事地进行了发言，但在自由党议员的一致支持下，该议案通过了下院的三读并提交给上院。

上院的贵族们现在面临一个是否要否决下院通过的措施的挑战。在上院中，保守党领袖们就如何应对这种情况产生了分歧。里士满公爵和凯恩斯勋爵希望避免引发一场宪政危机。保守党补选的胜利表明选民意见正朝着有利于他们的方向转变。否决该议案可能给自由党提供一个方便的选举口号，转移人们对 1871 年以来自由党政策普遍失败的关注。然而，索尔兹伯里勋爵则倾向于直接拒绝该议案，他认为下院自由党的多数派并不能代表这个国家的真实观点。(52)最终，他们同意不在上院二读的时候反对该议案，而是试图使通过的立法不具有强制性。(53)迪斯雷利同意了里士满和凯恩斯的方案。但非强制的无记名投票措施永远不会被下院的自由党议员接受。而且，里士满和凯恩斯的策略随即被格雷三世伯爵的提议所削弱，格雷在上院二读开始的时候，号召坚决反对该议案。(54)里士满不得不反对格雷的提议，而其他保守党同僚如卡那封和索尔兹伯里都表达了对该议案的强烈反对。作为反对党的保守党陷入了混乱的局面。
285 在二读中，该议案以 86 票对 56 票获得通过。在行使委员会职权时，里士满在议案中加入了审查条款。(55)在微弱少数的情况下，他还担保了一项修正案，提议无记名投票成为可选项。另一项修正案也得到了上院的批准，该修正案同意进行无记名投票的临时试验，并决定于 1880 年再进行最终审议。修改后的议案于 6 月 25 日通过了上院的三读。自由党内阁在重申该议案中心原则的同时也同意在他们认为的次要的地方让步。在进行

(51) Bruce Kinzer, *The Ballot Question in Nineteenth-Century English Politics* (New York, 1982), 202.

(52) Bruce Kinzer, *The Ballot Question in Nineteenth-Century English Politics* (New York, 1982), 206.

(53) Richmond to Disraeli, 16 May 1872, Hughenden MSS, B/XX/Le/35.

(54) Grey, 10 June 1872, *Hansard*, 3rd ser., ccxi. 1427-1437.

(55) Richmond, 17 June 1872, *Hansard*, 3rd ser., ccxi. 1802-1803, 1812.

了一些修改后,里士满的审查条款也被接受了。该议案的 8 年有效期限也落实了。但非强制性无记名投票和上院的其他修正案则被否决。7 月初,下院迅速批准了政府的应对措施。在上院坚持认为无记名投票作为可选项的情况下,内阁决定解散议会——他们预计来自上院的蓄意阻挠会暴露在愤愤不平的选举判决中。㊲政治氛围变得狂热和不稳定。最终,在 7 月 8 日,上院以 157 票对 138 票撤回了里士满关于非强制性无记名投票的修正条款。十天后,通常被称为《无记名投票法案》(Ballot Act)的《议会和市政选举议案》也得到了王室的批准。1880 年,无记名投票的"临时试验"重新开始,并在 19 世纪末扩展到全英国的乡郡市政厅、济贫法委员会和所有的校董事会的选举中。

因此,议会选举中的"公开"投票于 1872 年停止了。在选民登记本上记录选民的名字、职业和口头唱票的情况不复存在,唯一例外的是直到 1948 年在牛津大学和剑桥大学的大学席位选举中才又有了公开投票。直到 1872 年议会会议,许多议员认为这次有关选举性质的改变相比格莱斯顿政府提出的其他许多立法改革来说并不那么重要。1871 年 8 月上院对福斯特的议案的否决也没有激起大范围的公众对"贵族"反动阻挠的强烈抗议。在 1871—1872 年的冬季补选的竞争中,无记名投票并不是一个突出的问题。而且,引入无记名投票并不能像其支持者们说的那样消除在 1874 年和 1880 年大选中依然存在的贿赂和招待问题。1874 年,伍尔夫汉普顿有工人帮派袭击了投票站和保守党委员会的房间。在森德兰、诺里奇、诺丁汉、林肯和北达勒姆也发生了骚乱。从这个意义上说,无记名投票的作用比它的支持者们所鼓吹的要少得多。但这类事情也变得越来越少了,并且受到普遍的强烈谴责。《无记名投票法案》引入了新的力量来阻止投票站附近无序行为的发生。1872 年以后,没有任何关于威胁恐吓的请愿发生。《泰晤士报》在 1874 年称,"暴徒、游行、小恩小惠、混战和酒后斗殴都已经成为过去式"(参见图片 8.2)。㊳

㊲ Bruce Kinzer, *The Ballot Question in Nineteenth-Century English Politics* (New York, 1982), 230–231.

㊳ *The Times*, 11 February 1874, 9.

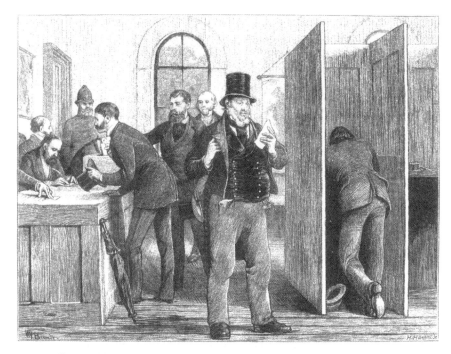

图片 8.2　描述了 1872 年引入的无记名投票方式取代了公开唱票的方式。布赖特认为，无记名投票将会降低选举的不必要的开支、减少选举混乱，并且对那些不太独立的选民阶级来说可以避免受到不公正的压力。

1872 年《无记名投票法案》也取消了竞选中的公开提名。递交签字的提名表取代了公开的会议提名。因此，"公开"的提名程序让位给封闭的或是选票制的政党选举会议。这些清静的可控的做法取代了竞选活动中喧嚣的聚会，更有利于公共安全。政党代理人的权力得到了进一步拓展。就如《双周评论》所警告的，秘密的投票增强了政治团体的影响力，候选人的成功取决于政党组织的安排。保守党改革家乔舒亚·菲尔登（Joshua Fielden，西约克郡议员）等议员感叹，这是"我们最伟大的公共会议"的损失。㊳ 但在 1832 年后，就开始逐步限制公开的选举仪式。在 19 世纪 30 年代，选举日被缩短了。在 19 世纪 50 年代，如果政党的帽徽、绶带和音乐由候选人支付，则被视为违法。1872 年，"公开"投票和提名仪式被取消。强加的公共秩序逐步规范了选举过程。

㊳　Jon Lawrence, *Electing our Masters*: *The Hustings in British Politics from Hogarth to Blair* (Oxford, 2009), 46.

无记名投票的引入源于政治动机（格拉斯顿需要布赖特作为他的内阁成员）和对实际问题的关注（以减少选举中的混乱）。在 1867 年创造的"大众"选民的背景下，大多数议员及其同僚都勉强承认这是一种务实的需要。尽管上院议员们一致反对，下院议员们私下也并不支持，整个国家对无记名投票都怀着漠不关心的态度，但 1872 年的年度选民登记表明无记名投票还是实施了。[59]在某种程度上，它标志着人们对投票的看法在逐渐转变，从过去将其视为一种公共责任到现在视为一种表达选民个人意愿的个人行为。投票不再是伴随着"实质代表"概念产生的代表共同体的信任，而是对那些已经树立了道德地位的人的一种道德权利（格莱斯顿的看法）或是一种特权（迪斯雷利的看法），因此这些代表表现得就像家庭中有责任心的家长一样。然而，几个减轻了立法影响力的因素依然存在。[60]第一，尽管是无记名投票，但很多选民依旧把投票看作是代表共同体的公共信任。第二，许多人认为无记名投票将会清除选举体系中"非法"影响力，使其更直接地与根本"利益"相协调。[61]第三，乡郡中统计无记名投票的过程是在各个村庄分别进行的，涉及的选票数量相对较少，这便不难看出选民是如何投出自己的选票的。[62]第四，在某些场合，议会候选人还是继续举行露天会议，还是会用举手表决的方式来表示支持，并且还有政党代理人在更多的集会场合上询问选民会如何投票。《无记名投票法案》的实际影响是加强了政党活动分子对正式的选举竞争组织的控制。

随着党派分歧的加深，选民"分裂"投票给不同政党候选人的情况减少了（参见图 8.1）。在英格兰双席位选区，1847 年大选中有 38% 的选票、1857 年有 33% 的选票是来自于"无党派排他性"或是在不同政党间的"分裂"投票。在 1868—1880 年，"分裂"投票和"无党派排他性"投票比例降至 9.5%，随后又降到 7%，这反映了选民党派忠诚度的加强。

---

[59] *The Annual Register for 1872*（1873），72.

[60] Matthew Roberts, 'Resisting "Arithmocracy"：Parliament, Community, and the third Reform Act', *Journal of British Studies*, 50/2（April 2011），386-387.

[61] Miles Taylor, 'Interests, Parties and the State：The Urban Electorate in England, c.1820-72', in Jon Lawrence and Miles Taylor（eds.），*Party, State and Society：Electoral Behaviour since 1820*（Aldershot, 1997），65.

[62] Martin Pugh, *The Making of Modern British Politics, 1867-1939*（Oxford, 1982），11-12.

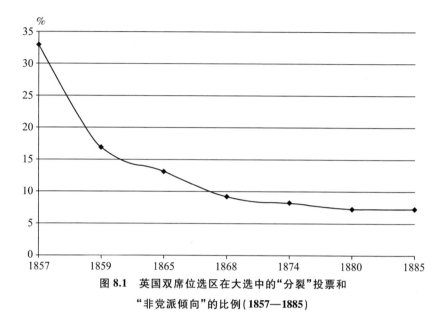

图 8.1 英国双席位选区在大选中的"分裂"投票和"非党派倾向"的比例(1857—1885)

来源：Gary Cox, *The Efficient Secret: The Cabinet and the Development of Political Parties in Victorian England* (Cambridge, 1987), 103-109, and Philip Salmon, 'The House of Commons, 1801-1911', in Clyve Jones (ed.), *A Short History of Parliament: England, Great Britain, the United Kingdom, Ireland and Scotland* (Woodbridge, 2009), 257。

非竞争性选举是维多利亚早期和中期的重要特征,但变得越来越罕见。在 1865 年,有 194 个选区(不包括大学席位)不存在竞争。到 1868 年,这一数字降为 137,到 1874 年继续降至 112。1880 年只剩下 64 个不存在竞争的选区。到 1885 年,仅有 39 个选区不存在竞争。在 1865 年,有 46%的议会议员在无任何竞争的情况下当选,而到了 1880 年,则只有 16%的议员还能如此幸运(参见图 8.2)。

越来越多的候选人参加大选证实了这种趋势。自 1832 年以来,超过 1 000 名的候选人参加选举的情况第一次出现于 1868 年。而在 1868 年以后少于 1 000 名候选人的大选再也没有出现。选举竞争在全国展开,在竞争中,由中央控制的政党在国家议题上争取选票,已经逐渐成为一种常态。

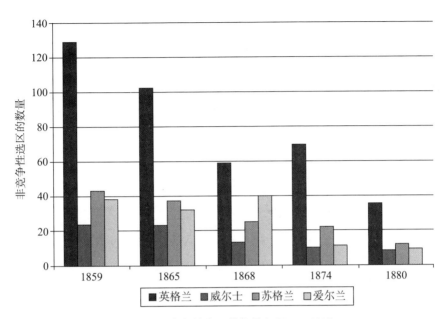

图 8.2 非竞争性选区的数量（1859—1880）

来源：F. W. S. Craig, *British Parliamentary Election Results*, *1832-1885*（London, 1977），624。

选区中的政党组织

1867年《改革法》以及随后的立法和1872年的《无记名投票法》的实施加强了选区中政党代理人的权威和政党组织的作用。1832年以后，选民登记的程序很快就被政治化了。在变更执行法庭中，选举名单的拟定成为党派竞争的一种。1832年《改革法》的起草者既没有打算过也没有预料到在19世纪30年代会在选区选民活动中注入一个强大的政党元素。1867年《改革法》强化了这一发展趋势。1870年和1871年将选举名单的汇编权交到一个无党派的权威机构的尝试失败了，并导致把对选民登记的要求和反对意见的管理工作交给了地方政党活动分子。1878年迪尔克的立法，也承认了这一现实。在这个层面上，19世纪30年代和70年代的选区中发生的事情存在一定延续性。1867年以后的变化是全国性政党对选区的地方组织的中央控制日益加强。1867年以前，地方政党组织非常憎恨外来干涉，对他们认为的不受欢迎的干预会采取敌对态度。

选区政党组织被认为是当地活动人士自己的事情,这些活动人士管理着自己的共同体的政治事务。按照惯例,在选举期间,议员不会与自己选区之外的选民们交谈。一旦做了就是对另一个共同体事务毫无根据的干涉。无论是作为候选人还是演讲者,陌生人都是被怀疑的对象。1867年后,选区政治的封闭性逐渐被打破。尽管仍然存在阻力,地方政党的激进主义还是慢慢地被同化进全国性组织。

和他们的对手相比,19世纪30年代的保守党证明了他们在地方政党组织方面的优势。1837—1857年间保守党议员在英格兰和威尔士都获得多数席位,这表明保守党对选举情绪的适应力很强。保守党获得支持的广度也很重要。在英格兰的大部分城区以及英格兰的乡郡和小城区,保守党在选举中都十分活跃。通过成立保守党运作协会,以及呼吁对工厂立法,以保护工人不受工厂主剥削的做法,保守党获得了城市工人阶级的支持。托利激进主义并不是一种异常现象,而是在反对不受限制的工业化带来的有害和分裂的社会影响的共识上的自然表达。值得注意的是在19世纪50年代和60年代,一小部分前宪章运动者转入了保守党,而不是自由党。㊟与此同时,在1832年至1865年间,保守党占威尔士大众选票的55%,占爱尔兰大众选票的40%。㊉保守党有效和长久地获得选举支持,虽被辉格党和自由党在政府中的主导地位所遮盖,但这也证明了保守党活动人士的足智多谋以及通过宴会、演讲、招待会、茶话会等社交活动不断增强的保守党价值观的吸引力。

19世纪60年代后期,保守党人也在引领选区联盟处于更大的中央控制下起到了示范作用。玛卡姆·斯波福斯(Markham Spofforth)担任保守党1859—1870年的代理律师,《名利场》称,他发明了一种新的选举人,即"保守党工人"。㊋全国保守党和宪政协会联盟(National Union of Conservative and Constitutional Associations,简称"全保联")于1867年11月成

㊓ David Gadian,'Radicalism and Liberalism in Oldham: A Study of Conflict, Continuity and Change in Popular Politics, 1830-52', *Social History*, 21/3 (October 1996), 267. 也参见 Jon Lawrence, *Electing our Masters: The Hustings in British Politics from Hogarth to Blair* (Oxford, 2009), 21-22。

㊔ Matthew Roberts, *Political Movements in Urban England, 1832-1914* (Basingstoke, 2009), 102, and K. T. Hoppen,'The Franchise and Electoral Politics in England and Ireland, 1832-1885', *History*, 70 (1985), 202-203。

㊕ Roy T. Matthews and Peter Mellini, *In 'Vanity Fair'* (1982), 224。

第八章 "议会政府"的终结：1868—1884

立。在"拒绝任何形式的指令"的同时，全保联宣称该协会的目的在于对地方保守党协会的"思想与行动进行统一"。⑥⑥在年轻且充满活力的亨利·塞西尔·雷克斯（Henry Cecil Raikes）的协助下，全保联成立背后的推动力是威廉·内维尔（William Nevill）勋爵，他从1868年起成为阿伯加文尼五世伯爵。内维尔在选举管理方面经验丰富。1866年他与斯波福斯一起管理1863年成立的全国保守党注册协会（National Conservative Registration Association）。他向保守党的下院首席党鞭建议分散保守党的选举基金。⑥⑦他与德比、马姆斯伯里和斯波福斯一起支持1864年成立小卡尔顿俱乐部（Junior Carlton Club），该协会主要吸纳乡郡律师和土地代理人作为政党选举工作的跑腿人。小卡尔顿俱乐部位于卡尔顿对面帕尔摩街的一座宫殿式的大俱乐部会所里，该协会受到了迪斯雷利的欢迎，认为它给"我们这个国家的工作伙伴提供了一个聚会点"。⑥⑧全保联的范围限定为英格兰和威尔士。爱尔兰的政党事务仍然掌握在位于都柏林的爱尔兰中央保守党协会手中。处理涉及英格兰和威尔士乡郡的选举事务时，全保联需要与秘书长查尔斯·基斯-福尔克纳（Charles Keith-Falconer）领导的乡郡保守党登记协会（County Conservative Registration Association）进行联络。最初，全保联与由雄心勃勃的约翰·戈斯特（John Gorst，剑桥区议员）领导的大伦敦和威斯敏斯特保守党协会（Metropolitan London and Westminster Conservative Association）之间的关系是小心谨慎的。全保联早期的成效也受制于一些著名的保守党人士的矛盾态度，迪斯雷利就是其中之一，他担心全保联会使议会的领导权处于尴尬的地位。然而，德比在1869年10月去世之前十分鼓励雷克斯的工作。⑥⑨

保守党中央办公室于1870年在威斯敏斯特国会大街成立，喜怒无常

---

⑥⑥ Sedgwick circular, December 1867, Hughenden MSS, B/IX/D/32k.

⑥⑦ Richard Shannon, *The Age of Disraeli, 1868-1881: The Rise of Tory Democracy* (1992), 15.

⑥⑧ Disraeli to Spofforth, 21 November 1863, cit. in M. G. Wiebe, J. B. Conacher, John Matthews, and Mary Millar, et al. (eds.), *Benjamin Disraeli Letters*, 10 vols to date (Toronto, 1982-), viii. 329-330.

⑥⑨ Noel to Corry, 7 November 1867, Hughenden MSS, B/IX/D/32c. See also Angus Hawkins, *The Forgotten Prime Minister: The 14th Earl of Derby: Achievement, 1851-1869* (Oxford, 2008), 358-359.

的戈斯特成为保守党的主要代理人。⑦戈斯特称中央办公室的主要工作是：为选民登记提供建议，寻找合适的议会候选人，为成立保守党协会提供协助，鼓励举办地方会议，制作小册子和宣传单，出版包括文章和演讲的每周通讯，提供政治统计，以及派"使者"去走访地方协会。⑦戈斯特很快与全保联建立了密切的联系，并于次年成为名誉秘书长。全保联的总部也搬到了国会大街的中央办公室的前面。实际上这使得全保联处于戈斯特的密切掌控下。迪斯雷利现在确信全保联不会轻易独立出去。戈斯特的首要任务就是将英格兰和威尔士城区的基层民众组织起来支持保守党。在1868年的选举中，保守党失去了33个英格兰城区席位。截止到1872年，已经有151个地方保守党协会加入了全保联。到1874年，59%的英格兰和威尔士选区有了"保守党"协会或是"保守工人"协会。还有9%的选区要么有登记协会，要么有作为组织中心的俱乐部，而29%的选区仅有本地政党代理人。仅有3%的选区没有任何组织。⑫

当戈斯特对候选人的选择和竞选基金的使用进行监管的时候，全保联则为公共会议提供发言人（他们被认为是全国性政党路线的可靠支持者），以及海报宣传画和邮寄的小册子。1872年，它就印了4.2万份，宣传手册，其中包括前斯坦利勋爵（1869年成为德比十五世伯爵）和迪斯雷利的主要演讲。⑬它还支持地方协会处理选举名单以及在修正法庭中提出自己的主张。迪斯雷利于1872年6月在水晶宫的一次全保联的会议上发表了一次演讲，宣布了保守党的"三个伟大目标"，即维护国家体制、支持帝国和提升人民的生活水平。但是，作为对全保联在政党选举中努力的认可，该演讲的时机与演讲内容本身一样重要。虽然在早期迪斯雷利对全保联心存疑虑，但是在1872年他十分推崇全保联的活动。截止到1877年，一共有791个地方保守党协会隶属于全保联。

1881年迪斯雷利去世后，樱草会（Primrose League）于1883年成立，该联盟是以迪斯雷利最喜欢的花来命名的。樱草会作为在农村地区为保

---

⑦ 参见 E. J. Feuchtwanger, *Disraeli, Democracy and the Tory Party: Conservative Leadership and Organization after the Second Reform Bill* (Oxford, 1968), 113-120。

⑦ Gorst to Disraeli, 24 February 1881, Hughenden MSS, B/XXI/G/264.

⑫ Gary Cox, *The Efficient Secret: The Cabinet and the Development of Political Parties in Victorian England* (Cambridge, 1987), 41.

⑬ Richard Shannon, *The Age of Disraeli, 1868-1881: The Rise of Tory Democracy* (1992), 122.

守党争取支持的组织与全保联展开竞争。㉔樱草会的座右铭是"帝国与自由"(Imperium et Libertas),该座右铭证实它受到保守党选民的欢迎并坚定地忠于保守党的领导。在散发中央办公室的资料时,地方的樱草会组织了一系列招待会、舞会和晚间娱乐等活动。女性也可以成为樱草会的正式成员,这使得贵族、乡绅和中产阶级在培育基层保守主义方面扮演了正式的角色。到1890年,该协会就有约100万活跃成员。他们在动员支持选举方面为保守党提供了强大的选举辅助力量。实际上,他们组成了一个庞大的不拿工资的游说团体,在全国范围内,通过保守党关于君主、贵族、宗教和帝国的口号等广泛的爱国主义诉求激起人们的保守主义情感。这些活动为全保联作为中央办公室的宣传部门的努力提供了补充。但思想和信息的流动只是单向的。这些思想和信息从议会政党到达中央办公室,然后通过全保联和樱草会流向社会。樱草会提供的政策咨询几乎可以忽略不计。就像它的名字所暗示的一样,是由中央办公室来控制演讲的内容以及决定哪些可以在党内文献中传播。在1873年的利兹会议上,雷克斯断言全保联看起来像是一个服务"保守党的女仆",而不是"篡夺保守党领导权的人"。㉕地方保守党组织也没有像全国自由党联盟(National Liberal Federation)那样用严格的党纪来要求他们的议员。如果不相信阶层和等级制度,那根本就算不上是保守党人。

　　从19世纪70年代开始,保守党对"帝国主义"的庆祝为他们呼吁进行社会革命和捍卫国家历史体制提供了补充。这也证实了他们所声称的自己是一个真正的全国性政党。"帝国与自由"的口号交织在一起,成为"英国"集体身份的双重特征,体现在历史宪政自由、法律和"文明"秩序,以及"英国"的殖民统治身份中。㉖它宣称,"帝国主义"是一种强大的爱国主义使命感和全球责任。在看待殖民地和帝国的时候,维多利亚早期的政治家们更多地认为英国有在世界上较不"发达"的地区培育"文明"

㉔ 参见 Martin Pugh, *The Tories and the People, 1880-1935* (Oxford, 1985), and Diana Elaine Sheets, 'British Conservatism and the Primrose League: The Changing Character of Popular Politics, 1883-1901', unpublished Ph.D. thesis, Columbia University, 1986。

㉕ Alan Beattie, *English Party Politics*, 2 vols (1970), i. 178.

㉖ 1879年11月,迪斯雷利在伦敦市政厅的一次演讲中使用了"帝国与自由"的表达。W. F. Monypenny and G. E. Buckle, *The Life of Benjamin Disraeli, Earl of Beaconsfield*, 6 vols (1910-1920), vi. 495.

的道德责任,而不是一种难以抗拒的国家命数。英国的殖民地提供了一个广泛的商业和贸易的全球网络,并由英国皇家海军在拿破仑战争期间建立的海上霸权守护着。在 19 世纪 50 年代,"帝国主义"一词是外来的、消极的、不具备英国特点的概念,指的是拿破仑三世的野心勃勃或俄国的专制独裁,是一个与军国主义、颓废、炫耀和专制相关的概念。⑰在 19 世纪 70 年代,迪斯雷利赋予了"帝国主义"一种积极、爱国、不那么异域的特征。对迪斯雷利而言,大英帝国将罗马的持久性与迦太基的冒险主义结合在一起。⑱迪斯雷利的鼓吹迎合了被赋予选举权的大众的自尊心,帕默斯顿式的自尊被注入了帝国的热情。1872 年,迪斯雷利在曼彻斯特和水晶宫揭示了保守党对帝国的愿景。1876 年,作为首相的他正式将"印度女皇"的称号授予感激不尽的女王。⑲

1887 年和 1897 年,庆祝维多利亚女王登基 50 周年和 60 周年的仪式庆典活动高度戏剧化地展示了帝国的壮丽。1897 年了,英国陆军、海军和帝国军队举行了一场盛大的游行,欢庆女王作为全世界 4.5 亿臣民的君主。拉迪亚德·吉卜林(Rudyard Kipling)唤起共鸣的关于统治者的故事、西利在《英格兰的扩张》(*Expansion of England*,1883)中所说的被帝国扩张所主导的现代英国历史、赖德·哈格德(Rider Haggard)的《所罗门国王的矿井》(*King Solomon's Mines*,1885)所描述的深入非洲"黑暗大陆"将贸易、"文明"和基督教带给愚昧的土著们的探险家和传教士的故事,都赋予了帝国扩张一种摄人心魄的魅力。⑳这是对注入了等级、军事、行政

---

⑰ J. P. Parry, 'The Impact of Napoleon III on British Politics, 1851-1880', *Transactions of the Royal Historical Society*, 6th ser., 11 (2001), 147-175.

⑱ 自由党和激进派的批评人士警告说殖民统治会对国内自由和政治道德产生腐化影响,并将雅典作为一个经典的案例,他们没有选择罗马帝国作为案例,因为罗马帝国是建立在军事力量和征服之上的。1879 年 11 月 27 日,格莱斯顿在爱丁堡谴责迪斯雷利使用"帝国与自由"的座右铭来谈罗马帝国是在否定其他国家的平等权利和独立。W. E. Gladstone, *Midlothian Speeches*, 1879, ed. and intro. M. R. D. Foot (Leicester, 1971), 127.

⑲ 有关维多利亚女王早期与印度的亲密关系以及至少在 1858 年就获得了"印度女皇"的称号,参见 Miles Taylor, 'Queen Victoria and India, 1837-61', *Victorian Studies*, 46 (2004), 265-274.

⑳ Jeffery Cox, *The British Missionary Enterprise since 1700* (2008); Andrew Porter, *Religion versus Empire?: British Protestant Missionaries and Overseas Expansion, 1700-1914* (Manchester, 2004); Hilary M. Carey, *God's Empire: Religion and Colonization in the British World, c.1801-1908* (Cambridge, 2011).

和男子气概的公共价值观的英国民族优越性论断的支持,该论断也是对平等主义、"进步""民主"和女权主义等国内争论的有力反驳。⑧

对选区政治积极因素施加更大的全国性控制,这对自由党来说更为复杂且具有挑战性。作为保守党记者、作家和迪斯雷利亲密朋友的科贝尔(T. E. Kebbel)在1882年称这是一种信念,"保守党是同质的,但自由党不是。在保守党中组织和纪律是自然和自发的,但在自由党中却是非自然和强制的"。⑧2 1874年自由党在选举中的失败表明它不再是受欢迎的政党,或者说(鉴于这个结论会令人不快)公正的"舆论"遭到了压制或扭曲。应对这种困境的可行的举措包括:成立更加有效的选区组织,重燃格莱斯顿道德热情,以及将房产持有人选举权扩大到乡郡范围。⑧3 1857年以后,自由党在选区中获得了更大的选举凝聚力。1868年,格莱斯顿在爱尔兰教会解散的问题上激起了一场全国性的自由党选举运动。但致力于解决特定问题的强大的与自由主义相关的国家压力集团依然存在。议会政客们担心"派性"会破坏更广泛的政党目标,并将这些全国性压力集团称为"狂热分子"。⑧4

从好战的不从国教者的观点中,英格兰和威尔士的自由党获得了大量的民众支持,不从国教者的观点动员了这些团体中最杰出者。⑧5 人们相信1867年《改革法》给持异见者的激进主义注入了强音,在1868年有69名不从国教者被选为下院议员。他们中的大多数都是年长的持不同政见派、一位论者(Unitarians)、浸礼会教徒和公理会教徒。解放协会(Liberation Society)领导人爱德华·迈阿尔(1869—1874年任布拉德福德

---

⑧ 有关对帝国的宣传,参见 J. M. Mackenzie, *Propaganda and Empire*: *The Manipulation of British Public Opinion*, *1880-1960* (Manchester, 1984)。

⑧2 T. E. Kebbel, 'The Spirit of Party', *Nineteenth Century*, 11 (1882), 385. 对梅瑞狄斯来说,自由主义就像是"不舒服地坐在六匹马上;需要给这些马儿提供各种各样的谷物来作为食物"[George Meredith, *Beauchamp's Career*, 2 vols (Leipzig, 1876), i. 319]。

⑧3 J. P. Parry, *The Rise and Fall of Liberal Government in Victorian Britain* (New Haven, 1993), 274. 1857年以后,自由党在选区中获得了更大的选举凝聚力。

⑧4 参见 D. A. Hamer, *The Politics of Electoral Pressure*: *A Study in the History of Victorian Reform Agitations* (Hassocks, 1977)。

⑧5 1868年,格莱斯顿将英格兰和威尔士的不从国教者与苏格兰的长老会教徒和爱尔兰的天主教徒一起称为自由党的"三大军团"。John Morley, *The Life of William Gladstone*, 3 vols (1903), ii. 259. 也参见 David Bebbington, *The Nonconformist Conscience*: *Chapel and Politics*, *1870-1914* (1982)。

的议员)呼吁解散英国圣公会。与此同时,联合王国同盟则致力于呼吁节欲立法。成立于1869年且由伯明翰主导的国家教育联盟(National Education League)将不从国教者聚集起来反对学校的圣公会宗教教育。1877年,约瑟夫·张伯伦将国家教育联盟改革为全国自由党联盟。该联盟旨在加强选区的自由党组织并为"先进的"自由党大业点燃道德动力。然而,将"全国"一词纳入联盟的名称是有误导性的。正如张伯伦打算的一样,该联盟成为他实现自己政治野心的伯明翰的权力基础。自由党的批评人士指责全国自由党联盟将命令强加于议员和议会候选人身上,还指责他们训导自由党的选民,并且偷偷将张伯伦的激进议程强加到自由党领导中。由于自由党对"幕后操纵者"和"党团会议"存在这样的担忧,因此格莱斯顿和哈廷顿才能对张伯伦以及全国自由党联盟采取某种容忍的纵容态度。

除了这些激进的反对意见,在主要的大城镇也有由技术工人提出的组织倡议。[86]英国工会大会(Trades Union Congress)于1868年成立,其目的在于游说政府修改与有组织的劳工相关的法律。1871年格莱斯顿政府通过的《工会法》(the Trade Union Act 1871)保护工会基金免于限制贸易的起诉。工会委员会为提高生活水平和改革工会法组织了一个论坛。有组织的劳工和广泛的"利益"团体一道呼吁一些具体问题的立法。在伦敦,大都市俱乐部延续了"独立激进主义"的传统,在1864年成立了第一国际工人协会(First International Working Men's Association),支持1866—1867年的改革联盟,并且在19世纪70年代初支持共和主义,在19世纪70年代中期支持男性选举权联盟。在进行1874年大选时,《泰晤士报》评论道:

> 与现在大选相关的一个显著事实就是报纸上刊登的各种各样的广告,这些广告来自于名目繁多的政治组织和社会组织,都是呼吁选民投票给他们的候选人,无论他们是来自哪个政党,他们都承诺支持各自社团所代表的观点或者奇思妙想,并且将这些观点作为选举中的测试问题……其中对选民很有吸引力的主要组织包括:联合王国同盟……周日休息协会(the Sunday Rest

---

[86] 参见 Eugenio Biagini, *Liberty, Retrenchment and Reform: Popular Liberalism in the Age of Gladstone, 1860-1880* (Cambridge, 1992), 148-163, and James Owen, *Labour and the Caucus: Working-Class Radicalism and Organized Liberalism in England, 1868-1888* (Liverpool, 2014)。

Association)……传染病法案废除协会(the Contagious Diseases Act Repeal Association)、女性选举权协会(the Female Suffrage Association)、星期日联盟(the Sunday League)、解放协会(the Liberation Society)、教会防御协会(the Church Defence Society)、和平协会(the Peace Association)、土地所有制改革协会(the Land Tenure Reform Society)、自由开放教会协会(the Free and Open Church Association)、开放空间保护协会(the Open Spaces' Preservation Society)、反疫苗协会(the Anti-Vaccination Society)、特许的维克特勒人保护协会(the Licensed Victuallers' Protection Society)、劳工代表联盟(the Labour Representation League)、新教选举联盟(the Protestant Electoral Union)等。[87]

如果说,对保守党人而言,组织控制逐渐扩大了议会领导层的权力,那么对自由党人而言,更大的选区压力就会朝着相反的方向施压、向议会施压。

在自由党的国家组织中第二个复杂的问题就是格莱斯顿的领导风格问题。格莱斯顿希望通过单一的道德改革来将自由党人团结在一起以创造一个共同的"美德激情"。[88] 1868年的选举预示了后来发生的事情。格莱斯顿发起了一场解散爱尔兰教会的全国性的竞选运动。他摒弃了国会议员不在自己所属选区发言的惯例,在14个英国乡郡的主要选举会议上发言。在拥有19 218名选民的西南兰开夏郡的新的乡郡选区,他与两位保守党候选人展开了激烈的竞争,曾有一次三天内在该选区做了六次演讲。在评论格莱斯顿从诺斯利开始的"掘根之旅"时,贵族出身的前首相德比抨击这种竞选是在"胡扯和吹牛"。[89] 德比认为这是格莱斯顿立场的一种体现,暴露了他的软弱。最终结果也证明了格莱斯顿的失败。在民意调查中,格莱斯顿被两名保守党候选人打败后便立刻撤退到格林尼治这个自由党的安全选区。然而,格莱斯顿解散爱尔兰教会的竞选运动的确使自由党在兰开夏郡之外获得了辉煌的胜利。他把一个由改革而分散的政党重新聚合起来。格莱斯顿的做法主导了选举活动,将国家议程带

---

[87] *The Times*, 2 February 1874, 7.

[88] Gladstone to Granville, 29 August 1876, in Agatha Ramm (ed.), *The Political Correspondence of Mr Gladstone and Lord Granville, 1876–1886*, 2 vols (Oxford, 1962), i. 3.

[89] Derby to Disraeli, 22 November 1868, Hughenden MSS, B/XX/S/505.

入了地方平台。爱尔兰天主教议员与解放协会共同组成了一个选举联盟。非宗教异见者的激进派支持解散爱尔兰教会运动,认为这有效攻击了阻碍任人唯贤和道德振兴的既得利益、特权和宗教排他性。总共有384名自由党议员再次回到了议会,这使得自由党在下院的席位远超保守党110个,获得议会多数。⑨⁰通过重新分配席位,自由党人扩大了他们对英格兰城市选区的掌控。在苏格兰的60个席位中他们占了52个。在威尔士,自由党赢得了30个席位中的22个席位。保守党被迫退回到英格兰乡郡的选举中心地带。格莱斯顿受邀于1868年12月组成政府,当他在他的哈瓦登(Hawarden)砍倒一棵树并暂时靠在斧头上休息的时候,他非常诚挚地说安抚爱尔兰是他的使命。⑨¹ 这就将带有神意的超验领导力表达出来。⑨²

格莱斯顿将自由主义呈现为一个具有强大道德情操的大共同体。自由党就像是一个容纳多样教派的宽宏教会,他认为这才是自由党的活力所在。⑨³正式的政党组织不得不适应这种现状。1860年,帕默斯顿鼓励成立自由党登记协会。他希望能在选区内控制危险的民粹主义影响。1857年大选期间,帕默斯顿对支持罗素呼吁的国内改革的地方自由党的激进主义倾向感到愤怒。⑨⁴ 1859—1865年,原来自由选举政治中的难以驾驭性被大大削弱。1868年,自由党登记协会被改造成一个有更广泛基础的自由党协会(Liberal Association)。1873—1880年间在自由党党鞭亚当(W. P. Adam)的领导下,该协会又改组为以托马斯·罗伯特(Thomas Robert)为秘书长的自由党中央协会(Liberal Central Association)。⑨⁵ 19世

---

⑨⁰ 在1869年,51%的自由党议员来自贵族或土地主,24%来自商界,13%是律师。T. A. Jenkins, *Parliament, Party and Politics in Victorian Britain* (Manchester, 1996), 104.

⑨¹ John Morley, *The Life of William Gladstone*, 3 vols (1903), ii. 252.

⑨² 格莱斯顿在他的日记中写道,"万能的上帝似乎为了他自己的某种目的而支持我,这是非常不值得的,因为我知道我是什么样的人。荣耀归主"[Gladstone Diary, 29 December 1868, in M. R. D. Foot and H. C. G. Matthew (eds.), *The Gladstone Diaries*, 14 vols (Oxford, 1968-1994, vi. 654].

⑨³ 格莱斯顿在泰茅斯城堡(Taymouth Castle)举行的中洛锡安竞选活动(Midlothian campaign)中宣称,"多样化是自由党的属性,我们不应该希望回到托利党的绝对统一中去"(*The Times*, 3 December 1879, 6).

⑨⁴ Angus Hawkins, *Parliament, Party and the Art of Politics in Britain, 1855-59* (1987), 65.

⑨⁵ H. J. Hanham, *Elections and Party Management: Politics in the Time of Disraeli and Gladstone* (1959), 350-351.

纪40年代,罗伯特设置了反谷物法联盟选举登记办公室,19世纪60年代他为自由党登记协会工作。改革联盟在1866—1867年间600个分支机构中的6.5万名成员都被纳入了自由党协会。作为一项秘密补助,改革联盟与地方自由党组织合作。改革联盟的领导人如乔治·豪厄尔(George Howell)则不再继续将该联盟作为工人阶级行动主义独立代言人,而是将其作为自由党选区事务的顺从的合作伙伴。⑯ 1868年和1874年,豪厄尔成为艾尔斯伯里(Aylesbury)的自由党候选人。新兴的工会,通常是依照1851年成立的工程师联合会(Amalgamated Society of Engineers)模式成立的"体面可敬的"行业工会,也表达了他们想加入自由党的渴望。1874年,第一批工人阶级议员进入下院。托马斯·伯特(Thomas Burt,莫珀斯议员)和亚历山大·麦克唐纳(Alexander MacDonald,斯塔福德议员)之前都是矿工,他们的候选资格都得到了成立于1869年的劳工代表联盟的支持。这两名议员都是忠诚的格莱斯顿派自由党人。在曼彻斯特管理家族企业的弗里德里希·恩格斯只能哀叹:"在任何地方,无产阶级都是官方政党的乌合之众。"⑰

1867年以后,随着全国性政党组织对选区的控制逐渐加强,选举政治呈现出一种更加直接的对抗性。1857年之后,在选区和议会中表现的更加清晰的两党对立趋势也进一步强化。这在19世纪70年代表现为格莱斯顿和迪斯雷利之间的泰坦尼克式决斗。自由党和保守党组织都对各自的领导人进行了大肆推销。格莱斯顿和迪斯雷利的肖像出现在盘子、小酒杯和茶勺上。保守党支持者们也很高兴地将格莱斯顿的肖像印在他们的夜壶里。两党领袖都成了受欢迎的偶像。两党都通过吸引议会外的舆论来应对议会中面临的困境——迪斯雷利靠的是激发听众们的想象力,而格莱斯顿靠的是唤起大众的良知。作为1872年反对党领袖的迪斯雷利选择在曼彻斯特和水晶宫举行议会外会议来表达保守党对格莱斯顿政府踌躇不前的改革动向的回应。在曼彻斯特的自由贸易大厅里,当时挤进的6 000名保守党支持者整整听迪斯雷利讲了三个多小时。迪斯雷利到达曼彻斯特的火车站后,在去演讲大厅的路上,他被人群簇拥,人们

---

⑯ 参见 H. J. Hanham, *Elections and Party Management: Politics in the Time of Disraeli and Gladstone* (1959), 329-343, and F. M. Leventhal, *Respectable Radical: George Howell and Victorian Working Class Politics* (1971)。

⑰ John Walton, *The Second Reform Act* (1987), 49.

将他的马车上的马卸下来,代替马拉着车到达会场。通过对这些买票入场且严密管理下的普通观众进行面对面的演讲,迪斯雷利将自己的领导塑造为代表全国民意的功能,而不仅仅是代表威斯敏斯特。这些场景也强化了他的这个观点,即保守党是一个统一的全国性政党,致力于维护宪政、捍卫国教、保持帝国的荣耀以及改善人民的社会条件。这样的大型集会也提供了一个"平台",借助这个平台个人声望得以确立,这种声望旨在突出保守党和自由党的对立地位。格莱斯顿随后将"平台"竞争提升到一个新高度,将政党对抗的观念提升为两大政治巨头之间的史诗般的交锋(参见图片 8.3)。

由格莱斯顿领导的两次道德运动——对 1876 年至 1877 年的保加利亚暴行的声讨和 1879 年至 1880 年的中洛锡安竞选活动——大大加剧了选举政治的党派之争。当 1876 年 6 月在英国媒体上出现有关土耳其军队屠杀保加利亚基督教徒,穆斯林非正规军犯下的折磨、强奸和其他暴行,以及有关臭名昭著的土耳其巴希-巴塞克斯兵(*bashi bazouks*)的生动报道的时候,一场国内的道德抗议开始了。这种大众的强烈抗议触及了维多利亚时期情感的两个重要方面。首先,人们相信英国是道德进步的先锋,因此土耳其人顺理成章地被描绘为异教之魔鬼,他们残忍且不道德的行为违背了"文明"人的标准。其次,当听到骇人听闻的侮辱基督教妇女的报道时,有着对妇女神圣性信仰的人们感到十分震惊,大量的强奸细节证明土耳其人处在"文明"圈之外。具有崇高思想的教会人士、不从国教者、大学老师和记者们都表达了他们对这些暴行的厌恶之情。[98]同年 7 月,时任首相的迪斯雷利在下院进行了两个欠妥的表述,这使得人们由厌恶转为愤怒。有关土耳其暴行的报道被他斥为"咖啡馆里的胡言乱语";他评论东方人通常是以一种更为迅速的方法终止他们与罪犯的联系而不是将其诉诸酷刑,这暗示他对基督徒同道者的命运毫不关心。到了 9 月,沙夫茨伯里勋爵记录称,"普遍的狂热"激起了公众对土耳其人的愤怒。[99] 1868 年,那些曾激起格莱斯顿在爱尔兰解散教会问题上的政治良心的不从国教者们的力量,在 1876 年再次表达了强烈的道德愤怒。

[98] 参见 Richard Shannon, *Gladstone and the Bulgarian Agitation* (Hassocks, 1975)。
[99] E. Hodder, *The Life and Work of the Earl of Shaftesbury*, 3 vols (1887), iii. 375.

第八章 "议会政府"的终结：1868—1884

竞争对手

本迪兹先生(哈姆莱特)："'生存,还是死亡,这是一个问题'——呃哼！"

格莱斯顿先生(未能参演),[旁白]："'主角',真的吗！他的台词是'一般适用！'经理疯了吗？但是不要紧,等着瞧——"

图片 8.3　约翰·坦尼尔(John Tenniel)在 1868 年 3 月创造了漫画《潘趣》(Punch),其中描绘了两名是"竞争对手"的"男主角",迪斯雷利扮演哈姆莱特的角色,格莱斯顿因没能参演而在一旁阴森森地瞪着他。

稍后格莱斯顿就意识到正在发生的事情的力量。1875年,他辞去了自由党领袖的职务,并且将自由党交到共同掌权的下院的哈廷顿和上院的格兰维尔手中。[100]但1876年9月,他又重回了国家政治中心。格莱斯顿出版了一本小册子《保加利亚的恐怖和东方的问题》(*The Bulgarian Horrors and the Question of the East*),猛烈抨击了奥斯曼帝国的野蛮和迪斯雷利的外交政策,该书一个月内就卖出了20万册。他呼吁"彻底"将土耳其人从巴尔干地区驱逐出去。土耳其人堕落的不人道的邪恶形象,以及他们浸满了鲜血的土地,反衬出英国人的道德品行和善良天性,而这也正是格莱斯顿试图激发起的情感。同年12月,格莱斯顿在皮卡迪利圣詹姆斯大厅举行的关于东方问题的全国性会议上发表了演讲。通过这种做法,他成为这群声称代表国家良心觉醒的人的领导者。

格莱斯顿有效地利用了保加利亚的暴乱。这使得哈廷顿和格兰维尔处于尴尬境地。他们既拒绝追随格莱斯顿跳到煽动情绪的前线,也不认可保加利亚暴行激起的"道德激情"。[101]哈廷顿认为,类似圣詹姆斯大厅会议这样的事件在没有责任限制的情况下,引发了一些极端的观点。[102] 1877年,由格莱斯顿推动的五项措辞强硬的反对政府的下议院决议被否决,因为保守党多数派坚定地同政府站在一起。许多辉格党和温和派自由党人都对格莱斯顿煽动起来的民众道德激情感到不安。为了回应在议会所受的羞辱,格莱斯顿立即在伯明翰举行的张伯伦的全国自由党联盟就职会议上发表了演讲,为煽动起大众自由情感而慷慨激昂。[103] 俄罗斯对土耳其的宣战使得迪斯雷利宣称在外交政策中最重要的就是维持英国的声望,而公众的反俄情绪迅速中和了对土耳其人的愤怒。1878年在柏林会议上,迪斯雷利登上了国际舞台,正如他所描述的,去保护欧洲"光荣的和平"。保加利亚的暴行风潮也被外交事件所取代。但在国人的心中,格莱斯顿和迪斯雷利代表着完全不同的政治道德观念,这也使加剧的党派斗

---

[100] 参见 T. A. Jenkins, *Gladstone, Whiggery and the Liberal Party, 1874–1886* (Oxford, 1988), 39–50。

[101] Hartington to Granville, 30 April 1877, Granville MSS, TNA: PRO 30/29/26A.

[102] Hartington to Granville, 18 December 1876, Granville MSS, TNA: PRO 30/29/22A/2.

[103] 格莱斯顿私下敦促对自由党进行选举重组,并抱怨说"自由党在对待贵族方面是不冷不热的"[Gladstone to Granville, 19 May 1877, in Agatha Ramm (ed.), *The Political Correspondence of Mr Gladstone and Lord Granville, 1876–1886*, 2 vols (Oxford, 1962), i. 40]。

争变成了政党对抗。

格莱斯顿1879—1880年在中洛锡安的选举活动显而易见是一场对保加利亚暴行的再次煽动。他对低劣的保守党政策发起了一场道德攻击,暗示大众的愤怒应该指向腐败的政府制度。格莱斯顿利用了铁路运输和电报通信方面的进步,在1879年11月到12月间发表了一系列充满激情的户外演讲,谴责整个保守党的政策体系。格莱斯顿指出,财政上的铺张浪费和政治上帝国不必要的冒险导致了对高贵的土著人种的打压,如对南非祖鲁人的镇压,以及造成了阿富汗妇女和儿童的慢性死亡。格莱斯顿将这种道德罪责与那些支撑英国政策的"正确原则"比较后指出,只有避免对外干涉和"热爱自由"才能确立英国在世界各国人们眼中的道德权威。[104]在他的听众用熟悉的赞美诗旋律唱自由主义之歌以及用《哈里克的男人们》(英国著名的军队进行曲)的旋律来唱《自由行军》之歌以后,格莱斯顿对迪斯雷利以及他的政策进行了严厉的谴责。两周时间里,格莱斯顿一共发表了30次演讲,其中包括他乘坐火车在伦敦和苏格兰之间进行短暂停留时做的8次演讲(见图片8.4)。这在全国范围内都引起了轰动,大城市和地方媒体对此进行了广泛的报道。1880年,他发起了第二次中洛锡安竞选活动,谴责迪斯雷利的政策是"比肯斯菲尔德主义",存在道德真空。他的努力确认了他作为一个强大的议会外民众领袖的地位。这些活动为自由党在1880年的大选中获胜做出了贡献,保守党在这次选举中损失了114个席位。然而,值得注意的是,哈廷顿在同样广泛的演讲活动中以更冷静、更克制的措辞谴责了保守党的奢侈和不称职,这使他获得了那些被格莱斯顿强烈抨击的有产自由党人的选举支持。[105]

虽然哈廷顿和格兰维尔是正式的自由党领袖,但他们慎重地承认,格莱斯顿不可能在他们俩任何一人担任首相的情况下任职。这迫使女王只好在1880年4月邀请格莱斯顿担任首相。保加利亚事件和中洛锡安竞选活动不仅使格莱斯顿成为自由党首相的不二人选,也强化了党派冲突中的个人魅力因素,党派冲突贯穿党派激烈拉选票活动始终。国家政治

---

[104] W. E. Gladstone, *Midlothian Speeches*, 1879, ed. and intro. M. R. D. Foot (Leicester, 1971), 114-117.

[105] 在1880年选举期间,哈廷顿发表了24次口头演讲,而格莱斯顿发表了15次口头演讲。T. A. Jenkins, *Parliament, Party and Politics in Victorian Britain* (Manchester, 1996), 122.

图片 8.4　在 1879 年 11 月的中洛锡安竞选活动中,格莱斯顿在火把照耀中离开西卡尔德(West Calder)。他在西卡尔德发表了近两个小时的演讲,他在日记中写道:"一路上,人们热情高涨。"

以一种前所未见的程度主宰了地方选举的动态。正如 1880 年《泰晤士报》评论的那样,"公认的领导的演讲必须要面向整个国家的选民,而不是面向个别选民"。[106] 朗德尔·帕尔默(Roundell Palmer)爵士是 19 世纪 50 年代皮尔派保守党议员以及 1872—1874 年和 1880—1885 年格莱斯顿手下的御前大臣,他对中洛锡安竞选活动所开的先例感到后悔,认为这是一种"英国政治的堕落,它引入了无休止的游说活动并将英国的政治重心从议会转到了竞选平台"。[107] 当然,迪斯雷利和格莱斯顿之间的冲突体现了在 1867 年《改革法》造成的"大众"选举背景下政治斗争中的党派性的加强。这也保证了议会领导和政党领导的一致性。格莱斯顿在 1879 年对中洛锡安的听众说:"这个国家分割成了不同的党派,但这种分割是健康

---

[106] *The Times*, 31 March 1880, 9.

[107] Lord Selborne, *Memorials*, 2 vols (1896–1898), i. 470.

的。"⑩在1874年的失败后,自由党在1880年的成功使得该党通过政党组织重新获得了大众认可。

到19世纪80年代,公共平台已经成为英国政治的一个显著特征。这个特征的开启由格莱斯顿带头,其他主要政治领导人像迪斯雷利、哈廷顿、索尔兹伯里和伦道夫·丘吉尔等人紧随其后。正如白芝浩在1871年所指出的,随着格莱斯顿在格林尼治对2.5万人进行的演讲,"英国政治的新时代"开启了,在这个时代里,"能够对群众进行直接控制是担任首相的一项重要资格"。⑩来自群众的赞誉能够增加政党领导人的权威。对洛厄尔(Lowell)来说,很明显,政党领导人的公开演讲比他们的议会辩论、报刊社论或是在他们选区内的言论重要得多。⑩

议会内政党

1867年以后自治的议会主权和选区政治的独立性逐渐被打破。在1868年选举之前,迪斯雷利认为1865年选举产生的议会没有资格决定解散爱尔兰教会的问题,因为该问题没有在选举程序中得到选民的同意。然而,就在1868年12月1日,迪斯雷利在11月选举产生的新的下院成立十天前宣布辞职。这是一个史无前例的宪政程序。它使政府的改变与选民的裁决保持一致。迪斯雷利此举的含义就是表明政府的立场现在直接取决于选民的支持。它提出了将选举授权作为内阁统治权威的基础,选民委托政府治理的初步概念。保守党内阁大臣斯潘塞·沃波尔认为迪斯雷利的决定暗示着下院"那些早期聚在一起议事的智者越来越少,而由选民们送来的代表却越来越多"。⑪

1867年以前,政府的更替都是由下院的失败引起的。而在1867年之后,更替则是由大选所推动的。1868年后的50年间,只有三任政府在失去了下院多数的信任后辞职(格莱斯顿1873年的试图辞职除外)。其

---

⑩ Gladstone at Edinburgh, 25 November 1879, in W. E. Gladstone, *Midlothian Speeches*, 1879, ed. and intro. M. R. D. Foot (Leicester, 1971), 30.

⑩ Walter Bagehot, 'Mr Gladstone and the People', in *Bagehot's Historical Essays*, ed. N. St John-Stevas (1971), 268.

⑩ A. L. Lowell, *The Government of England*, 2 vols (1908), ii. 442.

⑪ Spencer Walpole, *The History of 25 Years*, 4 vols (1904), ii. 348.

他政府都选择解散议会重新选举。迪斯雷利开了先河后,当保守党在下院中获得多数席位后,格莱斯顿也于1874年2月17日辞去了首相之职。迪斯雷利于2月20日接受了首相之职,新议会于3月5日召开了会议。同样,1880年大选后,迪斯雷利于4月21日辞去首相职位,格莱斯顿在两天后接任成为首相。新的下院于4月29日召开会议。在1880年5月的下院会议中,格莱斯顿描述这一程序非常"独特"。他认为根据议会选举情况对政府进行变更"极为正常和普通",这符合"宪政的精神"。他承认自己在1874年在新的下院成立之前就辞去职务的做法是一项令人遗憾的创新。[112]但先例已有了。这暗示着,谁来执政不是取决于下院的判断,而是取决于选民的投票。正如历史学家J. A. 弗劳德在1874年冷冷地评论说,这形成了一个假设,即国民比他的领导人要更明智。[113]

这种改变给宪政实践带来的影响是深远的。尤其是对如何看待议员的自由裁量判断显得格外重要。1841年,墨尔本就曾向罗素建议说,除非经过下院的检测,否则无法确定大选中政党数量的相对优势力量。因为只有当议员们聚集在一起进行辩论和投票时,才能确定政党的力量。无论这些议员在选举过程中支持什么政党观点,他们在下院都保持了独立的判断力。在下院,他们不再是自己选民的代表。迪斯雷利在1868年议会召开会议之前辞去首相职位的时候,猛烈抨击了这一观点。就像他在竞选中宣称的,他认为对党派的忠诚是下院阵营分明的重要标志,而不是要等到召集议会的时候才见分晓。这就表明现在党的纪律取代了议员的独立裁量权。也只有当政府因为得到了下院有纪律的政党的支持并有能力向选民兑现承诺的时候,迪斯雷利的决定所包含的选举授权的概念才能得以实现。1867年下院投票的模式证实了迪斯雷利的假设。在下院中,更加严格的政党纪律逐渐取代了议员们的个人判断。

在1867年以前的"议会政府"的背景下,议会内政党被视为易变的、持相同观点的人的联盟。党派关系是通过同意和协商得以巩固的,而不是通过强迫的手段。1867年以后,议会政党成为有着更加紧密的政治关系的集团。议员的个人自由裁量权让位给了不断加强的政党纪律。1878年下院的副书记官雷金纳德·帕尔格雷夫(Reginald Palgrave)评论道:

---

[112] Gladstone, 20 May 1880, *Hansard*, 3rd ser., cclii. 147-148.

[113] J. A. Froude, 'Party Politics', *Fraser's Magazine*, 10 (July 1874), 1-18.

"因政党冲突而加强的纪律使得下院能够采取行动,不仅是有效的行动,而且是面向所有人的行动。"[114]就像选区积极分子们发现他们受到了更大的中央控制一样,议员们也感到党鞭的手在他们肩上停留的分量变得更重了。1836年,执政党党鞭管理着49%的下院各组。到1871年,自由党党鞭已积极监管了82%的下院各组,到1881年,直接监管的比例达到92%。[115]

下院各部的选票分析确认了在1867年以后的议会中出现了更严重的政党分野的趋势。1860年,只有5%的党鞭管理部门是通过直接政党选举产生,其中至少有90%的后座议员都在分组表决上跟随政党的领导。在1860年的议会会议期间,所有受监管的各组明显的跨党投票占到46%。相比之下,1871年的议会会议上,38%的受监管各组进行的是直接政党投票,另外有38%是明显的跨党投票。到1881年,有49%的受监管的分组是直接政党投票,只有16%的明显的跨党投票。[116]19世纪60年代以后,在党鞭的敦促下,针对政府立法的修正案数量减少了,这也是另一种加强政党的纪律的措施。从1853年到1856年,针对政府提案有25个修正案得以通过。从1859年到1865年,27项修正案得以执行。相比之下,从1874年到1879年,只有一项政府议案的修正案得以通过。[117]分组表决中不断加强的政党纪律性表明,一些以激进派为主的极端议员被吸纳到自由党的主体中,而极端保守派的持不同政见者则更倾向于接受政党忠诚的约束。19世纪30年代和40年代支持从政党的束缚中"独立"出来并将此作为他们政治道德的激进派议员们在19世纪70年代逐渐消失。

亨利·梅因爵士在1885年出版《大众政府》(*Popular Government*)一书中遗憾地指出,议员们已经从原来无拘无束的代表降级为按指令办事的委托代表。[118]这也是特罗洛普在1865年至1880年间写的政治小说中反

---

[114] Reginald Palgrave, *The House of Commons* (1878), 33.

[115] Michael Rush, *The Role of the Member of Parliament since 1868: From Gentlemen to Players* (Oxford, 2001), 49.

[116] 参见 Hugh Berrington, 'Partisanship and Dissidence in the Nineteenth-Century House of Commons', *Parliamentary Affairs*, 21 (1968), 338–374。

[117] Gary Cox, *The Efficient Secret: The Cabinet and the Development of Political Parties in Victorian England* (Cambridge, 1987), 64.

[118] Sir Henry Maine, *Popular Government* (1885), 93.

复出现的主题。⑲在他的小说中,巴林顿·厄尔(Barrington Erle)是一名虔诚的辉格党人,对自由党绝对忠诚,对菲尼亚斯·芬恩的"独立"言论感到非常厌恶。⑳相比之下,受人欢迎的激进派政治煽动家特恩布尔(Turnbull)(以布赖特为原型)则为自己的正直和"独立"而自豪。特罗洛普描绘了一种信念与效率间的内在紧张关系,前者认为维护人的正直需要"独立",而效率的实现要求政党的集体行动。《菲尼亚斯·芬恩》(1869)一书中的自由党人乔舒亚·蒙克(Joshua Monk)就代表了这一两难局面的解决方式。蒙克在很大程度上都忠于自己的良心,同时也意识到支持他的政党对取得实际结果至关重要。当轻歌剧《比纳佛》(HMS Pinafore)于1878年首次公演的时候,吉尔伯特(W. S. Gilbert)讽刺的台词触动了时代敏感的神经,作为英国海军大臣的约瑟夫·波特(Joseph Porter)爵士唱道:

> 我总是按照党的要求去投票,从来没有想到要为自己而投票。㉑

这个笑话把看萨沃伊歌剧的观众逗乐了。它也凸显出在英国议会出现了一个更加严苛的政党制度,议员们根据政党领导的声明和选民的偏好已经被划分为不同的组。

在下院中更为严格的政党分野不仅反映了前座议员的权威和选区的影响力,同时也是下院议长权力不断增加的结果。1875年,爱尔兰自治运动议员约瑟夫·比格利用下院程序阻止贸易,他就爱尔兰强制议案说了整整4个小时。1877年,另一名爱尔兰自治运动议员加入了比格的行列,在南非联邦议案的讨论中发表了非常长的讲话。下院的耐心已经达到了极限。1882年在讨论爱尔兰人身和财产保护议案时,爱尔兰自治运动议员也采用了同样的战术,其中一场讨论持续了41个小时。为了应对这种情况,下院议长被赋予了可以终止讨论并立刻将议案付诸表决的权

---

⑲ 参见 David Craig, 'Advanced Conservative Liberalism: Party and Principle in Trollope's Parliamentary Novels', *Victorian Literature and Culture*, 38/2 (2010), 355–371.

⑳ 芬恩宣称,"如果我被选入议会,我会做一个很好的自由党人——不去支持哪个政党,而是为这个国家尽我所能"[Anthony Trollope, *Phineas Finn*, new edn (1871), 13]。

㉑ 在 *Iolanthe: Or, The Peer and the Peri* (1882)中,W. S.吉尔伯特用以下台词替换了这个笑话:"在议员们都已经分组的议会中,即使他们有大脑和小脑,他们也得把大脑放在外面,然后按照他们领导人的要求去投票。"

力。作为对爱尔兰阻挠行为的对策,下院议长被赋予一个命令权,可以用"结束辩论"(cloture)来终止讨论。1887年,议会首次对反对党采用了"结束辩论"的方式来应对。同年,下院的辩论基本是严格按照时间分配进行的,这也被称为"规定辩论时限"(the guillotine)。下院议长手中越来越多的命令权使得议长的权力也越来越大。与此同时,议员们的主要注意力逐渐集中在政府立法上。1878—1888年,政府事务已居优先地位,平均占了83%的下院会议时间。这些程序上的改变加强了政府对议会日程的控制。[12]

然而,议会中更为严格的政党纪律不能简单地视为前座议员的命令、选民的意愿和议会程序的规定。它还揭示了一种政治文化的转变。在19世纪70年代和80年代,议员们更愿意接受更大的政党团结,这是他们实现共同目标的必要手段。把议员们的选择描述为被党的命令所逼,这掩盖了一个更加微妙和重要的过程,在这个过程中,议员们自觉遵守更严格的政党纪律以保证议会更有效率。政党概念也发生了转变。政党不再是志趣相投的议员们易变的联盟,在联盟中这些议员的观点可能会因劝导或是领导人的声明随时发生改变;政党团结成了议员们自身追求的目标,在他们的共同努力下保证了更大的议会效率。1878年,索尔兹伯里勋爵对一个保守党协会的代表团说,只有"强大而稳定的政府"才能捍卫国家机构,而这个强大的政府"只能依靠谨慎的组织和压制个人怪癖来支撑"。[13]

下院事务数量和复杂性不断增加,议员们投票预计会产生更多分歧,这使得后座议员们也开始对党鞭的指令表示支持。1836年议会期间,议员平均参加23个分组的投票。到了1871年,这个数字变为平均参加34个分组,到了1894年,变为平均参加42个分组。在《下院程序》(The Procedure of the House of Commons)一书中,约瑟夫·雷德利希(Joseph Redlich)描述了一个典型的议员对分组的反应:

> 当分组铃声响起的时候,他匆匆走进下院,同时被他的党鞭告知他是要说"是"或者"不"。有时候,他也会被告知政党发言

---

[12] 西德尼·洛在《英格兰的治理》(The Governance of England,1904)一书中宣称下院不再是一个立法机构,而是"一台讨论部长们立法项目的机器"(p.75)。

[13] The Times, 7 August 1878, 11.

人还没有决定,所以他可以按照自己的意愿投票。但是开放式的问题并不受欢迎,这迫使议员们自己思考,这总是件麻烦事。这并不是说议员是这场游戏中的棋子,只是面对这么多的问题,即使这个议员有时间和能力自己思考,他能做的也是有限的。[124]

党鞭的约束成为一种受欢迎的指导,而不仅仅是命令。

这也使得人们对议会目的的看法发生了重大转变。19 世纪 70 年代,人们认为议会的首要职能是制定法律。1836 年,墨尔本宣称政府的职责不是立法,而是统治国家。[125]在作为首相的最后一段时间,据说帕默斯顿以他典型的风趣的口吻回应对他立法意图的质询时说:"哦,真没什么可做的。我们不能无限地增加法典。也许我们可以进行一点立法改革或是破产改革,但我们不能一直立法。"[126] 19 世纪 60 年代,白芝浩在议会职能的优先次序上指出下院有五项基本功能:第一,下院具有"选择"功能,即确定国家的行政和政府人选;第二,下院具有"表达"功能,即代表国民意志来决定问题;第三,下院具有"教育"功能,即培养对公共事务的国民意见;第四,下院具有"告知"功能,即将国民的不满和抱怨告知代表们;第五,白芝浩在重要性方面指出下院还具有"立法"功能。对白芝浩来说,比起"对整个国家的行政管理,或是议会给整个国家进行的政治教育"来说,下院的立法没有那么重要。[127]但到了 19 世纪 80 年代,议会的"立法"功能被视为仅次于"选择"功能的第二重要的功能。

1868—1874 年,在格莱斯顿充满进步热情的第一任首相任期内,他将确保立法改革作为政府的优先事项。英国发生了一系列事情:废除了爱尔兰国教,通过了《爱尔兰土地法》,进行了基础教育改革,在大部分公务员领域引入竞争考试准入机制,废除了购买军官资格的做法,进行了司法系统的彻底改制,废止了牛津和剑桥大学的宗教测试,大力改组了地方政府,在议会选举中引入无记名投票。这表明,一个不立法的政府根本算不上政府。正如格莱斯顿私下说的,他一直坚信"就像希腊艺术一样,自

---

[124] Joseph Redlich, *The Procedure of the House of Commons: A Study of its History and Present Form*, 3 vols (1908), i. xvii.

[125] Oliver MacDonagh, *Early Victorian Government, 1830–1870* (1977), 5.

[126] Donald Southgate, '*The Most English Minister...*': *The Policies and Politics of Palmerston* (1966), 528.

[127] Walter Bagehot, *The English Constitution*, ed. Paul Smith (Cambridge, 2001), 97.

第八章 "议会政府"的终结：1868—1884 | 359

由党至关重要的原则就是行动，没有什么比行动更能体现这个党的名称的价值"。⑱但是，自由党因失望的不从国教者而分化，迪斯雷利在反对1872—1874年格莱斯顿政府时利用了这种立法上的疲惫感。他曾有过这样一番著名的表述——部长们已经成为"一座座筋疲力尽的火山"，再也喷不出改革的火焰。⑲尽管如此，1874年后，迪斯雷利政府还是出台了一系列有关社会福利和公共卫生的措施以证明政府的活力和目的，但迪斯雷利本人没有亲身参与法案的起草工作。1875—1876年，迪斯雷利政府出台了《工厂法》，对工会立法进行了梳理；修正了自由党不受欢迎的《许可法》《雇主和工人法》《共谋与财产保护法》《手工业者住房法》《友好社会法》《公共健康法》《食品和药品销售法》《河流污染法》《教育法》和《农业控股法》。到19世纪70年代，不立法已经成为政治上无法接受的政府选项。1885年，梅因认为不可否认的是"大众政府的活动越来越倾向于通过立法表现出来"，很显然，虽然这令梅因感到非常遗憾，但是改变的热情克服了习惯和传统，使得立法的过程变得"无休无止"。⑳

议会的主要功能是制定法律以及支持稳定的政府，这种观点进一步强调了在分组表决时政党纪律的必要性。保证政府措施的通过十分必要。正如张伯伦在1877年写道的，"政党是取得更确切结果的工具，而不是有着不明确的观点的一堆人的办公室"。㉛政党的存在也是为了实现某种立法目的，而不仅仅是"选择"的结果。因此，在党内的不同意见应该合并到支持公开的立法议程上来。《麦克米兰杂志》(*Macmillan's Magazine*)评论道：

> 在我们国家历史上有一些时期，下院不能仅被视为是辩论俱乐部，其主要功能只在于让各种观点都得以恰当地表达出来……因为那些有着政治信仰的自由党人有着更高的责任，而不仅仅是设计微妙、复杂的方式去表达各种相互冲突的观点。

我们不如说，自由党议员所需要做的就是"支持他们认为对国家和平

---

⑱ Gladstone to Granville, 19 May 1877, in Agatha Ramm (ed.), *The Political Correspondence of Mr Gladstone and Lord Granville*, *1876–1886*, 2 vols (Oxford, 1962), i. 40.
⑲ Disraeli at Manchester, reported in *The Times*, 4 April 1872, 5.
⑳ Sir Henry Maine, *Popular Government* (1885), 128.
㉛ Joseph Chamberlain,'A New Political Organisation', *Fortnightly Review*, 28 (July 1877), 127.

和繁荣需要立刻采取的具体措施"。[132] 1878 年在为党团会议辩护的时候,张伯伦说:"一个政党就是有着重要共同目标的人们的联盟,可能是暂时的联盟。它不排斥无限分歧和不同的观点,但是所有这些不同都必须从属于该联盟的主要目标,只有这样这个联盟才能够存在下去。"[133]同年,格莱斯顿警告说,尽管没有自由党的"强健个体的超级力量,自由党就没有运动的能量和促进改革的慷慨之爱",但这种力量不应该破坏自由党"集体工作的力量"。"党内存在的派系"不能被"温柔地"对待。"次要差异"破坏了政党的"聚合能量",必须要有屈从于政党的集体立法的坚定决心。[134]

分组表决中统一的政党是取得立法成功所必需的,这不可避免地要求部分议员进行妥协。他们的个人判断必须服从政党的团结。但到 19 世纪 70 年代,这一要求被议员们所接受,认为这是实现保证立法有效性的更大目标所必需的。1899 年,历史学家和政治理论家莱基(W. E. H. Lecky)出版的《生活的地图》(*Map of Life*)一书中对这一观点给予了道德上的支持。

> 在自由的国家,政党政府是最好的,如果不是唯一的处理公共事务的方式,但要处理公共事务没有大量的道德妥协是不可能实现的……一个好人会通过无私的动机来选择他的政党……但在绝大多数情况下他必须与他的政党行动一致,即使政党所追求的在某种程度上与他的个人判断背道而驰。

在内阁和下院,政党政府都需要"永久的妥协"。[135]它使得一些政治家,比如资深激进派布赖特,怀念那些在 1867 年以前存在的流动性更强的议会协会,他们抱怨议员们现在被要求"将他们的判断力和良心屈服于

---

[132] H. W. Crosskey, 'The Birmingham Liberal Association and its Assailants', *Macmillan's Magazine*, 39 (December 1878), 153.

[133] Joseph Chamberlain, 'The Caucus', *Fortnightly Review*, 30 (November 1878), 726. 张伯伦在这一声明的前言中提出了这样的看法,即"个人主义通常只是自私的外衣;它只是空谈家们对实用的不宽容进行了美化的措辞,不会为了确保崇高事业也是最高原则的胜利而牺牲个人要求或不满足的虚荣心"。

[134] William Gladstone, 'Electoral Facts', *Nineteenth Century* (July-December 1878), 960–961.

[135] W. E. H. Lecky, *The Map of Life: Conduct and Character* (1899), 12–14.

他们选民的要求或是他们政党领导人的突然变动"。⑬

在19世纪70年代和80年代,议会和选区的政治世界开始融合。它们通过政党组织混合在一起。下院中更大的政党团结和政党组织对选区控制的不断加强使它们更加紧密地结合在一起。有两个例子揭示了议会政党和国家的聚合关系。自由党激进派约瑟夫·张伯伦和保守党人伦道夫·丘吉尔勋爵都是雄心壮志的年轻政客,希望能够在国家政治中崭露头角。两个人的成名都是在他们的政党作为反对党的时候,当时的执政当局没有加强政党领导的权威。他们两人都利用了议会外组织的资源作为对下院前座议员施压的手段。两人都在政治上展现了一种新的风格,操纵着"大众"选民的动态。然而,这两人最终都在执政的时候证明了在议会政党领导应对这些挑战的能力。

一神论激进主义者约瑟夫·张伯伦于1876年被选为伯明翰议员。在伯明翰他作为一家螺丝制造公司的老板积累了财富,38岁的时候退出商界,1872年成为伯明翰一位精力充沛的市长,他将这座城市的中心变为表达公民自豪和自信的公共场所。在成为该市议员后的次年,他在已不复存在的国家教育联盟的基础上成立了全国自由党联盟,自己担任该联盟主席。张伯伦的目的是在伯明翰巩固自己的地方权力基地,并将其作为自己进入国家政坛的推进平台。为了这个目的,他打算将自由党变为更加激进的政党,利用人们对保加利亚暴行的抗议来实施一个更加激进的计划。他通过全国自由党联盟来支持一些有着激进诉求的地方公众,这些诉求包括乡郡选举权的改革和废除安立甘教会等。他认为格莱斯顿是个性格古怪的不可靠的老头。他认为下院的自由党领袖哈廷顿作为一名贵族辉格党人有可能会屈服于公众压力,从而支持他的目标。

全国自由党联盟提供了一种替代模式,通过调动大众自由党行动主义来替代格莱斯顿对公共道德的煽动。组织和纲领政治可能会取代向善之纽带。因此,这种做法可以克服1874年大选失败后体现出来的乡郡中自由党人的漠不关心和城区内自由党的内部分化问题。全国自由党联盟通过地方自由党协会向自由运动人士提供了受欢迎的成员资格。每个地方协会都会选举代表参加年会。全国自由党联盟的力量和权威来自于它声称的用一种直接的"流行"方式来体现自由主义活动者的观点。共有

---

⑬ Bright to Caine, 22 June 1886, cit. in J. Newton, *W. S. Caine* (1907), 167.

95个自由党协会派代表参加了1877年5月召开的全国自由党联盟成立大会。张伯伦断言,这是"一个真正的自由党议会……代表由普选产生,这次会议一定程度上关注了政治权力的公平分配"。[137]在成立大会上,全国自由党联盟宣称它的目的是使"自由党人希望支持或者反对的观点能够很容易和有权威地得以确认",并且"保证自由党所有成员能够直接参与到对[自由党]政策的指导中来"。全国自由党联盟足智多谋的秘书长弗朗西斯·施耐德赫斯特(Francis Schnadhorst)将伯明翰自由党协会形容为是"一种诚实的尝试,它将政党的管理(通过完全代表的委员会)交到应该持有的人手中,即人民自己手中"。[138]

由于它强调将公众组织作为塑造自由党政策的手段,张伯伦的全国自由党联盟激起了一些自由派对"幕后操纵者"和对美国式"党团"政治的担忧,认为一些有影响力的小团体会在选区提名做了承诺的候选人或代表。议员们会按照他们的要求来制定政策。1895年,G. 洛斯-狄更森(G. Lowes-Dickinson)注意到这种担忧变为了现实。

全国自由党联盟公认的职能之一就是举行即时的抗议活动,在关键时期指向那些有了危险的独立苗头的[议员们]。施耐德赫斯特信心十足地表示:"如果1866年有党团会议,那么亚杜兰洞(the Cave of Adullam)就无人居住(那么就不会有人退党)。"随后的例子证明,这种吹嘘是有道理的。例如,1881年在政府有关爱尔兰政策的问题上,自由党阵营有动摇的迹象。联盟的四名官员立刻发出通知,要求自由党协会向他们的代表施加压力。他们宣布:"时候到了,自由党选区是时候宣布这种对国家和自由党政府构成危险的程序是不可容忍的。"我们被告知,"这种通知可以产生委员会所希望达到的效果",这拯救了自由党政府,拯救了这个国家。类似的策略在1883年也获得了同样的成功。[139]

---

[137] A. L. Lowell, *The Government of England*, 2 vols (1908), i. 516, and Jonathan Parry, *The Rise and Fall of Liberal Government in Victorian Britain* (New Haven, 1993), 275.

[138] *The Times*, 23 August 1878, p. 8.

[139] G. Lowes-Dickinson, *The Development of Parliament during the Nineteenth Century* (1895), 82–83.

全国自由党联盟鼓励一个非常注重拉票活动的体系,它会指导选民如何分配他们的多张选票,同时也胁迫他们进行有意向的选择。虽然1867年以后伯明翰是一个拥有三个席位的选区,但是每个选民只有两张选票。通过密切组织其支持者们的选票,伯明翰自由党协会可以保证自由党候选人将所有三个席位都囊括其中,这种做法也就违背了凯恩斯在1867年《改革法》中引入的少数者条款的意图。然而批评人士指出,尽管他们的言论是民主的,但地方自由党协会通常还是由少数中产阶级活动分子所控制,他们有时间和金钱来追逐他们的政治目标。

对于张伯伦动机的怀疑也引起了人们的嫉妒和怨恨。激进派设菲尔德议员芒代拉(A. J. Mundella)相信"伯明翰操纵着自由党选区,这些木偶们随着背后的拉线在舞动",全国自由党联盟正是"伯明翰所需要的,而张伯伦则推动着伯明翰"。⑭因此,全国自由党联盟从未成为张伯伦所设想的统一的国家力量。内部的紧张削弱了它的潜在力量。哈廷顿对张伯伦和全国自由党联盟之间关系的微妙处理有效抑制了他们激进颠覆的能力。哈廷顿并没有公然抨击全国自由党联盟是一个不受官方领导的危险的运动,而是欢迎它对政党组织所做出的贡献,并将其描绘为自由党的丰富观点组合中的一个元素。1879年2月,在利物浦的一次演讲中,他宣称:"我想不出还有什么比以专制和命令为由滥用[党团会议]的行为更不公平的事情了。"在全国自由党联盟获得广泛支持的一些大型城市选区,哈廷顿评论道:"没有什么比全国自由党联盟更有利于自由党的利益了。"⑭哈廷顿对全国自由党联盟的善意的容忍也挤出了它的一些颠覆的毒液。在1880年大选中,有67个城市选区和10个乡郡选区存在伯明翰模式的组织,但在曼彻斯特的全国改革联盟削弱了全国自由党联盟的影响。⑭

虽然张伯伦没能实现他所希望的一切,但不管怎样,他利用全国自由党联盟作为进入国家政治平台的做法是有效的。1880年,他的努力得到

---

⑭ Mundella to Leader, 5 and 23 June 1877, cit. in T. A. Jenkins, *Gladstone, Whiggery and the Liberal Party, 1874–1886* (Oxford, 1988), 14.

⑭ Patrick Jackson, *The Last of the Whigs: A Political Biography of Lord Hartington, Later Eighth Duke of Devonshire (1833–1908)* (1994), 94.

⑭ H. J. Hanham, *Elections and Party Management: Politics in the Time of Disraeli and Gladstone* (1959), 137–144, and Chamberlain's letter to *The Times*, 13 April 1880, p. 10.

了认可,他作为贸易委员会主席进入了格莱斯顿内阁。在进入下院后短短四年内张伯伦就迅速跃升到前座部长席这种模式也体现了国内政党组织和议会分野之间紧密而复杂的关系及其对议会领导地位的影响。然而,格莱斯顿内阁成员包括6名贵族成员和4名议员(包括哈廷顿),将辉格党贵族和地主阶级联系起来。年迈的布赖特和经验丰富的福斯特代表熟悉和突出的中产阶级激进派,而富有的张伯伦和他的亲密盟友查尔斯·迪尔克准男爵则代表格莱斯顿内阁任命的激进派新生力量。这体现了传统的自由党领导在吸收新的激进派成员时的弹性。然而,尽管张伯伦希望能够左右自由党政策,但自由党在1880年大选中的胜利很大程度上是由于自由党倡导自由主义信仰的传统原则以及反对迪斯雷利在进行帝国主义国外冒险和国内金融的错误管理时的浪费和鲁莽行为。全国自由党联盟为自由党的选举胜利提供了组织基础,但它并没有决定政党的政策议程。张伯伦的上升表明大众政党组织对议会内政党的领导既有潜力也有局限性。

在1880—1885年保守党为反对党期间,伦道夫·丘吉尔勋爵也利用了议会外的支持对议会的政党领导施压并取得了令人瞩目的声望。作为一个保守党的坏孩子,丘吉尔展现出一种年轻人的傲慢,将不服从命令视为一种高雅的艺术。[143]他的主要目标是1876年后保守党的下院领袖斯塔福德·诺斯科特(Stafford Northcote)爵士,被他称为"山羊"的人。诺斯科特曾对格莱斯顿的绰号"伟大的老人"有所助力,丘吉尔则将诺斯科特封为"伟大的老妇人"。在贵族式的藐视下,丘吉尔开除了中产阶级前座保守党中坚派克罗斯(R. A. Cross)和史密斯(W. H. Smith),并将他们谮称为"马歇尔和斯内尔格罗夫百货公司"(Marshall and Snelgrove)。另外,他讽刺格莱斯顿是"中洛锡安的火神"(the Moloch of Midlothian),张伯伦是"冒牌的罗伯斯庇尔"。丘吉尔在他周围聚集了一小群人,包括沮丧和坏脾气的戈斯特(迪斯雷利在19世纪70年代的政党经理)和温和的前外交官亨利·德拉蒙德·沃尔夫(Henry Drummond Wolff)爵士,他们组成了所谓的第四政党。1880年他们因查尔斯·布拉德洛(Charles Bradlaugh)事件而走到了一起。作为一名公开的无神论者,布拉德洛多次当选为北安

---

[143] 参见 Roy Foster 为丘吉尔写的光辉传记,*Lord Randolph Churchill*: *A Political Life* (Oxford, 1981)。

普敦议员,他拒绝接受进行包含"愿上帝保佑我"誓词的议会宣誓。他将自己的无神论和共和主义结合在一起呼吁男性普选权,将"独立激进主义"传统与潘恩的世俗理性主义结合起来。当格莱斯顿政府寻求解决方案时,丘吉尔强烈抗议对布拉德洛进行任何让步,嘲笑诺斯科特前后矛盾的反对,这使首相陷入了更加窘迫的境地。"第四政党"无时无刻不抓住机会将诺斯科特和他的同事们描绘成无能之辈。他们对"老家伙们的软弱"大加嘲讽,称其是"一帮老头们蜷在卡尔顿俱乐部的火炉旁呢喃"的"老朽的寡头政治"。只有在1882年丘吉尔休长期病假期间才给了诺斯科特以喘息的机会。

1882年10月,身体康复了的丘吉尔对保守党领袖发起了一次联合总攻。丘吉尔培养了与媒体的关系,尤其是与阿尔杰农·博思威克(Algernon Borthwick)的《晨报》(*Morning Post*)、托马斯·切纳里(Thomas Chenery)的《泰晤士报》和托马斯·吉布森·鲍尔斯(Thomas Gibson Bowles)的《名利场》之间的关系。在愤愤不平的戈斯特的帮助下,丘吉尔与全保联不满的部门一道,开始建立起一个议会外的大众权力基地。能言善辩的丘吉尔借用了"托利民主"这项事业,将其形容为迪斯雷利的天赋、远见和毅力的真正遗产。在虔诚唤起迪斯雷利精神的同时,也对诺斯科特的无能进行了疯狂的嘲弄。他将常见的反对激进主义、维护宪政的保守党口号和对民主行动主义的呼吁结合起来。戈斯特和沃尔夫谈起1874年大选时说这是保守党协会的一次伟大的胜利,虽然这遭到了党内地产者的鄙视,但不管怎样,他们还是抓住了协会给予他们的作为战利品的官职。沃尔夫和戈斯特在《双周评论》里写道:"如果托利党要在这个国家继续作为一支力量存在,它就必须成为一个大众政党。"[14] 1883年10月,在全保联的伯明翰会议上,丘吉尔呼吁保守党人重拾对工人阶级的信心,没有工人阶级,保守党就无法行使它的权力。在接下来的几个月中,他试图从中央办公室手中夺回该政党组织的领导权,将全国保守党协会的控制权交到全保联手中。在这种情况下,他声称自己代表的是理智、独立和受过教育的保守党选民,这些选民已经对诺斯科特拖拖拉拉、效率低下的领导失去了耐心。不出所料,丘吉尔的竞选活动摧毁了选民们对诺

---

[14] Sir Henry Drummond Wol and J. E. Gorst, 'The State of the Opposition', *Fortnightly Review*, 38 (November 1882), 668.

斯科特的信任。随后,在 1884 年 7 月,上院保守党领袖索尔兹伯里勋爵迫使丘吉尔就范。迪斯雷利最后一任殖民地大臣、有能力的迈克尔·希克斯·比奇(Michael Hicks Beach)被任命为全保联主席。丘吉尔又很快将注意力转移到了下院政党重组上。地方的保守党人都入不了他的法眼,很多人在对他的甜言蜜语进行了热情的回应后深深地产生了一种被利用的低劣感。

1885—1886 年,在索尔兹伯里短暂代理首相期间对丘吉尔努力的回报是将他调到印度事务部。索尔兹伯里希望这个位置能够孤立傲慢的丘吉尔并阻止他惹麻烦。而诺斯科特则升到了上院并受封贵族成为伊兹利勋爵。但到了 1886 年初,因为格莱斯顿于 2 月成立的第三任政府开始考虑对爱尔兰共和国与英国的合并进行改革,保守党再次成为反对党。在 1886 年戏剧性的议会上,丘吉尔继续玩弄他反复无常的一套,开始时称激进派的张伯伦是他可以合作的人。但是,随着格莱斯顿打算提出爱尔兰自治议案,丘吉尔再一次回到了政治舞台上。1886 年 2 月,丘吉尔前往贝尔法斯特,宣称英格兰不能抛弃爱尔兰的新教徒。他慷慨激昂地呼吁阿尔斯特人记住他们"决不投降"的历史口号,使得这个地区的情绪达到了近乎歇斯底里的程度。同年 6 月,在贝尔法斯特,联合主义者的示威行动在新教暴乱中达到了高潮。丘吉尔在一封公开信中撰写了这样的口号:"阿尔斯特必战,阿尔斯特必胜。"实际上,丘吉尔作为阿尔斯特毫不留情的斗士形象使得他成为下院的保守党领袖。6 月,格莱斯顿的爱尔兰自治议案在下院二读的时候被否决。在 1886 年 7 月大选后,37 岁的丘吉尔被任命为索尔兹伯里第二任政府的财政大臣。

丘吉尔的神速崛起似乎证明了议会外的竞选活动能够保证在议会内的声望。他的成功肯定了大众的自我宣传这种新的政治风格。就像 1876—1880 年间的张伯伦一样,丘吉尔在 1882—1884 年间赢得了大众政党的支持,通过这种方式使得他成为领导层不可忽视的人。他太危险了以至于不能被排除在外,正是这样他把自己推到了政党的前座位置。但丘吉尔随后从显要位置的突然跌落也残酷地表明这种来之不易的地位的脆弱性。1886 年因为与首相在政策上的分歧,丘吉尔轻率地写了封威胁辞职的信,没想到却立刻被强硬而精明的索尔兹伯里接受了。丘吉尔发现自己突然被流放到了政治的荒野。与 1880 年的格莱斯顿一样,索尔兹伯里担任首相期间在驯服这些在公众的推进下步步前行的雄心勃勃的年轻政客时体现出议会领导的弹性。虽然索尔兹伯里是一名上院贵族,但他在1886—1902年间对维多利亚后期保守党的领导证实了议会领导在政党对选区的更大组织力量方面的协调能力。⑭

作为哈特菲尔德庄园智者的睿智的索尔兹伯里形成了他自己对1868年以后英国宪政状况的看法。他认为,下院已经听命于政党命令。他断言,地位卑下的议员们不再有独立的自由裁量权。他们仅仅是按照党鞭的指示去投票。这样一来,下院的决策仅仅成了下院政治斗争的产物,下院所谓的代表真正国民意见的声明成为泡影。⑭当自由党上台的时候,下院极端票数的微小变化就能决定政府的政策,激进派总是企图使辉格党人做出危险的妥协以示他们的忠诚。在这种情况下,上院有义务代表国家采取行动。重要的是,索尔兹伯里不是通过引用一些诸如上院能够维护"等级"的宪政"平衡"或是上院代表重要的"利益"等老一套言论为上院的地位进行辩护,而是提出了人民主权论。

索尔兹伯里在1869年就爱尔兰解散教会问题辩护的时候首次表达了他的观点。他宣称,当下院不能够代表"全国人民全部的、深思熟虑的和持续的信念时",上院有责任要求国家进行协商。⑭1872年,在一封写给卡那封的信中,他解释道:"我的计划是希望能够坦率地承认国家才是主人,而下院并不是,我希望当国家的判断在民意调查中被质疑、被明确地表达时我们能够有我们自己的观点。"⑭1882年,他反对格莱斯顿的《爱尔兰拖欠议案》(Irish Arrears bill),并宣布如果该议案通过的话就解散议会。他断言,下院的权威必须依靠选举的授权。在利物浦的一次演讲中,索尔兹伯里宣称国家的"代表机构"现在占据了"与50年前甚至30年前所占据的不同的位置"。那时"人民"对"他们的代表进行了更多的直接控制"。但是下院现在成了"党团会议的奴隶"以及受制于"一个可以独立发布命令的大臣"的权力。在这种情况下,上院必须对真正的"公

---

⑭ 参见 Peter Marsh, *The Discipline of Popular Government*: *Lord Salisbury's Domestic Statecraft*, *1881-1902* (Hassocks, 1978)。

⑭ 参见 C. C. Weston, *The House of Lords and Ideological Politics*: *Lord Salisbury's Referendal Theory and the Conservative Party*, *1846-1922* (Philadelphia, 1995)。

⑭ Salisbury, 17 June 1869, *Hansard*, 3rd ser., cxcvii. 83.

⑭ Salisbury to Carnarvon, 20 February 1872, 引自 Lady Gwendolyn Cecil, *The Life of Robert*, *Marquis of Salisbury*, 4 vols (1921-1932), ii. 25。

众舆论"施加影响。⑭同样,在1886年索尔兹伯里认为格莱斯顿对爱尔兰自治的支持反映出他受到了帕内尔派的爱尔兰议员所施加的局部压力,这种压力是爱尔兰议员数量所带来的不当影响力,并且对这个国家的明智意见也是一种藐视。"国家利益"成了下院操纵政治和自由党机器政治的牺牲品。他担心,对国家而言,这样做会导致爱国主义被削弱,加剧阶级对抗以及增加对各种形式财产的攻击。在这种情况下,上院有义务否决没有经过选民授权的下院立法。这就要求保守党人在选区内确保他们的意见能够有效代表对爱国政策、国家统一和传统价值观的捍卫。他在1882年给诺斯科特的信中写道:"有大量的别墅托利主义(Villa Toryism)需要组织。"⑮

索尔兹伯里相信,一个坚定的上院和有组织的选民是应对一个受政党支配的专横的下院的最好方式。索尔兹伯里的观点是对已成为"议会政府"核心的下院主权的又一次打击。这些观点有助于逐步削弱通过议会外组织、选民动员和不断增加的对议会立法功能的强调来施加影响的下院自治权。1884年法伊夫勋爵将强制命令(*mandat impératif*)形容为"欧洲大陆对我们议会体制最危险的曲解之一"。⑯梅因对"命令"(a mandate)这个新的英语概念表示遗憾,"命令"一词是从法语短语强制命令(*mandat impératif*)而来,指的是一个议员不能违抗的来自选区的明确指令。⑰但到了1886年4月,哈廷顿告诉下院,虽然在宪政中没有规定选民授权的原则,但随着选区成为权力的来源,它已经成为议会的道德约束。⑱《每日新闻》(*Daily News*)在1901年指责索尔兹伯里是"将'选举授权'这个本质上激进的概念引入英国政治的第一人"。⑲但这种自以为是

---

⑭ *The Times*, 14 April 1882, p. 6.

⑮ J. Cornford 'The Transformation of Conservatism in the Late Nineteenth-Century', *Victorian Studies*, 7 (1963–1964), 52.

⑯ Angus Hawkins, *British Party Politics, 1852–1886* (1998), 282. 在改革辩论中,卡那封勋爵指出,"'命令'一词是法式英语中呼吁人民的意见的一种时尚的叫法"(Carnarvon, 8 July 1884, *Hansard*, 3rd ser., ccxc. 385)。

⑰ Sir Henry Maine, *Popular Government* (1885), 118.

⑱ Hartington, 9 April 1886, *Hansard*, 3rd ser., ccciv. 1257–1265. 参见P. Kelvin, 'The Development and Use of the Concept of the Electoral Mandate in British Politics, 1867–1911', 未公开发表的博士论文, University of London, 1977。

⑲ *Daily News*, 27 March 1901.

的耶利米哀歌并不能扭转新的政治现实。政府越来越受到大选时政党纲领的约束。在19世纪90年代以前,将议会仅仅视为一个被授权的机构,因而在处理大选中没有在选民面前提及的问题时要受到道德的约束的这种看法被普遍认为是一种危险的政治异端。但到了19世纪90年代,这种看法成为正统学说。

1902年,首次对英国政党体系进行全面分析的著作被翻译成英文。他是由一位定居于巴黎的俄国裔犹太人莫伊谢伊·奥斯特罗戈尔斯基(Moisei Ostrogorski, 1854—1921)用法语写的。他所写的《民主和政党组织》(Democracy and the Organization of Political Parties)是经过长期思考的一项详细研究,并且提出了明确的隐含警示。[153]他描述了自1832年以后选举权的扩大是如何迫使政党管理扩大的选民,反过来有组织的政党又是如何对议会施加纪律,从而导致内阁主导了立法。奥斯特罗戈尔斯基相信并警告说,伯明翰的党团会议已经颠覆了人民主权。由政党狂热分子主导的党团会议的机器政治"削弱了政客们的意志",它会"摧毁他们的勇气和独立意识,几乎会彻底毁掉他们做人的尊严"。这样就会导致一个"机器的政府而不是由人来管理的负责任的政府"。[154]如果政党对麦考莱来说是不同情绪的表达,对梅因来说是人原始的好斗性的体现,对科布登这样的激进派来说是精英操纵的结果,对奥斯特罗戈尔斯基来说是一种发展的话,那么,即使政党是为了达到最高尚的目的而生,也终会不可避免地堕落。[155]在英国,这种堕落便是党团政治的特点。来自巴黎的观点与哈特菲尔德的观点遥相呼应。给予选举判断以权威表达的政党政府取代议会主权成了英国宪政安排的有效基石。

---

[153] Moisei Ostrogorksi, *Democracy and the Organization of Political Parties*, 2 vols (1902).

[154] Moisei Ostrogorksi, *Democracy and the Organization of Political Parties*, 2 vols (1902), ii. 562; i. 595.

[155] 在为奥斯特罗戈尔斯基的书的英文版做序的时候,布赖斯抱怨道,政党的"组织和纪律"导致了"从属"和"服从",鼓励了"非理性的"政党精神,这使得人们"在投票时考虑的不再是对真理的热爱和对正义的追求"[Rt Hon. James Bryce MP, 'Introduction', in Moisei Ostrogorksi, *Democracy and the Organization of Political Parties*, 2 vols (London, 1902), i, p. xlv]。

第九章

政党、社会和国家：1886—1914

> 英国政府就像是一个内部统一的城市，政党则是整个构造中不可或缺的一部分。因此，政党是在这个政治体制的内部而非外部运作的。事实上，就议会而言，政党机器和政府机器不仅仅是一致的；它们就是一个整体，是一回事。
>
> ——洛厄尔:《英国政府》
> (A. L. Lowell, *The Government of England*)

1894 年 1 月末,就在格莱斯顿第四任首相任期结束前不久,牛津大学瓦伊纳法学教授和自由统一派成员戴雪写信给一位朋友说道:"在目前的情况下,虚假的议会政府是一种非常恶劣的政党控制的政府形式。"就个人而言,"我认为我更喜欢 1868 年之前的真正的议会政府"。①戴雪在 1885 年的《宪政法律研究导言》(Introduction to the Study of the Law of the Constitution)一书中,写下了关于议会主权的经典论述。在他看来,议会的绝对主权和法治是宪政的两大支柱。他进一步指出:议会不能受到任何干预;任何行政、司法或立法机关都无权宣布议会通过的法令失效;议会不能约束其继任者,并且不存在任何一个凌驾于一般法之上的更高的法律体系。九年后,戴雪的悲叹表明了他个人对人民主权对议会权威形成的挑战以及越来越多的全国政党宣称掌控民意的失望之情。②自主议会的权威,包括组成和解散政府、权衡真正的国家利益、立法的权威等,正在逐渐消失。

戴雪所悲叹的 19 世纪 90 年代的政治世界和 1867 年前的议会世界的不同可以通过两组事件来衡量。第一,1832 年《改革法》、1867 年《改革法》和 1884 年《改革法》是在不同的议会程序下产生的。第二,在 1846 年和 1886 年发生的两次大的政党乱象的危机的本质也是截然不同的。这体现了 19 世纪 80 年代议会中政党趋于保持更严格结盟的情况下,政党领导人被赋予了更多的权力,选区组织和议会政治之间的关系更加紧密,行政行动的权威直接诉诸民众的选举判断。

1832 年改革议案因为议会的反对、持续的游说和强烈的请愿而进行了大范围的修改。在群情鼎沸的动荡中,比起最初辉格党相对简单的议案,最终的议案采用了一种更为复杂的形式。1867 年《改革法》是激烈而复杂的议会斗争的产物,迪斯雷利巧妙地利用了当时自由党的混乱。当时,大众改革会议的追求与议会事务格格不入,大部分议员选择同大众改

---

① C. C. Weston, *The House of Lords and Ideological Politics*: *Lord Salisbury's Referendal Theory and the Conservative Party*, *1846–1922* (Philadelphia, 1995), 85.
② 有关戴雪对大众政治兴起影响的担忧,参见 Ian Christie, '"This Zeal for Lawlessness": A. V. Dicey, *The Law of the Constitution*, and the Challenge of Popular Politics, 1885–1915', *Parliamentary History*, 16/3 (1997), 309–329。有关戴雪对全民公投和宪政惯例的思考,参见 Peter Raina (ed.), *General Characteristics of English Constitutionalism*: *Six Unpublished Lectures by A. V. Dicey* (Oxford, 2009)。

革会议保持距离。1867年改革议案的最终形式是由下院确定的。相反,1884年改革议案却是由一小群以格莱斯顿和索尔兹伯里为首的政党领导在秘密会议上敲定的。1885年的《席位重新分配法》也是在唐宁街秘密决定的,下院的政党普通党员忠实地服从政党领导人私下协商的结果。③ 1884—1885年有关改革的辩论再次肯定了政党领导对议员的权威性,同时也巩固了格莱斯顿和索尔兹伯里在他们各自政党内的支配地位。

通过比较1846年和1886年的政党危机同样可以说明问题。维多利亚时期的第一次大规模的政党危机发生于1846年:皮尔对废除《谷物法》的赞同导致保守党分裂。维多利亚时期最后一次政党分裂发生于1886年:格莱斯顿对爱尔兰自治的赞同打破了自由党的统一。1846年饥荒和1886年对自治的要求这两个在爱尔兰频发的祸端引起了英国议会政党的动荡。保守党在1846年后的很长一段时间都是反对党,1886年以后的自由党也是如此。对那些注重对称的人来说,这也许是一种让人愉快的设计。但除了这些明显的共鸣外,每次危机都揭示了政党分裂发生的不同背景。1846年后,有着奥林匹克式超然态度的皮尔刻意避免组成一个皮尔派政党。无论是在议会中还是在选区中,皮尔派政党都没能成形——这也正是皮尔的追随者们感到沮丧的原因。1846年后,一些皮尔派议员试图脱离出去寻找与他们意气相投的政治伙伴。到1859年,大多数皮尔派议员都回到了保守党的阵营。以格莱斯顿为代表的少数著名的皮尔派人士最终加入了帕默斯顿的自由党阵营。引人注意的是,能够反映或决定议会中政党忠诚的议会外组织则不复存在。

相比之下,1886年自由党的破裂很快导致了独立的政党组织的出现。从19世纪80年代开始,自由党政府面对的"爱尔兰问题"表现在三个方面:土地问题、高压政治和地方政府。1881年的《爱尔兰土地和强制法》试图解决前两个方面的问题。1884年,爱尔兰选民范围的扩大使得地方政府的问题格外突出。1886年2月,格莱斯顿成立了他的第三任政府,所谓的"1885年12月哈瓦登风筝事件"(Hawarden Kite of December 1885)使得媒体关注首相在爱尔兰自治问题上的转变,哈廷顿、德比和戈什因此拒绝了内阁的职位。布赖特公开谴责格莱斯顿对爱尔兰自治的看法,而张伯伦则接受了内阁的职位,条件是在对爱尔兰自治进行立法前要

---

③ 参见 Andrew Jones, *The Politics of Reform, 1884* (Cambridge, 1972), 196-222。

先对爱尔兰事务进行调查。可是到头来,一场调查也没有举行。格莱斯顿提出了修改爱尔兰土地购买法并提议在都柏林建立一个独立的爱尔兰立法机构。格莱斯顿认为,爱尔兰人构成了一个有机民族,一个自治的政府将恢复对爱尔兰"天然的"和负责任的领导人的尊重,自治能够防止无政府主义和激进民族主义的胜利,因此,格莱斯顿将1886年视为一个历史性的时刻,认为只有勇往直前才是安全的道路。在他看来,自治政府或是残酷镇压必须二选其一。1886年3月,张伯伦和特里维廉辞去了内阁职务。4月8日,格莱斯顿向下院提交了《爱尔兰自治议案》。经过激烈的辩论后,《爱尔兰自治议案》在下院二读时以341票对311票遭到否决,共有102名包括哈廷顿、张伯伦、布赖特在内的自由党议员投了议案的反对票。他们指责格莱斯顿破坏了英国在议会权威下的统一完整,破坏了法治,并且不负责任地引入侵犯议会权威的"人民主权"的概念。《泰晤士报》称自治是"对这些岛屿的整个宪政的颠覆"。④

格莱斯顿立刻召集了一次选举,要求全国选民来决定爱尔兰的命运。他言辞激烈地将"民众"描绘为权威、正义和权力的唯一来源,以对抗"阶级"对真理和人性的抵制。《利兹信使报》(*Leeds Mercury*)称,他试图去"触动和唤醒那些人们内心深处更加美好和真实的情感,因为这些构成了政党说教和政治术语的基石"。⑤政党的破裂立即呈现为纷纷创立组织的形式。哈廷顿和他的支持者们创建了自由统一派联盟(Liberal Unionist Association),尽管直到1888年该联盟才开始发挥有效的作用。⑥张伯伦立即在1886年成立了全国激进联盟(National Radical Union)。在选举中,保守党选择不反对自由统一派的议会候选人,有78名自由统一派议员回到了新的议会中。保守党赢得了316个席位,而格莱斯顿的自由党席位则减少为191个。格莱斯顿于7月20日辞去首相之职。索尔兹伯里在5天后继任保守党政府首相。格莱斯顿在爱尔兰自治问题上重新定义了自由主义后,自由党的分裂很快反映在选举上,表现为选区组织之间

---

④ *The Times*, 1 July 1886, p. 9.
⑤ *The Leeds Mercury*, 29 June 1886.
⑥ 截至1888年,自由统一派联盟在257个选区拥有115个分支机构,它们分发小册子和宣传单以及政党月报《自由统一派》。

的竞争,也被最终的选举结果所确认。⑦

英国政治文化的内在变化构成了1884年改革和1886年政党分裂的背景,这种变化是巨大的且呈现出多样化的形态。这些变化包括:1883年《预防腐败与非法行为法》、1884年《改革法》和1885年《席位重新分配法》所产生的影响,"大众"选民与议会权威之间的分歧,全国性政党对选区控制的加大,纲领政治的出现,政治家们对经济和社会变化的解读,以及在哲学唯心主义、先锋社会学和社会进化论的交叉思潮的背景下对"国家"角色的更广泛的重塑。人们开始担忧传统共同体受到的侵蚀、共同体价值凝聚力的丧失、对领导和父亲责任的历史概念的挑战、阶级分化的威胁、凯尔特民族主义的崛起,以及殖民地民族主义威胁,正是这种担忧使有关这些问题的辩论显得格外紧迫。

全国性政党的兴起

金伯利勋爵在1887年评价道:"每天变得越来越清晰的是政治权力正从议会转到这个平台,这是一个重大的变化。"⑧拥有大众会员制和中央集权官僚制的全国性政党已经掌握了组成和解散政府的权力。1886年后,在大选中选民的选择决定了政府的组成。1892年选举结束了索尔兹伯里的第二任政府。1895年的大选,索尔兹伯里打败了罗斯伯里勋爵(继任格莱斯顿的自由党领袖),组建了他的第三任政府。政府的任期听命于大选的结果。

1883—1885年,格莱斯顿政府通过了三项立法——1883年《预防腐败与非法行为法》、1884年《改革法》和1885年《席位重新分配法》,扩大了政党对选区的控制权。它们构成了格莱斯顿第二任政府的实质立法成就。第一是对候选人在选举期间的花费进行了限制,规定了开销的多少

---

⑦ 格莱斯顿派自由党和自由统一派之间的分裂是痛苦的,这使得1886年的选举竞争格外激烈。自由统一派埃德蒙·沃德豪斯(Edmond Wodehouse)在与巴斯争辩时抱怨道:"我们的议会老手(格莱斯顿)与我们多么格格不入! 他给我们写的信和电报就是为了让我们感到不安! 我们中的任何一个人都应视他为对手,应该把他剔出去,剥夺他的权力。我个人对他毫无道德的煽动性行为感到极其厌恶"[T. A. Jenkins, *Parliament, Party and Politics in Victorian Britain* (Manchester, 1996), 129]。

⑧ Kimberley journal, 6 April 1887, in Angus Hawkins and John Powell (eds.), *The Journal of John Wodehouse, First Earl of Kimberley for 1862-1902*, Camden Fifth Series, 9 (1997), 375.

取决于选区的类型和选民人数。它还改进了候选人竞选支出的监督机制。当时议会形成了广泛共识,认为在 1880 年大选存在明显的腐败,主要是候选人过度的官方选举开支问题。⑨据统计,1880 年所有候选人的官方选举费用为 173.73 万英镑,实际总花费在 200 万到 300 万之间。⑩人们认为这威胁到了下院的道德品质和地位。在 1883 年的立法讨论中两党合作是主流。《预防腐败与非法行为法》通过取缔对游说人员和公共演说家的报酬、限制竞选活动中雇佣人员的数量迫使候选人去争取党派志愿者的支持。⑪组织志愿者的支持需要地方政党团体的资源。那些能够负担起开支的政党选区组织开始用专职专业政党代理人取代兼职的本地律师。尽管一些议员抱怨说贿赂、"款待选民"、不当影响和假冒等案件被查实后的处罚太重,但限制竞选开支的目的是为了进一步减少参选的混乱。还有一些议员则认为,禁止为选民支付交通费用的做法对贫困选民来说是不利的。但该法案在减少腐败方面的效果是非常显著的,1883 年以后,选举中的非法行为大大减少了。1880 年,在审议了 33 份请愿书后,有 12 名议员被取消了资格;1885 年,在审议了 7 份请愿书后,仅有一名议员因腐败问题被罢免。毫无疑问,并不是所有的腐败案件都会导致请愿的出现。腐败行为的花费、精力、不受欢迎和不确定的后果本身就是一种威慑。虽然声称腐败已被根除是错误的,但请愿书数量的减少也表明在 1883 年后明目张胆的腐败现象显著减少。⑫更明显的是,正如预期那样,候选人的支出大幅减少。1880 年选举候选人的官方总支出为 173.73 万英镑,而 1886 年选举所有候选人的官方总支出仅为 62.41 万英镑。

1884 年《选举权改革法》将 1867 年城区的房产持有人和房客选举权扩展到所有乡郡的房产持有人和房客。该法案还给那些每年拥有价值 10 英镑土地或住房的人赋予选举权。在 19 世纪 70 年代,自由党人和激

---

⑨ 参见 Kathryn Rix,'"The Elimination of Corrupt Practices in British Elections?" Reassessing the Impact of the 1883 Corrupt Practices Act', *English Historical Review*, 123(2008), 65-97。

⑩ Baron de Ferrieres, 4 June 1883, *Hansard*, 3rd ser., cclxxix. 1672-1673.

⑪ Kathryn Rix,'"The Elimination of Corrupt Practices in British Elections?" Reassessing the Impact of the 1883 Corrupt Practices Act', *English Historical Review*, 123(2008), 72, 79.

⑫ Kathryn Rix,'"The Elimination of Corrupt Practices in British Elections?" Reassessing the Impact of the 1883 Corrupt Practices Act', *English Historical Review*, 123(2008), 82-85.对早期学者关于 1883 年法案根除了腐败的看法的纠正,参见 C. O'Leary, *The Elimination of Corrupt Practices in British Elections, 1868-1911* (Oxford, 1962)。

进派认为城区的房产持有人选举权还没有在乡郡推行,抨击说这是不公平的。他们认为这违背了1867年《改革法》包含的"大众"代表的概念,这样做会把那些有选民地位和社会条件的人排除在外,虽然随着城市扩张,城区和乡郡之间的区别越来越模糊,但这种做法却恰恰是把城区和乡郡区别对待。1867年引入的城区选举权把投票的概念提升为一种房产持有人的道德权利,是一家房产持有人"体面可敬"的证明。在1880年的选举中,自由党承诺要将城区选举权和乡郡选举权平等对待。尽管保守党反对在乡郡创造大量大众选民,他们担心这会触犯佃户和自耕农的"利益",1884年有关格莱斯顿改革议案的下院讨论主要集中在程序问题而非原则问题上。人们普遍意识到,作为议案的核心提议的统一城区和乡郡的选举权是有益的,也是不可避免的。同年7月,上院在考虑凯恩斯提出的一项保守党的动议的基础上,否决了这项选举权议案,认为如果不考虑席位重新分配问题的话,该议案是不可接受的。

赋予乡郡房产持有人选举权、大型城镇代表性不足以及有争议的小城区的存在造成了一些大型的、人员成分相对复杂的选区的产生,正是这些选区提出了将选举权改革与席位的重新分配结合起来的要求。1884年11月,在达成共识认为保守党领导需要通过协商确定一份可以被接受的《席位重新分配议案》并于1885年递交议会的基础上,保守党同意通过选举权议案。1884年12月《选举权改革法》得到了王室批准,结果,乡郡的选民从1883年的约96万人增加到1886年的超过250万人。40先令的自耕农可以拥有选举权等老的乡郡选举权标准与新的标准并存。英国的选民总数从1883年的315.2万男性选民增加到1886年的570万男性选民。男性选民72%的增幅非常大,从绝对数字上来说,比1832年和1867年两次增加的选民数量的总和还多。⑬现在,在英格兰和威尔士有三分之二、在苏格兰有五分之三、在爱尔兰有一半的男性选民具备选举资格。⑭总之,约有62%的英国男性在1884年后获得选举权。⑮

1885年《席位重新分配法》是1884年11月在代表自由党的格莱斯

---

⑬ K. Theodore Hoppen, *The Mid-Victorian Generation, 1846–1886* (Oxford, 1998), 265.

⑭ T. A. Jenkins, *Parliament, Party and Politics in Victorian Britain* (Manchester, 1996), 90.

⑮ Philip Salmon, 'The House of Commons, 1801–1911', in Clyve Jones (ed.), *A Short History of Parliament: England, Great Britain, the United Kingdom, Ireland and Scotland* (Woodbridge, 2009), 262.

顿、哈廷顿、迪尔克和格雷维尔与代表保守党的索尔兹伯里和诺斯科特之间的私下讨论中提起的。在两党领导人的共同支持下,《关于重新分配席位的议案》于 1885 年 3 月提交至下院。6 月 25 日,在没有重要内容需要修改的情况下,该议案获得了王室的批准,此前两天,索尔兹伯里取代格莱斯顿出任首相。1884 年城区和乡郡确立了统一选举权后,出于三方面原因不得不考虑席位的重新分配问题。首先,为了适应选举权改革所导致的选民数量的大幅增加,需要调整选区的边界,否则,这些乡郡的选举条件将会是不可思议的庞大和不均。其次,选举权统一后也凸显了一些大型城镇如伯明翰和曼彻斯特的选民数量大而代表名额不足的问题。在 19 世纪 80 年代早期,三分之二的议员仅代表了四分之一的选民。⑯ 自由党认为,在进行席位重新分配的时候,需要认识到自 1867 年以来由于人口扩张所导致的在大型城市中心选民数量增加的情况。最后,由于选举混乱和个人赞助使得一些小的城区的地位变得非常脆弱。1883 年,利兹的自由党抱怨尽管他们的选民数量和其他 63 个小市镇城区选民的总数一样多,但他们的城区仅有 3 个席位,而这些小城区每一个都有 1 至 2 个席位。⑰

要解决好这些问题,需要协调好选民数量与"利益"代表之间的关系。随着乡郡选民数量的增加,很多温和派自由党人和保守党人都希望通过席位的重新分配来保护少数人的"利益"和意见,例如英格兰天主教、苏格兰保守主义和安立甘高教会的情绪。⑱这是对全国自由党联盟关于选民数量的平均分配与每一张选票都同等重要的论点的反驳。正如格莱斯顿于 1885 年 3 月告知下院的,关于席位的重新分配的提议是对人口、利益多元化和历史共同体之间的"妥协"。⑲广泛的再分配法案需要将 91 个人口少于 1.5 万的小市镇城区、6 个农业市镇以及臭名昭著的腐败选区桑威奇(Sandwich)和麦克尔斯菲尔德(Macclesfield)并入相应的乡郡。人口介于 1.5 万到 5 万之间的 35 个城区和 2 个乡郡都被减少了 1 个

---

⑯ Charles Seymour, *Electoral Reform in England and Wales* [1915], ed. Michael Hurst (Newton Abbot, 1970), 490.

⑰ National Reform Conference at Leeds, *The Times*, 19 October 1883, p. 4.

⑱ Matthew Roberts, ' Resisting "Arithmocracy": Parliament, Community, and the Third Reform Act', *Journal of British Studies*, 50/2 (April 2011), 389.

⑲ Gladstone, 17 March 1885, *Hansard*, 3rd ser., ccxcv. 1455-1456.

席位。原有 4 名议员的伦敦城的席位被减少为 2 个。西哈弗福德(Haverford West)和彭布罗克(Pembroke)两个选区进行了合并。根据人口数量基数,英格兰和威尔士的 138 个席位、苏格兰的 14 个席位以及爱尔兰的 25 个席位被重新分配给了伦敦和大型或新兴的工业和制造业地区。

同样重要的是,《席位重新分配法》几乎使所有的英国选区都成为单一席位选区。1885 年前,英国有 416 个选区。实施《席位重新分配法》后变成了 643 个选区——增加了 55%。但是由于大部分选区都成了单一席位选区,议员的数量仅从 658 名增加为 670 名——仅增加了 2%。1885 年前,有 196 名议员来自于单一席位选区,仅占下院席位的 30%。而 1885 年后,有 618 名议员来自于单一席位选区,占下院席位的 92%,仅有 54 名议员(占下院席位的 8%)来自于双席位选区。⑳ 这是个巨大而重要的变化。只有大学、伦敦城和 23 个市镇城区还保留了双席位。大型的乡郡和市镇选区被划分为数个独立选区。伦敦城外的伦敦地区被分为 57 个单一席位选区。这是索尔兹伯里 1884 年 11 月与自由党领导私下协商的成果,即所谓的阿灵顿街契约(Arlington Street Compact)。㉑ 索尔兹伯里认为当大众政治被引入英国的时候,迪斯雷利在 1867 年的"屈服"是至关重要的,这使得进一步扩大选举权势在必行。这已是既成现实,索尔兹伯里认为保守党的作用是影响这一势在必行的过程,使之有利于保守党,那么重新分配席位至关重要。他预计 1884 年新增的乡郡选民都会支持英格兰乡村的保守党传统,与郊区房产持有人的"别墅托利主义"结盟。然而,重新分配席位对确保保守党的观点得到公平的代表是至关重要的。例如,通过重新划定选区的边界让乡郡选区摆脱城市选民就是这个过程中的一个因素。

索尔兹伯里认为,在基于一个广泛的人口比例的基础上,建立单一席位选区的优势是保证保守党的意见得以被代表的另一个重要因素。以前

---

⑳ 1885 年,几乎取消了复数席位选区,这是下院议员们表现出来的更讲政党纪律的进步的表现。1867 年后,由于选民拥有多张选票,有 53%的选区产生了不止 1 名议员(占下院议员的 70%)。这些议员大多来自于"分裂"选举和"无党派选举"比例相对较高的选区,因为它们更容易在选区游说中进行跨党派投票。1885 年后复数席位选区几乎不存在了,从而跨党派投票的影响也消除了。Philip Salmon, 'The House of Commons, 1801-1911', in Clyve Jones (ed.), *A Short History of Parliament: England, Great Britain, the United Kingdom, Ireland and Scotland* (Woodbridge, 2009), 263-266.

㉑ 参见 Andrew Jones, *The Politics of Reform, 1884* (Cambridge, 1972), 199-215。

被邻近的自由党选区所淹没的保守党选票在单一席位制度下会被赋予更加独立的代表权。在 1885 年以前英格兰或威尔士的递补选举或者"单一选举"中,选民只需要投一票而不是大选中大多数选民都可以投好几票,按照惯例,这对保守党是有利的。格莱斯顿极不情愿地接受了这个原则。下院像戈什这样的自由党人士担心这会加速阶级分化。哈廷顿认为这会让温和派和激进派自由党人相互对抗,而张伯伦则预计这将有利于城区尤其是伦敦的保守派。但索尔兹伯里通过 1884 年 11 月私下的有效沟通,确保了单一席位优势成为 1885 年议会通过的《席位重新分配法》的核心特征。另外,索尔兹伯里在协商中也成功地将选区人口数量的门槛从 1 万人提高到 1.5 万人,这使得一些城区失去了选举资格,将双席位选区的人口门槛从 4 万提高到 5 万也使一些选区减少了一个席位。根据他的计算,所有这些变化能够避免保守党的选票被大量自由党选民所压倒。中产阶级在城市和郊区的小范围影响力已经被创造出来,乡郡选区规模的缩小挑战了当地贵族的权威,使其更难施展影响。

这与索尔兹伯里的主张是一致的,他坚持,调整过的选区要反映作为具有凝聚力的共同体的"人们的追求"。丘吉尔也认为单一席位选区是确保"阶级、利益、工业和少数民族"代言的唯一可行途径。[22]承认统一选举权的必然性被索尔兹伯里精明地操纵了席位的重新分配所抵消,这对保守党的优势产生了不可抗拒的影响。1885 年"乡郡城镇"选区从 2 个席位减少为 1 个席位后保守党在大选中取得了决定性胜利,这似乎证明了索尔兹伯里精明的谈判之举是正确的。对保守党而言,另一大预期优势是随着单一席位选区的增加,在很多选区扩大了有产男性选民的范围。据估计,1886—1914 年在约 50 多万的复数票选民中,人们以四票对一票的比例把选票投给了保守党。[23]

1883 年《预防腐败与非法行为法》、1884 年《改革法》和 1885 年《席位重新分配法》的一大影响就是扩大了政党对选区的控制。在对单一席位选区扩大范围的选民进行编组时,受到竞选开支和提名、游说、就职等

---

[22] Matthew Roberts, 'Resisting "Arithmocracy": Parliament, Community, and the Third Reform Act', *Journal of British Studies*, 50/2 (2011), 400.

[23] Martin Pugh, 'Popular Conservatism in Britain: Continuity and Change, 1880-1987', *Journal of British Studies*, 27 (1988), 256, and Neal Blewett, 'The Franchise in the United Kingdom, 1885-1918', *Past and Present*, 32 (1965), 46-51.

传统公共仪式的法律约束，专业的政党代理人在执行全国性政党组织的纪律方面发挥着越来越重要的作用。原来在大多数复数席位选区中，大多数英国选民都可能会进行跨党派投票，如今在英国的643个选区中除了仅有的27个以外基本都消除了跨党派投票的可能性。对志愿者有效动员的监管则需要相当大的资源。到19世纪80年代末，议会候选人想要竞选成功需要依靠专业政党代理人、长期的政党协会组织和正式的政党组织网络。此外，1868—1900年，一些与选区有着直接联系如在该选区拥有财产或是出生于该选区的议员人数减少为一半，因此也增加了候选人对政党组织的依赖。㉔中央办公室、全保会和自由党协会为候选人提供竞选演讲词和合适材料，使其和他们的政党路线保持一致。1885年，保守党中央办公室印发了第一版《宪政年鉴》（Constitutional Yearbook），作为给演讲者和时事评论者提供核准的相关统计资料和信息的指南。1887年，第一版《自由党年鉴》（Liberal Yearbook）出版，为地方自由党协会及其成员提供权威统计数据。随后，选民们像选举候选人一样，开始给政党投票，他们的投票被视为是对现任政府的国民投票裁决的一部分。

至此，1868年、1874年和1880年的选举中，选举竞争的重点不再是原来的地区性问题，而是将焦点转到了国家性问题上。1885—1892年，爱尔兰问题无论是在国家政治还是地方政治中都十分突出，但在1892—1910年却不太凸显。㉕随着英国对南非布尔人发动战争，1900—1906年大英帝国问题无处不在。1886年以后，无论是在国家政治还是地方政治中，保守党人谈论的都是帝国问题，然而，对自由党人而言，除了1886年、1900年和1906年的大选以外，帝国问题是对国家层级的政治家来说更为突出的问题，对选区而言则不那么凸显。㉖在1895年的选举中，自由党领导关注的问题多种多样：罗斯伯里关注上院改革，约翰·莫利关注爱尔兰自治问题，威廉·哈考特爵士关注禁酒问题。在选举呼吁中，比起自由

㉔ Philip Salmon, 'The House of Commons, 1801-1911', in Clyve Jones (ed.), *A Short History of Parliament: England, Great Britain, the United Kingdom, Ireland and Scotland* (Woodbridge, 2009), 267.

㉕ Luke Blaxill, 'Quantifying the Language of British Politics, 1880-1910', *Historical Research*, 86 (May 2013), 323.

㉖ Luke Blaxill, 'Quantifying the Language of British Politics, 1880-1910', *Historical Research*, 86 (May 2013), 326.

党人,保守党人更容易提到激进主义,在19世纪80年代保守党人一直将激进主义的威胁与张伯伦联系起来。与此同时,比起保守党人来说,自由党人更经常将"托利"一词作为对那些反对进步改革的人的贬义的标签,例如1885—1886年。所以当1886年以后国家问题更有力地介入选区政治时,在不同的大选中各政党的侧重点也不同,推动地方竞争的政策也发生着明显的变化——这反映了全国性政党的选举诉求的灵活性和随机应变,以及它们对地方行动主义的投资。

对立法作为议会的主要目的之一的认识,对议会中议员的政党纪律性加强的了解,以及对选举授权概念的认知,也开始同政党纲领指导下的竞选趋于一致。1885年9月至12月,张伯伦为赢得1884年才获得选举权的农村房产持有人选民的选票,开始了一场广泛的竞选演讲,提出了"未经授权的纲领"。张伯伦的"未经授权纲领"呼吁免费教育、累进税以及农村劳工配额,其口号就是"三英亩地和一头牛"。但是格莱斯顿对爱尔兰自治态度转变的"哈瓦登风筝"事件后,张伯伦被戏剧性地边缘化了,他的竞选运动以失败告终。然而,1886年后,选举中更加频繁地提到小农配额、土地改革和农村劳工,这是1884年农村选民授权的结果,也是张伯伦竞选运动的结果。此外,张伯伦放弃了普遍原则的传统表达方式,在大众纲领的基础上赞扬一些具体的立法措施的做法,也暗示了选举的未来趋势。尽管反对者们谴责这种纲领化政治是鼓励"党派之争"以及"小集团阴谋",《激进的纲领》(*The Radical Programme*, 1885)一书的主编埃斯科特将其描绘为真正的大众意见的表达——格莱斯顿1868年解散爱尔兰教会运动和他在1886年对爱尔兰自治的选举呼吁都预示着这一发展。1891年,全国自由党联盟正式批准了支持爱尔兰自治、威尔士政教分离、伦敦地方政府、免费教育、选举登记改革、农村劳工分配以及土地法律改革的"纽卡斯尔计划"。在1892年大选中,"纽卡斯尔计划"决定了自由党的政策并且构成了自由党候选人对选民进行选举呼吁的基础。随着地方选区竞争逐步同化为立法项目的全国性辩论,在选举事务中,中央政党组织的影响力逐步增强。

这些发展也导致了选举文化在其他方面的转变,例如全职的职业政党代理人的出现,越来越多的议会候选人来自于选区"之外",候选人越来越多地进行演讲竞争,在选举中有更多更大型的公共会议,以及关于竞选演讲的报纸报道也越来越多。在19世纪80年代以前,选区的政党代理人几乎都是当地的律师,兼职进行一些工作。从 19 世纪 80 年代开始,他们逐渐被全职的职业代理人所取代,这些代理人都是从各个渠道招聘来的。截至 1900 年,选举登记要受到 118 项法案和超过 650 个司法决定的约束,要填 60 种不同的表格。㉗这就更需要有经验的专业人士来提供服务。政党代理人要监督选民名单的编制以及登记他们的支持者。㉘他们还要协助安排政党社会活动和政治活动,分发政党文献,组织地方选举,以及招聘和管理志愿者。1891 年,全国保守党代理人协会(National Society of Conservative Agents, NSCA)以及有资质的和相关的自由党代理人协会(Society of Certified and Associated Liberal Agents, SCALA)相继成立,赋予了全职政党代理人专业地位。㉙随着越来越少的议会候选人拥有强大的地方关系,专业组织支持成为竞选成功的一个日益重要的因素。

候选人还发现他们要在选举期间进行更多的演讲。由于他们的选举开支被削减了,像"款待选民"这样的旧的"影响力"不再适用,候选人只能寻求在更大范围的选民中依靠口才来赢得选票。在竞选期间,他们每天都会发表演讲。1884—1914 年,候选人通常会在竞选期间在选区内发表 100 多次会议演讲。㉚截至 19 世纪中期,格莱斯顿、哈廷顿、张伯伦、丘吉尔和索尔兹伯里等著名政治家都在全国范围内发表了广泛的演讲。在 1885 年高度紧张的政治氛围中,德比勋爵评论道:"在我的记忆中从未有过这么一场持久的唇枪舌剑:几乎所有的公众领袖们都在'进行巡回政治演说',甚至很多人都是进行了五六轮之多。"㉛不断加剧的言语的竞争反

㉗ Kathryn Rix, 'Hidden Workers of the Party: The Professional Liberal Agents, 1885–1910', *Journal of Liberal History*, 52 (Autumn 2006), 6.

㉘ 在 1918 年,该监督工作开始由官方承担,依据为男性普选权和 31 岁以上女性选举权。

㉙ 有资质的和相关的自由党代理人协会的前身是全国自由党联盟 1882 年赞助的自由党秘书和代理人协会(Liberal Secretaries and Agents Association, LSAA)。参见 Kathryn Rix, 'Hidden Workers of the Party: The Professional Liberal Agents, 1885–1910', *Journal of Liberal History*, 52 (Autumn 2006), 6, and Kathryn Rix, 'The Party Agent and English Electoral Culture, 1880–1906', unpublished Ph. D. thesis, University of Cambridge, 2001.

㉚ Luke Blaxill, 'Quantifying the Language of British Politics, 1880–1910', *Historical Research*, 86 (May 2013), 313.

㉛ Derby diary, 16 October 1885, Derby MSS (15), cit. in T. A. Jenkins, *Parliament, Party and Politics in Victorian Britain* (Manchester, 1996), 155.

映在选区中就是议员们在大众面前的平台上上演充满激情的竞选活动。㉜在选举期间,在选区的各个地方举行的嘈杂的和难以控制的公共集会变得司空见惯。通过地方和全国媒体忠实且全面报道,广泛的口水战的观众数量已远远超过了现场见证的观众。

然而,地方忠诚的力量,候选人需要对选区"利益"做出充满激情的承诺,地方问题对竞选活动的影响,地方对全国性政党组织的介入的愤恨,对政党命令的批评,以及将"独立"作为候选人道德标志的假设,所有这些都依然存在。㉝这样的地方选举文化继续成为许多竞选活动的特点。㉞从19世纪90年代开始,全国性政党加强中央控制的愿望有时仍然受到顽强的地方抵抗。1889年索尔兹伯里向女王建议说,在"旧的选举权"下组织

> 是由地方管理的,一般由地方主要人物的家庭律师来负责。随着1867年及1885年以后选举权发生改变,引导这些完全不能胜任的人变得格外困难,因此需要让位给更加有活动力的人。我们正在逐步这么做,但是这需要时间,并且地方权贵很可能根本不愿意承认中央的介入。㉟

除了正式组织,选民的感觉和情绪还要求候选人继续承认地方"利益"和地方忠诚。在这个平台上,政客和选民之间微妙的协商就是代表的"合法性"基础。在一个或者多个来自于选区"之外"的候选人的竞争中,他们与当地选区之间关联度的影响力是非常显著的。尽管1883年的选举开支限制法限制了在地方大量印刷宣传材料,但全国性政党组织制作的文献还是需要在地方印成海报或者宣传册,大多都是强调与选区直接相关的问题。

㉜ Jon Lawrence, *Electing our Masters: The Hustings in British Politics from Hogarth to Blair* (Oxford, 2009), 43-95.

㉝ 与有着中央集权和统一法律的欧洲大陆的部分地区相比,地方自治和遵循传统习俗仍然是英国社会的一个典型特征。地方忠诚感、市民自豪感和地区归属感依然对选区认同产生着非常重要的影响。Jose Harris, *Private Lives, Public Spirit: Britain 1870-1914* (Harmondsworth, 1993), 18.

㉞ 参见 Jon Lawrence, *Speaking for the People: Party, Language and Popular Politics in England, 1867-1914* (Cambridge, 1998)。

㉟ Salisbury to the Queen, 18 October, 1889, 引自 Peter Marsh, *The Discipline of Popular Government: Lord Salisbury's Domestic Statecraft, 1881-1902* (Hassocks, 1978), 185-186.

虽然候选人可以断言全国性政党的团结对保障一个强有力的政府是至关重要的,但是最好还是要避免产生政党经理人把候选人强加给选民的印象。在 1880 年诺里奇的选举中,地方自由党海报上的保守党候选人被描绘为迪斯雷利牵着的驴子,并配上字幕"叫他们做什么,他们就做什么"。在 1885 年伊普斯维奇的选举中,自由党候选人因与伯明翰党团会议政治的关联而受到攻击。㊱候选人、政党组织和选民之间微妙而复杂的谈判都是围绕着如何对有着党派支持和地方选区忠诚的政党进行有效的整编。这关键在于协调选民对政党和地方的认同感。自 19 世纪 30 年代以来,选举政治是由政党与地方之间的动态关系形成的。到 19 世纪 90 年代,选举政治发生的背景是广泛的男性大众选民、更丰富的政党组织资源以及持久的选区忠诚。

社会、道德和国家

1874 年 1 月在格林尼治的一次演讲中,格莱斯顿做出重大宣告:"1868 年国家完全委托于自由党及其领导人的权威……只能通过对人民的呼吁而合法和有效地恢复。"㊲这是他在中洛锡安竞选中反复强调的一个主题,他宣称现在"人民"成为"主人"。㊳这也预示着张伯伦在 1885 年宣称的这是一个"民选、民治的政府"。㊴同年,在《大众政府》(*Popular Government*)一书中,梅因警告说,"不受节制的民主"已经到来。㊵1875 年莱斯利·斯蒂芬(Leslie Stephen)评论道:"下院不再是唯一的或是最有效的向这个的国家真正统治者们发表演讲的出发点。"㊶政党领袖和选民们现在是直接进行交流,下院正逐渐被边缘化。正如洛厄尔记录的:

㊱ Luke Blaxill, 'Electioneering, the Third Reform Act, and Political Change in the 1880s', *Parliamentary History*, 30/3 (2011), 364.

㊲ Gladstone at Greenwich, *The Times*, 29 January 1874, p. 5.

㊳ W. E. Gladstone, *Midlothian Speeches*, 1879, ed. and intro. M. R. D. Foot (Leicester, 1971), 50.

㊴ Joseph Chamberlain et al., *The Radical Programme*: With 'The Future of the Radical Party' by T. H. S. Escott (1885), p. v, and John Robertson, *Chamberlain: A Study* (1905), 23.

㊵ Sir Henry Maine, *Popular Government* (1885), 92.

㊶ Leslie Stephen, 'The Value of Political Machinery', *Fortnightly Review*, 24 (1875), 849.

[选举]平台的搭建使部长们可以与人民面对面地交流,这增强了双方的政治重要性。这个平台不仅使得选民成为政治问题的终极仲裁者,也在一定程度上取代了下院成为讨论公共问题的论坛。㊷

对洛厄尔来说,"下院的主导权已经随着对内阁的授权而削弱",与此同时,"还因将权力直接交到选民手中而削弱"。这两种倾向是相互关联的。"将权力向选民转移的部分原因是部长们的影响力日益加强,人们意识到政策主要不是由议会主导而是由这些部长主导。"政党领导人与选民之间越来越直接的关系不仅仅反映了国家政治中组织的扩展。在道德观、哲学观和神学思想发生改变的大背景下,人们开始对"政治民族"和"国家"进行重新定义,这表明公共价值观和政治话语在发生改变。这些词语影响了人们对世界的理解,政治家们也受到了关于"国家"本质、"政治民族"、社会和人的道德本质这些不断进化的概念的影响。

维多利亚时期的人将政治视为一种道德活动,这凸显了自19世纪70年代以来神学思想发生重大转变的重要性。就像宪政主权被视为嵌入社会中一样,神学家们认为上帝在整个世界和所有人类中无处不在。早期的神学强调赎罪、人的本性是有缺陷的,以及对社会所施加的纪律逐渐被强调救赎、转世和上帝内在论所取代,即神性存在于自然和人性中。这被写入了柯勒律治的文章以及莫里斯(F. D. Maurice)等基督教社会主义者的神学体系中。㊸柯勒律治把精神真理视为不仅仅是感觉问题(像福音派强调的),而是理性和理解问题。㊹人的思想在其主要和组成部分上体现了自然法则,在人类的生命中到处都有上帝积极的身影。莫里斯曾宣称人是按照上帝的模样塑造的,人类不是站在亚当这边,而是站在基督这边,所有人都是上帝的养子。到19世纪80年代,一些很有影响力的安立甘高教会成员,例如查尔斯·戈尔(Charles Gore, 1853—1932),试图通过主张上帝存在于包括理性、自然和人类的理解力等一切事物中来调和神学与科学的关系。曾任牛津普西宗教研究院院长(Principal of Pusey House)以及牛津教区主教的戈尔在1890年编写的《世界之光》(*Lux*

㊷ A. L. Lowell, *The Government of England*, 2 vols (1908), i. 447.

㊸ 卡莱尔和骚塞的著作也影响了上帝无所不在的论断,威廉·布莱克的声望也得到了恢复。

㊹ 参见 Bernard Reardon, *Religious Thought in the Victorian Age: A Survey from Coleridge to Gore* (1971), 60-89。

Mundi)一书的一系列文章中,通过基督复活、升天和转世来阐明基督教的主张和意义。㊹神性处于人类、行动和作品的中心。因此,上帝的存在充满了理性和科学性。转世与进化是一致的。上帝的逐渐实现是自然界进化过程的一部分,在自然界中善可以战胜恶。1898 年,伊林沃斯(J. R. Illingworth)出版的《无所不在之神》(*Divine Immanence*)中描述了上帝如何超越物质秩序,但也维持着物质秩序并且渗透到物质秩序中。㊻1891 年在以《上帝之子的化身》命名的班普顿讲座(Bampton Lectures)中,戈尔提出自然和恩惠不是对立的,但自然是上帝的法令,自然的法则就是关于上帝的知识。㊼

正如神存在于所有人类中一样,这些神学思想为人们对"大众主权"属于社会的政治理解提供了道德框架。上帝真理体现在所有人身上,这为 1884 年后给予"大众"选民的政治权威提供了一个神学框架。用格莱斯顿的话说,如果政治上"人民"是"主人",那么"人民"的声音就是上帝在全人类中发出的道德表达。像解决科学和宗教问题一样,这些想法还表明公共道德不再依赖于最终上帝的判断,但这是人类本性中与生俱来的一种本能的神圣正直。对自然过程如进化的有意识的理解促进了在逐步实现神的意志的过程中社会和政治合作的概念的提升。宗教关于上帝无所不在的论断对安立甘自由党人、不从国教者以及许多早期的社会学家都产生了影响。在宗教中,它成为社会行动的召唤。1889 年,戈尔与人共同创立了基督教社会联盟(Christian Social Union),该联盟致力于消除贫困和不公平的社会条件。㊽不从国教主义的能量指向社会问题和不公正现象,而不是那些阻碍充分参与国家政治生活的制度障碍。自 19 世纪 80 年代以来,不从国教者不再关注威尔士和英格兰的解散国教的问

㊹ Charles Gore (ed.), *Lux Mundi*: *A Series of Studies in the Religion of the Incarnation* (1890).

㊻ J. R. Illingworth, *Divine Immanence*: *An Essay on the Spiritual Significance of Matter* (1898).

㊼ Charles Gore, *The Incarnation of the Son of God*, being the Bampton Lectures for the Year 1891 (1891). 参见 Bernard Reardon, *Religious Thought in the Victorian Age*: *A Survey from Coleridge to Gore* (1971), 430-454。

㊽ 牧师里士满(Wilfred Richmond)也是基督教社会联盟的联合创始人,他认为基督徒应该把选区视为"合作单位,而不是竞争单位",应该要做"生命的管家,生命是上帝的礼物",应该把职业或者贸易视为"一种公共服务,因为他的一生都是为上帝服务的"[Wilfred Richmond, *Economic Morals*: *Four Lectures* (1891), 引自 Boyd Hilton, *The Age of Atonement*: *The influence of Evangelicalism on Social and Economic Thought*, *1785-1865* (Oxford, 1988), 331]。

第九章 政党、社会和国家：1886—1914

题,而是越来越关注缓解城市痛苦、住房问题、性虐待、儿童卖淫和工人阶级的酗酒等问题。1883 年伦敦公理联盟的安德鲁·米恩斯(Andrew Means)出版的小册子《伦敦无家可归者的痛苦之音:对赤贫状况的调查》(*The Bitter Cry of Outcast London: An Inquiry into the Condition of the Abject Poor*)一书生动地描绘了罪恶和苦难的洪流是如何倾注在穷困潦倒的贫困人口身上的。上帝内在论也在 19 世纪 80 年代后启发了格林(T. H. Green)创立的哲学唯心主义以及其后的追随者们。在一次布道中,格林宣称:"上帝和每个人的自我都是一致的。"㊾格林的思想成了维多利亚时期内在论的一种复杂的表达方式,对理解"国家"和公共道德有着重要的意义。

由格林创立的英国理想主义哲学学派摒弃了功利主义的个人主义。其中最有影响力的作品是格林去世后出版的《有关政治责任原则的讲座》(*Lectures on the Principles of Political Obligation*,1886)。该书引用了柏拉图和黑格尔的著作,尤其是康德的著作,格林的理想主义强调了思维在解释感官经验方面的积极作用,与之相对的经验主义则认为知识仅仅来源于经验。格林与其导师即后来担任牛津大学贝利奥尔学院院长的本杰明·乔伊特寄希望于将一种道德国家权力作为商业过剩、自私和狭隘的个人主义的必要的解毒剂,这是对骚塞、柯勒律治、莫里斯和卡莱尔等人的早期立场的一种复杂的哲学延伸。"国家"是社会和道德进步的代理人。通过履行国家的道德责任,一个积极主动的国家可以为公民提供健康、生活、教育和道德发展的平等机会,将实现"社会福祉"的理念作为有生气的整体原则。通过这种做法,能够为公民的道德发展创造必要的条件。㊿乔伊特和格林都拒绝"自由"的"消极"定义(即缺乏约束),而寻求道德积极的国家来提供"公共利益"。对格林来说,"国家"是一个道德

㊾ T. H. Green,'Fragment of an Address on Romans x. 8," The Word is Nigh Thee"', in *The Works of Thomas Hill Green*, ed, R. Nettleship, 3 vols (1885—1888), iii. 27.

㊿ 有关格林提出了英国第一个对"国家"概念的复杂分析的论断,参见 James Meadowcroft, *Conceptualizing the State: Innovation and Dispute in British Political Thought, 1880-1914* (Oxford, 1995),8。1891 年 D. G. Ritchie 也提出了同样的观点,他宣称格林是自洛克以后第一个拥有可行的关于国家理论的政治哲学家:D. G. Ritchie, *The Principles of State Interference: Four Essays on the Political Philosophy of Spencer, Mill and Green* (1891),130-131。

代理人,而不仅仅是个世俗的自然实体。[51]

通过康德和黑格尔,欧洲大陆的形而上学影响了如格林这样的英国唯心主义哲学家,但是法国人奥古斯特·孔德(Auguste Comte, 1798—1857)的著作却影响了其他英国人,鼓励他们通过社会学的先锋著作对社会进行实证分析。英国著名实证主义哲学家理查德·康格里夫(Richard Congreve)将维多利亚时代晚期视为一个"过渡"时期,在这个时期需要重塑新的道德权威和社会权威。对康格里夫而言,现代的道德秩序和社会秩序应该建立在实证主义的社会调查的科学权威的基础上。通过在自由党杂志上发表的被人们广泛阅读的文章,哈里森普及了实证主义的主张。与此同时,社会进化论为其他作者提供了一个解释社会发展本质的科学基础,解释了决定伦理进化的法则。斯蒂芬爵士在他的《伦理学》(*Science of Ethics*, 1882)一书中从社会是一个活跃的有机体这一概念入手,试图建立作为一种进化科学的伦理学。对斯蒂芬而言,不同类型的道德情操是特定社会的产物,在这种社会中,道德法则源自于被人们内化为本能和情感的外部社会条件。斯蒂芬在对道德进步的乐观预期中看到了社会进化和良善道德的共同进步。然而,其他社会进化论者如赫胥黎对进化生物学解决道德问题的能力提出质疑。赫胥黎认为道德进步需要对抗自然进化的宇宙过程。维多利亚晚期最著名的社会进化论者本杰明·基德(Benjamin Kidd)在他的《社会进化》(*Social Evolution*, 1894)一书中赞同赫胥黎的怀疑论,并期待国家行动范围继续扩大,以确保在自然竞争斗争中真正的社会平等。因此,"国家"可能实现"社会授权"以补充大众的"政治授权"。

19世纪70年代后,哲学唯心主义、先锋社会学和社会进化论的思想交流冲淡了各思想学派之间的清晰划分。唯心主义哲学家里奇(D. G. Ritchie)和塞缪尔·亚历山大(Samuel Alexander)试图把他们的哲学与进化科学合并在一起。格林的学生伯纳德·博赞基特(Bernard Bosanquet)

---

[51] 格林的思想传统上是属于自由安立甘主义的范畴。有关不从国教者的思想对格林的国家发展理念更有影响力的讨论,参见 Denys P. Leighton, 'T. H. Green and the Dissidence of Dissent: On Religion and National Character in Nineteenth-Century England', in Nancy LoPatin-Lummis (ed.), *Public Life and Public Lives: Politics and Religion in Modern British History* (Oxford, 2008), 43-56。

在社会学领域涉略很广,其中包括埃米尔·涂尔干(Emile Durkheim)的著作,并且接受了黑格尔在《国家的哲学理论》(*The Philosophical Theory of the State*)一书中提出的"国家"是共同体的更高意志的概念。但是,这种思想融合的主要作用是向国家注入一种全新的道德目的,以推动社会的有机论并使关于"共同利益"的集体概念合理化。斯宾塞放弃了他年轻时的激进主义思想,在其著作多卷本的《综合哲学体系》(*System of Synthetic Philosophy*)中,试图建构一个基于拉马克进化论的宏大的知识综合体。他相信,这揭示了一种摆脱基督教和实证主义的道德。通常被讽刺为激进的"个人主义者"的斯宾塞支持基于生物决定论的政治经济学。斯宾塞对达尔文的物种起源理论不太感兴趣,而是通过有机形态的形式来探求生命的意义,展示那些通过与周边环境保持密切联系的成功的生物。斯宾塞寻找"进步的"个体,它们拥有可以进行本质上是合作性和社会性的独立行动的自由,而不是提倡天生的自私和原子式"个人主义"的个体。他30多岁的时候患有严重的神经衰弱,此后便对进步失去了信心。斯宾塞认为"民主"是一种反动的而不是进步的力量,需要通过代议制政府的宪政形式加以遏制。斯宾塞摒弃了"自然权利"的概念,认为自由取决于政治形式的优先发展以及先进的国民性。这也支撑了他提供一种基于社会结构发展现实的社会科学的目标。斯宾塞1884年出版的文集《国家权力与个人自由》(*The Man versus the State*)中谴责了与社会主义有关的"民主"的有害表现,也包含了他对"个人主义"观点的一种更为直接的表述,而不是他在其他作品中一贯婉转的说法。[52]这场论战让批评家们把他描绘为一个极端原子式"个人主义者"。

在19世纪70年代和80年代,对有些人来说,用来定义他们的理想的词汇,无论是作为一种愿望还是作为一种威胁,都存在于'社会主义'和'共产主义'这类术语中。1825年,"欧文主义"一词被用来描述由罗伯特·欧文倡导的基于社区合作的社会改革。欧文认为,这样的改革能够使每个人都有独特的个性,通过竞争,创造出最大的财富,为所有人带来福祉。唯如此,才能消除引发社会冲突的原因。欧文也认为人类发展中的社会因素和经济因素的影响要大于政治影响——这是后来数代

---

[52] Mark Francis, *Herbert Spencer and the Invention of Modern Life* (Ithaca, NY, 2007).

社会主义者的一个重要信条。到 19 世纪 30 年代,"社会主义"一词(经常与资本并提)取代了"欧文主义"成为一个以国家或集体所有制为基础的社会组织制度,并为了所有社会成员的共同利益对生产方式、分配和交换进行管理。1840 年《评论季刊》警告说:"在道德与政治中存在两大恶魔:社会主义与宪章运动。"⑤

如果说"欧文主义"和基督教社会主义只是证明了社会主义的蹒跚起步,那么 19 世纪 70 年代后期英国的社会主义运动则取得了更大的进步。对事物的贬损也是一种承认的形式。在斯宾塞看来,社会主义的有害本质促使他在《人与国》中主张比平时更为激进的"个人主义"哲学。1886 年,道德哲学家亨利·西奇威克警告说,社会主义"朝我们汹涌而来",导致"政府干预的范围扩大"。⑭西奇威克的回应是在自由放任原理与社会主义控制之间为"国家"绘制一个角色。到 19 世纪 80 年代,社会主义思想由三股激进思潮组成:其一是 19 世纪 70 年代早期围绕共和主义的独立激进主义和 19 世纪 80 年代后布拉德洛的世俗主义事业;其二是苏格兰和爱尔兰土地改革骚动中的激进成分;其三是基于劳动价值和尊严的伦理社会主义的知识主张。⑮

由于马克思和恩格斯的著作直到 19 世纪 80 年代才被译为英文,英国社会主义并不包含马克思主义,甚至有反其道而行之的观点。维多利亚时期的社会主义受到的影响更多地来自于"欧文主义"、托利慈善事业、不从国教主义、基督教社会主义,以及约翰·罗斯金的著作、福音派对社会公正的狂热、对腐败与富豪们的强烈蔑视和对穷人困境的真正同情,而受到马克思和恩格斯的著作的影响较少。批评家罗斯金在 1860 年的《给最后者》(*Unto This Last*)一书中表现出对私人竞争的厌憎、对社会合作理想的憧憬和对劳动尊严的认同,社会主义艺术家和作家威廉·莫里斯(William Morris)的观点以及霍布豪斯(L. T. Hobhouse)的《劳工运动》

㊼ [Anthony Ashley Cooper?],'Infant Labour', *Quarterly Review* 67 (December 1840), 180.

㊽ Henry Sidgwick,'Economic Socialism', *The Contemporary Review* 50 (November 1886), 620.

㊾ 有关 19 世纪早期激进主义和后来的社会主义运动之间的连续性的论点,参见 Eugenio Biagini and Alaister Reid (eds.), *Currents of Radicalism*: *Popular Radicalism*, *Organized Labour and Party Politics in Britain*, *1850-1914* (Cambridge, 1991)。

(*The Labour Movement*，1893)一书都对复杂多样和大都市色彩浓厚的英国社会主义的独特风格的形成产生了重要影响。比起基于阶级仇恨的革命,道德诉求更能成功地为社会主义事业争取信徒。[56]在英国社会主义元素中,道德、正义、自由、人性和博爱的基督教比暴力的无产阶级革命更为突出。经济史学家汤因比谴责"工业革命"摧毁了中世纪的行会制度,并寄希望于社会主义能带来"神圣的民主"。[57]然而,西奇威克所担心的社会主义"大潮"并没有在19世纪80年代达到顶峰。德国社会民主党(the Social Democratic Party)成立于1869年,法国工人党(the *Parti Ouvrier*)成立于1876年,意大利社会主义党(the Socialist Party)成立于1884年,瑞典社会民主党(the Social Democratic Party)成立于1889年。而在英国,第一个社会主义分支——社会民主联盟(the Social Democratic Federation)直到1884年才成立,第一个工人阶级政党——劳工代表委员会(the Labour Representation Committee)直到1900年才出现。1884年,约翰·雷在《当代社会主义》(*Contemporary Socialism*)中评论道,英国是"唯一一个社会主义目前没有一个机构或组织能引起公众注意的国家"。[58]

创建于1884年的费边社(Fabian Society)主张通过渐进的而不是革命性的改变来实现社会主义。费边社是以罗马将军费边·马克西姆(Fabius Maximus)的名字命名的,马克西姆将军赞成骚扰和消耗战术,而不是正面冲突,因此费边社也追求不采取暴力没收的手段来实现社会主义的最终目的。例如,西德尼和比阿特丽斯·韦布(Beatrice Webb)等费边主义者认为,秩序和社会公正可以通过由专家管理的政府来实现。乔治·萧伯纳(George Bernard Shaw)、维尔斯(H. G. Wells)、安妮·贝桑(Annie Besant)和埃米琳·潘克赫斯特(Emmeline Pankhurst)都是著名的早期费

---

[56] 有关1880—1910年的"道德社会主义"以"人类的友谊"的概念为中心,反对严格的计划的观点,是受到如沃尔特·惠特曼(Walt Whitman)和拉尔夫·瓦尔多·爱默生(Ralph Waldo Emerson)等作家的影响,在超自然意义上,与Frank Podmore 和 Edward Pease 等人的兴趣相符,而在其他观点如"通神论"上,又包括了 Annie Besant 等人的观点,参见 Thomas Linehan, *Modernism and British Socialism* (Basingstoke, 2012).

[57] Arnold Toynbee, 'Notes and Jottings', in *Lectures on the Industrial Revolution of the 18th Century in England* (1884), 249. 汤因比馆是1884年在伦敦怀特查看佩尔区(Whitechapel district)建立的、作为牛津和剑桥的学生与工薪阶层家庭一起生活的基地,为年轻人提供教育讲座、法律咨询和俱乐部活动,也是道德友谊的实践展示。

[58] John Rae, *Contemporary Socialism* (1884), 59.

边社成员。威尔斯在他的小说《期望》(Anticipations, 1902)中描述了一个全权由专家主导的社会主义乌托邦国家。对西德尼·韦布而言,实证主义和自由激进主义而非马克思主义才是集体主义战略的基础,这种集体主义战略根植于伦理和进化的思想,而不是革命的理想。[59] 社会弊病的根源在于无所事事、效率低下的资本家们,而他们的地位是由"国家"来支撑的。费边主义的解决方式是通过进一步扩大选举权、对非劳动收入征税、从个人和阶级占有的手中取回土地和资本等方式来打破压制性的资本主义垄断,从而实现"国家"的民主化。这些都是19世纪80年代穿着"资本主义"和"阶级"语言外衣的激进思想。

在19世纪80年代后期和90年代,人道主义者的"乌托邦"理想和关于社会主义的"科学"定义之间的冲突变得异常突出。从某种程度上说,这是马克思和恩格斯作品翻译为英文的结果。马克思和恩格斯自己对那些没有接受他们关于需要进行无产阶级革命的"科学"证明的"乌托邦"同志是极其轻蔑的。1880年,亨利·海因德曼(Henry Hyndman),作为一名参加竞选失败的保守党激进派,曾经为英国帝国主义辩护,并且谴责民主,在读了用法语写的马克思著作后,立刻宣称马克思是"超级分析天才"和"19世纪的亚里士多德"。[60] 1881年海因德曼出版了《所有人的英格兰》(England for All)一书来宣传马克思的观点,虽然该书并没有得到认可。[61] 随后他于1883年又出版了《社会主义简述》(Socialism Made Plain)并于同年成立了社会民主联盟。梅瑞狄斯在他1880年的小说《悲剧的喜剧演员》(The Tragic Comedians)中,塑造了"阿尔万"(Alvan)这个角色来讽刺一个声称拥有历史法则的科学钥匙的救世主式的英雄。而在19世纪80年代,海因德曼就成了"阿尔万"。[62] 尽管社会民主联盟公开承认马克思主义并致力于生产资料国有化,但社会民主联盟仍然强调的是男性选举权、比例代表制、议员的报酬以及废除上院等激进话语的传统主

---

[59] 参见 Mark Bevir, The Making of British Socialism (Princeton, 2011), 173-194。

[60] H. M. Hyndman, The Record of an Adventurous Life (1911), 248.

[61] 同年,在'Leaders of Modern Thought—xxiii: Karl Marx', in Leaders of Modern Thought (1881), 349-354 中,Ernest Bax 面向英国大众出版了有关马克思思想的更为可靠和恰当的论述。参见 Mark Bevir, The Making of British Socialism (Princeton, 2011), 45-64。

[62] 尽管如此,海因德曼的托利激进主义给他的马克思主义中注入了道德元素。参见 Mark Bevir, The Making of British Socialism (Princeton, 2011), 65-84。

题。海因德曼也寻求在现有的政治体制内与激进分子和工会成员的合作。事实上,在1884年,海因德曼使他的两名议会候选人得到了保守党的资助,保守党认为这是分裂自由党的一种手段。然而,海因德曼的独裁、民族主义和对"科学"的教条遵循,而不是对社会主义道德原则的遵循,使得许多原来的支持者都转身离开。⑥³威廉·莫里斯和马克思的女儿埃莉诺·马克思(Eleanor Marx)于1884年离开了社会民主联盟。莫里斯随后资助了社会主义联盟的建立,该联盟提倡的"道德社会主义"致力于建立一个合作性的社会团体。莫里斯通往"乌托邦"社会主义的道路要借助罗斯金(Ruskin)的思想、浪漫主义、中世纪主义以及把艺术的信仰作为人类精神的最高表达来实现。但到了19世纪90年代,社会主义联盟就被无政府主义者所主导。

1840年在法语中创造的"共产主义"一词是由英国人古德温·巴姆比(Goodwyn Barmby)在巴黎提出的。第二年,巴姆比创立了共产主义宣传社,倡导废除私有制,所有财产归社会所有,以及为全体成员共同利益将劳工组织起来。1841年的《泰晤士报》报道说,在巴黎和里昂的"每一个郊区"都有"一种类似于小酒馆式的讲坛,在那里手上长满老茧的牧师几乎在公开宣传共产主义教义"。⑥⁴1882年,费尔贝恩(A. M. Fairbairn)在《当代评论》(Contemporary Review)中将共产主义视为"一个新诞生的宗教社会"对"手足情谊的社会表达"。⑥⁵值得关注的是,当历史学家阿克顿勋爵建议格莱斯顿读《资本论》时,也采用了一种宗教类比,称《资本论》是"新社会主义者的《古兰经》"。⑥⁶1877年,厄斯金·梅将社会主义者和共产主义者描绘为"欧洲民主最有害和最危险的狂热分子"。⑥⁷在英国,直至19世纪80年代,社会主义和共产主义这两个术语的区别在于社会主义被视为更人性化的关注,而共产主义被视为更趋向唯物主义的关注。正如拉德洛(J. M. Ludlow)在1851年提出的那样,社会主义从"人"

---

⑥³ 此外,虽然费边主义者和独立工党这样的社会主义者提倡作为道德国际主义的自由贸易,但海因德曼在经济政策上提倡"社会主义—保护主义"。

⑥④ *The Times*, 20 December 1841, p. 3.

⑥⑤ A. M. Fairbairn, 'The Primitive Polity of Islam', *The Contemporary Review*, 42 (December 1882), 370.

⑥⑥ Lord Acton, *Selections from the Correspondence of Lord Acton*, ed. J. N. Figgis and R. V. Laurence (1917), 306.

⑥⑦ Sir Thomas Erskine May, *Democracy in Europe: A History*, 2 vols (1877), i, p. lxiv.

开始,共产主义从"物"开始。⑱社会主义反对人类不和谐、剥削和竞争,而共产主义本质上反对私有财产。结果证明,社会主义比共产主义更容易被同化到议会政治中,社会主义也被认为不受德国形而上学的外来影响。

因此,从19世纪70年代以来一大批新思想的出现使得道德自治个体的概念(这曾是19世纪五六十年代约翰·穆勒和阿诺德的论点的核心)被个体是嵌入社会环境且由环境所塑并加以谴责(在身为穷人时)的观点所取代。正如里奇(Ritchie)在《国家干预原则》(*The Principles of State Intervention*,1891)一书中宣称:"除去了与社会的所有关系,个体就什么也不是。你无法对他进行形容,或者确切地说,只能说他不是其他'个体'。"⑲这给"国家"这个概念注入了新的道德目的。关于社会的有机和环境观定义了"共同利益"的集体概念。这重铸了道德和共同体之间的关系。值得强调的是,因为这些影响改进的结构性和环境障碍超出了个人努力的资源范畴,所以需要政府采取行动。一股集体主义的潮流证实了这些目标要借助"国家"这个代理机构通过共同行动才能实现。

19世纪70年代后,这些知识分子的争论和政治话语之间的关系是复杂的。对国家行为、集体主义、进化理论和社会个体的环境观的哲学呼吁都通过政治偶然性的棱镜折射出来。以一种不系统的方式进行哲学论证以形成学说和对政治环境的感知需求之间,政策的形成占据了一个模糊的领域。⑳在1866—1867年间有关获得选举权的工人们的"体面可敬"的改革辩论对后来社会背景下与大众道德的哲学讨论产生了长远的共鸣效应。这些都是远距离的回声,而不是直接的后果。但19世纪后期的知识发展为一些政治家提供了道德语言,例如"共同利益"的定义,以表达

---

⑱ J. M. Ludlow, *The Christian Socialist: A Journal of Association*, 11 (18 October 1851), 242.

⑲ D. G. Ritchie, *The Principles of State Interference: Four Essays on the Political Philosophy of Spencer, Mill and Green* (1891), 11.

⑳ 参见 Michael Bentley, *The Climax of Liberal Politics: British Liberalism in Theory and Practice, 1868-1918* (1987), and Michael Bentley, 'Party, Doctrine and Thought', in Michael Bentley and John Stevenson (eds.), *High and Low Politics in Modern Britain* (Oxford, 1983), 123-153。

他们对广大选民的诉求。㉑它提出了一个关于社会的有机观点,在这个社会中,体制使个体更有道德。这表达了一个与"公众利益"截然不同的"共同利益"的概念,放大了一些概念,例如格莱斯顿关于主权在"人民"手中的观点。

这些思想影响了人们对社会经济和社会变革的政治理解。虽然19世纪后期英国的主要经济转型的特征是大规模工业生产在国家经济中占据了更为突出的地位,但以技能劳动为主的小型专门化工厂仍需要继续雇佣大量的工人阶级。到19世纪70年代,在曼彻斯特、格拉斯哥、利物浦、伯明翰、纽卡斯尔和卡迪夫建立起稳固的工业王朝,英国成了出口导向型经济的国家,出口占国民收入的比例从15%提高到25%。㉒从19世纪70年代中期开始,农业大萧条时期的土地价值和农业利润无论是在绝对数量还是相对数量上都降低了㉓,与此同时,美国和德国等新兴工业大国对英国全球市场的挑战标志着国际经济关系发生了重大转变。英国失去了其作为世界上无可争议的领先的工业国家的地位,而英国作为最大的贸易和运输国,伦敦作为贴现中心、清算中心和世界资本市场的地位得到了加强。虽然区域专门化仍是英国经济的一个突出特点,但是金融机构却进一步地全国一体化了。地区银行逐渐被英格兰银行合并,金融力量向一系列总部都设在伦敦的国家银行聚集。到19世纪80年代,更大程度的金融集中也与股份资本的崛起有关。㉔1844年和1856年都出台了《股份公司法》,后者为所有的股份公司提供了有限责任,后来1862年的《公司法》建立了公司法人责任的法律原则,因此破产公司的债权人不能

㉑ 正如 G. C. Broderick 在 1883 年所说,"民主的未来主要取决于无所不能的人民是否愿意接受受过高度训练和有良知的政治家的领导,取决于未来是否还有这样的领导以及他们是否愿意按照民主能接受的要求为人民服务"[G. C. Broderick, 'The Progress of Democracy in England', *Nineteenth Century* (November 1883), cit. in J. H. Grainger, *Character and Style in English Politics* (Cambridge, 1999), 105]。

㉒ Richard Price, *British Society, 1680-1880: Dynamism, Containment and Change* (Cambridge, 1999), 59.

㉓ 在欧洲国家中,英国在19世纪80年代没有引入进口关税以保护本国生产商免受美国小麦流入的影响。Jose Harris, *Private Lives, Public Spirit: Britain 1870-1914* (Harmondsworth, 1993), 5.

㉔ 参见 James Taylor, *Creating Capitalism: Joint-Stock Enterprise in British Politics and Culture, 1800-1870* (Woodbridge, 2006), and Paul Johnson, *Making the Market: Victorian Origins of Corporate Capitalism* (Cambridge, 2010)。

起诉公司个人股东未偿还的债务。⑦⑤为鼓励股东采取负责任的行动,针对该项立法进行了广泛的道德辩论和政治辩论。到19世纪80年代,伦敦证券交易所和其他城市金融机构在电话、行情显示系统和电报等新技术的支持下蓬勃发展。在1870年至1914年间,上市公司的股票市值增加了四倍。

1873年,约翰·贝特曼对英国的地主进行了一项调查研究,写了一本"新末日审判书",书名为《大不列颠和爱尔兰的大地产所有者》(The Great Landowners of Great Britain and Ireland),该书在1876年至1883年间重印了四次。⑦⑥调查显示,英国和爱尔兰80%的土地属于7 000人,其中大规模的大地产在苏格兰,有44人拥有10万英亩以上的土地。在这44人中,有7位拥有10万英亩以上土地且年收入超过10万英镑,他们分别是巴克卢公爵、德文郡公爵(Duke of Devonshire)、诺森伯兰郡公爵(Duke of Northumberland)、波特兰公爵(Duke of Portland)、萨瑟兰郡公爵(Duke of Sutherland)、比特郡侯爵和费茨威廉伯爵。⑦⑦在年收入超过1万英镑且拥有超过1万英亩以上土地的363人中,有246人是贵族。⑦⑧然而,非土地财富也在增加。在1850年,年收入在1万英镑以上的商人有338名,而到1880年,年收入达到该水平的商人有987名。⑦⑨到19世纪80年代,非土地拥有者的百万富翁数量第一次超过了拥有土地的百万富翁数量。在这些非土地财富中,金融财富占了很大一部分,此外还包括从事食品、饮料和烟草行业的人。

这些经济转变也对社会产生了很大的影响,随着商业和金融活动的增加,职业带薪经理、会计、文员、簿记员、管理员的社会阶层也在不断壮大。随着农村人口的减少和城市社区规模的扩大,采矿业和工业的就业人数也在不断增加。1860年,只有不到10%的男性工人是工会成员。1906年,工会成员人数约为200万人;1914年,约有25%的工人成为工会

---

⑦⑤ 在此期间,还有一点非常重要,即法院承认责任保险的合法性。

⑦⑥ John Bateman, *The Great Landowners of Great Britain and Ireland*, intro. David Spring (Leicester, 1971). 1876年第一版的标题是《英格兰的土地政体》(*The Acre-Ocracy of England*), 1878年的第二版到第四版改名为《大不列颠和爱尔兰的大地产所有者》。

⑦⑦ 除匈牙利以外,欧洲没有哪个国家与英国一样,大量的地产仍然集中在贵族后代手中。

⑦⑧ 参见 W. D. Rubenstein, *Men of Property: The Very Wealthy in Britain since the Industrial Revolution* (1981), 193-226。

⑦⑨ 参见 Harold Perkin, *The Origins of Modern English Society, 1780-1880* (1969)。

会员。从19世纪80年代开始,工会中也包括了非技术工人。这一变化也是伴随职业而发展起来的。工程师和建筑师建立了全国性组织,医生的地位也更加明确。普通民众的文化水平也有所提高。颇具争议的1870年《教育法》是由担任自由党大臣和布拉德福德议员的福斯特提出来的,所以也被称为《福斯特教育法》,该法案为英格兰和威尔士所有5—13岁儿童的教育设立了框架。1872年的《教育法》为苏格兰的同龄儿童设立了初等教育框架。随着大众文化水平的提高,以女性为主的小学教师的专业群体的规模也迅速扩大。从1891年开始,实行免费初等教育。1902年的《贝尔福教育法》废除了地方学校董事会,并建立了地方教育机构(Local Education Authorities,LEAs)来监管近2万所学校。城市和行会研究所(City and Guilds Institute)于1876年成立,主要宗旨是培训技术工艺人才。大学发展所依靠的高等教育机构分别在曼彻斯特(1851)、南安普敦(1861)、纽卡斯尔(1871)、设菲尔德(1875)、布里斯托尔(1876)、伯明翰(1880)、诺丁汉(1881)、邓迪(1883)和雷丁(1892)等地建立。大学扩张运动将讲座和课堂送进了扩大的城市社区。[80]

随着公民识字率的提高,媒体的影响力也越来越强,并且也反映和塑造了越来越多的读者的观点。[81]尽管《泰晤士报》作为国家官方媒体的地位保住了,但是《曼彻斯特卫报》《纽卡斯尔记事报》等"地方报纸"与伦敦媒体之间的竞争也变得越来越激烈。白芝浩在1870年认为伦敦媒体对"地方"报纸的影响力正在下降。[82]值得注意的是,自由党人倾向于更加重视"地方"媒体,而保守党人则寄希望于位于舰队街的伦敦媒体。19世纪80年代,随着铁路网络扩展到英国各地,以及电报系统和电话的引入,大城市和地方城市之间的互动变得更加广泛和紧密。地方习俗和传统都受到都市文化的压力。在英国,格林尼治标准时间替代了地区时区也标志着这一进程。正式的体育赛事、国家体育协会(足球协会于1863年成

---

[80] 参见 Lawrence Goldman, *Dons and Workers: Oxford and Adult Education since 1850* (Oxford, 1995)。

[81] Aled Jones, *Powers of the Press: Newspapers, Power and the Public in Nineteenth-Century England* (Aldershot, 1996)。1871年在伦敦有261家报纸,到1886年增加至409家。1871年英国有851家省级报纸,到1886年增加为1225家。T. A. Jenkins, *Parliament, Party and Politics in Victorian Britain* (Manchester, 1996), 21.

[82] Walter Bagehot, 'The Position of the Metropolitan Press', in *The Collected Works of Walter Bagehot*, ed. N. St John-Stevas, 15 vols (London, 1965–1986), vii. 296.

立)、全国的视觉娱乐网络(如音乐厅等)以及纸质媒体的扩张,开始侵蚀本地传统的文化形式。由于一些古文物收藏家和学者试图保护和记录地方方言、音乐、舞蹈和习俗,在大众娱乐中的地方方言成了一种古怪的娱乐方式,标志着一种无可救药的落后。口音也成为阶级地位的标志。在19世纪60年代,"阶级方言"这一表述出现在英语用法中,这是由牛津大学梵语教授弗里德里希·马克斯·缪勒(Friedrich Max Müller)于1861年在《语言科学的讲座》(Lectures on the Science of Language)中最先提出来的。

19世纪晚期的实证主义社会科学家提出了一种更为严苛的社会阶级分层。受乌托邦社会主义者圣西门(Henri Saint-Simon)和奥古斯特·孔德的影响,英国的实证主义者如1867年成立伦敦实证主义协会的理查德·康格里夫以及爱德华·比斯利(Edward Beesly)和弗雷德里克·哈里森(两人都是牛津大学瓦德汉学院康格里夫的学生)关注的是注入激进和新兴的社会主义政治运动中的更加好战的工人阶级意识。1867年,年轻的自由党历史学家、散文家和律师詹姆斯·布赖斯警告说,英国面临的最大危险"并非来自于工人阶级……而是来自于阶级的孤立"。[83]戴雪对这种坚定的格莱斯顿式看法进行了补充,他在收录于同一部《改革文集》(Essays on Reform)文章中指出,在英国"各种阶级混合在一起","几乎不可能在这个国家中给不同阶级划分出清晰的分界线"。戴雪继续说道,虽然"阶级毫无疑问是存在的",但它们并不是"像阶级代表理论所要求的那样有着明显的、标志清晰的和同质化的特点"。[84]但是到19世纪80年代,人们对阶级紧张的担忧不断加深。托马斯·福勒(Thomas Fowler)在1887年的《道德原则》(The Principles of Morals)一书中观察到"阶级或社会地位的紧张感"。[85]历史学家格林(J. R. Green)在他的畅销书《英国人简史》(Short History of the English People)中警示了"阶级的专制"。[86] 1886年,格莱斯顿使用"阶级"来描述与"大众"对立的"地位、头衔、财富和社

---

[83] W. L. Guttsman (ed.), *A Plea for Democracy: An Edited Selection from the 1867 Essays on Reform and Questions for a Reformed Parliament* (1967), 180.

[84] W. L. Guttsman (ed.), *A Plea for Democracy: An Edited Selection from the 1867 Essays on Reform and Questions for a Reformed Parliament* (1967), 65, 70.

[85] Thomas Fowler, *The Principles of Morals: Part II* (Oxford, 1887), 99.

[86] J. R. Green, *A Short History of the English People*, 4 vols (London, 1892), iv. 193.

会影响力",给该词赋予了新的含义。"阶级关系"和"阶级忠诚"等词出现于19世纪70年代,而到了19世纪90年代,在英语中才出现了"阶级敌人""阶级团结""阶级分裂"和"阶级意识"等表述。⑧⑦

　　人们对"资本"和劳动之间的基本紧张关系的看法也开始挑战植根于地方社区的传统的等级式社会关系。"资本家"一词描述的是主要从金融和商业企业中获得财富的人,在19世纪20年代最先被柯勒律治使用,后来迪斯雷利在1845年《西比尔》(Sybil)中也使用了该词。1857年白芝浩写道,"资本家"是"创造新财富的人"。⑧⑧但是和工人对立的经济体系的"资本主义"一词直到19世纪80年代才开始在英语中使用。1886年马克思《资本论》的第一个英译本加深了人们对作为一种压迫制度的"资本主义"的理解,在这种压迫制度下,资本和生产资料的私人所有者对工人或"无产阶级"进行剥削。这与约翰·穆勒在1879年的观点不同,约翰·穆勒认为资本家并非欺骗这个体制而是依靠投资取得回报,是利用资本来获得更广泛的社会利益。⑧⑨注意到费边社、社会民主联盟和工会大会的纲领,剑桥哲学家G. 洛斯-迪金森(G. Lowes-Dickinson)在1895年看到"工人阶级……将自己放在土地和资本所有者的对立面。国家分裂成两个对立的部分"。这是一场斗争,"根据民主政府理论",工人阶级必须获得"权力的绝对垄断"。⑨⑩

　　因此,"阶级""资本"和"资本主义"等语言也变得更加尖锐。第一个永久性工会于1869年成立,第一个集体谈判协议于1872年达成。在19世纪80年代中期,工人俱乐部运动蓬勃发展。1886年2月,伦敦工人委员会和社会民主联盟在特拉法加广场举行了一场大型示威游行,随之而来的是帕尔摩街和牛津街的商铺被洗劫一空。到19世纪80年代末,一种更为激进的工联主义酝酿了产业动乱,以招募那时还未加入工会的半

---

⑧⑦ 参见《牛津英语辞典》中对"阶级"的解释。

⑧⑧ 参见 Walter Bagehot, 'The Crédit Mobilier and Banking Companies in France', in *The Collected Works of Walter Bagehot*, ed. N. St John-Stevas, 15 vols (1965-1986), x. 341-371. 在《英国宪政》一书中,白芝浩描述道"布赖特和他的朋友们"是"伟大的资本家"[Walter Bagehot, *The English Constitution*, ed. Paul Smith (Cambridge, 2001), 115]。

⑧⑨ John Stuart Mill, 'Chapters on Socialism (1879)', in *The Collected Works of John Stuart Mill*, ed. John Robson et al., 33 vols (Toronto, 1963-1991), v. 734.

⑨⑩ G. Lowes-Dickinson, *The Development of Parliament during the Nineteenth-Century* (1895), 159.

熟练工人和非技术工人而闻名。1888年,在安妮·贝桑的支持下,布莱恩特(Bryant)和梅(May)的火柴行业女工进行了罢工,同样,1889年,在社会主义者本·蒂利特(Ben Tillet)的领导下,贝克顿(Beckton)的煤气工人和码头工人也举行了罢工。在罢工后,码头工人们成立了普通工人工会(General Labourer's Union),选举蒂利特担任秘书长、社会党同仁汤姆·曼(Tom Mann)担任主席。更加年轻和激进的工联主义者们拒绝了他们认为失败的更为温和的前任们的策略,对通常主导着主要政党的地方组织的雇主们采取了更为尖锐的敌对态度。社会主义者鼓动要重新分配财产和实行共有所有权也鼓励了这些行为。

自19世纪70年代中期以来,方兴未艾的由关于上帝内在论的神学论证、哲学唯心主义、社会学经验主义、社会进化论以及对古典政治经济学信心的丧失所导致的对传承下来的观念的质疑冲击着中央和地方权力关系的传统政治学概念、"公民社会"背景下私人领域和公共领域的历史性区别、以前对"国家"的角色和责任的有限的理解,以及从18世纪继承而来的有关财产、性别和家庭的相互联系的观点。为了公共领域的道德,上述这些所起到的综合作用是提倡一个更加积极的"国家"角色,削弱地方自治,使立法变为强制性的而不是宽容的,去强调政府的责任而不是成为私下的志愿协会——尽管这些社会和政治改革者之间也存在区别,他们通过"国家"的行动,或是采取"机械的"方式或是采取"道德的"方式来确保国家的进步。

可以说,国家的最高权威是从整个社会中产生的,而不是作为一个独立的法律关系的功能。在维多利亚时代中期的公共语境中,模糊的、"宽容的"和最小的"国家"的轮廓逐渐被更有结构性、更加正式、更具侵略性的"国家"轮廓所取代。与此同时,实证主义作家们和社会主义者们提出的阶级意识更难描述,这与已有的关于共同体的地方和等级的观念形成鲜明对比。在咄咄逼人的全国性政党面前,选举人在多大程度上会用阶级归属来定义他们的地位或是保持强烈的地方集体归属感,这给塑造大众政体的愿望留下很多空间。在1884—1885年创造的"大众"选民的背景下,接下来的20年里有三个主要的发展趋势:一是关于"国家"的观念以及国家与个人之间关系的观念的转变推动了政策的转变;二是在自由党、激进派、工人代表和社会主义者的争论中,进步政治呈现复杂的动态;三是大众保守主义的本质。

社会改革和福利

社会改革成为政党政治的一部分,这是在"国家"和个人关系背景下最重要的政策发展。在 19 世纪 80 年代以前,随着 1834 年《济贫法》的确立,依照传统,社会改革立法并不属于政治领域范畴。在由议会制定的"宽容"立法框架下,由地方政府来实施社会改革是一件稀松平常的事情。因此,到了 19 世纪 50 年代,地方自治成功抵御了边沁主义的侵蚀。成立于 1858 年并取代了卫生总局(General Board of Health)的地方政府办公室(Local Government Office)就是一个"宽容"的权威机构,它使地方政府能够参与到各种公共卫生倡议中,从而加强了地方权力在确保其社区内社会改善的传统责任。在 19 世纪 70 年代,"社会改革"一词仍然是一个尴尬的创新,政客们通常指的是"社会改良""社会进步",或是地方政府实施的繁杂的(非政治的)业务。[91]这意味着社会问题应该与政党情感分开考虑。塞缪尔·威尔伯福斯(Samuel Wilberforce)在 1845 年被任命为牛津主教,阿尔伯特亲王建议他在上院中闭口不谈政治问题。反之,他应该"大胆和欣慰地"谈论对人性的关注、黑人解放、改善城镇的健康状况、穷人的娱乐措施、反对虐待动物和支持规范工厂劳动。[92]迪斯雷利在 1872 年曼彻斯特和水晶宫的演讲中似乎对这一观点提出了挑战,他主张社会改革措施与捍卫英国历史机构和帝国一样,都是保守党宣称自己是一个真正全国性政党的组成部分。这给自由世界主义、社会分歧和无休止的立法争论提供了一剂解药。

迪斯雷利通过言辞的魔力试图将社会福利的基本金属转变为政党胜利的黄金。它赞扬了卫生立法、纯净空气、纯净水、纯净食品和健康生活方式的必要性。然而,迪斯雷利的第二任政府在 1875—1876 年引入的社会立法仍是"宽容的",并没有显示出偏离维多利亚时代中期的政治经济原理的集体主义倾向。《手工业者住宅法》鼓励地方政府在适度的程度上改善工人阶级的住房。《互助协会法》(Friendly Societies Act)寻求通过

---

[91] Derek Beales, 'The Idea of Reform in British Politics, 1829-1850', in T. C. W. Blanning and Peter Wende (eds.), *Reform in Great Britain and Germany, 1750-1850* (Oxford, 1999), 170-171.

[92] Roger Fulford, *The Prince Consort* (1949), 186.

鼓励基金向潜在用户提供更多信息以对基金进行保护,而不是直接监管协会基金。《公共卫生法》(Public Health Act)仅仅是对早期法律的巩固。《食品和药品售卖法》(Sale of Food and Drugs Act)虽然不能够强制执行,但也使得地方权威机构可以阻止掺假行为。同样地,《农业控股法》(Agricultural Holdings Act)寻求建立一个解决地主和佃户之间纷争的自愿框架,同时不进行强迫并且保留地主的合同与权力的自由。作为一种关注实用价值的不张扬的、冷静的商业活动的"社会改良"式立法得以延续,但有些人认为它是乏味的。

在19世纪80年代和90年代,社会改革呈现出政党的政治色彩。在这个过程中,公共领域和私人领域的传统区别被重新定义。19世纪70年代以前,通常认为只有私人志愿协会才关注公共道德。但在1869年,为了控制性病的传播,《传染病法》(Contagious Diseases Act)赋予警察和地方官员在驻军城镇去阻止、搜查以及将可疑卖淫女送交医疗检查的广泛的权力。该项立法被认为违反了道德改革的自愿主义原则,于是该法案在1886年被废除。但在1869—1886年该法案的实施预示着私人领域和公共领域的重新划分,并且"国家"开始获得管理个人道德事务的权力。1889年通过的一项旨在防止虐待儿童的法案将"国家"的权力延伸到家庭内部,而1882年的《已婚妇女财产法》(Married Woman's Property Act)赋予妻子们更大的财务自主权,并且增加了她们监护自己孩子的权利。这一立法不仅挑战了家庭中的父权制概念,而且还重新定义了两性之间的道德责任和义务;此外,该立法还确立了"国家"在过去私密的完全私人的家庭领域中的权威。1885年《刑法修正案》(the Giminal Iaw Amendment Act)认定同性恋是犯罪,在更加模糊和早期的法律中,对鸡奸的指控是非常罕见的。在包括相互手淫等一系列"严重猥亵"行为中对男性之间的性行为进行了定义,被判有罪的人会入狱。因此,以公共道德利益的名义,"国家"对一些个人私人行为中最私密的方面进行了定罪。在整个帝国中,这反映为立法禁止跨种族关系,更严格地将种族隔离起来,并且颁布了性纯洁的官方准则。

"国家"关注私人领域的道德改革被视为合法的,这在更大范围内加强了道德改革的政治化。不从国教者放松了对英国国教的攻击,而更关注教育不足、住房和公共卫生这些城镇和城市中社会和道德败坏的方面。㉝随着1884—1885年《改革法》的出台,张伯伦和其他激进派宣称纯粹的政治立法的时代已经终结。社会立法现在是激进能量的合适的焦点。如《激进计划》(The Radical Programme)在1885年以书的形式结集出版了一系列杂志文章,呼吁建立农村小地产以应对城市失业和贫困问题。张伯伦在1885年英国北部和伦敦的一系列演讲中,强调了财富不平等的祸害和财产的社会责任的问题。他尤其呼吁免费教育、强制土地购买和进行财政改革。然而,在1885年11月的大选中,张伯伦未能实现他预期的胜利,这是自由党在英格兰选区中最严重的失败。张伯伦希望在城市自由主义基础上建立政党的愿望成为泡影。随着张伯伦和哈廷顿反对格莱斯顿的爱尔兰自治的改革运动,自由党在爱尔兰自治问题上的分裂动摇了旧的联盟。然而,在19世纪90年代,社会改革愿望的政治化仍在继续发展。到19世纪80年代末,"新自由主义"一词描述了在社会改革问题上的干涉主义思想。㉞L. T. 霍布豪斯(1864—1929)和J. A. 霍布森(J. A. Hobson, 1858—1940)等记者和作家倡导一个积极主动的国家来保障机会平等的自由,而不是缺乏约束的自由。在他们看来,正是人的理性认识将人与自然界其他生物区别开来,个人在社会上的相互依赖要求公共道德服务"共同利益"。"新自由主义"所强调的问题包括贫民窟、高房租、老年贫困、低工资、国家医疗保险和儿童营养不良。"新自由党人"认为,社会的"共同利益"提供了检验国家干预价值的手段,导致了"社会财产"概念的出现。这使得差别征税和累进税成为社会财富重新分配的合法手段。

与将新的大众选民纳入到重新设计的政党联盟中以及对维多利亚时代"国家"概念的重新定义的希望一样,社会改革运动成为政治议程的核心问题也引发了对一些支撑了19世纪50年代和60年代财政正统思想的假设的质疑。㉟格莱斯顿在19世纪50年代提出的公共财政的原理包

㉝ Jonathan Parry, 'The Disciplining of Religious Conscience in Nineteenth-Century British Politics', in Ira Katznelson and Gareth Stedman Jones (eds.), *Religion and the Political Imagination* (Cambridge, 2010), 226.

㉞ 参见 Michael Freeden, 'The New Liberalism and its Aftermath', in R. Bellamy (ed.), *Victorian Liberalism: Nineteenth-Century Political Thought and Practice* (1990), 175-192。

㉟ 参见 Jose Harris, 'The Transition to High Politics in English Social Policy, 1880-1914', in Michael Bentley and John Stevenson (eds.), *High and Low Politics in Modern Britain: Ten Studies* (Oxford, 1983), 58-79。

括:税收应该纯粹是为了收入而不是为了再分配;"直接"税收和"间接"税收的收入应该基本一致;不应该对必需品征税;不应该对高收入进行不成比例的征税。在此基础上,一个"公平"的社会财政负担可能会在所有阶级中平等地承担,并在自由贸易扩张的背景下支持社会的团结。但到了19世纪80年代,越来越多的人相信穷人被社会条件所困,超出了他们个人可以努力逃离的能力,这使得人们对格莱斯顿的财政正统观念产生了越来越多的怀疑。如果穷人无力帮助自己,那么"国家"就有道德义务将他们从贫困中解脱出来。维多利亚时代中期的财政假设不再成立。1894—1902年,中央政府的开支增加了一倍,因此需要增加税收的来源。在19世纪80年代前,收入所得税只占总税收的一小部分,间接税收占总税收的60%到70%,这与格莱斯顿式格言是一致的。1876年,收入所得税首次被用于弥补日常开支的不足。到1900年,由于英国参与了布尔战争,更多的税收来自于直接征税而不是间接征税。

财政改革伴随着对自由贸易原则的更大范围的攻击。对自由贸易思想的挑战包括:随着对贫困日益加深的认识,自由贸易显然没有给社会的所有成员带来繁荣;"国家"被格林等人视为"共同利益"的积极道德代理人;19世纪80年代,"失业"问题进入了政治辩论的领域;从19世纪80年代开始,经济相对衰弱所引发的担忧使一些人认为为保护国家利益有必要进行经济监管。从19世纪90年代开始,保守主义者希望剥去自由贸易曾经不容置疑的道德权威。⑯在一场统计和数据的战争中,他们挑战了自由贸易所谓获利的实证基础。他们还将"大不列颠"的爱国愿景与帝国联系在一起,这与"小英格兰"和自由党经济的正统学说的世界性论述形成了鲜明对比。面对初期的衰退和极度的经济不平等的情况,张伯伦在1903年关税改革运动中所倡导的帝国和社会改革支持摒弃自由贸易原则。

---

⑯ 参见 Anthony Howe, 'Popular Political Economy', in David Craig and James Thompson (eds.), *Languages of Politics in Nineteenth-Century Britain* (Basingstoke, 2013), 130–136, and E. H. H. Green, *The Crisis of Conservatism: The Politics, Economics and Ideology of the British Conservative Party, 1880–1914* (1995).

进步政治的重新组合

自由党在19世纪90年代面临着复杂的挑战。一些挑战来自于自由党内部,包括:自由统一派的分裂,格莱斯顿在爱尔兰自治问题上对自由主义的定义,自由党关于帝国的分歧,以及关注社会改革的与"新自由主义"相关的思想。推动自由主义的选举派系政治也变得更加复杂。格莱斯顿在19世纪80年代初对布拉德洛的支持和后来1886年的爱尔兰自治事件削弱了不从国教主义作为自由行动主义选举支柱的力量。不从国教者的政治团结开始瓦解。19世纪90年代,在大都市中,相当一部分中产阶级不从国教者跨越了联合主义的桥梁成为保守派——这一转变是受到反天主教的鼓舞并且在人们对日益激进的产业关系感到恐惧的基础上发生的。⑰ 一些著名的不从国教者的转变,例如一神论者的张伯伦和阿尔斯特长老会教徒们由于对天主教民族主义者的仇恨,最终通过自由联合主义与保守党合并,拆散了原来不从国教者和自由党之间的紧密联盟。不从国教不再是一项单一的运动,而是在不同的政治方向上展开。⑱ 与此同时,保守党不仅成了英国国教的捍卫者,也成为所有新教信仰的支持者。比起形成早期维多利亚政党的安立甘教会,保守党联合派被证实是一个更广泛的教会。此外,自由主义还面临着来自自由党外部的挑战,包括:保守主义的成功、社会主义和劳工政治团体的出现、对正统经济自由主义信仰的挑战,以及对"国家"、共同体和个人的社会定义等概念的改变。到20世纪20年代,工党 Labour Party 已成为自由党的劲敌。到1945年,工党取代自由党成为国家政治中的进步力量。因此,自由党命运的最终轨迹就是灭亡。这在多大程度上是一个不可避免的过程或是由一系列偶然的短期因素造成的? 这个问题在过去的50年里一直困扰着历史学家。

20世纪60年代至80年代,历史学家们倾向于用"阶级意识"的觉醒来解释自由党的衰败。人们认为,工人阶级加强团结就会自然而然地形

---

⑰ 参见 David Bebbington, 'Nonconformity and Electoral Sociology, 1867-1918', *Historical Journal*, 27 (1984), 633-656。

⑱ Jon Lawrence, *Speaking for the People: Party, Language and Popular Politics in England, 1867-1914* (Cambridge, 1998), 198-199.

成独立的劳工政治,劳工政治反映出在物质和文化上都与中产阶级显著不同的社会经验。工联主义的发展就是一种体现。最终,工党于 1906 年成立。当中产阶级投向保守党,而巩固的工人阶级支持工党的时候,就出现了两极分化。自由主义所倚靠的跨阶级联盟被慢慢粉碎。以阶级为基础的政治不可避免地破坏了自由党的选举支持力量。近年来,这种结构上命中注定论的解释已得到修正。⑨该研究的方法也表明用阶级来解释 1886 年后进步政治的发展是不可信的。政治家和选民并不是结构性经济或社会变革的被动代理人。政治家影响着人们对社会和经济经验的理解。选民对环境变化有自己的价值判断和态度。比起对 19 世纪 80 年代后进步政治的重新组合的结构解释,例如阶级观点,这里提出的是一个复杂的但不那么有确定性的观点。自由主义并没有在 19 世纪 90 年代寿终正寝。不仅是自由主义所面临的困难,还有它持续的活力,都警示人们不要将其描述为不可阻挡的衰落。

的确,1886 年后自由主义沿着各种各样的断层线瓦解。首先是爱尔兰自治带来的分裂,有 102 名自由党议员投了爱尔兰自治的反对票,上院 183 名自由党贵族中的 120 名在 1886 年组成了自由统一派。随着家庭、友谊和长久的联系被撕裂,分裂所带来的痛苦是深刻的。分裂不仅瓦解了党派忠诚,还造成政治阶层的社会分裂。自由统一派来自于代表各种意见的议会自由党人。爱尔兰自治分化了代表城市和农村选区的议员、长期执政的自由党人和进入下院的激进的新成员。与其他问题不同的是,这种分裂并没有沿着自由党支持者们熟悉的分裂轨道将激进派与温和派自由党人区分开来。⑩尽管张伯伦试图维护一个激进的自由统一派的存在,大部分自由党人还是希望哈廷顿当他们的天然领袖。至少在 1895 年,当自由统一派与保守党组成联合政府的时候,他们是一个有凝聚力的独立政党,有着与保守党和格莱斯顿自由党明显不同的特征。他们反对自治,认为这是原则与品质的问题。对暴力的爱尔兰民族主义的

---

⑨ 在这一点上最重要的著作是:Jon Lawrence, *Speaking for the People: Party, Language and Popular Politics in England, 1867–1914* (Cambridge, 1998)。也可以参见史料编纂法讨论:Keith Laybourn, 'The Rise of Labour and the Decline of Liberalism: The State of the Debate', *History*, 80 (1995), 207–226。

⑩ 参见 W. C. Lubenow, *Parliamentary Politics and the Home Rule Crisis: The British House of Commons in 1886* (Oxford, 1988)。

让步是对法治的抛弃,对帝国一体化的威胁,以及对议会主权的破坏。格莱斯顿倡导爱尔兰自治的方式也同样让人不快,体现了公共道德的基础腐败。对为其他的自由统一派发声的阿盖尔勋爵而言,格莱斯顿的罪过体现在"其语言暴力……对所有不追随他的人的轻蔑态度……对历史事实颠倒黑白……对爱尔兰革命语言的随意使用——所有这些一起构成了一系列前所未有的挑衅行为"。[101] 自由统一派认为他们不仅捍卫了联合王国的完整、议会的权威和法治,也捍卫了"常识""男子气概"等抵抗非法暴力、歇斯底里的情绪和煽动性的恐吓的重要的公共价值观。对许多自由统一派来说,他们有操守的正直还包括不屈从于"幕后操纵者""党团会议"或政党指令。

戴雪、历史学家莱基和戈尔温德·史密斯(Goldwin Smith)成为著名的自由统一派思想的宣传者。戴雪于1886年6月出版了《英格兰反对自治案例》(England's Case against Home Rule)一书,拒绝在爱尔兰进行高压政治或是自治政府的非此即彼的严酷选择。他反对爱尔兰自治的理由是:自治会逆转英国及其帝国的历史扩张,自治会破坏英国的完整,爱尔兰的部分自治可能只是一种暂时性的安排,最终会让步于完全独立。戴雪还指出在"大众"选举制度中,对极端煽动家和政治暴力的让步是危险的——它会颠覆法治。这些争论的背后是自由统一派的信念,即他们代表的是自由主义的真正传统、爱国主义、代表整个国家的"无私的"政府、维护一个抵抗宗派、阶级或地区"利益"等狭隘要求的包容性政体以及捍卫议会权威。和保守党不同,自由统一派不愿意在爱尔兰自治问题上亮出"橙色"*牌,煽动激进好战的北爱尔兰新教(Ulster Protestantism)。具有"男子气概"、诚实、有常识和爱国的哈廷顿被认为是体现了传统的自由党价值观。反对日益增加的政党指令和反对对国家作为整体的真正利益的自由裁量权的侵蚀也与自由统一派拒绝分裂和独裁的格莱斯顿式的对爱尔兰自治问题的痴迷交织在一起。自由统一派也不喜欢党团会议政治和与张伯伦相关的"幕后操纵者"。在主要的英格兰中部、西南和西北部农村选区(伯明翰除外),以及苏格兰西部的农村选区,当面对专横的政党指令的时候,自由统一派对"男子气概"的独立和有操守的正直的呼

---

[101] Ian Cawood, *The Liberal Unionist Party: A History* (2012), 247.

* 橙色代表北爱尔兰新教。——译者

吁与强烈的共同体独立和地区认同的地方传统产生了共鸣。1895年后,随着自由统一派与保守党的合并,这些价值观成为保守党声称作为一个爱国党、一个抵制狭隘的局部要求并代表整个国家的温和政府的目标的补充。

从19世纪80年代起,帝国成为自由党政治中的另一条断层线。辉格党和自由派在19世纪早期曾见证了商业帝国和海洋帝国对"民主"扩展的包容,见证了帝国逐渐给"白人定居"的殖民地赋予自治权。在试图弹劾1788—1795年的印度总督黑斯廷斯时,柏克证明了英国统治是道德工程的一部分,是将"文明"和"进步"带给印度人民。因此,可以在信任、同意和尊重人民的风俗习惯的基础上,建立起良好的制约任性的专制权力的法律机构。在詹姆斯·穆勒不朽的《英属印度史》(*History of British India*,1817)一书中,他否认了印度的历史和文化成就,强调英国将"文明"带入他所谓的野蛮社会中的道德角色。[102]他的儿子约翰·穆勒在《论自由》(*On Liberty*)一书中称,专制是一种对付野蛮人,对待当地被文化和历史所阻碍的缓慢且不确定的"文明"进程的一种合法的政府管理方式,只要这些权力被有效地引导,结局就一定是"进步"。[103]虽然柏克、詹姆斯·穆勒和约翰·穆勒的观点有着很大不同,但是他们都在道德层面上支持殖民统治,认为这是一个自由"文明"人对不太"先进的"社会的责任。

19世纪中期,关于白人定居殖民地的自由主义的帝国思想影响力增大。[104]自由党牛津历史学家和大学改革家戈尔德温·史密斯于1862—1863年间在《每日新闻》上发表了一系列关于"帝国"的书信。1868年后,史密斯接受了在美国和加拿大的大学职位。在那里,他接触到了对正式的宪政联盟的提议持怀疑态度的盎格鲁-撒克逊人的至上主义的观点,但是他更喜欢一个基于文化、亲情关系和情感的"大不列颠"愿景。1868年自由党和激进知识分子迪尔克爵士出版了《大不列颠》(*Greater*

---

[102] 参见 Karuna Mantena, 'The Crisis of Liberal Imperialism', in Duncan Bell (ed.), *Victorian Visions of Global Order: Empire and International Relations in Nineteenth-Century Political Thought* (Cambridge, 2007), 113-135。

[103] John Stuart Mill, 'On Liberty', in *The Collected Works of John Stuart Mill*, ed. John Robson et al, 33 vols (Toronto, 1963-1991), xviii. 224.

[104] 参见 Duncan Bell, *The Idea of Greater Britain: Empire and the Future of the World Order, 1860-1900* (Princeton, 2007)。

Britain)一书,拉响了对帝国的警笛,随后引起了自由党"进步"力量如张伯伦和年轻的首相赫伯特·阿斯奎斯(Herbert Asquith)的注意。在殖民地移民和白人定居中,人们看到了一种有效解决国内人们对扩大选举权、城市贫困、农村贫困以及社会主义兴起的担忧的方法。

与此同时,三个大的殖民事件促使人们改变对非白人群体的态度,这暴露了实现"文明"进步的愿望与所认为的当地人民采纳英国制度的感知能力之间的紧张关系。1857年的印度兵变(或印度起义)在英国被视为是暴力、原始和野蛮的宗教反抗。有关屠杀和强奸的生动报道带来的道德愤怒在起义受到镇压的时候激起了剧烈的报复行为。接着,1865年,总督爱德华·约翰·艾尔(Edward John Eyre)发起了对牙买加莫兰特湾的一场"叛乱"的野蛮镇压,英国人的观点因此被大大分裂。约翰·穆勒、达尔文、斯宾塞、赫胥黎、查尔斯·莱尔和格林强烈谴责了艾尔的行动。而声援艾尔行为的包括卡莱尔、罗斯金、丁尼生、狄更斯和马修·阿诺德等人。与1857年的印度一样,有关艾尔的争议也引发了人们质疑改革和代表制度是否适合那些深陷原始信仰和习俗的人。[105] 1883年的伊尔伯特议案危机(Ilbert bill crisis)加剧了人们的疑虑。[106] 修改《印度刑事诉讼法》(Indian Criminal Procedure Code)以便使农村地区的某些当地法官拥有处理涉及欧洲人的案件的权力的提议引发了激烈的争论。詹姆斯·菲茨詹姆斯·斯蒂芬反对这种改革,理由是印度政府在改善地方社会时,需要高压政治手段。他宣称,如果没有绝对的规则,印度将陷入混乱和无政府状态。这与梅因在《古代法》(Ancient Law,1861)中的观点相呼应,他认为"文明"的法律和政治经济概念不适用于原始或古老的社会。

从19世纪50年代开始,进化论思想为大英帝国及其民族的认知增加了一个新的维度。按照"文明"进步的不同阶段对18世纪的人类发展概念进行了重新定义,进化论为世界上"先进"或"落后"的社会提供了更为复杂和多样化的解释。对一些自由党人来说,19世纪70年代中期的

---

[105] 有关1866—1867年议会改革的国内辩论中关于艾尔的争议,参见 Catherine Hall, Keith McClelland, and Jane Rendall (eds.), *Defining the Nation: Class, Race and Gender in the British Reform Act of 1867* (Cambridge, 2000)。

[106] Karuna Mantena, 'The Crisis of Liberal Imperialism', in Duncan Bell (ed.), *Victorian Visions of Global Order: Empire and International Relations in Nineteenth-Century Political Thought* (Cambridge, 2007), 122–125.

保加利亚暴行使他们更加坚信英国对"原始"社会的统治会带去传教和文明,这与格莱斯顿的"小英格兰主义"(Little Englandism)的宣讲形成了鲜明的对比。对格莱斯顿而言,"帝国主义"是外交纠葛、不计后果的支出、军事冒险、领土扩张以及与道德原则和自由党价值观不符的虚构的"国家利益"的代名词。而另一些自由党人则对格莱斯顿对暴力的爱尔兰民族主义的让步、征用的"民主"以及在面对国际竞争时的软弱深感不安,认为帝国已成为完整的联合王国、英国殖民地和捍卫法治的承诺的一部分。

1883年出版的西利的《英格兰的扩张》(The Expansion of England)一书,对自由党关于帝国的观点作了进一步解释。西利思想的根源是自由国教主义。1866年,西利匿名出版了《看呐,这个人》(Ecco Homo)一书,讨论基督的人性,否认超自然主义是宗教的基础,捍卫科学是对基督教的净化而非破坏。[107]在《英格兰的扩张》一书中,西利提出了一种黑格尔式的"世界性民族主义"的概念,指出帝国的财富和威望是英格兰民族和国家不可或缺的一部分,而英格兰的历史也包含了美洲和亚洲的历史。他认为,英格兰历史上最重要的转变就是从一个孤立的"国家"成为引领世界的海上力量和殖民力量。英格兰历史形成的特征是始于1588年打败西班牙无敌舰队以来英格兰力量在全球的扩张,而不是自1688年以来宪政自由权利的发展。历史学家们在"纯粹的议会争论和对自由的煽动"方面进行了过多的讨论。[108]对西利而言,帝国是英格兰全球身份的组成部分。在他看来,民族和"国家"是同义词。他反对爱尔兰自治,认为这威胁到英国和爱尔兰的完整性。殖民地并不是在征服下的占有,而是一个共同民族不可或缺的一部分,是英国继续成为世界强国的保证。西利借用了迪尔克的表述,更愿意使用"大不列颠"而不是"大英帝国",因为后者带有专制军国主义的含义。英国及其殖民地是靠共同的语言和宗教联合在一起的,而不是靠血缘和种族捆绑在一起,或是建立在征服和武力保障的基础上。这种观点必然关注的是白人定居的殖民地,但印度是个很大的例外。西利认为,把印度视为一个国家是错误的。这是一种地理上的描述,相互竞争的印度各公国曾在历史上争夺权力。因此,印度不是一

---

[107] 参见 Richard Shannon, 'John Robert Seeley and the Idea of a National Church', in Robert Robson (ed.), *Ideas and Institutions of Victorian Britain* (1967), 236–267。

[108] J. R. Seeley, *The Expansion of England* (1883), 10.

个被征服的国家。印度的相互竞争的势力曾试图在次大陆内确立权威,英国的统治只是印度这种漫长而复杂的历史的延续的一部分。

西利赞成一种建立在早期的"自治政府"向白人定居和自由贸易让步的基础上的帝国联邦的形式。尽管在他看来世界上还有一半的国家是由一个民族来统治的,但他相信,帝国联邦将会给这些广大且彼此孤立的国家带来道德上的统一。倡导帝国联邦的有自由党议员和讽刺小说作家爱德华·詹金斯(Edward Jenkins)、自由党议员 W. E. 福斯特(1865—1866 年罗素政府的殖民地副国务秘书)和朱利叶斯·沃戈尔爵士(Sir Julius Vogel, 1873—1875 年任新西兰首相)。1884 年,帝国联邦同盟(Imperial Federation League)在伦敦成立,尽管该联盟在自由贸易和关税问题上存在意见分歧,但还是促进建立了一个由英国及其自治成员组成的帝国议会。1885—1892 年,由后来的自由党首相罗思伯里勋爵担任该联盟英国分支的主席。1886 年,历史学家弗劳德出版了《大洋洲或英格兰及其殖民地》(*Oceana, or, England and Her Colonies*)一书,旨在读者心中激起作者所感受到的对帝国的热情。在提倡帝国联邦时,虽然联邦还是由君主作为领导人,但弗劳德借鉴了"公民人文主义"的思想,将联邦描绘为古典共和主义的现代形式。

进化论的思想给 19 世纪后期的自由帝国主义者以及保守党人带来英帝国的使命感,使他们有种族优越感。正是英国"种族"的能量点燃了帝国人民的天赋和感情——在 19 世纪 80 年代和 90 年代声称占有大片非洲土地的过程中,这种天命得以展现。英国的优越体现为"文明"进步而不是遗传下来的生物差异性,这种由来已久的观点保持着很强的影响力。[109] 大多数维多利亚时期的人在使用"种族"一词时是随意的和不精确的,不严格地限于民族学,还指包括语言、宗教和思维方式等的文化亲和力和文化忠诚。[110] 因此,乔治·艾略特可以赞扬日耳曼"种族"的英雄主

---

[109] 参见 Peter Mandler, ' "Race" and "Nation" in Mid-Victorian Thought', in Stefan Collini, Richard Whatmore, and Brian Young (eds.), *History, Religion and Culture: British Intellectual History 1750-1950* (Cambridge, 2000), 224-244。

[110] 虽然"种族"也被用来表示从一个可辨认的群体或家庭的后代,但这缺乏基本生物学差异的内涵。基督教的单源论或是以亚当作为共同祖先的"人类种族"的起源说仍然具有很大的影响力。参见 J. C. D. Clark, *Our Shadowed Present: Modernism, Post-Modernism and History* (2003), 92-95。

义，马修·阿诺德则称赞凯尔特"种族"盛产伟大文学作品的神奇的忧郁气质，与之形成鲜明对比的是盎格鲁-撒克逊"种族"的市侩主义。正是在这个意义上，迪斯雷利在他的小说《恩底弥翁》中将"种族"形容为"人类历史的钥匙"。⑪这种思想的阴暗面在卡莱尔关于"黑人问题"的讨论中尤为突出，他说黑人奴隶的"品格"需要"仁慈鞭子"的鞭笞。⑫在关于奴隶制的讨论中，在美国更为普遍的一个更有生物学意义的"种族"概念慢慢地被一些维多利亚时代中期的人所采纳。尽管约翰·穆勒与卡莱尔在黑人平等的问题上意见不一，但是他们都承认显著的黑人特点的存在。

从19世纪中叶开始，尽管对"种族"的文化理解比任何严格的生物学定义都普遍，但"种族"也开始有了科学上的意义。英国人融合了大不列颠人、古罗马人、盎格鲁-撒克逊人、丹麦人和诺曼人的"混合"血统，更强化了"种族"作为"文明"优越性的文化解读，塑造了英国人"性格"的内在特点，反对了生物学上纯粹"种族"至上的假设。⑬威廉·巴宾顿（William Babbington）的《应用到国民性格的种族理论的谬论》（*The Fallacies of Race Theories as Applied to National Character*, 1895）和约翰·罗伯逊（John Robertson）的《撒克逊和凯尔特人》（*The Saxon and the Celt*, 1897）指出，环境比生物遗传更为重要。英国对殖民地原住民的优势是文化、宗教和"文明"进步的功能，而不仅仅是生物学上的传承。这种观点支持英国在帝国扩张中对君主制的坚持。正如保守党人索尔兹伯里说的，"虽然成千上万的人肤色、信仰和种族都大相径庭，但是却做出了惊人的成就——帝国的维持正是依赖于人们对英国种族优越性的尊重"。⑭

除了格莱斯顿对帝国夸大言辞的严厉谴责，自由帝国主义者在提倡一个自由党的帝国愿景时不得不面对其他棘手的问题。作为自由党人，

---

⑪ Benjamin Disraeli, *Endymion* (1881), 248. 1850年出版《人类种族》(*The Races of Men*) 一书的苏格兰解剖学家罗伯特·诺克斯（Robert Knox）是极其罕见的维多利亚时代中期的"生物学"种族主义者。

⑫ Thomas Carlyle, 'Occasional Discourse on the Nigger Question', *Fraser's Magazine*, 40 (February 1849), 670-679.

⑬ Joseph Arthur de Gobineau 于1853—1855年出版的《论人类种族的不平等》(*Essai sur l' Inégalité des Races Humaines*) 在1856年被译为英文后，英语中才开始使用"种族的"（racial）一词。

⑭ Lord Salisbury, 'Disintegration', in Paul Smith (ed.), *Lord Salisbury on Politics: A Selection from his Articles in the Quarterly Review, 1860-1883* (Cambridge, 1972), 342.

他们应该如何协调帝国的道德成本？如果帝国不是由基督教的责任而是由历史来决定的,帝国如何体现其道德？自由党的帝国愿景又该如何协调感知到的种族差异？戈尔德温·史密斯、迪尔克、西利和弗劳德为这些问题提供了答案。这样一来,他们在自由主义内部又开辟了一条断层线,其中有一些重要的地方与反对爱尔兰自治的意见相重叠。英国及其殖民地的完整需要保卫爱尔兰、非洲和亚洲。在面对暴力的爱尔兰民族主义的时候,维护法治是必要的,在其他海外殖民地亦是如此。威斯敏斯特作为一个主权帝国议会,对跨爱尔兰海和地球的另一边都有权力和责任。[115] 1886年后,戈尔德温·史密斯、迪尔克、西利和弗劳德都支持自由统一主义。

还有一些挑战来自于英国历史上的选举中强烈支持自由党的地区的变化。直到19世纪80年代,自由党在苏格兰选举中的主导地位一直保持着强劲势头。1879—1880年格莱斯顿的中洛锡安竞选中的大众激情就是强烈的自由党情感的戏剧化体现。但1884年以后,自由党内分歧加剧。在1885年大选中,自耕农党(Crofter Party)候选人在阿盖尔郡、罗斯和克罗马蒂郡(Ross and Cromarty)和凯思内斯郡(Caithness)这些地方都击败了自由党候选人。1886年,格莱斯顿政府通过了《自耕农持有法》(Crofter's Holding Act),这让自由党的土地持有者感到不安。城市激进派建立了苏格兰全国自由党联盟(National Liberal Federation of Scotland),为苏格兰的教会改革和苏格兰教会的解散造势。在推动解散苏格兰教会的运动中,自由教会十分突出,这进一步分裂了自由党。与此同时,1886年的爱尔兰自治造成了深远而持久的分裂,温和的自由党人和商业利益都认为这严重威胁了帝国的完整性。在1886年的大选中,自由统一派取得了显著成功,赢得了17个席位,几乎占了苏格兰自由党席位的三分之一。

因此,1886年后的苏格兰实际上已经不再是一党制了。然而,自由党在苏格兰还是保留了一些优势。[116] 自由统一派的离开减缓了自由党更为激进的政策行为,从而保持了工业工人、自耕农和农村劳动力对自由党的支持。这也遏制了社会主义的威胁,当时大多数苏格兰工人都没有参

---

[115] 有关征服的成就和宪政自由的英国政治辩论的紧张局面,参见 Jon Wilson,'The Silence of Empire: Imperialism and India', in David Craig and James Thompson (eds.), *Languages of Politics in Nineteenth-Century Britain* (Basingstoke, 2013), 218-241.

[116] T. M. Devine, *The Scottish Nation 1700-2000* (1999), 299-302.

与到工会运动中,传统的反地主所有制的呼声仍然很高。苏格兰工党(Scottish Labour Party)于1888年成立,基尔·哈迪(Keir Hardie)在其中发挥着重要的作用,随后苏格兰工会大会(Scottish Trade Union Congress)也于1897年成立。但在1906年,苏格兰只选举了两名工党议员。1907—1908年的失业危机使得克莱德斯德的机械车间和造船厂成为政治不稳定的中心,这给苏格兰的社会主义带来了新活力。社会民主联盟呼吁工人控制工业以及通过激进的罢工行动来打破资本主义制度,并且从社会主义工党(Socialist Labour Party,SLP)中分离出来,支持通过议会来进行改革。

然而,虽然存在这些挑战,但是如果认为自由党注定会在19世纪90年代无可挽回地衰落的话,就大错特错了。在1892年的大选中,英国仍有44.2%的人投票给自由党候选人。在伦敦、威尔士、东北部的兰开夏郡、英格兰中部地区的南部农业区和英格兰的西南部地区,自由党都取得了选举的胜利。1894年,格莱斯顿作为少数派的自由党政府的领导人推行爱尔兰自治的第二次尝试失败后,他辞去了政党领袖的职务。有钱的自由帝国主义者罗斯伯里勋爵接替他,短暂地出任了1894—1895年的首相之职。在1900年的"卡其"(Khaki)大选中,虽然自由党的选举表现让人失望,但仍然获得了45.9%的大众选票,比1895年大选增加了7个席位。为应对樱草会的成功,成立了妇女自由党联盟(Women's Liberal Federation),最初由格莱斯顿的女儿凯瑟琳担任主席;到1900年该联盟有近500个地方分支机构。1903年,全国青年自由党联盟(National League of Young Liberals)成立,到1906年该联盟有300个地方分支。随后,在1906年的大选中,自由党赢得了下院中的多数席位,有375名自由党议员进入议会。自由党不仅赢得了英格兰456个席位中的287个席位,并且在威尔士和苏格兰选区中自由党议员更是占据了优势。虽然一些历史学家将自由党的胜利视为一种异常现象,认为是反保守主义和统一主义情绪共同作用的结果,而不是积极的对自由党的支持的结果,但自由党选票的弹性和适应性仍是显而易见的。

自由党获得的选举支持主要还是依靠那些在19世纪曾激发起政党忠诚的引人关注的议题和激进话题,包括反对"无所事事"的富人,压迫特权和不当的继承地位,倡导公平和正义的道德,以及对自由贸易事业的支持等。1894年罗斯伯里宣称对上院进行改革时,他优先提倡的就是恢复这些价值观。在一次布拉德福德自由党人的会议上,罗斯伯里称上院改革是"自从你们的父辈们反抗查理一世和詹姆斯二世的暴政以来最伟大的事情"。⑰然而,上院改革并没有取代爱尔兰自治成为1895年自由党候选人所呼吁的事,哈考特爵士还将禁酒改革加入到自由党竞选运动中。当保守党和自由统一派于1903年在关税改革(进口关税和殖民地优惠)与自由贸易中发生分歧的时候,自由党在承诺推动自由贸易政策上的凝聚力变得更强了。就像它在19世纪中期所做的一样,作为一项道德事业的自由贸易力量彰显了自由党人对社会公正、公平和温和的国际主义的支持,这种力量有着持久的生命力。中产阶级对自由主义的支持也保存下来,尤其是在英格兰北部、兰开夏郡的中小城镇和约克郡西赖丁区,以及像诺里奇、莱斯特和森德兰等城镇的商业"利益"中得以保存。新自由主义的集体主义思想在一些选区得到了政党的支持,对传统的自由党价值观的吸引力进行了补充。在曼彻斯特有很多中产阶级选民倾向于新自由党思想中的进步集体主义,以市政企业的地方税和利润为代价来增强城市社区的便利设施。这样的政策有助于维护自由党的跨阶级支持,而这正是自由党在19世纪中期选举成功的基石。

使自由党获得长久支持的传统价值观的持续影响和对1886年后进步政治分化组合的"阶级"决定论解释的缺陷同样非常适用于新兴的工党。维多利亚晚期社会主义伦理道德的本质根植于19世纪激进主义的历史积怨,而不是根植于马克思主义意识形态。道德改革而不是无产阶级革命是社会主义者寻求宪政手段实现工人阶级公正、公平和安全的愿望的基础。社会主义者希望进行社会的道德重建。此外,工党同自由党一样,也是一种联盟,在工会和伦理社会主义者们的支持下,工党包括了社会民主联盟、独立工党、费边社等组织。独立工党本身就是一个混合了工会、社会主义联盟、布拉奇福德的号角社团(Blatchford's Clarionettes)、基尔·哈迪的苏格兰工党和工党教会的联盟。1900年,为了确保在议会作为工人阶级的代表,在工会大会的鼓励下,劳工代表委员会成立。1906年,29名劳工代表委员会候选人被选为下院议员。他们的成功也得到了与自由党人签订的一项选举协议的协助,该协议规定,在劳工代表委员会

---

⑰ Paul Readman, 'The 1895 General Election and Political Change in Late Victorian Britain', *Historical Journal*, 42/2 (1999), 469.

竞选席位的地方,自由党不提出候选人,这就是所谓的自由党-工党(Lib-Lab)协议。1906年后,劳工代表委员会决定改名为工党。1910年,有42名工党成员当选下院议员。从复杂的起源开始,伴随着各种各样的政治因素带来的内在紧张,工党作为一个组合政党出现。[118]组成工党进步团体的不同的马赛克式的要素,也改变了单一的工人阶级的选举意识。

工党在选举中取得的进展和其组织文化特征也驳斥了对工党成功的一个简单结构的世俗的"阶级"解释。工党选举的最大成功往往不是在工业化程度最高和无产者最多的选区。1906年,工党议员在剩下的双席位选区产生或是直接毗邻的选区产生,如莱斯特和诺里奇,那里的制鞋业规模较小,主要依靠外来劳动力,还有查塔姆和罗切斯特,海军造船业是当地经济的中心。在莱斯特和诺维奇的双席位选区,工党议员和自由党议员各占一席。矿工工会的支持是工党成功的一个显著特征,有16名工党候选人入选矿业席位,例如切斯特菲尔德、圣海伦斯(St Helens)、高尔半岛(the Gower)、朗达(Rhondda)、梅瑟蒂德菲尔和南威尔士的南格拉摩根郡。还有一些工党候选人在伯肯黑德(Birkenhead)、德特福德(Deptford)、西哈姆南(West Ham South)和任利奇(Woolwich)当选。此外,工党候选人在强调传统的激进主题,比如劳动阶级对不劳而获的富人的不满,而不是宣扬阶级仇恨时,往往会更加成功。工党对阶级的态度更接近19世纪40年代的宪章主义而不是马克思和恩格斯的主张。和宪章运动者一样,工党政客们将他们的任务描绘为支持"从事生产的""对社会有用的"和"进行工作的"社会群体,反对"无所事事的""不劳而获的""贵族的"和"特权的"精英,因为他们的自私剥夺了工人应得的劳动成果。正如宪章运动一样,工党也强调传统的激进主题,如工人阶级与生俱来的尊严、正直和道德价值。生产劳动赋予工人尊严和自尊。在这里,19世纪激进主义的传统道德观点被重新塑造,并被社会主义者的观点所补充,他们寻求的是基于道德需要而不是经济唯物主义的社会公正。19世纪中叶的基督教社会主义和宪章主义的遗产也意味着宗教是工党思想中的一个元素。对许多工党活动家和支持者来说,宗教不是马克思所言的"人民的鸦片",他们的社会主义信念的道德基础在于他们的基督教信仰。不

---

[118] 有关工党文化的保守和激进方面,参见 Martin Pugh, 'The Rise of Labour and the Political Culture of Conservatism, 1890-1945', *History*, 87 (2002), 514-537。

从国教以及英国国教广教会派(Broad Church Anglicanism)为劳工信念的种子提供了肥沃的土壤。

在工党看来,基督教和社会主义是完全相容的。事实上,许多人认为它们是直接互补的,社会主义就是基督教的行动。在1893年独立工党成立的布拉德福德会议上,有5 000人唱着社会主义的赞美诗,参加了工党的教堂仪式,这让人想起了19世纪40年代的宪章运动赞美诗。工党教堂赞美诗的分发就如同50年前宪章运动赞美诗的分发一样。劳工教会运动(Labour Church movement)是由曼彻斯特的一神论牧师在1891年发起的。到1896年,在包括伯明翰、布拉德福德、博尔顿、利兹、诺丁汉、奥尔德姆和伍尔弗汉普顿等城镇建立起50多个劳工教堂。劳工教会的神学来自于达尔文主义和对《圣经》的历史批判,宣告了上帝内在论观点——上帝在这个世界上通过进化过程来体现自己,而不是作为超验的人物在世界上自发而神秘地行动。这种上帝内在论从三个方面支持了社会主义:第一,它消除了神圣与世俗之间的区别;第二,它宣称所有人都是一个普遍的兄弟关系的一部分,因为所有人都有一个内在的神圣元素;第三,耶稣作为一个辛劳且卑微的木匠的儿子的形象也使工人的道德尊严变得更加神圣。劳工教会传播了社会主义的福音,支持了独立工党、社会民主联盟和费边主义,同时也宣称它不是"一个阶级宗教",而是一个团结了"所有为废除商业奴隶制而奋斗的阶级"的非教条的信仰。[119]

工党文化的其他方面挑战了进步政治动力的结构性"阶段"观点:政党不情愿或者没有能力去呼吁工人阶级的最底层,而且政党在妇女角色和地位问题上存在矛盾心理。19世纪的激进道德是建立在"独立的"工人的自尊之上的,这些工人用技术和劳动养活了自己和他们的家庭。工人们组成了"生产"阶级,其对立面是"无所事事的"特权阶级的富人们。但是那些处于社会最底层,极度贫困而无力养活自己或是找不到生产劳动的人又该怎么办呢?在激进的辩论中,他们被认为是几乎没有任何尊严和价值的。他们软弱涣散、依赖他人。1817年,雪莱用"残忍、迟钝和凶残"来形容他们。[120]在19世纪60年代的改革辩论中,布赖特将他们称

---

[119] 参见 Mark Bevir, 'The Labour Church Movement', *Journal of British Studies*, 38 (1999), 217-245。

[120] Percy Bysshe Shelley, *A Proposal of Putting Reform to the Vote throughout the Kingdom* (1817).

为"渣滓"。㉑工党对这种态度的继承要么来自于对工人阶级最贫困阶层不屑一顾的态度,要么来自于某种困惑。他们通常表现为无法在道德上进步——因为极度贫困使他们堕落到无可救药。对最贫穷的爱尔兰移民群体,这种态度还因族群和宗教偏见而加强。同样地,尽管工党关于解放的言论似乎是包括一切的,但是女性还是经常会被边缘化。激进的道德是建立在劳动者的尊严和价值之上的。像比阿特丽斯·韦布这样的女性在中产阶级社会主义者圈子和费边社里是非常杰出的。但是男性工会会员倾向于关于女性职责和责任的传统的"男女有别的"观念。在独立工党中,妇女组织了如主日学校、旅行和音乐会等活动。成立于1903年的妇女社会和政治联盟(Women's Social and Political Union,WSPU),最初成员主要是中产阶级和上层阶级,旨在为妇女争取选举权,并与妇女工会联盟(Women's Trade Union League)联合。然而,尽管妇女社会和政治联盟与独立工党有联系,工党的一些部门在授予妇女选举权上仍表现出明显的矛盾。㉒

到19世纪90年代,关于妇女投票权的争论已经与19世纪60年代前盛行的态度和价值观相比发生了深刻的转变。㉓19世纪后期妇女选举权运动的发展是广泛而多样的,包括改变人们对女性和男性的看法。㉔英国国内提倡的已婚妇女从属于家庭的男性家长并维持有着《圣经》支持的家庭和谐的道德观正日益受到挑战。伴随着人们对《圣经》的历史批判、对《圣经》文本解读的质疑,以及中世纪从惩罚到救赎的神学思想的转变,越来越多的媒体和公众意识到了婚姻中的虐待行为,很多丈夫都在

㉑ Bright, 19 March 1860, *Hansard*, 3rd ser., clvii. 905.

㉒ 这是由于担心廉价的妇女劳动力以及女性保守党选民的产生。1897年,在伦敦的512个工人俱乐部中,只有一个允许女性加入。Jose Harris, *Private Lives, Public Spirit: Britain 1870-1914* (Harmondsworth, 1993), 27-31.

㉓ 参见 Brian Harrison, 'Women's suffrage at Westminster, 1866-1928', in M. Bentley and J. Stevenson (eds.), *High and Low Politics in Modern Britain* (Oxford, 1983), 80-122, and Martin Pugh, *The March of the Women: A Revisionist Analysis of the Campaign for Women's Suffrage, 1866-1914* (Oxford, 2000).

㉔ 参见 Anna Clark, 'Gender, Class and the Constitution: Franchise Reform in England, 1832-1928', in James Vernon (ed.), *Re-Reading the Constitution: New Narratives in the Political History of England's Long Nineteenth Century* (Cambridge, 1996), 239-253.

滥用他们的法律权力。[125]结果,已婚妇女开始获得与丈夫分开的独立的法律身份。[126] 1857 年的《离婚法(女方原因)》(Divorce Act)、1870 年和 1882 年的《已婚妇女财产法》(the married Women's Property Act)、1878 年的《婚姻诉讼法》(Matrimonial Causes Act)、1886 年的《已婚妇女(被遗弃时的保护)法》[Married Women's (Maintenance in Case of Desertion) Act)]和 1886 年的《未成年人监护法》(Guardianship of Infants Act)给予了妻子们越来越多的财产权和监护孩子的权力。《传染病法》(Contagious Diseases Act)在 1883 年中止并于 1886 年废除,这反映了人们对妇女及其权利的法律关注越来越多。在 19 世纪七八十年代,道成肉身的神学影响强化了人们对女性看法的改变,女性与男性一样是神圣的存在并受到法律的保护;与此同时,对男子气概赋予了更为绅士和更负责任的概念,痛苦和折磨不再是有益的道德审判的一部分。从 19 世纪 80 年代开始,政府在减轻贫困和社会苦难方面发挥的积极作用也得到了广泛的认同,这也为那些曾经受到绝对父权法律权威下的弱势妇女提供了法律保护。

1867 年,约翰·穆勒在下院提出的赋予妇女选举权的提议以失败告终——他的观点写在了 1869 年的《妇女的从属地位》(The Subjection of Women)一书中。[127] 1868 年,许多地方团体合并后成立了全国妇女选举权协会(National Society for Women's Suffrage, NSWS),在 1867—1880 年间,下院就妇女投票议案或者决议进行了十次辩论。[128]尽管所有讨论的投票都没有通过,但下院的投票结果表明,越来越多的少数派自由党议员愿意给女性赋予选举权,而反对妇女选举权和妇女财产权的只是下院多数派中的一部分人。[129]在 1884 年的《改革法》实施后,自由党和保守党对给予

---

[125] 参见 Ben Griffin, *The Politics of Gender in Victorian Britain: Masculinity, Political Culture and the Struggle for Women's Rights* (Cambridge, 2012)。

[126] Mary Lyndon Shanley, *Feminism, Marriage and the Law in Victorian England* (1989).

[127] 参见 Jane Rendall, 'The Citizenship of Women and the Reform Act of 1867', in Catherine Hall, Keith McClelland, and Jane Rendall (eds.), *Defining the Nation: Class, Race and Gender in the British Reform Act of 1867* (Cambridge, 2000), 119-178。

[128] 有关引用的 19 世纪中期主张妇女参政的人的早期激进言论,参见 Jane Rendall, 'Citizenship, Culture and Civilization: The Languages of British Suffragists, 1866-1874', in Caroline Daly and Melanie Nolan (eds.), *Suffrage and Beyond: International Feminist Perspectives* (New York, 1994), 127-150。

[129] Ben Griffin, *The Politics of Gender in Victorian Britain: Masculinity, Political Culture and the Struggle for Women's Rights* (Cambridge, 2012), 14-18。

妇女选举权的观点更趋于一致。1869年,未婚女性(作为纳税的家长)在市政选举中获得了选举权。1870年,女性已经可以给学校董事会投票,也可以参加校董会的选举。1875年,选举产生了第一位女性济贫法监察员(Poor Law Guardians)。1888年妇女可以为新的郡议会投票,1894年妇女可以为教区和市区议会投票。[130]除了这些改革外,1884年后,自由党和保守党对议会选举权的看法更有利于女性选举权的实现。[131]从19世纪90年代开始,一些自由党人认为选票不再取决于财产、"独立"或是教育程度。这消除了以前横亘在妇女获得选举权的一些障碍。保守党强调根据住所、纳税和财产所有权来赋予选举权;同时,还指出选举权不再依赖于"男子气概"的父权概念。1872年的《无记名投票法》(The Ballot Act)颠覆了投票的观点,不再认为投票是用一种"男子气概的"方式来履行公共责任。妇女们通过像樱草会这样的组织在保守党政治中体现出来的作用,以及无论是男性还是女性都可以代表财产权利的重要性,使得越来越多的保守党议员支持给予女性选举权。1867年,有91%的保守党议员投票反对赋予女性选举权,但到了1892年,只有42%的人反对妇女拥有选举权。[132]因此,关于女性选举权的辩论的作用之一就是改变了对男性和女性的看法,也使保守党人、自由党人以及"进步的"激进派和社会主义者们都欣然接受了这个改变。1897年全国妇女选举权协会联盟(National Union of Women's Suffrage Societies, NUWSS)宣告成立,接着妇女社会和政治联盟也于1903年成立。虽然直到1918年妇女才被赋予议会选举权,并且与妇女参政运动相关的1906—1914年的暴力事件也揭示了父权态度的顽固,但与19世纪上半叶的价值观相比,19世纪90年代关于女性投票权的辩论的社会背景和法律背景已经发生了显著的变化。

1886年后,进步政治复杂的交错思潮并不容易受到"阶级"决定论的影响,也并不表明自由党注定会走向衰落。自由党和保守党都在继续争

---

[130] 参见 Patricia Hollis, *Ladies Elect: Women in English Local Government, 1865-1914* (Oxford, 1987)。

[131] 参见 Ben Griffin, 'Women's Suffrage', in David Craig and James Thompson (eds.), *Languages of Politics in Nineteenth-Century Britain* (Basingstoke, 2013), 168-190。

[132] Ben Griffin, *The Politics of Gender in Victorian Britain: Masculinity, Political Culture and the Struggle for Women's Rights* (Cambridge, 2012), 302.

取工人阶级的选票。传统的自由党价值观和激进价值观继续得到全体选民的支持。自由和激进原则的道德基础和宗教基础依旧有效。社会主义者和工党政客们更倾向于一个伦理的而不是经济唯物主义的社会公正概念。自由统一派对不断增加的政党指令和党团会议政治的不满，强调了"品质"、诚实和正直在公共价值观中的道德必要性，揭示了在一些选民中,地方共同体的忠诚的持续吸引力和重要性。与这些发展相比，保守党对大众选民的吸引力就成了一种陪衬。

大众保守主义

1886年以后，与自由统一派联合的保守党似乎在政治上占据了主导地位。虽然没有在下院占到多数席位，但索尔兹伯里还是领导了1886—1892年的保守党政府。1895—1905年，保守党与自由统一派联合执政，索尔兹伯里在1895—1902年任首相，他的继任者同时也是他侄子的阿瑟·贝尔福(Arthur Balfour)在1902—1905年担任首相。在1886年后的二十年间，保守党执政时间长达17年。大众保守主义的广度和深度是多少？1884—1885年，保守党对大众选民的吸引力的本质又是什么？

在以爱尔兰自治问题为主导的1886年大选中，保守党赢得了316个席位，其中277个是英格兰的席位。然而保守党人仅获得了37.5%的大众选票。自由统一派赢得了79个席位以及14%的大众选票。因此，整个统一派的选票占了大众选票的51.5%。[133] 对保守党而言，与自由统一派的联合在选举和议会中都至关重要。1892年，保守党和自由统一派获得了47.3%的大众选票，保守党赢得了268个席位，自由统一派赢得了47个席位。在英格兰和阿尔斯特，保守党再一次赢得了大量席位。而仅有3名保守党在威尔士选区和9名保守党议员在苏格兰选区当选。在1895年的大选中，统一派的票略有增加，占大众选票的49.2%，但席位数量增加了不少，保守党赢得了341个席位，自由统一派赢得了70个席位。令人惊讶的是，统一派有130名参选却没有遭到反对，而在1892年，仅有41

---

[133] C. Rallings and M. Thrasher (eds.), *British Electoral Facts 1832-2006* (Aldershot, 2007), 13.

名是如此。1900年,保守党和自由统一派联合政府再次提高了在大众选票中所占的份额(与51.1%相比),布尔战争促进了政府所激发的爱国主义和帝国的情感。保守党不仅在英格兰赢得了287个席位,在阿尔斯特赢得了15个席位,还成功地在苏格兰赢得19个席位。随后在1906年,保守党和自由统一派在选举中遭遇惨败。他们失去了250个席位,只获得了5个席位。这是自1832年以来一个政党所遭受的最大损失。他们合起来的大众选票占比降为43.7%,保守党仅赢得了134个席位,而自由统一派只赢得了24个席位。1886—1906年,统一派占大众选票的比例在47.3%到51.5%之间。在1906年他们占大众选票的比例下降了14.5%。

因此,1886年后保守党在议会的统治地位趋于缓和,尤其是1886—1892年,他们在大众选票中取得的成功有起有伏。在保守党选举的中心地带英格兰,保守党在1886年赢得了61%的席位。而在1892年,他们只赢得了51%的英格兰席位。他们在1895年赢得了64%的英格兰席位,1900年仍保持了63%的英格兰席位,但是在1906年却跌为耻辱的23%的英格兰席位。1886年后,杰出的保守党没有完全占据政治上的主导地位。保守党人也没有自满地把执政视为一种有力证据,证明能对选民的思想与情感加以控制。像索尔兹伯里这样的精明的观察者知道,虽然一些郊区和有财产的中产阶级选民在1886年后从自由党转到了保守党,但是其他的中产阶级仍然是忠实的自由党支持者。"别墅-托利主义"并不是保守党选举运气的万能药,能够保证中产阶级对保守党的忠诚。[134]安立甘教徒和不从国教者之间的宗派分歧继续分化自由党和保守党之间的中产阶级选票。中产阶级职业和地位的不同也造成了他们政治忠诚的不同。英格兰东南部主要从事服务业的中产阶级一般投保守党的票,而英格兰中部和北部财富主要来自于纺织业或钢铁工业的中产阶级,仍然在情感上认同自由党。宗教、职业和地区差异使得中产阶级的投票不可能一致,这也拒绝了保守党领导人令人欣慰的信念,即城郊和有财产的中产阶级理所应当会支持他们的思想。单一席位选区和1884—1885年选区

---

[134] 参见 Frans Coetzee, 'Villa-Toryism Considered: Conservatism and Suburban Sensibilities in Late Victorian Croydon', *Parliamentary History*, 16 (1997), 29-47, and Matthew Roberts, '"Villa-Toryism" and Popular Conservatism in Leeds, 1885-1902', *Historical Journal*, 49 (2006), 217-246。

第九章 政党、社会和国家：1886—1914

的重新划分也并没有像一些保守党人希望的那样有效地描绘出支持保守党的选区。许多选区社会构成的混合性，尤其是随着1886年后中产阶级近郊化的扩张，使得单一的保守党选区变得模糊。

因此，在1886年保守党统治的表象背后，存在着一定程度的选举脆弱性。保守党在意识到脆弱性后承诺要动员选民的支持，而不是沾沾自喜。[133]在19世纪80年代中期，他们相信自由党人在动员选民情绪方面占了上风。索尔兹伯里在1882年评论道："成为最后一名保守党员是很有趣的。"[134]1885年后，这迫使保守党重新开始争取民众的支持。保守党不能被动地靠反自由党或反社会主义的情绪来赢得选票，也不能依靠维护联盟来得以延续。19世纪30年代和70年代，保守党显示出他们在整编党派意见方面的能力。同时期，保守党还试图动员工人阶级和中产阶级以获得支持。而且，他们在组织选票支持时往往比对手更加有效。其中一个衡量标准是在1895年的大选中，有130场保守党-统一派的选举没有遭到自由党人的反对。在1883年的《评论季刊》(*Quarterly Review*)中，索尔兹伯里总结了这个国家所面临的微妙和明显的危险，综合起来就是"解体"一词，有可能"我们帝国大的躯干和四肢会失去"，"构成了这个帝国所属的这个国家的各个阶级在逐渐疏远"。[135]阻止"解体"既是政策问题也是组织问题。

这也促使保守党对"民主"给出党派定义。[136]1886年，索尔兹伯里私下里给丘吉尔讲解了政党战略。"保守党是由不同的元素构成的……'阶级和阶级依附力量'是我们的组织中最强大的养分，但是我们必须进

---

[133] E. H. H. 格林指出了，在经济衰退、帝国瓦解、国际竞争和大众政治的挑战并存的时代，保守主义的"危机"：E. H. H. Green, *The Crisis of Conservatism*: *The Politics*, *Economics and Ideology of the British Conservative Party*, 1880-1914 (1995).

[134] Andrew Roberts, *Salisbury*, *Victorian Titan* (1999), 262.

[135] Lord Salisbury, 'Disintegration', in Paul Smith (ed.), *Lord Salisbury on Politics*: *A Selection from his Articles in the Quarterly Review*, 1860-1883 (Cambridge, 1972), 342.

[136] 在1884年的改革辩论中，卡那封勋爵评论"民主"可能是有许多不同含义的术语。古代的"民主"与"现代民主"不同，就像法国的"民主"与美国的"民主"不同。他宣称自己倾向将"民主"作为宪政中的一部分，而不是将"民主"作为绝对或至高无上的力量。所以，"民主"的意义作为政治阶层或一个政府元素，继续保持着不精确和不一致的解释。Carnarvon, 8 July 1884, *Hansard*, 3rd ser., ccxc. 386-387.

行立法,只有这样才能让阶级和大众都满意。"⑬"民主"不再被描绘为颠覆性的社会力量或是一种被贬损的政府形式,在1886年后,保守党赋予"民主"以积极和特殊的意义。19世纪80年代早期,丘吉尔曾呼吁"托利民主",用像全保联(NUCCA)提出的那种大众保守主义来支持他对保守党领导的攻击。1886年后,保守党采用"民主"一词来描述这个国家的真实情感,其对立面是自由党的"跟风"(faddism)、伪善和社会分化。1887年,保守党议员布里奇曼上校(Colonel Bridgeman)对下院说,索尔兹伯里的政府代表了"英格兰的民主,其公正程度不亚于反对党"。索尔兹伯里的侄子贝尔福宣称"国家的民主"和政府一样都是坚信"法律和正义终将得到伸张"。⑭因此,尽管索尔兹伯里的宿命论是令人沮丧的,但他谴责了自由党机器政治,指出听命于一个奴化的下院的政策偏离了真正的大众情感,他的指责逐渐演变为保守党的"民主"愿景,指出要将政党与人们的真正利益和人民关心的事情联系起来。从男性普选权来看,英国离"民主"还很远,1884年,英格兰有三分之一的男性没有选举权,苏格兰有40%的成年男性没有选举权。但是作为一种党派言论,保守党和自由党都使用"民主"这个词来指代大众选民对他们的支持。

在19世纪八九十年代,在保守党中很有代表性的是商业"利益"、银行、造船、铁路、制造业和煤矿开采。商业和金融更倾向于保守党的稳定而不是自由党的不安定。索尔兹伯里的荣誉体系的使用对新的财阀集团敏感的自我意识是一种安抚。许多工人的保守党信念是靠保守党俱乐部、社会活动和体育活动为中心而加强的统一社交所传达的积极信息培养起来的。⑭著名的地方保守党人,如阿瑟·福伍德(Arthur Forwood)(奥

---

⑬ Bruce Coleman, *Conservatism and the Conservative Party in Nineteenth-Century Britain* (1988), 177.

⑭ Robert Saunders,'Democracy', in David Craig and James Thompson (eds.), *Languages of Politics in Nineteenth-Century Britain* (Basingstoke, 2013), 154.

⑭ 参见 Sandra O'Leary,'Reinking Popular Conservatism in Liverpool: Democracy and Reform in the Later Nineteenth-Century', in Michael J. Turner (ed.), *Reform and Reformers in Nineteenth Century Britain* (Sunderland, 2004), 157–174; Matthew Roberts,'Constructing a Tory World-View: Popular Politics and the Conservative Press in Late-Victorian Leeds', *Historical Research*, 79 (2006), 115–143; and Matthew Roberts, *Political Movements in Urban England, 1832–1914* (Basingstoke, 2009), 118–127。

姆斯柯克议员)、阿奇博尔德·索尔维奇(Archibald Salvidge,利物浦工人保守党协会会长)和约翰·霍普金斯(John Hopkins,伯明翰保守党协会主席),都将地方领导权交给了工人阶级保守主义。保守党在伦敦以及工人阶级选区伯明翰的杜德斯顿(Duddeston)和博尔德斯利(Bordesley)、诺丁汉、纽卡斯尔和伍尔弗汉普顿赢得了选举。在兰开夏郡,大众保守主义受到强烈的新教反爱尔兰情绪的支持。

维多利亚晚期的保守党成功地吸引了"阶级和大众",通过跨阶级的爱国主义团结了一个帝国国家。帝国的声望和辉煌是保守党传递的核心信息,在1887年女王登基50周年和1897年登基60周年庆典盛况上都有体现。对英国圣公会的辩护仍是保守党和索尔兹伯里个人的核心原则。1891年,保守党政府通过了《什一税恢复法》(Tithe Recovery Act)。为维护海外政策的力量和目的,保守党的爱国主义也促成了1889年的《海军国防法》(Naval Defence Act),承诺进行一个为期五年的海军建设计划。王位、帝国和爱国主义是维多利亚晚期保守主义的口号。对索尔兹伯里1886—1892年的保守党政府来说,推动朝着中央政府集权的趋势也是他们议程的一部分。城市选区的保守党人对政府的干预以及高税率和高税收感到担忧。1888年的《地方政府法》设立了选举产生的乡郡议会,索尔兹伯里对全保联说该立法的目标就是"将迄今为止伦敦各部门行驶的权力交到地方人民的手中"。⑭ 1891年,为了应对来自索尔兹伯里的压力,1891年的《教育法》通过向小学提供补助的方式给所有适龄儿童提供免费基础教育——这是张伯伦成为19世纪70年代激进派的标志性事件。

自由党人对贫困和财富两极化的不满使他们成为"再分配"的政党,保守党也坚定地捍卫所有形式的绝对产权。1870年和1881年自由党的《爱尔兰土地法》对佃户权利、公平租金和固定租期都进行了立法。1894年,自由党政府引入了累进的遗产税,1909年设立了一项新的针对财产继承的继承税。为反对这些改革,保守党人支持将基本财产价值作为一种社会原则,而不是仅仅作为经济原则。鼓励和维护小型企业的发展是保持社会的稳定团结以及反对自由党的挪用和"社会主义"掠夺的基础。

---

⑭ Peter Marsh, The Discipline of Popular Government: Lord Salisbury's Domestic Statecraft, 1881-1902 (Hassocks, 1978), 162.

所有权依靠的是工人的"独立"、自立和"体面可敬"。

在保守党 1895 年的选举运动中,反对爱尔兰自治和威尔士教会解散的呼声非常突出,自由党人主张的威尔士教会解散运动被认为是对基本财产权利的侵犯。但 1895 年 7 月索尔兹伯里向上院宣布"枯燥乏味和愤怒的冲突"使国家陷入一场"阴沉的内战"的做法必须停止,取而代之的是"促进人民的社会进步"的政策。[143]保守党与自由统一派一道将关注"努力奋斗的数百万人的日常生活的提升"。在保守党党内,贝尔福不断推动"社会改革"事业,张伯伦则致力于进一步推动工联主义的决策。贝尔福将"社会改革"视为社会主义及其导致的制度激进主义、阶级斗争、剥夺财产和对自由企业进行限制等威胁的最有效的解药。1894 年,张伯伦提出了一项工联主义的计划,包括劳工调解委员会、雇主责任的包容性方案、对外来乞丐的限制、工人阶级购房和养老金等。保守党统一派政府选择对其中一些进行立法(如工人阶级住房政策),而索尔兹伯里也加入了他自己的几项改革(如农业用地的税率减免)。1897 年通过的《教育法》增加了对教会学校的补助金并且免去对其财产的征税。同年还通过了《工人薪酬法》(Workmen's Compensation Act)。1900 年该法案的对象拓展到农业工人。有两项关于工人阶级住房的立法得以通过。因为 1899 年布尔战争的爆发而推迟了内阁对张伯伦提出的养老金议案的考虑。

这种立法是在"托利民主""积极的工联主义"或"进步托利主义"的号召下联合起来的。这种社会和政治改革是为了争取工人阶级对保守党工联主义积极的而不是纯粹消极的支持。通过捍卫所有人的财产以及关注工人阶级的眼前问题,保守党摒弃了爱尔兰自治和威尔士教会解散的问题,认为这是与人民物质福利无关的让人分心的自由党的强迫意志。自由党已被视为一个非常自以为是的道貌岸然的教派,已经成为"趋炎附势之人"的庇护所,他们推行强制的道德改革来迫使"人民""进步",机械的党团会议政治把政党的利益置于国家和帝国之前。[144]自由党不从国教者们呼吁禁酒改革,仅仅是为了否定诚实的工人们的爱好——喝口啤酒。与其描述的居高临下的自由党的说教不同,保守党人成为英国人珍爱的

---

[143] Salisbury, 6 July 1895, *Hansard*, 4th ser., xxxv. 265–271.

[144] 参见 Jon Lawrence, 'Class and Gender in the Making of Urban Toryism, 1880-1914', *English Historical Review*, 428 (1993), 629–652。

自由的爱国主义捍卫者。1896年1月的《威斯敏斯特评论》感伤地评论道:"腐朽的自由主义的陈腐信条在很大程度上已经成为保守党人政治信条中重要的一部分。"⑭

1885年后保守党在组织选举支持方面取得了显著的成功——这就是著名的"米德尔顿机器"(Middleton machine)。绰号为"队长"的R. W. E. 米德尔顿(R. W. E. Middleton)在1885年成为保守党的主要代理人,也是包括了阿伯加文尼勋爵(Lord Abergavenny)、党鞭长阿雷塔斯·埃克斯-道格拉斯(Aretas Akers-Douglas)和前党鞭威廉·哈特-戴克爵士(Sir William Hart-Dyke)的"肯特帮(Kentish gang)"的一部分。在1885年、1886年、1892年和1895年的大选,其间的补选,以及1888年后每三年一次的郡县议会选举中,竞争越来越激烈,米德尔顿为保守党组建了一个极其高效的选举组织。他在选区建立了一个全职的专业代理网络,截至1900年,有一半的选区都拥有这样的全职代理机构。通过指定专业的地区代表来监督这些选区代理机构的活动,加强了这些代理机构与中央政党组织之间的联系。因而,从选区到地区再到国家的专业组织结构就建立起来了。⑭ 1891年全国保守党代理人协会的成立确立了政党代理人的职业地位。米德尔顿还重组了全保联,更加方便了选区组织与全国联盟之间的联系。从1885年的《宪政年鉴》(Constitutional Yearbook)到1892年的《运动指南》(Campaign Guide),全保联出版了大量的政党文献,包括给讲授者和演讲者的指南。它给更偏远的地区输送了带有魔幻灯饰的讲座大篷车,以彰显帝国的荣耀或是爱尔兰民族主义者们的野蛮暴力行径。⑭ 它也培育了地方媒体,给保守党带来越来越多的新闻支持。1885—1886年,索尔兹伯里本人也打破了贵族不在地方中心地区进行演讲以争取选票的传统。尤其在农村地区,全保联的工作也得到了樱草会

---

⑭ Paul Readman,'The 1895 General Election and Political Change in Late Victorian Britain', *Historical Journal*, 42/2 (1999), 491.

⑭ Kathryn Rix,'By-Elections and the Modernization of Party Organization, *1867-1914*', in T. G. Otte and Paul Readman (eds.), *By-Elections in British Politics, 1832-1914* (2013), 151-175. 也参见 Kathryn Rix,'The Party Agent and English Electoral Culture, 1880-1906', unpublished Ph. D. thesis, University of Cambridge, 2001。

⑭ 参见 Kathryn Rix,'"Go Out into the Highways and the Hedges": The Diary of Michael Sykes, Conservative Political Lecturer, 1895 and 1907-8', *Parliamentary History*, 20/2 (2001), 209-231。

活动的补充,例如组织社会活动、园艺聚会、晚宴、允许吸烟的音乐会和大众娱乐活动等。该联盟将分支机构命名为住所分部,将其成员分类为骑士同伴、骑士施赈人员、女爵士、封臣和"樱草蓓蕾",这些仿中世纪主义的做法强化了有凝聚力的等级社会的概念。在城市里,为工人成立了保守党俱乐部,通过举行社会活动、开办图书馆和体育运动来鼓励男性保守党支持者们形成一个强烈的社交意识。保守党俱乐部协会(Association of Conservative Clubs)于1894年成立。在保守党内,体面可敬的工人作为养家糊口的人可以享受到他得来不易的快乐——对他的赛马发出孩子般的"呼喊",支持他喜欢的本地足球俱乐部或是品上一杯他最爱的啤酒——而不会受到自由党道德改革者们的说教。这些都是保守党社交能力在方方面面的体现,强化了男性对政治生活的看法。这是保守党对工人阶级的道德尊严的早期激进论断。1886年3月,索尔兹伯里宣布保守党没有理由担心工人阶级的判断。通过保守党俱乐部、保守党协会和樱草会的基层机构的教育和娱乐活动,大量工人支持保守党的爱国主义事业、帝国主义事业、社会改革事业以及有机有序的社会意识。

第十章
结　语

　　历史为我们呈现了：构成社会的人的集合体，如同构成生命体的原子的集合体一样，受制于渐变之律——或者成长壮大，或者衰微腐化。

——索尔兹伯里勋爵:《蜕变》

(Lord Salisbury,'Disintegration')

维多利亚时代的政治是管理变化的政治。维多利亚时代的人认为自身所处的世界是动态的,道德、智力、科学、技术、社会和经济等所有环境莫不如此。对多数人来说,表明社会与政治持续向前运动的"进步"理念捕捉到了这种变化的氛围。索尔兹伯里勋爵1871年评论说:"这个时代人们满怀激情坚守的信念……莫过于对进步的信念。"①对于索尔兹伯里来说,渐变之律是无法否认的事实,就如同统治自然界的规律一样。这些规律不可抗拒地塑造着人的群集所构成的共同体,但他以托利党人的怀疑,令人不安地追问,这种变化到底是导向成长壮大还是衰微腐化。对"进步"所指向的不同目标和对最有利于引导变化的不同价值观与方式的讨论推动了维多利亚时代的政治辩论。不言而喻的变化彰显了过去对巩固政治抱负的重要性。在变动的世界里,过去赋予当代目的以意义与合法性。在语义的双螺旋结构中,变化和延续构成了"进步"的一对向上提升的孪生体。记忆政治领域既生动又充满竞争。道德提供了进步流动场景的另一主要的港湾,指明了那些界定政治终极目标的超验真理与价值。在宗教躁动和信仰危机的时代,对更大道德确定性的追求引导并活跃着整个政治舆论与情感氛围。在1888年的西利看来,时代的"特性"是"非同寻常的道德严谨……混杂着史无前例的困惑与不确定性"。② 最后,变化催生了对于理想的稳定社会关系性质的关注。在共同体内,个人如何获得真正的身份以确认所属的共同体?何种社会关系最有助于稳定、自由与共同体的团结?何种社会关系形式最有助于公共用途与正直的人品?地位、等级和相互的道德义务的性质提供了持续讨论正义、腐败、合法、强制或者公平的社会关系的框架。

因此,关于过去、道德和共同体的相互竞争的概念塑造了维多利亚时代的政治文化。这些相互冲突的概念折射出保守主义、自由主义、激进主义和社会主义思想。选票的功能、选举资格和选举仪式被安置于这个场景。对过去、道德和共同体的不同解释影响了人们对于主权即社会最高权威在社会中的地位的争论。在这种背景下,"议会政府"的正统性和随后全国性政党的崛起及其对于议员、议会和政府各自功能的含义逐渐形

---

① Lord Salisbury,'The Commune and the Internationale', *Quarterly Review*, 131 (October 1871), 572.

② J. R. Seeley, *Ethics and Religion* (1900), 6.

成。这些塑造了维多利亚政治文化的特性,有助于解释为什么英国把包括世袭的君主制与贵族院、安立甘国教在内的历史制度原封不动地(或许经过调适)带进20世纪。这些特征指向了英国政治文化的那些保守方面,在此基础上,人们才能理解变革。19世纪英国所经历的自由现代性是一段特殊的历史发展,是过去、道德和共同体形塑公共价值观和政治态度的一段历史。

有争议的记忆政治被用于眼前目的。19世纪30年代和40年代,这些争论借助语言、象征符号和地点而进行;它们出现于报刊、书籍、印刷品、歌曲、视觉符号和地方性组织中。在威斯敏斯特古老的旧址上诞生了体现着中世纪美学装饰特征的新议会大厦,这个新建筑象征了英国历史制度的精神。哈勒姆和麦考莱的辉格党叙述颂扬了一种扩展的未曾打断的历史发展观,其保证了自由和有序的稳定。柏克关于传承(an entailed inheritance)的观念支持了这种叙述,传承的是过去世代积累的智慧和社会所经历的进步阶段的苏格兰启蒙模式。激进派唤醒了关于"诺曼之轭""盎格鲁-撒克逊人的自由权利"和大宪章的记忆,通过模仿钦定圣经、弥尔顿和班扬所用的语言来表明他们的目的。在皮普草地(Peep Green)、克萨尔猎场(Kersal Moor)和布莱克斯通角(Blackstone Edge)的大众宪章运动集会伸张了人民集会自由的历史权利。以熟悉的民歌曲调创作的宪章运动歌曲肯定了植根于大众文化中关于历史权利的集体意识。保守派呼吁捍卫作为社会秩序安全基础的国家历史制度。如厄斯金·梅所评论的那样,英国改革者,"无论多么胆大与冒险,从不割断历史"。他们的"使命是改进和复兴,而不是摧毁"。③ 他们想要做的是改革而不是革命。

记忆之竞争赋予了政治抱负一层"复辟"的外衣。对辉格党来说,1832年的《改革法》是一种修补与调整,是要恢复宪政的平衡。正是立法确保了先驱们在1688年"光荣革命"中所赢得的自由权利。宪章运动的诉求是要收回失去的自由——陆续被自以为是的精英们所否认的"古代"的自由权利。对保守派的皮尔来说,重申超越党派之争的行政权威,是在尝试保持政府的政治中立,保证政府代表整个民族的整体利益发挥作用,而不是作为政党派性的功能发挥作用。皮尔的主张反映出他在

---

③ St. Thomas Erskine May, *Democracy in Europe: A History*, 2 vols (1877), ii. 495.

1832年前的行政学徒经历，当时他作为"国王的大臣"，是一名内阁成员。对"青年英格兰"保守派来说，弥补社会分裂的药方在于通过五月柱舞和骑士比武来恢复"快乐英格兰"的共同体的凝聚力。对托利激进派而言，谴责伪善的不从国教者和贪婪的工厂主，是想恢复前工业时代的共同体，这个共同体已迷失在严格的政治经济学、《新济贫法》和剥削的劳动环境中。不同的爱国主义观也分别从过去获取论据。对辉格党而言，为回应进步社会的变化要求，从法律上拓展珍视的英格兰人的自由权利是受过启蒙的精英们的爱国义务。对于宪章运动者而言，恢复"失去的自由"是"真正的不列颠人"和"布列塔尼亚之子"的爱国权利。对于保守派来说，保存国家的历史制度是世代先辈们传下来的爱国责任。过去为爱国目的提供了道德权威。④

19世纪30年代和40年代的政治价值观的道德基础明显表现在宗教对于公共事务的重要上。安立甘教徒、不从国教者以及随后的持异见者、天主教徒和信仰其他教派者的教派忠诚和信仰很大程度上决定了政治的路径。1828—1836年"道德风暴"是一场宗教危机，涉及废除《宣誓法》和《市镇机关法》、《天主教解放法》、爱尔兰教会的改革、反对教堂税、抵制什一税、将国教收入用于平信徒救助、不从国教者的公民权以及反对奴隶制这样的事业。这场危机威胁到议会和君主的权威。议会所受到的挑战，连同选区的选举压力在19世纪30年代使议会改革迫在眉睫。以伯明翰政治联盟为代表的改革派宣称"上帝是我们的向导"，他们视自己是反对精英腐败的"神圣同盟"。到1835年时，平信徒救助和反对教堂税问题把辉格党、改革派和激进派团结在一起。1845年，《梅努斯拨款法》问题分裂了议会中的保守党、辉格党、改革派、自由派和激进派，且多年以后在选区持续发酵，引发强烈的情感。对19世纪三四十年代的激进派来说，土地精英的特权亵渎了上帝创造的正义。不从国教者共同体深受社会道德目的意识的影响，致力于推动反奴隶制、教堂税和什一税运动，呼吁宗教宽容立法，要求废除安立甘国教。宪章运动演讲者被称作"传道

---

④ 弗劳德、朗德（J. H. Round）和弗里曼对英格兰宪政历史有着的不同解释，对这些不同解释的讨论构成了国家认同争论的学术背景，这方面情况参见 Richard A. Cosgrove, 'A Usable Past: History and the Politics of National Identity in Late-Victorian England', in Nancy LoPatin-Lummis（ed.）, *Public life and Public lives: Politics and Religion in Modern British History*（Oxford, 2008）, 30-42。

者",罢工日被描述为"圣日"或"圣周"。自由贸易是包含着"我主耶稣原则的崇高哲学"的道德事业。对于科布登来说,自由贸易是"万能之主的国际法",而对于布赖特来说,废除《谷物法》是写入议会法案的"神圣经典"(Holy Writ)。托马斯·阿诺德等人所代表的"自由安立甘主义",认为政治社会的目的是提升人的道德品性。宗教上的自由主义者(latitudinarianism)赞成把天主教徒和不从国教者纳入"政治民族"。这些构成了许多辉格党人和自由派者的政治目的,他们废除根深蒂固的教会权力和加深对宗教多元性的包容视为他们事业的核心。19世纪50年代和60年代坚定的新教保守党议员查尔斯·纽迪盖特(Charles Newdigate)领导的反改宗十字军和爱尔兰福音派者墨菲(W. Murphy)1868年在兰开夏郡所激起的反天主教暴乱展现了教派问题所激起的狂热情感。⑤

19世纪90年代宗教在英国社会依旧有很强的影响力。⑥ 除了主要以伦敦为基础的一个人数有限的激进共和派小圈子外,无神论并不普及。世俗化还未深入人心。⑦ 然而,两大变化已经出现。首先,宗教活动制度化减弱的同时,个体的宗教信仰依然强烈。参加宗教仪式成为英国组织行为的最常见形式。在工人阶级和中产阶级中,参加主日学校以及类似少年大队(Boys' Brigade)和男女青年基督教协会的团体成为一种扩展宗教友谊的非正式方式。其次,教派的政治结盟日益复杂。虽然大多数安立甘教徒支持保守主义和国教地位,但是保守主义已有了更多样的教派特征。长期同自由主义相结合的不从国教主义在19世纪90年代时开始分裂。类似帝国、爱尔兰自治、妇女权利等问题造成了不从国教者和自由主义纽带的断裂。基督教价值观依旧有影响力,个人宗教信仰、不太正式的宗教组织和更复杂的教派政治成为持续发挥作用的宗教信仰的特征。

人们以"中产阶级"和"舆论"等词语赋予变动的社会关系以伦理的

---

⑤ 最臭名昭著的反天主教暴乱1852年6月发生于斯托克波特(Stockport),导致持续三天的公共秩序的混乱。1851年在爱尔兰移民占人口22%的利物浦,发生了奥兰治党人与爱尔兰码头工人的战斗。参见 Denis G. Paz, *Anti-Catholicism in Mid-Victorian England* (Stanford, 1992)。

⑥ 重要的是,从19世纪30年代中期到1901年这段时间,英格兰教会新建了5 500个教堂。1841年只有14 500名安立甘教士,1891年教士人数达到了24 000人之多。

⑦ 参见 Jose Harris, *Private Lives, Public Spirit: Britain 1870-1914* (Harmondsworth, 1993), 151-156。

含义。对帕默斯顿来说,"中产阶级"就是那些举止得体、服从法律、热爱秩序、拥戴君主和宪政之人。对布鲁厄姆来说,"中产阶级"就是国家的财富与智力。"中产阶级"不是严格的经济或社会范畴,而是代表着某种道德价值观。他们体现了虔诚、有知识、节俭、勤劳、自立和爱国。同样,"舆论"体现了"头脑的"理性和冷静的"行军",代表着共同体中信息量最大、最聪明、最有道德的人的意见——是"共识/公意"(communis sensus)而不是"大众的判断/众意"(vulgi judicio)。对麦考莱来说,"舆论"是"中产阶级"道德的表达与"进步"的驱动力。"舆论"是道德广泛提升的表现。19世纪早期激进主义事业的核心在于相信劳动阶级具备的道德价值。他的劳动创造社会财富。上帝的创造提供了果实累累和资源丰富的世界。但是自私的腐败精英拒绝了劳动阶级收获劳动的果实,剥夺了劳动果实赋予他们的道德自尊。为此,激进派要求通过议会实行制度改革,清除社会的腐败,承认劳动之人的尊严。这样政治制度才能摆脱垄断的"利益"和自私的寡头。自由贸易支持者如科布登、布赖特和格莱斯顿,把自由贸易视为一种道德制度,该制度鼓励高尚的社会行为,鼓励节俭而非浪费,鼓励积极使用而不是闲置财富,鼓励健康而非奢侈的消费。

道德共同体依据正确行为概念所界定的社会群体的形成居于维多利亚政治的中心。这些正确行为概念包括了政治家对于持续变化的挑战的不同回应,这些回应是为了使大众顺从基于财富、地位、教育、体面可敬和社会责任的政治和社会权威。这些概念是政治家与他们试图代表的人之间持续协商的货币。在向支持不同政治共同体的选民寻求支持时,道德概念被呈现给包括无选举权在内的所有人。就像政党要一致对敌,更要靠共同的原则团结起来一样,选举时有权投票者与无权投票者共同界定了选举的支持群体。

共同体支持的政治家在演讲中谈及听众的社会经历时,还要对共同体已有的信仰和价值观加以吸收、强化或者替换,这些旧的价值观往往同地方性、宗教、职业和民族性有关。这些共同体包括了乡村教区的关系,其中当地的地主、安立甘教士、医生和律师构成了相互社会责任的等级秩序,这种等级秩序包括了佃客和农村劳工,直至民族共同体,正是在民族共同体中,爱国主义和义务界定了集体目的和身份。19世纪上半叶,"自由"和"美德"植根于关于共同体的观念中。如柏克所说,"真正的自由权利"是"社会的自由"。⑧ 个人不仅要自由地履行自己应尽的责任,也要自由地履行对他人的责任。"美德"在于一个人尽了自己对他人的责任与义务。保守派、辉格党、改革派、自由党和激进派各自塑造了不同的道德共同体概念,借助这些概念,政治成为他们各自支持者社会经验的一个组成部分。关于政治权威、地位、体面可敬和社会责任的道德概念也被竞相提出、讨论和再定义。

1832年后,上述公共价值观支撑着作为宪政正统的"议会政府制度"。有凝聚力但可变的议会政党防止了议会主权受君主特权和选民指令的摆布,议员有着审慎判断的自由,摆脱了选民的要求,能够从"国家利益"出发做出决定。与此同时,政党关系能够使议员批准或者拒绝政府的决策,内阁权威取决于政党的支持。下院中的政党联盟决定了政府的组成与解散。维护议会主权意味着议会政治与选区政治之间的关系是对议会外的意见主张的微妙调解。议员既非政党征召来的士兵,也非听令其选区的委托代表。议会中的政党领袖基于"国家利益",用政治家式的语言祈求议员的支持,而不是把议员视为被操练的新兵。这就强调了议会中的政党纽带是高尚的爱国组织。同样,议员通过竞选活动中的传统礼节寻求获得选民的支持——传统仪式表明对选民的尊重,且是对候选人道德品质的肯定。这加强了选民把投票视为基于共同体利益的一种公共信任的行为,这个共同体是有凝聚力的"利益"共同体,共同体利益不是选民个人偏好的汇总。如果说政党领袖直接要求议员的忠诚是愚蠢的,那么议会候选人直接要求选民投票也是愚蠢的。出于意愿的同意而不是胁迫,谨慎遵守的对各自地位的相互承认是两次政治交易的核心所在。

19世纪三四十年代的大众政治运动也确认了议会在英国宪政中的中心地位。宪章运动和反《谷物法》运动都取得了惊人的成就。这两场运动代表了美国革命以来民众对英国制度的最有力的全面批评。两场运动动员了数百万人。然而,这两场运动都是指望议会通过立法解决他们的诉求。递交议会的请愿书在19世纪30年代和40年代持续增加,在1868—1872年达到高峰,总数达10.1万份,这意味着每年有超过300万的签名,这种趋势加强了议会的地位。申冤、要求进入"政治民族"、呼吁

---

⑧ Edmund Burke, *On Empire, Liberty and Reform: Speeches and Letters of Edmund Burke*, ed. David Bromwich (New Haven, 2000), 405.

清除政府中自私的寡头"利益"、要求更多的宗教自由以及宣称支持国家历史制度的声明都递交给了议会,希望议会加以解决。

从 19 世纪 30 年代到 50 年代,"议会政府"实施了一系列的改革,完成了辉格党、改革派、自由派和保守党致力于负责任地推进渐进变革的承诺。1828—1832 年《宣誓法》和《市镇机关法》废除,《天主教解放法》和议会《改革法》通过,1833 年对爱尔兰教会进行了改革,废除了奴隶制,1834 年《新济贫法》通过,1835 年进行了地方市镇机关的改革,1836 年对某些特殊地区的什一税进行了转换,1838 年《爱尔兰济贫法》通过,1839 年《教育法》通过,1842 年降低了进口关税的浮动价格,1845 年增加了《梅努斯拨款法》,且使该法案永久化,1846 年废除了《谷物法》,1847 年通过了妇女儿童工厂工作的《10 小时工作法案》,废除了 1849 年通过的《航海条例》。这些改革确认了辉格党人作为受过启蒙的精英在回应社会需求上的"公正无私",也反映了自由派对宗教与公民自由的推动,验证了保守派在皮尔领导下从国家利益而非局部"利益"出发对国家的治理。18 世纪的遗产如"恩赐制"和"贵族的"、教士的和自治市政机关的特权等多数被取消了。到 19 世纪 50 年代,对有害"利益"、不道德的精英和从狭隘的寡头利益出发的政府腐败的激进反对声渐渐销声匿迹了。此时,减少公共开支,以自由贸易为经济正统,赋予殖民地更大的自治权,议会进一步改革的必要性在广大范围内达成的共识,连同宗教上对非安立甘教徒的让步,削弱了激进反抗派的力量。1858 年全国宪章协会最终解散,放弃了宪章运动的民众讲坛。《爱丁堡评论》当年胜利地宣告,在"议会政府领导下,无与伦比的有着公共重要性的无数措施通过连续的立法迅速实施"。因而,"在欧洲其他民族因纠纷而动荡、因独裁而受压迫时,英国人民却比历史上任何时候都更衷心拥护自己的制度,更能彼此和平相处"。该评论的结论是"议会政府"提供的是"国家机制和维护自由的基本要素"。⑨

19 世纪 50 年代和 60 年代见证了政治思想上的几个重大转变。社会、制度及其价值观之间的关系被重新审视。神学从强调上帝报复向强调救赎转变,这有助于社会态度的进一步改善。名词"文化"具有了更多

---

⑨ [Sir George Cornewall Lewis],'Earl Grey on Parliamentary Government', *Edinburgh Review*, 219 (July 1858), 272.

的含义,不仅仅指代人类艺术和知识成就的高雅展示。受到人类学崛起的影响,"文化"一词也开始指具有特色的社会环境、信仰、价值观和仪式。这样在理解社会时,塑造人类行为的宽泛的"文化"和非理性因素都得到了重视。制度、信仰和态度深深植根于社会,表达了社会共享的价值观。政治制度的本质在于其获得支持的广泛的文化环境。地质学和古生物学所揭示的历经漫长岁月的点滴改变,以及拉马克、钱伯斯和后来的达尔文提出的进化思想,都在提醒人们,社会是渐进量变和永恒变化的产物。苏格兰启蒙作家们所表达的"文明"发展经历的较为僵化的阶段说逐渐被社会发展渐进概念所取代,这些更为灵活的概念同塑造自然和物理世界的那些概念是相似的。这表明政治被视为特定文化发展进化的一个方面。政治是社会的一部分,而非作用于社会的机制。政治既是人类行为的理性表达,也是人类行为的非理性表达。如果1858年格雷勋爵所写的"议会政府"的辉格党研究是对宪政理性结构的解读,那么1867年白芝浩的研究成果则运用文化、主观、行为分析等更宽泛的方法对"议会政府"运作所需的态度和心理进行了分析。显而易见,白芝浩的学术分析获益于达尔文、赫胥黎、卢伯克、泰勒和梅因。白芝浩接受了赫胥黎的"模仿"概念,即个体为同社会显要群体相一致而本能地模仿后者的倾向。因而"顺从"和白芝浩运用的刺激性词语"愚蠢"是"议会政府"运作的基本要素。他暗示,多数人会本能地顺从政治制度中的"庄严的"、分散注意力的、仪式化的吸睛场面,这些场面为权力"的实际运用"披上了一层外衣。习惯地服从,而不只是理性同意,保证了"大众"对议会制度的忠诚。19世纪50年代和60年代政治道德环境和对政治理解的改变为19世纪70年代和80年代政治家与制度所运用的语言、组织和目的的变化奠定了基础,最终导致议会政府消亡、全国性政党的崛起、大众选民中的"大众主权"的出现。

1867年保守党创造的"大众"选民强化了政治体制属于整个国家的意识。通过赋权于"体面可敬者",主要是完成了财政责任的城市男性房产持有人,保守党显著地扩展了"政治民族"范围。复合居室的恢复和对单人住房定义的放松进一步扩大了城市选民的范围。为回应格莱斯顿提出的解散爱尔兰国教的问题,1868年迪斯雷利宣称,1865年选举的议会不能对未在选举中出现的问题做决定。这样的问题应该交给大选中的选民。如布赖特在随后的选举中所说,"我们不再控诉自私的寡头……我们不再认为自己被一个阶级压迫"。⑩"未来的责任在于人民中的大多数"。1874年在格林尼治,格莱斯顿传播了同样的信息,他说:"1868年国家完全委托于自由党及其领导人的权威,……只能通过对人民的呼吁而合法且有效地恢复。"⑪他在中洛锡安郡的选举中声称,"人民"就是现在的"主人"。⑫ 政治制度不再是强加于国家的制度,只服务于自以为是的精英们的利益,而是需要"大众"参与的社会不可分割的一部分。1884年选举权的扩大在农村人口中开始实施,选举资格同1867年城市选区的一样,这样一来选举权的扩大已是一个无法阻挡的逻辑。迪斯雷利声称他启动的1867年改革是一了百了的改革。但随后的几十年里,保守党的行动否认了他们这次改革的永久性。1885年9月在沃灵顿(Warrington),张伯伦宣称:"现在我们有了一个来自人民、为了人民的政府。"⑬重塑政治体制与社会的关系是19世纪50年代和60年代议会共识的大背景。⑭ 它出现于19世纪30年代和40年代的派性政治之后。到19世纪50年代,19世纪30年代和40年代的民众运动已成为早期政治纷争岁月的记忆。对国家制度的广泛信任似乎深入人心。因对克什米尔战争的军事管理不善而引发的对"贵族的"能力的批评转瞬即逝,这次批评主要由《泰晤士报》和1854—1855年间短命的行政改革协会所发起。由19世纪60年代女王隐居所激发的共和情感,随着1871年威尔士王子从伤寒病中康复而逐渐消退。

在经济持续繁荣的背景下,19世纪50年代和60年代表现为人们对国家制度的更大满意度的政治共识也是议会政党动态的一个成果。这个成就不是某一个政党所取得的,而是保守党、自由派、激进派和辉格党在议会互动的结果。这种互动勾勒出帕默斯顿式自由主义、德比保守主义和激进派理想共存的大背景。历史学家已经构筑了描绘19世纪50年代和60年代复杂的政党政治的叙述,这种叙述突出了皮尔主义的变化历

---

⑩ *The Times*, 6 November 1868, p. 5.

⑪ Gladstone at Greenwich, *The Times*, 29 January 1874, p. 5.

⑫ W. E. Gladstone, *Midlothian Speeches*, *1879*, ed. and intro. M. R. D. Foot (Leicester, 1971), 50.

⑬ Joseph Chamberlain et al., *The Radical Programme*:*With 'The Future of the Radical Party'* by T. H. S. Escott (1885), p. v, and John Robertson, *Chamberlain*:*A Study* (1905), 23.

⑭ 有趣的是,"共识"一词在19世纪中期进入英语使用时,表示同意或者共同的情感。

程,它由格莱斯顿继承并发扬,过渡到了自由主义。此阶段最便利的途径是皮尔派的公正政府论与倡导公民和宗教自由的自由主义的合并。这表明,在1859年加入团结起来的自由党的那些少数的、著名的皮尔派人士决定了政治发展的主要进步方向。没有了皮尔派的骨干人才,保守党只剩下一些保守落后的偏执狂,或者如约翰·穆勒所说的"最愚蠢的党"。⑮这种评论掩盖了下列事实,多数皮尔派人士选择加入了19世纪50年代德比的保守党。更重要的是,这种评论也忽视了在德比领导下的保守党的振兴,当时保守党对司法改革的支持确保了平稳的进步。19世纪50年代和60年代的共识不仅仅是自由党的功劳,尽管一些自由保守派的加入加强了该党的力量。格莱斯顿在整个19世纪50年代的痛苦的个人篇章并不代表多数自由保守派的选择。相反,19世纪50年代和60年代的共识是保守党与自由党共同承诺的结果,他们都致力于在保障渐进变化的社会稳定下进行可控的改革。1867年保守党推动城市选民规模的实质扩大,创造出"大众"选民的做法,不是灵活的机会主义的阴谋,如自由派所描述的,而显示了保守党同自由党一样,在审慎推进改革以应对社会和道德的进步方面是有共识的。如《泰晤士报》1851年宣称:"没有哪一个政党能否认进步;仅此一条路——只是速度快慢而已。"⑯

到19世纪50年代,辉格党和自由派所说的"公正无私"地推动"公民自由和宗教自由"已由制度和宗教改革得到基本实现,且1852年后自由贸易被所有政党视为经济学的正统。宗教自由、财政负担和法律赋权开始更平等地在社会各方面展开,而不仅仅是保护寡头的"利益"。关于超越党派"利益"的有效与节俭治理的皮尔遗产强化了人们把行政机构视为国家事务的公正机构的认识。1854年在诺斯科特-杜威廉报告(Northcote-Trevelyan Report)出台后,1855年文官事务委员会(the Civil Service Commission)成立,且引入了竞争性考试制度,这样就用政绩取代了恩赐制度。1870年的枢密院命令确保了该报告的全面实施。19世纪50年代和60年代德比(接受的是辉格教育)将保守党从一个固守农业保护的返祖群体中拯救出来。1852年放弃了贸易保护主义之后,保守党崛

---

⑮ John Stuart Mill, 'Autobiography', in *The Collected Works of John Stuart Mill*, ed. John Robson et al., 33 vols (Toronto, 1963–1991), i. 277.

⑯ *The Times*, 5 March 1851, p. 4.

起为全国性的政党,寻求把负责任的改革同继承国家的体制相结合。1867年《改革法》展示了保守党对于安全可控改革的承诺,也否认了自由党对进步智慧的独占。

与此同时,激进派却表现得更光彩些,代表人物是富有抱负的青年政治家如迪尔克和特里维廉。激进主义也成为进入政府的路径,议会不再拒绝激进派,如科布登和布赖特曾遭受排斥。激进主义者吉布森、黑德拉姆(Thomas Headlam)、吉尔平(Charles Gilpin)和莱亚德都在帕默斯顿政府任职。1836年哲学激进派莫尔斯沃斯曾把接受辉格政府的职位描述为"道德卖淫"。⑰ 但是1863年在接受了政府职位后,激进主义者詹姆斯·斯坦斯菲尔德(James Stansfield)宣称,拒绝任职是一种"道德懦弱"的行为,不是对独立美德的坚守。⑱ 19世纪30年代和40年代,激进爱国主义宣称权力剥夺了"生来自由的英格兰人"与生俱来的权利。这种爱国主义让位于维多利亚时代中期寻求从制度内部振兴制度的务实爱国主义。1851年宪章运动期刊《北极之星》号召工人们"必须组织起来,充分利用现有的自由"实现自己的政治目标。⑲ 1859年老资格的运动者科布登告诫布赖特,其职业生涯基于公共演讲,他的"最大力量"是在下院,他应减少巡回演讲。在1830—1832年的改革问题上,改革派和激进派主要热衷于推动大众改革运动。1866—1867年,他们同议会外的煽动工作保持了距离。

上述这些构成了广泛的议会共识的元素。保守党、自由派和激进派都认为政府的责任是要确保改革走向进步。1855年和1861年分别废除了作为"对知识征税的"印花税和报纸的纸关税,连续降低消费品税,减少对《济贫法》的管理都是对长期以来民众的不满做出的回应。保守党

---

⑰ William Thomas, 'The Philosophic Radicals', in Patricia Hollis (ed.), *Pressure from without in Early Victorian England* (1974). 1839年当激进者吉尔平接受了《济贫法》理事会秘书长一职时,布赖特的尖刻评论是"你终于得了个查尔斯水槽的龙头"[Brian Harrison, *The Transformation of British Politics, 1860-1995* (Oxford, 1996), 29]。1868年当布赖特自己进入格拉斯顿内阁时,特里劳尼评论说,"参孙失去了他的头发"[参见 T. A. Jenkins (ed.), 'The Parliamentary Diaries of Sir John Trelawny, 1868–1873', in *Camden Miscellany XXXII*, Fifth Series, 3 (Royal Historical Society, 1994), 345]。

⑱ *The Times*, 29 April 1863, p. 5. 虽然他在1836年早期曾反对任职,但是1853年莫尔斯沃斯接受了阿伯丁联合政府的职位。

⑲ Jon Lawrence, 'Popular Radicalism and the Socialist Revival in Britain', *Journal of British Studies*, 31/2(1992), 167.

执政时,1858 年开业的犹太人可以成为议员,对议员的财产资格要求被废除,迪斯雷利政府的预算没有超过 1853 年格莱斯顿确定的财政数字,教堂税改问题也提了出来。激进派特里劳尼把德比视为"帕默斯顿的再现"。"辉格党吹鼓手肯定会抓狂。天哪!如果这样下去,这个国家可能会忘了辉格政府的价值所在!"[20] 政策上的分歧是实实在在的,且常常斗争很激烈,如 1866—1867 年的改革问题和 1868—1869 年解散爱尔兰国教会的问题。但是维多利亚时代中期的所有政党都认同确保秩序和回应真正的社会不满对于负责任的改革的必要性。即使在党派性很强的 19 世纪 70 年代后期,格莱斯顿仍然宣称,英国宪政"比其他任何宪政,都更敢于相信使宪政运转的人所具有的理性与善意",相信"权力的受托人将彼此尊重;展示他们从共同利益出发为着一个共同目的而努力工作;相信他们合起来的智慧高于平均智慧,也有着不低于常人的公平心和公共利益与权利意识"。[21] 这种议会共识加强了人们对国家制度的价值观和有效性的信念。

1867 年后,议会、文官制和君主制等制度都有了新的目的。精英主义没有被废除,而是获得了新的形式。父权主义概念、重新定义的精英义务与责任都得到重塑。社会和政治等级以新的方式获得了合法性。文官的竞争考试是为了挑选合格而年轻的牛津、剑桥毕业生,他们的智力与实践能力都要适合"公职"。高级文官依然属于中上层阶级的公学和牛津、剑桥毕业生的领域,只是晋升要靠业绩而非恩赐。[22] 到 19 世纪 70 年代时,"公职"伦理、承诺公正地服务于"公共之善"(common good)成为行政精英的道德立场。这种道德立场源于柏拉图在《理想国》所描述的"公民美德"的保护人,他们应该不受私利驱使;这种道德立场还源于黑格尔在《权利的哲学》(Philosophy of Right)中所说的"国家"文官是一个"普遍的

---

[20] Sir John Trelawny diary, 5 July 1858 and 18 February 1859, in T. A. Jenkins (ed.), *The Parliamentary Diaries of Sir John Trelawny, 1858-1865*, Camden Fourth Series, 40 (1990), 54, 65.

[21] W. E. Gladstone, *Gleanings of Past Years, 1843-1878*, 7 vols (1879), i. 245-246. 这鼓励了 Brian Harrison 所说的"中立主义"。参见 Brian Harrison, *Peaceable Kingdom: Stability and Change in Modern Britain* (Oxford, 1982), 309-377。

[22] 对于 John R. Greenaway 来说,"对历史和政治的'托利'观似乎能好很地解释文官制度……统一的文官制度的发展不是改革设计或'政策'的结果,而是复杂的官僚制度适应社会、教育和技术环境变化的渐进结果"[John R. Greenaway, 'Parliamentary Reform and Civil Service Reform: A Nineteenth-Century Debate Reassessed', *Parliamentary History*, 4 (1985), 167]。

阶级"。这种道德还补充了较近时期关于政府是国家事务中的中立机构的皮尔式遗产观。在柏拉图、黑格尔和康德的影响下,贝列尔学院的教师乔伊特、格林和汤因比开始把"国家"视为社会和道德进步代理者,服务于"公共之善"。从19世纪60年代起,他们使牛津教育有利于培养年轻人具有"公共服务"的伦理意识,以促进全面的道德发展。他们旨在培养受尊重的士绅精英,区别于"贵族"、企业中产阶级和劳动阶级——新的精英是有着高尚伦理规范的精英,这种伦理规范基于知识、专业精神和服务社会的才干。这样的伦理规范构成了文官、政治家和更广大的社会之间基本信任的基础,它使人们认为,文官应该公正、公平与有效地工作。[23]到19世纪80年代,这种"公共服务"伦理已经扩及管理英帝国殖民地的行政官员,成为更遥远世界责任的一部分。它也使职业化伦理的氛围影响到了医学、教育和法律等行业,人们崇尚用客观的才能与专业判断服务社会"公共之善"的价值观。因此,在共同体的背景下,道德权威和精英地位得以重塑。维多利亚时代后期留给后人的部分遗产是"公共服务"的高尚伦理。

君主和地方土地精英的功能也得以重新界定。1872年后,君主制在公共生活中产生了新的作用,维多利亚体现了国家与帝国团结的尽责的母亲形象——君主统而不治。[24] 她登基50周年和60周年庆典展示了经巧妙设计的社会等级秩序的辉煌,展示了一个优秀民族保持良好秩序的品格。因没有对"国家"的正式定义,君主就成为国家和帝国团结的实实在在的象征。1871在庆祝威尔士王子从伤寒病中痊愈后,白芝浩评论说,对王权的"**社会忠诚**"感依旧存在,"贵族"与王室仍然是"彻头彻尾的**大众**的社会观念"。[25] 19世纪80年代后,在地方层面上,传统社会精英也具有了更多仪式化的功能。虽然在1833年到1868年间,拥有、继承2 000英亩以上的地产所有者或者地产所有者的近亲代表郡做议员的比例一直

---

[23] 参见 Raymond Plant,'A Public Service Ethic and Political Accountability', *Parliamentary Affairs*, 56 (2003), 560-579; C. H. Sisson, *The Spirit of British Administration and Some European Comparisons* (1959), and G. Kitson Clark, '"Statesmen in Disguise": Reflections on the History of the Neutrality of the Civil Service', *Historical Journal*, 2 (1959), 19-39。

[24] Vernon Bogdanor,'The Monarchy and the Constitution', *Parliamentary Affairs*, 49 (1996), 407.

[25] Walter Bagehot, 'The Illness of the Prince of Wales', in *The Collected Works of Walter Bagehot*, ed. N. St John-Stevas, 15 vols (1965-1986), v. 438.

稳定,但之后便开始下降。㉖ 1868 年后,在英格兰和苏格兰,地产所有者议员比例的下降是逐步的,而威尔士和爱尔兰的地产所有者议员比例在 1880 年后陡然下降。1886 年后,多数几代人代表地方做议员的乡绅家族未再出现议员。1870 年,39%的议员来自这种世代出议员代表的家庭。但到了 1914 年,来自这种家庭的议员只占到 3%。㉗ 1884—1885 年的改革打破了土地精英在下院的多数席位。㉘ 比如,在林肯郡,当地两个乡绅家族韦尔比家(the Welbys)和托尔马什家(the Tollemaches)曾于 1832 年到 1868 年间连续担任格兰瑟姆(Grantham)市的议员。1874 年最后一位托尔马什议员退休,1885 年,来自韦尔比家族的候选人在选举中落败。郡首席治安长官或其他职位都成为仪式性职位,地方乡绅发现自己常常会被召去陪同王室出访,参加郡或市议会的开幕式,或者主持地方慈善活动——象征他们过去对共同体事务曾有过影响。用白芝浩的话来说,他们在共同体中担当一种更为"庄严"的而非"有效用"的角色,这为权威、地位和权力的变换模式涂抹上一层舒适的光泽。

1867 年后"大众"参与政治制度的最重要发展还是作为权威表达选民意愿的全国性政党的出现。全国性政党所界定的大众舆论开始取代作为宪政思想基础的议会。逐渐地,通过全国性政党而不是议会对"大众"选民运用主权的意愿加以调解。1896 年,非常怀念 1867 年前的议会政府的莱基(Lecky)悲叹政治家需要经常地颂扬"民众无与伦比的智慧与高贵"。㉙ 这种变化的结果表现为政党建立了中央机构、群众会员制和对党务的专业行政管理。这是获得有选举权的成年男性和他们希望代表的人的支持所必不可少的要求。1874 年大选,自由党和保守党都第一次获

㉖ David F. Krein, 'The Great Landowners in the House of Commons, 1833 - 85', *Parliamentary History* (May 2013, 470 - 471 〈http://onlinelibrary.wiley.com/doi/10.1111/j.1750-0206.201311.x/pdf〉9(accessed November 2014).

㉗ 参见 E. A. Wasson,'The House of Commons, 1660-1945: Parliamentary Families and the Political Elite', *English Historical Review*, 106 (1991), 635-651。

㉘ W. C. Lubenow, *Parliamentary Politics and the Home Rule Crisis: The British House of Commons in 1886* (Oxford, 1988), 57. 也参见 T. A. Jenkins, *Parliament, Party and Politics in Victorian Britain* (Manchester, 1996), 102-103. 到 1900 年,来自金融利益方面的议员数已经超过了土地议员,成为下院最大的单一职业群体,虽然直到 1900 年,内阁成员多数依旧是土地贵族及其关系人士。Jose Harris, *Private Lives, Public Spirit: Britain 1870-1914* (Harmondsworth, 1993), 187.

㉙ W. E. H. Lecky, *Democracy and Liberty*, 2 vols (1896), i. 30.

得了超过百万的选票。1880年大选表明国家要在两个不同政党和不同政治观点之间做出选择,这是前所未有的现象。职业选举代理开始取代兼职的地方事务官。1884年起,樱草会开始把自愿的热情投入到保守党事业中。在令人敬畏且足智多谋的施纳德赫斯特做秘书长时,1877年全国教育同盟(the National Education League)改名为全国自由联盟(the National Liberal Federation)。这是政治压力集团被控制更紧的政党组织同化的事例。施纳德霍斯特宣称,这是"进行政党管理的诚实尝试……这种管理应该——由人民掌控"。㉚ 19世纪60年代后期和70年代早期轰动一时的蒂奇伯恩偿案(the Tichborne claimant case)所引发的奇特插曲,在一开始似乎是对既得"利益"和镇压的精英们进行反抗并要求"公平"的老式激进派的复兴。㉛ 但是,从大宪章协会成立后,该协会在1881年就被并入了亨利·海因德曼的民主联盟(Henry Hyndman's Democratic Federation)。因此自发的大众情感都被纳入到政党组织的正式怀抱中。

1867年以后,政治家所使用的语言说明了他们与"大众"选民的互动以及对潜在支持者的愿望的管理。道德与共同的情感始终是吸引大众的基本标杆。在这一过程中,新的道德共同体概念被运用。神学讨论中上帝无所不在的观点影响到整个社会的宗教观。19世纪80年代和90年代的道成肉身神学暗示着上帝显现于社会的各个角落,因此"大众主权"在大众选民中发现了政治权威。19世纪80年代和90年代的自由主义、保守主义、爱尔兰民族主义和社会主义所采取的形式都肯定了道德与共同体而非抽象的意识形态对于赢得选民支持的持续重要性。格莱斯顿使自由主义变成了点燃"美德激情"的一系列道德十字军运动。1868年爱尔兰国教的废除、1876年保加利亚惨案、1879—1880年间的中洛锡安竞选和1886年后的爱尔兰自治问题,都对社会各个阶层有着吸引力,格莱斯顿将他的领导者魅力同神圣正义的呼吁结合起来。在1868年的《自传篇》(Chapter of Autobiography)中,格莱斯顿宣称:"人在国家中的行为是

㉚ *The Times*, 23 August 1878, p. 8.

㉛ 参见 Rohan McWilliam, 'Radicalism and Popular Culture: The Tichborne Case and the Politics of "Fair Play", 1867-1886', in Eugenio Biagini and Alaister J. Reid (eds.), *Currents of Radicalism: Popular Radicalism, Organized Labour and Party Politics in Britain, 1850-1914* (Cambridge, 1991), 44-64。

道德的,就同在私人领域一样。"㉜他对"比肯斯菲尔德主义和迪斯雷利的政策"的谴责是在攻击"反基督的堡垒",攻击"可憎的贪婪与恶魔之国",他的谴责不是出自政党,不是出自英国国民性,也不只是出自基督教信仰,而是有着"最大的最广泛的理由——我们共同的人性"。㉝ 他说自己的中洛锡安竞选是被"一个非同寻常的危机"所驱动。㉞ 一名听众评论说:"格莱斯顿让他的听众发狂。他使他们团结为一体,激情澎湃,随时准备追随他,甚至赴死。"㉟1886年他以同样的道德使命感提出爱尔兰自治问题。前皮尔派成员塞尔伯恩勋爵(Selborne)说1887年格莱斯顿从"基督教政治家"变成了一个"革命煽动者"。㊱相比格莱斯顿的激情,1836年后的自由统一派者(Liberal Unionists)试图拥抱更负责的且(在他们自己看来)真正的自由政治,他们不仅仅反对爱尔兰自治。他们把自己视为联合王国完整统一、法治和"常识""刚毅"等公共价值观的维护者,反对歇斯底里的情感,反对煽动恐吓和无视法律的暴力。同样重要的是,他们宣称独立于政党"操纵者"和"党团会议",他们的政治是个人道德信念的产品,不是政党的命令。只有这样,他们才能保持公共生活的道德操守。

19世纪80年代和90年代保守党高举"托利民主"和"进步统一"的旗帜吸引选民,他们致力于建立一个包括中产阶级和劳动阶级在内的民族共同体。他们把爱国主义、歌颂君主、为帝国辩护、支持国教、关注劳动者的物质状况同抵制政府过度集权、自由"风尚"引发的冲突和小集团政治的指令结合在一起。同道貌岸然的自由主义的父权不一样的是,保守党以支持劳动者的自由与快乐的身份呈现在选民面前。快乐的同伴情谊,是有凝聚力的等级社会的自然表达,共享英国在世界范围内的成就与声誉,展示民族共同体的力量在于其道德力量之稳固。索尔兹伯里也赋

㉜ William Gladstone, *A Chapter of Autobiography* (1868), 58.

㉝ Gladstone at Blackheath, *The Times*, 11 September 1876, p. 10. 参见 Jonathan Parry, *The Rise and Fall of Liberal Government in Victorian Britain* (New Haven, 1993), 277。

㉞ W. E. Gladstone, *Midlothian Speeches*, *1879*, ed. and intro, M. R. D. Foot (Leicester, 1971), 18.

㉟ Christopher Harvie, 'Gladstonianism, the Provinces, and Popular Political Culture, 1860-1906', in R. Bellamy (ed.), *Victorian Liberalism: Nineteenth-Century Political Thought and Practice* (1990), 158.

㊱ George Boyce (ed.), *The Crisis of British Unionism: Lord Selborne's Domestic Political Papers*, *1885-1922* (1987), 11.

予上院新的功能,即对被政党组织垄断的下院的必要制衡。要抵制政党指令,上院议员应该支持人民真正的意愿和利益,其不同于"操纵者"和小集团自封的目的。索尔兹伯里试图在"大众"政治时代,恢复上院的合法性,使其有所作为——这是对 19 世纪 80 年代和 90 年代在公共生活中重新定位的君主制的补充。

19 世纪 80 年代和 90 年代的英国社会主义者通过对正义与公平的道德诉求来吸引选民。1907 年第一位工党议员基尔·哈迪曾评论说:"社会主义像社会的其他问题一样,本质上是一个伦理或道德问题"。㊲ 社会主义者试图对社会进行"伦理"重建。因此社会中"有生产力的"和"有用的"部分应该得到奖励,而"懒惰的""无生产力的""剥削的"和"特权的"精英应该被推翻。这实际是重申了 19 世纪早期激进派关于劳动者的内在尊严的观点。社会主义者的观点号召道德改革,而非无产阶级革命。他们试图改进穷人的习惯,许多社会主义者对穷人采取了一种道德优越的态度。道德要求而非经济物质主义才是真正社会正义的基础。劳工教会运动所宣传的理论对社会主义者来说是一种福音力量,该教会提倡消除世俗与宗教的区别,四海之内皆兄弟的观点认为在所有男子身上都能发现神性,且把劳动的道德尊严神圣化。社会主义运动所支持的爱国主义同样也从早期激进传统中吸取了养分——塑造支持的道德共同体的党派历史。虽然社会主义者认为无产阶级是跨国运动,但依然宣传"快乐的英格兰"形象,指出"诺曼之轭"、封建主义和工业化吞噬了"快乐的英格兰"。无拘无束的农村用民歌和莫里斯舞蹈欢庆五一节唤起了本土的爱国情感,这种情感植根于大众文化,是历史上英格兰人持有的平等观和权利观。1893 年《雷纳德的报纸》(*Reynold's Newspaper*)宣称:"社会主义是我们祖先信条的现代版。"㊳19 世纪 70 年代和 80 年代的爱尔兰爱国主义同富有魅力的议会领袖帕内尔和土地联盟运动(the Land League)有关,通过动员天主教徒,使农村人口政治化,反对城市化、地主所有制、英格兰特性和新教教义。这使阿尔斯特省教派统一的政治立场日趋强硬,橙带党(Orange Lodges)*和保守党领袖的关系固化。随后 1890 年因帕内尔

㊲ Keir Hardie, *From Serfdom to Socialism* (1907), 35.

㊳ Jon Lawrence, 'Popular Radicalism and the Socialist Revival in Britain', *Journal of British Studies*, 31/2 (1992), 176.

* 又称奥伦治党,是受尔兰当地的新教团体。——译者

卷入奥谢(O'shea)离婚案导致爱尔兰民族主义分裂,离婚案伤害了自治的道德情感。不只是天主教舆论表达了愤怒,英格兰不从国教者对帕内尔的不道德行为表达了更大的憎恶。爱尔兰自治事业所依赖的道德联盟产生了严重的分裂,内斗加剧。

通过构建这些彼此竞争的道德共同体,维多利亚时代后期的政治家旨在动员"大众"选民。因此,党派忠诚在"人民"中培养起来。自由派和保守派把"民主"等同于"大众政府",他们认为19世纪90年代的政治制度似乎比实际的状况更为民主;事实上,1884年后,许多处于弱势的成年男子(英格兰和威尔士各有三分之一,苏格兰约有40%)仍然没有选举权。这种背景下,"阶级"政治进展缓慢。单一的劳动阶级,无论是从政治、社会还是文化方面看,都非不言而喻。㊴ 熟练工与非熟练工各自内部和彼此之间的地位差异明显。主要在伦敦,同质的劳动阶级居住社区是城市扩张的一个显著特征。城市男性所喜欢的休闲项目和体育活动,也是劳动阶级的追求。社会主义者把马克思主义关于同资产阶级做斗争的无产阶级概念和资本同劳动基本冲突后的结果的概念加以修正,改编为他们的社会正义的"伦理的"而不是唯物的观念。㊵ 比如,费边主义者从"效率"理想出发,认为社会分为勤劳者与懒惰者,而不是无产阶级和资产阶级。他们拒绝马克思的剩余劳动论,认为资本主义的罪恶在于支持非生产性的精英阶层。这同样是在重复19世纪30年代和40年代的激进话语。自由派、自由统一派和保守党都在思索如何把不同阶级团结在一起而强调那些有助于弥合社会分歧的价值观和政治抱负。虽然类似"阶级分裂""阶级固化"和"阶级意识"等词语在19世纪90年代才有英语表述,但是这些词主要指几个大党希望预防社会的不团结。自由派没有因为19世纪90年代"阶级"意识的崛起而衰落。第一次世界大战爆发前,"阶级"政治才缓慢影响大众话语。

㊴ 参见 Alaister Reid, *Social Classes and Social Relations in Britain, 1850-1914* (Basingstoke, 1992), Andrew Davies, *Leisure, Gender and Poverty: Working Class Culture in Salford and Manchester, 1900-1939* (Buckingham, 1992), and Joanna Burke, *Working Class Cultures in Britain, 1890-1960: Gender, Class and Ethnicity* (1994)。

㊵ 有关对20世纪早期社会主义重要思想的敏感描述,如 R. H. Tawney,致力于道德理想和人类尊严,寻求改变社会价值观,而不重视物质条件,参见 Lawrence Goldman, *The Life of R. H. Tawney: Socialism and History* (2013)。

到 19 世纪 80 年代,关于道德共同体的相互竞争的概念服务于越来越强大的全国性政党,已经成为选举意愿的权威表达。1886 年张伯伦向丘吉尔建议,"政党关系是这个国家最强大的情感——强过爱国主义,甚至私利"。㊶ 迪斯雷利在小说《小鹰》(*Falconet*)(他去世时还未写完,放在书桌上。)中写道,社会正分解为"原初的元素","表面的秩序"是"习惯的结果,而不是信仰的结果"。政治制度现在"都受到挑战,政治家们了解目前的局势,正把民族变成军队"。㊷ 在大众政治到来的黎明之际,忠诚于政党、紧密团结的党派阵营构成了现代政治意志的组织力量。大众支持将落在政党领导及其管理者的后面,议员仅仅是议会分区战壕中的下级军官而已。党的领袖权威上升,议员只是在议会不同团体的纪律约束下进行分组投票而已。立法成为议会最重要的功能,政府反映了大选登记时的选民偏好,议员的选举成功与否更多地仰赖政党组织。㊸ 如前保守党普通议员、艺术收藏家华莱士(Richard Wallace)在 1895 所抱怨的:

> 议会在选择政府上没有发言权,如果反对的话,就会遭人嫉恨,且实际上也毫无用处。议会中,政党领袖才是局势的主人,政党领袖不是选出来的,而是由前任指定的,这些前任也是被指定的。一旦自己党内出现独立行动的苗头,他们就会立刻拿起解散议会的手枪,指着议员的脑袋说,"投票或者拿命来;如果你不顺从的话,我们就打爆你的议会脑袋",如此一来,反抗者恢复了理智。㊹

政府权威现在源于在全国性政党引导下的选举认可。到 1912 年,塞尔伯恩勋爵抗议说:"既没有下院,也没有上院。只有内阁,持续受到来自

㊶ Chamberlain to Churchill, 26 December 1886, cit. in Geoffrey Searle, *Country before Party: Coalition and the Idea of 'National Government' in Modern Britain, 1885–1987* (1995), 1.

㊷ Paul Smith, *Disraeli: A Brief Life* (Cambridge, 1996), 219–220.

㊸ 作为这些变化的一部分,人们也可以看到地主或乡村议员的"业余"政治传统的减弱,政治作为职业开始上升。政治和成为议员已经成为一种职业,而不再是一种共同体责任或者源于地位、财产和当地影响的义务。

㊹ Richard Wallace, *The Nineteenth Century*, 37 (1895), cit. in H. J. Hanham, *The Nineteenth Century Constitution, 1815–1914: Documents and Commentary* (Cambridge, 1969), 147.

王权的轻微制衡,也偶尔受制于暴力的选民制衡。"⑤

维多利亚时代后期的政党在动员选民投票方面非常成功,证明了他们通过诉诸道德情感共同体吸引选民是有效的。1832年到1865年间的大选投票率为53%—65%。1868年到1874年间的投票率为66%—69%。1880年后投票率持续上升,维持在72%—83%之间,直至1906年的选举。⑥ 但是人们对地方、职业、工会等持久的忠诚感和个人道德价值观在抵制政党侵蚀方面仍在发挥作用。地域差异是选举政治的一个特色。无论在议会还是选区,对政党控制的零星抱怨仍不绝于耳。激进的约瑟夫·考恩(Joseph Cowen)议员在1895年在临近退休时宣称:"宁要原则不要政党,宁要选区不要党团核心小组……我没有义务成为一名党奴或者向没有任何有用目的的恶意迫害就范。"⑦ 索尔兹伯里为上院的辩护、自由统一派宣称的道德完善是反抗专横的政党指令的突出表达。作为社会主义组织、中产法学家和工会的松散联盟的早期工党也在选民中利用了人们对党团核心小组和政党"操纵者"的怀疑。一些选民对精英操纵的反感也反映了变动的大众政治潮流中的这种反政党情感。在公共集会中,候选人受尽质问与辱骂,这种反政党情感得以宣泄——候选人通过这种必要的考验以获得选民的认可。1892年,也就是候选人提名仪式被废除20年后,亨利·杰夫森(Henry Jephson)指出公共讲台成为国民生活的一个新的元素。⑧ 较早时候,公共讲台讲话是候选人证明其人格魅力、坚守道德信念和面临公众挑衅时具有幽默包容品质的机会。议员和他们寻求要代表的人之间始终是一种充满吵闹和时而混乱的竞争与协商的过程。⑨

本研究表明,1832年到1874年间英国政治中的似乎循序渐进的辉格党与自由派的霸权和1886年到1905年间的保守党的统治需要资格认

---

⑤ Selborne to Palmer, 10 January 1912, cit. in George Boyce (ed.), *The Crisis of British Unionism: Lord Selborne's Domestic Political Papers, 1885-1922*(1987), 79.

⑥ C. Rallings and M. Thrasher (eds.), *British Electoral Facts 1832-2006* (Aldershot, 2007), 85-87.

⑦ Jon Lawrence, 'Popular Radicalism and the Socialist Revival in Britain', *Journal of British Studies*, 31/2 (1992), 173.

⑧ H. Jephson, *The Platform: Its Rise and Progress*, 2 vols (1892).

⑨ 参见 Jon Lawrence, *Electing our Masters: The Hustings in British Politics from Hogarth to Blair* (Oxford, 2009), 43-95。

证。从当代民主角度看,在基于普选权的议会代表制下,我们容易理解一个政党上台执政是对该政党思想的霸权地位的证明。选民、"舆论"和"政治民族"都可能被视为共存的。因此,1832年到1886年间,可以设想是辉格党和自由派思想的胜利,而1886年到1905年间,保守党思想居主导地位。但是在1928年普选权到来以前,我们需要对这种假设加以审视。部分甚至"大众"选举权,连同复杂的选民登记、领先者获胜的选举制度、1885年前复数席位选区的举足轻重和选区的界定,都使这种假设具有说服力——尤其是在选民受到财产、地位和性别限制,多数选民持有一张以上的选票,"舆论"被回避的情况下更是如此。政治舆论、选举制度和政党的议会地位决定了谁来执政是复杂协调的结果,而不是直接的"民主"表达。

重要的是,要注意到1837年和1857年的辉格党和自由派政府是凭借苏格兰和爱尔兰议员的支持才获得了下院多数。辉格党、自由派和激进派在英格兰选区的选举政治充满分歧,这反映在议会中,辉格党和自由派政府总是被自己的议员解散,而不是在野的保守党。只是在1859年以后,这种情况才开始改变,而1866年罗素的辞职仍然是辉格党与自由派的分歧所致。1837年至1857年在代表英格兰和威尔士的464名议员中,多数是保守党。同样,在1886年到1905年间,保守党在议会的优势取决于自由统一党的支持,是包括保守党、自由统一党和爱尔兰民族主义者(1890年分裂为两部分)和崛起的工党在内的五党体系复杂动态的一部分。

1832年到1914年间,议会和选区的特征表现为多党制。1945年后,随着政治科学在英国被确立为一门学科㊾,两党制度和政府控制下院多数派的范式才建立起来,成为英国政治的"自然"模式㊿。这反映了在第二次世界大战结束以后保守党和工党在国家政治的主导地位。然而,在

㊾ 政治学研究协会(the Political Studies Association)成立于1950年,《政治学研究》(*Political Studies*)1953年开始发行。

㊿ 有关两党分野是英国政治的自然形式的观点非常多,包括:谈及"国民性格"的内在的双重性;下院的结构安排;英格兰人热爱体育运动,所以喜欢两个队之间的竞争;国教者与不从国教者;以及英格兰司法制度中的对立特征。参见 G. R. Searle, *Country before Party: Coalition and the Idea of 'National Government' in Modern Britain, 1885-1997*(1995), 1-8。

1832 年到 1914 年间，只有 1859 年到 1874 年这段时间才接近两党制形式。㊾ 19 世纪 30 年代，复兴的保守党与辉格党和改革派、英格兰激进派和奥康奈尔领导下的爱尔兰激进派共同主导着国家政治。1846 年，保守党分裂。1874 年，爱尔兰自治党确立了其在下院的地位。1886 年，自由党经历了严重的分裂。1890 年，爱尔兰民族主义者分裂成两部分。1906 年，工党代表委员会出现在议会，改名为工党。这些多重政党群体塑造着议会和选区的政治动态。1886 年到 1914 年，两党多数制政府仍不是常态。1886 年，格莱斯顿第三次组阁的少数派政府获得了爱尔兰民族主义政党的支持。1886 年到 1892 年，索尔兹伯里第二次组阁的少数派政府获得了来自自由统一党的支持。1892—1895 年格莱斯顿和罗斯伯里的少数派政府再一次获得了爱尔兰民族主义者的支持。1895 年到 1905 年的索尔兹伯里和贝尔福政府实际是保守党和统一派的联合政府。1910—1915 年的阿斯奎斯（Asquith）少数自由派政府得到来自爱尔兰民族主义者和工党的支持。㊽ 认为英国政治自然趋向两党制的观点持续影响着历史学。但是在漫长的 19 世纪的多数时间里，议会和选区的多党互动表明 1859 年到 1874 年间相对清晰的两党分野是一种例外，不是常态。这也提醒人们避免把维多利亚时代视为或是自由党或是保守党主导的时代。

1832 年到 1868 年的辉格党和自由派思想的霸权，或者说 1886 年到 1905 年保守主义的优势都不应夸大。1835 年后，保守主义在英格兰和威尔士保持了持久有效的影响力。1886 年后，自由主义也没有被判为不可避免地衰落。1835 年到 1868 年间，保守主义在皮尔和随后的德比的领导下，把"进步"和安全改善的概念同有秩序的稳定相结合。虽然有一小撮抱怨的托利少数派，皮尔和德比都没有把保守党视为反动的力量。相反，他们二人使"进步"同继承国家历史制度相一致。相比 1789 年后的欧

㊾ 相关的评论参见 Alan Beattie, 'The Two-Party System: Room for Scepticism?', in S. E. Finer (ed.), *Adversary Politics and Electoral Reform* (1975), 293-316。

㊽ 这种模式持续到 1945 年。1915—1922 年阿斯奎斯和劳合-乔治（Lloyd-George）的政府是自由党和保守党联合执政，到 1918 年后期时，是自由党和工党联合执政。1924 年，麦克唐纳（MacDonald）的少数派工党政府得到了自由派的支持，虽然保守党是下院唯一的多数派党。1929—1931 年，麦克唐纳的第二届少数派政府仍得到自由派的支持。1931—1940 年的"国民政府"是一个保守党逐渐加强势力的联合政府，而丘吉尔 1940—1945 年的战时政府是包括所有政党的联合政府。从 1885 年到 1945 年的 60 年中，只有 10 年是单一政党执政，领导着下院的多数派，其余 50 年里，政府或者是依靠另一党支持的少数派政府，或者是多党联合政府。

洲大陆,自由主义、保守主义、君主制、军国主义、社会主义和强烈的反动情感彼此冲突,1832年后的英国政治突出表现为广泛的宪政共识,这种共识规范了主要大党的原则与政策。除了爱尔兰外,1900年欧洲背景下的联合王国,严重的社会不平等与守法并行不悖,公共秩序与坚定维护公民自由共存,长期经济增长与制度的凝聚力互为补充,非常引人注目。㊾ 这是基于过去、道德和共同体的有弹性的公共价值观的成果。㊿

理解维多利亚时代的政治文化需要认识持续塑造政党信念、选举行为和公共态度的有约束力的价值观。这些价值观是传统和政治家缔造效忠与支持吸引力的背景。这些价值观建立了政党领袖、议员、选民和更广大的社会之间协商后的忠诚范式。其中,党派历史的持久影响力、政治的道德目的、共同体的重要性,连同若隐若现的地位和等级,都是基本的要素。白芝浩说,英格兰性格中"拖沓的保守主义"是国家制度存在与稳定的本质。㊺ 反映社会情感与思想的结社习惯也保留下来。这些构成了安德森所说的令人难忘的词语,"全面的、凝聚的保守主义"。㊼ 在一个变动的世界,过去、道德和共同体为维多利亚时代的人提供了管理变化的基本参考点。因此,英国走向20世纪的"议会民主"之路有着特别的方向,回顾过去可见,这个指向否定了其作为自由民主国家标杆的说法。

㊾ Jose Harris, *Private Lives, Public Spirit: Britain 1870-1914* (Harmondsworth, 1993), 38.

㊿ 对财富和权力的巨大差异的挑战没有取得成效,20世纪上半叶精英依旧生存下来,这种观点表达得很含蓄。参见 Ross McKibbin, *Classes and Culture: England 1918-1951* (Oxford, 1998)。也参见 Ross McKibbin, *Parties and People, England 1914-1951* (Oxford, 2010)。

㊺ Walter Bagehot, 'Lord Brougham', in *Bagehot's Historical Essays*, ed. N. St John-Stevas (1971), 123.

㊼ Perry Anderson, 'Origins of the Present Crisis', *New Left Review*, 23 (1964), 47.

参 考 文 献

出版地点是伦敦，除非另有说明。

原稿来源

Brougham MSS: the correspondence of Lord Brougham, University College, London.
Cardwell MSS: the correspondence of Edward Cardwell, TNA: PRO, Kew, London.
Clarendon MSS: the papers and correspondence of the 4th Earl of Clarendon, Bodleian Library, Oxford.
Cobden MSS: the correspondence of Richard Cobden, British Library, London.
Derby (14) MSS: the papers and correspondence of the 14th Earl of Derby, Liverpool City Archives, Liverpool.
Derby (15) MSS: the papers and correspondence of the 15th Earl of Derby, Liverpool City Archives, Liverpool.
Ellenborough MSS; the papers and correspondence of Lord Ellenborough, TNA: PRO, Kew, London.
Ellice MSS: the correspondence of Edward Ellice Senior and the papers and correspondence of Edward Ellice Junior, National Library of Scotland, Edinburgh.
Gladstone MSS: the papers and correspondence of W. E. Gladstone, British Library, London.
Graham MSS: the correspondence of Sir James Graham, consulted on microfilm at Bodleian Library, Oxford.
Granville MSS: the papers and correspondence of the 2nd Earl Granville, TNA: PRO, Kew, London.
Grey MSS: the papers and correspondence of the 2nd Earl Grey, Palace Green Library, the University of Durham.
Hughenden MSS: the papers and correspondence of Benjamin Disraeli, Bodleian Library, Oxford.
Hylton MSS: the papers and correspondence of Sir William Jolliffe, 1st Lord Hylton, Somerset Record Office, Taunton.
Minto MSS: the correspondence of the 2nd Earl of Minto, National Library of Scotland, Edinburgh.
Peel MSS: the papers and correspondence of Sir Robert Peel, British Library, London.
Russell MSS: the papers and correspondence of Lord John Russell, TNA: PRO, Kew, London.
Sotheron-Estcourt MSS: the diary, papers and correspondence of T. H. S. Sotheron-Estcourt, Gloucestershire County Record Office, Gloucester.
Wellington MSS: the papers and correspondence of the Duke of Wellington, Hartley Institute, University of Southampton.

同时期出版物、回忆录、日记、信件和传记

Acton, Lord, 'Sir Erskine May's *Democracy in Europe*', *Quarterly Review*, 145 (January 1878), 112–42.
Acton, Lord, *Selections from the Correspondence of Lord Acton*, ed. J. N. Figgis and R. V. Laurence (1917).
Adderley, Charles, *Europe Incapable of American Democracy* (1867).
Agg-Gardner, Sir James T., *Some Parliamentary Recollections* (1927).

Alison, A., *A History of Europe during the French Revolution* (1833).
Alison, A., 'The Change of Ministry', *Blackwood's Edinburgh Magazine*, 37 (May 1835), 796–814.
Arnold, Matthew, *New Poems* (1867).
Arnold, Matthew, *Mixed Essays* (1879).
Arnold, Matthew, *Culture and Anarchy*, ed. Jane Garnett (Oxford, 2006).
Arnold, Thomas, *Introductory Lectures on Modern History* (1843).
Ashley, E., *The Life and Correspondence of Henry John Temple, Viscount Palmerston*, 2 vols (1879).
Aspinall, A. (ed.), *The Correspondence of Charles Arbuthnot*, Camden Society, 3rd ser. (1941).
Aspinall, A. (ed.), *Three Early Nineteenth-Century Diaries* (1952).
Bagehot, Walter, *Physics and Politics* (1872).
Bagehot, Walter, *The Collected Works of Walter Bagehot*, ed. N. St John-Stevas, 15 vols (1965–86).
Bagehot, Walter, *Bagehot's Historical Essays*, ed. N. St John-Stevas (1971).
Bagehot, Walter, *The English Constitution*, ed. Paul Smith (Cambridge, 2001).
Bagehot, Walter, *The English Constitution*, ed. Miles Taylor (Oxford, 2009).
Bamford, Francis, and Wellington, the Duke of (eds), *The Journals of Mrs Arbuthnot, 1820–32*, 2 vols (1950).
Bateman, John, *The Great Landowners of Great Britain and Ireland*, intro. David Spring (Leicester, 1971).
Bax, Ernest, 'Leaders of Modern Thought—xxiii: Karl Marx', in *Leaders of Modern Thought* (1881), 349–54.
Beales, Edmond, *The Speech of Edmond Beales at St Martin's Hall, 13 May 1865* (1865).
Benson, A. C., and Esher, Lord (eds), *The Letters of Queen Victoria Between 1837 and 1861*, 1st ser., 3 vols (1907).
Bentham, Jeremy, *A Plan of Parliamentary Reform* (1817).
Bentham, Jeremy, *The Works of Jeremy Bentham*, ed. John Bowring, 11 vols (Edinburgh, 1843).
Blackstone, Sir William, *Commentaries on the Laws of England*, 4 vols (1765–9).
Boutmy, Emile, *The English People: A Study of their Political Psychology* (English translation, 1904).
Boyce, George (ed.), *The Crisis of British Unionism: Lord Selborne's Domestic Political Papers, 1885–1922* (1987).
Brighton Poll Book (Brighton, 1837).
Brougham, Lord, *Selections from the Speeches and Writings of the Rt Hon. Henry, Lord Brougham and Vaux* (1832).
Brougham, Lord, *The British Constitution* (1844).
Buckle, George E. (ed.), *The Letters of Queen Victoria between 1862 and 1878*, 2nd ser., 2 vols (1926).
Buckle, H. T., *The History of Civilisation in England*, 3 vols, 2nd edn (1858).
Burke, Edmund, *Thoughts on the Cause of the Present Discontents* (1770).
Burke, Edmund, *Thoughts on the Cause of the Present Discontents*, 6th edn (1784).
Burke, Edmund, *Reflections on the Revolution in France* (1790).
Burke, Edmund, *The Writings and Speeches of Edmund Burke*, ed. Paul Langford, 9 vols (Oxford, 1981–2000).
Burke, Edmund, *On Empire, Liberty and Reform: Speeches and Letters of Edmund Burke*, ed. David Bromwich (New Haven, 2000).
Carlyle, Thomas, 'Occasional Discourse on the Nigger Question', *Fraser's Magazine*, 40 (February 1849), 670–9.
Carlyle, Thomas, *Latter-Day Pamphlets* (1850).

Carlyle, Thomas, 'Shooting Niagara: and After?', *Macmillan's Magazine*, 16 (August 1867), 319–36.
Cecil, Lady Gwendolyn, *The Life of Robert, Marquis of Salisbury*, 4 vols (1921–32).
Cecil, Lord Hugh, *Conservatism* (1912).
Cecil, Lord Robert, 'Independent Members', *Saturday Review*, 3:62 (7 March 1857), 221.
Cecil, Lord Robert, 'The Theories of Parliamentary Reform', *Oxford Essays* (1858), 52–79.
Cecil, Lord Robert, 'Fiat Experimentum in Corpore Vili', *Saturday Review*, 7: 75 (25 June 1859), 776.
Cecil, Lord Robert, 'Parliamentary Reform', *Quarterly Review*, 117 (April 1865), 540–79.
Chamberlain, Joseph, 'A New Political Organisation', *Fortnightly Review*, 28 (July 1877), 126–34.
Chamberlain, Joseph, et al., *The Radical Programme: With 'The Future of the Radical Party' by T. H. S. Escott* (1885).
Cobden, Richard, *The Political Writings of Richard Cobden*, ed. L. Mallet, 2 vols (1867).
Cox, Homersham, *The British Commonwealth*: Or a Commentary on the Institutions and Principles of British Government (1854).
Crosskey, H. W., 'The Birmingham Liberal Association and its Assailants', *Macmillan's Magazine*, 39, (November 1878), 151–7.
Dicey, A. V., *The Law of the Constitution* (1885).
Dicey, A. V., *Relations between the Law and Public Opinion in England during the Nineteenth-Century* (1905).
Disraeli, Benjamin, *The Voyage of Captain Popanilla* (1828).
Disraeli, Benjamin, *Coningsby or the New Generation*, 3 vols (1844).
Disraeli, Benjamin, *Lord George Bentinck: A Political Biography* (1852).
Dickens, Charles, *Great Expectations*, 4th edn, 3 vols (1861).
Dickens, Charles, *Our Mutual Friend*, 2 vols (1865).
Disraeli, Benjamin, *Coningsby*, new edn (1881).
Disraeli, Benjamin, *Contarini Fleming*, new edn (1881).
Disraeli, Benjamin, *Endymion* (1881).
Dod, Charles R., *Electoral Facts, 1832–53: Impartially Stated Constituting a Complete Political Gazetteer*, ed. H. J. Hanham (Hassocks, 1972).
Edinburgh Poll Book, 1847 (Edinburgh, 1847).
Eliot, George, *Felix Holt: The Radical*, 2 vols (Edinburgh, 1866).
Eliot, George, *Essays and Leaves from a Notebook* (Edinburgh, 1884).
Erskine, T. L., *The Defence of the Whigs* (1819).
Escott, T. H. S., 'Political Novels', *Fraser's Magazine*, 9 (April 1874), 520–36.
Escott, T. H. S., *Politics and Letters* (1886).
Fairbairn, A. M., *The Contemporary Review*, 42 (1882).
Ferguson, Adam, *An Essay on the History of Civil Society*, ed. Fania Oz-Salzberger (Cambridge, 1995).
Fitzwilliam, Earl, and Bourke, Sir Richard (eds), *The Correspondence of Edmund Burke*, , 4 vols (1844).
Foot, M. R. D., and Matthew, H. C. G. (eds), *The Gladstone Diaries*, 14 vols (Oxford, 1968–94).
Fowler, Thomas, *The Principles of Morals: Part II* (Oxford, 1887).
Francis, G. H., *Orators of the Age* (1847).
Freeman, E. A., *Thoughts on the Study of History* (Oxford, 1849).
Freeman, E. A., *The Growth of the English Constitution from the Earliest Times* (1890).
Froude, J. A., 'England's War', *Fraser's Magazine*, 3 (February 1871), 135–50.
Froude, J. A., 'Party Politics', *Fraser's Magazine*, 10 (July 1874), 1–18.

Froude, J. A., *Thomas Carlyle: A History of his Life in London, 1834–81*, new edn, 2 vols (1890).
Froude, J. A., *Thomas Carlyle: A History of the First Forty Years of his Life*, new edn, 2 vols (1890).
Gaskell, Peter, *Artisans and Machinery: The Moral and Physical Condition of the Manufacturing Population Considered with Reference to Mechanical Substitutes for Human Labour* (1836).
Gaunt, Richard (ed.), *Unrepentant Tory: Political Selections from the Diaries of the Fourth Duke of Newcastle-under-Lyme, 1827–1838*, (Woodbridge, 2006).
Gladstone, William, 'The Declining Efficiency of Parliament', *Quarterly Review*, 99 (September 1856), 521–70.
Gladstone, William, *A Chapter of Autobiography* (1868).
Gladstone, William, 'The County Franchise and Mr Lowe Thereon', *Nineteenth Century*, 2 (November 1877), 537–60.
Gladstone, William, 'Electoral Facts', *Nineteenth Century* (November 1878), 955–68.
Gladstone, W. E., *Gleanings of Past Years, 1843–1878*, 7 vols (1879).
Gladstone, W. E., *Midlothian Speeches, 1879*, ed. and intro. M. R. D. Foot (Leicester, 1971).
Gordon, P. (ed.), *The Political Diaries of the Fourth Earl of Carnarvon, 1857–1890: Colonial Secretary and Lord Lieutenant of Ireland*, Camden Fifth Series, 35 (Cambridge, 2009).
Gore, Charles, *The Incarnation of the Son of God, being the Bampton Lectures for the Year 1891* (1891).
Gore, Charles (ed.), *Lux Mundi: A Series of Studies in the Religion of the Incarnation* (1890).
Graham, Harry, *The Mother of Parliaments* (1911).
Green, J. R., *A Short History of the English People*, 4 vols (London, 1892).
Green, T. H., *The Works of Thomas Hill Green*, ed. R. Nettleship, 3 vols (1885–8).
Grey, Lord, *Parliamentary Government Considered with Reference to Reform* (1858).
Grierson, H. J. (ed.), *The Letters of Sir Walter Scott*, 12 vols (1932–7).
Grote, Mrs Harriet, *The Personal Life of George Grote: Compiled from Family Documents, Private Memoranda, and Original Letters to and from Various Friends* (1873).
Guttsman, W. L. (ed.), *A Plea for Democracy: An Edited Selection from the 1867 Essays on Reform and Questions for a Reformed Parliament* (1967).
Hallam, Henry, *A View of the State of Europe during the Middle Ages*, 3 vols (1818).
Hardie, Keir, *From Serfdom to Socialism* (1907).
Hardy, Thomas, *A Pair of Blue Eyes* (1877).
Hawkins, Angus, and Powell, John (eds), *The Journal of John Wodehouse, First Earl of Kimberley for 1862–1902*, Camden Fifth Series, 9 (1997).
Hodder, E., *The Life and Work of the Earl of Shaftesbury*, 3 vols (1886).
Hodder, E., *The Life of Samuel Morley* (1887).
Holland, Lord, *Memoirs of the Whig Party during my Time*, 2 vols (1852–4).
Holyoake, George, *The Liberal Situation: The Necessity for a Qualified Franchise* (1865).
House of Commons Parliamentary Papers: Reports from Commissioners (1835).
House of Commons Parliamentary Papers: Reports from Commissions (1861).
Hume, David, *David Hume: Selected Essays* (Oxford, 1996).
Hyndman, H. M., *The Record of an Adventurous Life* (1911).
Illingworth, J. R., *Divine Immanence: An Essay on the Spiritual Significance of Matter* (1898).
Jeffrey, Francis, 'Bentham, Traities fur les Principes de Legislation Civile et Penale', *Edinburgh Review*, 4 (April 1804), 1–26.
Jeffrey, Francis, *Contributions to the Edinburgh Review by Francis Jeffrey*, 2nd edn, 2 vols (1846).
Jenkins, T. A. (ed.), *The Parliamentary Diaries of Sir John Trelawny, 1858–1865*, Camden Fourth Series, 40 (1990).
Jenkins, T. A. (ed.), 'The Parliamentary Diaries of Sir John Trelawny, 1868–1873', in *Camden Miscellany XXXII*, Fifth Series, 3 (Royal Historical Society, 1994), 329–504.

Jennings, L. J. (ed.), *The Croker Papers: The Correspondence and Diaries of the Late Rt Hon. John Wilson Croker*, 3 vols (1884).
Jephson, H., *The Platform: Its Rise and Progress*, 2 vols (1892).
Johnson, Nancy E. (ed.), *The Diary of Gathorne Hardy, Later Lord Cranbrook, 1866–1892: Political Selections* (Oxford, 1981).
Johnston, William, *England As It Is, Political, Social and Industrial*, 2 vols (1851).
Kebbel, T. E., 'The Spirit of Party', *Nineteenth Century*, 11 (March 1882), 378–88.
Kebbel, T. E., *A History of Toryism* (1886).
Kebbel, T. E., *Lord Beaconsfield and Other Tory Memories* (1907).
Kemble, J. M., *The Saxons in England*, 2 vols (1849).
Lecky, W. E., *Democracy and Liberty*, 2 vols (1896).
Lecky, W. E., *The Map of Life: Conduct and Character* (1899).
Leech, H. J. (ed.), *The Public Letters of the Rt Hon. John Bright* (1885).
[Lewis, Sir George Cornewall], 'Parliamentary Opposition', *Edinburgh Review*, 101 (January 1855), 1–22.
[Lewis, Sir George Cornewall], 'Earl Grey on Parliamentary Government', *Edinburgh Review*, 219 (July 1858).
Lewis, Sir George Cornewall, *Remarks on the Use and Abuse of Some Political Terms* (1832).
Lewis, Sir George Cornewall, *A Dialogue on the Best Form of Government* (1863).
Lolme, J. L. de, *The Constitution of England* (1834).
Low, Sidney, *The Governance of England* (1904).
Lowe, Robert, *Speeches and Letters on Reform: With a Preface* (1867).
Lowell, A. L., *The Government of England*, 2 vols (1908).
Lowes-Dickinson, G., *The Development of Parliament during the Nineteenth Century* (1895).
Ludlow, J. M., *The Christian Socialist: A Journal of Association*, 11 (18 October 1851).
Lyell, Charles, *The Principles of Geology*, 3 vols (1830–3).
Lytton, Edward Bulwer, *England and the English*, 2nd edn, 2 vols (1833).
McCarthy, Justin, *Reminiscences* (1899).
Macaulay, Thomas, Critical, *Historical, and Miscellaneous Essays and Poems*, 3 vols (1880).
Macaulay, T. B., *The History of England*, 5 vols (1849–1861).
Macaulay, T. B., *Critical and Historical Essays*, 7th edn, 3 vols (1852).
Macaulay, Lord, *The Miscellaneous Writings and Speeches of Lord Macaulay*, 4 vols (1860).
Mackinnon, W. A., *On the Rise, Progress and Present State of Public Opinion in Great Britain and Other Parts of the World* (1828).
Maddyn, D. O., *Chiefs of Parties, Past and Present*, 2 vols. (1859).
Mahon, Lord, and Cardwell, Edward (eds), *The Memoirs of the Rt Hon. Sir Robert Peel*, 2 vols (1856–7).
Maine, Sir Henry, *Ancient Law: Its Connection to the Early History of Society* (1861).
Maine, Sir Henry, *Popular Government* (1885).
Malmesbury, Lord, *Memoirs of an Ex-Minister: An Autobiography*, 2 vols (1884).
Malthus, T. R., *An Essay on the Principle of Population*, ed. Donald Winch (Cambridge, 1992).
Marchant, Sir Denis Le, *The Reform Ministry and the Reformed Parliament* (1833).
May, Sir Thomas Erskine, *The Constitutional History of England*, 2 vols (1861).
May, Sir Thomas Erskine, *Democracy in Europe: A History*, 2 vols (1877).
McCarthy, Justin, *Reminiscences*, (1899).
Meredith, George, *Beauchamp's Career*, 2 vols (Leipzig, 1876).
Mill, John Stuart, *The Collected Works of John Stuart Mill*, ed. John Robson et al., 33 vols (Toronto, 1963–91).

Molesworth, William, *A History of the Reform Bill of 1832* (1865).
Molesworth, William, *The History of England from the Year 1830*, 3 vols (1871).
Monypenny, W. F., and Buckle, G. E., *The Life of Benjamin Disraeli, Earl of Beaconsfield*, 6 vols (1910–20).
Morley, John, 'Public Affairs', *Fortnightly Review*, 8 (July 1867), 112–22.
Morley, John, *Burke* (1879).
Morley, John, *The Life of Richard Cobden*, 2 vols (1881).
Morley, John, *The Life of William Gladstone*, 3 vols (1903).
Muller, F. Max (ed.), *The Memoirs of Baron Stockmar*, 2 vols (1872).
Neander, August, *The Theology of Thomas Arnold: Its Importance and Bearing on the Present State of the Church* (Cambridge, 1846).
Newman, J. H., *The Idea of a University* (1852).
Newton, J., *W. S. Caine* (1907).
Ostrogorksi, Moisei, *Democracy and the Organization of Political Parties*, 2 vols (1902).
Palgrave, Reginald, *The House of Commons* (1878).
Park, J. J., *Dogmas of the Constitution* (1832).
Parker, C. S., *The Life and Letters of Sir James Graham*, 2 vols. (1907).
Parker, C. S. (ed.), *Sir Robert Peel from his Private Papers*, 3 vols (1891–9).
The Parliamentary Register, 17 vols (1802).
Pinney, Thomas (ed.), *The Letters of Thomas Babington Macaulay*, 6 vols (Cambridge, 1974–81).
Pitt, William, *The Speeches of the Rt. Hon. William Pitt*, 3 vols (1808).
Rae, John, 'The Socialism of Karl Marx and the Young Hegelians', *Contemporary Review*, 40 (October 1881), 585–607.
Rae, John, *Contemporary Socialism* (1884).
Raina, Peter (ed.), *General Characteristics of English Constitutionalism: Six Unpublished Lectures by A. V. Dicey* (Oxford, 2009).
Ramm, Agatha (ed.), *The Political Correspondence of Mr Gladstone and Lord Granville, 1876–1886*, 2 vols (Oxford, 1962).
Redlich, Joseph, *The Procedure of the House of Commons: A Study of its History and Present Form*, 3 vols (1908).
Reeve, Henry (ed.), *The Greville Memoirs*, 8 vols (1888).
Rigg J. H., *Modern Anglican Theology* (1859).
Ritchie, D. G., *The Principles of State Interference: Four Essays on the Political Philosophy of Spencer, Mill and Green* (1891).
Robertson, John, *Chamberlain: A Study* (1905).
Rogers, Henry, 'Revolution and Reform', *Edinburgh Review*, 88 (1848), 360–403.
Ruskin, John, *Fors Clavigers* (1871–84).
Russell, Lord John, *An Essay on the History of the English Government and Constitution* (1821).
Russell, Lord John, *An Essay on the History of the English Government and Constitution*, new edn (1865).
Russell, Lord John, *Recollections and Suggestions* (1875).
Salisbury, Lord, 'The Commune and the Internationale', *Quarterly Review*, 131 (October 1871), 549–80.
Sanders, L. C. (ed.), *Lord Melbourne's Papers* (1889).
Sanders, Charles Richard, Ryals, Clyde de L., and Fielding, Kenneth H. (eds), *The Collected Letters of Thomas and Jane Welsh Carlyle*, , 40 vols (Durham, NC, 1970–2012).
Seeley, J. R., 'The Church as a Teacher of Morality', in W. L. Clay (ed.), *Essays on Church History* (1868).
Seeley, J. R., 'Bonaparte', *Macmillan's Magazine*, 44 (July 1881), 161–70.

Seeley, J. R., *The Expansion of England* (1883).
Seeley, J. R., *Ethics and Religion* (1900).
Selborne, Lord, *Memorials*, 2 vols (1896–8).
Shelley, Percy Bysshe, *A Proposal of Putting Reform to the Vote throughout the Kingdom* (1817).
Simpson, M. C. M., *Many Memories of Many People* (1898).
Smith, Nowell C. (ed.), *The Letters of Sydney Smith*, 2 vols (Oxford, 1953).
Smith, Paul (ed.), *Lord Salisbury on Politics: A Selection from his Articles in the Quarterly Review, 1860–1883* (Cambridge, 1972).
[Smith, Sydney], 'Review of R. L. Edgeworth, *Professional Education*', *Edinburgh Review*, 15 (October 1809), cit. in Sydney Smith, *The Works of the Revd. Sydney Smith*, 3 vols, 4th edn, (1848), i, 345–62.
Southey, R., 'La Roche Jacquelein—*La Vendée*', *Quarterly Review*, 15 (April 1816), 1–69.
Stanley, Arthur Penrhyn, *The Life and Correspondence of Thomas Arnold D.D.*, 2 vols. (1844).
Stephen, James FitzJames, *Horae Sabbaticae*, 2 vols (1892).
Stephen, Leslie, *The Life of Henry Fawcett* (1885).
Stewart, Dugald, *Lectures on Political Economy*, ed. William Hamilton, 2 vols (1855).
Stubbs, William, *The Constitutional History of England*, 3 vols (1873–8).
Taine, Hippolyte, *Taine's Notes on England*, trans. Edward Hyams (1957).
Tennyson, Alfred, *In Memoriam: Section 96*, in *The Poems of Tennyson*, ed. Christopher Ricks, 3 vols (Harlow, 1969), ii, 409.
Tocqueville, Alexis de, *Journeys to England and Ireland*, ed. J. P. Mayer (1958).
Todd, Alpheus, *On Parliamentary Government in England*, 2 vols (1866).
Todd, Alpheus, *Parliamentary Government in England*, new edn, 2 vols (1892).
Torrens, W. M., *Memoirs of the Rt Hon. William, Second Viscount Melbourne*, 2 vols (1878).
Toynbee, Arnold, *Lectures on the Industrial Revolution of the 18th Century in England* (1884).
Trevelyan, G. O., *The Life and Letters of Lord Macaulay*, 2 vols (1876).
Trollope, Anthony, *The Warden* (1860).
Trollope, Anthony, *Can You Forgive Her?*, 2 vols (1864).
Trollope, Anthony, *Phineas Finn*, new edn (1871).
Trollope, Anthony, *The Eustace Diamonds*, 4th edn (1876).
Trollope, Anthony, *Phineas Redux* (1876).
Trollope, Anthony, *The Prime Minister*, 4 vols (1876).
Trollope, Anthony, *The Duke's Children*, 3 vols (1880).
Trollope, Anthony, *Autobiography*, 2 vols (Edinburgh, 1883).
Trollope, Anthony, *The American Senator* (1931).
Tylor, Edward, *Primitive Culture*, 2 vols (1871).
Vincent, John (ed.), *Disraeli, Derby and the Conservative Party: Political Journals of Lord Stanley, 1848–69* (Hassocks, 1978).
Vyvyan, Sir Richard, *A Letter to his Constituents* (1842).
Wade, John (ed.), *The Extraordinary Black Book: An Exposition of Abuses in Church and State, Courts of Law, Representation, Municipal and Corporate Bodies* (1820).
Walpole, Spencer, *The History of 25 Years*, 4 vols (1904).
Wellington, Duke of (ed.), *The Despatches, Correspondence and Memoranda of Field Marshall Arthur Duke of Wellington, KG*, 8 vols (1867–80).
White, William, *The Inner Life of the House of Commons*, ed. J. McCarthy, 2 vols (1897).
Whitty, E. M., *St Stephen's in the Fifties: The Session 1852–3, a Political Retrospect*, ed. J. McCarthy (1906).
Wiebe, M. G., Conacher, J. B., Matthews, John, Millar, Mary, et al. (eds), *Benjamin Disraeli Letters*, 10 vols to date (Toronto, 1982–).

Wilson, E., 'Principles of Representation', *Fortnightly Review*, 4 (April 1866), 421–36.
Wolff, Sir Henry Drummond, and Gorst, J. E., 'The State of the Opposition', *Fortnightly Review*, 38 (November 1882), 668–76.

转引资料来源

Allison, J. W. F., *The English Historical Constitution: Continuity, Change and European Effects* (Cambridge, 2007).
Altholz, Joseph, *Anatomy of a Controversy: The Debate over Essays and Reviews, 1860–1864* (Aldershot, 1994).
Anderson, Olive, *A Liberal State at War: English Politics and Economics during the Crimean War* (1967).
Arnold, Matthew, *The Complete Prose Works of Matthew Arnold*, ed. R. H. Super, 12 vols (Ann Arbor, 1965).
Ashton, Rosemary, *142 Strand: A Radical Address in Victorian London* (2007).
Auerbach, J., *The Great Exhibition, 1851* (New Haven, 1999).
Baer, Marc, *The Rise and Fall of Radical Westminster, 1780–1890* (Basingstoke, 2012).
Ball, T., Farr, J., and Hanson, R. L. (eds), *Political Innovation and Conceptual Change* (Cambridge, 1989).
Beattie, Alan, *English Party Politics*, 2 vols (1970).
Bebbington, David, *The Nonconformist Conscience: Chapel and Politics, 1870–1914* (1982).
Bebbington, D. W., *Evangelicalism in Modern Britain: A History from the 1730s to the 1980s* (1989).
Beckett, J. V., *The Aristocracy in England, 1660–1914* (Oxford, 1986).
Bell, Duncan, *The Idea of Greater Britain: Empire and the Future of the World Order, 1860–1900* (Princeton, 2007).
Benchimol, Alex, *Intellectual Politics and Cultural Conflict in the Romantic Period* (Farnham, 2010).
Bentley, Michael, *The Climax of Liberal Politics: British Liberalism in Theory and Practice, 1868–1918* (1987).
Bevir, Mark, *The Logic of the History of Ideas* (Cambridge, 1999).
Bevir, Mark, *The Making of British Socialism* (Princeton, 2011).
Biagini, Eugenio, and Reid, Alaister (eds), *Currents of Radicalism: Popular Radicalism, Organized Labour and Party Politics in Britain, 1850–1914* (Cambridge, 1991).
Biagini, Eugenio, *Liberty, Retrenchment and Reform: Popular Liberalism in the Age of Gladstone, 1860–1880* (Cambridge, 1992).
Birch, A. H., *Representation* (1972).
Blake, Robert, *Disraeli* (1966).
Bradley, J. E., *Religion, Revolution, and English Radicalism: Nonconformity in Eighteenth Century Politics and Society* (Cambridge, 1990).
Brent, Richard, *Liberal Anglican Politics: Whiggery, Religion and Reform, 1830–1841* (Oxford, 1987).
Brewer, John, *The Sinews of Power: War, Money and the English State, 1688–1783* (1989).
Brewer, John, and Hellmuth, E., *Rethinking Leviathan: The Eighteenth-Century State in Britain and Germany* (Oxford, 1999).
Briggs, Asa, *Victorian People: Some Reassessments of People, Institutions, Ideas and Events, 1851–1857* (1954).
Briggs, Asa, *The Age of Improvement, 1783–1867* (1959).
Broadie, Alexander, *The Scottish Enlightenment* (Edinburgh, 1997).
Brock, Michael, *The Great Reform Act* (1973).

Brown, David, *Palmerston: A Biography* (New Haven, 2010).
Brown, Stewart J., *The National Churches of England, Ireland and Scotland, 1801–1846* (Oxford, 2001).
Buckland, Adlene, *Novel Science: Fiction and the Invention of Nineteenth-Century Geology* (Chicago, 2013).
Burke, Joanna, *Working Class Cultures in Britain, 1890–1960: Gender, Class and Ethnicity* (1994).
Burns, Arthur, *The Diocesan Revival in the Church of England, c.1800–1870* (Oxford, 1999).
Burns, Arthur, and Joanna Innes (eds), *Rethinking the Age of Reform, Britain 1780–1850* (Cambridge, 2003).
Burrow, John, *A Liberal Descent: Victorian Historians and the English Past* (Cambridge, 1981).
Burrow, John, *Whigs and Liberals: Continuity and Change in English Political Thought* (Oxford, 1988).
Cain, P. J., and Hopkins, A. G., *British Imperialism, 1688–2000* (2001).
Cannadine, David, *Class in Britain* (New Haven, 1998).
Cannon, John, *Parliamentary Reform, 1640–1832* (Cambridge, 1973).
Carey, Hilary M., *God's Empire: Religion and Colonization in the British World, c.1801–1908* (Cambridge, 2011).
Caserio, Robert L., and Hawes, Clement (eds), *The Cambridge History of the English Novel* (Cambridge, 2012).
Cawood, Ian, *The Liberal Unionist Party: A History* (2012).
Chadwick, Owen, *The Victorian Church*, 2 vols (Oxford, 1966–70).
Chase, Malcolm, *Chartism: A New History* (Manchester, 2007).
Chittick, Kathryn, *The Language of Whiggery: Liberty and Patriotism, 1802–1830* (2010).
Claeys, Gregory, *Machinery, Money and the Millennium: From Moral Economy to Socialism, 1815–1860* (Princeton, 1987).
Claeys, Gregory, *Thomas Paine: Social and Political Thought* (1989).
Claeys, Gregory (ed.), *The Chartist Movement in Britain, 1838–1850*, 6 vols (2001).
Clark, J. C. D., *Our Shadowed Present: Modernism, Post-Modernism and History* (2003).
Coleman, Bruce, *Conservatism and the Conservative Party in Nineteenth-Century Britain* (1988).
Coleman, D. C., *Myth, History and the Industrial Revolution* (1992).
Colley, Linda, *Britons: Forging the Nation, 1707–1837* (New Haven, 1992).
Collini, Stefan, *Public Moralists: Political Thought and Intellectual Life in Britain, 1850–1930* (Oxford, 1993).
Collini, Stefan, *Matthew Arnold: A Critical Portrait* (Oxford, 1994).
Collini, S., Winch, D., and Burrow, J. (eds), *That Noble Science of Politics: A Study in Nineteenth-Century Intellectual History* (Cambridge, 1983).
Connell, Brian, *Regina vs. Palmerston* (1962).
Coohill, Joseph, *Ideas of the Liberal Party: Perceptions, Agendas and Liberal Politics in the House of Commons, 1832–52* (Chichester, 2011).
Cooke, A. B., and Vincent, John, *The Governing Passion: Cabinet Government and Party Politics 1885–6* (Hassocks, 1974).
Cowling, Maurice, *1867: Disraeli, Gladstone and Revolution: The Passing of the Second Reform Bill* (Cambridge, 1967).
Cox, Gary, *The Efficient Secret: The Cabinet and the Development of Political Parties in Victorian England* (Cambridge, 1987).
Cox, Jeffery, *The British Missionary Enterprise since 1700* (2008).
Crafts, N. F. R., *British Economic Growth during the Industrial Revolution* (Oxford, 1985).
Cragoe, Matthew, *An Anglican Aristocracy: The Moral Economy of the Landed Estate in Carmarthenshire, 1832–1895* (Oxford, 1996).
Cragoe, Matthew, *Culture, Politics and National Identity in Wales, 1832–86* (Oxford, 2004).

Craig, David, *Robert Southey and Romantic Apostasy: Political Argument in Britain 1780–1840* (Woodbridge, 2007).
Craig, David, and Thompson, James (eds), *Languages of Politics in Nineteenth-Century Britain* (Basingstoke, 2013).
Crick, Bernard, *In Defence of Politics* (1962).
Currie, R. R., Gilbert, A. D., and Horsley, L. S., *Churches and Churchgoers: Patterns in Church Growth in the British Isles since 1700* (Oxford, 1977).
Darwin, John, *Unfinished Empire: The Global Expansion of Britain* (2012).
Daunton, Martin, *State and Market in Victorian Britain: Welfare and Capitalism* (2008).
Davidoff, Lenore, and Hall, Catherine, *Family Fortunes: Men and Women of the English Middle Class, 1750–1850* (Chicago, 1987).
Davies, Andrew, *Leisure, Gender and Poverty: Working Class Culture in Salford and Manchester, 1900–1939* (Buckingham, 1992).
Davies, J. Llewelyn, *The Working Men's College 1854–1904* (1904).
Davis, M. T. (ed.), *Radicalism and Revolution in Britain, 1775–1848* (2000).
Davis, Michael, and Pickering, Paul (eds), *Unrespectable Radicals? Popular Politics in the Age of Reform* (Aldershot, 2007).
Davis, Richard, *Dissent in Politics, 1780–1830: The Political Life of William Smith, MP* (1971).
Davis, Richard, *The Young Ireland Movement* (Dublin, 1987).
Devine, T. M., *The Scottish Nation 1700–2000* (1999).
Devine, T. M., *To the Ends of the Earth: Scotland's Global Diaspora, 1750–2010* (2011).
Dickinson, H. T., *Liberty and Property: Political Ideology in Eighteenth-Century Britain* (1977).
Dinwiddy, John, *Bentham* (1989).
Dwan, David, and Insole, Christopher J. (eds), *The Cambridge Companion to Edmund Burke* (Cambridge, 2012).
Dyer, Michael, *Men of Property and Intelligence: The Scottish Electoral System Prior to 1884* (Aberdeen, 1996).
Eastwood, David, *Government and Community in the English Provinces, 1700–1870* (Basingstoke, 1997).
Ehrman, John, *The Younger Pitt*, 3 vols (1969–96).
Ellens, J. P., *Religious Routes to Gladstonian Liberalism: The Church Rates Conflict in England and Wales, 1832–1868* (University Park, PA, 1994).
English, Richard, and Townshend, Charles (eds), *The State: Historical and Political Dimensions* (1999).
Evans, Eric J., *The Forging of the Modern State: Early Industrial Britain, 1783–1870* (1983).
Evans, Eric J., *Sir Robert Peel: Statesmanship, Power and Party* (1991).
Evans, R., and von Strandmann, Pogge (eds), *The Revolutions in Europe, 1848–1849: From Reform to Reaction* (Oxford, 2000).
Faber, Richard, *Young England* (1987).
Feuchtwanger, E. J., *Disraeli, Democracy and the Tory Party: Conservative Leadership and Organization after the Second Reform Bill* (Oxford, 1968).
Fisher, David (ed.), *The History of Parliament: The House of Commons, 1820–1832*, 8 vols (Cambridge, 2009).
Floyd, R. D., *Church, Chapel and Party: Religious Dissent and Political Modernization in Nineteenth-Century England* (Basingstoke, 2008).
Fontana, Biancamaria, *Rethinking Commercial Society: The Edinburgh Review, 1802–1832* (Cambridge, 1985).
Forbes, Duncan, *Liberal Anglicanism and the Idea of History* (Cambridge, 1952).
Forbes, Duncan, *Hume's Philosophical Politics* (Cambridge, 1975).
Foster, Roy, *Lord Randolph Churchill: A Political Life* (Oxford, 1981).

Francis, Mark, and Morrow, John, *A History of British Political Thought in the Nineteenth-Century* (1994).
Francis, Mark, *Herbert Spencer and the Invention of Modern Life* (Ithaca, NY, 2007).
Freeden, Michael, *Ideologies and Political Theory: A Conceptual Approach* (Oxford, 1996).
Fulford, Roger, *The Prince Consort* (1949).
Gambles, Anna, *Protection and Politics: Conservative Economic Discourse, 1815–1852* (Woodbridge, 1999).
Garrard, John, *Democratisation in Britain: Elites, Civil Society and Reform since 1800* (2002).
Gash, Norman, *Mr Secretary Peel* (1961).
Gash, Norman, *Reaction and Reconstruction in English Politics, 1832–1852* (Oxford, 1965).
Gash, Norman, *Sir Robert Peel: The Life of Sir Robert Peel after 1830* (1972).
Gash, Norman, *Politics in the Age of Peel: A Study in the Technique of Parliamentary Representation, 1830–1850*, 2nd edn (Hassocks, 1977).
Gash, Norman, *Aristocracy and People: Britain, 1815–1865* (1979).
Gleadle, Kathryn, *Borderline Citizens: Women, Gender and Political Culture in Britain, 1815–1867* (Oxford, 2009).
Goldman, Lawrence, *Dons and Workers: Oxford and Adult Education since 1850* (Oxford, 1995).
Goldman, Lawrence, *The Life of R. H. Tawney: Socialism and History* (2013).
Grainger, J. H., *Character and Style in English Politics* (Cambridge, 1999).
Gray, Peter, *Famine, Land and Politics: British Government and Irish Society, 1843–1850* (Dublin, 1999).
Green, E. H. H., *The Crisis of Conservatism: The Politics, Economics and Ideology of the British Conservative Party, 1880–1914* (1995).
Green, S. J. D., and Whiting, R. C. (eds), *The Boundaries of the State in Modern Britain* (Cambridge, 1996).
Griffin, Ben, *The Politics of Gender in Victorian Britain: Masculinity, Political Culture and the Struggle for Women's Rights* (Cambridge, 2012).
Gunn, Simon, *The Public Culture of the Victorian Middle Class: Ritual and Authority in the English Industrial City 1840–1914* (Manchester, 2000).
Gunn, Simon, and Vernon, James (eds), *The Peculiarities of Liberal Modernity in Imperial Britain* (Berkeley and Los Angeles, 2011).
Hall, Catherine, McClelland, Keith, and Rendall, Jane, *Defining the Victorian Nation: Class, Race, Gender and the British Reform Act of 1867* (Cambridge, 2000).
Hall, Gerald R., *Ulster Liberalism, 1778–1876* (Dublin, 2011).
Hamburger, Joseph, *John Stuart Mill on Liberty and Control* (Princeton, 1999).
Hamer, D. A., *Liberal Politics in the Age of Gladstone and Rosebery* (Oxford, 1972).
Hamer, D. A., *The Politics of Electoral Pressure: A Study in the History of Victorian Reform Agitations* (Hassocks, 1977).
Hanham, H. J., *Elections and Party Management: Politics in the Time of Disraeli and Gladstone* (1959).
Hanham, H. J., *The Nineteenth Century Constitution, 1815–1914: Documents and Commentary* (Cambridge, 1969).
Harling, Philip, *The Modern British State: An Historical Introduction* (2001).
Harris, Bob, *The Scottish People and the French Revolution* (2008).
Harris, Jose (ed.), *Civil Society in British History: Ideas, Identities, Institutions* (Oxford, 2003).
Harris, Jose, *Private Lives, Public Spirit: Britain 1870–1914* (Harmondsworth, 1993).
Harrison, Brian, *Peaceable Kingdom: Stability and Change in Modern Britain* (Oxford, 1982).
Harrison, Brian, *The Transformation of British Politics, 1860–1995* (Oxford, 1996).
Harvie, Christopher, *The Lights of Liberalism: University Liberals and the Challenge of Democracy, 1860–1886* (1976).

Hawkins, Angus, *Parliament, Party and the Art of Politics in Britain, 1855–59* (1987).
Hawkins, Angus, *British Party Politics, 1852–1886* (1998).
Hawkins, Angus, *The Forgotten Prime Minister: The 14th Earl of Derby: Ascent, 1799–1851* (Oxford, 2007).
Hawkins, Angus, *The Forgotten Prime Minister: The 14th Earl of Derby: Achievement, 1851–1869* (Oxford, 2008).
Hempton, David, *Religion and Political Culture in Britain and Ireland: From the Glorious Revolution to the Decline of Empire* (Cambridge, 1996).
Herr, Richard, *Tocqueville and the Old Regime* (Princeton, 1962).
Himmelfarb, Gertrude, *The De-Moralisation of Society: From Victorian Virtues to Modern Values* (New York, 1995).
Hilton, Boyd, *The Age of Atonement: The Influence of Evangelicalism on Social and Economic Thought, 1785–1865* (Oxford, 1988).
Hilton, Boyd, *A Mad, Bad, and Dangerous People? England 1783–1846* (Oxford, 2006).
Hinchcliffe, Peter, *Benjamin Jowett and the Christian Religion* (Oxford, 1987).
Hollis, Patricia (ed.), *Pressure from without in Early Victorian England* (1974).
Hollis, Patricia, *Ladies Elect: Women in English Local Government, 1865–1914* (Oxford, 1987).
Hoppen, K. Theodore, *Elections, Politics, and Society in Ireland, 1832–1885* (Oxford, 1984).
Hoppen, K. Theodore, *Ireland since 1800: Conflict and Conformity* (1989).
Hoppen, K. Theodore, *The Mid-Victorian Generation, 1846–1886* (Oxford, 1998).
Hoppitt, Julian (ed.), *Parliament, Nations and Identities in Britain and Ireland, 1660–1850* (Manchester, 2003).
Howe, Anthony, *Free Trade and Liberal England, 1846–1946* (Oxford, 1997).
Hunt, Tamara, *Defining John Bull: Political Caricature and National Identity in Late Georgian England* (Aldershot, 2003).
Hutichson, I. G. C., *A Political History of Scotland, 1832–1924* (Edinburgh, 1986).
Innes, Joanna, and Philp, Mark (eds), *Re-Imagining Democracy in the Age of Revolutions: America, France, Britain, Ireland 1750–1850* (Oxford, 2013).
Jackson, Alvin, *The Two Unions: Ireland and Scotland, and the Survival of the United Kingdom, 1707–2007* (Oxford, 2012).
Jackson, Patrick, *The Last of the Whigs: A Political Biography of Lord Hartington, Later Eighth Duke of Devonshire (1833–1908)* (1994).
Jenkins, T. A., *Gladstone, Whiggery and the Liberal Party, 1874–1886* (Oxford, 1988).
Jenkins, T. A., *Parliament, Party and Politics in Victorian Britain* (Manchester, 1996).
Jennings, L. J., *Cabinet Government* (Cambridge, 1951).
Jennings, Sir Ivor, *The Law and the Constitution*, 5th edn (1959).
Johnson, Paul, *Making the Market: Victorian Origins of Corporate Capitalism* (Cambridge, 2010).
Jones, Aled, *Powers of the Press: Newspapers, Power and the Public in Nineteenth-Century England* (Aldershot, 1996).
Jones, Andrew, *The Politics of Reform, 1884* (Cambridge, 1972).
Jones, Gareth Stedman, *Languages of Class: Studies in English Working Class History, 1832–1982* (Cambridge, 1983).
Jones, Gareth Stedman, and Claeys, Gregory (ed.), *The Cambridge History of Nineteenth-Century Political Thought* (Cambridge, 2013).
Jones, H. S., *Victorian Political Thought* (Basingstoke, 2000).
Joyce, Patrick, *Work, Society and Politics: The Culture of the Factory in Later Victorian England* (Hassocks, 1982).
Joyce, Patrick, *Visions of the People: Industrial England and the Question of Class, 1848–1914* (Cambridge, 1991).

Joyce, Patrick, *Democratic Subjects: The Self and the Social in Nineteenth-Century England* (Cambridge, 1994).
Jupp, Peter, *The Governing of Britain, 1688–1848: The Executive, Parliament and the People* (2006).
Kidd, Colin, *Subverting Scotland's Past: Scottish Whig Historians and the Creation of an Anglo-Scottish Identity, 1689–c.1830* (Cambridge, 1993).
Kinzer, Bruce, *The Ballot Question in Nineteenth-Century English Politics* (New York, 1982).
Kinzer, Bruce, Robson, Anne P., and Robson, John M., *A Moralist In and Out of Parliament: John Stuart Mill at Westminster, 1865–1868* (Toronto, 1992, ch. 1).
Knight, Frances, *The Nineteenth-Century Church and English Society* (Cambridge, 1999).
Korner, Alex (ed.), *1848: a European Revolution? International Ideas and National Memories of 1848* (2003).
Langford, Paul, *A Polite and Commercial People, England 1727–1783* (Oxford, 1989).
Langford, Paul, *Public Life and Propertied Englishmen, 1689–1798* (Oxford, 1991).
Larsen, Timothy, *A People of One Book: The Bible and the Victorians* (Oxford, 2011).
Lawrence, Jon, and Taylor, Miles (eds), *Party, State and Society: Electoral Behaviour in Britain since 1820* (Aldershot, 1997).
Lawrence, Jon, *Speaking for the People: Party, Language and Popular Politics in England, 1867–1914* (Cambridge, 1998).
Lawrence, Jon, *Electing our Masters: The Hustings in British Politics from Hogarth to Blair* (Oxford, 2009).
Le May, G. H. L., *The Victorian Constitution: Conventions, Usages and Contingencies* (1979).
Lee, C. H., *The British Economy since 1700: A Macroeconomic Perspective* (Cambridge, 1986).
Leventhal, F. M., *Respectable Radical: George Howell and Victorian Working Class Politics* (1971).
Levine, Philippa, *The Amateur and the Professional: Antiquarians, Historians and Archaeologists in Victorian Britain, 1838–1886* (Cambridge, 1986).
Linehan, Thomas, *Modernism and British Socialism* (Basingstoke, 2012).
Lopatin, Nancy, *Political Unions, Popular Politics and the Great Reform Act of 1832* (Houndsmill, 1999).
Lubenow, W. C., *Parliamentary Politics and the Home Rule Crisis: The British House of Commons in 1886* (Oxford, 1988).
McCalman, Iain, *Radical Underworld: Prophets, Revolutionaries and Pornographers in London, 1795–1840* (Cambridge, 1988).
McCann, Andrew, *Cultural Politics in the 1790s: Literature, Radicalism and the Public Sphere* (1999).
McCormack, Matthew, *Public Men: Masculinity and Modern British Politics* (Basingstoke, 2007).
McCormack, Matthew, *The Independent Man: Citizenship and Gender Politics in Georgian England* (Manchester, 2011).
MacDonagh, Oliver, *Early Victorian Government, 1830–1870* (1977).
Machin, G. I. T., *Politics and the Churches in Great Britain, 1832–1868* (Oxford, 1977).
Machin, G. I. T., *Politics and the Churches in Great Britain, 1869–1921* (Oxford, 1987).
Machin, Ian, *The Rise of Democracy in Britain, 1832–1918* (2000).
McKibbin, Ross, *Classes and Cultures: England 1918–1951* (Oxford, 1998).
McKibbin, Ross, *Parties and People, England 1914–1951* (Oxford, 2010).
Mackenzie, J. M., *Propaganda and Empire: The Manipulation of British Public Opinion, 1880–1960* (Manchester, 1984).
Mackintosh, J. P., *The British Cabinet* (1962).
McWilliam, Rohan, *Popular Politics in Nineteenth-Century England* (1998).
Mandler, Peter, *Aristocratic Government in the Age of Reform* (Oxford, 1990).

Mandler, Peter, *History and National Life* (2002).
Mandler, Peter, *The English National Character: The History of an Idea from Edmund Burke to Tony Blair* (New Haven, 2006).
Mansfield, Harvey C., *Statesmanship and Party Government: A Study of Burke and Bolingbroke* (Chicago, 1965).
Marsh, Peter, *The Discipline of Popular Government: Lord Salisbury's Domestic Statecraft, 1881–1902* (Hassocks, 1978).
Marsh, Peter (ed.), *The Conscience of the Victorian State* (1979).
Marsh, Peter, *Joseph Chamberlain* (1994).
Marshall, G., *Constitutional Theory* (Oxford, 1971).
Mathias, Peter, *The First Industrial Nation: An Economic History Britain, 1700–1914* (1969).
Matthew, H. C. G., *Gladstone, 1809–1874* (Oxford, 1986).
Matthew, H. C. G., *Gladstone, 1875–1898* (Oxford, 1995).
Matthews, Roy T., and Mellini, Peter, *In 'Vanity Fair'* (1982).
Meadowcroft, James, *Conceptualizing the State: Innovation and Dispute in British Political Thought, 1880–1914* (Oxford, 1995).
Mendilow, Jonathan, *The Romantic Tradition in British Political Thought* (1986).
Miller, Henry, *Politics Personified: Portraiture, Caricature and Visual Culture in Britain, 1830–1880* (Manchester, 2015).
Mitchell, Leslie, *The Whig World, 1760–1837* (2005).
Moore, D. C., *The Politics of Deference: A Study of the Mid-Nineteenth Century English Political System* (Hassocks, 1976).
Morrow, John, *Coleridge's Political Thought: Prosperity, Morality and the Limits of Traditional Discourse* (1990).
Nash, David, and Taylor, Anthony (eds), *Republicanism in Victorian Society* (Stroud, 2000).
Newbould, Ian, *Whiggery and Reform 1830–41: The Politics of Government* (1990).
Newman, Gerald, *The Rise of English Nationalism: A Cultural History, 1740–1830* (1987).
Norman, E. R., *The Victorian Christian Socialists* (Cambridge, 1987).
O'Gorman, Frank, *Voters, Patrons and Parties: The Unreformed Electorate of Hanoverian England, 1734–1832* (Oxford, 1989).
O'Leary, C., *The Elimination of Corrupt Practices in British Elections, 1868–1911* (Oxford, 1962).
Offer, A., *Property and Politics, 1870–1914* (Cambridge, 1981).
Owen, James, *Labour and the Caucus: Working-Class Radicalism and Organized Liberalism in England, 1868–1888* (Liverpool, 2014).
Parry, J. P., *Democracy and Religion: Gladstone and the Liberal Party, 1867–1875* (Cambridge, 1986).
Parry, Jonathan, *The Rise and Fall of Liberal Government in Victorian Britain* (New Haven, 1993).
Parry, Jonathan, *The Politics of Patriotism: English Liberalism, National Identity and Europe, 1830–1886* (Cambridge, 2006).
Parry, J. P., and Taylor, Stephen (eds), *Parliament and the Church, 1529–1960* (Edinburgh, 2000).
Paz, Denis G., *Anti-Catholicism in Mid-Victorian England* (Stanford, 1992).
Pedersen, Susan, and Mandler, Peter (eds), *After the Victorians: Private Conscience and Public Duty in Modern Britain* (1994).
Pentland, Gordon, *Radicalism, Reform and National Identity in Scotland, 1820–1833* (Woodbridge, 2008).
Perkin, Harold, *The Origins of Modern English Society, 1780–1880* (1969).
Phillips, John, *Electoral Behaviour in Unreformed England* (Princeton, 1982).
Plunkett, John, *Queen Victoria: The First Media Monarch* (Oxford, 2003).
Pocock, J. G. A., *The Machiavellian Moment: Florentine Political Thought and the American Republican Tradition* (Princeton, 1975).

Pocock, J. G. A., *Virtue, Commerce and History: Essays on Political Thought and History Chiefly in the Eighteenth Century* (Cambridge, 1985).
Porter, Andrew, *Religion versus Empire?: British Protestant Missionaries and Overseas Expansion, 1700–1914* (Manchester, 2004).
Porter, Roy, *The Creation of the Modern World* (New York, 2000).
Prest, John, *Liberty and Locality: Parliament, Permissive Legislation and Ratepayers' Democracies in the Nineteenth Century* (Oxford, 1990).
Price, Richard, *British Society, 1680–1880: Dynamism, Containment and Change* (Cambridge, 1999).
Prochaska, Frank, *Royal Bounty: The Making of the Welfare Monarchy* (New Haven, 1995).
Prochaska, Frank, *Eminent Victorians on American Democracy* (Oxford, 2012).
Pugh, Martin, *The Making of Modern British Politics, 1867–1939* (Oxford, 1982).
Pugh, Martin, *The March of the Women: A Revisionist Analysis of the Campaign for Women's Suffrage, 1866–1914* (Oxford, 2000).
Pugh, Martin, *The Tories and the People, 1880–1935* (Oxford, 1985).
Read, Donald, *Cobden and Bright: A Victorian Political Partnership* (1967).
Read, Donald, *Peel and the Victorians* (1987).
Reardon, Bernard, *Religious Thought in the Victorian Age: A Survey from Coleridge to Gore* (1971).
Reid, Alaister, *Social Classes and Social Relations in Britain, 1850–1914* (Basingstoke, 1992).
Reinhard, Wolfgang (ed.), *Power Elites and State Building (13th Century–18th Century)* (Oxford, 1996).
Richardson, Sarah, *The Political Worlds of Women: Gender and Politics in Nineteenth-Century Britain* (Abingdon, 2013).
Roberts, Andrew, *Salisbury, Victorian Titan* (1999).
Roberts, Matthew, *Political Movements in Urban England, 1832–1914* (Basingstoke, 2009).
Robbins, Keith, *John Bright* (1979).
Rubenstein, W. D. (ed.), *Wealth and the Wealthy in the Modern World* (1980).
Rubenstein, W. D., *Men of Property: The Very Wealthy in Britain since the Industrial Revolution* (1981).
Rush, Michael, *The Role of the Member of Parliament since 1868: From Gentlemen to Players* (Oxford, 2001).
Salmon, Philip, *Electoral Reform at Work: Local Politics and National Parties, 1832–1841* (Woodbridge, 2002).
Salmon, P., and Rix, K. (eds), *The History of Parliament: The House of Commons 1832–1868* (forthcoming), see <http://www.historyofparliament.org/volume/1832-1868>.
Saunders, Robert, *Democracy and the Vote in British Politics, 1848–1867* (Farnham, 2011).
Saville, John, *1848: The British State and the Chartist Movement* (Cambridge, 1987).
Searle, Geoffrey, *Entrepreneurial Politics in Mid-Victorian Britain* (Oxford, 1993).
Searle, Geoffrey, *Country before Party: Coalition and the Idea of 'National Government' in Modern Britain, 1885–1987* (1995).
Secord, James A., *Victorian Sensation: the Extraordinary Publication, Reception and Secret Authorship of Vestiges of the Natural History of Creation* (Chicago, 2000).
Seymour, Charles, *Electoral Reform in England and Wales [1915]*, ed. Michael Hurst (Newton Abbot, 1970).
Shanley, Mary Lyndon, *Feminism, Marriage and the Law in Victorian England* (1989).
Shannon, Richard, *Gladstone and the Bulgarian Agitation* (Hassocks, 1975).
Shannon, Richard, *The Age of Disraeli, 1868–1881: The Rise of Tory Democracy* (1992).
Shields, Andrew, *The Irish Conservative Party, 1852–1868* (Dublin, 2007).
Sisson, C. H., *The Spirit of British Administration and Some European Comparisons* (1959).
Skinner, Quentin, *Visions of Politics: Volume 1, Regarding Method* (Cambridge, 2002).

Smith, E. A., *Lord Grey, 1764–1845* (Oxford, 1990).
Smith, F. B., *The Making of the Second Reform Bill* (Cambridge, 1966).
Smith, Paul, *Disraeli: A Brief Life* (Cambridge, 1996).
Snell, K. D., *Parish and Belonging: Community, Identity and Welfare in England and Wales, 1700–1950* (Cambridge, 2006).
Southgate, Donald, *'The Most English Minister…': The Policies and Politics of Palmerston* (1966).
Steele, E. D., *Palmerston and Liberalism, 1855–1865* (Cambridge, 1991).
Stewart, Robert, *The Foundation of the Conservative Party, 1830–1867* (1978).
Tanner, Duncan, *Political Change and the Labour Party, 1900–1918* (Cambridge, 1990).
Taylor, Anthony, *'Down with the Crown': British Anti-Monarchism and Debates about Royalty since 1790* (1999).
Taylor, James, *Creating Capitalism: Joint-Stock Enterprise in British Politics and Culture, 1800–1870* (Woodbridge, 2006).
Taylor, Miles, *The Decline of British Radicalism, 1847–1860* (Oxford, 1995).
Taylor, Miles, *Ernest Jones, Chartism, and the Romance of Politics, 1819–1869* (Oxford, 2003).
Thomas, William, *The Philosophic Radicals: Nine Studies in Theory and Practice* (Oxford, 1979).
Thomas, William, *The Quarrel of Macaulay and Croker: Politics and History in the Age of Reform* (Oxford, 2000).
Thompson, James, *British Political Culture and the Idea of 'Public Opinion', 1867–1914* (Cambridge, 2013).
Tosh, John, *A Man's Place: Masculinity and the Middle Class Home in Victorian England* (1999).
Trentmann, F., *Free Trade Nation: Commerce, Consumption and Civil Society in Modern Britain* (Oxford, 2008).
Trevelyan, G. M., *The Life of John Bright* (1913).
Tully, John (ed.), *Meaning and Context: Quentin Skinner and his Critics* (Cambridge, 1988).
Vernon, James, *Politics and the People: A Study in English Political Culture, c.1815–1867* (Cambridge, 1993).
Vile, M. J. C., *Constitutionalism and the Separation of Powers* (Oxford, 1967).
Vincent, John, *Disraeli* (Oxford, 1990).
Vincent, John, *The Formation of the British Liberal Party, 1857–1868* (1966).
Vincent, John, *Pollbooks: How Victorians Voted* (Cambridge, 1968).
Wahrman, Dror, *Imagining the Middle Class: The Political Representation of Class in Britain, c.1780–1840* (Cambridge, 1995).
Wahrman, Dror, *The Making of the Modern Self: Identity and Culture in Eighteenth-Century England* (New Haven, 2004).
Walton, John, *The Second Reform Act* (1987).
Wasson, E. A., *Whig Renaissance: Lord Athorp and the Whig Party, 1782–1845* (1987).
Watson, George, *The English Ideology: Studies in the Language of Victorian Politics* (1973).
Weaver, Stewart, *John Fielden and the Politics of Popular Radicalism, 1832–1847* (Oxford, 1987).
Weinstein, Benjamin, *Liberalism and Local Government in Early Victorian London* (Woodbridge, 2011).
Weston, C. C., *The House of Lords and Ideological Politics: Lord Salisbury's Referendal Theory and the Conservative Party, 1846–1922* (Philadelphia, 1995).
Whyte, J. H., *The Independent Irish Party, 1850–1859* (Oxford, 1958).
Wiener, Martin J., *English Culture and the Decline of the Industrial Spirit, 1850–1980* (Cambridge, 1981).
Williams, Raymond, *Keywords: A Vocabulary of Culture and Society* (1976).
Williams, Richard, *The Contentious Crown: Public Discussion of the British Monarchy in the Reign of Queen Victoria* (Aldershot, 1997).

Winch, Donald, *Adam Smith's Politics* (Cambridge, 1978).
Witt, Anne de, *Moral Authority, Men of Science and the Victorian Novel* (Cambridge, 2013).
Wolffe, John, *God and Greater Britain: Religion and National Life in Britain and Ireland, 1843–1945* (1994).

文章和论文

Anderson, Olive, 'Hansard's Hazards: An Illustration from Recent Interpretations of Married Women's Property Law and the 1857 Divorce Act', *English Historical Review*, 112 (November 1997), 1202–15.
Anderson, Perry, 'Origins of the Present Crisis', *New Left Review*, 23 (1964), 26–53.
Aydelotte, O., 'The House of Commons in the 1840s', *Bulletin of the Institute of Historical Research*, 27 (1954), 249–62.
Baer, Marc, 'From "First Constituency of the Empire" to "Citadel of Reaction": Westminster, 1800–90', in Matthew Cragoe and Antony Taylor (eds), *London Politics, 1760–1914* (Basingstoke, 2005), 144–65.
Beales, Derek, 'The Idea of Reform in British Politics, 1829–1850', in T. C. W. Blanning and Peter Wende (eds), *Reform in Great Britain and Germany, 1750–1850* (Oxford, 1999), 159–74.
Beattie, Alan, 'The Two-Party System: Room for Scepticism?', in S. E. Finer (ed.), *Adversary Politics and Electoral Reform* (1975), 293–316.
Bebbington, David, 'Nonconformity and Electoral Sociology, 1867–1918', *Historical Journal*, 27 (1984), 633–56.
Beckett, J. V., 'The Pattern of Land Ownership in England and Wales, 1660–1880', *Economic Historical Review*, 3/1 (1984), 1–22.
Beckett, J., 'Radical Nottingham', in J. Beckett (ed.), *A Centenary History of Nottingham* (Manchester, 1997), 284–316.
Belchem, John, and Epstein, James, 'The Nineteenth-Century Gentleman Leader Revisited', *Social History*, 22/2 (1997), 174–93.
Bentley, Michael, 'Party, Doctrine and Thought', in Michael Bentley and John Stevenson (eds), *High and Low Politics in Modern Britain* (Oxford, 1983), 123–53.
Bentley, Michael, 'Victorian Historians and the Larger Hope', in Michael Bentley (ed.), *Public and Private Doctrine: Essays in British History Presented to Maurice Cowling* (Cambridge, 1993), 127–48.
Bentley, Michael, 'Henry Hallam Revisited', *Historical Journal*, 55/2 (2012), 453–73.
Berrington, Hugh, 'Partisanship and Dissidence in the Nineteenth-Century House of Commons', *Parliamentary Affairs*, 21 (1968), 338–74.
Bevir, Mark, 'The Labour Church Movement', *Journal of British Studies*, 38 (1999), 217–45.
Blaxill, Luke, 'Electioneering, the Third Reform Act, and Political Change in the 1880s', *Parliamentary History*, 30/3 (2011), 343–73.
Blaxill, Luke, 'Quantifying the Language of British Politics, 1880–1910', *Historical Research*, 86 (May 2013), 313–41.
Blewett, Neal, 'The Franchise in the United Kingdom, 1885–1918', *Past and Present*, 32 (1965), 46–51.
Bogdanor, Vernon, 'The Monarchy and the Constitution', *Parliamentary Affairs*, 49 (1996), 407–22.
Borsey, P., '"All the Town's a Stage", Urban Ritual and Ceremony 1680–1800', in P. Clark (ed.), *The Transformation of English Provincial Towns, 1600–1800* (1984), 228–58.

Bourke, Richard, 'Edmund Burke and Enlightenment Sociability: Justice, Honour and the Principles of Government', *History of Political Thought*, 21 (2000), 632–56.

Bourke, Richard, 'Edmund Burke and the Politics of Conquest', *Modern Intellectual History*, 4/3 (2007), 403–32.

Bourke, Richard, 'Burke, Enlightenment and Romanticism', in David Dwan and Christopher J. Insole (eds), *The Cambridge Companion to Edmund Burke* (Cambridge, 2012), 27–40.

Bowan, Catherine, and Pickering, Paul, '"Songs for the Millions", Chartist Music and Popular Aural Tradition', *Labour History Review*, 74/1 (2009), 44–63.

Brent, Richard, 'God's Providence: Liberal Political Economy as Natural Theology at Oxford 1825–1862', in Michael Bentley (ed.), *Public and Private Doctrine: Essays in British History Presented to Maurice Cowling* (Cambridge, 1993), 85–107.

Burrow, John, 'Sense and Circumstance: Bagehot and the Nature of Political Understanding', in S. Collini, D. Winch, and J. Burrow (eds), *That Noble Science of Politics: A Study in Nineteenth-Century Intellectual History* (Cambridge, 1983), 161–82.

Burrow, John, 'Images of Time: From Carlylean Vulcanism to Sedimentary Gradualism', in Stefan Collini, Richard Whatmore and Brian Young (eds), *History, Religion and Culture: British Intellectual History 1750–1950* (Cambridge, 2000), 198–223.

Cain, J., and Hopkins, A. G., 'Gentlemanly Capitalism and British Expansion Overseas 1: The Old Colonial System, 1688–1850', *Economic History Review*, 39 (1986), 501–25.

Cannadine, David, 'The Past and Present in the English Industrial Revolution, 1880–1980', *Past and Present*, 103 (1984), 131–72.

Cannadine, David, 'The Palace of Westminster as Palace of Varieties', C. Riding and J. Riding (eds), *The Houses of Parliament: History and Architecture* (2000), 11–30.

Chase, Malcolm, 'Out of Radicalism: The Mid-Victorian Freehold Land Movement', *English Historical Review*, 106 (1991), 319–45.

Christie, Ian, '"This Zeal for Lawlessness": A. V. Dicey, *The Law of the Constitution*, and the Challenge of Popular Politics, 1885–1915', *Parliamentary History*, 16/3 (1997), 309–29.

Clark, Anna, 'Gender, Class, and the Constitution: Franchise Reform in England 1832–1928', in James Vernon (ed.), *Re-Reading the Constitution: New Narratives in the Political History of England's Long Nineteenth Century* (Cambridge, 1996), 239–53.

Clark, G. Kitson, '"Statesmen in Disguise": Reflections on the History of the Neutrality of the Civil Service', *Historical Journal*, 2 (1959), 19–39.

Clark, J. C. D., 'Introduction', in Edmund Burke, *Reflections on the Revolution in France* (Stanford, 2001), 23–112.

Clark, J. C. D., 'Secularization and Modernization: The Failure of a "Grand Narrative"', *Historical Journal*, 55/1 (2012), 161–94.

Close, D. H., 'The Formation of a Two-Party Alignment in the House of Commons between 1830 and 1841', *English Historical Review*, 84 (1969), 257–77.

Coetzee, Frans, 'Villa-Toryism Considered: Conservatism and Suburban Sensibilities in Late Victorian Croydon', *Parliamentary History*, 16 (1997), 29–47.

Colantonio, Laurent, '"Democracy" and the Irish People, 1830–48', in Joanna Innes and Mark Philp (eds), *Re-Imagining Democracy in the Age of Revolutions: America, France, Britain, Ireland 1750–1850* (Oxford, 2013), 163–73.

Collini, Stefan, 'Political Theory and the "Science of Society" in Victorian Britain', *Historical Journal*, 23 (1980), 203–31.

Collini, Stefan, 'The Idea of "Character" in Victorian Political Thought', *Transactions of the Royal Historical Society*, 5th ser., 35 (1985), 29–50.

Coohill, Joseph, 'Parliamentary Guides, Political Identity and the Presentation of Modern Politics, 1832–1846', *Parliamentary History*, 22/3 (2003), 263–84.

Cornford, J., 'The Transformation of Conservatism in the Late Nineteenth-Century', *Victorian Studies*, 7 (1963–4), 35–66.

Cosgrove, Richard A., 'A Usable Past: History and the Politics of National Identity in Late-Victorian England', in Nancy LoPatin-Lummis (ed.), *Public Life and Public Lives: Politics and Religion in Modern British History* (Oxford, 2008), 30–42.

Cox, D. J., 'The Wolves Set Loose at Wolverhampton: A Study of Staffordshire Election Riots, May 1835', *Law, Crime and History*, 2 (2011), 1–31.

Cox, Gary, 'The Development of a Party-Orientated Electorate in England', *British Journal of Political Science*, 16/2 (1986), 198–205.

Cox, Gary, 'The Origin of Whip Votes in the House of Commons', *Parliamentary History*, 11 (1992), 278–85.

Cox, Gary, 'The Development of Collective Responsibility in the United Kingdom.' *Parliamentary History* 12 (1994), 32–47.

Cragoe, Matthew, 'Conscience or Coercion? Clerical Influence at the General Election of 1868 in Wales', *Past and Present*, 149 (November 1995), 140–69.

Cragoe, Matthew, 'The Great Reform Act and the Modernization of British Politics: The Impact of the Conservative Associations, 1835–1841', *Journal of British Studies*, 47/3 (2008), 581–603.

Cragoe, Matthew, 'Sir Robert Peel and the "Moral Authority" of the House of Commons, 1832–41', *English Historical Review*, 128 (2013), 55–77.

Craig, David, 'Bagehot's Republicanism', in Andrzej Olechnowicz (ed.), *The Monarchy and the British Nation, 1780 to the Present* (Cambridge, 2007), 139–62.

Craig, David, 'Advanced Conservative Liberalism: Party and Principle in Trollope's Parliamentary Novels', *Victorian Literature and Culture*, 38 (2010), 355–71.

Craig, David, 'Burke and the Constitution', in David Dwan and Christopher J. Insole (eds), *The Cambridge Companion to Edmund Burke* (Cambridge, 2012), 104–16.

Craig, David, 'The Origins of "Liberalism" in Britain: The Case of *The Liberal*', *Historical Research*, 85 (2012), 469–87.

Crook, Malcolm, and Crook, Tom, 'The Advent of the Secret Ballot in Britain and France, 1789–1914: From Public Assembly to Private Compartment', *History*, 92 (2007), 449–71.

Daunton, Martin, ' "Gentlemanly Capitalism" and British Industry, 1820–1914', *Past and Present*, 122 (1989), 115–58.

Davis, John, 'Slums and the Vote, 1867–90', *Historical Research*, 64 (1991), 375–88.

Davis, John, and Tanner, Duncan, 'The Borough Franchise after 1867', *Historical Research*, 69 (1996), 306–27.

Dickinson, H. T., 'The Eighteenth-Century Debate on the Sovereignty of Parliament', *Transactions of the Royal Historical Society*, 5th ser., 26 (1976), 189–210.

Ditchfield, G. M., 'Church, Parliament and National Identity c.1770–c.1830', in Julian Hoppit (ed.), *Parliaments, Nations and Identities in Britain and Ireland, 1660–1850* (Manchester, 2003), 64–82.

Driver, Felix, 'Tory-Radicalism? Ideology, Strategy and Popular Politics during the Eighteen-Thirties', *Northern History*, 27 (1991), 120–38.

Dyer, Michael, ' "Mere Machinery and Detail": The Great Reform Act and the Effects of Redistribution on Scottish Representation', *Scottish Historical Review*, 173 (1983), 17–34.

Eastwood, David, 'Robert Southey and the Origins of Romantic Conservatism', *English Historical Review*, 104 (April 1989), 308–31.

Eastwood, David, 'Contesting the Politics of Deference: The Rural Electorate, 1820–60', in Jon Lawrence and Miles Taylor (eds), *Party, State and Society: Electoral Behaviour in Britain since 1820* (Aldershot, 1997), 27–49.

Eastwood, David, '"Recasting Our Lot": Peel, the Nation, and the Politics of Interest', in Laurence Brockliss and David Eastwood (eds), *A Union of Multiple Identities: The British Isles c.1750–c.1850* (Manchester, 1997), 28–43.

Eastwood, David, 'The Age of Uncertainty: Britain in the Early-Nineteenth Century', *Transactions of the Royal Historical Society*, 6th ser., 8 (Cambridge, 1998), 91–116.

Eastwood, David, 'The State We Were In: Parliament, Centralization and State Formation', in R. English and C. Townshend (eds), *The State: Historical and Political Dimensions* (1999), 18–45.

Ellis, Heather, 'This Starting, Feverish Heart: Matthew Arnold and the Problem of Manliness', *Critical Survey*, 20/3 (2008), 97–115.

Epstein, James, 'The Constitutional Idiom: Radical Reasoning, Rhetoric and Action in Early Nineteenth-Century England', *Journal of Social History*, 3 (1990), 553–74.

Epstein, James, 'The Constitutionalist Idiom', in *Radical Expression: Political Language, Ritual, and Symbol in England, 1790–1850* (Oxford, 1994), 3–28.

Fontana, Biancamaria, 'Whigs and Liberals: The *Edinburgh Review* and the Liberal Movement in Nineteenth-Century Britain', in R. Bellamy (ed.), *Victorian Liberalism: Nineteenth-Century Political Thought and Practice* (1990), 42–57.

Formisano, Ronald P., 'The Concept of Political Culture', *Journal of Interdisciplinary History*, 31/3 (2001), 393–426.

Freeden, Michael, 'The New Liberalism and its Aftermath', in R. Bellamy (ed.), *Victorian Liberalism: Nineteenth-Century Political Thought and Practice* (1990), 175–92.

Gadian, David, 'Radicalism and Liberalism in Oldham: A Study of Conflict, Continuity and Change in Popular Politics, 1830–52', *Social History*, 21/3 (October 1996), 265–80.

Goodrich, Amanda, 'Understanding a Language of "Aristocracy", 1700–1850', *Historical Journal*, 56/2 (2013), 369–98.

Greenaway, John R., 'Parliamentary Reform and Civil Service Reform: A Nineteenth-Century Debate Reassessed', *Parliamentary History*, 4 (1985), 157–69.

Griffin, Ben, 'Women's Suffrage', in David Craig and James Thompson (eds), *Languages of Politics in Nineteenth-Century Britain* (Basingstoke, 2013), 168–90.

Gurowich, P. M., 'The Continuation of War by Other Means: Party and Politics, 1855–1865', *Historical Journal*, 27 (1984), 603–31.

Hamburger, Joseph, 'The Whig Conscience', in Peter Marsh (ed.), *The Conscience of the Victorian State* (1979), 19–38.

Harling, Philip, and Mandler, Peter, 'From Fiscal–Military State to Laissez Faire State, 1760–1850', *Journal of British Studies*, 32 (1993), 44–70.

Harris, Ian, 'Burke and Religion', in David Dwan and Christopher J. Insole (eds), *The Cambridge Companion to Edmund Burke* (Cambridge, 2012), 92–103.

Harris, Jose, 'The Transition to High Politics in English Social Policy, 1880–1914', in Michael Bentley and John Stevenson (eds), *High and Low Politics in Modern Britain: Ten Studies* (Oxford, 1983), 58–79.

Harrison, Brian, 'Women's Suffrage at Westminster, 1866–1928', in M. Bentley and J. Stevenson (eds), *High and Low Politics in Modern Britain* (Oxford, 1983), 80–122.

Harvie, Christopher, 'Gladstonianism, the Provinces, and Popular Political Culture, 1860–1906', in R. Bellamy (ed.), *Victorian Liberalism: Nineteenth-Century Political Thought and Practice* (1990), 153–74.

Hawkins, Angus, 'Parliamentary Government and Victorian Political Parties, c.1830–c.1880', *English Historical Review*, 104 (1989), 638–69.

Hawkins, Angus, 'Government Appointment By-Elections, 1832–1886', in T. G. Otte and Paul Readman (eds), *By-Elections in British Politics, 1832–1914* (2013), 51–76.

Heesom, Alan, '"Legitimate" *versus* "Illegitimate" Influences: Aristocratic Electioneering in Mid-Victorian Britain', *Parliamentary History*, 7/2 (1988), 282–305.

Hilton, Boyd, 'Manliness, Masculinity and the Mid-Victorian Temperament', in Lawrence Goldman (ed.), *The Blind Victorian: Henry Fawcett and British Liberalism* (Cambridge, 1989), 60–70.

Hilton, Boyd, 'Moral Disciplines', in Peter Mandler (ed.), *Liberty and Authority in Victorian Britain* (Oxford, 2006), 224–46.

Hogan, John, 'Party Management in the House of Lords', *Parliamentary History*, 10/1 (1991), 124–50.

Hoppen, K. Theodore, 'The Franchise and Electoral Politics in England and Ireland, 1832–1885', *History*, 70 (1985), 202–17.

Hoppen, K. Theodore, 'Grammars of Electoral Violence in Nineteenth-Century England and Ireland', *English Historical Review*, 109 (1994), 597–620.

Hoppen, K. Theodore, 'Politics, the Law, and the Nature of the Irish Electorate, 1832–1850', *English Historical Review*, 92 (1997), 746–76.

Hoppen, K. Theodore, 'Riding a Tiger: Daniel O'Connell, Reform, and Popular Politics in Ireland, 1800–1847', in T. C. W. Blanning and Peter Wende (eds), *Reform in Great Britain and Germany, 1750–1850* (Oxford, 1999), 121–43.

Howe, Anthony, 'Popular Political Economy', in David Craig and James Thompson (eds), *Languages of Politics in Nineteenth-Century Britain* (Basingstoke, 2013), 118–41.

Innes, Joanna, 'The Domestic Face of the Fiscal–Military State', in L. Stone (ed.), *Imperial State at War: Britain from 1689 to 1815* (1994), 96–127.

Innes, Joanna, 'The Local Acts of a National Parliament: Parliament's Role in Sanctioning Action in 18th Century Britain', *Parliamentary History*, 17/1 (1998), 23–47.

Innes, Joanna, 'Changing Perceptions of the State in the Late Eighteenth and Nineteenth Centuries', *Journal of Historical Sociology*, 15 (2002), 107–13.

Innes, Joanna, 'Legislating for the Three Kingdoms: How the Westminster Parliament Legislated for England, Scotland and Ireland, 1707–1830', in Julian Hoppitt (ed.), *Parliaments, Nations and Identities in Britain and Ireland, 1660–1850* (Manchester, 2003), 15–47.

Innes, Joanna, '"Reform" in English Political Life: The Fortunes of a Word', in Arthur Burns and Joanna Innes (eds), *Rethinking the Age of Reform, Britain 1780–1850* (Cambridge, 2003), 71–97.

Jenkins, T. A., 'The Whips in the Early-Victorian House of Commons', *Parliamentary History*, 19/2 (2000), 259–86.

Jones, David, 'Women and Chartism', *History*, 68 (February 1983), 1–21.

Jones, Gareth Stedman, 'Rethinking Chartism', in *Languages of Class: Studies in English Working Class History, 1832–1982* (Cambridge, 1983), 90–178.

Jones, H. S., 'The Idea of the Nation in Victorian Political Thought', *European Journal of Political Theory*, 5 (2006), 12–21.

Joyce, Patrick, 'The Constitution and the Narrative Structure of Victorian Politics', in James Vernon (ed.), *Re-Reading the Constitution: New Narratives in the Political History of England's Long Nineteenth-Century* (Cambridge, 1996), 179–203.

Jupp, Peter, 'The Landed Elite and Political Authority in Britain, ca. 1760–1850', *Journal of British Studies*, 29 (January 1990), 53–79.

Keane, J., 'Despotism and Democracy: The Origins and Development of the Distinction between Civil Society and the State, 1750–1850', in J. Keane (ed.), *Civil Society and the State* (1988), 35–71.

Kellas, James, 'The Liberal Party and the Scottish Church Disestablishment Crisis', *English Historical Review*, 79 (January 1964), 31–46.

Kidd, Colin, 'Sentiment, Race and Revival: Scottish Identities in the Aftermath of Enlightenment', in Laurence Brockliss and David Eastwood (eds), *A Union of Multiple Identities: The British Isles c.1750–c.1850* (Manchester, 1997), 110–26.

Kriegel, A. D., 'The Irish Policy of Lord Grey's Government', *English Historical Review*, 86 (1971), 22–45.

Kriegel, A. D., 'Liberty and Whiggery in Early Nineteenth-Century England', *Journal of Modern History*, 52 (1980), 253–78.

Kriegel, A. D., 'A Convergence of Ethics: Saints and the Whigs in British Anti-Slavery', *Journal of British Studies*, 26 (1987), 423–50.

Krein, David F., 'The Great Landowners in the House of Commons, 1833–85', *Parliamentary History*, 32/3 (May 2013), 460–76 <http://onlinelibrary.wiley.com/doi/10.1111/j.1750-0206.2013.00311.x/pdf> (accessed November 2014).

Langford, Paul, 'The English as Reformers', in T. C. W. Blanning and Peter Wende (eds), *Reform in Great Britain and Germany 1750–1850* (Oxford, 1999), 101–20.

Lawrence, Jon, 'Popular Radicalism and the Socialist Revival in Britain', *Journal of British Studies*, 31/2 (1992), 163–86.

Lawrence, Jon, 'Class and Gender in the Making of Urban Toryism, 1880–1914', *English Historical Review*, 428 (1993), 629–52.

Lawrence, Jon, 'Political History', in Stefan Burger, Heiko Feldner, and Kevin Passmore (eds), *Writing History: Theory and Practice* (2003), 183–22.

Lawrence, Jon, 'Paternalism, Class and the British Path to Modernity', in Simon Gunn and James Vernon (eds), *The Peculiarities of Liberal Modernity in Imperial Britain* (Berkeley, 2011), 147–64.

Lawrence, Jon, and Taylor, Miles, 'The Poverty of Protest: Gareth Stedman Jones and the Politics of Language—a Reply', *Social History*, 18/1 (1993), 1–15.

Laybourn, Keith, 'The Rise of Labour and the Decline of Liberalism: The State of the Debate', *History*, 80 (1995), 207–26.

Leighton, Denys P., 'T. H. Green and the Dissidence of Dissent: On Religion and National Character in Nineteenth-Century England', in Nancy LoPatin-Lummis (ed.), *Public Life and Public Lives: Politics and Religion in Modern British History* (Oxford, 2008), 43–56.

Lloyd, Trevor, 'Uncontested Seats in British General Elections 1852–1910', *Historical Journal*, 8/2 (1965), 260–5.

McCormack, Matthew, 'The Independent Man: Gender, Obligation and Virtue in the 1832 Reform Act', in Michael J. Turner (ed.), *Reform and Reformers in Nineteenth-Century Britain* (Sunderland, 2004), 25–42.

McCahill, Michael, and Wasson, Ellis Archer, 'The New Peerage: Recruitment to the House of Lords, 1704–1847', *Historical Journal*, 46/1 (2003), 1–38.

McWilliam, Rohan, 'Radicalism and Popular Culture: The Tichborne Case and the Politics of "Fair Play", 1867–1886', in Eugenio Biagini and Alaister J. Reid (eds), *Currents of Radicalism: Popular Radicalism, Organized Labour and Party Politics in Britain, 1850–1914* (Cambridge, 1991), 44–64.

McWilliam, Rohan, 'Melodrama and the Historians', *Radical History Review*, 78 (2000), 57–84.

Mandler, Peter, '"In the Olden Time": Romantic History and the English National Identity, 1820–1850', in Laurence Brockliss and David Eastwood (eds) *A Union of Multiple Identities: The British Isles c.1750–c.1850* (Manchester, 1997), 78–92.

Mandler, Peter, '"Race" and "Nation" in Mid-Victorian Thought', in Stefan Collini, Richard Whatmore, and Brian Young (eds), *History, Religion and Culture: British Intellectual History 1750–1950* (Cambridge, 2000), 224–44.

Mantena, Karuna, 'The Crisis of Liberal Imperialism', in Duncan Bell (ed.), *Victorian Visions of Global Order: Empire and International Relations in Nineteenth-Century Political Thought* (Cambridge, 2007), 113–35.

Meisel, Joseph, 'Humour and Insult in the House of Commons: The Case of Palmerston and Disraeli', *Parliamentary History*, 28/2 (2009), 228–45.
Millar, Gordon, 'The Conservative Split in the Scottish Counties, 1846–1857', *Scottish Historical Review*, 210 (2001), 221–50.
Miller, Henry, 'Popular Petitioning and the Corn Laws, 1833–1846', *English Historical Review*, 127 (2012), 882–919.
Miller, Henry, 'Radicals, Tories or Monomaniacs? The Birmingham Currency Reformers in the House of Commons, 1832–67', *Parliamentary History*, 31/3 (2012), 354–77.
Morrow, John, 'Romanticism and Political Thought in the Early Nineteenth-Century', in Gareth Stedman Jones and Gregory Claeys (eds), *The Cambridge History of Nineteenth-Century Political Thought* (Cambridge, 2013), 39–76.
Newbould, Ian, 'The Emergence of the Two-Party System in England from 1832–1841: Roll Call and Reconsideration', *Parliaments, Estates and Representation*, 5 (1985), 25–32.
Newbould, Ian, 'Sir Robert Peel and the Conservative Party, 1832–1841: A Study in Failure?', *English Historical Review*, 98 (1983), 529–57.
O'Gorman, Frank, 'Campaign Rituals and Ceremonies: The Social Meaning of Elections in England 1780–1860', *Past and Present*, 134 (1992), 79–115.
O'Leary, Sandra, 'Re-Thinking Popular Conservatism in Liverpool: Democracy and Reform in the Later Nineteenth-Century', in Michael J. Turner (ed.), *Reform and Reformers in Nineteenth-Century Britain* (Sunderland, 2004), 157–74.
Owen, James, 'Exporting the Westminster Model: MPs and Colonial Governance in the Victorian Era', *Britain and the World*, 7/1 (2014), 28–55.
Parry, Jonathan, 'The Disciplining of Religious Conscience in Nineteenth-Century British Politics', in Ira Katznelson and Gareth Stedman Jones (eds), *Religion and the Political Imagination* (Cambridge, 2010), 214–34.
Parry, Jonathan, 'The Decline of Institutional Reform in Nineteenth-Century Britain', in David Feldman and Jon Lawrence (eds), *Structures and Transformations in Modern British History* (Cambridge, 2011), 164–86.
Parry, J. P., 'The Impact of Napoleon III on British Politics, 1851–1880', *Transactions of the Royal Historical Society*, 6th ser., 11 (2001), 147–75.
Parry, Jonathan, 'Whig Monarchy, Whig Nation: Crown, Politics and Representativeness 1800–2000', in Andrzej Olechnowicz (ed.), *The Monarchy and the British Nation, 1780 to the Present* (Cambridge, 2007), 47–75.
Parry, Jonathan, 'Patriotism', in David Craig and James Thompson (eds), *Languages of Politics in Nineteenth-Century Britain* (Basingstoke, 2013), 69–92.
Parsons, Gerald, 'Biblical Criticism in Victorian Britain: From Controversy to Acceptance?', in Gerald Parsons (ed.), *Religion in Victorian Britain*, 4 vols (Manchester, 1988), ii. 238–57.
Pentland, Gordon, 'Scotland and the Creation of a National Reform Movement, 1830–1832', *Historical Journal*, 48/4 (2005), 999–1023.
Pentland, Gordon, 'The Debate on Scottish Parliamentary Reform, 1830–32', *Scottish Historical Review*, 48/4 (2006), 102–32.
Pentland, Gordon, 'By-Elections and the Peculiarities of Scottish Politics, 1832–1900', in T. G. Otte and Paul Readman (eds), *By-Elections in British Politics, 1832–1914* (Woodbridge, 2013), 273–91.
Phillips, John, 'England's "Other" Ballot Question: The Unnoticed Political Revolution of 1835', in Clyve Jones, Philip Salmon, and Richard W. Davis (eds), *Partisan Politics, Principle and Reform in Parliament and the Constituencies, 1689–1880* (Edinburgh, 2005), 139–63.

Philp, Mark, 'Talking about Democracy: Britain in the 1790s', in Joanna Innes and Mark Philp (eds), *Re-Imagining Democracy in the Age of Revolutions: America, France, Britain, Ireland 1750–1850* (Oxford, 2013), 101–13.

Pickering, Paul, '"And your Petitioner, &c": Chartist Petitioning in Popular Politics, 1838–1848', *English Historical Review*, 116 (April 2001), 368–88.

Pickering, Paul, '"The Hearts of Millions": Chartism and Popular Monarchism in the 1840s', *History*, 88 (April 2003), 227–48.

Pitts, Jennifer, 'Burke and the Ends of Empire', in David Dwan and Christopher J. Insole (eds), *The Cambridge Companion to Edmund Burke* (Cambridge, 2012), 145–55.

Plant, Raymond, 'A Public Service Ethic and Political Accountability', *Parliamentary Affairs*, 56 (2003), 560–79.

Plassart, Anna, 'Scottish Perspectives on War and Patriotism in the 1790s', *Historical Journal*, 57 (March 2014), 107–29.

Price, Richard, 'Historiography, Narrative, and the Nineteenth-Century', *Journal of British Studies*, 35 (April 1996), 220–56.

Pugh, Martin, 'Popular Conservatism in Britain: Continuity and Change, 1880–1987', *Journal of British Studies*, 27 (1988), 254–82.

Pugh, Martin, 'The Rise of Labour and the Political Culture of Conservatism, 1890–1945', *History*, 87 (2002), 514–37.

Quinault, Roland, '1848 and Parliamentary Reform', *Historical Journal*, 31/4 (1988), 831–51.

Quinault, Roland, 'The Cult of the Centenary, c.1784–1914', *Historical Research*, 71 (1998), 314–23.

Quinault, Roland, 'Westminster and the Victorian Constitution', *Transactions of the Royal Historical Society*, 6th ser., 11 (1992), 79–104.

Randall, Timothy, 'Chartist Poetry and Song', in Owen Ashton, Robert Fyson, and Stephen Roberts (eds), *The Chartist Legacy* (Woodbridge, 1999), 171–95.

Raven, James, 'British History and the Enterprise Culture', *Past and Present*, 123/1 (1989), 178–204.

Readman, Paul, 'The 1895 General Election and Political Change in Late Victorian Britain', *Historical Journal*, 42/2 (1999), 467–93.

Readman, Paul, 'The Place of the Past in English Culture c.1890–1914', *Past and Present*, 186 (February 2005), 147–99.

Rendall, Jane, 'Citizenship, Culture and Civilization: The Languages of British Suffragists, 1866–1874', in Caroline Daly and Melanie Nolan (eds), *Suffrage and Beyond: International Feminist Perspectives* (New York, 1994), 127–50.

Rendall, Jane, 'The Citizenship of Women and the Reform Act of 1867', in Catherine Hall, Keith McClelland, and Jane Rendall (eds), *Defining the Nation: Class, Race and Gender in the British Reform Act of 1867* (Cambridge, 2000), 119–78.

Rix, Kathryn, '"Go Out into the Highways and the Hedges": The Diary of Michael Sykes, Conservative Political Lecturer, 1895 and 1907–8', *Parliamentary History*, 20/2 (2001), 209–31.

Rix, Kathryn, 'Hidden Workers of the Party: The Professional Liberal Agents, 1885–1910', *Journal of Liberal History*, 52 (Autumn 2006), 4–13.

Rix, Kathryn, '"The Elimination of Corrupt Practices in British Elections?" Reassessing the Impact of the 1883 Corrupt Practices Act', *English Historical Review*, 123 (2008), 65–97.

Rix, Kathryn, 'By-Elections and the Modernization of Party Organization, 1867–1914', in T. G. Otte and Paul Readman (eds), *By-Elections in British Politics, 1832–1914* (2013), 151–75.

Roberts, Matthew, 'Constructing a Tory World-View: Popular Politics and the Conservative Press in Late Victorian Leeds', *Historical Research*, 79 (2006), 115–43.
Roberts, Matthew, '"Villa-Toryism" and Popular Conservatism in Leeds, 1885–1902', *Historical Journal*, 49 (2006), 217–46.
Roberts, Matthew, 'Popular Conservatism in Britain, 1832–1914', *Parliamentary History*, 26/3 (2007), 387–410.
Roberts, Matthew, 'Resisting "Arithmocracy": Parliament, Community, and the Third Reform Act', *Journal of British Studies*, 50/2 (April 2011), 381–409.
Rubenstein, W. D., 'Wealth Elites and the Class Structure of Modern Britain', *Past and Present*, 76 (1977), 99–126.
Rubenstein, W. D., 'Gentlemanly Capitalism and British Industry', *Past and Present*, 132 (1991), 151–70.
Rubenstein, W. D., 'The Structure of Wealth-Holding in Britain, 1809–39: A Preliminary Anatomy', *Historical Research*, 65 (1992), 74–89.
Sack, J. J., 'The Memory of Burke and the Memory of Pitt: English Conservatism Confronts its Past, 1806–1829', *Historical Journal*, 30/3 (1987), 623–40.
Salmon, Philip, 'Electoral Reform and the Political Modernization of England, 1832–1841', *Parliaments, Estates and Representation*, 23/1 (2003), 49–67.
Salmon, Philip, '"Reform Should Begin at Home": English Municipal and Parliamentary Reform', in Clyve Jones, Philip Salmon, and Richard W. Davis (eds), *Partisan Politics, Principles and Reform in Parliament and the Constituencies, 1689–1880* (Edinburgh, 2005), 93–113.
Salmon, Philip, 'The House of Commons, 1801–1911', in Clyve Jones (ed.), *A Short History of Parliament: England, Great Britain, the United Kingdom, Ireland and Scotland* (Woodbridge, 2009), 249–70.
Salmon, Philip, '"Plumping Contests": The Impact of By-Elections on English Voting Behaviour, 1790–1868', in T. G. Otte and Paul Readman (eds), *By-Elections in British Politics, 1832–1914* (2013), 23–50.
Saunders, Robert, 'Lord John Russell and Parliamentary Reform, 1848–67', *English Historical Review*, 120 (2005), 1289–315.
Saunders, Robert, 'Chartism from Above: British Elites and the Interpretation of Chartism', *Historical Research*, 81 (2008), 463–84.
Saunders, Robert, 'Democracy', in David Craig and James Thompson (eds), *Languages of Politics in Nineteenth-Century Britain* (Basingstoke, 2013), 142–67.
Shannon, Richard, 'John Robert Seeley and the Idea of a National Church', in Robert Robson (ed.), *Ideas and Institutions of Victorian Britain* (1967), 236–67.
Simms, Brendan, 'Reform in Britain and Prussia, 1797–1815: (Confessional) Fiscal–Military State and Military Agrarian Complex', in T. C. W. Blanning and Peter Wende (eds), *Reform in Great Britain and Germany 1750–1850* (Oxford, 1999), 79–100.
Skinner, Simon, 'Religion', in David Craig and James Thompson (eds), *Languages of Politics in Nineteenth-Century Britain* (Basingstoke, 2013), 93–117.
Sperber, Jonathan, 'Reforms, Movements for Reform, and Possibilities of Reform: Comparing Britain and Continental Europe', in Arthur Burns and Joanna Innes (eds), *Rethinking the Age of Reform, Britain 1780–1850* (Cambridge, 2003), 312–30.
Stapleton, Julia, 'Political Thought and National Identity in Britain, 1850–1950', in Stefan Collini, Richard Whatmore, and Brian Young (eds), *History, Religion and Culture: British Intellectual History 1750–1950* (Cambridge, 2000), 245–69.
Taylor, Anthony, 'Palmerston and Radicalism, 1847–1865', *Journal of British Studies*, 33/2 (1994), 157–79.

Taylor, Anthony, 'Republicanism Reappraised: Anti-Monarchism and the English Radical Tradition, 1850–1872', in James Vernon (ed.), *Re-Reading the Constitution: New Narratives in the Political History of England's Long Nineteenth Century* (Cambridge, 1996), 154–78.

Taylor, Miles, 'Imperium et Libertas? Rethinking the Radical Critique of Imperialism during the Nineteenth Century', *Journal of Imperial and Commonwealth History*, 19/1 (1991), 1–23.

Taylor, Miles, 'Rethinking the Chartists: Searching for a Synthesis in the Historiography of Chartism', *Historical Journal*, 39/2 (1996), 479–95.

Taylor, Miles, 'Interests, Parties and the State: The Urban Electorate in England, c.1820–72', in Jon Lawrence and Miles Taylor (eds), *Party, State and Society: Electoral Behaviour in Britain since 1820* (Aldershot, 1997), 50–78.

Taylor, Miles, 'The Six Points: Chartism and the Reform of Parliament', in Owen Ashton, Robert Fyson, and Stephen Roberts (eds), *The Chartist Legacy* (Woodbridge, 1999), 1–23.

Taylor, Miles, 'The 1848 Revolutions and the British Empire', *Past and Present*, 166 (2000), 146–80.

Taylor, Miles, 'Empire and Parliamentary Reform: The 1832 Reform Act Revisited', in Arthur Burns and Joanna Innes (eds), *Rethinking the Age of Reform: Britain 1780–1850* (Cambridge, 2003), 295–311.

Taylor, Miles, 'Queen Victoria and India, 1837–61', *Victorian Studies*, 46 (2004), 264–74.

Thomas, William, 'The Philosophic Radicals', in Patricia Hollis (ed.), *Pressure from without in Early Victorian England* (1974), 52–79.

Thomas, William, 'Religion and Politics in the *Quarterly Review*, 1809–1853', in Stefan Collini, Richard Whatmore, and Brian Young (eds), *History, Religion and Culture: British Intellectual History 1750–1950* (Cambridge, 2000), 136–55.

Thompson, E. P., 'The Peculiarities of the English', *Socialist Register* (1965), 311–62.

Tosh, John, 'Gentlemanly Politeness and Manly Simplicity in Victorian England', *Transactions of the Royal Historical Society*, 6th ser., 12 (2003), 455–72.

Wahrman, Dror, '"Middle-Class" Domesticity goes Public: Gender, Class and Politics from Queen Caroline to Queen Victoria', *Journal of British Studies*, 32/2 (1993), 396–432.

Wahrman, Dror, 'The New Political History', *Social History*, 21 (1996), 343–54.

Wasserman, Justin, and Jaggard, Edwin, 'Electoral Violence in Mid Nineteenth-Century England and Wales', *Historical Research*, 80 (2007), 124–55.

Wasson, E. A., 'The House of Commons, 1660–1945: Parliamentary Families and the Political Elite', *English Historical Review*, 106 (1991), 635–51.

Wilson, Jon, 'The Silence of Empire: Imperialism and India', in David Craig and James Thompson (eds), *Languages of Politics in Nineteenth-Century Britain* (Basingstoke, 2013), 218–41.

Winch, Donald, 'The System of the North: Dugald Stewart and his Pupils', in S. Collini, D. Winch, and J. Burrow (eds), *That Noble Science of Politics: A Study in Nineteenth-Century Intellectual History* (Cambridge, 1983), 23–62.

Worden, Blair, 'The Victorians and Oliver Cromwell', in Stefan Collini, Richard Whatmore, and Brian Young (eds), *History, Religion and Culture: British Intellectual History 1750–1950* (Cambridge, 2000), 122–35.

Yeo, Eileen Janes, 'Christianity in Chartist Struggle, 1838–1842', *Past and Present*, 91 (1981), 109–39.

Zimmerman, Kirsten, 'Liberal Speech, Palmerstonian Delay and the Passage of the Second Reform Act', *English Historical Review*, 118 (2003), 1176–207.

未刊发的学位论文

Bylsma, J. R., 'Political Issues and Party Unity in the House of Commons 1852–1857: A Scalogram Analysis', unpublished Ph.D. thesis, University of Iowa, 1968.

Gurowich, P. M., 'Party and Independence in the Early and Mid-Victorian House of Commons: Aspects of Political Theory and Practice, 1832–68, Considered with Special Reference to the Period 1852–68', Ph.D. thesis, University of Cambridge, 1986.

Kelvin, P., 'The Development and Use of the Concept of the Electoral Mandate in British Politics, 1867–1911', unpublished Ph.D. thesis, University of London, 1977.

Rix, Kathryn, 'The Party Agent and English Electoral Culture, 1880–1906', unpublished Ph.D. thesis, University of Cambridge, 2001.

Sheets, Diana Elaine, 'British Conservatism and the Primrose League: The Changing Character of Popular Politics, 1883–1901', unpublished Ph.D. thesis, Columbia University, 1986.

Thevoz, Seth, 'The Political Impact of London Clubs, 1832–1868', unpublished Ph.D. thesis, University of Warwick, 2014.

Watt, R. G., 'Parties and Politics in Mid-Victorian Britain, 1857–1859: A Study in Quantification', unpublished Ph.D. thesis, University of Minnesota, 1975.

Woodberry, Richard, 'Redistribution and the Second Reform Act: The Intended and Unintended Electoral Effects on the Balance of Political Parties', unpublished Ph.D. thesis, University of Bristol, 2007.

参考资料

Craig, F. W. S. (ed.), *British Parliamentary Election Results, 1832–1885* (1977).

Crowson, N. J. (ed.), *The Longman Companion to the Conservative Party since 1830* (2001).

Rallings, C., and Thrasher, M. (eds), *British Electoral Facts 1832–2006* (Aldershot, 2007).

Young, G. M., and Hancock, W. D. (eds), *English Historical Documents 1833–1874* (1956).

索 引[*]

Aberdeen 阿伯丁 201

Aberdeen, 4th Earl of 阿伯丁爵四世伯爵 67,118,124,128,130,138,177,194,198,244

Abergavenny, 5th Earl of 阿伯加文尼五世伯爵 290,364

Abroath 阿布罗斯 201

Act of Union 1707 1707 年《合并法》32,44,78

Act of Union 1800 1800 年《合并法》24,33,62,78,102,150,205,206

Acton, Lord 阿克顿勋爵 226,336

Adam, W. P. 亚当 296

Adare, Viscount 阿代尔子爵 196

Adderley, Charles（cr. Lord Norton 1878）查尔斯·阿德利（1878 年被封为诺顿勋爵）266

Addington, Henry（cr. Viscount Sidmouth 1805）亨利·埃丁顿（1805 年被封为西德茅斯子爵）84,128

Aglionby, Henry 亨利·阿格莱昂比 172

Ainsworth, William Harrison 威廉·哈里森·安斯沃斯 3

Albert, Prince 阿尔伯特亲王 29,123,125,137,200,216,240,343

Alexander, Samuel 塞缪尔·亚历山大 332

Alison, Archibald 阿奇博尔德·阿里森 55,182

Althorp, Lord（styled Earl Spencer from 1834）奥尔索普勋爵（1834 年起被称为斯宾塞伯爵）56,73,76,91,106,108,111,116,117,155

Anderson, Perry 佩里·安德森 18,19,387

Anti-Corn Law League 反谷物法联盟 23,61,90,141,146-147,148,151,169,191,200,239,296

Anti-slavery 反对奴隶制 61,82,85,369

Arbuthnot, Charles 查尔斯·阿巴斯诺特

---

[*] 此处页码为原书页码，即本书边码。索引中译文补充和纠正了英文原著中漏掉和错误的词条页码。

66

Argyll, 8th Duke of 阿盖尔八世公爵 198, 273, 347

Aristotle 亚里士多德 34

Arlington 阿灵顿 323

Arnold, Matthew 马修·阿诺德 25, 57, 107, 226, 227, 229, 233-234, 253, 336, 349, 351-352

Arnold, Thomas 托马斯·阿诺德 218-219, 229-370

Arundel 阿伦德尔 158

Ashburton 阿什伯顿 170

Ashley, Lord 阿什利勋爵 125

Asquith, Herbert 赫伯特·阿斯奎斯 349

Athens 雅典 140, 225, 232

Attwood, Thomas 托马斯·阿特伍德 144, 186, 191, 200

Auckland, Lord 奥克兰勋爵 111

Austin, John 约翰·奥斯汀 227

Australia 澳大利亚 46, 224, 225, 226, 252, 281

Austria 奥地利 18, 33, 59, 226

Aylesbury 艾尔斯伯里 296

Ayr District 埃尔区 201

Ayrton, Acton 阿克顿·艾尔顿 260

Babbington, William 威廉·巴宾顿 353

Bagehot, Walter 沃尔特·白芝浩 7, 8, 10, 11, 25-26, 45, 52, 55, 56, 85, 105, 112, 113, 124, 131, 133, 224, 225, 226, 237, 238-241, 266, 267-268, 270, 273, 301-302, 306, 339, 340-341, 374, 378, 379, 387

Bagwell, John 约翰·巴格韦尔 208-209

Baines, Edward 爱德华·贝恩斯 119

Baird, James 詹姆士·贝尔德 201

Balfour, A. J. 贝尔福 339, 359, 362, 363, 386

Ball, Nicholas 尼古拉斯·巴尔 209

ballot, the secret 1872 无记名投票, 秘密; see also the Parliamentary and Municipal Elections Act, 也参见 1872 年《议会和市政选举法》 26, 139, 143, 148, 149, 150, 168, 170, 172, 191, 193, 207, 216, 247, 250, 254, 278-283

Banbury 班伯里 120

Bandon 班登 210-211

Bandon, Earl of 班登伯爵 211

Banffshire 班夫郡 198

Bank Act 1844 1844 年《银行法》 175

Baring, Alexsander (cr. Lord Ashburton 1835) 亚历山大·巴林 (1835 年被封为阿什伯顿勋爵) 118

Barnsley 巴恩斯利 189

Barron, Pierce 皮尔斯·巴伦 208

Barry, Sir Charles 查尔斯·巴里爵士 29, 31, 112, 115

Barry, Charles 查尔斯·巴里 208

Bass, Michael 迈克尔·巴思 184

Bateman, John 约翰·贝特曼 338

Bath 巴斯 89, 172

Baxter, William 威廉·巴克斯特 202

Beales, Edmond 埃德蒙·比尔斯 250, 253

Bedfordshire 贝德福德郡 184

Belfast 贝尔法斯特 96, 313

Belgium 比利时 18, 30, 226

Bentham, Jeremy 杰里米·边沁 5, 8, 38, 57, 74, 139-140, 231

Beresford, William 威廉·贝雷斯福德 158

Berkeley, Francis 弗朗西斯·伯克利 280,281

Berkshire 伯克郡 90,184

Berlin 柏林 215,300

Bernard, Henry 亨利·伯纳德 211

Berwick-upon-Tweed 特维德河畔的伯里克 165

Besant, Annie 安妮·贝桑 335,341

Bessborough, 5th Earl of 贝斯伯乐五世伯爵 127

Beverley 贝弗利 277,281

Biggar, Joseph 约瑟夫·比格 113,305

Biggs, Jacob 雅各·比格斯 211

Biggs, William 威廉·比格斯 168

Birkenhead 伯肯黑德 262,355

Birmingham 伯明翰 75,79,92,168,185-186,191,200,247,249,253,261,262,264,274,275,294,299,308,309,310,312,315,322,328,337,339,348,356,362

Birmingham Political Union 伯明翰政治联盟 9,75,85,369

Blackburn 布莱克本 85,92,264,281

Blackstone, Sir William 威廉·布莱克斯通爵士 35,38,131

Bodmin 博德明 170

Bolton 博尔顿 92,140,249,264,281

Bonham, Francis 弗朗西斯·博纳姆 135,174

Borthwick, Algernon 阿尔杰农·博思威克 312

Boston 波士顿 95

Bowles, Thomas Gibson 托马斯·吉布森·鲍尔斯 312

Bowring, Sir John 约翰·鲍林爵士 140,148

Bradford 布拉德福德 140,169,189,220,247,277,294,339,354,356

Bradlaugh, Charles 查尔斯·布拉德洛 9,311,334,346

Brand, Henry (cr. Viscount Hampden 1884) 亨利·布兰德（1884年被封为汉普登子爵）282

Breconshire 布雷肯郡 195

Bridgewater, Duke of 布里奇沃特公爵 49

Bridgewater 布里奇沃特 277,278

Bright, John 约翰·布赖特 24,56,100,113,119,120,140-141,146,147,148-149,151,152,170,172,190,191,215,233,246-247,248-249,250,251,252,253,254,255,257,260,270,273,280-281,282,283,286,304,308,311,319,357,370,371,374,376

Brighton 布赖顿 90,142,156,184-185,189,190

Bristol 布里斯托尔 67,70,85,88,100,156,165,169,181,183,189,280,281,339

Brooker, Charles 查尔斯·布鲁克 142

Brooks's 布鲁克斯俱乐部 120

Brougham, Henry (cr. Lord Brougham 1830) 亨利·布鲁厄姆（1830年被封为布鲁厄姆勋爵）1,42,51,53,55,70,85,86,107,112,113,150,159,173,227,279,370

Bruce, H. A. 布鲁斯 281-228

Bryce, James 詹姆斯·布赖斯 232,340

Buccleuch,5th Duke of 巴克卢五世公爵 78,198,338

Buckingham 白金汉 89, 182
Buckinghamshire 白金汉郡 184, 267
Buckland, William 威廉·巴克兰 236
Budapest 布达佩斯 215
Bulgarian Agitation 保加利亚暴动 297-300, 309, 350, 380
Bulgarian Atrocities 保加利亚惨案 297-300, 309, 350, 380
Bull, John 约翰牛 6, 74
Buller, Charles 查尔斯·布勒 148
Bunyan, John 约翰·班扬 4, 139, 368
Burke, Edmund 埃德蒙·柏克 5, 12, 13, 21, 31, 39-42, 46, 52, 53, 69-70, 113, 125, 158, 172, 221, 237, 348, 349, 371
Burt, Thomas 托马斯·伯特 296
Bury 贝里 92
Bute, 2nd Marquess of 比特二世侯爵 50, 77, 195, 207
Bute, 3rd Marquess of 比特三世侯爵 338
Butler, Bishop 毕肖普·巴特勒 47
Byron, Lord 拜伦勋爵 140, 222

Cabinet 内阁 66, 73, 115, 128, 131-132, 239-240, 302, 315, 329, 384
Caernarvonshire 卡那封郡 195
Cairns, Sir Hugh (cr. Earl Cairns 1867) 休·凯恩斯爵士（1867年被封为凯恩斯伯爵） 260-261, 274, 284, 321
Cambridge 剑桥 290
Cambridge University 剑桥大学 118, 147, 285, 306
Cambridgeshire 剑桥郡 170
Candlish, John 约翰·坎德利什 191
Canning, George 乔治·坎宁 53, 72, 158
Canterbury 坎特伯雷 169, 182, 189

Cardiff 卡迪夫 50, 195, 337
Cardiganshire 卡迪根郡 195
Cardwell, Edward 爱德华·卡德维尔 119
Carew, Robert 罗伯特·卡鲁 207
Carlisle 卡莱尔 162, 167, 189-190
Carlisle, 7th Earl of (styled Lord Morpeth 1825-64) 卡莱尔七世伯爵（1825—1864年被称为莫佩思勋爵） 95, 111
Carlow 卡洛 203
Carlton Club 卡尔顿俱乐部 105, 120, 174, 180, 257, 312
Carlyle, Thomas 托马斯·卡莱尔 25, 42, 105, 145, 219, 222-223, 228, 229, 233, 234, 331, 349, 352
Carmarthen 卡马森 92, 195
Carnarvon, 4th Earl of 卡那封四世伯爵 257, 258, 274, 284, 314
Carpenter, William 威廉·卡彭特 238
Cashel 卡舍尔 210
Catholic Association 天主教协会 13, 78, 79, 207
Catholic Emancipation 天主教解放 9, 34, 68, 69, 72, 79, 82, 84, 209, 369, 372
Catholic Relief Act 1793 1793年《天主教救济法》
Catholicism 天主教; see also Catholic Emancipation 也参见天主教解放 8-9, 13-14, 24, 32, 33-34, 41, 62, 65, 72, 74, 77, 78-79, 83, 84, 113, 136, 158, 163, 200, 202-210, 213, 214, 215, 218, 220, 226, 295, 323, 346, 369, 370, 382
'caucus' politics "党团"政治 80, 159, 232, 294, 307, 309, 310, 314, 315, 326, 328, 348, 359, 364, 381, 384

Cavan 卡文 203

Cawdor, Baron 巴龙·考德 77

Cecil, Lord Robert 罗伯特·塞西尔勋爵；see also Lord Salisbury 参见索尔兹伯里勋爵

Central Conservative Society of Ireland 爱尔兰中央保守协会 204, 207, 211, 290

Chadwick, Edwin 埃德温·查德威克 220

Chalmers, Patrick 帕特里克·查默斯 201

Chalmers, Thomas 托马斯·查默斯 47, 199

Chamberlain, Joseph 约瑟夫·张伯伦 27, 294, 299, 307, 308 – 311, 312, 313, 319, 324, 326, 327, 329, 344, 345 – 346, 347, 348, 349, 363, 364, 375, 383

Chambers, Robert 罗伯特·钱伯斯 235, 236, 373

Charles I, King 国王查理一世 4

Chartism 宪章运动 9, 14, 23, 141 – 146, 189, 192, 200, 213, 216, 219, 220, 222, 223, 228, 333, 355, 356

Chatham 查塔姆 92, 156, 355

Chelmsford, 1st Baron 切姆斯福德一世男爵 119

Cheltenham 切尔滕纳姆 92, 156

Chenery, Thomas 托马斯·切纳里 312

Cheshire 柴郡 80, 276

Chesterfield 切斯特菲尔德 355

Chippenham 奇彭纳姆 95

Christian Social Union 基督教社会联盟 331

Christian Socialism 基督教社会主义 228, 330, 333, 334, 356

Church of England 英格兰教会 4, 8, 9, 17, 18, 32, 33, 34, 35, 61, 62, 71, 75, 76, 83 – 84, 85, 97, 100, 102, 135, 147 – 148, 151, 163, 182, 183, 185 – 186, 202, 214, 220, 227, 228, 243, 294, 297, 309, 323, 330, 346, 356, 363, 368, 369, 370, 381

Church of Ireland 爱尔兰教会 9, 84, 85, 97, 99, 108, 116, 129, 163, 202, 205 – 206, 211, 219, 263, 294, 306, 369, 372, 374, 377, 380

Church of Scotland 苏格兰教会 33, 96, 199, 202, 213, 214, 353

Church of Wales 威尔士教会 214

Churchill, Lord Randolph 伦道夫·丘吉尔勋爵 27, 301, 308, 311 – 313, 324, 327, 361, 383

'civil society' "公民社会" 12, 20, 21 – 22, 42, 43, 57 – 61, 64, 341

Clare 克莱尔 79, 203

Clarendon, 1st Earl of 克拉伦登伯爵一世 36

Clarendon, Lady 克拉伦登夫人 117

Clarendon, 4th Earl of 克拉伦登四世伯爵 67, 111, 268

Clontarf 克朗塔夫 206

Cobbett, William 威廉·科贝特 5, 70, 140

Cobden, Richard 理查德·科布登 100, 113, 128, 130, 146 – 147, 148, 149, 151, 169, 170, 185, 190, 215, 243, 249 – 250, 315, 369, 371, 376, 377

Cockburn, Lord 科克本勋爵 96

Cockermouth 科克茅斯 172, 184, 280

Coke, Sir Edward 爱德华·科克爵士 124

Colchester 科尔切斯特 156, 169

Colenso, Bishop 科伦索主教 228

Coleridge, Samuel 塞缪尔·柯勒律治 25,

63,221,222,234,329-330,331,340
Colville, 11th Lord 科尔维尔十一世勋爵 127
Combe, George 乔治·库姆 146
Comte, Auguste 奥古斯特·孔德 332,340
Congreve, Richard 理查德·康格里夫 332,340
Coningham, William 威廉·科宁汉 190
Conservative Central Office 保守党中央办公室 26,291,292,312,325
Conservative Club 保守派俱乐部 120
Conspiracy Act 1794 1794年《阴谋法》7
Contagious Diseases Act 1869 1869年《传染病法》295,343,358
Copeland, William 威廉·科普兰 162,185
Copleston, Revd. Edward 爱德华·科普尔斯顿牧师 47
Cork 科克 209,210,211
Corn Laws, repeal of 1846 1846年《谷物法》被废除 17,147,216,223,243,269,318,370,373
Corrupt and Illegal Practices Prevention Act 1883 1883年《预防腐败与非法行为法》320-321,325
Corrupt Practices Prevention Act 1854 1854年《预防腐败行为法》166,277,278
County Durham 达勒姆郡 80,89,90,285
Coventry 考文垂 88,172
Cox, E. W. 考克斯 160,162
Cox, Homersham 霍默山姆·考克斯 227
Cox, William 考克斯·威廉 184
Cranborne, Lord 克兰伯恩勋爵; see Lord Salisbury 参见索尔兹伯里勋爵
Crawford, William 威廉·克劳福德 190
Crick, Bernard 伯纳德·克里克 15

Criminal Law Amendment Act 1885 1885年《刑法修正案》344
Crofter's Holding Act 1886 1886年《自耕农持有法》353
Cromwell, Oliver 奥利弗·克伦威尔 4,222
Crystal Palace 水晶宫 218,291,293,297,343
Cumberland 坎伯兰 80

Dalrymple, Sir Adolphus 阿道弗斯·达尔林普尔爵士 184,190
Darwin, Charles 查尔斯·达尔文 19,25,229,235,236,237,238,241,349,356,373,374
Daunt, William 威廉·当特 209
Davenport, John 约翰·达文波特 185
Delane, John 约翰·德莱恩 256
Denbigh 登比 92
Denison, John Evelyn(cr. Viscount Ossington 1872)约翰·伊芙琳·丹尼森（1872年被封为奥辛顿子爵）127
Denmark 丹麦 19,225
Deptford 德特福德 355
'Derby Dilly' "了不起的德比" 108,109
Derby 德比 67,88,184,186,189,190
Derby, 14th Earl of (syled Lord Stanley 1834-44 and Lord Stanley of Bickerstaffe 1844-51) 德比十四世伯爵（1834—1844年被称为斯坦利勋爵，1844—1851年被称为比克斯塔夫的斯坦利勋爵）49,67,104,107,108,109,110,111,116,118,119,122,123,127,130,137,198,204,206,207,208,227,243,244,246,253-

258, 259, 260-261, 265, 266-267, 268, 269, 274, 290, 291, 295, 375, 376, 377, 386

Derby, 15th Earl of (styled Lord Stanley 1844-69) 德比十五世伯爵（1844—1869 年被称为斯坦利勋爵），116, 122, 260, 266, 291, 318, 327

Derbyshire 德比郡 184, 186

Devonport 德文波特 156

Devonshire 德文郡 170

Devonshire, 6th Duke of 德文郡六世公爵 118, 206, 208

Devonshire, 7th Duke of 德文郡七世公爵 338

Dickens, Charles 查尔斯·狄更斯 2, 141, 145, 248, 349

Dicey, A. V. 戴雪 5, 38-39, 231, 317, 340, 348

Dilke, Charles 查尔斯·迪尔克 194, 275-276, 288, 311, 322, 349, 351, 352, 353, 376

Dillwyn, Lewis Llewellyn 刘易斯·卢埃琳·迪尔温 196

Dillwyn, Lewis Weston 刘易斯·韦斯顿·迪尔温 196

Dislaeli, Benjamin(cr. Earl of Beaconsfield 1876) 本杰明·迪斯雷利（1876 年被封为比肯斯菲尔德伯爵）6, 7, 9, 26, 42, 113, 114, 116, 117-118, 119, 120, 123, 128, 130, 137, 145, 146, 157, 158, 168, 213, 227, 244, 253-254, 255, 256, 257, 258-265, 266-267, 268, 271, 274, 275, 283, 284, 287, 290, 291, 292-293, 297, 299, 300, 301, 302, 303, 306-307, 311, 312, 318, 323, 328, 340, 343, 352, 374, 377, 380, 383

Dissent, see Nonconformism 异见，参见不从国教论

Divorce (Matrimonial Causes) Act 1857 1857 年《离婚法（女方原因）》357

Dorchester 多切斯特 264

Dorset 多塞特 80

Dover 多佛 156

Doyle, John 约翰·多伊尔 106

Drummond, Henry 亨利·德拉蒙德 100

Dublin 都柏林 96, 206, 290, 319

Dudley, Lord 达德利勋爵 42

Dumfries District 邓弗里斯区 201

Duncombe, Thomas 托马斯·邓库姆 148

Dundee 邓迪 201, 202, 339

Dungarvan 邓加文 203, 207, 208

Dunkellin, Lord 邓克林勋爵 130, 252,

Durham 达勒姆 88, 183, 184, 185, 189

Durham, Lord (styled Earl of Durham from 1833) 达勒姆勋爵（自 1833 年起称为达勒姆伯爵）87, 111, 120

Ebrington, Lord 埃布林顿勋爵 76, 108, 148, 189

Ecclesiastic Duties and Revenues Act 1840 1840 年《教会职责和收入法》100

Ecclesiastical Titles Act 1851 1851 年《教会头衔法》200, 207, 210, 213

Edinburgh 爱丁堡 12, 42, 99, 142, 199, 201, 267, 273

Edinburgh Review《爱丁堡评论》7, 42, 57, 70, 83, 97, 138, 171, 239, 373

Education 教育 9, 43, 100, 105, 148, 152, 192, 193, 200, 201, 222, 230, 231, 283-284, 306, 307, 326, 331, 339,

363,364,372

Education Act 1839 1839年《教育法》100,372

Education Act 1870 1870年《教育法》9,283,339

Education Act 1902 1902年《教育法》339

Egremont, Earl of 埃格雷蒙伯爵 184

Elcho, Lord(9th Earl of Wemyss from 1883)埃尔科勋爵（1833年起为威姆斯伯爵）252

Elections 选举; see also General Elections 也参见大选

 electoral expenses 选举费用 80,91,93,128,161,277,282,283,284,320-321

 electoral 'influence' 选举影响 71,77,79,89,91,95,157,161,163,166,174,217

 electoral mandate 选举授权 70,97,170,172,302,303,314-315,326

 election petitions 选举请愿 120,166,167,278,285,321

 election rituals 选举仪式 160-162

 electoral violence and corruption 选举暴力与腐败 78,157,163-167,203,277-278,281,320-321

Elgin, 8th Earl of 埃尔金八世伯爵 76

Eliot, George 乔治·艾略特 52,63,107,155,160,223,229,239,351

Elizabeth I, Queen 女王伊丽莎白一世 31

Ellice, Edward 爱德华·埃利斯 116,119,120,172-173,189

Empire 帝国 18,19,45-46,49,96,123,126,200,265,291-293,297,325,343,344,345,346,347,348-353,361,363,364,365,370,380,381

Engels, Friedrich 弗里德里希·恩格斯 48,296-297,334,335,355

Entwistle, John 约翰·恩特威斯尔 185

Escott, T. H. S. 埃斯科特 269,326

Essex 埃塞克斯 158,276

Esmonde, John 约翰·埃斯蒙德 207

Evangelicalism 福音派 22,47,66,75-76,84,96,140,148,199,201-206,219-220,232,330,334

Evans, Col. De Lacy 德拉西·伊万斯上校 193

Ewart, William 威廉·尤尔特 148

Fabianism 费边主义 334-335,341,355,356,357,382

Factory Act 1833 1833年《工厂法》96,99

Faithful, George 190 乔治·费斯富尔 190

Falkirk 福尔柯克 201

Fawcett, Henry 亨利·福西特 251

Fenton, John 约翰·芬顿 190

Fenwick, Henry 亨利·芬威克 191

Ferguson, Adam 亚当·弗格森 12,42,47

Fielden, Joshua 乔舒亚·菲尔登 286

Fife, 6th Earl,(cr. Duke of Fife 1889）法伊夫六世伯爵（1889年被封为法伊夫公爵）314

Financial Reform Association 财政改革协会 147

Finsbury 芬斯伯里 192,260,276

Fitzwilliam,4th Earl 费兹威廉四世伯爵 77

Fitzwilliam, 5th Earl, (styled Lord Milton prior to 1833）费兹威廉五世伯爵,(1833年前称为米尔顿勋爵) 50,76

Fitzwilliam, 6th Earl (styled Lord Milton prior to 1857) 费兹威廉六世伯爵,

（1857年前称为米尔顿勋爵）338
Flintshire 弗林特郡 195
Forfarshire 福弗尔郡 198
Forster, W. E. 福斯特 9,284,285,311, 339,351
Fox, Charles James 查尔斯·詹姆斯·福克斯 42
Fox, William 威廉·福克斯 148
France 法国 1,5,13,18,21,25,30,31,33, 39,46,49,50,51,52,56,59,60,71, 133,215,224,225,226,227,252, 278,334,336
Francis, G. H. 弗朗西斯 113,114
Frankfurt 法兰克福 215
Free Trade 自由贸易 17,19,47,102,104, 115,141,146-147,148,160,163, 165,172,185,188,190,200,217, 223,231,243,244,345-346,351, 354,369,371,373,376
Free Trade Club 自由贸易俱乐部 120
Freeman, E. A. 弗里曼 4,10
Frome 弗洛姆 92,166
Froude, J. A. 弗劳德 222,228,303,351, 352,353

Galway 戈尔韦 79,96
Galwey, John 约翰·高尔韦 207
Gash, Norman 诺曼·加什 15
Gaskell, Elizabeth 伊丽莎白·加斯克尔 145
Gateshead 盖茨黑德 262
General Elections 大选：
　1820 77,79,81
　1830 73,77,79,84,85,95,159,167
　1832 166,174,180,181,195
　1835 166,174,179,180,195
　1837 102,166,174,180,181,203
　1841 102,135,166,174,177,178,180, 181,201,203,212
　1847 9,102,148,163,166,178,179, 180,195,201,203,212,287
　1852 163,166,180,203,212,214
　1857 24,102,166,167,178,179,180, 193,194,212,213,287,296
　1859 166,167,178,180,193,195,198, 204,212,213,288,289,296
　1865 24,104,128,167,180,193,195- 196,197,201,213,244,288,289, 296
　1868 167,196,214,264,265,274,277, 280-281,287,288,289,291,295, 325
　1874 265,285,287,288,289,294,301, 310,325,379,384
　1880 285,288,289,300,320,321,325, 379
　1885 288,289,344,353
George III, King 国王乔治三世 34,66, 69,125
George IV, King 国王乔治四世 66,72,74
Germany 德国 18,56,223,225,334,337
Gibson, Thomas Milner 托马斯·米尔纳·吉布森 130,148,376
Gilbert, W. S. 吉尔伯特 304
Gladstone, Thomas 托马斯·格莱斯顿 186
Gladstone, William 威廉·格莱斯顿 9, 24,26,41,47,76,105,109,110,113, 115,118,119,124,136,137-138, 186,204,213,226,244,247,249, 250,251-253,254,255,256,257,

259，260，263，264，268，269，274，280，281，283-284，285，286，287，293，294，295-296，297-301，302，306，307-308，309，310-311，312-313，314，317，318-319，320-323，324，326，327，329，336，337，340，344，345，346，347，350，352，353，354，371，374，375，377，380-381，386

Glamorgan 格拉摩根 92，195，196-197，213，355

Glasgow 格拉斯哥 42，144，200，201，247，249，253，337

Gloucester 格洛斯特 169

Glyn, George 乔治·格林 263

Goderich, Lord 戈德里奇勋爵 111

Gore, Revd. Charles 查尔斯·戈尔牧师 330

Gorst, John 约翰·戈斯特 290，291，311，312

Goschen, George 乔治·戈什 124，275，276，318，324

Goulburn, Edward 爱德华·古尔本 186

Goulburn, Henry 亨利·古尔本 135

Gower, Edward Leveson 爱德华·莱韦森·高尔 162

Grady, S. G. 格雷迪 160，162

Graham, Sir James 詹姆斯·格雷厄姆爵士 100，104，108，111，122，137，138，206，216

Grant, James 詹姆斯·格兰特 112

Grant, Richard 理查德·格兰特 235

Granville, 2nd Earl 格兰维尔二世伯爵 67，127，162，268，299，300，322

Green, T. H. 格林，232，331-332，345，349，378，

Greenhill, David 大卫·格林希尔 202

Greenock 格里诺克 201

Greenwich 格林尼治 92，192，281，295，301，329，339，374

Greg, W. R. 格雷格 229

Greville, Charles 查尔斯·格雷维尔 40，67，100，111，118，139

Grey, 2nd Earl 格雷二世伯爵 9，67，68，72，75，86，87，91，95，96，99，108，111，112，114，116，117，118，122，150，174，193，199，206，268

Grey, 3rd Earl, (styled Lord Howick prior to 1845) 格雷三世伯爵（1845年前被称为豪伊克勋爵）1，10，101，111，131-133，134，166，173，227，237-238，239，240，241，254，284，374

Grey, Earl de 厄尔德·格雷 118

Grey, Sir George 乔治·格雷爵士 112，282

Grosvenor, Lord, (3rd Marquess of Westminster from 1869) 格罗夫纳勋爵（从1869年起为威斯敏斯特侯爵）148，252

Grote, George 乔治·格罗特 111，120，140，233，279

Guardianship of Infants Act 1886 1886年《未成年人监护法》358

Guest, John 约翰·格斯特 196

Habeas Corpus Act 1679 1679年《人身保护法》34

Hackney 哈克尼区 261，275

Hadfield, George 乔治·哈德菲尔德 146

Haggard, H. Rider 赖德·哈格德 293

Halifax 哈利法克斯 92，143，148，183，264

Hallam, Henry 亨利·哈勒姆 1,368

Hampshire 汉普郡 188

Hanson, Joseph 约瑟夫·汉森 190

Harcourt, Sir William 威廉·哈考特爵士 124,277,325,354

Hardie, Keir 基尔·哈迪 353,355,381

Hardy, Gathorne, (cr. Viscount Cranbrook 1878) 盖索恩·哈代 (1878 年封为克兰布鲁克子爵) 258,265

Hardy, Thomas 托马斯·哈代 248

Hare, Thomas 托马斯·黑尔 232

Harrington, James 詹姆斯·哈灵顿 11

Harrison, Frederic 弗雷德里克·哈里森 234,332,340

Harrowby, 1st Earl of 哈罗比伯爵一世 76,95

Hart-Dyke, William 威廉·哈特-戴克 363

Hartington, Lord (8th Duke of Devonshire from 1891) 哈廷顿勋爵 (自 1891 年起为德文郡公爵) 124,130,268,274,282,294,299,300,301,309,310,311,314-315,318,319,322,324,327,344,347,348

Hartley, James 詹姆斯·哈特利 191

Hastings 黑斯廷斯 89

Haverford 哈弗福德 323

Headlam, Thomas 托马斯·黑德拉姆 148,376

Hearn, William 威廉·赫恩 227

Hedon 赫登 80-81

Hedworth, Sir Williamson 威廉森·赫德沃思爵士 191

Helston 赫尔斯顿 100,167

Hemphill, Charles 查尔斯·亨普希尔 210

Henry VI, King 国王亨利六世 142

Henry VIII, King 国王亨利八世 31

Hertford 赫特福德 264

Hertfordshire 赫特福德郡 182

Hervey, Alfred 阿尔弗雷德·赫维 185

Hill-Trevor, Authur 阿瑟·希尔-特雷弗 185

Hobbes, Thomas 托马斯·霍布斯 10,11

Hobhouse, Sir John, (cr. Lord Broughton 1851) 约翰·霍布豪斯爵士 (1851 年起封为布劳顿勋爵) 192,193

Hobhouse, L. T. 霍布豪斯 334,344

Hobson, J. A. 霍布森 344

Hodgkinson, Grosvenor 格罗夫纳·霍金森 260

Holland, 3rd Lord 霍兰三世勋爵 84,111,115

Holyoake, George 乔治·霍利约克 228,251

Hooker, Richard 理查德·胡克 32

Horner, Francis 弗朗西斯·霍纳 42

Horsfall, Thomas 托马斯·霍斯福尔 184

Horsman, Edward 爱德华·霍斯曼 252

House of Commons 下院; see also Party and Parliament 也参见政党和议会

as a club 作为俱乐部 121-122

duties and responsibilities of MPs 义务与责任 69-70,149,171-173,303,305-306,307,372,383

'elective' function of '选举' 功能 27,239

erosion of sovereignty 主权的被侵蚀 302,308,313-315,329,381,383

oratory in 在下院的演讲 55-56,111-114

primacy of 支配作用 22, 23, 66–67, 70,
    86, 97, 100, 104, 110, 122–123, 127–
    130, 131–132, 173–174, 239, 240, 372
procedures 程序 126–127
social composition 社会构成 50, 66, 68,
    118–119, 157, 240, 296, 379
House of Lords 上院; see also Party and
    Parliament 也参见政党和议会
    authority of 权威 67, 133, 151, 173, 240,
        313–315, 343, 368, 381, 384
    opposition to Reform 1831 年和 1832 年
        对《改革法》的反对 88, 93, 95
    recognition of Commons primacy 承认下
        院的重要性 66–67, 123
    reform of 改革 325, 335, 353, 354
Howard, Lord Edward 爱德华·霍华德勋
    爵 158
Howell, George 豪厄尔·乔治 296
Huddersfield 哈德斯菲尔德 92, 167
Hudson, George 乔治·哈德森, 191
Hughes, Thomas 托马斯·休斯 228, 248
Hull 赫尔 167, 181
Hume, David 大卫·休谟 35, 42, 43, 44,
    45, 70, 73, 139
Hume, Joseph 约瑟夫·休谟 120, 140,
    148, 152, 191, 201, 202, 217, 255
Hungary 匈牙利 264
Hunt, Henry 'Orator' 演说家亨利·亨特
    74, 88, 140
Huxley, Thomas 托马斯·赫胥黎 223,
    229, 237, 238, 332, 349, 374
Hyndman, Henry 亨利·海因德曼 335–
    336, 380

Illingworth, J. R. 伊林沃斯 330
Illustrated London News《伦敦新闻画报》
    29, 126
Imperial Federation League 帝国联邦同盟
    351
Independent Labour Party 独立工党 342,
    346, 347, 353, 355, 359
India 印度 46, 50, 112, 293, 312, 348, 349–
    350, 351
Ipswich 伊普斯威奇 169, 328
Irish Brigade 爱尔兰帮 109
Irish Church Disestablishment 爱尔兰教会
    的废除 9, 163, 204, 263, 281, 294,
    295, 299, 302, 313, 326, 374, 377, 380
Irish Church Temporalities Act 1833 1833
    年《爱尔兰教会临时法》9, 96
Irish Coercion Act 1848 1848 年《爱尔兰
    强制法》216
Irish Elections Act 1820 1820 年《爱尔兰
    选举法》78
Irish Franchise Act 1850 1850 年《爱尔兰
    公民权法》24, 206, 214
Irish Home Rule 爱尔兰自治 305, 312, 318–
    319, 325, 326, 344, 346, 347–348,
    350, 352, 353, 354, 360, 370, 380,
    381, 385–386
Irish Land Act 1870 1870 年《爱尔兰土地
    法》306, 363
Irish Land and Coercion Acts 1881 1881 年
    《爱尔兰土地和强制法》318, 363
Irish Poor Law Act 1838 1838 年《爱尔兰
    济贫法》99, 372
Italy 意大利 18, 103, 123, 207, 226, 264,
    334

Jackson, Joseph 约瑟夫·杰克逊 211

Jacob, Ebenezer 埃比尼泽·雅各布 208

James II, King 32, 354 国王詹姆士二世 32,354

Jeffrey, Francis 弗朗西斯·杰弗里 42, 44,70,71,83,97,239

Jephson, Charles 查尔斯·杰夫森 209-210

Jephson, Henry 亨利·杰夫森 384

Jolliffe, Sir William, (cr. Lord Hylton 1866) 乔利夫·威廉爵士(1866 年被封为希尔顿勋爵) 116,180

Jones, Ernest 欧内斯特·琼斯 140

Jones, Gareth Stedman 加雷斯·斯特德曼·琼斯 19

Jowett, Benjamin 本杰明·乔伊特 228, 331,378

Junior Carlton Club 小卡尔顿俱乐部 120, 290

Keane, Sir Richard 理查德·基恩爵士 207

Keating, Robert 罗伯特·基廷 207

Keats, John 约翰·济慈 222

Kebbel, T. E. 科贝尔 293

Keble, John 约翰·基布尔 9,220

Kelly, Sir Fitz-Roy 菲茨-罗伊·凯利爵士 136

Kemble, J. M. 肯布尔 54

Kendal 肯德尔 92

Kent 肯特 85,182,276,364

Kidd, Benjamin 本杰明·基德 332

Kidderminster 基德明斯特 92,167,251

Kilkenny 基尔肯尼 140

Kimberley, Earl of (styled Lord Wodehouse prior to 1866) 金伯利伯爵(1866 年被称为沃德豪斯勋爵) 320

King, Peter Locke 彼得·洛克·金 129, 148,260

Kingsley, Charles 查尔斯·金斯利 141, 145,228,248

Kipling, Rudyard 拉迪亚德·吉卜林 293

Kirkcudbrightshire 柯库布里郡 198

Knight, Anne 安妮·奈特 143

Labour Church Movement 劳工教堂运动 355,356,381

Labour Party 工党 346,355-356,359,381, 384,385,386

Labour Representation League 劳工代表联盟 295,296

Laing, Samuel 塞缪尔·莱恩 261

Lawless, Cecil 塞西尔·劳利斯 209

Lamarck, Jean-Baptiste 让-巴蒂斯特·拉马克 25,235,236,237,332,373

Lamb, George 乔治·拉姆 208

Lambeth 兰贝斯 192,262

Lancashire 兰开夏郡 80,85,156,169,182, 183,185,188,249,261,265,266, 295,353,354,362,370

Lancaster 兰开斯特 80,89,169,278

Lanigan, John 约翰·拉尼根 210

Lansdowne, 3rd Marquess of 兰斯多恩三世侯爵 42,70,72,106,111,127,229

Larpent, George 乔治·拉彭特 192

Layard, Henry 亨利·莱亚德 273-274, 376

Lawless, Cecil 塞西尔·劳利斯 209

Leader, John 约翰·利德 202

Lecky, W. E. H. 莱基 99,308,348,379

Leeds 利兹 85,92,119,148,165,169,

181，182，183，184，220，249，261，262，292，319，322，356
Lefevre, Charles Shaw（cr. Lord Eversley 1857）查尔斯·肖·勒菲弗尔（1857年被封为埃弗斯利勋爵）127
Leicester 莱斯特 80，88，89，165，168，182，183，185，186，187，191，192，354，355
Leicestershire 莱斯特郡 80，183，187
Leith 利斯 170
Leitrim 利特里姆 79
Leslie, Charles 查尔斯·莱斯利 3
Lewes, G. H. 刘易斯 239
Lewis, Sir George Cornwall 乔治·康沃尔·刘易斯爵士 2，23，56，100，124，173，227
Lewis, Josiah 乔赛亚·刘易斯 184
Liberal Registration Society 自由党登记协会 193，296
Liberal Unionist Association 自由统一派联盟 319
Liberation Society 解放社团 147，151，190，294，295
Limerick 利默里克 96，203
Lincoln 林肯 156，167，169，285
Lincoln, Lord,（5th Duke of Newcastle from 1851）林肯勋爵（自1851年起为纽卡斯尔五世公爵）201
Lincolnshire 林肯郡 187，379
Liverpool 利物浦 49，169，181，183，184，244，249，261，262，276，310，314，337，362
Liverpool, 2nd Earl of 利物浦二世伯爵 66，69，72，134
Local Government Act 1858 1858年《地方政府法》175

Local Government Act 1888 1888年《地方政府法》363
Locke, John（MP for Southwark）约翰·洛克（萨瑟克议员）259
Locke, John,（philosopher）约翰·洛克（哲学家）10，16，36，44，47，57
Lolme, J. L. de, J. L. 德·洛姆 35，38，131，227
London 伦敦 37，50，58，60，74，92，93，117，140，144，156，168，169，174，178，191，192-193，216，220，221，239，249，254，260，264，265，275，276，278，294，300，323，324，326，331，338，339，344，351，353，362，363，382
Londonderry, 3rd Marquess of 伦敦德里侯爵三世 49，185
London Trades Council 伦敦同业理事会 264
London Working Man's Association 伦敦工人协会 264
Longfield, Richard 理查德·朗菲尔德 209
Lonsdale, 2nd Earl of 朗斯代尔二世伯爵 77，187
Louth 劳斯 203
Low, Sidney 西德尼·洛 5
Lowe, Robert 罗伯特·洛韦 56，247，251-252，253，257，273
Lowell, A. L. 洛厄尔 302，317，329
Lowes-Dickenson, G. 洛斯-狄更森 309，341
Lubbock, Sir John 约翰·卢伯克爵士 237，374
Ludlow 拉德洛 89

Ludlow, J. M. 拉德洛 336

Lyell, Sir Charles 查尔斯·莱尔爵士 42, 236, 349

Lyttleton, Capt. Spencer 斯宾塞·利特尔顿上校 161

Lytton, Sir Edward Bulwer 爱德华·布尔沃·利顿 3

McCarthy, Justin 贾斯廷·麦卡锡 56

McGarel, Charles 查尔斯·麦加勒尔 210

Macaulay, T. B. 麦考莱 1, 3, 8, 40, 41, 45, 53, 54, 63, 75, 82, 83, 86, 105, 112, 113, 114, 122, 199–200, 217, 218, 233, 315, 368, 371

Macclesfield 麦克尔斯菲尔德 323

MacDonald, Alexander 亚历山大·麦克唐纳 296

Mackinnon, W. A. 麦金农 74

Mackintosh, Sir James 詹姆斯·麦金托什爵士 53

Macmillian's Magazine 《麦克米兰杂志》307

Maguire, John Francis 约翰·弗朗西斯·马圭尔 208

Maine, Sir Henry 亨利·梅因爵士 8, 10, 236, 238, 266, 304, 307, 314, 315, 329, 350, 374

Maldon 莫尔登 80, 89

Mallow 马洛 209–210

Malmesbury 马姆斯伯里 89, 95

Malmesbury, 3rd Earl of 马姆斯伯里三世伯爵 67, 266, 268, 290

Manchester 曼彻斯特 48, 79, 85, 92, 100, 130, 144, 145, 147, 148, 168, 169, 170, 185, 186, 220, 244, 247, 249, 253, 261, 262, 264, 266, 267, 293, 297, 310, 322, 337, 339, 343, 354, 356

Marchant, Sir Denis le 丹尼斯·勒·马尔尚爵士 150

Marlborough, 5th Duke of 马尔伯勒五世公爵 95

Married Woman's Property Act 1882 1882年《已婚妇女财产法》343, 357

Married Women's (Maintenance in Case of Desertion) Act 1886 1886年《已婚妇女法案(被遗弃时的保护)》358

Marylebone 马里波恩 92, 192, 262

Martineau, Harriet 哈丽雅特·马蒂诺 229

Marx, Eleanor 埃莉诺·马克思 336

Marx, Karl 卡尔·马克思 19, 48, 334, 335, 341, 355, 356, 383

Matrimonial Causes Act 1878 1878年《婚姻诉讼法》357–358

Malthus, Revd. Thomas 托马斯·马尔萨斯牧师 46, 47, 219, 231

Maurice, Frederick 弗雷德里克·莫里斯 228, 330, 331

May, Sir Thomas Erskine 托马斯·厄斯金·梅爵士 54, 57, 125, 133, 336, 368

Maynooth Grant 梅努斯拨款 9, 101, 102, 105, 136, 148, 151, 170, 186, 199, 202, 213, 369, 372

Mayo 梅奥 79, 203

Means, Andrew 安德鲁·米恩斯 331

Melbourne, 2nd Viscount 墨尔本子爵二世 42, 67, 99, 108, 111, 114, 115, 118, 122, 123, 128, 129, 130, 147, 150, 171, 174, 206, 208, 303, 306

Melcombe Regis 梅尔库姆·瑞吉斯 91

Meredith, George 乔治·梅瑞狄斯 6, 61,

159-160,335

Merionethshire 梅里奥尼斯郡 195

Merthyr Tydfil 梅瑟蒂德菲尔 196,261,355

Miall, Edward 爱德华·迈阿尔 147,185,190,234,277,294

Middlesbrough 米德尔斯伯勒 262

Middlesex 米德尔塞克斯 63,140,169,245

Middleton, R. W. E. 米德尔顿 364-365

Midlothian 中洛锡安 274,297,300-301,329,353,374,380

Milan 米兰 215

Miles, John 约翰·迈尔斯 281

Mill, James 詹姆斯·穆勒 38,201,348,349

Mill, John Stuart 约翰·斯图亚特·穆勒 6,10,14,25,48,56,63,105,107,140,215,219,224,225,227,230-233,234,237,251,260,280,283,336,341,349,352,358,375

Millar, John 约翰·米勒 21,42,44,47

Miller, William 威廉·米勒 170

Milton, John 约翰·弥尔顿 4,40,139,141,368

Milton, Lord 米尔顿勋爵; see 5th Earl Fitzwilliam 参见菲茨威廉五世伯爵

Mitchell, William 威廉·米切尔 100,170

'mixed government' "混合政府" 21,22,34-35,38,65,66,68,73,76,81-82,86,98,131

Moffat, George 乔治·莫法特 100,170

Molesworth, Sir William 威廉·莫尔斯沃思爵士 120,148,376

Monaghan 莫纳亨 79

Monarchy, the 君主制 17,21,22,31-32,34-35,36,38,51,53,65,66,70,71,73,97,104,115,122-126,129,135,137,142-143,151,240,241,271,369,370,378,381

Montesquieu, Charles-Louis de 孟德斯鸠 36,38,131

Montrose 蒙特罗斯 140,152,201-202

Morley, John 约翰·莫利 325

Morning Chronicle《纪事晨报》72,188

Morpeth 莫珀斯 95,296

Morris, William 威廉·莫里斯 334,336

Müller, Friedrich Max 弗雷德里希·马克斯·缪勒 340

Mundella, A. J. 芒代拉 310

Municipal Corporations Act 1835 1835 年《市镇机关法》63,99,168,175

Muntz, George 乔治·芒茨 186,191

Murray, Patrick 帕特里克·默里 209

Musgrave, Sir Richard 马斯格雷夫 207

Naas, Lord,（6th Earl Mayo from 1867）纳斯勋爵（自 1867 年起为梅奥六世伯爵）204,207,280

Napoleon III 拿破仑三世 30,215,224,225,239,292

Napoleon Bonaparte 拿破仑·波拿巴 5,36

National Freehold Society 全国不动产协会 243, 250

National Liberal Federation 全国自由党联盟 292,294,299,308,309,353,379

National Radical Union 全国激进联盟 319

National Reform League 全国改革同盟 249

National Reform Union 全国改革联盟 249,310

National Society of Conservative Agents 全

国保守党代理人协会 327,365

National Society for Women's Suffrage 全国妇女选举权协会 358

National Union of Conservative and Constitutional Associations 全国保守党和宪政协会联盟 26,290,291,292,312,325,362,363,365

National Union of Women's Suffrage Societies 全国妇女选举权协会联盟 359

Naval Defence Act 1889 1889 年《海军国防法》363

Navigation Acts 1849 1849 年《航海条例》17,202,243,373

New Poor Law, see Poor Law Amendment Act 1834 年《新济贫法》,参见 1834 年《济贫法修正案》

Newark 纽瓦克 260

Newcastle, 4th Duke of 纽卡斯尔四世公爵 72,77

Newcastle Programme 纽卡斯尔项目 326

Newcastle-upon-Tyne 泰恩河畔纽卡斯尔 88

Newman, Francis 弗朗西斯·纽曼 229

Newman, John Henry 约翰·亨利·纽曼 16,41,76,220

Newport 纽波特 264

Noncomformism 不从国教 4,8-9,33,65,72,75,84,85,139,140,142,146,147-148,182,185,186,190,192,194,196,197,202,213,214,218,233,234,281,294,299,306,330-331,334,344,346,356,360,364,369,370,382

Norfolk, 12th Duke of 诺福克公爵十二世 77

Norfolk, 14th Duke of 诺福克公爵十四世 158

Northampton 北安普敦 169 311

Northamptonshire 北安普敦郡 63,101,184

North, Lord 诺斯勋爵 128

Northcote, Sir Stafford 斯塔福德·诺斯科特爵士 311-312,314,322,376

Northumberland 诺森伯兰 80,90

Norwich 诺威奇 156,285,328,354,355

Nottingham 诺丁汉 67,88,165,167,169,182,191,192,262,280,285,339,356,362

Nottinghamshire 诺丁汉郡 80,90,183,187

O'Brien, Bronterre 布朗特里·奥布莱恩 144

O'Brien, Sir Timothy 蒂莫西·奥布莱恩 210

O'Brien, William Smith 威廉·史密斯·奥布莱恩 206,208,216

O'Connell, Daniel 丹尼尔·奥康奈尔 13,24,74,78,79,84,109,129,150,183,203,205,206,207,208,209,210,213-214,219,279,385

O'Connor, Feargus 费格斯·奥康纳 140,142,143,144,192,209

O'Loghlen, Michael 迈克尔·奥洛克林 208

Oastler, Richard 理查德·奥斯特勒 140,182

Ogilvy, Sir John 约翰·奥格尔维爵士 202

Oldham 奥尔德姆 167,169,264,356

Ormskirk 奥姆斯柯克 264,362

Osborne, Ralph Bernal 拉尔夫·伯纳尔·奥斯本 123,245,268,280

Ostrogorski, Moisei 莫伊谢伊·奥斯特罗戈尔斯基 315
Owen, Robert 罗伯特·欧文 228, 333, 334
Oxford 牛津 277
Oxford University 牛津大学 48, 118, 119, 147, 219, 228, 265, 285, 306, 317, 330, 340, 378
Oxfordshire 牛津郡 90

Paine, Thomas 托马斯·潘恩 7, 13, 36-37, 40, 41, 57, 73, 82
Paisley 佩斯利 201
Paley, William 威廉·佩利 35, 47, 75
Palgrave, Reginald 雷金纳德·帕尔格雷夫 303
Pall Mall Gazette《帕尔摩街公报》251
Palmer, Sir Roundell 朗德尔·帕尔默爵士 301
Palmerston, Lady 帕默斯顿夫人 117
Palmerston, 3rd Viscount 帕默斯顿子爵三世 42, 51, 67, 72, 91, 92, 103, 109, 110, 111, 112, 113, 117, 118, 119, 123, 124, 128, 129, 130, 163, 190, 204, 207, 208, 216, 224-225, 227, 244, 245, 246, 251, 267, 268, 296, 306, 318, 370, 376, 377
Pankhurst, Emmeline 埃米琳·潘克赫斯特 335
Paris 巴黎 30, 39, 85, 105, 215, 224, 239, 315, 336
Park, J. J. 帕克 97-98, 134
Parkes, Joseph 约瑟夫·帕克斯 120, 149, 161, 163, 167, 174, 189, 229
Parliament,
   parliamentary petitions 议会请愿 24, 60, 61, 73, 82, 84, 126, 136, 138, 142, 151, 171, 200, 216, 270, 318, 372
   parliamentary procedure 议会程序 20, 126, 151, 305
   parliamentary sovereignty 议会主权 15, 21, 22, 26, 31, 32-33, 35, 38, 43, 45, 57, 58, 60, 64, 67, 82, 91, 97, 104, 110, 125, 131, 133, 139, 173, 176, 239, 274, 302, 315, 317, 347, 372
   purposes of parliament 议会目的 306-307, 326
   the Speakership of the Commons 下院议长 26, 127, 305
   'parliamentary government' 议长职务 2, 23, 27, 65, 83, 86, 97-98, 99, 101, 104, 110, 114, 131-133, 134, 135, 138, 153, 227, 241, 273, 274, 303, 314, 317, 368, 372-373, 374, 379
Parliamentary and Municipal Elections Act 1872 (*see also* Ballot) 1872年《议会和市政选举法》(也参见无记名投票) 278, 283-287, 288, 306, 359
Parliamentary and Municipal Registration Act 1878 1878年《议会和市政登记法》275-276
Parnell, Charles 查尔斯·帕内尔 206, 214, 305, 314, 382
Party 政党
   party agents 政党代理人 26, 120, 160-161, 165, 166, 180, 276, 278, 286, 287, 288, 290, 321, 325, 326-367, 364-365, 379
   party in the commons 下院中的政党 23, 27, 72, 97-98, 100-104, 107-112, 133, 302-308, 315-325, 371

party in the constituencies 选区中的政党 26, 167-168, 169-170, 269-270, 288-302, 364-365, 379-380

Whig view of party 辉格党对于政党的看法 69-70

party whips 党鞭 115-116

Pease, Elizabeth 伊丽莎白·皮斯 143

Pechell, George 乔治·皮切尔 184-185, 190

Peel, General Jonathan 乔纳森·皮尔将军 256, 257, 258

Peel, Sir Robert 罗伯特·皮尔爵士 7, 8, 9, 11, 22, 23, 47, 55-56, 65, 72, 74, 93, 100, 101, 109, 111, 113, 114, 117, 118, 122, 123, 124, 127, 129, 130, 134-138, 147, 148, 158, 167, 174, 175, 180, 183, 185, 198, 199, 201, 223, 245, 269, 279, 318, 369, 373, 386

Pembroke 彭布罗克 195, 323

Pembrokeshire 彭布罗克郡 195

Perceval, Spencer 斯潘塞·珀西瓦尔 76

Perth 珀斯 201

Philosophic Radicalism 哲学激进主义 7, 14, 139-140

Pitt, William 威廉·皮特 6, 7, 9, 34, 66, 69, 76, 158, 218

Pigot, David Richard 大卫·理查德·皮戈特 209

Pius IX, Pope 教皇庇护九世 200

Pluralities and Residence Act 1838 1838 年《多元性和居住法》100

Poland 波兰 264

Polybius 波利比奥斯 34

Poole 普尔 165, 166

Poor Law Amendment Act 1834 1834 年《济贫法修正案》, 99, 105, 146, 168, 175, 180, 182, 183, 184, 186, 192, 342, 369, 372

Poor Rate and Assessment Act 1869 1869 年《济贫税评估与征收法》275

'Popular' sovereignty '大众主权' 13-14, 15, 21, 27, 37, 132, 141, 269, 271, 315, 317, 319, 330, 374

Portsmouth 朴茨茅斯 80, 89, 156

Power, John 约翰·鲍尔 207

Power, Nicholas 尼古拉斯·鲍尔 207

Power, Patrick 帕特里克·鲍尔 207

Prague 布拉格 215

Presbyterianism, see Church of Scotland 长老会，参见苏格兰教会

Press, the 新闻 24, 34, 43, 73, 84, 112, 113, 123, 136, 148, 158, 160, 171, 188, 194, 215, 239, 244, 270, 297, 300, 312, 318, 327, 339, 357, 365, 377

Preston 普雷斯顿 169

Prichard, James 詹姆士·普里查德 238

Prime Ministership, the 首相职位 6, 66, 67, 114, 124, 129, 131, 137, 302

Primrose League 樱草会 291-292, 354, 359, 365, 379

Prisons Act 1839 1839 年《监狱法》100

'Public Opinion' 公共舆论 21, 22, 43, 48, 66, 71, 73, 74-75, 76, 77, 83, 84, 91, 94, 97, 134, 155, 217, 225, 229, 241, 245, 270-272, 280, 282, 293, 314, 370-371, 385

Pufendorf, Baron Samuel von 巴龙·塞缪尔·冯·普芬多夫 43

Pugin, Augustus 奥古斯塔斯·普金 29,

31,42

Pusey, Edward 爱德华·普西 220

Quarterly Review《季刊评论》101,137, 138,221,333,361

Radnorshire 拉德诺郡 195
Rae, John 约翰·雷 7
Raikes, Henry Cecil 亨利·塞西尔·雷克斯 290,291,292
Ramsay, Sir Alexander 亚历山大·拉姆齐爵士 185
Reading 雷丁 169,339
Reeve, Henry 亨利·里夫 225
Reform Acts 1832 1832 年《改革法》
  England and Wales 英格兰和威尔士
    the franchise 公民权 86-91
    redistribution 重新分配 91-95
    voter registration 选民登记 94
  Scotland 苏格兰 95-96
  Ireland 爱尔兰 96
Reform Acts 1867-8 1867-8 年《改革法》
  England and Wales 英格兰和威尔士
    the franchise 公民权 253-261
    redistribution 重新分配 261-262
  Scotland 苏格兰 262-263
  Ireland 爱尔兰 263
Reform Acts 1884-5 1884-5 年《改革法》
  the franchise 公民权 321-322
  redistribution 重新分配 322-325
Reform Club 改革俱乐部 120,123,174, 189,259
Regency Act 1811 1811 年《摄政法》34
Reigate 赖盖特 278
Ricardo, David 大卫·李嘉图 201,219, 231
Ricardo, John 约翰·李嘉图 185
Richmond, 5th Duke of 里士满五世公爵 108,111,206
Richmond, 6th Duke of 里士满六世公爵 284-285
Ripon 里彭 100,183
Reid, Thomas 托马斯·里德 42
Ritchie, D. G. 里奇 332,336
Robertson, John 约翰·罗伯逊 352
Robertson, William 威廉·罗伯逊 45
Rochdale 罗奇代尔 92,119,143,165,167, 183,184,185,190
Roe, James 詹姆斯·罗 210
Roebuck, John 约翰·罗巴克 148,149, 172
Rogers, Henry 亨利·罗杰斯 7
Romanticism 浪漫主义 25,140-141,200, 219,221-222,235,237,271,336
Rome 罗马 215,232,252,293
Ronayne, Dominick 多米尼克·罗内因 208
Roscommon 罗斯康芒 79
Roseberry, 5th Earl of 罗斯伯里五世伯爵 118,124,320,325,351,353,354,386
Ross, David 大卫·罗斯 210
Ross, Horatio 霍雷肖·罗斯 201
Rotherham 罗瑟勒姆 167
Rousseau, Jean-Jacques 让-雅克·卢梭 173
'rule of law' 法治 25,30,31,32,34,38, 40,45,62,64,91,205,217,227,317, 319,347,348,350,352,381
Ruskin, John 约翰·罗斯金 6,41,334, 336,349

Russell, Lord John (cr. Earl Russell 1861) 约翰·罗素勋爵（1861年被封为罗素伯爵）13,42,45,53,55,70,71,72,75,78,83,84,86,87,88,90,92,93-94,100,103,107,108,109,111,113,115,117,118,119,123,124,129,130,157,166,171,174,184,204,206,207,210,216,224,227,243,244,245,246,251,252,253,256,257,268,279,280,296,303,351,385

Rutland, 5th Duke of 拉特兰五世公爵 187

Rye 拉伊 81,89,95

St. Albans 圣奥尔本斯 166,188

St. Germans, 3rd Earl of 圣杰曼斯三世伯爵 107

St. Helens 圣海伦斯 355

Salford 索尔福德 92,244,261

Salisbury, Lady 索尔兹伯里夫人 117

Salisbury, 3rd Marquess of (styled Lord Robert Cecil 1830-1865, Lord Cranborne 1865-1868) 索尔兹伯里三世侯爵（1830-1865年被称为罗伯特·塞西尔勋爵，1865-1868年被称为克兰伯恩勋爵）10,17,27,56,118,123,137,138,257,258,267,273,284,301,305,312,313-314,315,318,319,320,322,323,324,327,328,352,359,360,361,362,363,364,365,367,381,384,386

Sandwich 桑威奇 323

Sankey, W. S. Villiers 维利尔斯·桑基 142

Schnadhorst, Francis 弗朗西斯·施耐德赫斯特 309,379

Scholefield, Joshua 乔舒亚·斯科菲尔德 186

Scott, Sir Walter 沃尔特·司各特爵士 41-42,102,200

Scottish Enlightenment 苏格兰启蒙运动 42-45

Scottish Protestant Association 苏格兰新教协会 200

Scottish Reformation Society 苏格兰改革协会 200

Seditious Meetings Act 1795 1795年《煽动集会法》7

Seeley, J. R. 西利 4,5,10,293,350-351,352,353,367

Sefton, 3rd Earl of 49 塞夫顿三世伯爵 49

Shaftesbury 沙夫茨伯里 95

Shaftesbury, 7th Earl of 沙夫茨伯里七世伯爵 243,299

Shaw, George Bernard 乔治·伯纳德·肖 335

Shaw, William 威廉·肖 211

Sheffield 设菲尔德 50,92,149,169,172,310,339

Sheil, Richard Lalor 理查德·莱勒·希尔 207,208

Shelburne, Lord 谢尔本勋爵 34,129

Shelley, Percy Bysshe 珀西·比希·雪莱 141,357

Sheridan, Richard Brinsley 理查德·布林斯利·谢里登 113

Shropshire 什罗普郡 80,90

Sidmouth, Lord, see Henry Addington 西德茅斯勋爵，参见亨利·埃丁顿

Sidgwick, Henry 亨利·西奇威克 232,333

Sidney, Algernon 阿尔杰农·西德尼 4,29

Sligo 斯莱戈 203,281

Smeal, Jane 简·斯米尔 143

Smiles, Samuel 塞缪尔·斯迈尔斯 248

Smith, Adam 亚当·斯密 16,19,21,42–44,47,57,220,231

Smith, Goldwin 戈尔德温·史密斯 348,349,352,353

Smith, Revd. Sidney 西德尼·史密斯牧师 42,65

Social Democratic Federation 社会民主联盟 334,335,341,353,355

Society of Certified and Associated Liberal Agents 注册与联合代理会 327

Somerset 萨默塞特 90,188,238

South Shields 南希尔兹 92,262,264

Southampton 南安普敦 182,339

Southey, Robert 罗伯特·骚塞 25,102,221–222,233,234,331

Spain 西班牙 18,215,226

Spence, Thomas 托马斯·斯彭斯 37

Spencer, Herbert 赫伯特·斯宾塞 237,239,332–333,349

Spooner, Richard 理查德·斯普纳 186,191

Spofforth, Markham 玛卡姆·斯波福斯 290

Spring-Rice, Thomas (cr. Lord Monteagle 1839) 托马斯·斯普林-莱斯（1839年被封为蒙蒂格尔勋爵）105,118

Stafford 斯塔福德 88,100

Stafford, Augustus 奥古斯塔斯·斯塔福德 101

Staffordshire 斯塔福德郡 165,174,182,183,183,186–187,188

Stanley, Lord, see either 14th or 15th Earl of Derby 斯坦利勋爵,参见德比十四或十五世伯爵

Stephen, James FitzJames 詹姆斯·菲茨詹姆斯·斯蒂芬 128,350

Stephens, Joseph Rayner 约瑟夫·雷纳·斯蒂芬斯 142

Stephen, Leslie 莱斯利·斯蒂芬 232,329,332

Stewart, Dugald 杜格尔德·斯图尔特 21,42,43,44,47,70

Stirling 斯特灵 201

Stoke-on-Trent 特伦特河畔斯托克 50,160,162,184,185,190,264

Stuart, Henry Villiers 亨利·维利尔斯·斯图尔特 207

Sturge, Joseph 约瑟夫·思特奇 191

Sudbury 萨德伯里 166

Suffolk 萨福克 80,90,166,184

Sullivan, Thomas 托马斯·沙利文 211

Sumner, Revd. John Bird 约翰·伯德·萨姆纳牧师 47

Sunderland 森德兰 169,190,191,285,354

Surrey 萨里 80,100,129

Sutherland 萨瑟兰 198

Sutherland, 1st Duke of 萨瑟兰一世公爵 78

Sutherland, 3rd Duke of 萨瑟兰三世公爵 338

Swansea 斯旺西 92,196–197

Symonds, John Addington 约翰·埃丁顿·西蒙兹 238

Talbot, Christopher 克里斯托弗·塔尔伯特 196

Talbot, Walter Cecil 沃尔特·塞西尔·塔尔伯特 207

Tamworth 塔姆沃思 174

'Tamworth Manifesto' 塔姆沃思宣言 134, 183

Taylor, Edward 爱德华·泰勒 252, 259

Taylor, Sir Herbert 赫伯特·泰勒爵士 123

Tennyson, Lord Alfred 阿尔弗雷德·丁尼生勋爵 3, 65, 229, 349

Test and Corporation Acts, repeal of, 1828, 1828 年废除《宣誓法》和《市镇机关法》, 9, 68, 72, 78, 84, 369, 372

Thatcher, Margaret 玛格丽特·撒切尔 15

Thompson, E. P. 汤普森 19

Thompson, George 乔治·汤普森, 193

Thompson, Thomas Perronet 托马斯·佩罗内·汤普森 140, 190

Thomson, Charles (cr. Lord Sydenham 1840) 查尔斯·汤姆森 (1840 年被封为西德纳姆勋爵) 118

Tierney, George 乔治·蒂耶尼 69, 72

Tillet, Ben 本·蒂利特 341

Times, The《泰晤士报》29, 30, 52, 95, 102, 104, 112, 113, 121, 158, 162, 192, 244, 256, 268 – 269, 280, 285, 294 – 295, 300, 312, 319, 336, 339, 375, 376

Tipperary 蒂珀雷里 203, 208, 209, 210

Tithe Commutation Act 1836 1836 年《什一税转换法》99

Tithe Recovery Act 1891 1891 年《什一税恢复法》363

Tocqueville, Alexis de 亚力克西·德·托克维尔 1, 51, 52, 225, 226, 230

Todd, Alpheus 阿尔菲厄斯·托德, 55, 125, 127, 227

Toleration Act 1689 1689 年《宽容法》84

Torrens, William 威廉·托伦斯 260

Tower Hamlets 陶尔·哈姆莱茨 92, 158, 192, 193, 260

Town Improvement Clauses Act 1847 1847 年《城镇改善条款法》175

Toynbee, Arnold 阿诺德·汤因比 48, 334, 378

Trade Union Act 1871 年《工会法》294

Trades Union Congress 英国工会大会 294, 341

Treasonable and Seditious Practices Act 1795 1795 年《叛国和煽动行为法》7

Trelawny, Sir John 约翰·特里劳尼爵士 105, 122, 149, 172, 202, 377

Trevelyan, Sir George Otto 乔治·奥拓·特里维廉爵士 194, 251, 319, 376

Trollope, Anthony 安东尼·特罗洛普 101, 107, 120, 121 – 122, 152, 223, 226, 248, 277 – 278, 304

Tyler, Sir Edward 爱德华·泰勒爵士 237, 238, 374

Tyler, Sir George 乔治·泰勒, 爵士 197

Tyndall, John 约翰·廷德尔 237

Tynemouth 泰恩茅斯 92, 262

Ulster 阿尔斯特 203, 313, 346, 348, 360, 382

United Kingdom Alliance 联合王国同盟 147, 151, 294, 295

United States of America 美利坚合众国 1, 21, 25, 31, 36, 46, 121, 224, 225, 226, 227, 239, 252, 266, 337, 349, 352

Urquhart, David 大卫·厄克特 100,148
Utilitarianism 功利主义 7,8,14,19,38, 56,139-140,219,222,224,231,233, 247,331

Vaughan, Nash 纳什·沃恩 197
Vestry Act 1831 1831 年《教区委员会法》 168
Victoria, Queen 维多利亚女王 29,67, 114,122-124,144,200,216,293, 318,378
Villiers, Charles 查尔斯·维利耶 148
Vincent, Henry 亨利·文森特 193
Vivian, John Henry 约翰·亨利·维维安 196,197
Voter Registration 选民登记 22,24,78,86, 90,94,150,151,159,166,167,168, 169,174,182,183,185,187,189, 193,197,198,202,203,206,211, 214,216,262,275-277,288,291, 296,326,327
Voting 投票, see also the secret ballot and election rituals 也参见无记名投票和选举仪式
　polling of votes 投票 20,77,78,80,161- 162,163-165,254,255,285-286
　public voting 公众投票 11,24,93,94, 150,162,163,278-280
　'split' voting and non-partisan plumping 分裂投票和无党派排他性投票 178- 180,212,287-288
Vyvyan, Sir Richard 理查德·维维安爵士 100,167

Wade, John 约翰·瓦德 84
Wakefield 韦克菲尔德 184,278
Waldegrave, Lady 沃尔德格雷夫夫人 117
Wallace, Alfred Russell 阿尔弗雷德·拉塞尔·华莱士 241
Wallace, Richard 理查德·华莱士 383
Walpole, Spencer 斯潘塞·沃波尔 253, 262,302
Walsall 沃尔索尔 92,161,163
Walsh, Sir John 约翰·沃尔什爵士 110
Walter, John 约翰·沃尔特 192
Ward, Sir Henry 亨利·沃德爵士 108
Warrington 沃灵顿 92,375
Warwickshire 沃里克郡 80,167,184,187
Waterford 沃特福德 96,206-208
Waterford, 3rd Marquess of 沃特福德三世侯爵 206,207,208
Webb, Sidney and Beatrice 韦布,西德尼和比阿特丽斯夫妇 335,357
Wedgwood, Josiah 乔赛亚·韦奇伍德 185
Wellington, Duke of 威灵顿公爵 67,72, 73,79,84,85,88,101,113,118,129, 135,174
Wells, H. G. 维尔斯 335
Wesley, John 约翰·卫斯理 33
West Indies 西印度群岛 46
Westbury 韦斯特伯里 95
Westminster, borough of 威斯敏斯特区 192,260,279
Westminster Reform Club 威斯敏斯特改革俱乐部 120
Westminster Review 《威斯敏斯特评论》 110,120,140,282,364
Westmorland 威斯特摩兰 184,187
Weymouth 韦茅斯 91,264
Wharncliffe, 1st Lord 沃恩克里夫一世勋

爵 89,95

Whately, Revd. Richard 理查德·惠特利牧师 47,219

Whitby 惠特比 92,284

White, William 威廉·怀特 112,115

White, William Hale 威廉·黑尔·怀特 112

White's Club 怀特俱乐部 120

Whitehaven 怀特黑文 92,162

Whitty, Edward Michael 爱德华·迈克尔·威蒂 112,122,148

Wick 威克 201,261

Wiener, Martin 马丁·维纳 19

Wigney, Isaac 伊萨克·维尼 184

Wigtownshire 威格顿郡 198,201

Wilberforce, Samuel 塞缪尔·威尔伯福斯 343

Wilberforce, William 威廉·威尔伯福斯 76

Wilkes, John 威尔克斯 140

Wilkinson, William 威廉·威尔金森 191

William III, King 国王威廉三世 33

William IV, King 国王威廉四世 66,67,115,122,123,134,135

Wilson, James 詹姆斯·威尔逊 238

Wilton 威尔顿 95

Wolff, Sir Henry Drummond 亨利·德拉蒙德·沃尔夫 311,312

Wolverhampton 伍尔弗汉普顿 92,165,285,356,362

Women's Liberal Federation 妇女解放联盟 354

Women's Social and Political Union 妇女社会和政治联盟 357,359

Women's Trade Union League 妇女工会联盟 357

Wood, Sir Charles 查尔斯·伍德爵士 86,108,116

Woodstock 伍德斯托克 95

Woolwich 伍利奇 355

Worcester 伍斯特 169,183

Wordsworth, William 威廉·华兹华斯 221

Workmen's Compensation Act 1897 1897年《工人薪酬法》364

Wyndham, Henry 亨利·温德姆 184

Wynn, Charles Williams 查尔斯·威廉斯·温 77,112

Yarmouth 雅茅斯 183,189,278

York 约克 88,181

Yorkshire 约克郡 80,85,89,90,92,95,143,156,158,159,169,183,189,286,354

Yonge, Charlotte M. 夏洛特·扬格 248

'Young England' 青年英格兰 146,369

'Young Ireland' 青年爱尔兰 206,209,214,216

Young, Richard 理查德·扬 170

译 后 记

2016年中共中央党校文史教研部外国语言与文化教研室承担了学校的创新工程项目"国外政治文化研究"。该项目的参与者注重从广义上理解政治文化，通过咨询相关研究领域的学者，选取了《维多利亚时代的政治文化：合情顺理》《不止天佑：大战略与1783年以来美国在亚太的力量存在》《进步派：1893—1917年的行动主义和美国社会的改革》《饥饿：一部现代史》《抽签的政治史》《和平的战略》《莎士比亚小史》《美国智库与政策建议：学者、咨询顾问与倡导者》《何为智库：我的智库生涯》《现代日本的诞生：一个英国人的视角》等著作进行翻译。相关译者全部获得过相关语种的语言或文学专业硕士学位，又分别获得了历史学、政治学、社会学、法学的博士学位。

在这些译著中，《维多利亚时代的政治文化：合情顺理》的翻译难度比较大。其难度不仅在于钱乘旦先生在序言中提到的内容庞杂的问题，也在于它并非典型的历史学著作，但这也正是它的优势所在。虽然这本书不是一部典型的历史学著作，但要读懂它却需要大量的历史知识、政治学理论和文学背景知识，以及对语言文字的热爱。作者安格斯·霍金斯试图在历史背景下对政治文化进行跨学科分析并对19世纪中期以后的英国政治运作与社会变革进行一种文化解释。本书涉猎广泛，哲学思想的梳理、伦理价值的论证、文学作品的引用、时代的风潮，乃至选举的过程等问题均有涉及。

或许作者意在效仿托克维尔，所以他没有在正文而是在前言的脚注中提出了自己对于"政治文化"的看法，指出政治文化是治理者与被治理者共同持有的信仰、价值观和心态，这些信仰、价值观和心态制约着权力与权势所能发挥的影响。他在前言中明确指出"过去、道德与共同体"是英国人共有的政治文化基础或柱石,这个基础保证了维多利亚时代的政治得以成功驾驭社会的变革。同时,他也继承了雷蒙·威廉斯开创的英国文化研究的传统,重视人们用来表达思想的语言的细微变化,通过对"民主""人民""议会""阶级"等关键词在19世纪中期的词义演变的描述与解释,说明语言的演变既反映历史进程,也改变历史进程。

翻译这本书,对我和我年轻的同事沈凌来说,是一个挑战,更是一个很好的学习机会。我们都有英语语言学硕士的背景,都曾留学英国,又都获得了政治学的博士学位。翻译的过程虽艰辛,但很愉悦。尤其幸运的是,在本书的翻译过程中,始终可以向前辈钱乘旦先生请教,钱先生始终不厌其烦地以他严谨的治学态度,通过邮件对我们提出的疑问一一解答,抑或是在电话中详细地为我们解释某个词语,仅为了讨论对"householder"(房产持有人)一词的理解与相应的中文译文,钱先生就专门与我通话半个多小时。这半小时的通话也可以说是得到了钱先生单独授课的机会,对此我不胜感激。在钱先生的指导下,我们对书中反复出现的"borough","community","respectability"等词的译法进行了反复的校正与统一。在此向钱乘旦先生致以我们深深的谢意与敬意。

虽然我们在翻译中尽心尽力,对译文也进行过反复校对与修改,力求忠实于原文和对读者负责,但由于学识与水平有限,翻译不当之处在所难免,欢迎读者指正。

书稿的翻译由本人和沈凌共同完成,本人负责翻译前言、第一至五章、第十章和索引部分,以及全书的统稿,沈凌负责第六至九章。作为本书的第一译者,我要对我的同事也是翻译的合作伙伴沈凌表示感谢。翻译本书的这一年,是沈凌极为繁忙的一年,她既要在基层挂职锻炼,也要参加学校的专题调研,同时还要照顾刚满三岁的孩子。尽管如此,她依然按时交稿,并独自承担了《饥饿:一部现代史》一书的翻译。

肖宏宇
2018 年 4 月 19 日